21世纪法学系列教材

刑事法系列

司法鉴定学

(第二版)

主　编　霍宪丹
副主编　杜志淳　郭　华

图书在版编目(CIP)数据

司法鉴定学/霍宪丹主编. —2版. —北京：北京大学出版社，2018.9
（21世纪法学系列教材）
ISBN 978-7-301-29797-1

Ⅰ.①司… Ⅱ.①霍… Ⅲ.①司法鉴定—高等学校—教材 Ⅳ.①D918.9

中国版本图书馆CIP数据核字(2018)第192500号

书　　　名	司法鉴定学（第二版） SIFA JIANDING XUE
著作责任者	霍宪丹　主编　杜志淳　郭　华　副主编
策 划 编 辑	郭栋磊
责 任 编 辑	郭栋磊
标 准 书 号	ISBN 978-7-301-29797-1
出 版 发 行	北京大学出版社
地　　　址	北京市海淀区成府路205号　100871
网　　　址	http://www.pup.cn
电 子 信 箱	编辑部 law@pup.cn　总编室 zpup@pup.cn
新 浪 微 博	@北京大学出版社　@北大出版社法律图书
电　　　话	邮购部 010-62752015　发行部 010-62750672　编辑部 010-62757785
印 刷 者	北京虎彩文化传播有限公司
经 销 者	新华书店 730毫米×980毫米　16开本　28.5印张　543千字 2014年9月第1版　2014年9月第1次印刷 2018年9月第2版　2024年6月第8次印刷
定　　　价	59.00元

未经许可，不得以任何方式复制或抄袭本书之部分或全部内容。
版权所有，侵权必究
举报电话：010-62752024　电子信箱：fd@pup.cn
图书如有印装质量问题，请与出版部联系，电话：010-62756370

编委会

主　编　霍宪丹

副主编　杜志淳　郭　华

编　委　（姓氏笔画为序）

　　　　　刘　良　杜志淳　邹明理　郭　华　常　林
　　　　　霍宪丹

撰稿人　（以章节先后为序）

　　　　　霍宪丹　郭　华　邹明理　黄维智　张　斌
　　　　　潘广俊　刘少文　杜志淳　刘　涛　刘　良
　　　　　张玲莉　高北陵　李成涛　廖林川　常　林
　　　　　赵　杰　程军伟　邹卫东　王永全　刘品新
　　　　　谢君泽　齐金勃　赵家仪　何　华　周柯生
　　　　　陈建国　黄海波　常　远

作者简介

霍宪丹 司法部司法鉴定管理局原局长,研究员,法学教授。先后兼任第一届全国法律硕士专业学位教育指导委员会秘书长、教育部法律职业教育教学指导委员会主任委员、全国高等教育自学考试指导委员会法学专业委员会副主任、中国法学教育研究会副会长、中国行为法学会司法行为研究会副会长。曾任司法部法学教育司副司长、中央司法警官学院院长。主要研究法学教育、法律职业、司法考试、司法鉴定、证据科学和社会系统工程。主持完成司法部、教育部、中国科学技术协会科研课题9项。出版个人专著5部,主编著作、教材多部,公开发表论文百余篇。

杜志淳 华东政法大学教授,博士生导师,享受国务院政府特殊津贴。上海市领军人才,兼任中国合格评定委员会实验室国家认可委员会实验室认可评审员、检查机构认可评审员,教育部法学实验教学评审委员会评审专家、全国遴选国家级司法鉴定机构委员会专家评审组组长、国家社会科学基金项目评审员、司法部特聘专家、中国法学会理事,国家司法鉴定人。主要从事司法制度、司法鉴定制度与管理的教学与科学研究。主持国家社科基金项目、国家重点科技攻关项目、国家863科研项目及多项省部级重点科研项目。代表作:《司法鉴定质量监控研究》《司法鉴定法立法研究》《司法鉴定概论》《司法鉴定实验教程》《中国司法鉴定制度研究》等专著、教材数十部,发表学术论文近百篇。

郭 华 中央财经大学法学院教授,法学博士,博士生导师。中国社会科学院法学研究所诉讼法学博士后。中国刑事诉讼法学研究会理事,中国行为法学会司法行为研究会副秘书长,兼任华东政法大学研究员、贵州民族大学、曲阜师范大学教授。主持了最高人民法院、最高人民检察院、教育部、公安部、司法部、环保部、科技部、团中央等10项部级科研项目。主要著作:《鉴定结论论》《鉴定意见证明论》《案件事实认定方法》《鉴定意见争议解决机制研究》《专家辅助人制度的中国模式》等。在《法学研究》《法学家》《政法论坛》《现代法学》《法学》《法商研究》《法律科学》《环球法律评论》等期刊发表论文100余篇。

邹明理 西南政法大学教授。长期从事司法鉴定制度、鉴定原理和物证技术鉴定的教学、研究和鉴定实务工作。参与和主持多个省部级科研项目的研究,主编和参编全国性专业教科书、工具书30余部,发表学术论文200余篇,参办文书物证鉴定事项逾万起。

黄维智 四川省金堂县检察院检察长,全国检察系统首批检察业务专家,四川大学法学院博士,西南政法大学博士后。最高人民检察院检察理论研究所兼职研究员,西南财经大学法学院兼职教授、硕士生导师。中国法学会检察学研究分会理事。代表作主要有:《清白的罪犯》《鉴定意见论——作为证据形式的相关问题研究》《职务犯罪证据的收集与运用》《刑事证明责任研究》等 12 部。在《现代法学》《法学评论》《法学》等发表论文百余篇。

张　斌 四川大学法学院教授、博士生导师、法学博士。主持国家社科基金项目 2 项,省部级项目 3 项,主要代表作:《科学证据采信基本原理研究》《视听资料研究》。科研获省部级奖励多次,在法学核心期刊发表论文 50 余篇。

潘广俊 浙江省司法厅司法鉴定管理处处长。华中科技大学同济医学院兼职教授、温州医学院客座教授、国家实验室和检查机构资质认定评审员。参与了司法部《司法鉴定职业道德规范》《司法鉴定机构资质评估管理办法》《司法鉴定执业活动投诉处理办法》等规章的起草工作。发表司法鉴定管理及制度改革论文数十篇。

刘少文 司法部司法鉴定管理局综合处处长,工程师,中国合格评定国家认可委员会(CNAS)法庭科学专业委员会委员,中国合格评定国家认可委员会(CNAS)实验室和检查机构认可评审员,国家级资质认定评审员。参编《司法鉴定管理概论》《司法鉴定机构资质认定指南》等著作、教材。

刘　涛 中国人民公安大学侦查系副教授,法学博士。代表作:《刑事诉讼主体论》《美国涉外情报监控法及涉外情报监控法院诉讼规则》;主持教育部、司法部和中国法学会部级科研项目 4 项。在《中国法学》《法商研究》《社会科学研究》《公安大学学报》等刊物上发表论文 30 余篇。

刘　良 华中科技大学同济医学院法医学系主任,医学博士(后),教授,博士生导师。兼任教育部科学技术委员会生物与医学学部委员、中国法医学会法医病理学专业委员会副主任、湖北省司法鉴定协会副会长、《中国法医学杂志》《刑事技术》《华中科技大学学报(医学版)》等其月刊的常务编委。主要研究方向为死亡时间、毒品中毒、中草药中毒研究。主持或参与相关科研近 20 项;代表作:主编《法医毒理学》(第 4 版)。公开发表文章 200 余篇。

张玲莉 华中科技大学同济医学院教授,主要从事临床法医学教学、科研及检案工作。主(参)编《临床法医学鉴定指南》《法医学概论》《法医临床学》。主要研究方向:颅脑外伤法医学鉴定、神经电生理检测技术在法医鉴定工作中的应用。主持和参与湖北省自然科学基金课题 6 项,发表论文 30 余篇。

高北陵 中华医学会精神科分会司法精神病学组副主委,医学博士,主任医师,硕士生导师。在美国德克萨斯州国立精神病院博士后训练站访问学者。主编:《法医精神损伤学》《精神疾病司法鉴定与精神伤残鉴定争议案例评析》《中国精神障碍者刑事责任能力评定案例集》《中国精神障碍者刑事责任能力评定与司法审判实务指南》等著作，参编全国高等学校教材8部。主持获得国家、省、市科研基金十余项；获得省、市级科技进步奖4项；发表学术论文50余篇。

李成涛 司法部司法鉴定所法医物证室副主任兼科教处副处长，国家优秀青年基金获得者，博士，研究员，硕士生导师。先后参与并主持多项国家和上海市科委基金项目并获奖，目前主持国家级课题4项，主编专著4本、申请专利4项，发表学术论文50篇。

廖林川 中国法医学会毒物分析专业委员会副主任委员，中国刑事科学技术协会毒品（毒物）分析专业委员会副主任委员，博士，教授，博士生导师，主（副）编《法医毒物分析实验指导》（实验）《法医毒物分析》《法医毒物分析》（理论）《法医毒物司法鉴定实务》；负责和参与国家自然科学基金、国家科技支撑项目、教育部博士点基金等；发表文章百余篇。

常　林 中国政法大学证据科学研究院院长，兼中国政法大学法庭科学技术鉴定研究所所长，教授，博士生导师。《证据科学》副主编，北京司法鉴定业协会会长。

赵　杰 南京师范大学教授，硕士生导师，南京师范大学司法鉴定中心主任。主要研究证据法学、司法鉴定制度和文书痕迹鉴定。发表学术论文50余篇。

程军伟 西北政法大学公安学院院长，教授，硕士生导师，兼任教育部高等院校本科教学指导委员会公安学类委员，中国刑事科学技术协会文件检验专业委员会委员，陕西省司法鉴定人协会常务理事，陕西省司法鉴定文书痕迹鉴定委员会主任委员，主要从事刑事侦查与技术、司法鉴定制度等方面的研究。代表著作有：《刑事侦查学》《痕迹检验技术研究》。在《法律科学》《中国刑事法杂志》《中国人民公安大学学报》等期刊发表学术论文40余篇。

邹卫东 西南政法大学司法鉴定中心理化实验室主任，高级工程师。主要研究微量物证与文书物证司法鉴定等。代表作：《微量物证与仪器分析》《司法化学》《司法化学实验》，并发表论文多篇。

王永全 华东政法大学刑事司法学院副院长兼信息科学与技术系主任，教授，博士，硕士生导师。兼任中国电子学会计算机取证专家委员会委员，上海市司法鉴定协会电子数据司法鉴定专业委员会副主任；上海市高等学校计算机科学与技术专业教学指导委员会委员，上海市高等学校计算机等级考试委员会委员。主持国家级和省部级课题4项；主编（著）教材5部，参编（著）教材11部；获得教学和科研成果奖等奖励8项；发表学术论文50余篇。

刘品新 中国人民大学证据学研究所副所长，教授，法学博士，中国人民大学物证技术鉴定中心鉴定人；主持教育部、最高人民检察院、公安部等课题多项，出版了《中国电子证据立法研究》《电子取证的法律规制》《美国电子证据规则》等学术著作。

谢君泽　中国人民大学物证技术鉴定中心副主任,参编撰写《电子取证的法律规制》《物证技术学》(第 4 版)等学术著作。

齐金勃　中央司法警官学院教授,财务审计教研室主任,河北农业大学商学院会计学博士生导师,兼职律师。主要从事法商结合研究。代表作:《企业财务报表分析》《管理会计学》《律师事务所税务筹划》。主持"会计司法鉴定技术标准研究"等项目。发表学术论文 20 余篇。

赵家仪　中南财经政法大学法学院教授,硕士生导师,法学博士,中南财经政法大学知识产权学院副院长、知识产权司法鉴定所主任。在《中国法学》《法商研究》《政法论坛》《法学评论》等期刊发表学术论文 20 余篇。

何　华　中南财经政法大学知识产权学院副教授、法学博士、硕士生导师、中南财经政法大学知识产权司法鉴定所鉴定员。发表论文 20 余篇,参与多项国家社科基金和省部级课题研究,长期从事知识产权司法鉴定工作。

周柯生　浙江省衢州康平建筑工程司法鉴定事务所主任,高级工程师,国家注册监理工程师、注册造价工程师,司法鉴定人。曾主编司法部行业标准《建设工程司法鉴定程序规范》,发表学术论文多篇。

陈建国　司法部司法鉴定科学技术研究所道路交通事故技术鉴定研究室主任、上海市道路交通事故鉴定中心副主任、中国质量检验协会机动车安全检验专业委员会副主任、上海市质量检测协会机动车安全检验专业委员会主任。曾任上海市交警总队车辆管理所和事故处担任技术科长。参与编写《道路交通事故现场图绘制》GA49-2009、司法部司法鉴定技术规范《道路交通事故涉案人员交通行为方式鉴定》以及《道路交通事故痕迹鉴定》。

黄海波　西华大学交通与汽车工程学院教授,硕士生导师,四川省司法鉴定人培训基地主任,四川西华机动车司法鉴定所所长。主要从事汽车安全技术研究和道路交通事故鉴定技术研究。

常　远　中国航天社会系统工程实验室教授,中国航天系统科学与工程研究院科技委顾问,中国政法大学知识产权研究中心研究员,世界社会系统工程协会(WISSE)副主席。从事社会系统工程(含法治系统工程、证据系统工程等)等领域教学、科研与实践。曾任中央政法管理干部学院法治系统工程中心主任,中国政法大学社会工程学院综合教学部负责人。

编 写 说 明

一、本教材由霍宪丹担任主编,杜志淳、郭华任副主编;编委为(姓氏笔画为序)刘良、杜志淳、邹明理、郭华、常林、霍宪丹。本教材是法学专业本科生、研究生以及法官、检察官、律师、鉴定人、司法鉴定管理人员学习司法鉴定基础知识、基本原理与基本制度以及研究司法鉴定问题的教科书。

二、本教材的内容首先力求反映相关立法的新规定、理论研究的新成果、鉴定实践的新发展、鉴定管理的新经验。其次在关注司法鉴定实务的同时,注重鉴定理论和原理,强化说理性,努力吸收国内外的最新研究成果,使之在理论上保持一定深度并体现前沿性,力求成为一本理论性较强的教科书。再次是本教材正文部分反映了通说或者共识,对理论研究重点和对实践发展的前瞻以及对重大理论、实践问题的争议在"本章述评"中作出阐述。"本章述评"主要针对该章内容所涉及的理论和实践发展的前沿问题及争议,并介绍一些主流观点;同时,展望了未来的司法鉴定改革趋势和发展方向。

三、本教材的人员分工

导论　霍宪丹

第一章　司法鉴定概论　霍宪丹

第二章　司法鉴定历史沿革　郭华

第三章　司法鉴定基本原则　邹明理

第四章　司法鉴定基本原理　邹明理

第五章　司法鉴定意见证据属性　黄维智

第六章　科学证据的评价　张斌

第七章　司法鉴定管理制度　霍宪丹、潘广俊

第八章　司法鉴定质量管理制度　刘少文

第九章　司法鉴定实施制度　杜志淳

第十章　司法鉴定意见审查判断制度　郭华

第十一章　司法鉴定职业伦理和执业法律责任　刘涛

第十二章　法医病理司法鉴定　刘良

第十三章　法医临床司法鉴定　张玲莉

第十四章　精神疾病司法鉴定　高北陵

第十五章　法医物证司法鉴定　李成涛

第十六章　法医毒物司法鉴定　廖林川

第十七章　医疗损害司法鉴定　常林
第十八章　文书物证司法鉴定　赵杰
第十九章　痕迹物证司法鉴定　程军伟
第二十章　微量物证司法鉴定　邹卫东
第二十一章　声像资料司法鉴定　王永全
第二十二章　电子数据司法鉴定　刘品新、谢君泽
第二十三章　会计司法鉴定　齐金勃
第二十四章　知识产权司法鉴定　赵家仪、何华
第二十五章　建设工程司法鉴定　周柯生
第二十六章　道路交通事故司法鉴定　陈建国、黄海波
附录　建立走向世界的证据科学技术体系　常远

目 录

导论 ·· (1)

第一编　司法鉴定理论

第一章　司法鉴定概论 ·· (4)
  第一节　司法鉴定的基本概念 ·· (4)
  第二节　司法鉴定的价值与功能 ··· (13)
  第三节　司法鉴定的执业分类和系统结构 ·· (16)
  第四节　司法鉴定的目的和任务 ··· (18)
  第五节　司法鉴定学及其学科地位 ·· (20)

第二章　司法鉴定历史沿革 ·· (28)
  第一节　国外司法鉴定演变 ·· (28)
  第二节　我国司法鉴定沿革 ·· (36)

第三章　司法鉴定基本原则 ·· (47)
  第一节　司法鉴定基本原则概述 ··· (47)
  第二节　依法鉴定原则 ··· (48)
  第三节　独立鉴定原则 ··· (50)
  第四节　客观鉴定原则 ··· (52)
  第五节　公正鉴定原则 ··· (54)

第四章　司法鉴定基本原理 ·· (60)
  第一节　司法鉴定物质转移原理 ··· (60)
  第二节　司法鉴定同一认定原理 ··· (65)
  第三节　司法鉴定种属认定原理 ··· (77)

第五章　司法鉴定意见证据属性 ·· (82)
  第一节　司法鉴定意见的证据本质 ·· (82)
  第二节　司法鉴定意见的证据属性 ·· (85)
  第三节　相关的证据规则 ··· (92)

第六章　科学证据的评价 ·· (97)
  第一节　科学证据的概念与性质 ··· (97)
  第二节　科学证据的分类 ··· (99)
  第三节　科学证据的评价方法 ·· (101)

第二编　司法鉴定制度

第七章　司法鉴定管理制度……………………………………………（110）
　　第一节　司法鉴定管理……………………………………………（110）
　　第二节　司法鉴定管理体制………………………………………（115）
　　第三节　司法鉴定的管理模式……………………………………（117）

第八章　司法鉴定质量管理制度……………………………………（125）
　　第一节　司法鉴定质量概述………………………………………（125）
　　第二节　司法鉴定机构认证认可制度……………………………（127）
　　第三节　司法鉴定能力验证制度…………………………………（131）
　　第四节　司法鉴定标准化制度……………………………………（133）

第九章　司法鉴定实施制度…………………………………………（139）
　　第一节　司法鉴定启动制度………………………………………（139）
　　第二节　司法鉴定受理制度………………………………………（146）
　　第三节　司法鉴定实施制度………………………………………（148）
　　第四节　补充鉴定和重新鉴定制度………………………………（157）

第十章　司法鉴定意见审查判断制度………………………………（161）
　　第一节　司法鉴定人出庭作证制度………………………………（161）
　　第二节　司法鉴定意见质证制度…………………………………（167）
　　第三节　司法鉴定意见审查判断制度……………………………（174）

第十一章　司法鉴定职业伦理和执业法律责任……………………（179）
　　第一节　司法鉴定职业伦理和执业法律责任概述………………（179）
　　第二节　司法鉴定职业伦理………………………………………（181）
　　第三节　司法鉴定执业法律责任…………………………………（185）

第三编　法医类司法鉴定

第十二章　法医病理司法鉴定………………………………………（194）
　　第一节　法医病理司法鉴定概述…………………………………（194）
　　第二节　法医病理司法鉴定的技术方法…………………………（197）
　　第三节　法医病理司法鉴定的基本内容…………………………（198）
　　第四节　法医病理司法鉴定意见评断……………………………（203）

第十三章　法医临床司法鉴定………………………………………（208）
　　第一节　法医临床司法鉴定概述…………………………………（208）
　　第二节　法医临床司法鉴定的技术方法…………………………（209）
　　第三节　法医临床司法鉴定的基本内容…………………………（212）

第四节　对法医临床司法鉴定意见评断……………………………………（216）
第十四章　精神疾病司法鉴定……………………………………………………（220）
　　　第一节　精神疾病司法鉴定概述……………………………………………（220）
　　　第二节　精神疾病司法鉴定的技术方法……………………………………（222）
　　　第三节　精神疾病司法鉴定的基本内容……………………………………（228）
　　　第四节　精神疾病司法鉴定意见评断………………………………………（239）
第十五章　法医物证司法鉴定……………………………………………………（245）
　　　第一节　法医物证司法鉴定概述……………………………………………（245）
　　　第二节　法医物证司法鉴定的主要技术方法………………………………（246）
　　　第三节　法医物证司法鉴定的基本内容……………………………………（248）
　　　第四节　法医物证司法鉴定意见评断………………………………………（250）
第十六章　法医毒物司法鉴定……………………………………………………（255）
　　　第一节　法医毒物司法鉴定概述……………………………………………（255）
　　　第二节　法医毒物司法鉴定的技术方法……………………………………（263）
　　　第三节　法医毒物司法鉴定的基本内容……………………………………（270）
　　　第四节　法医毒物司法鉴定意见评断………………………………………（276）
第十七章　医疗损害司法鉴定……………………………………………………（282）
　　　第一节　医疗损害司法鉴定概述……………………………………………（282）
　　　第二节　医疗损害司法鉴定的技术方法……………………………………（285）
　　　第三节　医疗损害司法鉴定的基本内容……………………………………（288）
　　　第四节　医疗损害司法鉴定意见评断………………………………………（290）

第四编　物证类司法鉴定

第十八章　文书物证司法鉴定……………………………………………………（294）
　　　第一节　文书物证司法鉴定概述……………………………………………（294）
　　　第二节　文书物证司法鉴定的技术方法……………………………………（296）
　　　第三节　文书物证司法鉴定的基本内容……………………………………（298）
　　　第四节　文书物证司法鉴定意见评断………………………………………（304）
第十九章　痕迹物证司法鉴定……………………………………………………（308）
　　　第一节　痕迹物证司法鉴定概述……………………………………………（308）
　　　第二节　痕迹物证司法鉴定的技术方法……………………………………（310）
　　　第三节　痕迹物证司法鉴定的基本内容……………………………………（314）
　　　第四节　痕迹物证司法鉴定意见评断………………………………………（323）
第二十章　微量物证司法鉴定……………………………………………………（326）
　　　第一节　微量物证司法鉴定概述……………………………………………（326）

第二节	微量物证司法鉴定的技术方法……………………………………	(330)
第三节	微量物证司法鉴定的基本内容……………………………………	(333)
第四节	微量物证司法鉴定意见评断………………………………………	(339)

第二十一章 声像资料司法鉴定 …………………………………………… (342)
  第一节 声像资料司法鉴定概述…………………………………… (342)
  第二节 声像资料司法鉴定的技术方法…………………………… (345)
  第三节 声像资料司法鉴定的基本内容…………………………… (350)
  第四节 声像资料司法鉴定意见评断……………………………… (353)

第二十二章 电子数据司法鉴定 …………………………………………… (357)
  第一节 电子数据司法鉴定概述…………………………………… (357)
  第二节 电子数据司法鉴定的技术方法…………………………… (360)
  第三节 电子数据司法鉴定的基本内容…………………………… (362)
  第四节 电子数据司法鉴定意见评断……………………………… (365)

第五编 其他类司法鉴定

第二十三章 会计司法鉴定 ………………………………………………… (367)
  第一节 会计司法鉴定概述………………………………………… (367)
  第二节 会计司法鉴定的技术方法………………………………… (375)
  第三节 会计司法鉴定的基本内容………………………………… (379)
  第四节 会计司法鉴定意见评断…………………………………… (383)

第二十四章 知识产权司法鉴定 …………………………………………… (388)
  第一节 知识产权司法鉴定概述…………………………………… (388)
  第二节 知识产权司法鉴定的技术方法…………………………… (390)
  第三节 知识产权司法鉴定的基本内容…………………………… (392)
  第四节 知识产权司法鉴定意见评断……………………………… (394)

第二十五章 建设工程司法鉴定 …………………………………………… (399)
  第一节 建设工程司法鉴定概述…………………………………… (399)
  第二节 建设工程司法鉴定的技术方法…………………………… (400)
  第三节 建设工程司法鉴定的基本内容…………………………… (401)
  第四节 建设工程司法鉴定意见评断……………………………… (407)

第二十六章 道路交通事故司法鉴定 ……………………………………… (410)
  第一节 道路交通事故司法鉴定概述…………………………… (410)
  第二节 道路交通事故司法鉴定的基本内容…………………… (413)
  第三节 道路交通事故司法鉴定的技术方法…………………… (418)
  第四节 道路交通事故司法鉴定意见评断……………………… (424)

附录 建立走向世界的证据科学技术体系 …………………………… (426)

导　　论

司法鉴定制度作为司法制度中的重要组成部分,与证据制度、诉讼制度密不可分。证据制度确立的主要目标是为了及时发现和准确认定案件事实,自然科学的迅速发展为实现这一目标提供了必备条件。司法鉴定制度的完善是科学技术发展的必然结果,然而,一种制度的产生、完善和运行需要某种理论为其提供正当性基础,同时也会受到特定时段的哲学思潮、思维模式和价值取向的影响。司法鉴定制度的目的就在于通过科学技术在诉讼程序中的运用来保证法庭能够更准确和有效地对案件事实进行确认。

一、纠纷解决与司法鉴定

人类社会自产生以来,始终难免与纠纷相伴,而解决纠纷需要科学的鉴定技术参与。专家利用专业知识解决纠纷中的专门性问题,司法鉴定也就成为纠纷解决的一项重要制度。司法鉴定制度的产生是科学技术发展并对社会生活产生影响的必然结果。司法鉴定制度的目的在于通过科学技术在诉讼程序中的运用,保证人类能够更准确和有效地对案件事实进行确认。司法鉴定既不是司法行为,也不是行政行为,而是一种运用专门知识、科技手段、职业技能和执业经验为诉讼活动提供技术保障和专业服务的司法证明活动。司法鉴定作为一种证据调查方法和司法证明制度,除适用于诉讼活动外,还广泛运用于各类社会管理、行政执法和其他纠纷解决活动中。作为一种证据,司法鉴定因其自身的性质和特点,在认定案件事实和对诉讼活动中的专门性问题进行鉴别、审查和判断中具有特殊的功能,对诉讼结果起到至关重要的作用。因此,建立和完善独立公正、科学规范的司法鉴定制度,对于维护公民、法人和其他组织的诉讼权利,对于保障诉讼活动尤其是司法审判工作的顺利进行,具有不可替代的地位和作用。

二、司法证明与司法鉴定制度

司法鉴定制度是大陆法系国家司法制度的一个重要组成部分,它与司法制度的产生和演变密不可分。这一点,可以从人类在司法过程中所采用的司法证明方法的演变历程中得到清晰的认识。从司法鉴定制度的起源来看,构建该制度的理论基础主要有四个方面:(1)认识论基础即人类认识能力的非至上性;(2)价值论基础即多元价值的冲突与平衡;(3)社会学基础即社会分工的精细;

(4) 自然科学基础即科学技术的发展。①

人类的证明活动有多种分类和方式,证明的事实从客观事实到法律事实再到科学事实则是最重要的方式之一。司法鉴定制度是由国家的诉讼模式和审判方式决定的。我国的诉讼模式是由职权主义和当事人主义相结合的产物,审判方式由原来的法院包办代替的纠问式演变为控辩式的模式。这就决定了司法鉴定不再仅仅是一种侦查行为,也不再是司法机关的专属权力,而是当事双方都拥有的诉讼权利。

三、司法鉴定与司法公正

司法鉴定活动是科学性和法律性的高度统一。司法鉴定具有合法性、中立性和客观性相统一的基本属性。司法鉴定活动既要遵守司法活动的程序和要求,也要遵循科技工作的客观规律和技术规范。一方面,双方当事人在法庭上必须对鉴定意见进行质证,法官必须在对鉴定意见进行审核、判断的基础上,结合其他证据决定是否采信;另一方面,司法鉴定人从事司法鉴定活动时,既不是对当事人负责,也不是对委托人负责,而是对法律负责、对科学负责、对委托的鉴定事项负责,最终是对案件的事实负责。司法鉴定具有科学性和可量化、可检测的特征。在诉讼中尤其是在审判活动中具有直接证明和认定案件事实以及判断其他证据真伪程度和证明效力高低的特殊功能。

在诉讼活动中,证据是查明事实、核实事实和证明事实的依据。在众多证据中,司法鉴定作为一种可量化、可检测的科学技术手段,被视为最可靠、最有力的证明方法。科学、规范、客观、公正的司法鉴定制度是准确认定案件事实、正确适用法律的关键,更是当前深化司法体制和工作机制改革的重点之一。② 曾引起社会高度关注的贵州瓮安李树芬案、哈尔滨林松岭案件、云南"躲猫猫"案、杭州"70码"案、成都"6·5"公交车燃烧案件以及天津许云鹤案等案件的处理,均与司法鉴定的参与密不可分。当代社会在司法文明、司法民主、司法科学和保障人权等现代司法理念和潮流发展的推动下,那种仅仅依赖人证(尤其是被告人口供)作为证明手段的时代已经过去③,而科学证据较之人证则具有更为重要的证明价值和社会公信力。在诉讼活动中,特别是在司法审判中,绝大多数物证蕴含的证据信息都需要通过司法鉴定活动将它"提炼"出来,并证实有关专门性问题

---

① 参见汪建成:《司法鉴定基础理论研究》,载《法学家》2009年第5期。
② 参见张军主编:《中国司法鉴定制度改革与完善研究》,中国政法大学出版社2008年版,第1页。
③ 17世纪之前的欧洲,证据的概念仅限于证人证言或者人造记录,排除了从物质材料进行推理的思想。20世纪80年代后期,开始出现"以证据为基础的医学"和"以证据为基础的政策"。参见〔美〕Willian Twining:《证据:跨学科的科目》,王进喜译,载《证据论坛(前沿、实务、文摘)》第13卷,法律出版社2007年版,第264页。

和案件事实是什么以及事实是如何发生的。① 就诉讼参与机关的诉讼职能而言,侦查机关负责查明案件事实,审查起诉机关负责核实案件事实,审判机关的职责在于认定案件事实并适用法律,而司法鉴定制度的功能作用主要在于证明案件事实。由此可见,从参与诉讼的角度来看,司法鉴定是鉴定主体的合法性、诉讼地位的中立性和诉讼程序的正当性的统一;从科技实证活动的角度来看,是仪器设备的专业性、技术方法的成熟性、操作程序的规范性和鉴定人的职业性的统一。司法公正主要体现为侦查公正、起诉公正、审判公正和执行公正相互的统一。基于此,司法公正应当是实体公正、程序公正和鉴定公正的统一适配和内在协调,并以此维护社会公平正义,促进社会和谐稳定。

---

① 徐静村:《证据理论革命与司法鉴定——以刑事证据为视角》,载《中国司法鉴定》2008年第1期;蒋惠岭:《重锤夯实"事实审"之迫切期待》,载《人民法院报》2010年3月5日。

第一编　司法鉴定理论

第一章　司法鉴定概论

> **本章概要**

本章主要介绍司法鉴定的基本概念、基本属性，司法鉴定学的学科定位，司法鉴定的目的和主要任务，司法鉴定的价值和功能，执业分类和系统结构等。其中，司法鉴定的法定概念、立法含义和本质特点、基本属性是本章的重点。学习本章内容，应当了解与鉴定相关的范畴，掌握司法鉴定的概念、功能与目的，以及该学科的地位。

第一节　司法鉴定的基本概念

一、鉴定与司法鉴定

（一）关于鉴定的语义

"鉴定"一词可拆分为"鉴"与"定"，其中"鉴"为仔细审视、查验或鉴别，本身表现为一系列带有连续性行为的程序活动，这些程序既包括"鉴"的启动行为，也包括鉴定人亲自对鉴定客体的审视、察验或鉴别等行为。"定"则可理解为"认定"或"断定"，是鉴定程序所制造出来的"产品"，也是鉴定实施的程序性结果以及目的之所在。"鉴"与"定"具有密不可分、先后承继以及连续不断的关系，"鉴"的程序规则是鉴定活动赖以展开的支持力量，也是"定"得以生成的空间，无论是作为证据内容的鉴定意见还是作为证据载体的鉴定意见，它们相对于鉴定程序来说，均具有"实体"的意义。司法鉴定需要通过法定的诉讼程序检验，并通过可检验性和错误可证实性来体现它的可靠性和有效性。[1] 一般来说，鉴定可分为科学鉴定、技术鉴定和司法鉴定。科学鉴定主要用于科研成果的评价和鉴定；技

---

[1] 郭华：《鉴定结论论》，中国人民公安大学出版社2007年版，第3—4页。

术鉴定主要是为行政执法和行政管理服务；司法鉴定主要是为诉讼活动提供技术保障和专业化服务。三者的性质、特点、适用范围、调整手段既有联系，也有区别。"司法鉴定"一词最初仅指法院启动的鉴定，但随着司法实践发展和法制的推进，"司法鉴定"一词的内涵也随之不断发展变化，不宜再采用狭隘观念去理解它。

"司法鉴定"一词在我国的使用已有几十年的历史，学者、专家乃至普通老百姓对这一词已是相当熟知。[①]"司法鉴定"不是"司法"和"鉴定"的简单叠加，"司法"也并不是说这种鉴定是由司法机关进行或是具有司法裁判的性质（或具有行使司法权的意味），而只是表明司法鉴定活动是在司法过程中进行的，说明该鉴定主要是为司法活动服务的。从这个意义上讲，司法鉴定属于证据调查活动，鉴定意见绝不同于法官的判断，它指向的目标是为事实裁断者认识能力欠缺提供的一种专业知识的补充。司法鉴定的基本属性就在于其法律性与科学性的统一。它既不是纯科学技术性的活动，也不是仅仅为某一司法职能服务的活动。"司法"两字仅是标明了"鉴定"的法定性，说明该项活动是具有法律意义的，其操作受法律约束和规范，其结论一经采信便具有法律效力。"司法鉴定"是在诉讼过程中为诉讼活动提供保障与服务的，不同于公民日常生活中对有些事项鉴别真假的活动。这类日常鉴别活动不涉及诉讼活动，也不具有司法鉴定的内涵。

（二）司法鉴定的含义

司法鉴定的含义可以分为广义和狭义两种。广义的司法鉴定，是指鉴定人运用科学技术或者专门知识对纠纷解决过程中涉及的专门性问题进行鉴别、判断并提供鉴定意见的活动。广义上的司法鉴定为诉讼、仲裁、公证、调解等多种争议解决方式提供科学实证结果。狭义的司法鉴定，是指鉴定人运用科学技术或者专门知识对诉讼中涉及的专门性问题进行鉴别、判断并提供鉴定意见的活动。从适用范围看，狭义的司法鉴定只是诉讼中的科学技术实证活动。

我国司法鉴定的立法采用了狭义的概念。2005年2月28日第十届全国人民代表大会常务委员会第十四次会议通过的全国人大常委会《关于司法鉴定管理问题的决定》（本书以下简称《决定》）（本《决定》根据2015年4月24日第十二次全国人民大会常务委员会第十四次会议《关于修改〈义务教育法〉等五部法律的决定》修正）。《决定》第1条规定："司法鉴定是指在诉讼活动中鉴

[①] 国外有的也称司法鉴定为法庭科学。2005年全国人大常委会立法时，曾有人提出过使用法庭科学的概念，但大多数人不同意。一是因为司法鉴定在我国已经使用了几十年了，约定俗成不宜改变。二是所谓法庭科学与法庭采用的科技手段之间容易混淆。三是国外的法庭科学习惯于特指刑事活动中涉及的鉴定事项，而我国的司法鉴定范围随着社会的发展已经从原有的11项拓展到了30种，此外民事活动涉及的范围就更广了，估计好几百种，这都是传统法庭科学无法容纳的。基于此，全国人大常委会在立法时使用了司法鉴定术语。

定人运用科学技术或者专门知识对诉讼涉及的专门性问题进行鉴别和判断并提供鉴定意见的活动。"这里的诉讼活动,既包括刑事诉讼中的侦查、起诉、审判、执行等活动,也包括民事诉讼和行政诉讼活动中的审判、执行等相关活动。本书认为,随着社会的进步与发展,司法鉴定的含义采用广义的界定更为符合国家和社会对司法鉴定的需求,也更符合司法鉴定行业发展的实际情况。

司法鉴定是指在诉讼活动中鉴定人运用科学技术或者专门知识对诉讼涉及的专门性问题进行鉴别和判断并提供鉴定意见的活动。这一概念主要包括以下几层含义。

1. 司法鉴定是在诉讼活动中进行的活动。法律之所以将诉讼活动中的"鉴定"称为"司法鉴定",并不是鉴定活动本身具有司法职能,而是因为鉴定是在司法诉讼活动中进行的。在现实生活工作中,需要运用科学技术或者专门知识进行鉴别和判断的问题很多,但这些活动不一定都属于司法鉴定。只有在诉讼活动中对案件的某些专门性问题进行鉴别和判断的活动,才属于法定意义上的司法鉴定。我国的诉讼活动包括刑事诉讼、民事诉讼、行政诉讼三大类。因此,《决定》规定的"在诉讼活动中",就是指在刑事、民事、行政三种诉讼活动中,不局限于案件正式提起诉讼后的中间阶段,包括诉前、诉中及诉后的执行阶段。

2. 司法鉴定的主体是司法鉴定人。司法鉴定人是指在诉讼活动中,依法接受委托对诉讼涉及的专门性问题进行鉴别和判断并提供鉴定意见的人。司法鉴定人不属于司法人员,而是一种特殊的诉讼参与人,英美法国家将其称为"专家证人"。鉴定人作为一种特殊的诉讼参与人,必须具有解决诉讼涉及的专门性问题所必需的科学技术手段、专门知识、执业经验和职业技能,并承担依法就提供的鉴定意见出庭作证的义务。

3. 司法鉴定的目的是为了解决诉讼涉及的专门性问题,帮助诉讼查明和认定案件事实。《刑事诉讼法》第 144 条规定:"为了查明案情,需要解决案件中某些专门性问题的时候,应当指派、聘请有专门知识的人进行鉴定"。《民事诉讼法》第 76 条第 1 款规定:"当事人可以就查明事实的专门性问题向人民法院申请鉴定。当事人申请鉴定的,由双方当事人协商确定具备资格的鉴定人;协商不成的,由人民法院指定"。可见,司法鉴定的目的就是为了解决诉讼涉及的专门性问题。这些问题主要是指在刑事、民事、行政诉讼中,需要证明的事项,如亲缘关系的确定、精神疾病的认定等,对那些仅凭侦查人员、检察人员或者审判人员等一般人的直观、直觉或者逻辑推理无法作出肯定或者否定判断的专门性事项,必须依法运用科学技术手段或者专门知识对专门性问题进行鉴别和判断,否则无法查明。

4. 司法鉴定的方法是运用科学技术手段、专门知识、执业经验和职业技能进行鉴别和判断。司法鉴定是诉讼活动中一项重要的调查取证活动,其取证必须借助于科学技术或者专门知识进行鉴别和判断。"科学技术"是指人类在利用自然和改造自然过程中形成的反映自然、社会、思维等客观规律的知识体系。"专门知识"是指人们在某一领域的生产劳动及实践中积累起来的专业知识、方法和规律的总结。

5. 鉴定人应当提供鉴定意见。鉴定人在完成鉴定工作后，应当依照法律规定的要求，向委托机关提供本人签名的书面鉴定意见。"鉴定意见"是指鉴定人在运用科学技术、专门知识、执业经验和职业技能对诉讼中涉及的专门性问题进行鉴别和判断的基础上给出的结论性意见。鉴定意见作为鉴定人个人的认识和判断，表达的只是鉴定人个人的意见。

在司法实践中，由于对鉴定意见的本质特征缺乏必要的认识，致使有些办案人员往往对鉴定意见不加以分析判断，也不进行必要的质证和审查，盲目地予以认定，导致在诉讼中出现了不少问题。特别是在一个案件中对某一事项有多种不同鉴定意见的情况下，办案人员往往以鉴定人员的学历高低、资历深浅，或者鉴定机构的级别来决定对鉴定结论的取舍，忽视通过对每个鉴定人进行质证，进而审查其鉴定意见的科学性、可靠性，从中选择正确的鉴定意见。[1]

（三）统一规范司法鉴定概念的意义

我国的立法对司法鉴定的概念历经了不同界定的过程。[2]《决定》(草案)中界定为："司法鉴定是鉴定人运用科学技术或者专门知识对涉及诉讼的专门性问题进行检验、鉴别和判断并提供鉴定结论的活动。"《决定》将其界定为："司法鉴定是指在诉讼活动中鉴定人运用科学技术或者专门知识对诉讼涉及的专门性问题进行鉴别和判断并提供鉴定意见的活动。"在鉴定前直接冠以"司法"，受到司法范畴的限定，使鉴定与司法活动联系起来，鉴定因此获得了诉讼的性质，这为进一步扩张鉴定为司法服务，鉴定机构和鉴定人相对其他诉讼主体而中立创设空间，为司法鉴定成为证据方法提供了条件。[3] 同时，也为鉴定成为诉讼活动的一部分提供了法律依据。立法将其界定为提供鉴定意见的活动，且这种提供鉴定意见的活动与鉴定人对于专门性问题进行鉴别和判断并列，属于一种连续性的整体活动，缺少任何一项则不具有完整的意义。这表明鉴定既存在鉴定人对

---

[1] 参见全国人大常委会法制工作委员会刑法室编著:《〈全国人民代表大会常务委员会关于司法鉴定管理问题的决定〉释义》，法律出版社2005年版，第1—4页。

[2] 郭华:《鉴定结论论》，中国人民公安大学出版社2007年版，第18—20页。

[3] 我国学者对于鉴定前面是否冠以司法存在争议：一种意见认为，"司法鉴定"一词只突出"司法"，容易模糊人们对鉴定科学性质的认识。徐立根:《论鉴定》，载何家弘主编:《证据学论坛（第1卷）》，中国检察出版社2000年版，第20页。也有人认为，司法鉴定之"司法"并不是说这种鉴定是由司法机关进行或是带有司法裁判的性质，它只具有分类上的意义，表明这种鉴定结论是在司法过程中开展的。据考证，我国"司法鉴定"一词最早出自最高人民法院、最高人民检察院、公安部、卫生部和司法部于1989年颁布的《精神疾病鉴定暂行规定》，可以这样说，"司法鉴定"一词来源于司法实践。

于专门性问题进行鉴别和判断行为,也存在这种行为的结果,以及提供鉴定意见的行为。如果鉴定人没有对于专门性问题进行鉴别和判断,提供的鉴定意见则无效,因为违反了鉴定行为的"连续性",不符合鉴定的实质概念;如果鉴定人对于专门性问题进行鉴别和判断,而没有提供鉴定意见,鉴定不仅没有达到委托或聘请的目的,而且出现"连续性"的中断,也不是法定意义上的鉴定。在实践中,不能排除上述现象的存在,前者是因为鉴定人的主观原因,仅在鉴定书上签字而没有实际进行任何鉴定行为,属于"挂名的鉴定人",或主要的鉴定活动由其助手来完成,鉴定人仅为形式上的署名人;后者因鉴定客体不具备鉴定条件,无法得出鉴定意见,鉴定人作出结论客观上存在不能,或因鉴定人自身能力的不足,对于符合鉴定条件的鉴定,不能得出鉴定意见,属于鉴定人主观上的不能,仅提出倾向性的意见。《决定》为避免上述情况的发生,保证鉴定的质量和程序的合法,采用在诉讼活动中鉴定人运用科学技术或专门性知识对诉讼涉及的专门性问题进行鉴别和判断"并"提供鉴定意见的活动的规定,为合理构建鉴定诉讼程序规则提供了法律依据。

1. 统一规范司法鉴定的概念是司法鉴定制度的基石。司法鉴定在诉讼中的地位作用、鉴定权的归属、司法鉴定管理、司法鉴定实施程序及标准问题,以及司法鉴定文书制作规范等一系列实践中亟待解决的问题,都应当围绕司法鉴定的内涵和外延进行科学的构建。因此,对司法鉴定概念作出正确界定,不仅能够深入理解和掌握司法鉴定,还能够明确司法鉴定与其他专业技术鉴定的区别,以及司法鉴定的地位和作用,甚至对于构建中国特色社会主义司法鉴定制度也具有十分重要的意义。

2. 统一规范司法鉴定的概念是规范司法鉴定执业活动的前提条件。这有利于将司法鉴定作为一种诉讼过程中的证据调查活动,强调它的法定程序性质,从鉴定的启动到鉴定结论的生成,整个过程都存在鉴定法律关系主体的互动,体现程序的参与性不同于"科学技术活动",不同于所谓的"技术侦查行为";同时,这种证据调查活动包涵了它是"诉讼中一项重要的调查取证活动"①,不同于单纯的证据收集活动②,在某种意义上它属于一种"制造证据的活动"。因此,以证据调查活动作为鉴定的基本定性,能够充分反映鉴定参与诉讼的程序性。

3. 统一规范司法鉴定的概念是规范司法鉴定管理活动的基础。一方面有利于澄清对司法鉴定认识和理解上的错误。如认为纳入司法行政部门统一登记

---

① 全国人大常委会法制工作委员会刑法室编著:《〈全国人民代表大会常务委员会关于司法鉴定管理问题的决定〉释义》,法律出版社 2005 年版,第 3 页。

② 最高人民法院《关于民事诉讼证据的若干规定》将鉴定规定在"人民法院调查收集证据"内容之中,所以我们将鉴定定性为证据调查活动。

管理的鉴定为司法鉴定,未纳入统一登记管理的鉴定不是司法鉴定,实质上鉴定是否纳入统一登记管理不是区分一般鉴定与司法鉴定的标准,而应以是否涉及诉讼的专门性问题,即是否为诉讼活动提供支持作为标准。这里存在对社会鉴定机构性质的认识错误。社会鉴定机构相对职能鉴定机构而言,是根据设立的主体不同而对鉴定机构作出的分类,职能鉴定机构只是在执业范围上有所限制,社会鉴定机构不受限制,并不是社会鉴定机构面向社会接受委托从事鉴定业务。司法鉴定的科学性不仅是采用科学技术,主要包括鉴定人的科学性,是掌握科学技术或者特殊经验的专家;鉴定运用的原理与方法属于科学的原理与方法;鉴定使用的仪器设备符合科学的标准;鉴定得出的结论符合科学推理的要求;等等。另一方面有利于全面准确地理解司法鉴定。司法鉴定作为一种客观化程度最高的司法证明制度和证据调查方法,不仅直接为诉讼活动提供可靠的技术保障和专业服务,而且也为其他法律活动、准司法活动、行政执法、社会管理和各种社会纠纷解决活动提供证明手段。

二、司法鉴定的基本属性

司法鉴定的基本属性主要指的是法律性、中立性和客观性的统一。它们决定了司法鉴定的发展方向、管理模式、鉴定体制和运行机制。

(一) 法律性

法律性主要是指司法鉴定机构、鉴定人和鉴定活动具有的法律特征和合法性要求。

1. 鉴定程序要严格遵守诉讼法的规定,如在刑事诉讼中,鉴定只能在诉讼过程中提起并由承办案件的机关决定,不能因个人意愿随时启动和实施。

2. 司法鉴定机构必须经过国家司法鉴定的主管部门批准和授权或经司法机关临时指定或者委托。[①]

3. 鉴定客体(对象)仅限于案件中经过法律或法定程序确认的某些专门性问题。

4. 鉴定主体必须是具有鉴定人职业资格的自然人,而不是鉴定组织或业务

---

① 根据2004年7月1日生效的《行政许可法》的规定,司法鉴定机构的设立以及从事司法鉴定活动资格的取得均属于需要经过行政许可的事项。《行政许可法》第12、29、54、62、67、68条等条款,以基本法的形式规定了鉴定机构的设立程序、鉴定人的选拔方式以及鉴定机构的法律责任等内容,为建立统一的司法鉴定管理体制奠定了基础。之后,国务院2004年第412号令《国务院对确需保留的行政审批项目设定行政许可的决定》确认了司法鉴定机构和司法鉴定人的设立审批纳入500项确需保留的行政许可事项内容,负责的部门为司法部和省级人民政府司法行政主管部门(参见其中的第76和77项)。2007年8月9日国务院行政审批制度改革工作领导小组办公室又对此进行了审核,同意保留并将其行政审批项目名称调整为:"司法鉴定人审核登记、司法鉴定机构审核登记。"2012年国务院在统一清理行政审批项目工作中,又再次确认了这两项行政审批项目。

部门及技术部门。鉴定人作为诉讼活动的参与人,不仅应具有法定资格,而且还应当依法出庭接受询问和质证。

5. 鉴定活动属于以科学技术手段或者专门经验、技能核实证据的诉讼参与活动。

6. 鉴定意见是法定的证据种类之一。

(二) 中立性

中立性主要是指司法鉴定机构和鉴定人在诉讼活动中应当具有相对独立的诉讼地位。一是不能与诉讼职能部门有直接隶属或依附关系,如参与诉讼的侦查机关、起诉机关、审判机关以及其他相关部门;二是不能与诉讼双方存在利害关系;三是不能与委托部门或鉴定要求存在可能的利益关系,这是实现鉴定公正的基本保证。

司法鉴定机构和鉴定人在诉讼活动中保持中立地位,依法独立执业是保障司法鉴定活动客观公正的内在要求,其原因主要有四个方面:(1) 在司法证明活动中,保持中立地位是程序公正的要求。(2) 在进行科学技术活动时,排除人为因素的干扰,保持中立性和独立性既是科学精神的体现和要求,也是保障结果客观真实的前提条件。(3) 程序正义的要求,即"任何人都不能成为自己的法官"。(4) 作为一种证明和评价活动,在当事的第一方和第二方之间,保持第三方的法律地位是公正性、权威性的基本保障。在技术检测和检验活动中,由于第一方评价(当事人自己为自己证明或作出评价,但因其直接的利害关系可信度最低)和第二方评价(由使用者进行证明或作出评价,也因为存在间接的利害关系甚至利益驱动)难以被对方接受,往往造成多次证明或评价。因此,只有第三方评价(由无利害关系的第三方权威机构作出证明或评价)因其中立性具有较高的证明力和权威性,因而具备被普遍接受和采用的基础,能够"一个证明,多方使用"。基于司法鉴定这一属性,司法鉴定机构和鉴定人在实施鉴定活动时,既不是对司法机关负责,也不是对当事人负责而是对法律负责、对科学负责、对所委托的鉴定事项负责、对自己的执业行为负责,最终是对案件事实负责。

司法鉴定的中立性是其内在价值要求。一方面消除"侦鉴合一""检鉴不分"体制可能带来的不公正现象,避免鉴定机构因隶属控诉机关受部门行政干预、权力干预而迷失公正方向;另一方面,要求能够避免公检法机关各自为政,在互不认同或抵制的状态下通过职权的滥用对同一专门性问题进行重复鉴定,制造出多个冲突的鉴定意见,影响司法鉴定的严肃性和权威性。因为鉴定问题不仅仅涉及科学性问题,它也是一项借助于科学知识和科学仪器、科学方法进行检验分析并具有主体性的活动,同时也具有较强的法律性,只有以中立性作为方向指引,才能保证这一活动真正的独立,为诉讼提供客观、公正和可信赖的"公共产品"。

侦查机关作为刑事诉讼中执行控诉职能的一方诉讼主体,对其控诉主张负责。虽然法律明确要求其既要收集对犯罪嫌疑人不利的证据,也要收集对其有利的证据,但特定的诉讼地位和长期形成的追诉倾向使得有些侦查机关更注意收集对犯罪嫌疑人不利的证据,而疏于收集对犯罪嫌疑人有利的证据。如果鉴定人与侦查人员同属一个单位,难免受到一些侦查人员追诉倾向的影响,在鉴定过程中也会更注意对犯罪嫌疑人不利的鉴定意见,难保鉴定意见的客观公正。由于侦查活动往往非常紧急,随时会遇到有关问题需要鉴定,就此而言,侦查机关内部设置技术鉴定机构有利于侦查的及时性。侦查活动的这一特征决定了侦查机关内部仍可保留一部分鉴定机构和鉴定人,为侦查工作的顺利开展提供技术支持。需要说明的是,从大多数国家的实践来看,警察部门主要负责犯罪现场调查和证据材料搜集,而鉴定工作则由在诉讼中具有中立地位的专门的社会鉴定机构负责。独立设置鉴定机构,不仅没有影响侦查、公诉机关行使侦查破案和审查起诉的职能,反而提高了其公信力和办案效率。[①]

事实上,司法鉴定的独立性更着眼于司法鉴定人的具体鉴定工作独立于委托人和司法鉴定机构的行政领导以及其他司法鉴定人,强调的是司法鉴定内部工作制度的客观要求。(1)司法鉴定人应当独立于委托人。无论是否实行社会化运营,鉴定人都必须独立于委托人,并实行回避原则,不能受委托人直接或者间接、有形或者无形利益的影响以及现实或者潜在利益的支配。大陆法系国家司法官对鉴定人具体鉴定工作的监督,是对鉴定程序、鉴定方法等的监督,并不是干涉鉴定人的具体鉴定工作。(2)司法鉴定人应当独立于司法鉴定机构的行政领导。在我国,资格型司法鉴定人必须是在司法鉴定机构中执业的自然人,鉴定人进行鉴定是由鉴定机构直接指定的,但鉴定机构的行政领导不得干涉鉴定人的具体鉴定工作。只有鉴定中立于诉讼中和管理上的权力,才可能保证鉴定的独立,否则,鉴定有可能被迫服从于领导意志。(3)司法鉴定人应当独立于其他司法鉴定人。对于同一案件,即使在相同的技术条件下,由于鉴定人的认识水平存在差异,或者学术观点存在分歧,都会导致不同的司法鉴定人对同一鉴定客体可能形成不同的鉴定意见。作为一种科学技术实证活动,司法鉴定并不适用少数服从多数的工作原则。

(三)客观性

司法鉴定的客观性是客观规律、客观事实和科学定理对司法鉴定工作提出

[①] 参见司法部司法鉴定管理局参考资料:《英国司法鉴定专题考察报告》2007年6月1日第2期;司法部司法鉴定管理局简报:《司法部司法鉴定培训团赴荷兰考察报告》2012年11月23日第32期。

的基本要求。司法鉴定意见的确定性和权威性,一般取决于两个要素:(1)正当法律程序的保障(保证司法鉴定的合法性和公信力);(2)鉴定意见的客观性(真实性)。鉴定意见的客观性源于三个方面的因素:(1)科学性。司法鉴定是科学认识证据的重要方法和手段,司法鉴定是以科学技术为生命的。司法鉴定过程就是一个科学认识的过程。司法鉴定的意见,往往就是科学认识的结论。人类社会经过上千年的无数实验和探索,发展、归纳和总结出的科学规律、科学定理、科学理论、科学知识,构成司法鉴定的基本理论、基本知识和基本技能、基本方法、基础设备。这正是建立在人类社会公认的科学规律、科学定理和科学结论基础上的司法鉴定意见与证人证言之间的根本区别。(2)专业性。鉴定意见的可靠性取决于它产生的过程和方式,取决于它的专业化、职业化程度和专业技术水平。司法鉴定的专业性,主要指的是专业技术机构的专业技术人员,根据专业技术理论、知识和方法,采用专业技术设备和手段,按照专业技术程序规范和技术标准规范的要求,对专门性问题进行识别、比较和认定、评断,并得出专业性结论的活动。(3)统一性。不仅自然规律、科学原理和技术方法、技术标准具有统一性,而且鉴定程序和鉴定人资质要求上也具有统一性,以此保障鉴定的同一性和可比性。

需要指出的是,司法鉴定意见也有其主观性的一面(这也是产生重复鉴定的客观原因之一)。这是由主体的多样性和认识水平的不同,采用的设备和技术标准不统一,检测比对的标准体系不统一,鉴定对象的多样化(如生物体、精神状况的鉴定与物体鉴定就有很大差异)和时间上的差异等因素造成的。但与其他证据形式相比较而言,它的客观性因素大大超过其主观性因素,因而具有相对合理性和更高的可靠性。

(四)其他属性

司法鉴定除以上基本属性外,还有其他一些属性。这些属性主要有:(1)公共性。这是由诉讼的公法性质和诉讼活动的复杂性所决定的。司法鉴定活动不仅涉及当事人的权利,而且还涉及公共利益和其他社会利益的调整和补偿,具有很强的社会公共属性。正因为如此,《决定》把司法鉴定纳入行政管理范畴,赋予司法行政机关行政许可的职责。(2)社会性。司法鉴定服务对象不仅是办案机关,还包括当事人,从其服务对象上体现出社会属性。(3)综合性。司法鉴定既是多学科交叉的一种技术科学实证活动,又是诉讼参与活动,涉及自然科学、社会科学和工程技术,是三大领域理论、知识、方法和技术的综合运用。

第二节 司法鉴定的价值与功能

一、司法鉴定的价值[①]

司法鉴定制度作为人类诉讼文明和科技发展的产物,其得以确立并在诉讼制度的演变过程中得到发展和完善,在相当大的程度上是因为该制度本身在诉讼过程中具有一系列的优势。正是因为司法鉴定制度所具备的独特的制度价值,使得它在经过长久的历史发展之后,在科学技术高度发达的现代社会得到了极大的认可和重视,任何国家都无法忽视司法鉴定对于公正司法所起到的重要作用。司法鉴定的价值包括下面两个方面。

(一)工具性价值——实现实体正义

司法鉴定的工具性价值在于查明案件事实,实现实体正义。司法鉴定制度得以确立要归功于现代科学技术的产生及发展,而司法鉴定制度运作的目的就是通过科学技术对诉讼中某些专门性问题进行检验和判断,提供科学的意见。法官对案件的审理需要就案件所涉及的问题进行裁判,但是这种裁判必须建立在一定证据的基础上,法官不可能完全脱离证据而就案件作出判断,无论在哪种社会形态中,法官都不可能具有如此大的裁量权,国家和法律也不会放任法官恣意的裁量权。因此,当司法鉴定在诉讼过程中得以运作,并对案件的专门性问题作出认定后,实际上就是为法官裁判的作出提供了一个相对确定的事实基础,司法鉴定就争议问题所形成的鉴定意见往往也因此而演化为客观真相。在这个过程中,司法鉴定实际上为法官准确认定案件事实提供了一种技术支持和专业保障,其运作结果便是将案件事实真相相对完整而明确地呈现在诉讼参与者及社会公众面前。以此为基础,法官根据法律的规定作出的判决往往是公正的,诉讼参与者和社会大众也会认为法官实现了司法公正,裁判的权威性因为具备了公正的要素而得到支持和加强。这种实体意义上的公正,是司法鉴定在运作过程中所内含的一种价值追求,无论承认与否,司法鉴定一旦启动,其对这种实体公正的倾向性选择均是无法避免的。

(二)内在价值——实现程序公正和效率

司法鉴定作为诉讼制度的一个重要组成部分,不仅是实体法和程序法的综合体,也是法律程序与技术程序的统一。司法鉴定既涉及对案件专门性问题进行判断的实体性规则,也涉及如何运用专门知识对专门性问题进行判断的程序性规则。司法鉴定作为一种司法制度,必须具备一定的可操作性,必须具有一系

---

① 汪建成:《司法鉴定基础理论研究》,载《法学家》2009年第5期。

列的程序性规则对之加以保障。司法鉴定在运作的过程中,程序性规则发挥的一个重要作用即为诉讼双方提供平等的机会参与其中,并对司法鉴定的展开享有对等的发言权。在大陆法系国家,对于实施司法鉴定的程序,虽然法官具有掌控于控辩双方的主导权,但是法官的重要职能之一就是维持诉讼双方之间的平衡,尽量避免力量失衡现象。而实际上,基于实践中双方地位失衡的现状,出于对被告方弱势地位的考量以及限制检控方权力的思路,大陆法国家往往还赋予被告人较多的权利以形成对控方权力的制衡。而法官在诉讼过程中,还要竭力在诉讼双方之间保持中立,同时还要维持双方在鉴定问题上势均力敌的状况。这些程序性规定的逻辑基础即是保证诉讼双方尤其是被告方在鉴定的过程中得到公正对待,使其可以享受到程序主体所应当享有的所有尊严和自我感,从而体现法律人性化的一面,在外观上使法律呈现出公正。在这个意义上,司法鉴定的制度设计闪现着程序公正的光辉,它保证作为制度参与者的诉讼双方在鉴定的开展过程中,通过理性化的程序和制度,使得人们从程序运作过程中,获得对法律秩序公正性的认识和信心,同时使进入诉讼的双方的正当权益得到应有的尊重和维护。司法鉴定制度的功能作用恰好满足了这一要求。

二、司法鉴定的功能[①]

(一)扩张法官等事实裁判者的认识对象

司法活动是办案人员按照一定的程序和原则把待决案件事实置于法律规范构成要件之下的推理过程,是通过对法律规范的识别与解释,并对案件事实进行鉴别与认定,从而获得相应判断的认识过程。案件事实是发生在过去的事件,相对事后开展的认识活动来说,都已经成为"历史"。鉴于时间的不可溯及性,鉴定人通过先进的科学技术经过反复实践,虽然能够揭示事实的真相,但仍不可能重现案件事实,也不能根据法庭审理裁判的需要而任意展现在法官或诉讼参与者面前。案件一旦发生,事实便化身为不可重现的证据,成为司法活动的认识对象。法官对案件事实的认识,应当在尽量保证符合其本来面目的情况下进行,惟其如此,司法才能在最大程度上获得客观性,才能对案件作出最符合客观实际的评价。而法官对案件事实的认识,需要一定量的证据提供足够充分的信息加以支持,因此,从法官认识案件事实的需求出发,证据需要具备客观的属性。证据的客观性强调证据必须是客观存在的事实,任何主观的东西如臆想、猜测、假设等,都不能成为证据。[②]

司法鉴定的核心是通过科学技术在司法领域内的运用,从所鉴定的对象中

[①] 汪建成:《司法鉴定基础理论研究》,载《法学家》2009年第5期。
[②] 参见秦策:《司法客观性的理论建构》,载《比较法研究》2001年第3期。

获取与案件事实相关的客观信息。因此,司法鉴定在完成后,必然需要向法庭提供某种结论,即对整个鉴定过程以及鉴定人利用自身的技术方法、职业技能和执业经验以及专业知识,通过鉴定对案件有关的专门性问题所形成的判断。这些判断是专业知识规范和具体事实之间的结合,其在得以形成并提交给法庭后,使得事实裁判者所要关注的认识对象的范围大大扩张。此时,法官不仅需要关注诉讼双方所提供的认识对象及其自身在审理过程中所获取的其他认识对象,还必须吸取鉴定意见中所蕴含的有效信息。在司法鉴定进行之前,与案件有关的某些事实信息可能因为各种原因而被掩盖,法官的认识对象在某种程度上被限缩了,往往限于根据经验或逻辑可从证据获取的表面信息。而司法鉴定的目的之一就是利用技术对这些被掩盖的信息进行揭露,从而大大深化了人们在同等情况下对证据所包含的信息的理解,为审判在更深层次上提供了可供认识的对象。因此,司法鉴定的存在,在某种程度上保证法官需要关注的案件事实不会受到限制,从而扩张了司法裁判者认识对象的范围。

(二)补充法官等事实裁判者在专门性问题上认识能力的不足

通常情况下,司法过程中对案件事实的认定,基本上表现为三方面要素共同作用的结果。(1)裁判者的判断力,这是人本身所固有的一种能力,并不因其身份而对其他人产生某种优越性。(2)裁判者作为正常理性人所具有的生活经验,这是人在社会生活中逐渐获取的知识,其可能会因生活环境等各种因素的影响而在裁判者和其他人之间产生某种程度上的差异,但并不必然意味着裁判者所具有的这种生活经验优于其他人的生活经验。(3)诉讼中收集到的为法律认可的证据。上述三方面因素中的前两项属于事实裁判者的认识能力。从理想的情形来说,当裁判者面对证据需要作出判断的时候,只需要根据经验运用自己的判断力,便可得出事实认定的结果。

在司法实践中,案件事实所涉及的问题又常常会有超出一般人的知识和生活经验范围之外。此时,缺少有关专门知识作支撑的单纯的判断力便失去了用武之地,而不得不借助有专门知识的人的帮助。对于案件裁判者来说,熟练、准确地对法律加以运用是其职业化的必然要求和基本素质,但是不可能要求他们对于超出一般常识范围之外的各个专门领域都有深入的研究。与此同时,裁判者又不能仅以诉讼中需要判断的事实超出其认识能力范围之外为理由而拒绝作出裁判。无论如何,裁判者对诉诸法院的争议问题作出判决都是理所当然的责任。为了解决裁判者不得拒绝裁判的义务和裁判者认识能力欠缺两者之间的矛盾,法律必须寻求一种解决机制,以补充对裁判者就专门性问题认识能力的欠缺。因此,现代科学技术必然被引入到诉讼当中。科学技术的运用,裁判者对于无法用其专业知识认识的案件事实就可以得到专业的解读和判断。司法鉴定制度也由此成为法官认定事实的一种制度性保障。在司法鉴定中,鉴定人也因此成为一个核心角色。一方面,他是科学技术手段的掌控者;另一方面,他又对案件涉及的专门性问题具有优于裁判者的认识能力。只有这两者互相结合,案件的裁判者在对专门性问题作出判断上所面临的窘境才能得到化解。由此可见,鉴定人的作用是根据超出一般常识范围之外的那部分专门知识,利用技术优势就专门问题作出判断,从而补充事实判决者在专门问题上认识能力的不足。

(三)印证和补强其他证据的证明力

司法鉴定既是一种科学技术活动,又是一种诉讼证明活动,是形式上的司法活动与实质上的科学技术活动兼容。司法鉴定通过技术性手段将蕴含于物证、书证等证据中的事实信息揭露出来,并将之以鉴定意见的方式加以展示,从而达到为法庭查明事实提供帮助的目的。一方面,司法鉴定可以揭示物证、书证等证据的证据价值。因为有些物证、书证只有经过具备特定知识和技能的人的确认、解读才能发挥其证明作用,只有经过司法鉴定才能确定其证明力并为诉讼行为的展开提供证据支持。另一方面,司法鉴定为一定的实体或者程序性主张提供意见。在诉讼过程中,诉讼双方基于胜诉的渴望,往往会根据具体情况的发展而不断提出实体主张或程序主张。实体方面的主张涉及被追诉人刑事责任能力、犯罪构成要件等方面的诉求,而程序性主张主要涉及被告方诉讼能力、受审能力及证人的作证能力等请求。司法鉴定的作用是为诉讼参与者所提出的某种主张从专业角度提供意见。司法鉴定还可以对一些普遍性的规则、惯例、专业术语等进行说明、解释,从而帮助控辩审三方理解、判断有关各方的意见。

第三节 司法鉴定的执业分类和系统结构

规范司法鉴定的执业分类和确定司法鉴定的系统结构既是司法鉴定规范化建设的基础,也是规范司法鉴定管理工作的前提条件。一般来说,可以依据司法鉴定的执业领域、司法鉴定的系统结构(层级结构)和司法鉴定人与司法鉴定技术方法结合程度的不同进行划分。

一、依据执业领域分类

随着社会经济的发展,司法活动中须面对的专门性问题越来越多,越来越复杂,越来越专业化、国际化和技术化。因此,司法鉴定的领域也在随之不断地发展和调整(如日本分为三类:(1)有关一般性原则的鉴定;(2)有关一定具体事实的认定;(3)有关将一般性原则适用于一定具体事实时所得出的推论的鉴定)。目前,在我国的司法实践中大体也分为三种类型:

1. 传统的司法鉴定执业领域,如法医病理司法鉴定、法医临床司法鉴定、精神疾病司法鉴定、法医物证司法鉴定、法医毒物司法鉴定、医疗损害司法鉴定、会计司法鉴定、文书物证司法鉴定、痕迹物证司法鉴定和微量物证司法鉴定等。

2. 近年来适应经济社会发展和诉讼需要发展起来的，如电子数据司法鉴定、环境损害司法鉴定、建设工程司法鉴定、声像资料司法鉴定、知识产权司法鉴定、涉案物品价格司法鉴定、产品质量司法鉴定，以及综合鉴定的领域，如交通事故类司法鉴定、农业类司法鉴定、环境类司法鉴定等。

3. 鉴定事项数量很少且往往与特殊的技能、绝活和多年累积的特别经验相关，也不必纳入统一管理的范围，司法实践中一般采用办案机关临时指聘的办法。

根据诉讼的需要和自身的发展有必要将第二类司法鉴定中那些已经基本具备规范管理条件的执业领域逐步纳入司法鉴定的统一登记管理范围。对此，一是看是否属于诉讼需要；二是看符不符合法制化、规范化的发展方向；三是看是否符合发展规划和合理布局的要求。应当说明的是，国家没必要也不可能将所有的鉴定活动都纳入统一管理的范畴。一般说来，拟纳入登记管理范围的鉴定事项除应符合上述基本条件外，一般还需要考察四个相关因素：(1) 有无行业主管部门和管理职能。(2) 有无统一的技术鉴定机构职业资质管理办法。(3) 有无统一的技术鉴定人的职业资格管理办法。(4) 有无统一的技术标准和技术规范。

二、依据层次结构分类

研究司法鉴定的系统结构和制定司法鉴定执业分类规范不仅涉及准入管理、资质管理、质量管理、执业监管，而且也是认证认可、收费管理和专业评估、国际交流的基础及前提。从实践看，可以借鉴高校学科专业体系结构、动植物系谱和家谱划分的分类办法，依据能力、方法和鉴定要求，构建起司法鉴定的四层级系统结构：

第一层级是鉴定种类，如法医类、物证类和声像资料类司法鉴定等。

第二层级是鉴定类别，如法医鉴定中的法医病理、法医临床、法医物证、法医精神病和法医毒物鉴定等。

第三层级是鉴定事项(即鉴定内容)，如法医毒物中的常见挥发性法医毒物鉴定和常见有机毒物、常见无机毒物的司法鉴定等。

第四层级是鉴定项目，主要是指每个鉴定事项中的具体项目和基本步骤。如常见有机毒物法医鉴定中的具体物品的常见有机毒物分析等。其执业分类的系统结构呈正金字塔形状。

三、依据人、机结合度分类

司法鉴定活动应当是科学技术与司法鉴定人的有机结合。但在具体的司法

鉴定中,可以根据科学技术与鉴定人的结合程度分为三种状态:

第一类是主要依靠科学技术出具检验检测结果开展鉴定的,如法医物证、法医毒物司法鉴定、物证类司法鉴定等。这一类鉴定活动对于实验室建设水平、质量控制体系、机构管理水平、技术方法、技术规范往往有着严格的要求。伴随着司法鉴定体制改革的深入,公众法律意识日益加强,鉴定结果是否客观、准确越发受到重视。如何保证鉴定活动有章可循、有规可依、有据可查,这就要求鉴定机构应建立和使用科学管理方法和先进的鉴定技术。认证认可就是这样一种质量管理手段,它是按照国际通行的标准,根据 CNAS-RLO 2:2016《能力验证规则》《检验检测机构资质认定管理办法》以及《检测和校准实验室能力认可准则》(ISO/IEC17025)、《检查机构能力认可准则》(ISO/IEC17020)、相关领域应用说明以及《实验室资质认定评审准则》来指导司法鉴定机构从管理要求和技术要求两方面,建立并运行质量管理体系,对能影响鉴定质量的所有因素包括人员、设备、环境、标准、程序等方面进行全过程、全方位的有效控制和管理,以确保司法鉴定"行为公正、程序规范、方法科学、数据准确、结论可靠",这对于保障鉴定质量,实现鉴定公正起着至关重要的作用。

第二类是主要依靠鉴定人的专业知识、执业经验和职业技能进行鉴定,如精神疾病类司法鉴定,尤其是功能性精神疾病鉴定等。这一类鉴定对于执业人的专业学历、技术职称、学术地位、执业经验、工作业绩等基本资质以及实施程序都有较高的要求。如在不少国家中,从事精神疾病司法鉴定和精神障碍医学鉴定的人员,往往是医科院校中具有本专业高级职称并有 5 年以上从业经历的人员才能独立执业。

第三类是经过长期钻研和实践,在某一职业中掌握某些特殊技能的专业人才进行的鉴定,如某些文物专家的鉴定等。

第四节　司法鉴定的目的和任务

一、司法鉴定的服务对象

司法鉴定机构在诉讼活动中接受侦查、公诉和审判机关的委托从事司法鉴定业务,表面上看来似乎是为办案机关服务,其实不然。为谁服务的问题,应当从鉴定的终极目标上考察。司法机关作为国家诉讼职权机关和诉讼主体,在刑事诉讼中要实现惩罚犯罪、保障人权、维护国家与社会安定的职能。而司法机关在民事、行政诉讼中是要解决诉讼争议、维护当事人合法权益、保障社会秩序。就司法鉴定而言,司法主体与鉴定主体都是为诉讼活动服务,最终达到公正司法的目的。两者的服务对象具有一致性。

二、司法鉴定的主要任务

司法鉴定的主要任务是出具鉴定意见、提供可靠的证据,而不是为哪一个诉讼主体服务。任何国家的法律都规定鉴定是出具鉴定意见、提供证据材料,其实质是为诉讼活动服务。我国司法鉴定活动一贯强调合法性、独立性、客观性、公正性原则,如果规定司法鉴定是为诉讼主体的司法机关服务或是为诉讼当事人服务,都容易偏离这四个原则,同时,司法鉴定永远难以实现确保司法公正的目标。

三、司法鉴定的目的

司法鉴定既不是仅为司法机关服务,也不是仅为当事人服务。从其任务和要达到的目的来看,只能是为刑事、民事、行政诉讼活动尤其是司法审判服务的。

1. 诉讼法律规定司法鉴定活动是诉讼活动。根据我国刑事、民事、行政诉讼法规定,鉴定是诉讼活动的组成部分。这种活动常常贯穿于诉讼活动的始终。司法主体、当事人、鉴定主体都要共同参与这一活动,他们根据法律规定,享受权利(力)并履行义务,为查明案件事实而努力。司法鉴定为诉讼目的服务是毋庸置疑的。

2. 司法鉴定必须按诉讼法规定的程序进行。我国三大诉讼法和其他相关法律,规定了一系列的鉴定程序,如鉴定启动(鉴定提出或申请)、鉴定决定与委托、补充鉴定、重新鉴定、法庭质证等,同时在鉴定管理层面还制定了鉴定实施程序规范、鉴定技术标准、鉴定文书规范、职业道德规范与执业纪律等规章。这些程序与规章,都从不同的侧面确保鉴定程序正当、实体合法的要求,从而达到鉴定意见有效地为诉讼目的服务。

3. 司法鉴定的主要任务是解决涉及诉讼的专门性问题并提供作为证据的鉴定意见。鉴定任务是与服务对象、服务目的直接相联系的。提供鉴定意见是为了有利于司法机关及时作出公正裁决,确保诉讼目的实现。司法鉴定是诉讼主体和参与诉讼各方的互动活动,共同实现诉讼目的。

综上所述,司法鉴定不属于"中介机构"或"法律服务机构":(1) 司法鉴定具有法律性与科学性相统一的双重属性,其执业活动是一种诉讼参与活动,既是为诉讼活动的顺利进行提供保障,也是一种具有公共服务性质的专业技术活动。司法鉴定机构的设立应当经过一定的法定程序,需要司法行政机关审核登记,司法行政机关还要对其进行监管,如果违规还要进行处罚。(2) 司法鉴定是对案件事实负责而不是对委托人或当事人负责的,也不是可任意启动的市场行为。(3) 它是运用科学技术、专门知识、执业经验和职业技能,为司法活动提供技术保障和专业化服务,而法律服务是依靠法律知识和技能提供服务的。

第五节　司法鉴定学及其学科地位

一、司法鉴定学的学科名称

　　司法鉴定学作为一门独立学科,不仅应有自己独立的研究范畴、相对成熟的研究方法,还应当具有较为规范的学科体系。因此,要求它须具有统一的学科名称。在我国,对涉及司法鉴定为内容的学科采用何种学科名称,在学术界尚未达成完全的共识,至今在学科名称的使用上仍存在着分歧。在我国,早期司法鉴定学的内容主要是法医类鉴定和痕迹物证类的鉴定。由于法医鉴定类的鉴定学科相对成熟,包括痕迹物证类的鉴定成为侦查学中的刑事技术的内容。特别是由于我国的法律体系以往大量借鉴、吸收了原苏联法律体系的有关内容,因此民事诉讼长期没有受到重视,司法鉴定学科的内容也主要集中在为打击犯罪服务,并作为犯罪对策学的内容,致使司法鉴定学长期隶属于公安类侦查专业,未能形成一门独立的学科。

　　随着科学技术的发达,诉讼类型的繁多,司法鉴定种类和范围随之日益扩大,特别是司法鉴定在实务中的发展,促使我国司法鉴定理论研究不断深化,在理论和教学上涌现出一批研究司法鉴定学科的专家学者,有关司法鉴定的课程也相应在大学法律(学)专业,尤其是政法院校独立开设,并逐步建立了这一学科的硕士学位、博士学位点,使其成为独立的、应用型法学的分支学科。为了使这门学科更加完善、规范,并使之成为具有高度理论思维和应用价值的新学科,专家学者对该学科的名称及学科体系等问题进行了广泛的研讨与论证,提出了很多有益的见解。① 有的学者认为,该学科定为"司法鉴定学"较为科学;也有学者认为以"物证技术学"命名比较准确;还有学者认为将其定名为"物证检验学"最为适宜。因受不同学术观点的影响,出版的教科书的名称各不相同,主要有"物证技术学""司法鉴定学"和"司法检验学"等几种,此外,还有"司法科技学""法证科学""法庭科学""司法科学""痕迹检验学"等。对该学科名称的争议主要集中在"鉴定""检验"和"物证"以及"司法鉴定""物证技术"和"法庭科学"等方面。

　　有学者认为,该学科冠以"物证"两字能够揭示这门学科的对象和法律性质,是可取的,且"技术"两字在学科名称中体现,能够明确此学科的技术性。如果物证后面使用"鉴定""检验",似嫌过窄、过专,有妨碍该学科发展的可能性。因为物证技术中除了检验和鉴定物证技术,还有发现、记录(拍照)和提取物证的技术,而且对普通高校政法院系本科生来说,实际上并不是培养专门的鉴定人员,

---

　　① 郭华:《司法鉴定研究五十年的历史与检视》,载《中国司法》2008年第8期。

而是培养懂得物证技术基础知识的法律人才,故名称以"物证技术学"作为学科名称相对比较准确。

也有学者认为,物证技术学作为学科的名称值得商榷。因为物证作为诉讼法的一个法定概念,具有特定的内涵,如果以物证作为研究客体,并以其作为学科研究对象的范围,则有无视物证以外其他证据种类研究之嫌,且把鉴定知识抽象归结为"技术学"也难以成立。"技术"与"学"的搭配使用不尽科学。"学"是系统性的专门知识,一般应具备基础理论、丰富完整的知识内容和科学的体系,仅就鉴定的操作技能、技巧作为研究对象显然还达不到"学"的层次。普通高等法学院系讲授该类课程应以传授鉴定基础知识为重点,不是单纯传授技术,故该学科以司法鉴定学作为学科名称更为科学。

还有学者认为,案件中的痕迹和物证是有区别的,用物证一词难以概括这两件事物,应当定名为司法检验学。因为必须经过检验才能够认识痕迹物证,"检验"一词能够概括研究发现、提取和鉴别痕迹物证的内容,并比"技术"一词更能准确地反映该学科研究范围。"鉴定"一词主要是通过技术、经验、技巧检验后评定和认定的意思,它是一种认识事物的结论形式,难以概括发现、提取和鉴别痕迹物证三方面内容。因此,该学科以"司法检验学"作为学科名称较为适宜。

我国学者对该学科名称在理论上的争议始于1989年合肥会议。此次会议以后,学者们对此学科的名称争鸣不断。为使学科命名更加科学化,1994年6月北京大学司法鉴定室专门组织召开了"关于建议统一使用司法鉴定学学科名称"的论证会。在论证会上有的学者认为,"物证技术"是对有关证物的分析研究和操作技巧,根据汉语语言学的原理,"技术"之后不能加"学"字。若使用该名称,在字面上就会自我约束学科的发展。"司法科技学"亦有不妥,"科技"一词即"科学技术"的简称,犯了同"物证技术学"相同的语言学错误。并认为,"司法鉴定学"从理论到实践都能够准确体现本学科的内涵与外延,符合汉语语言习惯,且与中国科学院专业学科命名的规定及课程相协调,建议该学科统一使用"司法鉴定学"作为学科名称。

本教材基于司法鉴定法律名称在实践中的习惯、法科学生的知识结构以及理论研究的需要采用了"司法鉴定学"。采用此名称有以下几个理由:(1)司法鉴定学能够反映该学科的本质,表明该学科性质,并且我国目前还存在调整司法鉴定的专门性的法律和规范性文件,如《决定》《司法鉴定程序通则》,因此采用司法鉴定学能够与现有法律契合。"鉴定"一词其本意是指专家或具有专门知识的人对事物的真伪、优劣和事物之间的联系进行的鉴别和评定,它是一种认识事物的主观形式,采用"鉴定"能够反映出该学科的目的、任务,揭示出该学科的内在规律性。司法鉴定的实施必然要有发现和提取技术的应用,这些内容是鉴定活动不可或缺的准备过程,鉴定是这一过程本质的反映,也是其必然的归宿,采用司法鉴定学作为学科名称有其相应的法律依据。(2)随着科学技术的发展、诉讼新类型的不断出现以及社会的迅速变迁,法律调整的领域必然不断拓宽,司法鉴定活动的范围和对象也日趋广泛。该学科不宜以特定的证据种类作为名称,同时确立该学科名称时也不应仅以普通高校本科生开课内容为限,否则与完整的学科体系的要求相差甚远。从鉴定服务对象来看,有的是为刑事执法服务的鉴定,如刑事案件中的死亡原因、当事人生理和精神状态等;有的是为行政执法服务的鉴定,如交通事故中伤残等级、车辆状况,吸毒人员的毒物、毒量等鉴定;有的是为仲裁服务、为公证服务的鉴定;还有的为社会突发性重大事件服务。因此,司法鉴定学不同于司法鉴定,其范围不应仅仅限于诉讼活动。(3)有关该学科名称及体系的争议,实质在认识上并无原则性区别,而只是研究范围和层次不同而已。一般认为,通常所说的司法鉴定是指诉讼中所进行的鉴定,至少包括法医类鉴定、物证类鉴定(包括痕迹物证司法鉴定、文书物证司法鉴定、微量物证司法鉴定等)、精神疾病司法鉴定、会计司法鉴定、知识产权司法鉴定、建设工程司法鉴定等。作为一门课程应当专门研究与鉴定有关的一些共同性法律问题和理论问题,将其定名为司法鉴定学能够反映时代的需要。(4)司法鉴定学中的"司法"一词,概念外延较广,人们对其含义的理解比较统一,符合我国一般语法习惯,而且有利于与西方国家的"法庭科学"或"司法科学"等名称接轨,充分体现这一学科的性质和法律意义,表明其作为法学分支学科的地位。同时,我国法律法规等文件也采用了司法鉴定的术语,该学科名称定为司法鉴定学也符合我国法律体系发展的方向。

司法鉴定学科主要是利用现代科学知识和检验技术研究鉴定原理和鉴定方法,并为司法机关客观准确地判断案情提供鉴定意见的法学分支学科。然而,司法鉴定学是一门法学分支学科,是为适应、满足诉讼活动的需要而产生的,因此它既要涵盖司法鉴定立法、司法鉴定制度、司法鉴定程序等内容,又要囊括为诉讼服务的、解决专门性问题的各种应用学科的内容,如法医学、司法精神病学、会计学、痕迹学、心理学、社会学、语言学等自然学科和社会学科领域的知识。其中,利用自然科学技术、社会科学研究的成果为司法诉讼服务,是司法鉴定学的一个重要特征。但它又不仅仅是研究如何利用现代科学技术成果进行诉讼证明活动的学科,它还需要研究这种证明活动得以顺利运作的法律制度,如司法鉴定体制、司法鉴定规范、鉴定制度、司法鉴定程序、鉴定证据制度等有关司法鉴定的法律规范。

司法鉴定学是研究诉讼活动中运用自然科学技术和社会科学的理论和方法,为查明案件事实,解决案件中不以专门的知识、技能或特别经验不能解决的某些专门性问题,并提供专家的意见或证言的一门融法学与相关自然科学以及其他社会科学为一体的法律学科。相对于刑事技术来说,它带有更多的法律特征。这也是将其列为法学学科的一个基本理由。

二、司法鉴定学的研究对象

每一门科学都以某种现象和规律作为研究对象,以区别于其他学科。司法鉴定学是自然科学技术与法律科学相结合形成的应用性较强的综合性法学学科。它作为法学的分支学科,不仅有其专门的概念体系、基本范畴、基本原理及基本制度,而且有其特定的研究对象和专门的研究方法。其研究对象主要包括司法鉴定法律规范、司法鉴定实践和司法鉴定理论。这些内容不仅仅限于我国的司法鉴定法律规范、实践和理论,还应包括古今中外有关鉴定的内容。基于教学要求和学生储备知识的需要,本书主要以现行司法鉴定法律规范、司法鉴定实践和司法鉴定理论作为主要内容。

(一)司法鉴定法律规范

司法鉴定学是以司法鉴定法律规范作为研究对象的,尽管目前还没有统一的司法鉴定法,但有关司法鉴定的法律法规等仍应是司法鉴定学研究的基本依据,也是其作为法学学科的基本要求。司法鉴定学涉及领域非常广泛,尤其在利用科学技术或者专门知识方面难以用一门学科的专有知识来包含,但进行司法鉴定应遵循的法律法规却是基本一致的,如《决定》。《决定》是专门调整司法鉴定管理的规范性文件,目前在司法鉴定管理体系中具有"基本法"地位。在法律层面,有关司法鉴定的规定主要有《行政许可法》《行政处罚法》《刑法》《刑事诉讼法》《民事诉讼法》《行政诉讼法》以及《仲裁法》等。这些规定是司法鉴定的法律依据,也是司法鉴定学研究的主要法律内容。由于我国没有统一的司法鉴定法,对司法鉴定涉及的基本问题缺乏调整与规范,致使还存在一些有关司法鉴定的地方法规。[①]

另外,司法鉴定规章以及一些解释、批复也是司法鉴定的重要依据。这些规章以及解释主要有:司法部的《司法鉴定机构登记管理办法》《司法鉴定人登记管理办法》《司法鉴定程序通则》;公安部、最高人民检察院、国家安全部的有关规定以及《最高人民法院技术咨询、技术审核工作管理规定》和《最高人民法院对外委托、评估、拍卖等工作管理规定》等。同时,还包括公安部《公安机关鉴定规则》(公通字[2017]6号)、最高人民检察院《关于CPS多道心理测试鉴定结论能否作为诉讼证据使用问题的批复》(高检发研字[1999]12号)、最高人民检察院《关于"骨龄鉴定"能否作为确定刑事责任年龄证据使用的批复》(高检发研字[2000]6号)、最高人民法院《关于人民法院在审判工作中能否采用人类白细胞(HLA)

[①] 有关司法鉴定的相关立法可参见王敏远、郭华:《司法鉴定与司法公正研究》,知识产权出版社2009年版,第131—176页。

作亲子关系鉴定的批复》(法〔研〕字〔1987〕20号)、最高人民法院司法行政装备管理局《关于对外委托文件制成时间鉴定有关事项的通知》(法司〔2008〕12号)以及2005年9月22日全国人大法工委给卫生部《关于对法医类鉴定与医疗事故技术鉴定关系问题的意见》(法工委复字〔2005〕29号)等相关规定。①

司法鉴定学以此作为研究对象主要是为司法鉴定准确依法进行提供帮助，更为重要的是为完善司法鉴定有关立法提供理论依据和完善司法鉴定制度提供科学的建议，将其作为司法鉴定的内容对于促进司法鉴定的法制建设和推进法治化进程具有特别重要的意义。

(二) 司法鉴定实践

司法鉴定学是一门实践性很强的应用型学科，尤其是司法鉴定活动本身更是离不开实践，有些鉴定对实验具有强烈的依赖性，其技术与检测数据还是鉴定意见得以产生的基础。随着科学技术发展以及专门知识经验的积淀，司法鉴定所采用的技术也在不断变化，尤其是鉴定技术的更新，如现代生物学DNA分型技术应用于个体认定鉴定代替了传统人类ABO血型种类认定等。司法鉴定制度建设也在不断要求司法实践现代化，如司法鉴定实验室的认证认可、司法鉴定技术准入制度等。因此，对于司法鉴定学学科来说，无论是理论研究还是课堂教学，抑或是鉴定活动均需要有一定的实验操作，以司法实验室作为学习、研究的基础与条件。同时，还应当对司法实践中存在的一些典型的案例进行总结与研究，发现鉴定理论、鉴定技术以及鉴定程序存在的问题，从而为完善司法鉴定制度提供实践基础。

(三) 司法鉴定理论

司法鉴定理论涉及的基本范畴、原则和原理是司法鉴定学科的基础，也是司法鉴定学作为一门课程最基本的内容，更是从事司法鉴定活动以及利用司法鉴定、适用司法鉴定所必备的基础知识。这些理论主要包括司法鉴定的基本构成要素，即司法鉴定主体、司法鉴定客体和司法鉴定行为。这三大基础性要素构建出司法鉴定基本理论的骨架。对该内容的研究能够为司法鉴定的立法决策提供理论上的论证。其中，司法鉴定主体主要包括司法鉴定管理主体、司法鉴定的启动主体、司法鉴定的实施主体和司法鉴定的监督主体，他们是司法鉴定法律关系的主体；司法鉴定客体是司法鉴定主体在从事司法鉴定过程中所指向的对象；司法鉴定行为是指司法鉴定的程序性活动，主要包括司法鉴定的启动行为、司法鉴定的实施行为以及鉴定意见的质证、认证和救济行为。建立科学合理的司法鉴定实施程序也是该学科研究的重要内容之一。

司法鉴定学作为法学学科的一个组成部分，其研究的对象不仅仅是司法鉴

---

① 郭华：《司法鉴定法律文本的变奏及结构重整》，载《华东政法大学学报》2010年第2期。

定本身的活动规律,还包括其在诉讼过程中借助于专门知识进行证据调查的活动规律。因此,司法鉴定学的研究对象应以诉讼程序架构下鉴定活动的规律作为建构该学科体系的主轴,并在其理念、目的、任务与价值、功能等基本范畴和理论的支撑下形成具有高度的理论与学术品位的司法鉴定学学科体系。研究司法鉴定学的研究对象对司法鉴定学学科建设具有特别重要的意义。

三、司法鉴定学的学科定位

学科是指使用独立的研究方法对专门的研究对象进行研究而形成的严密、完整、科学的知识体系。司法鉴定学因其研究对象、任务和目的与诉讼活动密切相关,使其成为法学学科体系的重要组成部分,同时又因其研究内容和方法多为科学技术手段及自然科学研究成果应用等专门知识,而使其成为一门综合性、应用性的法学学科。由于司法鉴定长期以来被简单地服务于诉讼实践,使其学科设置依赖于诉讼法学,并成为其附庸,以至于在《授予博士、硕士学位和培养研究生的学科、专业目录》中司法鉴定学被设置为诉讼法学之下的一个研究方向,司法鉴定学作为一门学科长期被划归诉讼法学并作为其下属的法学三级学科。

从司法鉴定实践角度来看,司法鉴定学作为服务诉讼活动的重要学科,司法鉴定过程也是诉讼过程的一个阶段,鉴定意见也只是作为诉讼证据的一种类型。然而,在学科理论研究上并非如此。由于司法鉴定学研究内容非常独特,其学科理论基础与诉讼法学理论基础并不相同,诉讼法学对其仅仅存在研究对象及其行为方法上的程序制约,并非理论上的包含,它在理论上和制度建设上与诉讼法学相比更具有自己的特色。

因司法实践逐步发展,司法鉴定学不仅理论得以发展,而且还涵盖了法医学、司法精神病学、司法会计学等分支学科。而这些学科在各自的主体学科领域中又分别属二、三级学科,如果再将这些学科划归法学三级学科的分支学科,在逻辑上难以成立。因此,司法鉴定学应当划归法学二级学科,与诉讼法学并列。这样,不仅有助于该学科的内容划分,有利于完整学科体系的建立以及提高司法鉴定服务诉讼的质量,而且也能使诉讼活动更加重视司法鉴定证据,从科学方法角度保证诉讼活动的公正性,保持司法鉴定制度与诉讼制度、证据制度相协调。司法鉴定学已经成为现代法学学科的重要组成部分。基于此,司法鉴定学已经成为一门交叉学科科目,在"中华人民共和国国家标准学科分类与代码"(GB/T13745—92)编号中,司法鉴定学的法学学科代码为820.3065,它已作为法学的二级学科列入高等教育学科目录,这为司法鉴定学的学科发展奠定了坚实的基础。

本章述评

在建设中国特色司法鉴定制度的过程中,我们无需排斥法治发达国家的有关鉴定制度的参考价值和借鉴意义。这些国家的经验纳入到我国司法鉴定制度改革的具体实践之中,着眼于对司法鉴定制度、诉讼制度与证据制度的系统结构的理论思考。在中国特色司法制度的背景和框架下将其"中国化",同时也要尊重司法鉴定制度建设的规律性和基本原理,科学地与中国化的司法鉴定制度结合起来,建设符合我国的司法制度和司法实践的、具有中国特色的司法鉴定制度。① 特别需要注意以下变化:(1) 司法鉴定从司法服务制度观念向司法保障制度观念转变。《决定》确立的统一司法鉴定管理体制改变"职权型"司法鉴定为"服务型"司法鉴定,实质上明确了司法鉴定保障司法、服务诉讼的制度定位,因此司法鉴定管理制度建设应当转化为服务、保障制度,这是其法治化的基本标志。(2) 司法鉴定统一管理从地方向全国转变。司法鉴定是鉴定人运用科学知识、专门技术和职业技能、执业经验,对诉讼中的专门性问题提供证明的活动,具有法的天然属性。司法鉴定的管理必须强化全国管理才有可能实现统一管理的要求,地方司法鉴定的统一管理也是依照全国规定进行规范管理,但地方不能对司法鉴定全国性、行业性的问题予以规定,否则会妨碍司法鉴定统一管理体制的形成。(3) 司法鉴定名册从行政化管理向程序控制转变。司法鉴定活动更需要借助程序的力量规范执业活动,并以司法鉴定管理的程序化规范要求限制个别行为的恣意,实现对司法鉴定管理权力的制约。因此司法鉴定管理主体的统一也是司法鉴定制度改革得以深化的基本路径依赖。(4) 从推进司法鉴定法制建设向司法鉴定的法治建设转变。司法鉴定统一管理法治化还需要其他相关法律予以对接。按照《立法法》第8条的规定,司法鉴定的质证制度、认证制度属于诉讼制度,只能由国家法律规定。因此,尽快制定《司法鉴定法》作为修改完善三大诉讼法有关司法鉴定问题的法律指引是保障司法鉴定统一管理本体法治化的重要途径。在司法鉴定法治化过程中尤其需要注意防止和避免涉及司法鉴定的"公共权力部门化""部门权力利益化"和"部门利益法定化"的怪异现象。②

一般而言,任何以建立新制度为目标的改革都可能经历较长的时期。如果等待这制度改革后再进行其他制度的改革,这些没有改革的制度不仅会阻碍新制度的形成,还会损害新制度形成的速度及其发挥作用的范围。由此而言,《决定》作为统一司法鉴定管理体制改革的法律规范性文件,在推进和深化改革中具

---

① 霍宪丹、郭华:《建设中国特色司法鉴定制度的理性思考》,载《中国司法鉴定》2011年第1期。
② 郭华:《司法鉴定法律文本的变奏及结构重整》,载《华东政法大学学报》2010年第2期。

有法律的力量。在建设中国特色司法鉴定制度过程中,还需要完善相关法律规定和制定《司法鉴定法》来对司法鉴定制度问题予以全面规范,使司法鉴定的制度和体系能够反映我国的历史文化、法制体系和法治进程,满足社会的诉求和诉讼制度的需要,符合科学发展以及诉讼文明、民主的方向,进而促进司法鉴定制度在规范化、法制化的基础上逐步走向法治化、体系化,形成具有中国特色社会主义司法鉴定制度。

> **思考题**

1. 如何理解司法鉴定基本概念、基本属性的意义?
2. 如何理解司法鉴定与司法公正的关系?
3. 如何理解司法鉴定在诉讼中的价值与功能?
4. 为什么说中立性是司法鉴定活动的内在要求和本质属性?
5. 如何理解司法鉴定的目的和任务?

第二章 司法鉴定历史沿革

本章概要

本章主要包括司法鉴定起源、发展和变化以及司法鉴定作为一项法律制度的历史演变。其中,对大陆法系国家鉴定制度、英美法系国家专家证人制度和我国司法鉴定制度的发展脉络进行详述。学习本章内容,应当了解中外司法鉴定演变与发展的基本历程及其基本内容,掌握未来司法鉴定制度发展的基本趋势。

第一节 国外司法鉴定演变

司法鉴定作为一项法律制度肇端于其他诉讼制度,曾与勘验、检查等刑事技术并合。这一制度的形成经历了一个漫长的过程,在不同的传统文化、诉讼结构以及司法制度背景下形成了各具特色的鉴定制度或者专家证人制度。

一、大陆法系国家司法鉴定的发展历史

大陆法系国家的鉴定历史悠久,源于尸伤检验的司法实践,与刑事审判制度并存。据考证,鉴定可追溯到古希腊时代,在古希腊的文献中能够寻找到因争议案件事实而使用医学知识或其他自然科学知识进行尸体检验的实例。公元前510年的古罗马《十二铜表法》中存在亲子鉴定的有关规定。公元前44年,古罗马恺撒大帝(Julius Caser)在罗马元老院大厅遇刺身亡,由医师安提斯底(Antistius)验尸,发现身体23处被刺,并提出胸部为致命伤的意见。这些鉴定在诉讼历史上可能是较早使用法医的案例。公元6世纪,东罗马帝国的《查士丁尼法典》中也存在关于鉴定的规定,这是西方最早有关鉴定的立法例。鉴于此,罗马法可视为鉴定制度的滥觞,并作为大陆法系司法鉴定的端绪。

(一)大陆法系国家早期司法鉴定的演变

"鉴定制度,在罗马法中已发其端绪,继依德国普通法之理论而发达;惟德国古代法中则无此制度。"[①] 德国古代法没有鉴定的相关规定,其鉴定制度是在后

---

① 〔日〕松冈义正:《民事证据论》(上、下),张知本译,中国政法大学出版社2004年版,第206页。

来的德国普通法理论得到发展后形成的。1532年的德国《加洛林法典》存在有关"鉴定"的规定,涉及鉴定的条文有40条。如该法典147条规定,伤害致死的因果关系,可以由外科医师作为证人,并要求他进行鉴定。在"德国普通法中,初则以鉴定人与证人同一视之,且以鉴定人为理论方面之证人,而以证人为事实方面之证人;厥后始有鉴定人与证人之区别"。[①] 继之,许多国家将有关鉴定的规则规定在法典中。15世纪后,伴随欧洲资产阶级革命的发生,生物学、物理学、化学、数学得到了空前的发展,这对法医学的发展起到了推进作用,对维护社会制度的诉讼制度提出了新的要求,特别是通过科技手段等专门知识来证明案件事实产生了深刻的影响。1562年法国医生巴雷(Ambrois Paré)第一次进行了汞中毒的法医学鉴定,1575年撰写了《外科手术学》,并对损伤、杀婴、机械性窒息、电击死等非正常死亡尸体以及活体损伤等提出一些鉴定方法。1606年亨利四世曾通过许可状的方式授权任命外科医生让·德拉里维尔(Jean de la Rivère)为被伤害或者谋杀的人进行检验。17世纪后期,路易十四颁布的《刑事条例》中规定了受伤者应受愿意宣誓提供诚实报告的内科医生与外科医生检验,检验报告可以作为案件的证据;法官可以命令正式指定的内、外科医生进行再检验。这些规定还涉及鉴定人宣誓、鉴定人资格等内容,这是法国现代鉴定制度的雏形。

1598年意大利的菲特利斯(Fortunatus Fidelis)撰写了欧洲第一部系统性的医学专著《医师报告》(De Relationibus Medicorum)。这一医学著作作为以后的法医学发展奠定了基础,也为法医学鉴定的发展提供了条件。1622年意大利的巴迪尔(Camillo Baldi)编写了世界上第一本笔迹学著作——《怎样根据字迹判断写作者性格和气质》。1813年、1815年西班牙的医学博士马蒂厄·约瑟夫·博纳旺蒂尔·奥菲拉(Orfila)先后出版了《毒物与普通毒物学》(上、下),其中砷的研究对毒物检验鉴定产生了非凡的影响。在1840年玛丽·拉法格被指控毒死丈夫一案中,奥菲拉鉴定出拉法格尸体内有砷的存在,在排除来自检验所使用的试剂以及死者棺材周围泥土的情况下,确认了此案的事实。在毒物研究和检验鉴定方面因此获得欧洲"毒物学鼻祖"的声誉。1850年比利时的化学教授让·塞维·斯塔尔在古斯托夫被杀案件中,鉴定出死者的肝脏中含有大量的尼古丁毒物,形成了斯托斯检验毒物生物碱的方法。1850年法国马里·德维热出版了《法医学:理论与实践》。1850年和1856年德国约翰·路德维希·尤斯佩的《司法验尸》和《法医学手册》出版。1868年俄国涅金戈利用显微镜研究颈索沟的变化来判断死因。1872年法国人米尚(Jean Hippolyte Michon)出版了《笔迹学的体系》和《笔相学的方法》。

---

① 〔日〕松冈义正:《民事证据论》(上、下),张知本译,中国政法大学出版社2004年版,第206页。

1883年法国的贝蒂隆（A. Betillon）创建了"人体测量法"，将其应用于刑事犯罪档案的建立，并创建了世界上第一个鉴定机构——刑事鉴定局。鉴定机构的建立，对大陆法系国家的司法制度产生了深刻的影响，致使其他国家纷纷效仿，在享有侦查权的机关内设立鉴定机构，成为警察机关和行使侦查职能的检察机关内设鉴定机构的传统。同时，1877年的《德意志刑事诉讼法典》中有关鉴定的规定，保留了法官指定鉴定以及鉴定人属于法官协助人的传统。19世纪末，鉴定人与法官仍然维持此种密切的协助关系。在法定证据制度下，法官没有自由判断及评价证据的权力，因此，基于一定的鉴定而提出的意见，法官必须遵从。[1]

（二）大陆法系国家现代司法鉴定的演变

随着诉讼模式演进、证据制度的变化、科学技术的发展以及对鉴定问题认识的深入，大陆法系国家将鉴定作为一项相对独立的活动，鉴定结果也逐渐作为证据的种类，并在实体法和程序法中对其作出相关的规定。如《法国民法典》以"鉴定"这种证据方法来明确其证据种类；《法国刑事诉讼法典》设立"鉴定"专节共用14个条款规定鉴定的程序规则；《法国民事诉讼法典》也规定了鉴定程序规则。

法国在刑法中，所有的证据方法——书证、人证、供述、搜查、扣押、现场查证、勘验、鉴定、事实上的推定、痕迹等，只要运用这些证据方法所取得的证据是按照一定的形式并遵守特定的规则进行查找与提出，并提交法庭辩论与对席争论，便都许可。1910年法国的洛卡德（Edonond Locard）在里昂创立了欧洲第一个警察犯罪侦查实验室。法国的警察系统设有鉴定机构，隶属于内政部的国家司法警察局下设的司法鉴定中心，主要在现场勘查、物证检验、人身识别等方面向各地警察机构提供服务。巴黎警察局设有中心实验室和毒物学实验室。国家宪兵总局设立技术处，主要负责现场勘查和鉴定工作。法国将鉴定资格授予个人和单位，委托鉴定"应从列入最高司法法院制定的全国性名册的自然人或法人中挑选鉴定人，或者从列入上诉法院按照1971年6月29日有关司法鉴定人的第71-498号法律规定之条件制定的名册上的自然人或法人中挑选鉴定人"。[2]

德国法律规定的证据有勘验、证人、专家鉴定、文书、询问当事人。法律列举并没有穷尽，其他查证的方法也可以考虑，如广泛询问（Umfragen）等。其证据形式主要包括询问当事人、人证、书证、勘验和鉴定等。1901年德国学者保罗·乌伦豪特在意大利学者罗格托·马格纳尼研究采用干血痕区别人血和动物血方法

---

[1] Wegener, Der Psychologische Sachverständige-Aufgabe, *Methoden und Probleme*, Forensia 1986, S. 41—43.

[2] 参见《法国刑事诉讼法典》第157条，罗结珍译，中国法制出版社2006年版，第163页。

的基础上,研究出利用血清能够将人血、马血和牛血的干血痕区别开来,发表了《不同种类的血的鉴定方法及人血的鉴别证明》论文,为血痕的鉴定奠定了技术基础。随之,在鉴定活动中出现了 ABO 血型的鉴定技术方法。

《德国刑事诉讼法典》和《德国民事诉讼法典》对鉴定作出了相关规定。德国的警察系统设有司法鉴定机构,分属于联邦和州警察局鉴定机构,它们之间互不隶属。联邦警察局设立 7 个部门,信息鉴定处负责鉴定工作,法医学鉴定均在各医学院校的法医研究所。德国司法鉴定机构的管理机关为司法部,各医学院校的法医研究所的法医学鉴定也接受司法部的指定,但法院与检察院不设立鉴定机构。德国将鉴定资格授予个人和机构。

1716 年俄国颁布了通过尸体解剖来确定死因的军事法令。该法令规定,对于殴打和受伤死亡者应当实行尸体解剖。俄国将鉴定人作为科学的法官,曾一度出现视鉴定人的意见为科学判决的情况。但之后这一观点逐渐被修正。原苏联法学家克列曼认为证据种类应有以下几种:证人的陈述、书证、物证、当事人本人的答辩、勘验笔录和鉴定人的意见等。《俄罗斯联邦刑事诉讼法典》是在原苏联 1985 年修正的《苏俄刑事诉讼法典》的基础上在 2003 年进行修改,后经过 2005 年的修订,在鉴定人的结论外新增加了"专家"的规定,并在"鉴定人的结论"的基础上增加了"鉴定人的陈述",以此明确"结论"与"陈述"的区别。《俄罗斯联邦民事诉讼法典》规定了"鉴定人的结论和陈述",并将"鉴定结论"作为独立的证据种类。

大陆法系国家由于受职权主义诉讼模式的影响,鉴定人的鉴定资格一般由有关法律或有权机关明确规定或者将鉴定权授予特定的人或机构。鉴定机构和鉴定人具有中立性,并实行鉴定人回避制度。法院将鉴定人视为法官的"助手",帮助法官发现事实的辅助人。法官在审判实践中借助鉴定人的专门知识和鉴定意见在形式上"弥补其知识的不足"或"掩饰其常识的缺陷"。鉴定程序一般由法官启动,警察机关和检察机关一般不拥有司法鉴定的直接决定权,在侦查活动中发现案件确有专门性问题需要鉴定时,一般请求法官决定。

大陆法系国家的司法鉴定强调法官对鉴定启权动的控制、鉴定人的中立,鉴定制度的职权主义色彩相当浓厚,这使得鉴定更多的是追求实质公正和诉讼效率,易于忽视诉讼当事人在司法鉴定程序方面的权利保障,在实践中,常常导致法官过分依赖鉴定结论的危险。这些缺陷已经成为近年来大陆法系国家进行鉴定制度改革的主要原因以及完善鉴定体制的重要课题,尤其是法国,在修改后的《法国民事诉讼法典》中形成了"确认""诊断"和"鉴定"并存的法律制度。

二、英美法系国家专家证人制度的演变

英美法系国家基于历史传统的延续性,其诉讼模式以及民族特点等具有近似性,在鉴定制度中形成了颇具特色的专家证人制度,并随着诉讼对抗制度的发展创立了有关专家证人制度的判例和相关立法。

(一) 英美法系国家早期专家证人制度的历史

英国由于历史渊源、地理环境以及民族特点,英格兰、威尔士和苏格兰形成了具有差异的诉讼制度,也出现了两种不同的鉴定制度。英国的鉴定制度源于盎格鲁—撒克逊时期的"验尸官"(Coroner)。英格兰、威尔士被誉为"验尸官"制度的诞生地。"验尸官"的主要作用是查明死因,医生是协助人。这种制度影响了不少英联邦国家,如美国的部分州、北爱尔兰、新加坡等的相验制度。这些制度则是在"验尸官"制度的基础上发展起来的。

英美法系国家的专家证人制度是在审判实践中逐渐成长起来的。早期由某一领域具有经验的人组成陪审团参与案件的审判,如英国审理出售变质食物案件的陪审团;审判妇女怀孕案件的"已婚妇女"陪审团等。在公元5世纪至9世纪英国一些官员代表国王支持地方尸体的勘验和证据调查,形成了验尸官制度。随着陪审团制度的改革,14世纪的英国出现了利用专门知识帮助法庭解决疑难问题的"法庭顾问"。如1345年审理有关当事人伤口是否为新近形成的案件时,法官聘请了外科医生作为顾问,他们以自己的专门知识出席在法庭上,解决的主要是医学问题。1532年英国法律规定,法庭对暴力致死案件应当传唤医学专家提供专业意见。1555年英国伯克利诉拉斯·托马斯一案(Buchley v. Rice Thomas)是最早听取专家证言的判例,审理案件的法官桑德斯(Saunders)认为,"如果在我们的法律中出现有关其他学科或机构的事项,我们通常请求有关的科学或机构帮助,这是我们的法律中一件值得尊敬和赞扬的事。因为它表明我们并没有拒绝接受除我们之外的所有其他科学,相反,我们把它们作为值得赞许的事情来鼓励和支持"。18世纪以前的英国,专家证人的程序启动权并非由当事人(控辩)双方享有,而是由法院垄断,与大陆法系国家基本相同,具有专门知识的人被称为"技术证人"(skilled witness)。

自然科学技术的发展促发了鉴定技术、方法的改变以及鉴定领域的拓宽。1684年英国科学家格雷(Gray)博士利用显微镜提出了最早的指纹研究报告。1782年在福克斯诉查德(Folks v. Chadd)判例中,法庭采信了著名工程师防洪设施淤塞港口的专家证言。19世纪初,英国的安德鲁·邓肯(Andrew Duncan)在爱丁堡大学首先开设法医学课程。1880年苏格兰教士亨瑞·费尔滋(Henry Faulds)通过报告建议犯罪侦查运用指纹识别技术。1892年英国弗朗西斯·高尔顿(Francis Galton)出版了《指纹》专著,提出了指纹的独特性和不变性,为指纹鉴定奠定了理论基础。英国的国家安全经常受刑事犯罪问题的困扰,为了保障打击犯罪的效率,政府建立了由警方管理的鉴定机构,即"刑事科学服务局"(FSS)。在苏格兰,警方设有四个鉴定实验室。美国承继了英国法的传统,在部分州采用了英国的"验尸官"制度,但当时担任"验尸官"的不限于医师,在1877年废除继承而来的"验尸官"制度,改为法医师制度(Medical Examiner)。1851年美国判例中出现了专家证人(Expert Witness)。18世纪后期,因英国的这种职权式的专家证人启动程序与主流的当事人诉讼文化不相融,特别是普通法的不断规范,专家逐渐被固定在证人席上。在司法实践中,法庭一般不再指定专家证人,专家证人由当事人双方委托,出现了当事人双方聘请专家证人的情况,专家证人成为当事人的协助人。这一程序的优点就在于把证据调查的责任赋予那些最有调查积极性的人来完成。

19世纪初期,现代诉讼制度中的专家证人制度基本形成,如笔迹鉴定的专家证人制度等。19世纪中叶之后,城市成为经济、文化和政治等的聚集地,人口逐渐向都市集中,商业交易不再限于熟人之间,加上受教育的人逐渐增多以及银行的出现,金钱作为交易的工具可以大量地在陌生人之间流通,故美国法院不再采用以一般熟悉笔迹的人作为证明笔迹的证明方法。由于法官在判断笔迹真伪的案件中对一般人的意见证据不满意,同时,基于一定经验、学识等有能力比对笔迹真伪的"智人"的出现,促使美国法院舍弃难以寻觅的熟悉撰写人笔迹的证人,转而求助于有能力比对笔迹真伪的"智人"专家,但证据形式仍然采用证言。从法官"对一般证人的意见证据不满意"的层面进行分析,可能存在两个方面的问题:(1)传统的熟悉当事人笔迹的证人对笔迹的确认存在不准确情形,由此带来的错判导致法官或当事人的不满,客观上造成了一些不利的后果。(2)法官对一般证人提供的意见证据本身存在疑虑,认为对于发现事实无助,认为寻求具有科技知识或实践经验的专家方为较好的方法。专家证人制度日趋完善和成熟。

(二)英美法系国家专家证人制度的现状

随着科学技术的不断更新,英美法系国家的鉴定技术有了重大的发展。19世纪因枪杀案件的增多,英国的一些法院逐渐接受了枪弹检验结论作为证据,枪弹检验技术得到了发展。1902年英国首次采用指纹鉴定作为证据运用于定罪。1902年美国马萨诸塞州最高法院首次将枪弹鉴定结论采纳为证据。1910年英国的罗伯特·丘吉尔(Robert Churchill)首次以枪弹专家的身份出庭作证。1911年美国伊利诺伊州法院开始以指纹比对鉴定用于谋杀案件。1913年美国开始有笔迹专家出庭作证。1921年美国加利福尼亚州的伯克利警察局第一次将测谎技术应用于诉讼过程中,并逐渐出现一些私人的测谎机构。1923年美国洛杉矶市警察局局长奥古斯特·沃尔默在其警区内创立了第一个警察犯罪侦查实验室。1925年美国查尔斯·怀特在比较显微镜下开始了枪支的同一鉴定,并成为近代枪弹痕迹鉴定的创始人。1974年美国建立了指纹自动识别系统。1985年英国学者杰佛利(A. Jeffeys)发现了DNA指纹法,开创了DNA亲子鉴定的先河,该方法逐渐在其他各国得到普遍应用。美国 1986 年开始采用 DNA 鉴定证据,并于 1994 年制定了《DNA 鉴定法》(DNA 1994)。

英美法系国家的鉴定人作为协助当事人的专家证人,未能像大陆法系国家那样存在法定资格,其资格一般由法官在法庭上判断。美国的专家证言制度颇具特色,并形成了涉及科学技术的可采性判断规则。1923 年,美国华盛顿哥伦比亚特区(D.C.)联邦法院审理的弗赖伊诉美国(Frye v. United States)案,形成了专家证言可采性的"普遍接受标准"。该标准要求该专家证言来自科技领域,并确认专家证言的科学性原理、领域和范围,专家证言所赖以建立的科学原理以及技术方法已经获得该领域中的专家同僚的普遍接纳或者认同。1993 年在达伯特诉麦热里•杜制药公司(Daubert v. Merrell Dow Pharmaceuticals, Inc)案件中,美国联邦最高法院推翻了第九巡回地区法院根据弗赖伊判例"普遍接受标准"所作的判决,从此确立了达伯特判例的"综合观察标准"或达伯特法则(Daubert Rule)。法庭认为,应采用以下四种方法来检验专家证言是否具有可采性:(1) 该科学理论是否得到了实验检验。(2) 作为专家证言基础的理论或技术是否已发表且经受同行严格复查的检验。(3) 作为专家证言基础的研究方法或技术的出错概率有多大。(4) 就专家证言基础的技术、方法和理论而言,在某个特定的科学领域中有多少学者能加以认同和接受。1975 年《美国联邦证据规则》第 702 条对专家证人制度作出了规定;2000 年对其进行修改,增加了判断标准的最低要求,规定了审判法院必须使用一些基本标准来判断向法庭提供的专家证言的可靠性与有效性。

科技进步不仅拓宽了鉴定的领域,而且引起了鉴定制度的变化。在 20 世纪 90 年代,英国进行了一系列的鉴定制度改革,将英格兰的两大鉴定机构刑事科学服务局(FSS)和工业贸易部设立的"政府化学实验室"(LGC)从警方和政府中剥离出去,成为独立股份化的市场中介机构。1995 年 4 月英国对鉴定机构又进行了一系列的改革,将全国 7 个大型法庭科学实验室收归内政部管理,建立了相对统一的鉴定管理模式。这种司法鉴定统一管理机构是由内政部、检察机构、警察局共同成立的法庭科学管理委员会,该委员会设在内政部,独立于检察机关和警察机构。苏格兰也效仿英格兰的做法,2007 年 4 月将 4 个警方实验室与警方脱离,成为中立的社会机构。

1923 年美国洛杉矶警察局局长奥古斯特•沃尔默(Auguste Wormer)建立美国第一个警察的犯罪侦查实验室。鉴定机构被称为法庭科学实验室,分属于不同的管理部门,法院和检察院没有鉴定机构,警察机构设有鉴定机构,这些鉴定机构互不隶属。美国的鉴定机构既有政府投资的,也有私人设立的。其中,政府投资设立的鉴定机构属于非营利性的机构,具有中立性的特点。在英国,当事人在诉讼中需要鉴定可以自行决定,法院对其启动鉴定一般不予限制。美国继承了英国的专家证人传统,当事人对鉴定程序的启动拥有完全的自主权,对鉴定事项的决定和专家证人的选任,拥有同等的权利。但在许多情况下,当事人及其律师从大量的专家中选任专家证人的能力是不平衡的,他们会根据其证言可能的内容来选任专家出庭作证。专家证人和普通证人一样,都承担着出庭作证的义务,接受传唤方和对方的询问,陈述鉴定所依据的原理、材料的来源、方法和设备的采用,并回答双方的询问和质证,解释自己专家证言中存在的疑点或矛盾的地方。1935年英国警方建立犯罪侦查实验室。

英美法系国家专家证人制度具有充分保障当事人诉讼权利的功能,然而这种与当事人主义相联系的专家证人在诉讼中扮演着"具有专门知识的辩护人"的角色,法庭成为"专家争斗"的战场。在某些时候那些不是最优秀的科学家和专家反而成了最优秀的"专家证人",其结果必然是降低诉讼效率和影响案件事实真相的发现。

三、两大法系现代司法鉴定(专家证人)的发展趋势

随着法治社会的发达与进步,两大法系国家对各自的鉴定制度不断地进行改造,使鉴定人(专家证人)在诉讼中的地位发生了微妙的变化。英美法系国家在专家证人制度上,逐渐强化专家证人的中立地位,防止专家过分当事人化,影响实体真实的发现,从立法上强调专家证人对法院的责任。1999年英国的《民事诉讼规则》和2000年《专家证人指南》(Code of Guidance for Experts and Those Instructing Them)对专家证人制度作了一些改动,使专家证人具有法院辅助人的倾向。《民事诉讼规则》第35条第3项规定,专家证人的职责在于以其专业知识帮助法院解决有关诉讼程序中的问题,故专家的基本职责是帮助法院实现上述目标。《专家证人指南》规定了鉴定专家对法院的优先职责。英美法系国家的专家证人在向大陆法系国家的鉴定人的角色靠拢。《美国联邦证据规则》第706条规定,法庭可以根据自己的选择指定专家证人,也可以指定由双方当事人同意的任何专家证人,就案件的某一科学问题进行鉴定。在英国,越来越多的人主张通过法官或法庭直接决定鉴定事项,用来作为当事人委托鉴定制度的补充,以克服专家证人制度的缺陷。英美法系国家法官对这种规定在实践中却很少适用,仍保持其专家证人作为当事人证人的特色。

大陆法系的法国修改刑事诉讼法时,曾建立了"双重鉴定制度",预审法官可以同时指定数名专家对同一问题进行鉴定,强化相互制约。鉴定制度上的职权主义逐渐出现了松动,容许当事人在特定条件下自行启动鉴定程序,启动权存在由职权机关向当事人移转的倾向;对于鉴定意见是否采信由单一的不采信说明理由,到无论采信与否均需说明理由,在鉴定意见适用上对法官自由心证起到了限制的作用。

两大法系国家在司法鉴定制度方面出现了相互吸收、相互融合的趋势。英美法系国家出现了对司法鉴定进行统一管理的趋势,如英国内政部的管理以及定期公布行业协会推荐的专家名单即是一种体现。大陆法系国家这种统一管理最为明显,如俄罗斯司法部统一管理全国的司法鉴定工作,大多数国家实行统一的鉴定人国家名册制度,对于鉴定人的资格由统一的机关予以管理。两大法系的鉴定机构大都不依附于诉讼主体,属于以自己的名义承担责任的独立的民事主体,具有社会化的特点;英国1991年司法改革以后的司法鉴定机构独立于警察、皇家公诉人办公室和法院;德国联邦的警察机构和州警察机构设立的司法鉴定机构互不隶属,鉴定机构具有相对中立性的特征;美国各类实验室都是中立的,不隶属于执法机构,具有法人资格,对外独立承担责任,并逐步走向社会化、中立化和公益化。但是,两大法系的鉴定制度仍然保持各自特征。

第二节 我国司法鉴定沿革

我国的鉴定历史可溯源于周朝,鉴定事项主要集中在伤情鉴定上,并始终与刑事诉讼密切关联。1907年清政府颁布的《各级审判厅试办章程》是古代检验制度与现代鉴定制度的分水岭;2005年2月28日全国人大常委会颁布的《关于司法鉴定管理问题的决定》是新中国司法鉴定制度改革的重要标志,2012年修改的《刑事诉讼法》《民事诉讼法》和《精神卫生法》以及相关解释、规章等对司法鉴定的规定,形成了中国特色司法鉴定制度。

一、我国古代司法鉴定的历史

我国鉴定的历史可以追溯到周朝,与刑事诉讼密切相关,其鉴定事项主要集中在伤情鉴定上。据《礼记·月令·孟秋之月》中记载:"是月也,命有司修法制,缮囹圄,具桎梏,禁止奸,慎罪邪,务缚执。命理瞻伤,察创,视折,审断,决狱讼,必端平。戮有罪,严断刑。"当时已经存在兼任司法法医检验与鉴定的"令史""理"的官员。据考证,1975年湖北云梦县秦墓出土的竹简《封诊式》中存在收集足迹、手印等"穴盗"的记载。在《出子》篇中,对一起因斗殴引起的流产案件,存在对可疑血块是否是胎儿进行鉴定的记载。其内容详细介绍了对胎儿的检验程序和认定方法。其县里的"令史"属于专门负责检验和鉴定的公职人员。如《封诊式》的"贼死"爰书中记载:"某亭求盗甲告曰:'署中某所有贼死,结发,不知何男子一人。'来告,即命令史某往诊。"《令史》某爰书:"与牢隶臣某甲诊。男子尸在某室南首……"这表明秦朝基本上建立了相对完备的检验制度。

唐宋时期,存在有关鉴定人身份、职责以及检验内容、检验结果等较为完整的记录。《唐律》有对人命和伤害等案件的尸体、伤者以及诈病者检验的规定,对损伤程度、诈病、自残、堕胎、年龄、废疾等法医活体检验方面的内容也有较为明确的规定。如《唐律疏议·诈伪》中规定："诸诈病及死伤受使检验不实者，各依所欺减一等；若实病死及伤不以实检者，以故入人罪论。"鉴定以及检验在宋朝得到了发展，对杀伤和非正常死亡的案件要求进行初检和复检。南宋提刑宋慈的《洗冤集录》则是一部较多论述检验制度的法医学著作，成为世界上最早的法医学专著。该书共分为5卷，其中，与鉴定有关的有条令、检复总说、疑难杂说及自缢、溺死、服毒等53目，并对鉴定的功能、重要性作了精辟的论述，认为"狱事莫重于大辟，大辟莫重于初情，初情莫重于检验"，"死生出入之权舆，幽枉屈伸之机括"，"每念狱情之失，多起于发端之差；定验之误，皆原于历试之浅"。该书是中国古代法医学的代表作，比欧洲第一部法医学著作早350余年，被誉为世界上第一部法医学经典著作。宋人郑克编写的《折狱龟鉴》一书中，也有鉴定的典型案例记载。在元朝，司法鉴定方面的成就得到了进一步的发展。其中，王与根据《洗冤录》《平冤录》《结案式》以及元代相验制度、个人经验编撰了《无冤录》。该书对古代的朝鲜、日本影响较大，曾作为它们检验的专用参考书。元大德年间颁布了由国家统一制定的《检尸式》。

明清时期司法鉴定承继了宋元以来的成果，相继出现了大量的法医学著作，如《洗冤录及洗冤录补》《洗冤集说》《律例馆校正洗冤录》《洗冤录详义》等。在《大明律例》和《大清律例》中，对有关检验的问题作了规定。其中，有关鉴定的规定尤其是鉴定制度仍不完备。

二、我国近代司法鉴定的发展历史

清末起草的《刑事民事诉讼法》没有对鉴定作出规定。1907年颁布的《各级审判厅试办章程》对鉴定实施的条件、鉴定人的选用、鉴定书的制作及鉴定人的待遇等作出规定。"凡诉讼上有必须鉴定始能得其事实真相的，得用鉴定人。"该章程成为我国古代检验制度向现代鉴定制度转化的分界线。

《大清民事诉讼律草案》以及《大清刑事诉讼律草案》对鉴定内容作了大致相同的规定，并对鉴定人的权利作出了较为明确的规定。这些权利主要有鉴定人可以在审判厅进行鉴定，有权阅读文件、证物等。1912年的《刑事诉讼律》规定，"遇到横死人或疑为横死之尸体应速行检验"，"检验得发掘坟墓，解剖尸体，并实施其余必要处分"。1913年中华民国北京政府内务部发布了《解剖规则》，该规则第2条规定："警官及检察官对于变死体非解剖不能确知其致命之由者，指派医士执行解剖。"该规则为现代法医学发展奠定了基础，被有些学者作为中国古代法医学与现代法医学的分水岭。

19世纪末至20世纪初，西方国家的法医学和指纹学等司法鉴定技术相继传入我国。1909年王祐与杨鸿通共同翻译了日本的《实用法医学》；1931年刘紫苑编写了我国第一部关于指纹的专著——《指纹法》;1933年高修堪翻译了日本的《侦探术》;1948年冯文尧编写了《刑事警察科学知识全书》,对枪弹检验、笔迹检验、痕迹检验和指纹检验进行较为详细的介绍。1930年林几教授在北平大学医学院首创法医学科;1932年8月1日在上海创建"司法行政部法医研究所",1933年开始招收法医研究员,1934年创办了中国第一个法医学研究杂志——《法医月刊》(后改为《法医季刊》),开创了法医学研究与探索的先河。

在北洋时期,1922年的《民事诉讼条例》对鉴定人资格作出了规定,鉴定人应当为从事鉴定所需的学术技艺或职业或者经公署委派有鉴定职务者。在《大理院判例》中有相关强制鉴定的记载,如在亲子认知案件中,控告审仅凭容貌难以判断有无血缘关系,应依法鉴定;犯罪人犯罪时是否疯疾并无专门医士鉴定,仅具有诊断证书备案,不能断定犯罪成立。鉴定人由受诉法院选任并定其人数,法院得命当事人选定鉴定人,已选任之鉴定人,法院得撤换之。1922年的《刑事诉讼条例》第八章规定了"鉴定人"。该条例第129条规定,鉴定人在实施鉴定时,有权检阅卷宗及证物,若证物不在现场,可请求司法人员去收集证物;鉴定人还有权讯问被告人、自诉人、证人,讯问可以通过审判人员或检察官进行,可以经过他们的允许由鉴定人直接向上述人员发问。鉴定人有权获得报酬,这些报酬主要包括日费、旅费和鉴定费。

三、我国现代司法鉴定的发展历史

1949年以后,我国从半殖民地半封建的法律制度向新民主主义以及社会主义法律制度转化,逐渐形成了服务于、服从于当时全新政权的法律制度。新中国的司法鉴定受这种法律历史背景的影响,基于专门机关办理刑事案件的需要,成立了一种有利于侦查工作的技术部门。1949年6月上海市军管会将上海的"司法行政部法医研究所"划归上海市人民法院,1951年10月更名为"华东司法部法医研究所",直属于华东军政委员会司法部。

随着司法改革的展开,1953年8月"华东司法部法医研究所"改名为"最高人民法院华东分院法医研究所"。我国法律体系是在打破原来的旧司法制度基础上建立起来的,特别是在1954—1956年间,国家进入了较大规模创制法律的阶段。同时,我们对社会主义国家原苏联的立法模式和法律制度进行了大量的学习、借鉴和移植,并将经过原苏联传来的英美法国家的"Forecial Science"翻译为"司法鉴定",并聘请了苏联专家来我国的北京和上海对有关司法鉴定问题进行培训。因司法鉴定涉及大量的医学知识,1950年卫生部颁布了《解剖尸体规则》,使司法鉴定的管理出现了一些变化。1955年7月"最高人民法院华东分院法医研究所"更名为"中央司法部法医研究所";同时,也成立了"司法鉴定科学研究所"。但由于"左"的错误思潮的影响,1959年4月28日第二届全国人大一次会议通过了《关于撤销司法部、监察部的决议》，随之"中央司法部法医研究所"和"司法鉴定科学研究所"并入"公安部刑事技术研究所"。1960年"公安部刑事技术研究所"也被撤销。1966年"文化大革命"开始，我国社会主义法制遭到了严重破坏，司法事务基本上由政策来调整。

1978年12月党的十一届三中全会在作出把党和国家工作重心转移到经济建设上来、实行改革开放的历史性决策的同时，确立了加强社会主义民主、健全社会主义法制的基本方针，我国开始了改革开放的伟大社会变革，民主、法制建设进入了重建和发展的一个新的历史时期。1979年7月第五届全国人大第二次会议通过的《人民法院组织法》第41条第2款规定："地方各级人民法院设法医。"我国《刑法》和《刑事诉讼法》对鉴定的有关问题都作出了规定。1980年5月7日公安部发布了《刑事技术鉴定规则》。从此，公安机关建立了从中央公安部所属第二研究所到省(自治区、直辖市)、地(市、州)、县(市、区)四级鉴定系统。公安机关内设的鉴定机构作为刑事侦查技术的处、科，鉴定的内容主要为刑事案件中的物证和法医学鉴定。部分省市公安机关鉴定机构也面向社会开展司法鉴定工作。

随着诉讼法的实施，司法鉴定作为一门科学又恢复了其在法制建设中的重要地位。1983年国家科学技术委员会批准建立司法部司法鉴定科学技术研究所和公安部法医研究所。同年10月，教育部、卫生部、司法部、公安部和最高人民法院、最高人民检察院共同在太原晋祠召开了全国高等法医学专业教育座谈会，研究抢救和发展我国法医学教育问题，决定在6所高等医学院校设置法医学专业，高等政法院校恢复法医学作为必修课，医学院校也开始增开法医作为必修课。1984年公安部126所更名为公安部第二研究所(公安部刑事科学技术研究所)。1985年10月在洛阳召开了中国法医学会第一次代表大会，成立了中国法医学会。1986年最高人民法院根据《人民法院组织法》中"地方各级人民法院设法医"的规定，下发了《关于加强法院法医工作的通知》，并在全国各级地方人民法院建立了法医鉴定机构。1988年1月28日最高人民检察院发布了《人民检察院法医工作细则(试行)》。由于医学院校以及政法院校司法鉴定课程的恢复，中山医科大学、中国医科大学、华西医科大学、昆明医学院以及中国政法大学、西南政法大学等高校相继编写了一批法医学、司法精神病、物证技术等方面的教材。

1989年7月11日最高人民法院、最高人民检察院、公安部、司法部、卫生部联合颁布了《精神疾病司法鉴定暂行规定》；1990年3月最高人民法院、最高人民检察院、公安部、司法部联合颁布了《人体重伤鉴定标准》；1990年4月2日最高人民法院、最高人民检察院、公安部、司法部联合颁布了《人体轻伤鉴定标准(试行)》。这些规定为鉴定提供了标准依据；1993年3月在上海对"法医工作改革"进行了研讨。由于医学院校以及政法院校司法鉴定课程的恢复,1988年金光正主编的《司法鉴定学》、1993年徐立根主编的《物证技术学》等作为政法院校、高等院校文科以及鉴定专业的教材。部分政法院校开始招收司法鉴定方向的硕士研究生。

1996年的《刑事诉讼法》增加了"省级人民政府指定的医院"作为鉴定机构的规定,该法第120条认为:"鉴定人进行鉴定后,应当写出鉴定结论,并且签名。对人身伤害的医学鉴定有争议需要重新鉴定或者对精神病的医学鉴定,由省级人民政府指定的医院进行。鉴定人进行鉴定后,应当写出鉴定结论,并且由鉴定人签名,医院加盖公章。"

1998年国务院机构改革"三定"方案明确规定司法部负责指导"面向社会服务的司法鉴定工作"。司法行政部门根据国务院《司法部职能配置、内设机构和人员编制规定》,对社会的司法鉴定机构实施管理。由于司法鉴定的混乱以及不断暴露出的问题,需要法律法规对此进行规范。1998年12月12日黑龙江省人大常委会通过了我国第一部地方性的司法鉴定管理法规《黑龙江省司法鉴定管理条例》(现已废止)。《决定》颁布后,部分省市人大及其人大常委会相继制定了有关司法鉴定的地方性法规。2002年4月,国务院颁布的《医疗事故处理条例》规定,由负责医疗事故鉴定由医学会组织鉴定,卫生行政部门履行管理职能。2001年11月16日最高人民法院发布了《人民法院司法鉴定工作暂行规定》(法发[2001]23号);2002年2月22日发布了《人民法院对外委托和组织司法鉴定管理办法》(法释[2002]8号)。

从2001年5月起,全国人大内务司法委员会多次派出调研组赴一些省市对司法鉴定领域存在的问题进行深入研究。经征询最高人民法院、最高人民检察院、公安部、国家安全部和司法部的意见,他们也希望通过全国人大常委会对司法鉴定的管理问题作出决定。自九届全国人大一次会议以来,每次代表大会上关于尽快制定《司法鉴定法》的呼声愈发强烈。其中,2001年第九届全国人大四次会议有8个代表团的266名代表、2002年第九届全国人大五次会议有7个代表团的234名代表提出此项议案。代表们认为,司法鉴定中存在的弊病涉及司法鉴定的管理体制和运行机制,仅靠部门协调难以解决,只有通过国家立法才能从根本上改变局面。在2002年12月23日全国人大常委会初次审议《关于司法鉴定管理问题的决定(草案)》(以下简称《决定〈草案〉》)后,印发各省(区、市)和中央有关部门征求意见时,因分歧较大,暂时被搁浅。全国人大法律委员会认为《决定(草案)》还需要进一步的研究,并配合我国《刑事诉讼法》的修改进行。2003年2月24日,湖南省黄静裸尸鉴定问题在2004年全国人大、全国政协第十次会议上获得37名教授签名支持,被列入了第1342号提案。

2004年7月1日的《行政许可法》规定,司法鉴定机构的设立和司法鉴定人从事司法鉴定活动资格的取得均属于需要行政许可的事项。国务院2004年6月29日《国务院对确需保留的行政审批项目设定行政许可的决定》(第412号令)将司法部关于司法鉴定机构和司法鉴定人的设立审批纳入500项确需保留的行政许可事项内容。

2004年底,中共中央的21号文件转发了《中央司法体制改革领导小组关于司法体制和工作机制改革的初步意见》。2004年12月25日《决定(草案)》被提请第十届全国人大常委会第十三次会议进行二次审议。在审议中委员们认为,对我国司法鉴定管理体制进行立法改革已迫在眉睫。2005年2月6日全国人大法工委再次召开会议对草案进行讨论;2月18日全国人民代表大会常务委员会委员长会议对《决定(草案)》进行了审议;2月28日第十届全国人大常委会第十四次会议表决通过了《全国人民代表大会常务委员会关于司法鉴定管理问题的决定》。

随着《侵权责任法》颁布并实施,最高人民法院对如何解决医疗损害鉴定问题作出了规定。《最高人民法院关于适用〈侵权责任法〉若干问题的通知》(法发[2010]23号)规定:"人民法院适用侵权责任法审理民事纠纷案件,根据当事人的申请或者依职权决定进行医疗损害鉴定的,按照《全国人民代表大会常务委员会关于司法鉴定管理问题的决定》《人民法院对外委托司法鉴定管理规定》及国家有关部门的规定组织鉴定。"2011年6月24日最高人民法院、最高人民检察院、公安部、国家安全部、司法部《关于办理死刑案件审查判断证据若干问题的规定》专门对鉴定意见的审查判断规则与方法作出了规定。2012年《精神卫生法》第32条第3款规定:"对再次诊断结论有异议的,可以自主委托依法取得执业资质的鉴定机构进行精神障碍医学鉴定;医疗机构应当公示经公告的鉴定机构名单和联系方式。接受委托的鉴定机构应当指定本机构具有该鉴定事项执业资格的2名以上鉴定人共同进行鉴定,并及时出具鉴定报告。"对精神障碍的司法鉴定采用了"医学鉴定"的属性定位。

2012年修改的《刑事诉讼法》和《民事诉讼法》将"鉴定结论"的证据种类的名称修改为"鉴定意见",增加了对鉴定人出庭作证及其人身权利保障制度,并在制度创新上规定"公诉人、当事人和辩护人、诉讼代理人可以申请法庭通知有专门知识的人出庭,就鉴定人作出的鉴定意见提出意见"。正在修改的《行政诉讼法》在鉴定方面也作出了一些新的变化,尤其是在保障当事人在鉴定权利的方面得到了发展。如2012年修改的《民事诉讼法》第76条规定:"当事人可以就查明事实的专门性问题向人民法院申请鉴定。当事人申请鉴定的,由双方当事人协商确定具备资格的鉴定人;协商不成的,由人民法院指定。当事人未申请鉴定,人民法院对专门性问题认为需要鉴定的,应当委托具备资格的鉴定人进行鉴定"。这些规定不仅赋予了当事人申请鉴定权利、对鉴定人的选择权以及建立了专家辅助人制度,而且还完善了补充鉴定、重新鉴定制度以及鉴定意见的审查判断,为司法鉴定制度的发展提供了法律依据。基于司法实践的需要,最高人民法院、最高人民检察院、公安部、国家安全部、司法部分别于 2013 年 8 月 30 日和 2016 年 4 月 18 日颁布了《人体损伤程度鉴定标准》和《人体损伤致残程度分级》。

四、我国司法鉴定的现状

(一)司法鉴定法律法规体系的状况

《决定》标志着司法鉴定的管理从"多头"到"集中"、从"分散"到"统一"、从自审、自鉴到审判与鉴定分离,司法鉴定由原来的职能部门分别管理体制逐渐发展为司法鉴定的统一管理体制。国务院司法行政部门主管全国鉴定人和鉴定机构的登记管理工作。省级人民政府司法行政部门依照《决定》的规定,负责对鉴定人和鉴定机构的登记、名册编制和公告。人民法院和司法行政部门不再设立鉴定机构,侦查机关根据侦查工作的需要设立的鉴定机构,不得面向社会接受委托,从事鉴定业务。

司法鉴定涉及的职能部门根据《决定》的规定,分别制定了相应的实施办法。2005 年 9 月 30 日公布了《司法鉴定人登记管理办法》和《司法鉴定机构登记管理办法》(司法部[2005]95 号令)以及 2007 年 8 月 7 日重新颁布了《司法鉴定程序通则》;2005 年 12 月 29 日公安部发布了《公安机关鉴定人登记管理办法》和《公安机关鉴定机构登记管理办法》;2006 年 11 月 30 日最高人民检察院发布了《人民检察院鉴定人登记管理办法》《人民检察院鉴定机构登记管理办法》和《人民检察院鉴定规则(试行)》;2007 年 1 月 1 日国家安全部发布了《国家安全机关鉴定机构管理办法》和《国家安全机关鉴定人管理办法》;2007 年 8 月 23 日最高人民法院颁布了《最高人民法院技术咨询、技术审核工作管理规定》和《最高人民法院对外委托、评估、拍卖等工作管理规定》;2012 年《公安机关办理刑事案件程序规定》(公安部令第 127 号)、《人民检察院刑事诉讼规则(试行)》(高检发释字[2012]2 号)和《最高人民法院关于适用〈刑事诉讼法〉的解释》(法释[2012]21 号)以及 2013 年 6 月 8 日最高人民法院、最高人民检察院《关于办理环境污染刑事案件适用法律若干问题的解释》等。这些规定、解释对于司法鉴定制度的发展与完善提供了实践基础。

(二)司法鉴定体制的状况

我国还处于司法鉴定体制改革深化过程中,《决定》规定的统一司法鉴定管理体制尽管已经形成,但仍没有完成。侦查机关内设的鉴定机构的登记管理有待于统一,实行侦查机关所属部门直接管理和司法行政部门备案登记管理相结合的管理模式,其他机关如环境部门对环境损害评估鉴定管理和司法行政部门相结合的管理模式已经建立。最高人民法院、最高人民检察院、司法部《关于将环境损害司法鉴定纳入统一登记管理范围的通知》（司发通[2015年]117号）以及司法部、环境保护部《关于规范环境损害司法鉴定管理工作的通知》（司发通[2015年]118号）。同时，在医疗纠纷诉讼等鉴定制度也得到了有益的尝试。

中国共产党十八届四中全会提出了"健全统一司法鉴定体制"的改革；2017年7月19日中央全面深化改革领导小组在第三十七次会议审议通过了《关于健全统一司法鉴定管理体制的实施意见》。

（三）国家级鉴定机构的建设

为了保障鉴定的质量和解决"重大、复杂、疑难"鉴定事项以及鉴定意见争议纠纷，需要国家建设一批高水平的鉴定机构。这些国家级鉴定机构应当在所有鉴定机构或者鉴定事项领域内具有一流的人员、科研能力、技术设备条件以及优良的鉴定环境，并能够在鉴定实践中发挥"示范性"的功能。但是，国家级鉴定机构主要体现在它的仪器设备以及实验室环境等硬件建设，主要是强化鉴定实验室仪器设备和环境，旨在保障鉴定活动的客观、可靠。其作出的鉴定意见并不必然优于与其他鉴定机构作出的鉴定意见，它们之间具有同等的证明效力，不能应对其提供的鉴定意见作出证明效力等级之分。

（四）司法鉴定教育的现状

我国高等院校已经开设有关司法鉴定的课程。在开设的这些课程中，其内容主要涉及鉴定类别和鉴定技术方法，有的称之为《司法鉴定学》，有的为《物证技术学》。在一些高等院校的医学院开设了法医学本科专业，并招收法医学硕士学位、博士学位的研究生。部分公安院校开设了文检、痕检等专业，招收物证技术专业的研究生；有些政法院校已经招收司法鉴定专业硕士学位研究生，并成为独立博士授予权的学科，如华东政法大学、中国政法大学证据科学研究院、西安交通大学法医学院。华东政法大学还建立了司法鉴定专业的博士后流动站。

五、我国司法鉴定管理的发展趋势

司法鉴定是一个复杂的系统工程，司法鉴定作为司法制度的重要组成部分，与诉讼制度和证据制度紧密关联。在统一司法鉴定管理体制的基础上对于司法鉴定涉及的诉讼制度、证据制度还应进行不同程度的改革，促使司法鉴定制度逐步发展为相对成熟的、具有中国特色的法律制度。

（一）司法鉴定管理的发展趋势

根据我国的司法体制和《决定》规定的基本精神，按司法鉴定所涉及专业学科性质不同，坚持分类指导、分类管理的原则，形成统一司法鉴定管理定体制,并在统一的基础上,推进司法鉴定可信性和可靠性建设。① 司法鉴定管理体制的总体发展趋势是:通过准入管理、名册管理、执业管理和处罚管理,维护正常的鉴定秩序;通过制定和颁布统一的行业规范、行业标准和行业要求,规范管理行为、规范鉴定行为、规范鉴定程序、规范鉴定方法、规范鉴定标准,以保障鉴定机构的中立地位、鉴定人的独立身份、鉴定程序的公开公平和鉴定行为的客观公正。我国未来的司法鉴定管理模式可能是由司法行政部门设立并管理为主的专门司法鉴定机构和其他行业设立的由司法行政部门辅助性管理的非专门鉴定机构。这些辅助性管理主要是借助于鉴定协会的行业管理(专家管专家)、鉴定学会的社团管理、侦查机关的行政管理、相关行业的技术管理、鉴定机构的内部管理等多层次参与管理的配合,实现司法鉴定的全行业、全过程、动态化管理的目标。

(二)鉴定机构与鉴定人的未来发展

司法鉴定作为获得证据的手段,其结果属于证据种类之一,对案件事实发挥证明的功能。它不是职能部门专有的一项司法职能。作为证据首先应当从程序上保障它的可信性,保持鉴定机构和鉴定人的独立性;同时鉴定机构和鉴定人也应当与控辩双方或者当事人保持中立性,不染指于任何诉讼职能部门或者成为当事人代言人。鉴定机构和鉴定人如果不中立,就难以保证鉴定意见的公正性;鉴定机构和鉴定人如果不独立,就难以保障鉴定意见的客观性。《决定》规定的侦查机关根据侦查的需要可以内设鉴定机构仅仅属于权宜之计,在条件成熟的时候这些鉴定机构应当脱离侦查部门,成为独立于诉讼职能机关的中立性的鉴定机构,鉴定人成为具有独立性并处于中立地位的诉讼参与人。

(三)司法鉴定法律体系的发展趋势

司法鉴定随着我国诉讼结构的调整和价值取向的转变,不再仅仅表现为科学技术和法律属性问题,也远远超出证据事实获取手段的范畴,它已作为公正性要求和中立性价值纳入我国司法体制的价值目标及被社会各界所关注。这些问题需要系统化的立法来实现。但如何立法,是统一立法还是分散立法,仍是需要研究的问题。司法鉴定的统一立法是指制定一部同时适用于刑事诉讼、民事诉讼和行政诉讼的统一的司法鉴定法。分散立法则是指通过《刑事诉讼法》《民事诉讼法》和《行政诉讼法》分别对三大诉讼中的司法鉴定作了立法上的专门规定。在国际上,分散立法是一种较常见的立法模式。

在当今社会,由于人类活动领域的不断拓展和科技的飞速进步,诉讼中司法鉴定在现代社会中的运用起来越普遍,并在诉讼中所起的作用愈来愈重要。同时,建设法治国家、法治社会的法治化对诉讼活动的规范化提出了更高的要求,

---

① 参见郭华:《司法鉴定制度改革的基本思路》,载《法学研究》2011年第1期。

也对司法鉴定提出了同等高的要求,通过法律来保障其高标准成为必要,制定统一的司法鉴定法将成为世界各国立法的发展趋势。我国司法鉴定立法应当在《决定》的基础上继续推进。因为《决定》是司法鉴定体制改革的开始,仅仅限于司法鉴定登记管理制度的完善,在司法鉴定的改革中仅仅为其指出了方向,仍存在许多继续改革的问题。因此,司法鉴定在立法规格上应当采用二元制的法律结构层次体系,将司法鉴定法分为两个层面。[①]

1. 制定《司法鉴定法》或者《司法鉴定管理法》,以法的形式出现,作为司法鉴定问题的基本性规范,特别是对司法鉴定的原则、制度等重大问题作出规定,成为其他有关司法鉴定立法的根据或指导思想。这些规范主要涉及司法鉴定的任务和原则,以及司法鉴定的机构设置、管理体制、运动机制以及司法鉴定相关主体之间的权利义务关系乃至一些相关的诉讼规范,由全国人大常委会制定,赋予其法律的地位,在司法鉴定法律规范领域起到"宪法性"的作用,统领整个司法鉴定规范。

2. 制定统一的司法鉴定人出庭作证办法,司法鉴定管理部门应当与最高司法机关针对鉴定人出庭的权利义务等问题作出规定,以保障鉴定人出庭作证的规范化、制度化,维护鉴定意见作为言词证据的本质,防止其无规则化。

3. 制定司法鉴定的程序性规范和技术性规范,在遵循司法鉴定法的指导思想的基础上,构建与之相配套的法规体系。其程序规范应当是统一的,并适用于所有领域的司法鉴定。专业上对司法鉴定有特殊要求的,可以在遵循统一司法鉴定程序的基础上,制定出更为严格的鉴定程序,但不得低于统一司法鉴定程序的基本要求;这些技术规范主要从不同鉴定专业的技术和鉴定中应执行的技术标准的层面进行规定,以行政规章的形式颁布,赋予其规章的地位,作为某些领域的标准。未来的司法鉴定将形成以司法鉴定法为主轴,以司法鉴定程序性规范为中心,以司法鉴定各领域技术规范为指导的完备而健全的法律法规体系。

本章述评

司法鉴定最早作为物证技术曾染指于勘验、检查,是作为刑事侦查技术发展起来的。这种制度随着司法体制、诉讼制度与证据制度的变迁与发达逐渐成为相对独立于诉讼制度、证据制度的法律制度。世界各国在鉴定问题上逐渐从作为一项纯技术的活动向不断吸收新的科学技术与不断完善鉴定制度的方向发展与转化,形成了携带科学技术、专门经验和专门技能相对独立的一项法律制度。

---

① 参见郭华:《司法鉴定法律文本的变奏与重整》,载《华东政法大学学报》2010 年第 2 期。

在大陆法系国家,基于职权主义诉讼制度框架,渐渐摆脱依附刑事技术的现状,发展为相对中立的司法鉴定制度,鉴定人成为独立于警察、检察官、法官的诉讼参与人,并吸收英美法系国家专家证人保障当事人权利的因素,构建了专家辅助人制度,如意大利、俄罗斯、我国等。在英美法系国家,在当事人主义诉讼模式下形成了专家证人制度,充分借助专家证人的力量,使当事人在诉讼中充分发挥积极性,使法庭在质疑专家证言上更富有意义,同时,吸收大陆法系国家的鉴定人独立性的优势,出现带有职权主义性质的法官指定专家证人的制度。我国司法制度在职权主义诉讼制度下在保持大陆法系国家的司法鉴定制度特征的同时,增强了鉴定人的独立性,建立了富有英美法系国家专家证人特点的专家辅助人制度。两大法系国家的司法鉴定在发展过程中出现了相互吸收和相互融合的趋势,却始终保持在原有制度的基础上借助于不同法系国家的优点来完善自己的鉴定(专家证人)制度。然而,我国司法鉴定制度改革是依靠自身体制的完善还是以专家证人制度替代抑或与之交叉共存,成为深化司法鉴定体制改革必须直面的问题。

在我国司法改革日益注重吸收借鉴英美法系国家法律制度的语境下,这一问题极易被所谓"兼顾"或者"互补"的"中间道路"论者所强调,致使理论上认为鉴定制度与专家证人制度交叉共存应作为当下最佳的路径选择。这种不考虑专家证人生存的制度背景以及不顾及我国诉讼制度总体框架的改革设想,在实际运行中不仅会遇到难以兼容的制度"抵抗",使相关制度之间的摩擦增大,而且还会将司法鉴定制度改革引入困境,最终有可能断送两种制度的优势。因此,我国司法鉴定制度在改革中应当在不断借鉴国外的成熟经验的基础上探索我国司法鉴定制度发展的规律,形成中国特色司法鉴定制度,不宜以理想化的所谓的"兼顾"等无法实现的理论指导改革。

思考题

1. 简述大陆法系国家司法鉴定制度的历史。
2. 简述美国专家证言可采性的发展变化的特征。
3. 简述我国司法鉴定制度发展的基本线索。
4. 简述我国司法鉴定制度的未来发展的基本方向。

第三章　司法鉴定基本原则

本章概要

本章主要阐述司法鉴定基本原则的内容、确立依据等问题；司法鉴定基本原则有不同层次的划分，主要研讨司法鉴定实施活动的依法鉴定、独立鉴定、客观鉴定、公正鉴定原则的含义、实施基本要求与实施保障措施。学习本章内容，明确司法鉴定原则的层次划分和基本内容，熟悉司法鉴定实施活动各项原则的确定依据、执行要求和保障措施，自觉运用基本原则指导司法鉴定理论研究和实践活动。

第一节　司法鉴定基本原则概述

一、司法鉴定基本原则及其对鉴定的意义

原则，是指人们言行所依据的法则或标准。司法鉴定原则，是指司法鉴定人、鉴定机构、当事人、鉴定委托人（含侦查机关、审查起诉机关、审判机关）以及其他相关主体，进行司法鉴定必须遵守法律法规和规章规定的行为准则。

司法鉴定基本原则，是司法鉴定应当坚守的基本理念，是鉴定相关主体进行司法鉴定活动的行为准则，是制定司法鉴定实施程序、鉴定管理规范、鉴定技术标准和技术规范等规章或规范性文件的法律依据与理论依据，也是司法鉴定管理监督的基本目标。

二、司法鉴定基本原则确立的依据与层次划分

司法鉴定基本原则是法律对鉴定活动的基本要求，是根据诉讼法律、相关法律法规及规章的规定精神，并结合司法鉴定的需要确立的。

司法鉴定原则，根据立法要求和规章规定，可以按不同层面进行划分。

在司法鉴定制度层面有：司法鉴定法制原则、司法鉴定服务诉讼原则、司法鉴定意见质证原则、司法鉴定公开原则、司法鉴定回避原则、司法鉴定保密原则、司法鉴定时限原则、司法鉴定尊重科学原则等。

在司法鉴定管理层面有：司法鉴定统一管理原则，司法鉴定机构建设统筹规划、合理布局原则，司法鉴定行政管理原则，司法鉴定行政管理与行业管理相结

合原则,司法鉴定监督原则,司法鉴定诚信原则,司法鉴定错鉴责任追究原则。

在司法鉴定实施活动层面有,依法鉴定原则、独立鉴定原则、客观鉴定原则、公正鉴定原则。以上是司法鉴定必须遵循的基本原则。

上述三个层面所确立的原则,对于司法鉴定不同层面的工作均具有重要的指导意义。司法鉴定是为诉讼服务的科学证明与司法证明活动,司法鉴定实施活动,是司法鉴定的核心内容。作为司法鉴定的基本原则,应当是为司法鉴定活动的主体确立行为准则,体现司法鉴定活动独有的行为特性,而不是反映司法鉴定制度或管理方面的共同性要求。因此,我们将依法鉴定、独立鉴定、客观鉴定、公正鉴定原则作为司法鉴定的基本原则。因为它们最能反映司法鉴定活动的性质特性和基本要求,最能满足诉讼活动的需要,最能保障公正司法的实现,将其作为司法鉴定活动基本原则有法律、理论、实践意义。

第二节 依法鉴定原则

一、依法鉴定原则的含义及意义

依法鉴定原则,是指参与司法鉴定活动的当事人及其代理人与辩护人、侦查机关、审查起诉机关、审判机关、司法鉴定人与鉴定机构等主体,在司法鉴定全过程中,必须严格遵守相关法律、法规、规章的规定。

依法鉴定原则在司法鉴定基本原则中居于首要地位。它是客观鉴定、独立鉴定、公正鉴定的前提。鉴定活动不符合法律、法规、规章的规定,不仅鉴定过程与结果不合法,其他原则也无法得到法律保障。

依法鉴定原则贯穿于司法鉴定活动的全过程,任何一个鉴定环节不符合法律规定,都会给鉴定活动和结果造成瑕疵,甚至构成鉴定违法,进而导致诉讼活动无效。

依法鉴定原则是决定鉴定结果有无效力的关键性因素。鉴定意见是一类法定的诉讼证据,它与其他证据一样,必须具备合法性、客观性、关联性三个基本要素,如鉴定违法,其所产生的鉴定意见,因不具备合法性要素而必然受到质疑,即或其科学性、客观性、真实性无争议,也会被作为不合法证据不予采纳。

二、坚持依法鉴定原则的基本要求

依法鉴定原则,体现于司法鉴定活动的各个方面和各个环节,主要有五个方面的要求。

1. 司法鉴定主体必须符合法律规定。鉴定机构是鉴定活动的组织主体、监管主体和法律责任承担主体,必须按照法律规定的条件,经过省级司法行政机关审核登记或备案登记、取得司法鉴定许可证或资格证,并列入国家司法鉴定机构名册,才有权组织司法鉴定活动。司法鉴定人是司法鉴定活动的实施主体,也是鉴定的主要主体,必须具备法律规定的资格条件,经省级司法行政机关审核登记或备案登记取得司法鉴定人资格,并纳入国家司法鉴定人名册的,才是法定的鉴定人,才有权承担鉴定任务并出具鉴定意见书。对于特殊鉴定事项,司法机关亦应按法律规定的程序和要求聘请特定的鉴定机构与鉴定人鉴定。

2. 司法鉴定对象必须经过法律确认。司法鉴定对象是指涉及诉讼的专门性问题。所谓专门性问题,是指诉讼案件中司法人员采用一般的侦查、调查方法或者凭其感知、经验难以查明的科学技术性问题。从学理上讲,鉴定对象就是鉴定所涉及的"人""事""物"。我国法律规定,法医类鉴定、物证类鉴定、声像资料类鉴定、其他类鉴定是国家统一登记管理的司法鉴定业务。各类业务又有若干类别和鉴定事项。这四大类中的鉴定类别和鉴定事项,就是法定的鉴定对象。法律没有特殊确认的鉴定对象,经过鉴定出具的鉴定意见不具有证据效力。

3. 司法鉴定材料的来源和保管、使用必须符合法律要求。鉴定材料主要包括作为鉴定对象的检材和供鉴定比较的样本(样品)。除材料性的鉴定客体外,还有所涉及的人身、物体等。鉴定材料的收集、提取、包装运送、保存、保护、使用、监管等环节必须符合法律规定和科学技术要求;送交鉴定的材料必须经过法庭质证;委托鉴定时,委托方必须对鉴定材料的合法性、真实性负责。鉴定材料来源和保管不合法或者鉴定材料虚假,不仅影响鉴定意见的客观性,同时鉴定意见也不具备证据效力。鉴定非材料性的客体,如人身、建筑物等,也应符合相关法律规定和相关科学技术要求。

4. 鉴定程序必须符合法律规定。司法鉴定程序包括涉及诉讼活动的程序和属于鉴定实施活动的程序两个方面。司法鉴定的提出或申请、司法鉴定的决定与委托、补充鉴定、重新鉴定等是涉及诉讼的程序,办案机关和诉讼各方必须按照诉讼法律的规定执行。司法鉴定受理、鉴定实施、司法鉴定文书制作等属于鉴定实施程序,鉴定主体应按法律、法规、规章规定的步骤、方法、标准、规范执行。鉴定程序不符合法律规定,是违法鉴定的主要表现,其最终结果是导致鉴定意见无效。司法实践中,鉴定程序违法是较普遍的现象,是造成重复鉴定或重新鉴定的主要原因之一。

5. 鉴定结果的表现形式应当符合法律要求。司法鉴定文书是对鉴定过程和结果的一种书面载体。鉴定意见是诉讼法规定的八种法定证据之一,这类证据是以鉴定文书作为书面载体表现出来的。司法鉴定文书的格式和各项内容必须符合法律、法规、规章的规定,全面、真实、客观地反映鉴定步骤、原理、方法、依据、标准,鉴定意见的表述应当符合科学原理与证据要求。

三、坚持依法鉴定原则的保障措施

完善司法鉴定立法,做到司法鉴定每个环节都有相关的法律规定体现,使鉴定全过程都有法可依。

诉讼活动中,参与司法鉴定活动的各方主体都应遵守依法鉴定的规定。依法鉴定原则贯穿于司法鉴定全过程,关系到各方主体权利、义务的保障与履行。需要诉讼当事人、鉴定委托人、鉴定机构与鉴定人共同遵守。但在不同阶段,各方的权利义务是不同的。只有各方尽到执法与守法责任,才能保障鉴定活动顺利进行和实现鉴定过程与结果的合法要求。

与鉴定相关的部门和公民,要积极支持与配合依法鉴定各项措施的实施。如档案管理部门、涉案单位和当事人,保留有残留检材或样本的单位或个人等,要积极主动提供与鉴定有关的合法性材料,接受鉴定人依法进行询问等。

第三节 独立鉴定原则

一、独立鉴定原则的含义及意义

独立鉴定原则,主要是针对司法鉴定实施主体而言,是指在鉴定过程中,鉴定人遵照法律赋予的权利、义务独立进行鉴定活动。根据鉴定对象的条件坚持科学技术标准,出具真实客观的鉴定意见,并对鉴定意见负责。

鉴定人独立进行鉴定活动,包含四项基本要求:(1)在法律赋予鉴定人的权利、义务范围内,独立进行鉴定活动,不受外界和内部的非法干预。(2)根据鉴定对象的条件、遵照科学技术标准进行鉴定。(3)鉴定人必须出具真实客观的鉴定意见,独立鉴定结果要受法律标准与科技标准的双重制约。(4)鉴定人对自己出具的鉴定意见承担责任。

实行独立鉴定原则的意义在于:(1)独立鉴定是司法鉴定活动科学属性的基本要求。司法鉴定活动是鉴定人凭借其专门知识和实践经验,对诉讼案件中的专门性问题作出科学认识和判断的活动,是鉴定参与人的个体行为而非鉴定机构的集体行为,鉴定结果主要应当由鉴定人承担责任。(2)独立鉴定是证据制度的基本要求。司法鉴定人是以科学技术方法提供与案件事实有关的真实情况的特殊证人。鉴定活动的最终结果是提供证据材料,而提供证据材料的鉴定人属于该案中的证人。按诉讼法规定,证人应当为自己的证言承担责任。鉴定人只有独立鉴定,才能与其法律责任相对应。所以,立法上确立鉴定人负责制就是基于司法鉴定活动的科学属性和鉴定结果的证据要求考虑的。(3)独立鉴定是鉴定意见客观性、公正性的保证。独立鉴定加重了鉴定人的法律责任和职业风险,有利于鉴定人崇尚法治、尊重科学、爱岗敬业、潜心钻研业务等职业道德的深化;有利于鉴定人在鉴定过程中反复实验、比较、深入分析论证,慎重出具鉴定意见等工作责任心的加强;有利于鉴定人自觉抵制来自内部和外部对鉴定的干扰。

二、坚持独立鉴定原则的基本要求

1. 鉴定人的鉴定活动要独立进行,不受鉴定机构内部的不正当制约和非法干扰。鉴定人接受鉴定机构指定或选聘后,必须对鉴定的全过程负责,包括审查鉴定材料、制定鉴定方案、采用鉴定标准、开展鉴定实验与讨论、出具鉴定意见、制作鉴定文书等活动,都要由参与鉴定的鉴定人独立进行。在此过程中,鉴定机构要为鉴定人提供保障条件,解决鉴定中遇到的困难,有关技术人员也要为鉴定人提供技术支持,但不能强制或暗示鉴定人应该出具或不能出具鉴定意见的范围。鉴定机构负责人对鉴定文书进行签发时如发现问题,应交参与该鉴定事项的鉴定人共同讨论、修正,鉴定机构负责人或其他任何人无权擅自或强行改变鉴定结果。

2. 鉴定活动不受外部的非法干预。政府机关、社会团体、社会组织或个人,要支持鉴定人独立进行鉴定,不得给鉴定活动施加压力;司法鉴定委托方、当事人及其代理人、辩护律师要积极配合鉴定人独立开展鉴定活动,不得要求或暗示鉴定人只能或不得出具某种特定的鉴定意见,不得对鉴定人实施利诱、威胁;当事人对鉴定程序、鉴定材料有质疑或有依据认为鉴定活动可能出现不公正结果时,可按鉴定程序规则向鉴定委托方或鉴定管理部门反映,不得到鉴定机构或找鉴定人质问、吵闹。

3. 严格实行鉴定人负责制度。鉴定人负责制,是指参与该鉴定事项的鉴定人共同负责,不是其中某一个人负责,或者每个鉴定人各自负责。鉴定参与人对鉴定活动全过程共同负责,最根本的是对鉴定结果负责。经过鉴定,如几个鉴定人鉴定意见一致,均应在鉴定书上签名;如鉴定意见不一致,应由鉴定机构组织鉴定人再次鉴定和验证,如鉴定意见仍不一致,各有依据证明自己意见的合理性时,可在鉴定文书上分别注明不同意见的人数及理由。鉴定实践中,有几种倾向是与鉴定人负责制度的规定精神不相容的。有的鉴定机构在审查鉴定意见发生质疑或发现鉴定人意见不一致时,不组织鉴定人复查、讨论,而是直接改变鉴定意见;有的鉴定机构负责人参与鉴定,而其他鉴定人有不同意见,不经集体研究,擅自以自己的鉴定意见出具鉴定书;有的鉴定人之间对鉴定意见出现分歧,以其中技术职称最高者的意见为最终鉴定意见;有的鉴定人之间意见不一致时,勿论有无合理的科学依据,一律以"作不出鉴定意见"为鉴定结果。这些做法所反映的不是鉴定参与人共同负责,而是鉴定机构或鉴定人中的个人负责,甚至是都不负责任的行为。同时,有些鉴定机构推行"授权人签名"作为鉴定文书合法性、有效性的监督证明,这与鉴定人负责制度和鉴定意见的性质不无冲突。

4. 鉴定机构之间要保持独立、平等地位,鉴定意见不能相互制约。《决定》第8条规定,鉴定机构之间没有隶属关系。鉴定意见不能按鉴定机构的级别和鉴定人的职称受到服从与被服从的约束。目前,有些鉴定机构仍在执行逐级复核鉴定的制度,这种作法尽管客观上有一定的必要性,但它违背了独立鉴定原则,侵犯了鉴定机构与鉴定人的法定权利。

三、坚持独立鉴定原则的保障措施

鉴定人要树立独立鉴定意识,明确独立鉴定是自己的法定权利,要敢于抵制影响独立鉴定的各种不正当干扰因素和行为。

鉴定人与鉴定机构要正确理解与处理好依法独立执业和加强管理监督的辩证统一关系。独立执法与加强监督,两者是相互制约、相互促进、互为保障的关系。鉴定活动中,强调司法鉴定人独立进行鉴定,有助于强化鉴定人的法律责任意识,增强鉴定人对鉴定事业的敬业精神。但独立执业,并不意味着鉴定人可以随意地、毫无制约地进行鉴定活动,更不是说鉴定机构及其他相关方可以不对鉴定人的鉴定活动加以监督。我国法律对鉴定人的鉴定活动既坚持独立鉴定原则,同时又规定要加强对鉴定实行严格监督。《决定》第8条、第9条、第11条、第12条、第13条比较全面地规定了对鉴定的监督措施。鉴定机构对鉴定人的鉴定活动实施监督,只能在法律规定的范围内,不能越权干涉符合法律规定、符合科学要求的鉴定行为与措施。如不能要求鉴定人出具适合某一诉讼主体需要的鉴定意见、对委托方或当事人提出的鉴定质疑,不能强制鉴定人必须无条件地加以改变。

鉴定委托方、当事人等要为鉴定人依法独立执业提供良好的外部环境,既要依法监督,又不能干扰鉴定活动,不能给鉴定人施加压力。司法鉴定的外部监督,主要限于鉴定程序的合法性、鉴定过程的公正性,鉴定结果的客观真实性、鉴定文书的规范性等方面。不能无理要求鉴定人只能怎样鉴定,或者必须出具于自己有利的鉴定意见。

第四节　客观鉴定原则

一、客观鉴定原则的含义及意义

客观鉴定原则,是指鉴定活动必须遵循法定程序和科学规律,鉴定步骤、方法、依据、标准要科学、全面,鉴定结果要真实、可靠,杜绝虚假性鉴定、随意性鉴定、片面性鉴定。客观鉴定的实质,是要求鉴定意见的客观真实。

客观鉴定原则是司法鉴定活动四个原则的总体目标要求,是鉴定结果的必备条件,是司法鉴定的生命力所在。依法鉴定原则、独立鉴定原则、公正鉴定原则追求的共同目标都是为了实现鉴定结果真实、可靠。鉴定结果不真实、可靠,可能给诉讼活动造成严重的危害后果,鉴定就没有了生命。

客观鉴定原则是诉讼证据的基本要求。鉴定意见必须具备合法性、客观性、关联性三大要素。鉴定意见不真实、不可靠,自然不具备可采信的条件。

客观鉴定原则是公正鉴定的保证。鉴定材料不真实,鉴定方法不科学、鉴定依据不充分,鉴定标准适用不当,鉴定结果不可靠,是司法鉴定不公正的突出表现。

客观鉴定是司法鉴定人的职责要求。鉴定人的根本职责是为诉讼活动提供真实可靠的科技证据材料。鉴定活动不客观,不可能获取真实可靠的鉴定意见。

二、坚持客观鉴定原则的基本要求

客观鉴定原则体现于司法鉴定的各个环节,每个鉴定环节都符合客观鉴定的应有要求,鉴定结果的总体目标才能实现。

鉴定材料要客观。诉讼当事人、鉴定委托方向鉴定机构与鉴定人提供的鉴定材料必须真实、可靠、全面,符合科学技术规范,不能有任何虚假。鉴定材料是鉴定的基础。鉴定材料必须满足鉴定的数量质量要求,鉴定才可能客观。鉴定材料有虚假,鉴定结果不可能客观;鉴定对照材料不全面,鉴定难以进行,或者导致鉴定结果的片面性、虚假性。鉴定实践中,相当一部分不客观的鉴定意见,都是源于委托方提供鉴定材料的虚假或局限因素。鉴定材料的数量质量和真实性要求是客观鉴定的物质保证。

鉴定主体的立场、作风、方法要客观,要严格遵守职业道德与职业纪律。鉴定人必须崇尚法治,尊重科学,秉公鉴定,不徇私情,以执业为民为己任,实事求是地进行鉴定。不受案情、人情、私利、鉴定机构内外干扰因素的影响而偏离科学鉴定轨道,不能受鉴定中不正之风的侵袭而作虚假鉴定或违心鉴定。这是鉴定主体坚持客观鉴定的前提和思想保障。

鉴定步骤、方法、依据、技术标准必须客观。司法鉴定客观性原则的基础是科学性原则,不按科学原理、科学方法、科学依据、科学标准进行鉴定,客观鉴定原则就会成为无源之水、无本之木,客观鉴定原则就无衡量的标准。科学原则是客观鉴定原则的灵魂。客观鉴定原则在科学技术方面的要求是:(1)鉴定材料的提取、收集、保存、复制等要符合科学要求。(2)鉴定材料的数量、质量要符合规定的鉴定条件。(3)鉴定的步骤要符合科学规则。(4)鉴定手段、方法、依据要具备科学性、有效性、先进性。(5)鉴定意见要符合科学技术标准。(6)鉴定原理和方法必须获得科学与法律的确认。鉴定结果不符合科学技术标准,就没有科学性,就是最大的不客观、不可靠。鉴定结果没有科学性,就是没有客观性。(7)鉴定结果科学依据不充分,表明其客观性不强。

鉴定活动全过程要严格遵守技术监督与法律监督的规定。鉴定的各个环节都要遵守法律规定,要认真接受各个方面的监督,鉴定意见要经过法庭质证。违法鉴定很难达到客观鉴定要求。技术监督与法律监督,是客观鉴定的有效保证。

三、坚持客观鉴定原则的保障措施

坚持客观鉴定原则的关键,是鉴定人应具备较强的鉴定能力和较高的鉴定水平。客观鉴定的基本要求,是鉴定结果真实、可靠。而达到真实、可靠的基本要素在于鉴定人。鉴定实施主体具备较高的法律和业务素质,真实、可靠的鉴定结果才有主观基础。

鉴定机构要为鉴定活动提供必需的物质保障和技术保障条件。如必需的仪器设备,必需的实验条件,必需的信息资料,必需的技术辅助人员等。

鉴定管理机关和技术监督部门要依法制定切实可行的技术标准和技术规范,加强鉴定质量管理。鉴定技术标准和技术规范,是衡量鉴定是否客观的尺度,是杜绝随意鉴定的有力措施。我国目前使用的鉴定技术标准有国家标准、部颁标准(行业标准)、同专业领域多数专家认同的传统标准、鉴定管理部门推荐的试用标准四个等级层次。相关专业应按等级依次选用。鉴定没有标准,对鉴定结果而言,科学上不能判断其是非,法律上难以确定其真伪。

鉴定机构和鉴定管理部门要严格监督司法鉴定职业道德与职业纪律的贯彻实施,及时依法依规查处鉴定人的违纪、违规、违法行为。

第五节 公正鉴定原则

一、公正鉴定原则的含义及意义

公正鉴定原则,是指司法鉴定过程与结果要秉持公平正义,充分保障诉讼各方的鉴定权利,鉴定结果要忠于科学事实与客观事实。客观鉴定是司法鉴定的目标,公正鉴定是司法鉴定的价值追求和目的。

坚持公正鉴定原则,在鉴定活动中具有三方面的意义。

1. 公正鉴定是司法鉴定活动的核心原则和所要达到的最终目的。依法鉴定、独立鉴定、客观鉴定所追求的目标是实现程序公正与实体公正。鉴定程序公正是鉴定实体公正的前提,实体公正是程序公正所要实现的目标;司法鉴定活动没有公正性,也就不能体现鉴定活动的合法性、独立性、客观性。所以,公正鉴定原则是司法鉴定的最高准则。

2. 公正鉴定是司法公正的重要保障。证据是司法公正的基石。"以事实为根据,以法律为准绳",是诉讼活动的基本原则之一。诉讼活动中坚持司法公正,首先要有确实、充分的证据。鉴定意见作为法定证据的类型,所提供的科学证据,对于认定案件事实具有至关重要的作用。只有坚持公正鉴定原则,才可能获得真实、有效的鉴定意见,为司法公正提供实体保障。

3. 公正鉴定是维护司法鉴定公信力和权威性的有力保证。司法鉴定公信力最终体现为鉴定结果的合法性、科学性、真实性,进而被审判活动所采信。而这种结果,只有坚持公正鉴定才能获得。司法鉴定主体和司法鉴定管理机关,要提升司法鉴定公信力和权威性,其中一个重要举措就是要确保公正鉴定。

二、坚持公正鉴定原则的基本要求

实行公正鉴定原则,同样涉及司法鉴定全过程,关系到各方主体,以下几个方面的要求是必须考虑的。

1. 在立法层面要确保鉴定法律关系中相关方权利、义务的合理配置。在司法鉴定法律关系中,诉讼当事人、鉴定委托人(含侦查机关、审查起诉机关、审判机关)、鉴定机构与鉴定人等是法律关系主体,做到权利与义务、职权与责任相平衡,是实现公正鉴定原则的一项基本要求,也是司法鉴定程序公正的重要体现。目前在这方面的主要缺陷是诉讼当事人在鉴定启动权、鉴定复议权、对鉴定机构的选择权、鉴定知情权、鉴定监督权的规定方面还存在不足,而且还缺少有效的权利保障措施,对公正鉴定极为不利。在修订和完善相关鉴定立法时,应确定鉴定申请与鉴定委托实行与举证责任分配相一致原则,选定鉴定机构实行三方(委托方、原被告方)共同协商原则,鉴定材料坚持法庭质证原则,重新鉴定应着重考虑维护当事人诉讼权利原则等,以使公正鉴定原则获得法律保障。

2. 在执法和鉴定实践层面,要采取有利于保证程序公正和实体公正的有效措施:(1)鉴定申请权、鉴定机构选择权是当事人双方的共同权利,侦查机关、审查起诉机关、审判机关应当依法保障其权利,做到合理平衡。每一方的鉴定申请权和鉴定机构选择权的主张,都应得到重视与依法支持。尤其是刑事鉴定,侦查机关、犯罪嫌疑人、被告人、被害人及其近亲属所享有的鉴定权利都应一视同仁,特别不能忽视后三者应有的法定权利。(2)鉴定机构和鉴定人要保持中立。鉴定机构和鉴定人,不能与鉴定事项或所涉案件有直接或间接的联系。社会鉴定机构和鉴定人,要遵照法律、法规、规章关于依法回避的规定。侦查机关的鉴定人不得"自侦自鉴"(同一案件或同一鉴定事项,既参加侦查活动又参与鉴定活动);对于初次鉴定意见发生争议或有异议的,应当委托本部门以外的鉴定机构鉴定。重新鉴定不能由原鉴定机构受理。(3)鉴定委托与受理不能实行"区域管理、分片包干""逐级委托、逐级受理"的限制性规定。因为选择鉴定机构是诉讼当事人和办案机关共同享有的权利。这种不当限定,一则侵犯了他们的诉讼权利;二则极易形成"鉴定垄断";三则可能违背鉴定回避规定。(4)重新鉴定不宜限定鉴定次数,而应限定鉴定条件。重新鉴定既有积极作用,又有消极影响。合理、合法的重新鉴定诉求,司法机关应当支持、准许,不合法合理的要依法限制。立法与司法方面,有限制鉴定次数和限制鉴定条件两种主张与做法。多数人认为,规定重新鉴定以两次为限是不公正的,有的虽经过两次鉴定,但仍有严重的程序违法和实体缺陷,不再鉴定必会影响公正审判。限制重新鉴定条件,是指鉴定申请方有充足依据,而另外两方又无合理依据反驳的情形,司法机关才能允许重新鉴定,这既体现了鉴定程序与实体公正,也有利于限制不正当的重新鉴定。(5)司法鉴定活动过程要依法公开,鉴定活动要依法接受监督。从鉴定受理到司法鉴定文书的出具,每个环节及其进展,都要与委托鉴定的侦查机关、司法机关通报情况,重大鉴定活动和采用重要的鉴定措施要征得委托方同意,鉴定的方法、依据、标准等主要情况应在司法鉴定文书上反映清楚。鉴定过程中当事人询问鉴定情况、对鉴定文书中的问题提出质疑,经委托方同意,鉴定主体应向其作出必要解释。对于鉴定某些特殊事项或有重大社会影响的突发事件中的鉴定事项,还需委托方通知相关当事人参加监督、见证。

3. 鉴定实体公正就是要做到鉴定结果客观真实,符合科学技术标准。具体要求是:(1)鉴定材料真实无误并符合鉴定条件要求。(2)鉴定原理正确,科学上、法律上无根本性争议。(3)鉴定步骤规范。(4)鉴定方法科学、先进、有效。(5)鉴定依据充分。(6)鉴定技术标准适用准确。(7)鉴定意见表述符合科学与证据要求。

三、坚持公正鉴定原则的保障措施

1. 鉴定人要摆正自己的地位,明确司法鉴定的服务方向。司法鉴定人在诉讼活动中是处于中立地位的自然人,鉴定过程中不能偏向诉讼主体任何一方。司法鉴定人要坚持为诉讼活动服务的基本方向,不是为诉讼当事人服务,也不是为司法机关服务,更不是为社会服务。鉴定人找准自己的地位和明确服务方向,才能从根本上明确坚持公正鉴定的原因。

2. 司法鉴定机构和鉴定人的管理体制要有利于实现公正鉴定的要求。如侦查机关的鉴定机构与侦查业务部门要相对独立,不能有直接的行政隶属关系;技术侦查机构与司法鉴定机构在工作上要分离,不能"侦鉴一体";技术侦查人员与司法鉴定人在同一案件的同一技术问题上不能实行"并肩作业"。社会司法鉴定机构对鉴定人鉴定活动的监督要依法明确范围,做到既不失职又不侵权。

3. 职权机关应当制定与完善有利于促进公正鉴定的法律保障措施。如当事人鉴定权利的保障措施,司法机关决定与委托鉴定方式的保障措施,鉴定人出庭作证的保障措施等。

本章述评

司法鉴定活动原则问题在立法、司法、执法以及鉴定管理活动中有许多争议,其主要为:(1)鉴定材料的合法性、客观性。在民事鉴定材料取证上还存在较多问题,尤其是对于收取有时间性要求的样本材料(如笔迹、鞋印、工具痕迹、人像照片、录音资料等),办案人员常常为此叫苦不迭。多数情况下,鉴定样本是由被申请方提供,因无法律制约,有的被鉴定方因趋利避害而提供假样本,有的拒绝提供或否认"历时样本",办案人员无奈之下只好同意其提供不具备鉴定条件的"现实样本"。这种虽真实而不客观的样本,必然造成重复鉴定增多或不确定性鉴定意见增多的后果,亟待立法支持。(2)法律规定当事人或人民法院选择鉴定人与依法、客观、公正鉴定原则的冲突。如《民事诉讼法》第76条规定,当事人申请鉴定的,由双方当事人协商确定具备资格的鉴定人;协商不成的,由人民法院指定。《决定》第9条规定:"鉴定人从事司法鉴定业务,由所在的鉴定机构统一接受委托"。在诉讼实践中当事人双方共同选择鉴定人或人民法院指定鉴定人鉴定是不可能的,法律规定当事人选择鉴定人或者人民法院指定鉴定人鉴定,实际上只能是由其选择或指定鉴定机构。(3)逐级委托和逐级受理鉴定规定与公正鉴定的矛盾。《决定》规定司法鉴定的委托与受理不受地域范围限制是正确的而且是切实可行的。它适用于任何诉讼活动、任何办案机关、任何鉴定机构。尤其民事与行政诉讼鉴定,应当毫无例外地执行。(4)鉴定人故意作虚假鉴定是违背客观鉴定、公正鉴定原则的典型表现,是违法犯罪的行为。鉴定人独立进行鉴定活动与各方面对鉴定管理监督之间的矛盾如何平衡;实行鉴定人负责制,"鉴定人之间不同鉴定意见应在鉴定书上注明"与保障鉴定人人身安全的冲突如何达到有效统一;侦查机关鉴定机构受理鉴定业务范围的立法与执法争议的解决方式等问题,这些问题应当深入思考和研究。

思考题

2010年南方某省一个贫困县,甲乙两个私营企业因债务关系,乙方企业老总为了牟取甲方的利益,串通甲方已于2005年解职的老总邓××,签订2000年至2004年间邓在任职过程的债务合同6份,总金额达240余万元。乙方承诺所获"债款"的40%归邓所有。邓便在《借款合同》上签了字。

2011年初,乙方持合同向甲方追讨债款,甲方找原任"邓总"辨认合同的真实性,邓确认借款与签字属实。甲方当即偿还了1/6的"债款"。之后,甲方觉得邓在任职期间所欠债款用途可疑,请审计部门审计发现债款来源和款项去向不明,邓有个人占用借款嫌疑,遂将邓告上法院。

邓怕承担贪污、挪用公款罪责,加之乙方并未兑现给自己"该得"的部分"债款",于是在法庭上矢口否认自己在6份债务合同上签字的事实。人民法院按程序委托司法鉴定,鉴定意见认定该6份合同上的"邓××"署名字迹是邓本人书写。邓不服该鉴定意见,私自持复印的鉴定材料到一家未经依法登记的鉴定机构鉴定,获得不是邓书写的结论。人民法院和第三方(原"债权"方)均不承认此鉴定意见。经三方同意,人民法院再次委托一家司法鉴定机构进行重新鉴定,出具的鉴定意见与第一次鉴定相同。

邓××闻知后,到该鉴定机构大吵大闹,强烈要求其改变鉴定意见,否则,便死在该鉴定机构门前。鉴定机构负责人和鉴定人迫于压力和怕酿出人命,便将原肯定同一意见改为"不能确定是否邓××书写"的意见。

2011年底,承担《借款合同》责任的甲方,将乙方和邓某以涉嫌诈骗罪告上法庭,并要求对6份合同上的"邓××"署名字迹进行第四次鉴定。人民法院对鉴定材料经过法庭质证后,经三方商定委托某鉴定机构进行鉴定。受理鉴定机构指定5名文书鉴定专家鉴定后一致认为:6份合同上的"邓××"署名字迹为同一人书写,与供检的"邓××"签名样本字迹是同一人书写,并按规定出具了司法鉴定意见书。鉴定中同时发现:6份"合同"标称时间是"2000年"至"2004年"间陆续签订,但合同正文字迹和邓的署名字迹墨色新鲜程度一致,墨迹种类相同,笔痕特征相同,笔迹细微特征也相同,反映出同一人、同一支笔、同一时间段书写的特点。同时,6份合同中有4份标称时间为2003—2004年签订,但合同公文稿笺纸的印刷时间标明为"2008"年印出,显示出写字在前,稿笺纸印刷在4年以后的怪现象。不难看出,合同上"邓××"签名是真,但合同至少签订于"邓××"谢职3年以后。因此,建议人民法院对6份合同的书写字迹、墨迹、稿笺纸的形成与生产时间进行鉴定,主审法官表示可以考虑。针对上述案例思考以下问题:

1. 根据本章所述内容分析司法鉴定基本原则之间的关系？
2. 怎样依法、合理解决鉴定人依法独立鉴定与加强管理监督的冲突？
3. 分析案例中第三次鉴定有关方的不当之处？
4. 案例中《借款合同》签名字迹是真,但其与《借款合同》的形成时间有突出矛盾,怎样才能达到公正鉴定要求？

第四章　司法鉴定基本原理

> **本章概要**
>
> 本章是关于司法鉴定原理及其运用方面的问题。司法鉴定原理涉及各个学科领域,其中最基本的原理是物质转移原理、同一认定原理、种属认定原理。它是司法鉴定的基础理论,也是各学科、各项鉴定的科学基础。学习本章内容,应当掌握司法鉴定基本原理,了解制定与使用鉴定方法、鉴定依据、鉴定标准,理解鉴定意见分类。

第一节　司法鉴定物质转移原理

一、物质转移原理及其形成与发展

（一）物质及其类型

物质是自然科学和社会科学领域的一个基本概念,是指独立于人的意识之外的客观存在。它包括有形的物质与无形的物质,一切客观存在的都属于物质的范围。行为学理论认为,人的行为活动、自然界的变化、社会现象的产生,都具有物质性特点。犯罪行为是物质性的反映,正因为它具有物质性特点,鉴定主体才有条件对其进行认识和揭示。诉讼争议,也是物质间相互关系的反映。司法鉴定对象,都是物质的表现。

随着现代科学技术的发展,司法鉴定中物质概念的范围也在不断拓展。目前进行鉴定的物质对象可以归纳为三类：

第一类是实物型物质。它是有形的,可以用目力和科学仪器观察到的物质实体。如毒物、毒品、爆炸物、金属微粒、泥土、粉尘、纤维、油渍、人体微细物质等。它们是司法鉴定最常见的对象。

第二类是痕迹型物质。它是实物型物质(含物品、物体)的外表形态结构和其组成部分,由于机械作用、理化作用和自然变化,形成于载体物上的痕迹。如手印、足迹、工具痕迹、牙齿痕迹、碎裂痕迹、笔迹、图像、印刷字迹等,这些是司法鉴定最为多见的物质对象。鉴定这类物质,主要不是确定其理化成分、结构特点和生物特性,而是寻找其形成痕迹的"物"或"人",或者判明痕迹形成的原因。

第三类是信息型物质。无论是电子信息还是其他信息,无论是有形的还是无形的,都是物质的一种表现。电子信息型物质是随着电子技术特别是网络技术的发展而出现的新的物质类型。如声频与视频录音带和录像带、光碟、软盘等储存的信息,计算机系统和网络系统有关环节和部位留存的电磁痕迹及其内容。这类物质与前两类物质有许多不同,它是由光电转化、声电转化、光化学转化、电磁转化等转化方式而形成的转化物质痕迹,其中许多物质痕迹在一定条件下还可"复原"。这种转化物质痕迹是逐渐增多的新兴鉴定对象。

上述三类司法鉴定物质都与物质转移原理有密切关系,明确其转移的条件、过程及转移后的特点,对于选用鉴定方法和评断鉴定意见的证明力有着重要意义。

(二) 物质转移概念

由于物质范围的扩展,物质转移概念也在不断发展,至今尚无一个定型的统一定义。在司法鉴定科学领域,它还只是由物质交换、物质转移、信息传递(转化)三者的本质特征综合而成的一种界说。所谓物质转移,是指物体的物质或信息被其他客体物承载、交换、吸收、转化,而在相关客体物上存留一定的物质、信息的物质运动过程。包括物质实体的自身转移、物质实体外表结构形态的形象转移、信息物质的吸收或转化等转换形式。物质转移用于鉴定的基本原理是:证据是一种信息,而信息是物质的一种反映,鉴定中的证据信息是一种客观存在,它可以在不同客体间以不同的方式进行交换、转移、传递,并在其承载客体上留存相应信息,从而可被获取和运用。

(三) 物质转移原理的形成和发展

1. 物质交换原理的产生。法国著名侦查学家、警察实验室鼻祖、物证技术学先驱之一洛卡德在 20 世纪初期提出:犯罪实施过程是一个物质交换过程,犯罪行为人作为一个物质体,在实施犯罪过程中,总是要与现场相关物质实体发生接触和交换关系,从而导致接触体之间会发生一些形态变化,或者其被黏附某些物质,或者被其带走某些物质,总之,接触体相互之间会发生一定质或量的变化。洛卡德和他的同事们将犯罪过程中所产生的物质交换这一客观事实总结为"物质交换原理"。这一原理强调物质系统能量不变,在交换过程中客体间的物质总量不会增多或减少,只是出现了交换现象。

2. 物质转移原理的形成。随着侦查学的发展和现代痕迹学基础理论的建立,物质交换原理存在的局限性不能解释多种痕迹形成机理的过程和言词信息的交换规律,因为它们的形成并不能完全反映物质的能量守恒法则,而是以接触"复制"方式,或者是以感官、记忆方式进行转移的。如手印、鞋印、枪弹痕迹的形成,又如目击证人看到犯罪现场上犯罪行为发生过程中某一个片段、听到的某些说话声,或者物体发出的声响而留存于其头脑中的印象痕迹等。这种转移现象超出了物质交换的范围。于是,在20世纪中叶以后,侦查学家和司法鉴定学家逐步将物质交换原理扩展为物质转移原理。后者可以涵盖前者。物质转移,既包括参与物质转移各方的形态变化、物质量的增减,也包括物质的信息被其他物质体所"复制"、吸收等变换形态。这一原理,对于物证鉴定和诉讼取证有更重要的指导意义。

3. 信息转移原理的兴起。上述物质交换与物质转移原理主要是针对有形的物质性证据的形成机理进行研究的,由于电子技术的发展和证据范围的扩展,对于电子数据证据、意识信息证据的形成过程就难以作出恰如其分的解释。20世纪中叶,通讯技术理论的建立,为信息科学的诞生奠定了理论基础。在随后的几十年间,信息技术被陆续引用于犯罪侦查和司法鉴定领域。我国侦查与鉴定学家将现代信息科学原理与洛卡德的物质交换原理结合起来,提出了信息转移原理。

信息转移有两个显著特点:(1)信息物质转移的自动性。信息转移的过程与途径很复杂,它与相关客体之间并未发生过实质性接触。(2)物质信息被留存于多个方面,不局限于接触与被接触客体之间。如计算机入侵犯罪过程中,犯罪嫌疑人的计算机与被侵害者的计算机之间的电子数据必然发生交换,一方面侵入计算机要获取被侵计算机中的电子数据,同时又会在被侵计算机系统中遗留自己的电子痕迹,而且还会在登录途径的有关站点中保留一定痕迹。这多处电子数据痕迹都是自动转移的结果。从本质上讲,证据就是一种信息,信息是物质的一种表现,而物质同时又往往是信息的载体。因此,信息转移是物质转移的一种特殊方式。这一原理丰富了现代司法鉴定理论,拓宽了司法鉴定材料的来源和鉴定范围。

(四)现代物质转移原理的构成

现代物质转移原理是一个理论体系,而非一个单纯的理论观点。它包括特殊领域的物质概念与类型、物质转移的科学基础、物质转移的条件与方式、现代物质转移原理的形成、物质转移原理在司法鉴定和犯罪侦查中的理论与实践价值等多方面的理论问题。

二、物质转移的依据与条件

(一)物质转移原理的科学依据

无论是物质量的转移还是物的外表结构形态特征被转移成痕迹物质,或者是物质中蕴含信息的转移,它们各自都需要具备一定的科学基础,遵循各自的转移规律。传统理论认为,物质不灭、能量守恒和人的行为的物质性,是物质转移的科学依据。尽管不同类型的物质转移方式有所不同,但都要以物质不灭、能量守恒或能量转化作为先决条件。物质转移的任何形式,首先要有物质体存在,电子信息转移也离不开信息源。唯物辩证法认为,行为是物质性的表现形式,是一种物质运动。司法鉴定中涉及的专门性问题,都是由于行为人的刑事行为、民事行为、行政行为导致的结果。行为主体的物质性运动,必然在一定的时间、空间条件下实施,从而改变事物的原有状态,引起有关物质按照自己的运动特点转移。信息的物质性,物质运动的客观性,反映了网络空间中信息转移的不可避免性。

（二）物质转移的条件

物质转移是物质运动的客观规律。仅就司法鉴定中常见的物质转移过程而言,一般需要两个条件:(1)转移客体的条件,多数是要在两个客体之间进行。(2)外力作用条件,包括行为人的作用、自然界相关因素的作用、参与转移物之间的理化作用、信息传递作用、机械作用等。外力作用的方式,可以是接触、吸收、传递、化合、分解等多种。物质转移的结果,必然导致参与转移的一方、双方或者各方引起一定的变化,信息转移也不例外。如计算机在网络空间入侵犯罪,必然会在作案计算机、网络服务器、被侵计算机中留下数字痕迹。

（三）物质转移的方式

物质转移的方式主要有三种:(1)物质量与质的转移,即传统物质转移理论中的物质交换方式。由于行为主体或造型主体之间发生接触或交换关系,导致接触体或交换体之间产生一定的形态变化,或者被黏附、脱落某种物质,或者被吸收、带走某种物质,使相关方发生量或质的变化。(2)物的外表形态结构被承受体"复印"而转移成痕迹型物质。这种转移方式并不完全遵守能量守恒法则,而是以"接触复制"的方式,或者以感觉、记忆方式实现转移的。如形象痕迹、记忆痕迹的形成,即超出了物质交换的范围。(3)物质中蕴含信息的转移。如电子数据是由于人的行为产生自动转移的结果,其数据、图像或痕迹不仅寓存于主动入侵的计算机与被侵害的计算机之中,同时还保留于登录途径的网络站点之中。

三、物质转移原理与现代司法鉴定

（一）物质转移原理是有效获取鉴定材料的科学依据

鉴定材料是鉴定的物质基础。鉴定材料虽有分散性、多变性、隐蔽性等特点,但它是一种客观存在,不会完全被自然或人为因素掩盖、隐藏、破坏,也不会完全自动消失。侦查人员、司法人员、鉴定人可以根据物质转移原理及相关规律,应用科学技术方法对犯罪相关场所进行勘验、检查,从而有效地发现、提取鉴定材料。如实物型物质,可以依据物质交换原理进行发现与提取;痕迹型物质可以依据物质信息转化、复制、接触等原理予以发现和提取;电子信息物质(电子数据材料),可以依据电子信息自动转化的特殊规律,在信息源(行为人、受害人等)、信息道(犯罪场所、计算机等)、信息宿(网络空间)等方面发现与搜寻证据材料。

(二)物质转移原理为电子数据证据的发现和运用提供了可能

电子数据证据是一类新型的法定证据,也是司法鉴定的新对象。这种鉴定对象在我国虽有几十年历史,但对其产生、发现、提取、固定、保存、鉴定的原理和方法尚缺乏系统的了解和研究。近十几年,电子信息转移原理被确立后,发现电子信息转移具有不直接接触性、不守恒性、不对称性三个特点。网络空间不同节点(电脑)之间的信息交换是源于其互联互通;电子信息以复制方式进行转移,信息是可以分享的,犯罪过程或其他法律行为过程中两个物体间任何一方获得了对方的信息而本方也不会丧失该信息,而且这一信息还可能继续转移到其他客体上;电子信息转移具有单向或双向两重特性,传递方将自身的信息传递给接收方,而接收方并不一定将自身信息反馈给传递方。电子信息转移原理还发现了该种信息转移的过程与路径。如犯罪行为发生在网络空间,犯罪行为人通过计算机发布犯罪信息资料,无疑应在该计算机、网络服务器和被侵入的计算机上留下数字痕迹。如犯罪行为产生于物理空间,有关犯罪信息可能产生由物理空间向网络空间转移的过程,而行为人的影像、活动状态、行为特点等信息资料都会留存于视频监控系统或手机服务系统,或者侦查机关的信息采集系统。侦查人员和其他司法人员根据电子信息转移的特点、途径与过程,可以在相关的网络空间与物理空间去发现、提取电子数据痕迹作为鉴定材料。

(三)物质转移原理为更新案件侦查模式创立了条件

大多数国家的刑事诉讼法(典)都规定,刑事案件的立案是两种情形,或者是以犯罪事实立案,或者是以犯罪嫌疑人立案。侦查学上将其概括为两种侦查模式:即"以事立案,从事到人开展侦查";"以人立案,从人到事开展侦查"。这两种侦查模式是百余年来侦查学界的经典理论。这种模式用于侦查传统的犯罪案件无疑是行之有效的。但在目前和今后,侦查涉及电子信息犯罪的案件,传统侦查模式就有局限性。因为网络时代不少犯罪行为的发生要经历网络空间,或者发生在物理空间而牵涉到网络空间。侦查这类案件,无论是以"从事找人"还是"从人找事"作途径,都要横跨物理与网络两个空间,两者联系的中间纽带就是电子信息设备。因此,有的侦查部门和学者总结出,侦查涉及网络犯罪案件应实行双向侦查途径:第一步是"从事到机"——查找涉案的电子设备或账号,第二步是"从机到人"——找到涉案的电子设备或账号的使用者或关联者。侦查过程中电子设备和账号起枢纽作用。这一新的案件侦查模式虽不是唯一的,但在侦查涉及网络犯罪案件中是不可缺少的,是对传统侦查模式的一种补充,是侦查网络犯罪案件模式的创新。

（四）物质转移原理是鉴定人选用鉴定方法的基本依据

司法鉴定领域，研究物质转移原理的目的之一，是寻找鉴定材料形成的规律性。物质转移的三种方式，实质上就是鉴定材料的不同形成方式。鉴定方法是依据鉴定材料的性质和特点选定的。如由物质交换原理形成的实物型鉴定材料，鉴定所要解决的多是定性、定量问题，主要应当采用理化检验、生化检验方法；由物的外表形态和结构或人的行为习惯形成的痕迹型鉴定材料，鉴定多是解决同一认定问题，鉴定主要选用数学统计法、物理比较法、电子学比较法等；由电子信息转化或传递原理产生的信息型鉴定材料，鉴定主要是解决恢复事实、显示事实、辨明事实真伪等问题，多用电子技术方法实现鉴定要求。

（五）物质转移原理对评断鉴定意见的证明作用有一定指导意义

相当一部分司法鉴定对象都是经过物质转移方式形成的，其转移方式不同，对鉴定意见的证明作用也有差别。尤其是对物证类和声像资料类鉴定意见的评断更要重视这一原理的运用。物质转移型鉴定材料多数不是物质形态和信息的原样复制，而会根据不同转移条件和方式发生不同程度的量或质的变化，每种鉴定对象或每个鉴定对象的属性，都有可能随转移条件和方式的差异发生不同的变化，因而在其量和质方面既有相同的部分又有变化的部分。鉴定主体之间，由于主客观因素的差异和制约，对同一事项的鉴定意见可能出现不同的量或质的差别。鉴定人、司法人员、律师应当遵循物质型、痕迹型、信息型不同鉴定材料的转化特点规律评断鉴定材料因转移过程可能发生的变化及对鉴定的影响，从证据链总体上考察鉴定意见的客观性、可靠性。

第二节　司法鉴定同一认定原理

一、司法鉴定中的"同一"与"同一认定"

（一）同一认定原理中的"同一"

同一认定原理中的"同一"，是指客体的自身同一，即被鉴定客体物与其自身为同一物。"客体自身同一"，是自然辩证法中一个基本观点。在自然界和人类社会，没有两个完全相同的人、完全相同的物，只有"同一"的自身。同一认定原理中所说的"客体"，是指与案件事实相关、能据以证明案件情况、需用专门的科技手段进行鉴定的物体、物质、物品、人身以及某些事实或物质现象。而"客体自身"，是指客体某些方面具有唯一性的物质形态。如人的肤纹特性、人体外貌特性、人的遗传物质基因特性、书写习惯特性等；印章、鞋底、枪支弹道、车轮胎花纹特性等。一个具体的人、具体的物，某方面的物质特性，只能与其自身相同，不可能与其他人、其他物相同。否则，同一认定鉴定也就成为不可能。

客体的自身同一，通常有两种情形：一种是客体物的组成部分与其自身为同一个整体物，如人体体质同一、动植物体物质同一、断离物或分离物与其整体物同一；另一种是客体物的反映形象（痕迹或复制品、声纹、图像等）为其自身所形成，如检材指印与样本指印、检材笔迹与样本笔迹、检材牙齿印与样本牙齿印、检材声纹与样本声纹，为同一人的指纹、同一人的书写习惯、同一人的牙齿、同一人的语音习惯所形成。此类"同一"即称为人的手指乳突花纹同一、书写习惯同一、牙齿结构形态同一、语音习惯同一。

（二）"同一"与"相同""相似""一致"的区别

在司法鉴定中，常常出现"同一""相同""相似""一致"这四个既相互联系而又有本质区别的概念。四者各自具有根本不同的标准，若互相换用，必将导致鉴定理论和实践上的错误。

"同一"是指客体自身的部分与整体同一，或者客体反映形象之间特征总体相同证明其来源于同一客体自身。它不是客体特征个体的相同。"同一"具有唯一性，是客体自身的同一，是独一无二的。客体间个体特征相同，不能称为"同一"。如两个人，在眼角上有一颗形态相同的痣，两个人同写一个"1"字的笔迹特征相同均不属"同一"。

"相同"是指两个事物的特征有某些符合的表现。"相同"指的是客体个体或整体部分特征相同，"同一"，是指其"总体"的唯一性反映。两个事物的特征相同，有可能是客体自身，也可能根本不是。鉴定中所说的"同一"与"相同"，认定的标准极不一样。是对"总体"与"个体"或者"总体"与"部分"而言。鉴定中所说的"相同"，一般有三种情形。第一种情况是客体间的种属特征相同，用鉴定的习惯语言表述为"客体种属一致"，实质上是一种相似的层级。第二种情况是检材与样本间个体特征或局部特征相同，鉴定书上通常用个体特征相同或不同表述，或者部分特征相同或不同的限制性术语表示。第三种情况是检材与样本间各方面的特征相同，但"不同一"。因为两者间不具备认定为同一个客体的基本条件。如对于复印或扫描打印形成的签名字迹、指印、印章印文，无论其检材与样本两者或其中一种为复印件或扫描件，通过比较鉴定虽然发现两者间各方面的特征都相同，但都不能认定它们为同一人书写或为同一人手指遗留或者为同一枚印章所盖，它们只是"相同"而非"同一"。这是由于它们不是客体自身直接形成的产物，复印件或扫描件可能是原件的真实反映，也可能是伪造、变造形成的"再生物"，从逻辑上和事实上讲，都不具备直接认定为同一的条件。如果该复印件或扫描件来源的真实性获得了合法证明，可以由"相同"进而认定为"同一"。鉴定意见中的"同一意见"与"相同意见"是有根本区别的，其证据证明力也是不同的。鉴定人在出具"同一"或"相同"意见时，不仅要严格把握鉴定技术标准，同时还必须审查检材与样本的来源与性状，不能忽视鉴定材料的条件，混淆"同一意见"与

"相同意见"的界限。同时,这两种"鉴定意见"在表述要求上也有区别。

"相似"属于相像、相仿、大致相同的层次等级,是一个不确定的判断结果。鉴定中出现相似性的判断结果,一般也有三种情形:客体间种属特征一致,本质上只能是一种相似性意见;检材与样本间种类特征一致,部分特殊特征相同而部分不相同;检材与样本特殊特征大部分一致,但少部分有本质性差异。客体间"相似"只是部分特征或局部特征相同,而不是客体间总体特征相同,更不是客体自身同一。自然界和人类社会,客体物之间出现"相似"的不少,"相同"的极少,"同一"的没有。有的在鉴定书中将肯定同一意见表述为两者特征总体一致是极不准确的,也不符合证据要求。

"一致"与"相似"的关系。"一致"是指没有分歧,是对认识事物或者比较事物作出的大致评断。鉴定中所说的"两者特征一致"与"两者特征相似"基本上是同一个意思。"一致"不是"相同"。两者有相对模糊与相对精确的区别。

"符合"与"同一"和"差异"与"不同一"的区别。"符合"是指事物的数量、形状、情节相一致,是对事物相同一面作出的总体评断,不是对其局部而言。"差异"就是差别,是指不同的局部或者个别方面。"符合"与"差异"是对事物相同与不同方面作出的总体评断,"符合"是指其相同的一面,"差异"是指其不同的一面。鉴定中所说的"特征符合点",是指两者相同特征方面,"差异点"是指两者不同特征方面。"符合"不等于"同一","差异"决非"不同一";就鉴定意见总体而言,"符合"中有"差异","差异"中有"符合"。只有检材与样本总体上出现本质性符合或者总体上出现本质性差异,才能构成"同一"或者"不同一"的标准。

(三)司法鉴定中的同一认定

关于同一认定的概念问题,中外学者曾有过多种表述,有的认为它是鉴定的一个认识过程;有的认为它是一种鉴定方法;有的认为它是鉴定的一种结果。经过五十多年的探讨,我国较多学者比较一致地认为它是一种判断。即同一认定是对客体是否同一作出的判断。因为同一认定是在诉讼活动中,鉴定人对客体是否同一问题作出的科学判断。同一认定的本质特点是"认定",是对客体作出"是"与"不是""同一"与"不同一"的认定,而"认定"是一项认识活动,属于判断范畴。因而,将同一认定定位为一种判断活动,是符合认识规律和鉴定要求的。

二、司法鉴定的同一认定原理

(一)同一认定原理的理论体系

同一认定原理,是指同一认定判断活动的科学基础和科学方法理论体系的总称。主要包括以下五个方面。

1. 同一认定基本概念原理。如客体、同一、相同、相似、被寻找客体、受审查客体、客体反映形象、检材、样本、被认定同一客体、供认定同一客体等。这是同一认定原理的基本元素。

2. 同一认定科学基础和科学依据原理。主要有同一认定客体本质的特定性、相对稳定性、反映性原理,同一认定客体特征与特性关系、同一认定的科学技术标准原理等,这是同一认定原理的核心。

3. 同一认定种类及其基本形式原理。有按同一认定客体的对象分类、同一认定的科学依据分类、同一认定的方法分类三种基本形式,每种鉴定分类都有各自的原理与方法。

4. 同一认定步骤、方法原理。同一认定活动一般都应当经历分别检验、比较检验、综合评断三个步骤(阶段),每个阶段各有不同的任务和方法,其任务、方法都有相应的科学原理。

5. 同一认定意见评断与运用原理。主要是阐明同一认定意见的科学性和证明作用的原理和方法。

(二) 同一认定原理在司法鉴定中的意义

同一认定原理的地位问题,在学术界存在不同的认识。有的认为它是侦查学的基础性原理,有的认为它是刑事法学的基础性原理。理论界与实务界的基本共识是:同一认定原理是司法鉴定的基础性原理。所谓基础性原理,是指阐明一个学科或一项认识活动最基本的原理和实践方法法则的共同性原理。这一原理,在司法鉴定领域有三方面的意义。

1. 同一认定原理是司法鉴定学最重要的基础理论。一门科学的创立,不仅要有以辩证唯物主义作为指导思想的理论基础,而且还必须有基础理论阐明该门科学的基本原理和实践问题的理论依据。司法鉴定学的基础理论很多,同一认定原理是其重要组成部分。司法鉴定学是研究司法基础理论、鉴定制度、鉴定管理、鉴定程序、鉴定实务的科学。同一认定原理是以研究鉴定判断活动的理论和实践为重点,所以,它在这门科学的基础理论中占有重要地位,它的每一个组成部分、每一个子学科都要以这一原理奠定自己的理论与实践基础。

2. 同一认定原理是各项鉴定业务的基本原理。现代司法鉴定的专业门类众多,几乎涉及自然科学、技术科学、社会科学各个领域,鉴定要解决的问题包罗万象,但从其实质上讲,更多是确定"同一"或者"同类""真伪""因果联系"等问题,而解决这些问题,必须以同一认定原理作为理论依据和实践指南。

3. 同一认定原理是审查评断鉴定意见是否真实客观和证明力的理论依据。同一认定原理体现于鉴定的全过程,但最终反映在鉴定人出具的鉴定文书中。鉴定人、鉴定技术辅助人员、鉴定技术顾问、司法人员、律师等审查鉴定意见书的鉴定步骤、方法、依据、标准、鉴定结果的分析论证以及鉴定意见的表述等都要考察其是否符合同一认定原理的要求,为总体评断鉴定意见的客观真实程度或是非提供技术依据。

(三) 同一认定原理的创立与发展

同一认定原理起源于何时,中外鉴定学家未有统一认识。但比较一致的观点是:同一认定原理是随着各门鉴定科学的创立和发展逐步建立与完善的。在19世纪中叶,犯罪侦查学界提出了类似同一认定理论的一些基本观点,如客体特征与特征组合、特征分类、客体特定性与稳定性、鉴定比较法等。到20世纪30年代,以原苏联学者为首的欧洲学者提出了同一认定的概念与分类,同一认定的方法、标准与条件,指出同一认定原理是犯罪侦查学鉴定的专门方法,同时也是刑事诉讼各个阶段进行鉴定应当采用的方法。20世纪50年代,欧洲和亚洲多数国家的鉴定领域,建立了同一认定原理的理论体系。但当时同一认定鉴定的范围主要局限于客体的反映形象鉴定,如痕迹、笔迹、人像照片等。以后,随着精密仪器的问世,相继研究出了对微粒物质和流体物等无固定外形的整体物同一认定的依据和方法。到20世纪70年代,学者们肯定了运用物理学、化学、生物学等方法对合量整体物进行同一认定鉴定的理论与方法的可行性。由此,由依据客体外表特征的同一认定鉴定发展到依据客体物内部结构、物质成分特征进行同一认定鉴定的理论体系已初步建立。与此同时,美洲学者对同一认定原理的研究也取得了诸多成就。20世纪50年代,美洲成立了"国际同一认定协会",学者们对同一认定和种属认定发表了不少有指导意义的见解。主要如:"一个客体只能与其自身同一","物证技术一系列原理的中心内容就是对'人'和'物'的种属认定和同一认定","主张将同一认定客体的特征分为形象特征、物质结构特征、空间位置特征三类","将数学原理引入同一认定方法体系之中","提倡要为各种鉴定客体建立特征数据库,以利制定评断鉴定意见的统一标准"等。欧美学者在利用生物技术对人体物质和动植物物质进行同一认定的理论与实践方面作出了重大贡献。

我国学者在学习与引进外国先进的鉴定理论与方法的基础上,结合国情发展与完善了具有中国特色的同一认定原理的理论体系。主要表现在:对同一认定原理的若干基本概念,从自然科学和社会科学角度注入了新的内容,作了明确界定;在同一认定科学基础方面根据物质转移原理总结了客体特征的反映性是同一认定型鉴定又一个必要条件;在同一认定鉴定意见的科学依据方面,发展了同一认定客体特征分类层次理论、客体特征鉴定价值理论、客体特性构成理论;将同一认定原理界定为有关鉴定原理、方法的理论体系,并由五个部分的理论构成;明确肯定了同一认定原理在司法鉴定中的地位,一致认为同一认定原理既是各类司法鉴定业务的基础理论,又是指导鉴定活动的方法论,突破了国外学者长期固守的同一认定原理是同一认定鉴定和同一认定辨认的基础理论和方法体系的认识局限。

三、同一认定的科学基础

在司法鉴定中，认定客体的自身"同一"成为可能，是由于被鉴定客体具有三个基本属性。

（一）客体本质的特定性

客体本质的特定性或特殊性，是指一个客体区别于其他任何客体，每个客体的本质属性都是特定的。自然界和人类社会，绝对没有两个完全一样、互相同一的事物。

同一认定客体本质的特殊性，是由其内部条件的复杂性和外部条件的多样性决定的。就多数被鉴定客体而言，主要是由于以下四方面原因的单一作用或综合作用形成了各自特有的本质属性。

1. 客体本身固有的属性不同。客体在其自身形成过程中由于内部种种原因构成了自己的特殊本质。有的是由于客体的生理、生物属性不同，在其外表或内部形成了特殊的形态和结构，如人体皮肤乳突花纹、血液物质、毛发等在人的生命形成和成长过程中就构成了自己的特殊本质。有的是由于生理属性或病理因素的影响，形成了特殊的外貌形象，如人体外貌。有的是由于客体的物理、化学属性不同，在物质结构方面形成了特殊的结构成分组合状态。

2. 客体在生产、加工过程中形成特殊的外表形态。作为司法鉴定客体中的许多物体或物品，由于机器性能、机械磨损、工艺过程、原材料质量、工人技术特点与工艺习惯差异，即使是同一台车床、同一个模型、同一个工具生产加工制作的同类、同种、同批产品，在细节特征方面也存在重大的差别，各自的特殊本质是明显的。如新工具、新印章、新鞋底形成的痕迹，都能与它自身以外的客体形成的痕迹相区别，具备较好的鉴定条件。

3. 客体在使用过程中逐步增加附加特征使其更加特定化。许多工具和物品在使用过程中，由于受到自然因素和人为因素的影响，不断产生变化，因而在其本来就很特殊的外表形态结构上又增加了许多极为特殊的个别"标记"。

4. 人在生长、学习、生活、劳动等过程中形成独特的技能与习惯。这种技能与习惯的特殊本质与物体的特殊本质形成的机理是不同的。它是由于人的生理、心理因素差异，以及学习、训练方法、兴趣爱好、生活环境、职业特点等条件的不同，通过条件反射的作用，逐步形成动作行为的自动化锁链系统（一般称为动作技能）并从中反映出各自特有的习惯体系。如书写动作习惯、语音习惯、行走步法习惯等是人各有异的。

每个客体都是特定的，与其他任何客体都不会相同，客体各方面的特征所构成特性是独特的。而任何客体的特性是通过一定的特征表现出来的。认识和区别客体，必须从考察客体的具体特征开始。在司法鉴定领域，每类、每种以至每个客体都有全面的特征体系,作为鉴定依据。

同一认定客体的鉴定标准,是依据客体的"三性"原理,按照客体特征与特性的关系,根据鉴定实践的证明,细化出的反映每类鉴定客体特性的指标体系。所以,鉴定标准中的实质性指标就是客体特性的具体化,是衡量鉴定意见是否客观真实的尺度。

客体特定性是司法鉴定的总体科学依据。正是由于司法鉴定客体具备了只能与其自身同一的基本属性,鉴定才具有科学依据,鉴定意见才具有证明力。

(二) 客体特性的相对稳定性

客体特性的相对稳定性,是指客体所具有的重要特性在一定条件下、一定时间内保持不变的属性。客体的稳定性是其基本属性之一,也是同一认定的必要条件。

宇宙间的万事万物,都是处在不断运动、发展和变化之中的。物质的运动是绝对的,物质的稳定是相对的。然而,任何事物都是按照由量变到质变的规律运动和变化的,千变万化的事物在其发展变化过程中必然存在着某种相对静止状态。运动变化的事物其特性处于质变以前的相对静止状态就是其稳定性。这是事物特性保持相对稳定的基本原因。

作为司法鉴定的客体,其外表形态和物质成分结构特性之所以能保持相对稳定,除上述基本原因外,还有各自的具体原因。有的客体是由于生理学、组织学的特性为其提供了稳定的条件;有的客体是由于物理学方面的特性而使其外表形态和组织结构的特性保持稳定(如工具、物品等);有的是由于生物学方面的特性而使其遗传基因特性保持稳定等。

不同客体特性的稳定程度是有区别的,对于司法鉴定来说,客体的稳定程度越大,鉴定条件越好;客体的稳定程度越小,鉴定条件越差。司法鉴定客体特殊本质的稳定程度有三种情况:有的客体的特性长期稳定,如人体皮肤乳突花纹、生物体物质的DNA遗传基因等;有的客体的特性在较长时期内保持稳定,如书写习惯、人体外貌、比较精细的工具(如枪支)、印章等;有的客体的特性只能在较短时期内保持稳定,如鞋底、质量较差而又经常被磨砺的工具等。客体特性的稳定程度除了受自身变化因素影响外,外界条件也有一定作用,如客体物的生活环境、存在空间、使用与保管条件等。

客体特性的相对稳定性,是司法鉴定的重要条件。只有被鉴定客体的特性处于相对稳定阶段,侦查、调查、检验、鉴定人员才能根据先前留下的反映形象或实物型物质去发现可疑的受审查的客体,鉴定人员才能根据检材与可疑受审查客体的样本进行比较,从而确定可疑的受审查客体是否就是鉴定要寻找的客体。

(三) 客体特性的反映性

反映性也是司法鉴定客体的基本属性之一。客体的特征借助一定的条件,以不同的形式在其他客体上表现出来的这种属性就是反映性。司法鉴定客体，通过自身位移、接触、分离、剥落、黏附、化合、分解以及光学、电子学等形式，将自身特性的全部或部分反映到其他有关的客体上，显示其与案件事实的某种联系。客体的反映性既是遗留痕迹、物质、物品的必要条件，又是司法鉴定依据这种痕迹、物质、物品去发现和确定被鉴定客体自身的必备条件。

司法鉴定客体的特征反映形式有直接反映和间接反映两种。直接反映是客体特征最客观、最完整的反映，如人体物质、断离物、分离物及其他各类物质物品等特征，都是以直接的方式反映出自身的特性而被作为物证。鉴定这类客体，是客体自身与自身相关部分进行比较，确定其特征是直接从其自身表现出来的。

间接反映是客体的特征以物理、化学等方式在其他客体上不同程度地表现出来。这种间接反映只有固体物质才有可能，多数是反映客体表面的外部形态结构特征，如手指皮肤乳突花纹通过指印反映其外表形态特征，工具外表形态结构通过工具痕迹反映其特征，书写习惯通过笔迹反映其特点规律，人体外貌特征以图像为载体形式反映出来。属于同一认定的鉴定客体特征大多是以间接反映形式表现出来的。

（四）客体基本属性与鉴定的关系

客体的特定性、稳定性、反映性是司法鉴定客体的三个基本属性，是司法鉴定的科学基础。其中客体的特定性是司法鉴定的科学依据，同时也指明了司法鉴定的范围，客体特性的稳定性和反映性是司法鉴定客体必备的客观条件。客体的三个属性对鉴定是互相联系、互相制约的。特定性强，稳定性大，反映能力好的客体，鉴定条件充分；特定性强，稳定性小，反映能力好的客体，鉴定条件较差；特定性强，稳定性大，但反映能力弱的客体，鉴定条件也差。只有三个条件同时较好的客体，才是符合科学要求与法律要求的鉴定客体。

司法鉴定客体除必须具备上述客观条件外，同时还要求鉴定主体具备相应的条件，即鉴定人和鉴定机构必须具备对鉴定客体有足够的认识能力，其中包括对客体特性的认识、鉴定人的业务水平、鉴定机构的仪器设备等条件。

四、同一认定的依据与方法

（一）认定客体自身同一的依据

同一认定是认定客体的自身同一，即以不同的形式和依据去确定客体自身。任何客体的特性都是独一无二的，因此，要区别不同客体，要确定客体自身，只能以客体的特性为依据。客体特性是通过客体各方面的特征表现的。鉴定中，区分不同客体，确定客体自身同一，必须首先发现与研究客体特征与特性的关系。

客体特征是客体各个方面的细微特点，它是实在的、具体的，是客体本质属性的外部表现，是反映客体特性的具体特点或征象。

客体的特征，按其表现形式可分为形态特征、物质成分结构特征和行为习惯特征三个方面：(1)形态特征是指客体外表结构、形态的特点，如客体的长度、宽度、高度、角度、弧度、花纹结构、图案形式等外表形态特点。人体皮肤乳突花纹、鞋底、工具、牙齿、印章等客体的特性，都是以客体外表形态特征作为表现形式的。(2)物质成分结构特征是指物质内部的组织结构、组成成分、形态、遗传基因及物质的理化特性所表现的特点。如毛发、血液、各种微量物质等都是以结构特征表现其特性的。(3)行为习惯特征是人的行为的自动化动作锁链系统（即动作技能）表现出来的动作特点。如书写动作习惯的特性，是以书写动作习惯所反映出来的笔迹特征为表现形式的。

客体特征，按其对构成特性的价值，可分为种属特征和特殊特征两个等级：(1)种属特征是表明客体种属范围的特征，是同种同类客体共有的属性，是区分客体种属的依据。(2)特殊特征是每个客体所具有的若干微观特点，是表现客体特性的重要"标记"，是构成客体特性的主要依据。每个客体的特性，主要是由一定的特殊特征构成的。特殊特征是区别客体是否同一的主要依据。不同客体之间，特殊特征的类型和个体表现形式可能部分一致，但其形态、数量及其相互间的关系等特征总体绝不可能相同。

客体的特性，是每个具体客体特有的属性，它具有抽象性和综合性特点。一个客体的特性，不能从外表形式上直接感知。司法鉴定认定客体是否同一，是以客体特性的异同作为出具鉴定意见的总体依据。在鉴定中，必须从发现和确定检材与样本各自客体的特征入手，通过对两者相同特征与不同特征总体数量质量的比较分析，进而确定两者的特性是否相同。两者所反映的特性相同，证明两者来自同一客体自身。鉴定中，对具体客体特性构成的指标，应按鉴定标准所列的指标体系进行认定。

（二）司法鉴定认定客体同一的方法

司法鉴定中，认定客体是否同一，要根据具体客体自身或其反映形象的特点选择不同的方法。包括基本方法和具体方法。

1. 认定客体是否同一的基本方法是比较鉴定法。这是任何一种同一认定鉴定都必须采用的。比较鉴定的基本形式有三种：(1)被寻找客体（检材）与受审查客体（样本）反映形象比较。这是典型的比较鉴定法，比较资料既有被寻找客体的反映形象——检材，又有受审查客体的反映形象——样本，通过检材与样本的特征比较，最后确定受审查客体与被寻找客体的关系，即受审查的客体是否就是被寻找的客体。多数同一认定鉴定都是典型式的。如笔迹鉴定通过检材笔迹与样本笔迹特征的比较，认定书写人的书写习惯总体同一；指纹鉴定通过检材指印与受审查人样本指印的特征比较，认定手指皮肤乳突花纹的同一等。(2)被寻找客体自身的直接比较。这种同一认定是以客体自身与其组成部分直接进行比较,即检材与可疑检材进行比较,将被寻找客体自身的一部分或几部分作为检材,将受审查客体自身的一部分作为(可疑检材)"样本",经过比较,如它们之间的特征体系相互吻合,能够形成一个自然完整的整体,即构成部分与整体物的同一关系。这种同一认定形式仅适用于对散离物、断离物或分离物的鉴定。

(3) 被寻找客体反映形象的单独比较。这是一种最初阶段的、不完全的同一认定比较鉴定方法,其鉴定意见还不能作为证据,但它是运用同一认定的原理和步骤方法进行的。整个认定过程仅有被寻找客体的数个反映形象或自身——检材,而无受审查客体或其反映形象(样本)。同一认定的特征比较都只是在几个检材的单方面之间进行。比较结果只能确定数个检材是否为同一个被寻找客体所形成的,而不能确定受审查客体与被寻找客体间的关系。这种鉴定多是在刑事案件侦查的最初阶段进行的,目的在于判明犯罪人数、犯罪工具、犯罪手段与特点,为并案侦查提供依据。

2. 同一认定的具体方法。有数学、物理学、化学、物理化学、生物学、生物化学、电子学等方法。主要有:(1) 显微镜比较检验法。是同一认定鉴定运用最多的方法。主要有立体显微镜检验法、生物显微镜检验法、比较显微镜比较法、偏振光显微镜检验法、金相显微镜检验法、电子显微镜检验法等。(2) 色谱分析法。是一种物理化学分离分析法。主要有薄层色谱法、气相色谱法、高效液相色谱法等。(3) 原子光谱法。有原子发射光谱法、原子吸收光谱法、等离子发射光谱法多种。(4) 分子光谱法。有紫外可见光谱法、红外光谱法、荧光分光光谱法。(5) 质谱分析法。有有机质谱仪分析法和无机质谱仪分析法。(6) X 射线分析法。有 X 射线衍射分析和 X 射线荧光分析两种。(7) 核磁共振波谱法。(8) 中子活化分析法。(9) 计算机比较分析法。(10) 数学统计分析法。

这些方法既可用于比较客体反映形象的自身同一,又可用于比较物质成分的同一,也可用于比较客体自身部分与整体的同一。

五、同一认定的种类及其认定意见的证明力

(一) 按同一认定客体划分同一认定类型

这种分类对于研究鉴定方法、鉴定原理、鉴定意见的评断与运用有一定的意义。以鉴定客体作为鉴定分类依据,可分为对"人"的同一认定和对"物"的同一认定。

1. "人"的同一认定。"人"的同一认定,是指鉴定意见所认定的是具体的人。它是依据人的某一方面的特性、某些技能习惯或人体某一部分的生物物质特性去认定案件中需要确定的人。因为人的某一部分物质特性与其整体特性不可分割,只要根据其中某一方面的特性认定了同一,也就认定了"人"的同一。在现代司法鉴定科学中,可作为"人"的同一认定的客体主要有:人体皮肤乳突花纹、书写动作习惯、语音习惯、人体外貌、牙齿、血液、毛发、骨质、人体组织、体液、人体分泌物、人体气味、人体其他皮肤花纹等。因此,鉴定中有皮肤乳突花纹同一认定、书写习惯同一认定、人体外貌同一认定、牙齿同一认定、语音习惯同一认定、人体物质同一认定(主要根据DNA认定)、人体其他肤纹同一认定等类型。

"人"的同一认定形式,有直接认定和间接认定两种:(1)直接认定是依据被鉴定客体的直观特征进行的,如法医学鉴定中依据尸体残肢认定整尸等。这种鉴定形式一般较少使用。(2)间接同一认定,是依据被鉴定客体所遗留的痕迹、声纹、字迹、气味和分离物质等确定与其自身的关系。间接同一认定是"人"的同一认定的主要形式。"人"的同一认定鉴定意见多数可直接证明被认定同一的"人"与案件的某种联系,有时甚至可以直接证明其是否为刑事诉讼中的犯罪嫌疑人。

2."物"的同一认定。"物"的同一认定结果所确定的是具体的"物",即通过鉴定确定检材是否是所要寻找的"物"。"物"的同一认定客体主要有涉案工具、交通运输工具、鞋底、袜底、枪弹、印章、铅字、现代文书制作机具、图像信息储存机具、印刷图版、编织物、纺织物以及各类微细动植物、矿物、化学物质等。

根据物的组成状况,"物"的同一认定可分为"单体物"的同一认定和"合成物"的同一认定:(1)"单体物"是指具有单一固定形态和单一外表结构的客体,它是以自身一个较大局部的表面结构形态特征反映其自身的特性。如鞋印鉴定、印文鉴定、枪弹痕迹鉴定、工具痕迹鉴定等都是确定单体物的同一。鉴定方式主要是比较客体反映形象痕迹的特性异同。(2)"合成物"是指具有整体特性而非单一结构、单一形态的客体,它的每一个细小的部分都是独立的并能反映其整体特性。如纤维、爆炸物、毒物、植物果实、动物毛等。鉴定这类客体必须有数量的要求,鉴定的目的是要确定被寻找的"物"与受审查的"物"是否属"同类"合成物或"同一"合成物。鉴定的方式多是用理化方法、生物学方法直接比较分析客体物自身各方面的特征。

"物"的同一认定鉴定意见,一般只能证明"物"与案件的联系,不能证明受审查的"人"或"物主"与案件的联系。即使被认定同一的"物"属受审查的人所有,也难以肯定该物主与案件的关联性。

(二)按鉴定依据划分同一认定类型

绝大多数鉴定都是以客体的特征作为分类依据,因此,依据客体特征划分鉴定类型是有实际意义的。由于鉴定客体的广泛性,客体特征的表现形式也相应具有多样性。综合同一认定客体特征的表现形式,主要有外表形态特征、行为习惯特征和物质成分结构特征三大类。据此,同一认定也可相应划分为以下几种类型。这种分类,对于研究鉴定原理,选用鉴定方法,审查鉴定意见的科学依据具有一定的意义。

1. 客体外表形态同一认定。以客体外表形态特征作为鉴定依据,是一种传统的鉴定方式。在科学技术高度发展的现代,它在鉴定依据中仍处于主要地位。这种鉴定大多数是通过比较客体的反映形象特征实现的。如指印鉴定、牙印鉴定、枪弹痕迹鉴定、鞋印鉴定、交通工具痕迹鉴定、人像照片鉴定等。鉴定的目的是确定检材和样本是否为同一客体外表形态特性的反映。

2. 行为习惯同一认定。人的习惯是多方面的,有生理活动习惯、心理活动习惯、技能动作习惯以及某些特殊行为习惯(如犯罪手法习惯)等,目前只有书写动作习惯和语音习惯可以作为司法鉴定客体。笔迹是书写习惯的反映,声纹是语音习惯的反映。因此,笔迹鉴定、声纹鉴定是动作习惯鉴定的主要对象。

任何行为习惯都是人的行为方式的表现,这种行为方式只有反映在一定的"载体"(承受动作习惯的客体)上才能被人们感知和察觉,才可能成为鉴定对象。因此,行为习惯鉴定的检材也是以书写运动痕迹作为表现形式的。但表现行为习惯的动态痕迹并不反映客体的外表形态,而是反映行为习惯的运动规律,是痕迹中的一种特殊表现形式,由此决定了行为习惯鉴定依据的是习惯运动规律的特点,而不是客体的外表形态特征。这是它与客体外表形态鉴定的根本区别。

行为习惯同一认定,是认定习惯与人的关系,即根据习惯的异同确定检材和样本是否是被鉴定人相应习惯的反映。

3. 物质成分同一认定。依据客体物质成分特征进行鉴定,主要是依据物质的形貌、结构、排列组合及物质成分含量比例等方面的特征进行鉴定。自然界的任何具体物质,实际上都是混合物质,不仅不同种类的物质其成分的种类不同,在同类同种的物质中其成分、含量、组成结构、形貌也有一定差异,因而能够显示出其物理学特性、化学特性、生物学特性的不同,可作为区分物质种属和异同的依据。如爆炸物鉴定、毒物鉴定、油脂涂料鉴定、纤维鉴定等。

物质成分鉴定,属于司法鉴定中面广量大的一类常规鉴定。鉴定的方法主要是物理学方法、化学方法、生物学方法,其中仪器分析是重要的检测手段。鉴定所能解决的问题,主要是确定物质的种类(属)及其异同,少数类型的物质成分鉴定可以确定其是否同一。

4. 气味鉴定。依据客体的气味特征所进行的一种鉴定。实际上是物质成分鉴定的另一种途径。对人的气味鉴定可以认定气味是属于何人的(确定气味与人的关系),鉴别物的气味大多只能解决种类(属)异同问题。如毒品、爆炸物气味鉴定。

在现代鉴定方法体系中,以鉴定依据作为分类基础的上述四类鉴定往往不是单独进行的,在鉴定同一个客体时可能同时采用几种不同的鉴定途径,以不同的依据,从不同的角度确定其种属,进而认定其是否同一,从而使鉴定结果互相印证,确保鉴定意见真实可靠。如指印鉴定,既要依据皮肤乳突花纹特征进行客体外表形态的鉴定,又可依据指印的汗液进行 DNA 鉴定;鞋印鉴定,既要依据鞋底外表形态特征进行痕迹学鉴定,又可依据其黏附的人体气味进行气味同一鉴定。

第三节 司法鉴定种属认定原理

一、种属认定概念

在司法鉴定中,同一认定与种属认定是同一个科学理论体系和鉴定方法中不同层次的问题,两者间既有联系又有本质区别。

1. 种属认定是根据同一认定原理和方法,以确定客体种属范围,或者确定客体间是否同类、同种的一种鉴定类型。其实质就是对客体间的相似或相同问题作出科学判断。

2. 种属认定在物证鉴定领域相对多一些,鉴定结果只能表明检材与样本种类属性是否相同,或者单独确定受检客体的种属范围。

3. 种属认定与同一认定的联系主要表现在:鉴定基本原理相同,都是以"三性"为依据;鉴定方法多数相同;作为鉴定过程来说,许多鉴定事项的种属认定是同一认定的第一步,鉴定有种属划分的客体,必须首先比较客体的种类特征是否相同,只有种属相同,才有可能进一步确定是否同一;有的客体由于种属相同可以进一步认定该客体是否自身同一。由于科学技术的进步,人们认识能力的提高,有的原先只能进行种属认定的客体,可以发展为同一认定的客体,如人体物质曾长时期只能进行 A、B、O、AB 四种血型鉴定,但 DNA 遗传基因的特定性被揭示后,现已成为同一认定客体。

4. 种属认定与同一认定的区别主要有四个方面:(1)鉴定解决问题的程度不一样,同一认定是确定客体自身是否同一的问题,种属认定是确定客体的种属范围和客体间种属是否相同的问题。(2)鉴定对象不同,有的客体既可确定种属又可确定同一,有的客体目前只能确定种属。(3)两者鉴定意见所依据的特征的数量和质量不同,即鉴定技术标准不同。同一认定是以客体的特性为依据,对相同特征的数量和质量指标体系要求很高,种属认定是以客体的种属特征和一部分特殊特征为依据。(4)鉴定意见的证据证明力不同。前者可以确定检材与样本是否同一人或同一物的问题,后者只能确定两者的种属范围问题。司法实践中,常有将种属鉴定意见作为同一认定意见证据使用而导致错案的教训。

二、种属认定的范围

种属认定的主要任务是确定被认定客体的种属范围和客体间是否同类、同种、同属。由于科学技术的不断进步,人们对自然现象、社会现象认识能力的增强,同一认定的客体范围逐步扩大,种属认定的客体范围已经或将会逐步缩小,所以,种属认定的对象是不稳定的。过去有的种属认定对象现在已被纳入同一认定范围,现在的某些种属认定对象以后又将会成为同一认定对象,有些尚不是种属认定的客体将来也会成为种属认定以至同一认定的客体。

司法鉴定实践中,目前种属认定客体的范围主要有七个方面:(1)"人"的种属认定,即认定人体物质的种属和人体外貌形态的种属,如毛发的种属(含性别)、尸块的种属、牙齿的种属、人体外貌种属。(2)动物的种属认定,即根据动物体的皮、骨、肉、血、毛、内脏等物质或整体形态认定家生或野生动物的种属。(3)植物种属认定,如根据植物体的根、茎、叶、花粉、果实等物质或其整体认定家生或野生植物的种属及其生长地域。(4)非生物或其他生物的物质、物品种属认定,这是司法鉴定最常见的鉴定对象,如毒物、毒品、药物、爆炸物、金属物、泥土、粉尘、涂料、化妆品、食品、饮料等的种属认定。(5)物质现象的种属范围判定,如根据物质爆炸、燃烧、撞击产生的气味、声响、火焰颜色、烟雾状态等确定被烧被毁物质的种属范围。(6)判定某种事物、事件产生的时间、空间范围,如文书制作时间鉴定用以确定文书制作的时间范围(时间段);根据照片、视频图像、声频资料等认定某一事件或某一动体物发生或活动的空间、时间范围。(7)认定机械、工具或其制作物的种属,如工具痕迹鉴定认定机械、工具的种类;打印、复印、传真、油印、铅印、胶印文书鉴定,认定文书制作机具的种类等。

三、种属认定的依据

从原理上讲,种属认定是同一认定的组成部分,任何一种同一认定鉴定,都首先要用种属认定的依据和方法,确定检材与样本是否具备其自身种属特征的反映,即使该检材与样本的自身没有明确的种属划分,也应大致判定两者种属范围的特征反映是否一致。因此,种属鉴定的科学基础或原理与同一认定是一致的,鉴定依据也是运用同一认定的客体特征分类体系的一部分。对于有明确种属划分的客体,以种属特征的异同作为区分客体种属和认定客体间种属异同的主要依据;对于不能明确划分种属的客体,可以用属于客体种属范围的特征和部分特殊特征作为区分客体种属和确定客体间种属异同的依据。

种属认定的基本方法,也是采用比较的方法,其具体方法也与同一认定所用方法相同。但必须明确,同一认定和种属认定两者的科学技术标准是悬殊的。

四、种属认定意见的证明力

种属相同的鉴定意见只能表明被寻找客体(检材)与受审查客体(样本)种类属性相同,受审查的客体有可能是被寻找的客体。由于这类鉴定意见具有不特定、非唯一性的特点,不能肯定受审查客体与被寻找客体之间是否存在同一或非同一的关系,所以一般不能单独作为证据使用。种属认定的鉴定意见,一般可以证明以下两个方面的问题:(1)种属认定的否定意见可以否定某种事实,甚至可否定刑事案件中犯罪嫌疑人的某种行为。种属鉴定的肯定意见,只能表明案件中被怀疑的事实有可能存在,不能直接证明该种事实一定存在。(2)种属鉴定意见所确定的客体的种属范围越小,证明作用越大。种属鉴定意见所确定客体的种属范围与鉴定意见的证明意义是成反比的。根据概率论原理,检材与样本间特征相同概率越大,与其他客体相同的概率越小;客体的特定化程度愈高,与其他客体相重复的可能性就愈小。由此可确定:一是鉴定意见确定涉案客体的种属范围越小,证据证明力越强;二是鉴定意见所确定的涉案客体种属范围愈宽,证据证明力愈弱。

本章述评

本章论述的内容是司法鉴定基本原理,其中同一认定原理是其核心,是司法鉴定的科学基础。当前,在我国学术界、司法鉴定实务界以及立法实践中对这一原理存在一些观点上的争论:(1)司法鉴定基本原理与各鉴定专业学科特殊原理的关系。本章论述的三个基本原理实质上是两个。物质转移原理主要是阐明鉴定材料产生、发现、提取、保存、运用规律方面的科学理论问题,是一个相对独立的原理。同一认定和种属认定原理都是探讨司法鉴定科学基础和基本方法的理论与实践问题,两者间只有理论层次深浅的差别,实际上是一个问题的两个层面。(2)对同一认定原理的认识。这一原理最早是从苏联引入我国刑事侦查和司法鉴定领域,后来有人质疑甚至批判其为修正主义货色,有的部门曾在一段时间将其否定。但西方鉴定学者一直研究和运用这一原理解决鉴定理论与实践问题。20世纪80年代以后,这一原理在我国获得新生。至今仍有学者对这一原理的意义存在分歧。有人认为,同一认定原理过时了,不适应现代鉴定的需要;有的认为它只适用于客体反映形象的鉴定,如痕迹、笔迹等,其他许多鉴定,如生物遗传技术鉴定与它并无多大关系。多数学者认为,这些认识是欠全面的。国内外目前研究同一认定原理,重点集中在物质成分同一认定和生物遗传基因同一认定的理论和方法体系方面。(3)司法鉴定基本原理与司法鉴定标准的关系。司法鉴定基本原理是制定司法鉴定标准的首要科学依据,尤其是"三大类"鉴定业务。司法鉴定标准是依据被鉴定客体的"三性"原理(客体特定性、稳定性、反映性)对确定客体自身同一标准和种属相同标准,分类分层次制定的细化指标体系,是对被鉴定客体特征与特性理论的具体运用。应当认为鉴定标准是在鉴定基本原理指导下的产物;如若鉴定标准偏离鉴定原理的要求,则将导致鉴定结果的失误或失范的后果。(4)司法鉴定基本原理与制作司法鉴定文书的关系。鉴定书的内容和语言文字应当符合同一认定原理和证据要求。在目前的司法鉴定文书中,对于使用概念和对鉴定意见的表述方面常有不符合同一认定原理要求的现象。如在鉴定依据的表述方面,将"相似"视为"相同"——"检材与样本两者细节特征一致";将"相同"视为"同一"——"两者特征总体呈现符合","经比较两者特征相同,是同一指纹的反映"等。(5)司法鉴定基本原理与司法人员评断运用鉴定意见的关系。纵观当前许多错案的产生,都与司法人员不了解或不能正确运用这一原理有关。主要表现为两种情形。一种是"盲人骑瞎马",滥用鉴定意见而造成错案。即鉴定意见不正确,司法人员又不懂得运用鉴定原理去审查评断鉴定意见,盲目采用错误的鉴定意见进而导致错案。在多数情况下,鉴定意见正确,由于司法人员不了解鉴定意见的证明力造成错案。有的将"种属相同的鉴定意见"当作"认定同一意见"采用,如用血型相同、泥土成分相同、枪支射击残留物相同、纤维物质种类相同的鉴定意见去认定犯罪嫌疑人。种属一致的鉴定意见决不能起肯定具体事实的证明作用,这是同一认定原理的基本常识。有的将"认定物的同一鉴定意见"当作"认定人的同一鉴定意见"采用。

思考题

1998年4月20日,云南省昆明市公安局女警王晓湘与该省路南县公安局副局长王俊波被枪杀在一辆面包车里。昆明市警方经过现场勘查、尸体检验和分析判断,确定了案件性质和侦查方向,经多方调查排查之后,发现王晓湘的丈夫杜培武(昆明市公安局戒毒所民警)曾怀疑其妻与王俊波有不正当男女关系,于是将杜列为嫌疑人进行侦查,发现现场物证与杜有某些相似之处。经多次讯问(含使用刑讯手段),杜交代了杀死"二王"的事实及经过。检察机关依法将其逮捕并向法院提起公诉。1999年2月,昆明市中级人民法院一审判处杜培武死刑,立即执行。认定杜培武杀人的证据主要是五项:杜培武杀人供述;现场提取的枪弹射击残留物鉴定意见;汽车踏板上遗留泥土的成分鉴定意见;汽车踏板上遗留泥土黏附的人体气味的警犬鉴别结果;司法心理测定(俗称"测谎"鉴别)意见。杜不服一审判决,提起上诉。1999年10月,云南省高级人民法院二审以故意杀人罪改判杜培武死刑,缓期2年执行,剥夺政治权利终身。杜在服刑期间,其家人不断申诉、上访。2000年6月,昆明市公安局在侦办铁路局警察杨天勇等7人特大劫车杀人团伙案件过程中,杨供出杀死"二王"的犯罪事实,并查获王俊波的手枪。随后,云南省高院宣告杜培武无罪并当庭释放。根据上述案例思考以下问题:

1. 物质转移原理对鉴定有何意义？电子信息转移原理对现代侦查与鉴定的价值如何？
2. 如何认定客体自身同一的科学基础及其与司法鉴定的关系？
3. 认定客体自身同一的依据与方法是什么？
4. 用同一认定和种属认定原理分析杜培武冤案在使用鉴定意见证据方面的若干错误。

第五章 司法鉴定意见证据属性

本章概要

本章是有关司法鉴定意见证据属性的内容，主要介绍了司法鉴定作为证据的本质与属性，与其他证据的关系以及在整个证据体系中的功能与作用，并对证明规则进行介绍。学习本章内容，了解司法鉴定意见证据能力和证明效力的审查与判断，掌握证明规则。

第一节 司法鉴定意见的证据本质

一、司法鉴定意见的证据本质

我国关于司法鉴定意见的性质存在以下几种学说：(1)"三特性"说。① 司法鉴定意见是鉴定人利用其专门知识对特定证据材料的证明价值的揭示；司法鉴定意见是鉴定人利用其专门知识就特定证据材料的证据价值所作的判断；司法鉴定意见只负责解决事实问题，而不能对法律问题作出判断。该学说把司法鉴定意见的特性归纳为三点，前两点仅仅是对其定义的重复表述，最后对其解决问题的范围加以界定。该学说并无不妥之处，仅缺乏对司法鉴定意见这一特殊的证据形式进行深入分析、与其他形式的证据系统比较。(2)"四特性"说。② 该学说从司法鉴定意见这一证据形式的内容、性质、证明力、结论本身可能不真实等几个方面归纳出其特性，概括较为全面。其中对于鉴定意见的证明力一般高于其他证据等观点存在疑虑。证据形式的划分标准主要是根据证据的表现形式，划分证据形式的目的在于便于不同形式的证据适用不同的证据规则，该学说认为，一种形式的证据的证明力比另一种形式的证据的证明力强这种说法既牵强也不科学；"权威的鉴定"的说法也不妥，即使参与鉴定的是某一领域内的权威人士，也不应将其称为权威的鉴定，从证据形式上看，鉴定是否为权威人士所作并无不同。(3)"五特性"说。③ 其特征为：客观性，即鉴定意见的科学性、真实性；

---

① 樊崇义等：《刑事证据法原理与适用》，中国人民公安大学出版社2001年版，第203页。
② 刘金友主编：《证据法学》，中国政法大学出版社2001年版，第174页。
③ 邹明理：《论鉴定结论及其属性》，载《证据学论坛》第3卷，中国检察出版社2001年版，第297页。

独立性与依附性,即鉴定意见是一种独立的证据形式,又是对物证等其他证据事实进行再认识的基础上派生出来的科学判断;证明力的差异性,即鉴定意见之间、鉴定意见与其他证据之间证明力不一样;鉴定意见与法律事实的分离性与制约性;其科学依据的权威性。此学说分别从其内容、形式、证明力、科学依据等方面把鉴定意见这一证据形式的特性概括得较为全面。但在论证鉴定意见客观性时认为"鉴定意见所确定的事实,真实地反映了被鉴定的本来面貌,不因鉴定人的态度、认识而产生虚假和歪曲,不因鉴定的客观条件的差异而对鉴定对象的认识产生偏颇……"这种看法混淆了应然与实然,片面并过分地强调鉴定意见的客观性,否认了认识的主观性;关于鉴定意见的独立性,将其是一类独立的证据作为其特性,特性应是一种证据形式与其他证据的区别。"一类独立的证据"是各种证据的共性,而非个性;证据的证明力是法官根据案件的具体情况对具有证据能力的证据进行判断评价的活动,不同形式的证据在不同案件中证明力都会有一定差异,把证明力的差异问题作为其特性的一个方面是不妥当的;任何具有证据能力的证据对庭审活动都会产生一定影响,换言之对庭审都具有"有限的制约性",因而对庭审具有"有限的制约性"并不是鉴定意见这一证据形式的专有属性。

司法鉴定作为在诉讼活动中鉴定人运用科学技术或者专门知识对诉讼涉及的专门性问题(在司法实践中,多指物证技术学、法医学、司法精神病学等专业学科领域内的问题)进行鉴别和判断并提供鉴定意见的活动,是诉讼过程中为了查明案件事实真相而使用的一种技术手段。而司法鉴定意见实际上是诉讼活动中由鉴定人在采取各种技术性的手段对大量基础性的证据材料进行科学分析的基础上,鉴别和判断专门性问题所得出的结论,其根本目的是为了证实与案件事实相关的某些问题。鉴定人在认定事实之前,必不可少先对事实进行判断,然后以鉴定意见的书面形式或专家证言的言词形式陈述意见,其实质是对事实推测判断后形成的意见,故其本质是意见证据。意见证据排除规则禁止将证人个人的意见或推测作为证据,但认为根据特殊知识经验、能力或技术检验事实后所获得的推测的鉴定意见具有证据的可采性。

供鉴定人鉴定的对象,有些本身就属于证据,如物证,此时鉴定证据被称为辅助证据;另一些本身并非证据,经鉴定人依科学方法进行鉴定后,提出的鉴定意见,称为独立的科学证据。[①] 鉴定证据无论属于辅助证据还是独立成为证据,其证据价值相同,尤其当鉴定意见是具有特殊知识经验的专家提出的专业意见,属于科学技术上的判断,可称为"科学证据"。因而,司法鉴定意见这一证据形式与其他证据形式最显著的区别在于其是"科学的意见证据"。研究司法鉴定的特

[①] 蔡墩铭:《论刑事鉴定》,载《台大法学论丛》第27卷第1期。

殊性质,有利于认识它与其他形式的证据的关系,掌握其个性便于正确运用这类证据。

二、司法鉴定意见与其他证据之关系

(一)司法鉴定意见与其他证据的共性

1. 证据形式上的法定化。我国法律中对于证据分类最明显的一个特征是具有某种形式主义的倾向,某类材料只有属于我国法律明文规定的法定证据种类,才能作为诉讼意义上的"证据"使用。司法鉴定意见也不例外。我国《刑事诉讼法》规定证据包括:(1)物证;(2)书证;(3)证人证言;(4)被害人陈述;(5)犯罪嫌疑人、被告人供述和辩解;(6)鉴定意见;(7)勘验、检查、辨认、侦查实验等笔录;(8)视听资料、电子数据。而民事诉讼法和行政诉讼法由于不同的诉讼性质,分类与刑事诉讼证据略有不同。① 但我国三大诉讼法都将"鉴定意见"规定为了法定的证据形式之一,并规定"以上证据必须查证属实,才能作为认定事实的根据"。因此,司法鉴定意见作为法定的证据形式之一,和其他证据一样具有一般的证据属性,也必须符合一般的证据形式要求。

2. 追求的诉讼目的相同。司法鉴定意见的作出与一般证据的出具所期望达到的目的是相同的,都是证明事实真相,尽管有些鉴定意见并不一定会被当作证据而采纳,但从广义上来看,司法鉴定意见与一般证据所追求的诉讼价值是一致的。

(二)司法鉴定意见与其他证据的区别

1. 实施主体不同。司法鉴定的实施主体是司法鉴定人,而其他证据的实施主体各有不同,如证人、犯罪嫌疑人或者被告人、被害人、侦查人员等。比如鉴定人与证人的区别:(1)身份资格不同。鉴定人是掌握一定的专门技术知识或经验且往往需要得到专门机构的资格认证;而证人只要是知道案件事实情况的人,均为证人。(2)可替代性不同。一个案件中的鉴定人往往是可替代的,因为取决于鉴定对象的需要,往往不只限于一人,且由于法律规定的回避制度等因素影响,具有可替代性;而证人具有唯一性和不可替代性。(3)表现形式不同。鉴定人必须运用专门知识通过分析论证对专门性问题提供鉴定意见来作证,而证人只需要把自己的亲身经历陈述出来,不需要进行任何分析推理。

2. 性质作用不同。司法鉴定意见是严格按照法律相关规定,由具有资质的适格鉴定主体严格按照规章制度得出的,且因为其过程而具有明显的科学技术

---

① 如《民事诉讼法》第63条第1款规定:"证据包括:(1)当事人的陈述;(2)书证;(3)物证;(4)视听资料;(5)电子数据;(6)证人证言;(7)鉴定意见;(8)勘验笔录。"《行政诉讼法》第33条第1款规定:"证据包括:(1)书证;(2)物证;(3)视听资料;(4)电子数据;(5)证人证言;(6)当事人的陈述;(7)鉴定意见;(8)勘验笔录、现场笔录。"

特性,属于科学证据。而一般证据只是对案件事实的简单证明和直接反映。

三、司法鉴定意见在证据体系中的功能和作用

司法鉴定意见能够作为一种证据形式存在,就在于它对现代的诉讼活动(特别是庭审活动)是必要的。司法鉴定意见这一证据形式是专家运用自己的知识对其他间接事实综合判断后的说明,因而其最大的功能就在于是专家运用自己的知识通过判断补充法官认识能力不足的一种手段。我国台湾地区学者陈朴生认为:"在证据法上,鉴定意见的功能是补充裁判官之认识能力。"[1]这正是大陆法系国家将鉴定人作为"法官的助手"的缘由所在,而在英美法系是以专家证人的形式出现。无论是鉴定人还是专家证人均具有可替代性,凡具有特别知识的人,对于鉴定事项均有鉴定能力,并就适用于事实的特别知识经验提供报告。鉴定意见补充法官认识能力的不足的功能是通过鉴定人对鉴定事项的判断得以实现,鉴定判断是对鉴定人的主要要求,是鉴定意见在证据意义上的功能所指。

具体而言,司法鉴定意见对诉讼的作用为:(1)它是法官借以查明事实、依法裁判的重要依据。法官熟悉法律且具有司法经验,但其对于与待证事实有关的各行各业的专门性知识和技能并不一定全都通晓,因此,当涉及与各种专业领域有关的案件事实材料作为待证事实(比如人的精神状况、人身伤害程度等)时,只能指派和委托有关专家作出专业技术鉴定,将这种专家所得出的鉴定意见作为法官查明案件事实的手段。(2)它是在诉讼中鉴别、判断其他有关证据的真伪及其证据力强弱的特殊手段。在同一案件中,往往有几种证据形式,如物证、书证等。这些实物证据与案件是否具有关联性,能否成为认定案件的证据,有时需要靠鉴定意见来鉴别、确定。同时,书证的真伪也常常需要通过司法鉴定来确定。此外,犯罪嫌疑人或被告人供述、当事人陈述、证人证言的真实性,也往往需要通过司法鉴定来审查、印证。

第二节 司法鉴定意见的证据属性

一、司法鉴定意见的证据能力

证据能力,也称为证据力[2]、证据资格、证明能力或者证据的适格性等。证据能力是大陆法系的用语,英美法系中与之对应的一般称为证据的可采性。名称虽有不同,但其基本内涵都是指某一具体的证据材料能够成为法律上"证据"的能力,或者说,一项证据材料能够进入某一证明过程并作为判定待证事实依据

---

[1] 陈朴生:《刑事证据法》,台湾三民书局1979年版,第418页。
[2] 樊崇义主编:《证据法学》,法律出版社2001年版,第46页。

的资格。① 证据能力决定了一项具体的证据材料是否具备进入诉讼过程的"准入资格",决定其能否满足诉讼活动对证据的基本要求,从而得以在诉讼中作为定案依据而被采纳。

司法鉴定意见的证据能力,是指其能够在诉讼活动中进入证明过程,成为判定案件事实真相并作为定案依据的资格。无论是刑事诉讼还是民事诉讼、行政诉讼中,用以证明当事人主张的要件事实的证据,都必须具有证据能力,司法鉴定意见作为法定的证据种类之一,自然也不例外。

考察英美法系和大陆法系关于司法鉴定意见(专家证言)证据能力的历史发展和现状,其构成要件主要包括实体要件、程序要件和形式要件三个方面。实体要件主要包括鉴定事项的必要性、鉴定内容的关联性、鉴定过程的规范性;程序要件则主要是指两大法系中的鉴定人宣誓(具结)程序、回避程序和鉴定人出庭接受质证等程序要件;形式要件主要是限定于鉴定机构和鉴定人主体适格性以及司法鉴定意见的法定形式等。

(一)鉴定主体的适格性

1. 鉴定主体选任程序合法。对专家或鉴定人的选任,各个国家都有不同的程序性限制规定,凡是不符合程序选任的鉴定人或专家,其鉴定意见或专家证言不具有证据能力。如日本《民事诉讼法》第213条规定,鉴定人由受诉法院、受命审判官或受托审判官指定。② 凡是对鉴定人之选任在法律上加以限制的国家,违反选任程序自行选任的鉴定人或专家证人,其从事鉴定而提出的鉴定意见,即使其内容属于专家依其特别知识经验而表达的意见,由于鉴定主体的选任不合法致其适格性成为问题。其结果是,私选鉴定人所进行的鉴定视为无效,其鉴定意见不具有证据能力。

2. 鉴定主体能力适格。鉴定主体的适格性除应考虑主体选任程序的合法性外,被选任的鉴定人是否具有鉴定事项所应具有的特别知识经验,也必须考虑。如果被选任的鉴定人不具有此项特别知识经验,却自称其有此项特别知识经验,即使被选为鉴定人,其所表示的意见不是来自于专业知识,因为其缺乏科学性而应否定其证据能力。被选任为鉴定人者在从事鉴定时必须亲自进行或主持鉴定,不可完全假借他人进行。若未亲自进行或主持鉴定,仍签名为鉴定人,则所提出的鉴定意见的真实性存在问题。至于鉴定人主持鉴定的情形,因其属于共同鉴定,不必事事皆由其亲自进行,但仍应承担鉴定的主要责任,否则仍有损鉴定的真实性。对鉴定的真实性影响最大的情况就是冒名顶替鉴定人进行鉴定。因他非选定的鉴定人,而系冒名者,所以他不可能提出真正之鉴定书,因鉴

---

① 龙宗智:《证据法的理念、制度与方法》,法律出版社2008年版,第11页。
② 何家弘等主编:《外国证据法选译》,人民法院出版社2000年版,第725页。

定书之真实性已成为问题,自应否定其证据能力。①

3. 鉴定主体品格良好。鉴定人无论是作为专家证人还是作为法官的辅助人,都有可能受到偏见和利害关系的影响。因此鉴定主体是否具有良好品格相当重要,直接对其进行鉴定的证据能力产生影响。如我国台湾地区"刑事诉讼法"第168条规定,鉴定人过去曾因其不当之鉴定而受虚伪之处罚,则其不应再受司法机关之选任而成为鉴定人。尤其是在当事人聘用专家证人的情况下,为了减少和防止这种雇佣关系对专家意见的影响,保证鉴定的客观公正,一般采用下面几种方式:(1)法庭可以指定经双方当事人各方同意的专家证人或指定自己选定的专家证人。(2)要求鉴定人进行宣誓或具结。《德国民事诉讼法典》第410条规定:鉴定人应在鉴定前或后宣誓。未经宣誓而具结的鉴定无证据能力。(3)通过交叉询问对鉴定人的品格或利害关系予以质疑。如鉴定人曾有因偏见或徇私等原因故意提出错误的鉴定意见的记录,直接影响目前鉴定的证据能力。(4)规定鉴定人的回避制度,当鉴定人与案件有利害关系或者其他关系时应当回避,否则所进行的鉴定没有证据能力。

(二)鉴定事项的必要性

司法鉴定意见作为证据具有正当性的条件有两个:(1)所要证明的必须是事实问题;(2)该事实问题只有借助于专门知识和技能才能认定。只有同时具备这两个条件,鉴定才有必要性,其鉴定意见才具有证据能力。如《美国联邦证据规则》第702条对其必要性进行规定,如果科学、技术或其他特殊的知识有助于事实审理者理解证据……鉴定意见是针对一个争议中的事实问题,有该鉴定意见同没有其相比,会使争议中的事实更真实或更不真实,说明鉴定意见能够帮助事实审理者发现事实真相。如果将专家证言或鉴定意见予以排除,那是因为其无助于事实审理者。

一般情况对于某一事项有无交付鉴定的必要,由法官或检察官②予以决定,不受法律的拘束。但其中一些国家将必须鉴定的情况进行强制规定,如《俄罗斯联邦刑事诉讼法典》第196条规定了必须鉴定的情形。一旦法官或检察官将案件交付鉴定,即表示有鉴定的必要性,则在鉴定人未提出鉴定书之前,法官不可擅自为鉴定事实之认定,必须等待鉴定人提出鉴定意见后,才可据此而进行事实的判断,否则其对事实进行的认定存在问题。

(三)鉴定内容的关联性

鉴定内容的关联性包含两方面意思:一方面是指确定鉴定事项后,鉴定人即依其指定事项进行鉴定,在此情况下,鉴定人进行的鉴定与待证事实之间存在某

---

① 蔡墩铭:《鉴定之证据能力与证明力》,载《台大法学论丛》第26卷第4期。
② 多数国家和地区在刑事诉讼中检察官有鉴定决定权,如德国、俄罗斯以及我国台湾地区等。

种关联性。也就是说,只要鉴定人是依所指定的事项进行鉴定,则其所进行的鉴定应有关联性。反之,鉴定人不依照委托的鉴定事项进行鉴定,则其所进行的鉴定不具有关联性。鉴定人不按委托事项进行鉴定,其所提出的鉴定意见因缺少关联性,则不应将其作为证据,因其鉴定意见不具有证据能力。如指定的鉴定事项为被害人受伤的程度,但鉴定人的鉴定意见不包含委托事项,而提出其他如被害人病情的报告,就属于提出与鉴定事项无关的鉴定意见,自然不具有证据能力。国外对鉴定意见的内容要求与鉴定委托事项相关联都作了一定的规定。①鉴定人擅自改变鉴定事项,必然会造成缺乏关联性而使鉴定意见失去证据能力。

另一方面是鉴定所得出的结论与问题相关联的程度。《美国联邦证据规则》第702条要求专家证言"帮助审判人员断定尚未解决的事实"。根据多伯特案,这一要求"规定对于相关询问有效的科学联系作为可采信的前提"。专家证言必须"与案中事实有充分联系,以帮助陪审团解决实际争端"。问题在于"推理或方法论能否适当地适用于争议中的事实"。这个问题就是"适用性"。② 在法律和科学上,适用性是相关性问题——观察通过某个理论与问题相关的程度。科学事实可能是可靠的、有效的,但由此得出的推论可能是混乱的或具有严重误导性的。真实的事实脱离背景或从错误的角度看来可能会暗示错误的结论。如果声称目击谋杀的证人安了一双玻璃假眼,那么同样的证言就不具备相关性,就不具备证据能力。玻璃假眼不能看东西这一科学事实使其证言不具相关性,因此不可采信。

(四) 鉴定过程的规范性

鉴定过程包括检材的保管、鉴定方法和操作程序等几个方面。鉴定过程的规范是鉴定意见可靠性的前提条件,鉴定过程如果缺乏规范,鉴定意见的可靠性就得不到保障,其鉴定意见自然不具有证据能力。检材的恰当保管是鉴定证据客观性最基本的保障,检材的保管不善可以导致鉴定证据丧失证据能力。检材的保管又包括检材的提取、保存、移交等过程,恰当的保管的目的就是避免检材被替换、遗失、发生变质或损坏,以保证其在诉讼中的证据价值。例如在著名的辛普森涉嫌杀人案中,辩护方为了不让控方的DNA鉴定证据具有证据能力,并未从检验的技术问题入手,而是指责对方的检材保管存在问题。

在鉴定过程中,鉴定方法是否科学、操作程序是否规范、技术设备是否先进有效,是影响鉴定证据的证据能力的重要因素。目前发达国家通过实行质量确

---

① 如英国《民事诉讼规则与诉讼指引》第3510条第(2)款规定了鉴定结论的尾部须有专家证人的声明。法国《民事诉讼法》第265条规定:"命令进行鉴定的裁判决定应说明由于哪些情形进行鉴定有所必要;简述鉴定人的主要任务。"

② 〔美〕肯尼斯·R. 福斯特等:《对科学证据的认定——科学知识与联邦法院》,王增森译,法律出版社2001年版,第27—28页。

认标准来保证操作的规范和实验设备的有效。质量确认标准是指实验操作的规范和实验设备的有效。质量确认标准保证操作的条件尽量保持一致,最大限度地控制与检验或操作目的无关变量的影响,只有这样才能保证对检验的结果进行分析和比较,是鉴定证据可靠的保障。

(五) 鉴定意见的可靠性

鉴定意见的可靠性除依赖于上述的几个因素外,还建立在科学的有效性基础上。因此,评判鉴定证据的可靠性要求二维测量。一方面是观察工具和观察者技能的可靠性;另一方面则不局限于观察者本身,它可能涉及同一领域中其他观察者所接受的方法,并不一定会涉及该领域已确认的科学知识和信息。

运用鉴定证据,比如指纹鉴定、弹道学分析、声纹鉴定、笔迹鉴定、测谎鉴定和DNA鉴定,可靠性是一项重要的考虑因素。因为证明性被认为是程度问题,所以必须决定证据是否具有促进事实认定程序可靠性的充分证明性。一些类型的鉴定,比如指纹鉴定,已被广泛接受。但是,无论什么时候运用新类型的鉴定,必须先确定所运用科学知识的可靠性。例如,DNA鉴定涉及分析样本是血液或精液,用以确定所提取样品的遗传物质的同一性。DNA技术仍旧受争论,美国的一些法院一直对DNA鉴定的可靠性表示怀疑。[①] 可靠性部分取决于实验室进行鉴定运用的技术,部分取决于鉴定的目的。特别是DNA鉴定的可靠性被起诉方用来证明被告人有罪时比被告方用来证明被告人的无罪更应受怀疑。

鉴定证据的可靠性常常涉及统计分析和概率计算。DNA鉴定、声纹鉴定、指纹鉴定等都不同程度地利用统计分析和概率计算得出正确的结论。统计方法及其使用条件是影响鉴定证据可靠性的重要因素。在概率统计分析中,一系列独立事件一同发生的概率是这些独立事件单独发生概率的乘积。因此,在同一认定过程中,如果概率计算的结果准确的话,则要求:(1) 各个事件(或因素)是独立发生,相互无关联性;(2) 每个事件单独发生的概率依据统计分析是确实可靠的。如果没有可能获得全部样本的确切统计学资料的话,也要保证概率的估算至少是保守的。

(六) 检材来源的合法性

关于用于鉴定的检材来源的合法性问题是否会影响由此而得出鉴定证据的证据能力,各国对此的做法不一样。《美国联邦证据规则》第703条规定,如果某一事实或资料对于专家作出结论具有合理的必要性,那么,该事实或资料不需要具备作为证据的可采性。但是,这一规定并不意味着专家证言可以完全建立在非法证据的基础之上。根据美国学者作出的解释,尽管该条规定允许专家将其

---

① 〔美〕南希·弗兰克等:《美国刑事法院诉讼程序》,陈卫东等译,中国人民大学出版社2002年版,第383页。

建立在虽然不具可采性,事实上可靠的传闻或其他证据之上,但控方的专家证言仍然不得以违反"米兰达规则"所获得的证据为基础。关于这个问题,"毒树之果"的理论仍然适用。当出于政策性考虑使某些材料不具有可采性时,该材料也不得作为专家意见的基础。① 由此产生的专家证言不具有证据能力。

大陆法系国家在证据可采性问题上限制较少,但都在不同程度上适用非法证据排除规则。对于某些以非法手段得到的证据,法律禁止其作为证据使用,以此为基础作出的鉴定意见不具有证据能力。鉴定不能成为某些非法性因素的过滤器。② 法律虽然不要求作为鉴定意见的基础的所有事实或材料都具有可采性,但当某些基础性的事实或材料是以非法手段获得或违反政策考虑时,其非法性将危及以此为基础的鉴定意见的证据能力。

二、司法鉴定意见的证明效力

证明效力,实质上是指证据的证明力,也称证据价值。对何为证据的证明力,学术界有不同观点,但通常都是指证据对于证明案件事实的价值和功能,也即证据的可靠性、可信性和可采性③,证据的证明力一般体现在证据的客观性和关联性上,因此证据的证明力就是"证据对待证事实的相关性"④。

(一)司法鉴定意见证据效力的立法比较

对各国的相关法律进行具体考察可以发现,司法鉴定意见证明效力的立法体例可以分为以下两种情况。

1. 鉴定意见对法官无任何法定的拘束力,是否作为定案的根据,由法院最后决定,如英国、美国、意大利等国家。这并不意味着可以随意无视那些绝对可靠的鉴定意见。如在英国,虽然专家证据并不会因为是由一位专家提供的,就具有比其他证据更高的证明力。像任何其他证据一样,专家证据可以通过交叉询问被反驳。专家的地位和其他证人的地位一样,尽管法庭要依赖专家的特殊知识的帮助,但陪审团仍应被告知并不能无条件地信任专家证据。法庭必须保持对发现事实过程的控制,这是它最重要的职责。英国上诉法院曾改变了下级法院作出的一个有罪判决,该案中的专家证据既未受到挑战也未经过反驳,上诉法院认为据此所作的判决不应获得支持。⑤ 随意无视那些绝对可靠的专家证言,而支持非专业人员在没有专家帮助下作出的外行意见也是不允许的。

---

① 〔美〕迈克尔·H. 格莱姆:《联邦证据法》(美国法精要影印本),法律出版社1999年版,第265页。
② 汪建成等:《刑事鉴定结论研究》,载《中国刑事法杂志》2001年第2期。
③ 樊崇义主编:《证据法学》,法律出版社2001年版,第46页。
④ 龙宗智:《证据法的理念、制度与方法》,法律出版社2008年版,第11页。
⑤ 齐树洁主编:《英国证据法》,厦门大学出版社2002年版,第598页。

2. 鉴定意见对法官有一定的消极约束力,法官不采用鉴定意见时必须在判决书中说明不采纳的理由。[1] 如我国澳门特别行政区《刑事诉讼法典》规定:"鉴定证据固有之技术、科学或艺术上之判断推定为不属审判者自由评价之范围。但作为例外时,审判者之心证有别于鉴定人意见书所载之判断,审判者应说明分歧之理由。"[2]

由法官对鉴定意见进行评价时的最大问题,是对自由心证主义应加以合理的控制。也就是鉴定意见有什么样的拘束力,以及在否定鉴定意见时,法官是否要说明理由的问题。法官独自具有的专门知识,不能作为证据的调查方法,在诉讼上是不能利用的。除法学知识、公知的事实、普通的经验法则和逻辑法则之外,还需要专门知识和经验而委托鉴定人进行鉴定,就应当把鉴定意见作为基础。如果对鉴定结论有疑问,就应当要求重新鉴定。不适当地排斥鉴定意见,就将成为违法的评价。故法官不采纳鉴定意见时,应当在判决中明确说明具体理由。从鉴定制度的目的来看,要求说明理由也是合理的。鉴定是为了弥补法官专门知识的欠缺,并使判决更加慎重。如果司法鉴定不能说服法官,其主要原因可能是该鉴定在一般的经验法则和逻辑法则上有错误,或者法官已从鉴定以外的地方形成了心证。对于前者,审判官根据其具有的一般素养,是容易理解的;对于后者,说明不同意采纳鉴定的理由更是必不可缺的。

法官有时会遇到不得不拒绝某些证据的情形,有时则必须在关于同一事项的互相冲突的鉴定证据中进行选择,鉴定证据的证明力完全是由法官审查判断后裁定的。鉴定人或专家的职责在于:为法官或陪审团提供必要的检验结论准确性的科学标准,使法官或陪审团通过将这些标准适用于证据所证明的事项,形成自己独立的判断。因而,鉴定意见与其他证据一样,仅仅是法定证据形式的一种,没有预定的证明力。

鉴定意见没有预定的证明力包含下面两层含义:(1) 鉴定意见不具有任何预定的证明力。在诉讼活动中,必须与其他证据结合起来才能对其证明力大小作出判断。(2) 鉴定意见不存在预定的证明力等级。从法律效力上看,鉴定意见是证据存在的形式,是鉴定人对专门性问题所作的判断,因此,只要鉴定程序合法,鉴定人具有相应的鉴定能力,鉴定意见就应具有同等的地位。鉴定意见证明力的大小不是预先由鉴定人的身份、鉴定机构的权威性决定的,而应当由事实审理者根据案件的所有证据作出具体的合理判断。

(二) 我国司法鉴定意见的证据效力

在司法鉴定意见的证明力问题上,我国肯定司法鉴定意见的优先证据地位。

---

[1] 樊崇义等:《刑事证据法原理与适用》,中国人民公安大学出版社2001年版,第217页。
[2] 参见周士敏:《大陆与澳门刑事诉讼制度若干基本问题之比较》,载《比较法学》1998年第3期。

这是由于司法鉴定意见由于其形成过程的特殊性，其内涵带有浓厚的科技"烙印"，因此，无论是理论中还是实践中，往往都被视为具有特殊的证明力，肯定其优先证据地位。我国对司法鉴定意见证明力的规定与大陆法系自由心证的做法不同，而是在借鉴英美法系的有关证据规则基础上而制定的。正因为此，在实践中存在对司法鉴定意见的证明力存在一些错误的认识和盲目依赖的倾向，甚至有"证据之王""科学的判决"之称，这种观点将鉴定人视为"科学的法官"，认为司法鉴定意见应该无条件地作为审判的基础，并据此对案件事实加以认定，或认为其证明力天然地优于其他证据，在与案内其他证据有矛盾时，对鉴定意见不经实质性的审查判断直接作为有效证据予以采信。当然，这并不符合法律的基本原则和证据的基本原理：(1) 在诉讼中，任何形式的证据都必须经过审查和判断才能得以确认。司法鉴定意见作为法定证据种类之一，并不享有当然的证据效力，没有预定的证明力，必须经过取证、举证、质证、认证这四个诉讼证明的基本环节，才能发挥其证据效力。司法鉴定意见作为一种法定的证据形式，只有在被查证属实后才能作为定案根据。(2) 司法鉴定意见本质上是司法鉴定人就案件中某些专门性问题进行鉴定后所作出的判断，因此在证据学理论分类上属于人证或言词证据。而言词证据则常常受陈述者主观和客观因素的影响，因此特别需要对影响其判断可靠性的各种因素进行审查。

总之，既要看到司法鉴定意见在证明力上的特殊地位，也不能夸大它的作用，要认识到其存在失真的可能，在认定司法鉴定意见的证明效力时，应当秉持科学、公正、客观的原则，注意考察影响其证明力的一些因素，如鉴定人的资格能力，鉴定程序的规范与否等，以确保司法鉴定意见作为科学证据所应当具备的优先证明力。当然，由于鉴定涉及某些专门领域的问题，法官仅就司法鉴定意见本身进行审查的难度较大，所以还需要将司法鉴定意见与案件的其他证据相结合，进行分析和比较，从而确定其是否具有证据价值。

第三节　相关的证据规则

证据规则，是指约束取证、举证、质证和认证等运用证据查明案件事实的规范与准则。作为一种法定的证据形式，司法鉴定意见也必须经过取证、举证、质证、认证这四个诉讼证明的基本环节，其中，认证是法官在审判过程中对诉讼双方提供的证据，或者自行收集的证据进行审查判断，确认其证据能力和证明效力的活动，是决定司法鉴定意见能否被采纳以及在何种程度上被采纳的关键环节，可能直接关系到案件的实体处理是否正确。为了保证司法鉴定意见认证的准确性，就需要遵循一定的认证规则，依照这些规则来审查、判断司法鉴定意见的客观性、关联性、合法性，从而合理地认定其能否作为证据使用。从其他国家证据立法及司法经验来看,英美法系国家较为发达,具备完整的证据规则体系,而大陆法系国家对证据规则确定相对不成体系。纵观世界各国,司法鉴定意见的相关证据规则主要涉及以下几个方面的内容。

一、非法证据排除规则

这一规则包括非法鉴定意见之排除以及建立在非法证据基础之上的司法鉴定意见之排除。合法性是诉讼证据的一个基本属性,是鉴定意见客观性、真实性和可靠性的基本保证。为了保证这些规定能够得到切实的遵守,世界上大多数国家设置了非法鉴定意见的排除规则,对于违反法律规定所作出的鉴定意见在诉讼中予以排除。我国2012年修改的《刑事诉讼法》对于鉴定的主体、程序和形式作出了规定。该法第50条规定:"审判人员、检察人员、侦查人员必须依照法定程序,收集能够证实犯罪嫌疑人、被告人有罪或者无罪、犯罪情节轻重的各种证据。严禁刑讯逼供和以威胁、引诱、欺骗以及其他非法方法收集证据,不得强迫任何人证实自己有罪……"。并在其他条款规定了排除的程序性规定。根据这一规定,我国对于违反法律规定所作出的司法鉴定意见采取了排除的态度。

另外,如果鉴定意见是建立在应当予以排除的非法证据的基础之上,那么,这个鉴定意见作为"毒树之果"一般也应当予以排除。目前,在我国法律和相关解释中,对于非法获取的言词证据已经明确规定予以排除,但是,对于以非法搜查、非法扣押或者其他非法的强制方式获取的实物证据以及由非法证据所衍生的证据是否应当排除,法律却没有明确的规定。在司法实践中,对于以非法方式获得的实物证据和在此基础上衍生的鉴定意见一般采用了迁就的态度,承认其具有证据能力,这可能会导致某些非法证据通过进行鉴定而被"漂白"成为合法证据,应当引起注意。

二、传闻规则

这一规则源于英美法系证据法的一个概念。简单地说,就是传闻证据应当排除,在诉讼中不能作为证据使用。对于司法鉴定意见,传闻证据规则也具有两方面的意义:针对鉴定意见本身的传闻证据规则以及作为鉴定意见基础的传闻之排除。鉴定意见本质上作为一种言词证据,本身应当受到传闻证据规则的限制,这是世界上大多数国家的通行做法。在英美法系国家,鉴定人被作为广义上的证人来看待,鉴定意见被作为证人证言的一种来看待,称为专家证言。对于专家证言,应当与其他证人证言一样,受到传闻证据规则的限制。除例外情形外,鉴定人必须出庭接受询问与交叉询问,否则,其证言不能被采信。在大陆法系国家,与传闻规则具有相同效果的被称为直接言词原则,要求鉴定人必须出庭陈述其鉴定意见并接受诉讼各方的质证，否则其鉴定意见也不能被采信。在我国，虽然在《刑事诉讼法》第 187 条和相关司法解释中对鉴定人出庭作证进行了规定，但是，同时在 190 条中又规定未到庭的鉴定人的鉴定意见可以在法庭上宣读。至于哪些情况下鉴定人可以不出庭，需要法律作出明确规定，因此在司法实践中，鉴定人极少出庭接受质证，司法鉴定意见都是以书面形式提供。

三、中立性规则

司法鉴定意见在本质上是一种意见证据。鉴定人得出结论的过程就是鉴定人运用专门知识对涉及诉讼的专门性问题进行检验、鉴别和判断，并在此基础上提出自己意见的过程，因此其主观因素会直接影响到鉴定意见的客观性、真实性、可靠性。是故，中立性规则应运而生。根据该规则，鉴定人必须具有中立性，不具有中立性的鉴定人所作出的鉴定意见不能作为证据使用。在英美法系国家当事人主义的诉讼模式下，鉴定人都是作为当事人一方的证人，是否选择鉴定人或选择谁做鉴定人由当事人本人决定，鉴定人不可避免会具有一定的倾向性。因此，英美法系国家一般并不强求鉴定人的中立性，而是通过完善的质证程序使与鉴定意见有关的情况都展示在法官和陪审团面前，由他们来决定是否采信。而在大陆法系国家的鉴定模式之下，鉴定人一般被视为"法官的助手"，因此要求鉴定人像法官那样，在控辩双方之间保持中立性。为了保证鉴定人的中立性，大部分大陆法系国家规定了鉴定人回避的条款，当鉴定人与案件有利害关系或者有其他关系时应当回避。我国《刑事诉讼法》在第三章中对于鉴定人的回避也作出了明确的规定。

四、事实问题规则

这一规则主要指的是鉴定意见只能针对案件的事实问题作出证明，而不能对法律问题发表意见。例如，根据我国《刑法》第 18 条的规定，不能辨认或不能控制自己行为的精神病人是无刑事责任能力人；尚未完全丧失辨认或者控制自己行为能力的精神病人是限制刑事责任能力人。被告人是否具有行为能力本来属于一个事实问题，但是，在诉讼过程中，行为能力成为一个以事实为基础的法律上的概念，即作为法律问题的事实，只能由裁判者加以认定，鉴定人只能就被鉴定人客观上的精神状态这个基础性的事实问题发表意见。

五、专门性问题规则

专门性问题规则是指鉴定意见只能针对案件中需要专门知识才能解决的专门性问题作出，而不能针对普通经验层面上的问题。在英美法系国家，一般认为只有在由非专业人士组成的陪审团无法作出结论或很难作出结论时,提出专家证人才是必要的。如果陪审团在没有专家证人的帮助下完全有能力作出判断,那么,提出专家证言就导致对陪审团的事实裁量权的侵犯。大陆法系国家遵循鉴定权主义,采用了鉴定权与当事人举证权分离的模式,绝大多数国家都将鉴定的决定权交给法院,这就意味着,对于是否属于"专门性问题",是否有必要进行鉴定由法院进行具体的判断。我国《刑事诉讼法》第144条规定:"为了查明案情,需要解决案件中某些专门性问题的时候,应当指派、聘请有专门知识的人进行鉴定。"根据这条规定,鉴定的范围就被限制在"专门性问题"之上,但是,对于"专门性问题"的具体范围或者判断主体,需要作出解释性规定。

本章述评

鉴定意见作为证据的特殊性仅仅限于对一般人不能认识或者理解的专门性问题的解释、说明与揭示,在诉讼中与其他证据一样不具有预先的证明效力。但因其倚重于鉴定人的"专家"身份及其携带着超越常人智能的科技因素或者专门知识,在司法实践中却发生着异乎寻常的作用。其功能主要表现为,能够甄别其他证据的真伪以及确定其内在本质,对其他证据与案件事实的联系能够获得识别;能够揭示其他证据与案件事实之间的内在关系,解释事情如何、为何发生,或者事情如何、为何没有如此发生;通过展示事实本身的内在规律对案件事实发挥证明作用。鉴定意见不像其他证据那样可以随着案件事实的发生而自然生成,它是鉴定人依靠专门知识得出的认识性判断。专门知识是鉴定意见赖以产生的基础性要素。鉴定意见的这一品性使其与其他证据存在着许多不同。鉴定意见不同于其他言词证据。它不属于感性认识的结果,也不是对有关案件事实的客观描述,是鉴定人在感性认识的基础上依靠拥有的专门知识获得的理性认识结果。鉴定意见也不同于实物证据,它是透过现存现象对事物内在本质的表达,而不是事物外在形象再现的结果。鉴定意见无论是作为理性认识的结果还是对事物内在本质的表达,均折射出鉴定意见是鉴定人判断性意见的本质。

就鉴定意见的证据属性而言,科学性是其区别其他证据类型的本质属性。然而这种科学性不是鉴定意见作为证据的科学判断,而是指其是利用的科学知识、科学原理、采取的科学方法以及借助的科学仪器设备、实验室等携带科学因素的东西。这些携带的科学因素并不必然导致鉴定人的意见是科学的,在程序上还取决于鉴定人对专门性问题认识与理解的程度与深度,取决于鉴定人拥有的科学知识与科学能力、水准等因素。鉴定作为程序的产物在其生成的每个环节均存在否定其固有品质的可能因素,需要有完善的检验鉴定意见作为证据科学性的程序与制度,如鉴定人出庭作证、有专门知识的人质疑以及科学的审查判断程序等。

思考题

1. 司法鉴定意见的证据本质是什么？有何特殊性质？
2. 司法鉴定意见作为一种法定证据形式，其对诉讼的主要证据功能是什么？
3. 司法鉴定意见的证据能力构成要件有哪些？在实践中如何审查判断其证据能力？
4. 司法鉴定意见是否具有预定的证明效力？为什么会被称为"证据之王"？

第六章 科学证据的评价

> **本章概要**
>
> 司法鉴定意见作为证据在一定意义上属于专家证据,在证据分类上又属于言词证据。按照科学证据所依赖的调查检验方法不同,分为"经验型"和"实验型"。根据科学证据生成过程,存在知识分界、知识确证、知识复核和知识误用四大问题,其重点在于识别专家在科学证据生成过程中可能存在的主观随意性。在法律层面探讨科学证据的评价问题,包括法律环境和法律方法两方面内容。学习本章内容,了解科学证据的概念与分类,掌握其本身存在不同的审查判断方法。

第一节 科学证据的概念与性质

一、科学证据的概念

科学证据是运用具有可检验特征的普遍定理、规律和原理解释案件事实构成的变化发展及其内在联系的专家证据。对此可以作如下三个方面的理解。

(一) 科学证据是专家证据

科学证据在我国不是一个严格意义上的证据种类,却是一个越来越受到法律专业人士偏爱的概念。与诉讼法规定的"鉴定意见"这个证据种类和法律概念相比,科学证据更加强调这类证据的专业技术成分,强调要从科学证据生成的专业技术角度研究科学证据,这符合科学证据审查判断的内在规律。因此科学证据的生成和审查判断都必须由专业技术人员来进行。

(二) 科学证据是检验型证据

在最宽泛意义上,凡是与科学技术运用相关的证据,都可以看作是科学证据。根据科学技术在证据生成中不同的功能,可将宽泛意义的科学证据分成"描述型"和"检验型"两类。"描述型"是指科学技术是已知证据的发现、显示、搜集、固定和展示的手段,科学技术的主要功能集中在证据描述方面。"检验型"是指科学技术是解释已知证据产生原因或者内在联系的检验手段。照片、录像带、计算机贮存资料、犯罪现场通过各种科学技术提取的指纹、生物样本、笔迹等物证材料,都是"描述型"证据,而指纹检验结论、DNA 检测结论、测谎仪检测结论是

"检验型"证据。然而,描述型与检验型的区别非常明显,依靠科学观察并不能形成"新"的证据,对案件事实的认识只能停留在比较具体的层次上,而依靠科学检验则形成"新"的证据,对案件事实的认识可以深入到事实发生原因及其本质联系的层次。如果将描述型证据看作哲学意义上的"在",一种客观的现象纪实,那么检验型证据则是哲学意义上的"所以在",一种主观的因果解释。由此,我们不仅能够将照片、录像带和计算机贮存资料与指纹分析结果、笔迹检验结果、DNA检测结论和测谎仪检测结论很好地区分开来,而且也可以把指纹与指纹分析、笔迹与笔迹检验、DNA 与 DNA 检验区别开来。严格地说,指纹、笔迹、DNA 是物证,是依靠科学观察方法得到的结果,属于科学描述型证据,对于这些物证的检验,其目的是要确定指纹、笔迹、DNA 的身份主体,属于科学检验型证据。这两者是可以独立存在的。

(三) 科学证据是实验型证据

科学证据是运用实验方法的结果,科学证据之所以具有解释案件事实构成的变化发展及其内在联系的能力,就在于生成科学证据的实验方法具有可检验性。可检验性是指在同样的实验条件下对同一样本所作出的实验结论是相同的,它是科学方法最为关键的因素,是区别科学与非科学的标志。科学家总是从已有的理论体系和观察结果出发,提出能够包含原有理论、解释新的观察结果的科学假说,通过实验的方法加以证实和证伪,在修正假说的过程中不断提出新的见解,从而对科学理论的发展作出自己的贡献。科学证据的可检验性,意味着科学结论的可重复性以及可靠性,这是保证科学证据能够揭示案件事实构成变化发展及其内在联系的前提条件。因此,科学证据通过解释案件事实的构成及其内在关联,拓展人们对于案件事实的认识手段,深化人们认识案件事实的主观能力。

二、科学证据的性质

(一) 科学证据属于言词证据

从"言词—实物"证据分类方式看,科学证据属于言词证据。这是因为科学证据总是以检验结果或者检验结论的形式出现,它是对科学普遍原理、实验方法和具体操作的综合反映,揭示的是案件事实的内在联系及其因果规律,只能以"专家意见"这种言词的方式出现。

物证与科学证据是有区别的。我们通常所说的血液、笔迹、指纹、毛发、枪弹痕迹、爆炸物是物证,它们发挥证明作用的基础在于这些物证与犯罪现场之间的联系,是人们凭借观察从犯罪现场获得的证据,属于"描述型"证据。它们没有解释案件事实的证据功能,没有揭示案件事实的内在规律及其联系的基本作用,因而并不是科学证据。但是对于这些证据的分析和检验,却能够推知案件事实的发生原因及其经过。例如通过对指纹、笔迹、枪弹的检验，我们可以知道这枚指纹是谁留在犯罪现场的、字是谁所写的，或者子弹是什么型号的枪所发出的，由此可以得出谁到过犯罪现场、谁书写了字迹、哪一种或者哪一把枪被击发这种反映作案主体与犯罪现场之间存在内在关联的推断和结论，这种推断与结论才是科学证据。总之，物证与物证的检验，是两类不同性质的证据。物证是以其外部特征及其表现发挥证明作用，它作证的基础是"它在"，而对物证的检验则是以揭示物证的内在特点及其与作案主体的联系发挥证明作用，它作证的基础是"它所以在"。

（二）科学证据属于间接证据

从"直接—间接"证据分类方式看，科学证据属于间接证据。其主要理由在于利用科学证据证明案件事实总要经过科学推理，是人们将科学的普遍原理运用于特定对象而形成的认识，因而通过科学证据揭示案件事实的内在联系总是经过科学推理这个中间环节。同时，科学证据结论的证明力，不仅取决于科学证据的普遍原理是否科学可靠、科学检验方法是否合理，还取决于检验对象（物证）的质量要求。检材质量的好坏直接决定了科学证据是否具有较高的证明力。因此，科学证据对于待证事实的证明作用，总是和检材联系在一起的，自身并没有独立的证明能力。

第二节 科学证据的分类

对科学证据可以按照不同的标准进行类型划分，这对于深化科学证据的认识、建立科学证据的证据规则有所助益。其主要分类的标准如下。

一、按照科学证据所属的专业领域进行分类

在科学证据各个领域有较为成熟和完善研究的国家是美国。美国加州大学哈斯汀法学院 David L. Faigman 教授等对此作出以下 38 种科学证据的归纳：（1）统计学证明。（2）多重回归分析。（3）（社会）调查研究。（4）机械工程。（5）经济学、金融学专业和损害赔偿。（6）反垄断案件中的专家证言。（7）精神病与智障。（8）暴力（伤害）的临床诊断与评估。（9）性侵犯。（10）心理投射技术。（11）家庭暴力中的受虐妇女综合征及其他心理症状。（12）家庭暴力中孩童综合征、其他心理症状和虐待。（13）强奸创伤综合征。（14）催眠。（15）被抑制的记忆。（16）目击证人（心理）测验。（17）孩童记忆和证言（心理）测验。（18）性别定型（心理）测验。（19）临床医学证言。（20）毒理（物）学。（21）流行病学。（22）电磁场（危害）领域。（23）烟草（危害）。（24）石棉（危害）。（25）日常药物（危害）。（26）硅胶填充物（危害）。（27）DNA 鉴定。（28）亲子

鉴定。(29)指纹鉴定。(30)笔迹鉴定。(31)武器和工具痕迹鉴定。(32)弹道学分析。(33)咬痕鉴定。(34)声纹鉴定。(35)火灾、纵火与爆炸物。(36)测谎鉴定。(37)醉酒检测。(38)毒品检测。在上述38种类型中,1—7可归入经验科学领域;8—18可以归入精神、心理科学领域;19—28可以归入生物、医学领域;29—38可以归入法庭科学领域。此为科学证据专业分类一例。

二、按照科学证据所依据的科学原理是否得到同行承认进行分类

按照这种分类可以把科学证据划分为"成熟型"和"新兴型"两种。"成熟型"科学证据是指这样一类证据,它所依据的科学原理的可靠性已得到了实验的确证和专家同行的普遍承认,因而可以采用依据这些科学原理而设计的操作方法,对于特定行为或者现象的内在组成及其因果关系进行精确的测定和说明。"新兴型"科学证据是指其依据的科学原理的可靠性还处于实验检验阶段,在专家同行中具有一定的争议。这类证据中最为典型的代表是测谎证据和催眠证据。

将科学证据划分为"成熟型"和"新兴型"的主要意义在于,规范两类证据的证据规则是不同的。

对于"成熟型"科学证据,由于它所依据的科学原理是可靠的,得到专家同行的普遍接受,在一般情况下具有可采性。科学证据是在特定科学原理指导之下,择优选取相应的检验方法,由具体的操作人员依据相关操作规程而形成的相应结论。因此科学原理的可靠性是具体操作是否可靠的必要条件:不可靠的科学原理必定会影响具体操作,具体操作结果(科学证据)会不可靠,但是原理的可靠并不意味着操作结果(科学证据)的可靠,后者还与操作条件、操作方法、操作者素质等各种因素都有关系。即使"成熟型"科学证据从原理来讲具有初步的可采性,但是仍然可以就其检验方法和操作过程进行质疑,法官在确认这类证据证明力的问题时需要考虑检验方法和操作过程。

对于"新兴型"科学证据,由于其科学原理没有得到专家同行的普遍承认,法律应当对此类科学证据的证据能力有更为严格的规制,同时建立相应的质证和认证规则。美国国会在2000年对《联邦证据规则》第702条所涉及的专家证言问题作了修订,规定科学证据必须满足以下五个方面的要求,才具有可采性:(1)科学知识要有助益。必须存在科学、技术或者其他特定的知识,能够帮助事实认定者理解证据或者认定争点事实。(2)(专家)证人要有资格。即证人要具有相应的知识、技能、经验、培训或者教育。(3)(专家)证言要有依据。即专家的意见必须根据充分的案件事实或者材料。(4)推断方法要有可靠性。即专家证言必须是可靠的科学原理和方法的推理结果。(5)要有实际的运作性。即科学证据的作出是证人将科学原理和方法可靠地运用在案件事实进行推断的结果。

三、按照科学证据所依赖的调查、检验方法进行分类

按照这种标准可以将科学证据分为"经验型"科学证据和"实验型"科学证据。"经验型"科学证据是指这类科学证据主要依靠观察和统计特定的行为、现象或者数据,通过运用相关的专业知识来确定观察对象的部分属性,并作出相应的结论。比较有代表性的"经验型"科学证据是精神病学家出具的有关刑事被告人精神状态的病理报告或者在法庭上的专家证言。"实验型"科学证据指这类证据的获得主要依靠对特定对象的分析检测和实验。

将科学证据划分为"经验型"和"实验型"的意义在于,这两类科学证据的可靠性来源不同。"经验型"科学证据的可靠性主要来自特定观察者的专业经验,一般情况下主要进行定性分析,做定量分析则具有一定的困难,因而"经验型"证据的结论往往与检验者的个人经验具有密切的联系,对于同一检验对象,不同的检验者可能得出不同甚至相反的结论。"实验型"科学证据的可靠性主要来自特定的检验方法,与观察者自身的专业经验关系不密切。对于"实验型"科学证据一般可以进行定量分析,因而在检验原理可靠、操作方法正确的情况下,"实验型"科学证据的检验结论一般是可重复的。

第三节 科学证据的评价方法

科学证据评价的问题可以分解为两个部分:(1)在科学证据生成过程中的科学知识运用问题,其重点在于识别专家在科学证据生成过程中可能存在的主观随意性。这部分称为科学证据评价的知识问题。(2)在法律层面探讨科学证据的评价问题。尽管笼统上,可以把法律和科学都看作"理性"的学科,有着客观不变以及可以认识的运用规律,但是法律方法和科学方法的不同特征,决定了法学家(法官)和科学家思考问题和解决问题的方式,具有不小的差异,怎样来看待这种差异,分析这种差异,通过有关的诉讼资源配置合理运用这种差异?这些问题,都与诉讼规范的运用有关,是法官评价科学证据证明力所需要的法律环境。这部分称为科学证据评价的法律问题。

一、科学证据评价中的知识问题

在科学证据生成阶段,专家运用科学知识的主观性,按照科学证据生成的层次性特点(原理、方法、操作),可以分为知识分界、知识确证、知识误用、知识复核四大问题。

(一) 知识分界

知识分界主要解决科学证据操作原理是否具有科学基础的问题。在多数实验科学领域，科学证据的操作原理已得到社会公众和同行承认，多数操作原理都是人们经过反复的试错、实验论证发展起来的，这些原理的技术性运用在科学研究、日常生活中发挥着稳定而又可靠的作用，成为科学理论界的公知知识，对这些公知知识原理，不需要考虑知识分界问题。例如：(1) DNA 证据所依赖的科学原理——DNA 分子碱基配对在任意两个人之间的不可重复性以及"DNA 探针"约束 DNA 分子的有效性，这在 DNA 分析领域已成为公知知识。(2) 测试车辆运动速度的视觉平均速度电脑记录技术（即 VASCAR 技术）和雷达测量技术。(3) 指纹分析技术。(4) 通过刹车痕迹与距离能够推断车辆行驶速度。(5) 武器和工具痕迹鉴定。(6) 弹道学分析。(7) 声纹鉴定。(8) 火灾事故分析。(9) 爆炸物检验。(10) 醉酒所用到的气相色谱分析原理。(11) 毒品检测所用的分子光谱等。

在一些经验科学领域，相当多的科学操作原理可能会引起人们较为广泛的争论。最为代表性的领域是对于事关人类健康的环境、食品、药物所作的风险评估以及相关因果关系的研究。例如：(1) 电磁场危害。手机辐射电波与脑癌的关系。(2) 烟草危害。吸烟会不会导致肺癌。(3) 石棉危害。吸入石棉粉尘是否是尘肺病的一种病因。(4) 环境污染物危害。特定毒性排放物，如废水、废气、废渣所引起的疾病。(5) 日常药物危害。使用抗生素、精神安定药物、有明显副作用的药物的副作用。(6) 硅胶填充物危害。使用硅胶假体填充物隆胸是否会对人体造成危害。(7) 食品添加剂危害。有三聚氰胺的牛奶、加了苏丹红的盐蛋、避孕药催肥的黄鳝、地沟油炒的菜肴所引起的食品安全问题。(8) 流行病学调查。(9) 各种统计性证据等。在这些领域中科学家的研究往往是各说各话，并没有一个明确的结论。

此外，心理分析和精神病鉴定的有关结论，由于带有明显的主观经验性质，其结论也容易引起争论，以致有人怀疑心理分析和精神科学的科学性质。例如：(1) 心理投射技术。(2) 家庭暴力中的受虐妇女综合征及其他心理症状。(3) 家庭暴力中孩童综合征、其他心理症状和虐待。(4) 强奸创伤综合征。(5) 测谎与催眠。(6) 目击证人（心理）测验。(7) 孩童记忆和证言（心理）测验等。

在这些领域，科学证据的采纳与采信，首先应解决科学证据据以产生的科学原理是否科学和可靠的问题。如果科学原理是科学的，科学证据可能是有效的，能够对特定现象发挥一定的解释作用；如果科学原理是不科学的，科学证据则不可能是有效的，它对特定现象发挥解释作用就无从谈起。因而，就科学证据的运用而言，首先应辨明其操作原理的科学成分与非科学成分。

(二) 知识确证

知识确证主要研究科学证据蕴含的检验方法可信性问题。它是从方法的角度,将知识分界问题在科学知识层面的具体化展开。知识分界问题的最终解决,要通过知识确证问题的分析。这是因为,解答特定领域科学证据的科学原理是否具有科学基础,需要通过科学观察和实验来进行验证。这种检验方法是具体的,可见的,并不是抽象的。科学证据所蕴含的原理是否可行,最终要体现在科学证据生成中所确定的科学检验方法之上。一般情况下,我们首先看到的是科学证据生成所用的科学方法。只有在科学方法在特定科学领域之中存在重大争议的情况之下,我们才会考虑特定科学方法所蕴含的科学原理是否具有科学基础,才会考虑知识分界问题。在这个意义上,知识确证是知识问题的核心所在。

检验方法的可信性,可以依两个角度来进行。(1)"我者"的角度,即站在科学结论检验者自身的立场上,检验结论的可重复性。(2)"他者"的角度,即站在第三人(其他科学同行)的角度,检验结论的有效性。这其中,可信性是一个总的概念,它包含了可靠性和有效性。可靠性针对科学结论的可重复性而言,即别人利用和检验者同样的检验方法,能否得出与检验者同样的科学结论。有效性则针对科学结论的客观性和正确性而言,即假设有一个绝对客观、绝对正确的科学结论,那么科学结论与这种假想的客观结论之间存在多大的距离。

评价检验方法是否可靠,与检验方法的"量化"可能与难易程度有关。"量化"的可能与难易,指两方面问题:(1)科学检验的过程是否可以框定出特定的检测对象,是否需要检测特定检测对象的成分或者含量。(2)科学结论形式是一个数量还是一种"是与否"的判断。

如果需要检测特定检测对象的成分或者含量,科学结论形式是一个数量,那么可以归为定量分析;其他的归为定性分析。

定量分析的方法特点,是可以在特定系统中标定出特定的检测对象,是以特定检验对象在特定系统中所处的位置、所占的比重、所具有的关系,来确定特定检验对象的最终结论。我们把这种需要标定出来的特定检测对象,称之为目标对象。这就意味着,定量分析确定目标对象的方法,是将目标对象与目标对象所在的系统进行比对,以目标对象与系统的所属关系,来确定目标对象的本质特征。例如,在醉酒仪检验中,酒精含量是目标对象,血液是酒精所在的系统,得到酒精含量的方法,是确定酒精在血液中的浓度。此外还有一种可以以数据直接表现出来的目标对象,如车速。这一类可以把它看作是目标对象与目标对象所在系统完全同一的极端情况。定量分析方法是一种比对方法。

定性分析的方法特点,是主要观察目标对象的自身状况,它并不需要通过比对目标对象与目标对象所在的系统,来确定目标对象的结论,相反,它需要描述出目标对象的整体特点,这种描述的方法主要是语言的,而不是数据的。例如,精神病鉴定中,目标对象是被试者的精神状况。被试者精神状况正常还是异常,不可能通过精神状况与精神状况所在的系统的比对来得到最终结论,相反,它需要对被试者的每天活动情况进行忠实的记录,甚至用各种仪器来检验被告人特定神经系统是否受损,但是无论是记录还是仪器的检验,都不是最终的定性结论,而是为最终结论服务的,是最终结论的判断依据。因而,定性分析方法不是一种比对方法。

定量分析与定性分析的可靠性评价方法不同。可以量化的科学领域,可靠性评价方法有两种,即利用误差理论对检验结论进行科学控制以及利用贝叶斯定律对检验结论所用的操作方法进行科学估计,尽管这两种方法的评价思想具有较大的差异,但是这些评价方法总是"外显"的,总是可以通过相应的知识规范表达成相应的评价标准。因而可以量化领域的可靠性评价思想是用"外显"的可控标准来评价定量方法的科学性和正确性。与之相反,在不可量化的科学领域,对分析方法的可靠性评价则要复杂得多,它的原因在于我们无法找到诸如利用误差控制或者贝叶斯定律确定的"外显"标准。一个精神病鉴定专家确定某个犯罪嫌疑人有或者没有精神病,"科学外行"无法理解他是怎么得出确定性结论的。毋宁说,在诸如此类的定性分析领域,检验结论的可靠性更需要检验专家的"专业自觉"和"道德自觉",更需要通过规范检验方法本身来确保检验结论的科学性。因而,定性领域的可靠性评价需要更多的知识规范。

评价检验方法是否有效,需要一个科学检验系统外部的、我们确切知道真实检验结论的"目标对象"来进行参照。因而在知识确证的有效性问题上,有两个重要概念:(1)目标对象,即我们在分析检验过程中所针对的对象,在某些定量分析领域中,也可以把这种待检测的目标对象叫作样品。科学检验中的目标对象(样品),按照我们是否确切知道这些样品的真实结果,分为未知的目标对象和已知的目标对象。(2)未知的目标对象,是真正的科学检验对象——需要对未知样品进行检验。已知的目标对象,称之为标准样品。标准样品在科学检验中的使用,能够让我们确切知道所用的分析检验方法的好坏。

检验方法的有效性,同样与检验方法的"量化"可能与难易程度有关。在定量领域,通过确定已知目标对象来判断检验方法科学性的办法,比较容易达到。定量领域最常见的,就是用"标准样品"来校正我们所用的检验仪器和方法。这种标准样品,通常是一组含量从低到高的已知目标对象,通过检验这些标准样品,我们可以得到与标准样品相对应的"分析结果值",然后以标准样品的含量为横坐标,以标准样品相对应的"分析结果值"作为纵坐标,画出标准样品的标准检验曲线,以此得到测量未知目标对象所用的工作曲线。未知样品的含量,一般就在那一组含量从低到高的标准样品的范围之内,我们用测量标准样品同样的办法,去测定未知样品,可以得到一个"分析结果值",再由标准检验曲线可以确定未知样品的含量。在定性领域,由于标准对象的不存在,有效性的评价要复杂得多。一般只能通过专家资质的认证、方法标准的设定以及日常例行检测来确保检验方法的有效性。专家资质的认证,保证科学检验人员有按照特定检验方法所设定的标准进行正确操作的可能性。方法标准的设定,保证不同的专家能够按照同样的检测方法来进行检测。日常例行检测,则是保证以前已用过的检测方法,在今后的科学检测当中继续有效。

(三) 知识误用

知识误用是指专家有意或者无意地误用或者滥用科学知识,它是科学证据生成过程中专家错误或者专家缺陷的主要形式。

专家有意地误用或滥用科学知识叫作专家错误。表现在对科学问题的伪科学态度。马丁·加德纳认为,一个真正的伪科学家的偏执狂倾向可能通过五种方式展示出来:(1)他把自己当作天才。(2)他把同事无一例外地看作无知的笨蛋。除了自己,别人都不正确……(3)他认为自己遭到不公平的指责……(4)他有极大的冲动,专门攻击那些伟大的科学家和牢不可破的理论……(5)他经常试图使用复杂的专业术语写东西,在许多情况下,他运用自创的术语的措辞……这些伪科学家总是采用貌似科学的语言工具、貌似合理的原理和方法、貌似没有缺陷的操作来进行相应的学术诡辩。

专家无意地误用或滥用科学知识叫作专家缺陷。一般表现为对待某项实验研究结论所持有的一种非科学态度,不能正确估计自己和别人实验中可能存在的误差或者错误。一般情况下,会低估自己研究中所存在的误差或者错误。

(四) 知识复核

知识复核的主体,应当而且只能是与科学证据检验主体同属一个专业领域的科学同行。这是因为:(1)只有科学同行才能认定科学证据所依赖的基本原理是否正确,是否经过科学界的公认,因而能够判定科学证据所依赖原理的科学性质。(2)只有科学同行才能够判断科学证据所运用的检验方法是否可行,是否是科学检验所依赖的科学原理的正确体现。(3)只有科学同行才能够发现科学结论所依赖的原理、检验方法和具体操作是否存在错误。

知识复核的基本方法,是科学同行的实验验证。它是指科学同行能够运用科学主体同样的实验方法或者技术手段,进行科学实验,能否得到科学主体既有的科学实验结果(结论),从而确定科学主体所声称的科学结论是否正确。这里涉及科学结论的期刊发表问题。一般而言,科学结论能否在科学同行认可的科学期刊上发表,是科学主体的科学结论是否为科学同行承认的一个必要阶段。但是,科学期刊上发表的科学结论,是否都是真正的科学知识呢?那也未必。在特定的科学领域中,大部分的学术期刊所刊登的科学发现或者科学结论,都会存在有意或者无意的学术不端或造假行为,这说明,期刊发表只是科学结论复核的一个参考因素。

二、科学证据评价中的法律问题

(一) 科学证据采信的法律环境

科学证据的采信,在不同的法律环境中,所需要解决的法律问题并不一样,由此决定了科学证据具有不同的法律属性。在当事人主义模式之下,科学证据的生成、提出、作证策略等所有问题的解释,同其他证据方法一样,属于当事人的事情。需要由当事人聘请相关专家,就案件中的专业问题作出解释,并由对方当事人对本方当事人聘请的专家进行质证。如果案件的专业问题属于对案件胜负有决定意义的争点问题,那么当事人之间的争斗会演化为专家的争斗。当事人聘请的专家,由于当事人可以自主选择,专家的最终意见总是倾向于本方当事人,最终结论总是对本方当事人有利的,不存在本方当事人聘请的专家去帮对方当事人说话的这种假想情况,如果有这种情况,当事人根本不会花钱来聘请他,他可以去聘请其他愿意帮他说话的专家来出庭作证。当事人主义模式之下的专家,是当事人通过"聘用合同"选择的对于自己相当有利的专家,是"合同制"的专家。总之,在当事人主义模式之下,科学证据先天地就具有当事人性。当事人模式对于科学争议问题,具有一种放大作用。

在职权主义模式之下,是否需要聘请专家,以及专家证据的最终评价,与当事人主义模式正好相反,属于法官的职权范围。这种专家与"合同制"专家的最大不同之处在于,专家的解答先天地不具有当事人性,它具有更多的中立色彩,法庭总是需要选择那种在特定科学领域中比较权威的专家来解答相关的专业问题。因而这种专家,可以看成是"荣誉制"的专家,专家作证,更多的是一种荣誉,是自己在相关领域研究成果获得社会承认的一种标志,因而职权主义模式对于科学争议问题,没有当事人主义模式那样的放大作用。

在这两种诉讼模式之下,法官对科学证据的评价态度和心理倾向具有区别。在当事人主义模式之下,法官对科学证据倾向于不相信,他具有科学证据当事人性的心理预期,而在职权主义模式之下,法官对科学证据倾向于相信,他更有可能认同专家作证的中立地位。因而这两种模式之下,评价科学证据的机制以及相关的程序设计并不一样。

(二) 科学证据采信的法律方法

科学证据采信的法律方法,涉及如何设定科学证据采信的方法标准,以及探讨这些方法标准的相互关系。科学证据采信的方法标准,有两个方面的内容,一是具有科学方法"格式化"特征的技术操作指南,一是使用这些技术操作指南的有关专家。

在抽象的意义上,科学证据生成所依赖的科学方法,构成科学证据能够发挥科学解释功能和相应证据作用的知识基础。"格式化"的科学方法,系指将影响科学检验结论正确性的系列要素,通过比较分析,形成特定检验对象的科学技术操作指南。

科学技术操作指南具有以下四个特点:(1)择优性。包括"方法的择优"和"条件的择优"。方法的择优是指在特定科学检验对象依据相关科学原理存在多种检验方法的情况下,选择最优的检验方法。例如DNA分析所用到的检验方法主要有PCR和RFLP两大类,PCR方法更为可靠。条件的择优通过科学比对实验,探索在特定检验方法之下存在的最佳分析条件,以此修正现有的分析检验条件。(2)规范性。它体现在对于影响科学检验结论的所有操作要素,通过所谓"技术操作要求"和"技术操作步骤"的方式加以固定,分析检验人员据此操作就能够确保获得正确的科学结论。(3)纲领性。操作指南并不需要规定特定检验方法的方方面面,它只需要将影响检验结论的最重要的技术要素,通过操作要领加以提示,而其他的技术条件和影响因素,则简单地表述成相应的技术要求。例如,在实际分析检验当中,实验环境要素可能简单地以"温度、湿度、洁净度"等指标的技术要求加以提示,至于怎么来保持有相应的"温度、湿度、洁净度",在所不问。(4)成熟性。特定检验的操作指南,是经过科学家群体千百次试错、分析和探索的结果,它能够确保特定的检验方法有很高的灵敏度、较好的稳定性、较宽泛的线性范围以及较为可靠的分析检验结果。所有的科学检验领域,都存在相应的科学检验方法,但不一定存在这种格式化意义上的科学操作指南。因而科学操作指南的制订与修正,是优化科学检验方法的主要目标和基本任务。采信标准的设立,是想通过"法律规范"的形式,吸收那些科学方法能够格式化的操作指南和评价标准(技术规范),以这种法律归约化的操作指南和评价标准,作为评价科学证据证明力的基本依据。

在科学证据证明力静态的构成要素当中,专家资格可谓重要的因素,它的基本意思是"专家意见可采的前提条件,是专家必须要具备相关专业知识"。作为衡量科学证据证明力的基本依据,专家资格也可以叫作专家标准。专家标准与采信标准有共同之处,即都针对科学证据问题,都要求科学证据具有相应的证明作用,都对科学证据提出了相应的法律要求。但是从采信这个角度来讲,专家标准与采信标准则具有较大的差别。这种差别一言以蔽之,是主观标准与客观标准的差别。

专家标准的特点有以下三个方面:(1)专家标准是形式的。在科学证据评价中,专家标准只是"入门级"的问题,它只是保证科学证据具有证明力的必要条件。换言之,专家不具有相应资格,他所做的科学结论根本就不会拿到法庭上来讨论,相反,如果他具有相应资格,他所做的科学结论只具有"形式上的"证明作用,实质上是否具有相应的证明力,还需要法庭通过质证或者聘请他的科学同行来进行鉴别。但是采信标准,则直接针对科学证据证明力大小本身这一问题,由采信标准我们判断出专家对科学问题解答,所依赖的科学原理、方法、操作究竟具有多少的科学成分,由此决定科学证据能否作为定案依据。(2)专家标准是不可见的,具有主观性。其中一个最为重要的目标,是要剔除科学证据当中的主观任意性,这种主观性在科学证据当中是存在的,其原因在于专家对于科学问题的把握,尽管具有公认的原理和规则,但仍然具有人各不同的特点,这既是科学发展的动力,也可能成为科学研究失却客观性的诱因。而采信标准,则是将特定门类科学问题的科学方法进行格式化,从中选出最好的科学操作方法,这样具有较大的客观性。(3)专家标准不具有代表性,而采信标准不存在这个问题。既然专家标准在科学证据判断中只是"入门级"的问题,那么只要具有相应资格条件,这些专家就可以解答相应的专业问题。站在科学外行的角度,某个科学领域中专家的解答就是科学的解答,这个专家代表了这个科学领域,但是在科学同行看来,特定专家的解答也许根本不符合这个领域当中公认的一些原理和规则,有可能存在违背这个领域"科学常识"的情况,因而专家标准可能不具有本部门的代表性。而采信标准,则是本领域许多专家试错演进的科学结晶,因而具有较强的代表性。

从另一方面来看,采信标准也不可能替代专家标准,这是因为科学证据的采信,必须要借助具有相应资质条件的专家才能完成,科学外行,无论在科学证据生成过程中,还是在科学证据评价过程中,即便手里有种种科学操作指南,在实践中也存在认识与理解的难度。

本章述评

科学证据是运用具有可检验特征的普遍定理、规律和原理解释案件事实构成的变化发展及其内在联系的专家证据,它与司法鉴定意见在一定意义上同属于专家证据,在证据分类上又均属于言词证据,不是科学的判决,需要接受科学检验。根据科学证据的生成特点和评价方法,可以将我国的鉴定事项划分成四个类型:(1)"资料型"的刑事鉴定事项。其"科学描述"成分远远多于"科学检验"成分,大致集中在法医学的病理鉴定、临床鉴定和精神病鉴定三个领域。在这些鉴定领域当中,用司法照相、司法录像或者医学检查的方法和手段,准确地记录和保存被检验对象的原始法医学资料是最重要的工作,因为资料型的科学证据的证明力,同录音录像证据一样,着重表现在病理检验、临床检验和医学检验资料的完整性和准确性,而不是建立在这类资料之上的专家判断。(2)具有可量化特征的"实验型"鉴定事项。因是检验方法的可检验性,大致集中在法医毒品毒物、法医物证、痕迹物证、微量物证、电子数据、音像资料等分析领域,这类

"实验型"鉴定事项,与上述"资料型"的差别在于,它需要借助实验仪器在一定的科学原理和方法的指导下,对检材按照既定的技术规则进行处理、检验,最终以一定的仪器参数值来表征鉴定事项的最终结论,而不是通过肉眼或者医学观察就能够作出相关判断。对于这类具有可量化特征的"实验型"鉴定事项,根据不同的检验要求需要研究不同检验方法的可信性,竭力寻找样品用量更少、样品处理程序更简单、仪器工作参数更稳定、仪器线性范围更广泛的分析检验方法。这在每一种仪器分析项目当中都可以见到,最终这会形成相关鉴定事项的技术方法标准。(3)不具有可量化特征的"经验型"鉴定事项。因是检验方法的不可检验性,它大致包括司法精神病、我国以业务认定或者行政认定方式处理的各类事故原因调查、文书物证的大部分内容、涉及社会科学知识运用的会计、税务、金融、估价、历史文化、知识产权等非实验科学领域。它与上述"实验型"鉴定事项的不同在于很难找到事后可验证的方法来对相关鉴定结论作出复查、复验,因而挑选那些在特定领域既具有专业权威又具有良好声誉的检验专家,是比检验事项和检验方法本身更为重要的事情。(4)借助高科技手段发现、模拟案件部分或者整体事实情况的"探索型"鉴定事项。因是专家对于特定鉴定事项的专业判断,在检验原理方面还处于一种探索阶段,即不像实验型鉴定那样有较为成熟的检验方法,也不像经验型鉴定事项需要依靠专家的技术权威和科学伦理,来保证检验结论的可信性。它大致包括测谎、法医人类学面相复原、声像类的计算机模拟和相片应用技术、法医物证中的昆虫学、警犬气味识别、爆炸物的电子识别、绝大部分心理学证据、犯罪现场的模拟、侦查实验等。

对于上述四种类型鉴定事项的技术管理,应具有不同的侧重。资料型鉴定着重"技术档案"式的管理,其工作重点在于完整和准确地记录检验对象;实验型鉴定着重"技术方法"式的管理,其工作重点是研究可信性高的技术检验方法;经验型鉴定着重"专家名册"式的管理,其工作重点是在全国或者本地范围内建立特定专业领域的检验专家名册;探索型着重"技术可信"式的管理,其工作重心是怎样让社会公众相信技术方法的可信性。

> **思考题**

1. 我国刑事科学方面的鉴定事项划分成不同类型有何意义?
2. 科学证据、鉴定意见与专家证人存在何种区别?
3. 四种类型鉴定事项的技术管理为何存在管理上的差异?

第二编　司法鉴定制度

第七章　司法鉴定管理制度

> **本章概要**
>
> 本章主要介绍司法鉴定管理的概念、性质、依据、职责、目的、要求、过程和特点；司法鉴定管理体制改革的背景和目标；统一管理体制的基本内容、要求和机制；司法鉴定管理模式的构成等。学习本章内容，了解中国司法鉴定管理的体制、机制和目标、要求，掌握司法鉴定管理模式的构成要素。

第一节　司法鉴定管理

一、司法鉴定管理概述

管理（management）一词在 ISO 9000:2005 标准中（3.2.6）是指"对组织（3.3.1）进行指挥与控制的协调的活动"。汉语中的"管理"可以被理解为具有不同层次的两种行为——"管"+"理"，其中：(1)"管"是高层行为，指管辖、掌管，强调的是对被管理的系统或组织拥有的社会权力。(2)"理"是以"管"为前提的行为，指调理、理顺，强调的是遵循和运用科学规律对被管理的系统（或组织）进行相关的活动，以实现特定的目的。概言之，管理，是指对特定系统（或组织）拥有管辖权（"管"）的主体，为使特定系统（或组织）达到最佳状态及持续最佳以实现特定的价值目标而进行的协调的活动（"理"）。

从狭义上看，司法鉴定管理是指司法行政机关对申请设立司法鉴定机构，取得司法鉴定许可证和司法鉴定人执业证，以及对司法鉴定执业活动所进行的审核登记、行政许可、名册编制、执业监督、违规处理、教育培训、质量建设、资质评估、检查指导等活动。从广义上看，除司法行政机关的行政管理活动外，还包括司法鉴定机构内部管理活动和司法鉴定行业协会的自律管理活动。

二、司法鉴定管理的性质

《决定》所规定的管理体制,是建立在跨地区、跨部门基础上的,可分为以下三个层面。

(一)国家管理

《决定》以法律决定的形式赋予司法行政部门代表国家行使司法鉴定管理的职能,这是一种跨地区、跨部门的全行业、全过程和动态化的管理。我国宪法明确规定,国务院负责司法行政,其管理部门是司法部。

(二)社会公共管理

司法鉴定在国家制度构成中的定位,是司法保障和司法辅助制度。司法鉴定作为协助诉讼活动,提供的是一种公共产品,不仅涉及当事人利益和第三方利益,同时涉及社会公共利益,具有社会公共属性。由于司法鉴定管理具有公共管理和公共服务相统一的特点,属于社会管理的范畴,因此,必须按照建设法治政府、责任政府和服务政府的要求,不断提高政府的社会管理能力、公共服务水平和社会公信力,也正因如此,《决定》才将其纳入政府管理的范畴。

(三)行政许可管理

《决定》是以行为管理模式为基础设立的一种行政许可管理。依照《决定》规定,鉴定机构和鉴定人必须事前到司法行政机关进行登记,而根据《行政许可法》的规定,登记是一种法律概念,登记管理是一种法律行为。登记是行政许可的五种形式之一,根据《行政许可法》的有关谁许可谁负责,谁登记谁管理的规定,司法鉴定登记管理既是一种行政许可的行为,也是一种行政管理的行为。根据性质、功能、适用事项的不同,《行政许可法》将行政许可分为五种基本形式:普通许可、特许、认可、核准、登记。[①]

三、司法鉴定管理的依据

(一)司法鉴定管理的法律依据

根据我国《立法法》的规定,法律、行政法规、地方法规以及部门规章均纳入法的范围,我国的司法鉴定管理的法律依据并不局限于狭义的全国人大及其常委会制定的法律。鉴于此,司法鉴定管理的法律依据存在四个层面,即法律、行政法规、地方法规以及部门规章。

1. 法律。全国人大常委会制定的《决定》,是专门调整司法鉴定管理的法律规定,目前在司法鉴定管理体系中具有"基本法"地位。其他有关司法鉴定的规定分别在 2012 年修改的《刑事诉讼法》《民事诉讼法》以及《行政诉讼法》《行政处

---

① 参见汪永清主编:《中华人民共和国行政许可法释义》,中国法制出版社 2003 年版,第 286—287 页。

诉法》《行政许可法》《仲裁法》《侵权责任法》《精神卫生法》等法律中有所体现。全国人大常委会法制工作委员会对《决定》有关规定的法律解释也具有法律效力。① 这些法律都是司法鉴定管理的法律依据,在全国范围均具有法律效力,行政法规、地方法规以及部门规章、司法机关的司法解释均不得与之相抵触,否则无效。

2. 行政法规。行政法规是指国务院制定的有关司法鉴定管理活动的规范性文件。国务院制定的有关司法鉴定管理活动的行政法规主要有2012年国务院重新审核行政审批事项之后继续保留的司法行政机关"司法鉴定人执业资格审批"和"司法鉴定机构审批"项目。

3. 地方法规。据统计,全国已有14个省(区、市)的人大常委会先后制定了有关司法鉴定管理的地方法规。这些地方法规分别为:《重庆市司法鉴定条例》《吉林省司法鉴定管理条例》《深圳市司法鉴定条例》《河南省司法鉴定管理条例》《湖北省司法鉴定条例》《山西省司法鉴定条例》《四川省司法鉴定管理条例》《江西省司法鉴定条例》《河北省司法鉴定管理条例》《宁夏回族自治区司法鉴定管理条例》《贵州省司法鉴定条例》《浙江省司法鉴定管理条例》《陕西省司法鉴定管理条例》和《山东省司法鉴定管理条例》等。

4. 部门规章。部门规章也称为行政规章,是指国务院所属部门制定的有关司法鉴定管理活动的规范性文件。这些规范性文件主要有司法部《司法鉴定机构登记管理办法》《司法鉴定人登记管理办法》《司法鉴定程序通则》《司法鉴定文书规范》《司法鉴定教育培训规定》《司法鉴定执业活动投诉处理办法》等;以及最高人民法院、最高人民检察院和公安部、国家安全部有关鉴定机构和鉴定人管理的规定等。

(二) 司法鉴定管理的相关规定

司法鉴定管理的相关规定包括司法解释以及其他规范性文件。司法解释的规定有最高人民法院、最高人民检察院、公安部、司法部、卫生部《关于精神疾病司法鉴定暂行规定》;最高人民法院、最高人民检察院、公安部、国家安全部、司法部、全国人大常委会法制工作委员会《关于刑事诉讼法实施中若干问题的规定》;司法部颁布的《司法鉴定执业分类规定(试行)》《司法鉴定职业道德基本规范》《国家司法鉴定人和司法鉴定机构名册管理办法》《司法鉴定许可证和司法鉴定人执业证管理办法》《司法鉴定收费管理办法》以及部分地方配合地方立法实施出台的一大批规范性文件,如《吉林省司法鉴定机构规范管理办法》《湖北省司法鉴定社会监督暂行规定》《四川省司法鉴定机构名称管理办法(试行)》《浙江省司

---

① 参见全国人民代表大会常务委员会法制工作委员会2008年10月6日给黑龙江省人大常委会《对如何处理省高级人民法院制定的规范性文件的意见》(法工委复[2008]10号)。

法鉴定人执业行政许可操作规程》《浙江省司法鉴定机构受理鉴定委托规则》《浙江省司法鉴定人助理管理规定(试行)》等。

(三)司法鉴定管理法律和相关规定的适用

1.《决定》与其他法律的适用问题。《决定》作为司法鉴定管理的"基本法",与其他基本法律规定的不相一致时,应当优先适用《决定》的规定。《决定》第9条规定:"在诉讼中,对本决定第2条所规定的鉴定事项发生争议,需要鉴定的,应当委托列入鉴定人名册的鉴定人进行鉴定。"对诉讼中发生争议的鉴定事项应当依照《决定》规定适用。如《决定》第2条规定:"法律对前款规定的事项的鉴定人和鉴定机构的管理另有规定的,从其规定。"但"法律对前款规定的事项的鉴定人和鉴定机构的管理另有规定的"仅仅限于全国人大及其常务委员会制定的法律,属于狭义的法律,不包括行政法规、地方法规和行政规章。

2. 司法鉴定管理范围的适用问题。司法鉴定管理过程中的行政规章与《决定》的规定不一致的,根据法的阶位等级,应当适用上位法;当下位法与上位法相抵触时,下位法无效。行政规章和司法机关的规定与《决定》的规定相抵触的,不具有效力。同时,行政规章和司法机关的规定虽然没有与法律相抵触,也不得超越职权对法律没有规定的司法鉴定管理问题作出补充。

3. 诉讼法与《司法鉴定程序通则》的适用。《司法鉴定程序通则》第3条规定:"本通则适用于司法鉴定机构和司法鉴定人从事各类司法鉴定业务的活动。"该条依据《决定》明确规定了《司法鉴定程序通则》的适用范围,其效力及于一切司法鉴定机构和司法鉴定人。

四、司法鉴定管理的职责

司法鉴定管理活动可分为两个领域:一个是对司法行政机关作为司法鉴定管理主体自身的管理,但不涉及社会管理;另一个是对司法鉴定机构、司法鉴定人及其执业活动的管理,属于社会管理的范畴。司法鉴定管理的职责主要是规范执业行为,维护鉴定秩序,改善执业环境,保障司法鉴定人依法独立执业,促进司法鉴定行业实现可持续发展,为诉讼活动尤其是司法审判工作提供可靠保障和优质服务。

司法鉴定是安全性公共服务和社会性公共服务的结合,司法鉴定管理是社会管理与公共服务的统一。在社会主义制度下实行的是社会优先的原则,各种社会行为和个人行为都要受到公共理性和公共原则的控制。对司法鉴定而言:(1)政府是提供司法鉴定服务的主体。(2)要打破部门、地区分割,优化整合资源,面向全社会,组建一批具有规模效益和专业优势的司法鉴定机构和重点实验室,提高公共服务的效率。(3)要动员社会各方面共同参与司法鉴定公共服务体系的建立和公共产品的提供。

五、司法鉴定管理的目的

司法鉴定管理的目的或预期:(1)通过建立健全管理规范、执业规范和行为规则,推进司法鉴定的规范化、法制化和科学化建设,提高和保障司法鉴定质量,维护司法鉴定秩序,改善执业环境,保障鉴定意见的科学性和可靠性。(2)通过制定有效的政策措施和制度设计,规范执业行为、加强行业自律,尽可能地阻隔或减轻"关系化、利益化、权力化"对司法鉴定行业的冲击,保障司法鉴定人依法独立执业,实现鉴定公正。(3)促进司法鉴定事业走上科学发展的轨道实现可持续发展,充分发挥司法鉴定制度促进司法公正、提高司法效率、维护司法权威的重要作用。(4)提高司法鉴定机构的主观能动性和自我管理能力,提升核心鉴定能力和质量管理水平,引导其走上可持续发展的轨道。

六、司法鉴定管理的要求

司法鉴定管理是以行为管理为基础,行业管理为主线,法律手段、行政手段和技术手段相结合的行政管理方式。司法鉴定管理工作是司法行政工作的重要内容之一。一方面,司法行政部门不是诉讼机关,与各诉讼职能部门和当事人没有隶属关系和利害关系;另一方面,司法鉴定体制改革后,司法行政机关与管理对象也不存在人财物的隶属关系,不能再依靠过去那种建立在所有制关系基础上的行政命令和直接管理的方法进行管理,必须更新观念,改革管理监督和执法方法及手段。具体来说,(1)要在现代司法理念指导下,实行依法管理、依法办事和依法行政,尽快转变传统管理观念,从直接管理向间接管理转变。(2)管理的手段要从单一的行政管理手段向多元(政策、制度、技术)管理手段转变,要在分工专业化和鉴定资源有效配置的背景下,充分发挥政府管理与社会管理和自律管理相结合、相配合的作用。(3)司法鉴定体制改革不仅涉及各政法部门的职能调整和体制改革,而且直接触及利益格局的变化和观念的更新。对此,司法行政机关在履行法定职能时,不仅要善于从民主法治建设和司法体制改革的大局出发,推进司法鉴定体制改革,从政治体制改革的大局出发研究解决问题,而且要从实现社会公平正义,构建和谐社会的角度把握司法鉴定体制改革中遇到的困难和面临的问题;还要严格遵循整体永远大于部分之和的基本原理,超越局部利益和部门观念,坚持局部服从全局、当前服从长远、整体高于部分的原则。

七、司法鉴定管理的过程

从管理的过程看,可分为司法鉴定准入管理、资质管理、执业管理、质量管理、监督管理和实施活动管理等不同阶段和内容。司法鉴定准入管理是司法行政机关依法对申请从事司法鉴定业务的法人、组织及自然人实行核准登记的一种行政管理活动；司法鉴定资质管理涉及司法鉴定机构资质评估、鉴定质量管理、鉴定人诚信等级评估和鉴定人教育培训等内容；司法鉴定的执业管理是政府主管部门对司法鉴定机构及司法鉴定人获准执业后进行司法鉴定活动及其相关行为的管理；质量管理是司法鉴定管理工作的核心，是鉴定意见科学权威的保障，包括内部质量管理、外部质量管理和质量管理服务，涉及认证认可、标准化、信息化和科技研发与应用推广等工作；司法鉴定监督管理可分为国家机关的监督、社会监督和司法监督，司法行政机关对司法鉴定机构、司法鉴定人及其执业活动进行监督是监督的主要形式；司法鉴定实施活动管理包括司法鉴定机构对鉴定执业活动管理和外部对鉴定委托、受理、实施、出具鉴定意见、出庭作证等方面的监督。

第二节　司法鉴定管理体制

一、司法鉴定管理体制概述

司法鉴定管理体制是指国家对司法鉴定机构的组织形式、司法鉴定机构和司法鉴定人执业活动，以及其他与司法鉴定有关的社会资源进行管理的模式，它与一个国家的侦查、起诉、审判职能的划分相适应，与诉讼制度、审判方式相联系。包括管理的法律依据，管理职能，管理机构，管理方法和手段等。司法鉴定管理体制改革是当前我国司法鉴定制度建设的重点与难点。从管理主体的组成结构和集散程度来看，司法鉴定的管理体制可分为统一型管理体制、分散型管理体制以及统一与分散相结合的混合型体制；从管理主体的权力类型来看，司法鉴定的管理体制可分为行政权力管理型体制、社会权力指导型体制以及行政权力与社会权力相结合的管理体制。

我国的司法鉴定管理体制在《决定》出台以前属于政策型、权力型的分散管理体制，鉴定人和鉴定机构无统一职业资格，司法鉴定的管理主体、管理对象和业务范围、司法鉴定实施程序、司法鉴定技术标准、资格准入等都不一致。这种多头管理体制在实践中滋生了诸多弊端。

二、统一司法鉴定管理体制

在推进法治中国建设进程中，把各类政治、经济和社会问题纳入到法治的轨道上来解决，进而通过发挥和依靠司法鉴定制度的作用，公正、客观和有效地调解和解决各种诉讼纠纷以及非诉性、非裁性的民间矛盾，化解各类社会冲突和争端。适应司法活动日益复杂化、综合化和国际化的发展趋势，司法鉴定的业务领域和执业类别将不断深化和拓展，自然科学、人文社会科学和工程科学之间的交叉渗透和融合将更加广泛，司法鉴定程序、技术、方法和装备将不断创更新升级，这必然从客观上促进司法鉴定管理体制的改革，建立独立公正、科学规范、高效开放的鉴定实施机制。司法鉴定的资源配置必须在实行统筹规划的同时打破垄断，引用竞争机制，发挥市场机制的调节作用，优化布局结构，实现资源共享，克服一些低水平重复建设、重复设置。

建立统一的司法鉴定管理体制就是要将司法鉴定工作纳入到规范化、法制化、科学化的发展轨道，消除司法鉴定管理中存在的混乱状态，解决管理中长期存在的体制性问题，确保司法鉴定的科学规范、准确、可靠和客观公正，为诉讼活动和司法公正服务，最终为构建中国特色社会主义司法鉴定制度打下坚实基础。

从实践需要看，统一管理的基本内容主要有以下九个方面：(1)统一准入条件。(2)统一司法鉴定人和司法鉴定机构名册。(3)统一执业分类。(4)统一实施程序。(5)统一技术标准。(6)统一司法鉴定人出庭办法。(7)统一权利义务。(8)统一职业伦理。(9)统一处罚要求；在此基础上，逐步形成司法鉴定统一管理要素的基本架构。

司法鉴定管理体制改革的预期可分为不同层级，共同构成一个统一的整体，并服从系统的最高目标：(1)司法鉴定管理体制改革的政策预期是明确鉴定范围和管理部门，统一准入条件和标准，规范执业活动，维护鉴定秩序，不断提高司法鉴定的科学性、权威性和公信力，促进并实现鉴定公正，着力解决鉴定过程中的突出问题和管理中的混乱状况。(2)司法鉴定管理体制改革的制度预期是通过依法科学配置司法权和司法行政权，合理确立诉讼活动中各诉讼参与机关的鉴定管理职能、任务和分工，理顺国家统一管理与侦查机关的部门管理之间、司法鉴定主管部门的行业管理与技术鉴定主管部门的业务管理之间、行政管理与行业组织自律管理之间的关系，并相应建立起互相配合、互相协调和相互补充、相互衔接的管理机制、工作机制和运行机制，进而在司法鉴定管理和使用之间建立起制度化的有机衔接，最终构建起有中国特色的适应诉讼需要的符合宪政要求的统一的司法鉴定管理体制。(3)司法鉴定管理体制改革的价值预期是通过实现鉴定公正与程序公正、实体公正的相互配合和相互促进，适应和满足诉讼活动尤其是公正司法、及时裁判的需要，保障当事人的诉讼权利，为打击罪犯和保障人权，为实现司法公正、提高司法效率、树立司法权威，最终为维护公平正义、社会稳定和构建和谐社会服务。鉴定权是公民诉讼权利的一项重要内容，通过制度规定保障当事人鉴定权利的实现，是司法鉴定体制改革的价值目标之一。

第三节 司法鉴定的管理模式

一、司法鉴定管理模式的构成

司法鉴定管理模式的构成要素包括：管理的主体、管理的客体以及调整主体行为、客体行为和主客体关系的管理制度、管理机制等。司法鉴定管理模式不仅反映了特定国家和地区特定时期司法鉴定活动的基本特征，而且也反映了特定国家或地区司法鉴定管理活动中的管理思想、管理的价值取向等因素。

（一）司法鉴定的管理主体

司法鉴定管理的主体是指有权对司法鉴定活动进行管理的机构或组织。从国内外的情况来看，不同国家和地区由于司法制度、政治体制、诉讼模式等诸多方面的不同，司法鉴定的管理主体存在很大差异，存在各种不同的管理主体。一般而言大致包括以下几种情况：(1) 政府机关，如司法部或内政部（在不少国家中，警察一般归司法部或内政部管理）、法院、工业部等政府其他部门，政府机关对于其设立的司法鉴定机构和司法鉴定人员进行管理，对于社会鉴定机构进行监督管理。(2) 各种行业协会，在西方法治国家，作为社会自我管理的重要组成部分，行业自律组织相当发达，司法鉴定行业同样如此，不同类型的司法鉴定组成各种行业协会，如苏格兰的鉴定同盟会，英国的1999年成立的司法鉴定人执业登记注册委员会（CRFP），澳新司法鉴定实验室高级管理者联合会（SMANZ-FL），澳新司法鉴定协会（ANZFSS）等。(3) 其他机构对自己设立的鉴定机构和鉴定人员进行管理。如欧洲和日本很多大学设立的法医鉴定机构及其鉴定人员，主要由大学自己管理。

《决定》第3条规定，"国务院司法行政部门主管全国鉴定人和鉴定机构的登记管理工作。省级人民政府司法行政部门依照本决定的规定，负责对鉴定人和鉴定机构的登记、名册编制和公告"。在确定司法行政部门作为统一的管理机构的同时，第7条规定"人民法院和司法行政部门不得设立鉴定机构"。对于其他行业中的技术鉴定活动，本身已有行业主管部门，行业主管部门当然是其业务管理主体，但是，这些行业中的鉴定机构，如果要进入到诉讼活动中，从事《决定》第2条所规定的鉴定事项，司法行政部门也就成为司法鉴定行业的主管部门。[①]

---

① 全国人大常委会以国家法律决定的形式赋予司法行政机关管理司法鉴定工作的职能，其原因有三：(1) 符合宪法规定，我国《宪法》第88条第9款规定，司法行政归国务院负责；(2) 司法行政部门不是诉讼职能部门，在诉讼活动中处于中立的地位；(3) 司法鉴定工作在各个国家来看，都是典型的司法行政工作。

(二) 司法鉴定的管理客体

《决定》第 2 条规定:"国家对从事下列司法鉴定业务的鉴定人和鉴定机构实行登记管理制度:(1) 法医类鉴定;(2) 物证类鉴定;(3) 声像资料鉴定;(4) 根据诉讼需要由国务院司法行政部门商最高人民法院、最高人民检察院确定的其他应当对鉴定人和鉴定机构实行登记管理的鉴定事项。法律对前款规定事项的鉴定人和鉴定机构的管理另有规定的,从其规定"。对于"其他类"(即"三类外"或"第四类")司法鉴定活动的具体范围,《决定》没有具体罗列,而是采用授权的形式予以规范。

"其他类"鉴定活动目前的实际情况是,该类鉴定活动的管理、使用混乱,相关部门都在争着管。但无论是依据《决定》的立法目的和宗旨,还是遵从司法权的基本性质及人民法院在诉讼中的中立地位,人民法院不应当再行使管理权。同样,人民检察院也不适宜行使管理权,检察机关作为法律监督机关其主要是职责是履行法律监督职能,而"其他类"鉴定中的鉴定事项大多适用于民事诉讼,显然不适宜由检察机关来管理。对于"其他类"鉴定事项的管理应当站在推进司法鉴定管理法制化、规范化、科学化建设的背景下,结合司法改革逐步推行。司法鉴定管理的客体包括对司法鉴定机构和司法鉴定人及其司法鉴定执业活动等三个方面。

1. 司法鉴定人的管理。司法鉴定人执业资格准入管理、司法鉴定人名册登记公告管理、司法鉴定人资格的准入与注销管理、司法鉴定人执业行为规范管理、司法鉴定人教育培训管理、司法鉴定人诚信等级评估管理、司法鉴定人责任追究等。

2. 司法鉴定机构的管理。司法鉴定机构执业资格准入和注销管理、司法鉴定机构名册登记、公告管理、司法鉴定机构资质等级评估管理、司法鉴定机构的认证、认可,国家级重点司法鉴定机构(重点实验室及其设备)的遴选、管理及责任追究等。

3. 司法鉴定执业活动的管理。司法鉴定执业活动管理是指对司法鉴定机构和司法鉴定人员在开展司法鉴定业务活动过程中的监督和管理。对司法鉴定人员和司法鉴定机构的资格准入等管理主要是一种静态管理,是对司法鉴定主体的资格和资质的管理,但司法鉴定机构和司法鉴定人员审核登记合格以后要从事司法鉴定活动,整个执业活动属于监管对象和监管范围,这是一种全过程的动态化管理。司法鉴定执业活动管理主要内容包括:制定司法鉴定实施程序、技术标准和技术操作规范,制定收费管理办法、出庭作证办法以及执业行为规范和执业责任等管理规章,对相关规定和规范执行情况进行监督检查予以落实,等等。

(三) 司法鉴定的管理制度

司法鉴定制度是由司法鉴定的启动制度、实施制度、质证采信制度、认证制度以及司法鉴定的程序制度、标准制度等构成的制度体系。司法鉴定制度在一定程度上反映着一国法律制度、司法制度、诉讼制度、证据制度的灵魂与精髓。

司法鉴定的管理制度的内容依照司法鉴定执业活动的不同阶段兼顾司法鉴定管理工作的分类,主要分为准入管理、执业管理、实施管理和监督管理:(1)司法鉴定的准入管理(登记管理)。主要有司法鉴定机构登记管理制度、司法鉴定人登记管理制度、司法鉴定人和司法鉴定机构名册管理制度、司法鉴定机构许可证和司法鉴定人执业证管理制度、执业活动分类管理制度和司法鉴定机构仪器设备配置标准管理制度等。(2)司法鉴定执业管理。主要有司法鉴定机构内部管理制度、司法鉴定质量管理制度、司法鉴定资质评估制度、司法鉴定诚信等级评估制度、司法鉴定收费管理制度、司法鉴定教育培训制度和司法鉴定高级专业技术职务评审制度等。(3)司法鉴定实施活动管理。主要有司法鉴定实施程序制度、司法鉴定技术标准制度、司法鉴定技术方法评价制度、司法鉴定技术装备强制认证制度和司法鉴定人出庭作证制度等。(4)司法鉴定监督管理。主要有司法鉴定职业道德和执业纪律、司法鉴定执业责任制度、司法鉴定执业活动投诉查处制度、司法鉴定档案管理制度和司法鉴定活动重大案件报告制度等。

(四) 司法鉴定的管理体系

管理体系涉及纵、横两个方面。从纵向看,全国各省(区、市)司法厅(局)设立了司法鉴定管理机构,并建立了司法部、省级和地市级司法行政机关组成的司法鉴定三级管理体系。司法部司法鉴定管理局的主要职责有:研究提出司法鉴定工作发展规划和有关政策建议;负责起草司法鉴定法律、法规和规章;研究拟定司法鉴定管理制度;研究拟定司法鉴定技术管理规范(即程序规则、技术标准和技术规范);指导和监督地方司法鉴定登记管理工作;组织实施有关司法鉴定的宣传和理论研究;组织实施司法鉴定的技术交流合作;指导司法鉴定技术研发工作;指导司法鉴定人继续教育实施工作;承办指导司法鉴定协会的具体工作。

根据《行政许可法》、《决定》和司法部颁发的两个登记管理办法,省级司法行政机关的管理职责,主要任务和工作要求,按照管理体系建设的要求,各省(区、市)司法厅(局)设立司法鉴定管理局或管理处,地(市)司法局司法鉴定管理工作要有职责、有机构、有队伍,县(区)司法局司法鉴定管理工作要有任务、有要求、有专人。在统一规范各级司法行政机关的管理职责和工作任务的基础上,建立形成分级管理、分类指导的司法鉴定统一管理体系。

(五) 司法鉴定的管理机制

从横向看,以科学发展观为指导,建立完善统一管理的工作机制包括四个方面的相互关系和与之相适应的工作机制。总体上讲,司法鉴定管理的工作关系可归纳为四个方面:(1) 政府主管部门与行业协会的关系;(2) 司法鉴定行业主管部门与技术鉴定业务主管部门的关系;(3) 国家司法鉴定管理部门与侦查机关管理部门的关系;(4) 司法鉴定管理部门与司法鉴定使用部门的关系。与之相适应要建立完善四个方面的机制:(1) 建立起行政管理与行业协会管理的相结合管理机制。[①] (2) 建立司法鉴定主管部门与其他业务部门相补充的双重管理的工作机制。(3) 建立国家司法鉴定的行业管理部门与各侦查机关的部门管理相配合的管理机制。(4) 建立司法行政机关和审判机关之间管理、使用与监督相衔接、相促进、相协调的运行机制。

二、司法鉴定管理模式的分类与比较

司法鉴定管理模式按照不同的标准可以作出不同的分类,从不同角度按照不同标准对司法鉴定管理模式进行划分有利于深入探讨司法鉴定管理模式的本质、特征和意义,进而推动和完善我国的司法鉴定管理模式。

(一) 政策性管理模式和法治化管理模式

按照管理权的来源不同,司法鉴定管理模式可以划分为政策性管理模式和法治化管理模式。政策性管理模式是指司法鉴定管理主体的管理权限来源于各种不同的政策,法治化管理模式则是指司法鉴定管理主体的管理权限来源于法律的明确授权。政策性管理模式由于管理权限来源于政策,容易政出多门,形成多头管理,在管理内容上也难以统一,如司法鉴定机构和鉴定人员从业资格不一、司法鉴定的技术标准不一致等,不利于司法鉴定行业的进步和司法鉴定技术水平的提高,不利于实现司法公正。我国的司法鉴定管理模式由政策性色彩较强管理模式向法治化管理模式的转型,体现了我国依法治国,建设社会主义法治国家的基本方略,也是我国社会主义民主法制建设的重要成果之一。

(二) 行政管理模式、行业自律管理模式以及两结合管理模式

按照管理主体不同,司法鉴定管理模式可以划分为行政管理模式、行业自律管理模式以及行政管理和行业自律相结合的管理模式。行政管理模式即政府管理模式,是指对鉴定人和鉴定机构以及鉴定活动等内容由专门负责的国家机关进行管理。这种管理司法鉴定活动的政府机关一般是司法行政部门,如大多数国家的司法部,只有个别国家由法院负责管理,如法国。行业自律管理模式是指

---

① 据 2013 年 5 月统计,全国已有 27 个省(区、直辖市)和 200 多个地市成立了司法鉴定行业协会。

鉴定人和鉴定机构成立司法鉴定协会，各种专业委员会对行业内部的活动如资格准入、考评、培训、惩戒等事项进行自我管理。纯粹采取国家机关管理模式或者行业自律管理模式的国家和地区很少，大都采取了国家机关管理和行业自律管理相结合的模式。其中，国家机关的管理是主要、核心内容，司法鉴定活动中的主要问题比如司法鉴定人员和司法鉴定机构的资格、司法鉴定技术标准、司法鉴定程序等由国家机关管理，行业自律组织如司法鉴定协会则负责一些司法鉴定人的考评、技术交流、轻微违法行为的惩戒，等等。

（三）集中型管理模式、分散型管理模式和混合型管理模式

对于国家机关的管理模式，从管理主体和管理内容的集散程度来看，可以分为集中型管理模式、分散型管理模式以及集中与分散相结合的混合型模式。

1. 集中型管理模式，即统一管理模式，是指由一个政府部门集中管理鉴定机构、鉴定人员和鉴定活动的管理体制。理想状态下的统一管理模式是指，在管理主体上统一于一个主体、在管理客体上包括所有鉴定机构和鉴定人、在管理对象上包括所有司法鉴定活动，在管理的主客体关系上，统一于相同的法律规范、技术标准等。但是，由于现代社会中的司法鉴定领域十分广泛，所谓管理对象的"集中"或"统一"并不泛指各类司法鉴定，而主要是指传统意义上的司法鉴定，即法医类、声像资料类和物证类司法鉴定。

一般认为，英国的司法鉴定管理属于典型的集中型管理模式。自20世纪90年代以来，英国进行了一系列的司法改革，将英格兰的两大鉴定机构（FSS和工业贸易部设立的"政府化学实验室"LGC）从警方和政府中剥离出去，成为独立的、股份化的市场中介机构。1995年4月英国对司法鉴定机构又进行了一系列的改革，将全国七个大型法庭科学实验室收归内政部管理，建立了相对统一的司法鉴定管理模式。这种司法鉴定统一管理机构是由内政部、检察院、警察局共同成立的法庭科学管理委员会，该委员会设在内政部，独立于法院、检察和警察机构。苏格兰也效仿英格兰的做法。法国、德国等对司法鉴定机构和鉴定人的管理模式也可以认为是集中型管理模式。如法国《刑事诉讼法》第157条规定，专家应从最高法院办公厅制作的全国专家名册中所列的自然人和法人中选取，或者从各上诉法院与总检察长商定提出的名册中选取。[①] 登录进名册及从名册中注销的程序由行政法院政令规定之。[②] 在特殊情况下，各级法院可以作出附理由的决定，从列入上述任何名册的专家中选取。德国的鉴定人名册制度，由司法部领导的专门机构通过特定的考评和登录程序，将全国具有司法鉴定资格的专家根据行业登记造册，并注明各自的教育程度、学术成就、专业经历等内容，供

---

① 1975年8月6日第75—701号法律。
② 1960年6月4日第60—529号法令。

法官根据案件的需要从名册中选任。荷兰的司法鉴定管理也属于集中型管理模式,司法部统一负责管理全国的司法鉴定活动。

集中型管理模式的优点是统一、高效、权威、便民,能够促进体系完整、结构合理、权责分明、运行高效的司法鉴定运行机制的形成,能够实现司法鉴定政策、法律、标准、规划、准入、实施等方面的统一,便于诉讼当事人选择和利用司法鉴定资源。集中型管理体制也具有一些缺点,如机构与人员过于集中,容易形成垄断与封锁,难以形成有效的竞争和监督制约机制。在这种体制发育到较为成熟时,过分集中的管理体制也会弱化司法鉴定机构与司法鉴定人员的活力,同时也可能增大司法鉴定的运行成本。

2. 分散型管理模式是指由多个政府部门或者行业组织分别管理相关类别的司法鉴定机构、司法鉴定人员和司法鉴定活动的管理模式。美国的司法鉴定管理属于分散型管理模式,在《决定》出台以前,我国的司法鉴定管理模式是典型的分散型管理模式。美国的司法鉴定管理较为分散,鉴定人的资格主要由行业协会认定,鉴定活动的管理主体较为分散,但也有相对统一的管理机构,如美国司法部的国家执法与矫正技术中心,负责建立统一的司法鉴定标准,对鉴定机构进行评估和认证工作。目前已建立了DNA、电器、武器、毛发、车灯等数据库。分散型的管理模式具有一定的优点,如有利于培育专业化的司法鉴定机构,提高司法鉴定的质量;有利于形成相互竞争、相互促进的局面。当然,分散型管理体制会造成司法鉴定资源使用效率低下,司法鉴定标准、程序的混乱以及司法鉴定机构和人员趋利寻租的弊端。

3. 混合型管理模式是指对司法鉴定的某些方面实行统一管理,而在其他一些方面则实行分散管理。在理论上,混合型管理模式可以吸收集中型管理模式与分散型管理模式两个方面的优点,调动政府和社会两个方面的积极性。如在司法鉴定机构和司法鉴定人员的资格准入、司法鉴定实施程序、司法鉴定技术标准等方面实行统一管理,而在其他方面则可实行分散型管理。混合型管理模式有利于减少司法鉴定的国家管理成本,增强司法鉴定机构与人员的自我发展、自我激励、自我约束的意识和能力。但混合型管理模式在如何科学地分配统一管理与分散管理的界限上会存在交叉和冲突,难以合理区分。

(四)宏观管理模式和微观管理模式

按照管理的层次不同,可以分为宏观管理模式和微观管理模式。宏观管理模式是指国家层面的管理,是代表国家的政府通过政策、法律法规以及发布技术规范等方式对该国司法鉴定活动的管理。微观管理模式则是指司法鉴定机构内部对具体鉴定活动的管理。不同的司法鉴定机构内部由于其设立的性质、从业人员数量、业务范围等可能采取不同的管理模式,比如有的采取公司形式的管理模式,有的采用合伙制的管理模式,还有的采取行政化的管理模式,如侦查机关内部设置的司法鉴定机构,在这种行政化的管理模式下,鉴定人与国家机关之间有行政隶属关系,行政机关可以从纪律上和行政工作要求上管理鉴定人员,并且控制鉴定人员的职位、工资和福利待遇等一系列问题。管理者与鉴定人员之间的行政服从关系比较明显,鉴定行为容易受到管理者的行政干预,不利于维护鉴定活动本身所要求的独立性和中立性,需要其他配套制度予以监督、制约。

(五)无固定资格管理模式和有固定资格管理模式

对于司法鉴定机构和司法鉴定人员的管理,按照有无固定资格可以分为有固定资格管理模式和无固定资格管理模式。有固定资格管理模式是指有关法律或权力机关明确规定哪些人或哪些机构具有鉴定主体资格,或者将鉴定权固定地授予特定的人或机构。大陆法系国家一般采用有固定资格模式。有固定资格模式的优点是鉴定人和鉴定机构的资质有保障,鉴定质量较高,便于管理。

在英美法系国家,法律并没有明确规定哪些人或哪些机构具有鉴定资格,也不将鉴定权固定地授予特定的人或机构,这被称为无固定资格模式。在一般情况下,所有经过该学科科学教育的人或者掌握从实践经验中获得的特别或专有知识的人,都可以成为鉴定人,即"专家证人"。无固定资格模式的优点是在一定程度上有利于促进鉴定人之间的竞争,但其不足之处相当明显:其运行严重依赖于控辩双方律师,不利于司法鉴定程序和司法鉴定技术标准的统一,不利于对鉴定人和鉴定机构进行管理等。

我国的司法鉴定管理模式的建设目标是建立统一的司法鉴定管理模式,这种统一的管理模式是将宏观管理与微观管理、直接管理与间接管理、行业协会自律与政府管理相结合、主管部门协助配合管理等各种管理方式统一起来,在统一的司法鉴定管理主体(司法行政部门)主导下,多层次参与实施的全行业、全过程、动态化的国家管理模式。在司法鉴定管理主体、司法鉴定管理客体和对象、司法鉴定业务范围、司法鉴定资格准入、司法鉴定技术标准、司法鉴定实施程序、司法鉴定机构资质评估、司法鉴定人诚信评估、司法鉴定执业行为规范等方面实现统一,以保障司法鉴定的科学性、准确性,不断推动司法鉴定技术进步,从而更好地实现司法公正。

本章述评

司法鉴定管理工作基本实现了从分散管理到统一管理,从部门管理到行业管理,从事前管理到事前、事中和事后管理相结合,仍面临着不完善、不适应、不协调、不配套、不到位的现象。其具体表现为:(1)司法鉴定行业具有社会公共属性的基本定位与社会鉴定机构缺乏国家投入和财政保障的状况存在明显不适应,尤其是与侦查机关鉴定机构持续获得国家重大专项投入、财政保障和政策支持相比差距甚巨。(2)与司法审判活动对司法鉴定提出的证明要求相比,一些司法鉴定机构的资质条件、鉴定能力和鉴定水平还不相适应。如与鉴定行业应当具有的高度专业化、职业化要求相比,目前《决定》规定的职业准入标准和设立条件偏低,其行政管理的法律依据不充分、监督形式有限、管理手段不足。(3)由于"商两高"机制运行困难,其登记管理的司法鉴定范围还不能适应诉讼活动的需要,尤其是无法及时满足司法审判的急需。(4)审判职能与鉴定管理职能之间的越位、错位现象并存。

对于上述现象应当考虑以下问题:一是要根据宪法法律,把握和处理好司法权与司法行政权的科学分工、合理配置和有机衔接的关系。二是要把握和处理好依法履行审判职能和鉴定职能的分工与联系。三是要把握和处理好刑事侦查技术尤其是犯罪现场调查取证、技术检验鉴定与司法鉴定的分工与联系、司法认知与司法鉴定的分工与联系以及职权鉴定机构与社会鉴定机构的分工与联系。四是要把握和处理好建设公正高效权威司法制度、改革诉讼制度和修改证据规则与进一步完善司法鉴定法律制度的关系。五是要把握和处理好诉讼职能部门和司法鉴定管理部门的制度定位、法定职权、职责分工和相互制约、相互协调、相互配合的关系,及时协调解决职能越位、错位和缺位的问题。六是要把握和处理好权力与权利的平衡、协调与适配。如在刑事诉讼中,既要保证诉讼职能部门依法正确行使公权力,又要保障当事人的诉讼地位和诉讼权力;在民事诉讼中把保障当事人合法权益和保护公共利益、第三方合法权益统一起来。

思考题

1. 司法鉴定管理包括哪些内容?
2. 为什么要建立统一的司法鉴定管理体制?
3. 实行统一管理的基本内容和改革预期是什么?
4. 司法鉴定管理工作应当如何促进和保障司法鉴定既具有可靠性又具有可信性?

第八章　司法鉴定质量管理制度

> **本章概要**

本章主要包括司法鉴定质量管理的性质、目标和要求以及合格评定、能力验证、标准化等司法鉴定质量管理和控制的制度、措施等内容。学习本章内容,应当了解司法鉴定质量管理的基本知识,掌握司法鉴定对质量的要求和质量管理的目标,熟悉司法鉴定机构认证认可、能力验证、标准化等质量管理手段的原理、运用及相关工作制度。

第一节　司法鉴定质量概述

一、司法鉴定

我国国家标准 GB/T 19000:2008(与国际标准 ISO 9000:2005 等同)对质量的定义是:"一组固有特性,满足要求的程度。"按照这一定义,质量属于一个综合的概念。质量具有广义性,不仅指产品质量,也可指服务、过程和体系的质量。质量具有时效性,组织应根据顾客和相关方需求和期望的变化,不断调整对质量的要求。质量具有相对性,组织的顾客和相关方对同一产品的功能提出不同的需求,也可能对同一产品的同一功能提出不同的需求;需求不同,质量要求也就不同,但只要满足需求,就应该认为质量是好的。针对司法鉴定而言,排除可获得检材对鉴定活动的影响,司法鉴定质量的好坏主要体现在鉴定意见是否能够正确解决鉴定委托的诉讼活动中遇到的专门性问题,是否经得起法庭质证,为当事人所接受,被法官采信。从司法鉴定的属性和功能作用来看,司法鉴定质量应当包含以下几方面要求:

(1)合法性。司法鉴定意见作为一项司法证明手段、法定的一种证据形式,首先应当满足我国诉讼法律对证据的一般要求,才具有证据资格。合法性包括鉴定机构和鉴定人的法定资格、中立地位以及鉴定活动是否符合法定程序等。合法性是独立客观鉴定的保障,是鉴定质量的前提。

(2)可靠性。司法鉴定在诉讼活动中发挥着特殊的不可替代的作用,与诉讼结果密切相关,并对司法鉴定意见的可靠性提出了很高的要求。鉴定意见的可靠性取决于它产生的过程和方式,取决于它的专业化、职业化程度和技术水平。保证鉴定意见的可靠性是保证鉴定质量的基础。

(3) 可信性。鉴于鉴定意见是定罪量刑的重要依据,直接与双方当事人的切身利益密切相关,2012 年修改的《刑事诉讼法》在将鉴定结论改为鉴定意见的同时,建立了鉴定人出庭制度①,设立专家辅助人制度②。这些制度使得鉴定意见不仅自身要可靠,而且还要经得起同行专家质疑,才能为当事人接受,被法官采信。可信性是司法鉴定质量不可或缺的重要方面。

(4) 适当性。司法鉴定应当适应司法活动平衡公正和效率的特点,在保证可靠性和可信性的同时,兼顾时效性和经济性。

二、质量管理概述

随着司法活动的日益专业化、复杂化和科技水平的提高,司法鉴定活动跨行业、跨领域和多学科综合交叉的特点将越来越明显,仅仅依靠单一行政方法的直接管理模式不可能实现上述质量要求。因此,借鉴其他行业的成功经验,在法律、行政和技术层面,综合运用合格评定、标准化、信息化等多种管理方法手段,成为司法鉴定质量管理的现实选择。从司法鉴定管理实践来看,主要通过以下几方面实现对司法鉴定质量的管理和控制:(1) 推进认证认可,督促司法鉴定机构建立并有效运行质量管理体系,形成对司法鉴定质量要素的控制机制。引入认证认可可以通过对司法鉴定机构质量管理体系有效性的核查,实现对司法鉴定质量要素的间接控制,从而实现对鉴定质量的监管。建立并有效运行质量管理体系是管理机关加强质量管理的重要手段,同时也是司法鉴定机构保证质量的"基础设施"。(2) 开展能力验证可以发现并解决司法鉴定机构存在的问题。能力验证通过机构之间结果的比对,能够对鉴定机构的能力进行客观评价。一方面,鉴定机构可以结合能力验证结果持续改进;另一方面,管理机关也可以通过能力验证监控并确保司法鉴定机构和司法鉴定人的持续鉴定能力,可以有效提高科学管理、严格管理的水平和效果。在司法鉴定管理实践中,能力验证已经成为对鉴定机构能力进行考核,促进鉴定机构改进的有效手段,成为重要的质量管理措施。(3) 标准化工作能够提高司法鉴定活动的规范化水平。标准化的引领和规范作用已经在别的行业或专业领域得到了充分证明。对于司法鉴定而言,标准化是保证司法鉴定可靠性和可信性的重要因素。

需要注意的是,就司法鉴定质量而言,认证认可、能力验证、标准化以及信息化等都是有效的质量管理手段,而鉴定机构和鉴定人的能力水平才是鉴定质量的基础,具有本质意义。

---

① 参见《刑事诉讼法》第 187 条。
② 参见《刑事诉讼法》第 192 条。

第二节 司法鉴定机构认证认可制度

一、合格评定(认证认可)概述

合格评定即直接或间接确定是否满足相关要求的任何活动。① 合格评定涉及产品、过程或服务的评审,以确定它们在任何程度上保证符合规定的要求。合格评定包括第一方、第二方或第三方质量保证活动,即保证产品、过程或服务符合相关标准或规范性文件的要求。它还包括对合格评定机构能力认可的活动。

合格评定由认证和认可两大类组成:(1)认证(certification)是指由第三方对产品、过程或服务满足规定要求给出书面证明的程序。包括:产品质量认证、质量管理体系认证、合格认证、安全认证、电磁兼容认证等。(2)认可(accreditation)是指由权威机构对有能力执行特定任务的机构或个人给予正式承认的程序。包括:校准/检验机构认可、审核机构认可、认证机构认可、审核员/评审员资格认可、培训机构认可。②

就一个完整的认可体系而言,至少应包含以下五个要素:(1)权威的认可机构;(2)明确的认可准则;(3)完善的认可程序;(4)训练有素的评审员;(5)满足要求的实验室/检查机构等。其基本原则是:(1)认可是在政府支持下建立的能进行独立判断的体系;(2)认可是一种非营利的活动,不受任何商业性动机支配;(3)各国政府应承诺,在国家一级只建立一个认可体系,不搞多个体系竞争。

二、我国合格评定国家认可制度

我国自1994年开始建立合格评定国家认可制度。经过多年的改革发展,中国合格评定国家认可制度已经融入国际认可互认体系,并在国际认可互认体系中发挥着重要的作用。根据我国《认证认可条例》的规定,中国合格评定国家认可委员会(CNAS)是由国家认证认可监督管理委员会批准设立并授权的国家认可机构,统一负责对认证机构、实验室和检查机构等相关机构的认可工作。CNAS委员由政府部门、合格评定机构、合格评定服务对象、合格评定使用方和专业机构与技术专家等五个方面组成。目前,中国合格评定国家认可委员会(CNAS)开展的认可活动主要有:(1)认证机构认可。开展的领域主要有:质量

---

① 国际标准化组织(ISO)/国际电工委员会(IEC)指南2(ISO/IECGuide2)对(conformity assessment)。

② 我国《认证认可条例》第2条规定:本条例所称认证,是指由认证机构证明产品、服务、管理体系符合相关技术规范、相关技术规范的强制性要求或者标准的合格评定活动。本条例所称认可,是指由认可机构对认证机构、检查机构、实验室以及从事评审、审核等认证活动人员的能力和执业资格,予以承认的合格评定活动。

管理体系认证机构认可;环境管理体系认证机构认可;职业健康安全管理体系认证机构认可;食品安全管理体系认证机构认可;产品认证机构认可;有机产品认证机构认可;人员认证机构认可;软件过程及能力成熟度评估机构认可。(2)实验室认可。开展的领域主要有:检测和校准实验室;医学实验室;生物安全实验室;能力验证提供者;标准物质生产者。(3)检查机构认可。开展的领域主要有:商品检验(鉴定)、货物运输、特种设备(锅炉、压力容器、管道、电梯、游艺设施、起重机等)、建筑工程、工厂检查、信息技术、健康检查、设备监造、司法鉴定和机动车检查等。

我国的认可体系是世界上普遍接受和采用的第三方认可制度,所遵循的原则是:(1)自愿原则。即由机构根据自身提高管理水平和竞争能力的愿望,自己决定是否申请实验室认可。(2)非歧视原则。即机构不论其规模大小、级别高低、隶属关系、所有制性质等,只要满足认可准则的要求,均能一视同仁地获得认可。(3)专家评审原则。即指派注册评审员和训练有素的技术专家承担评审并对评审结果负责,而不是行政干预,以确保认可结果的科学性、客观性和公正性。(4)国家认可原则。即认可是不分级别的,机构只要满足要求即获认可(所谓"一站认可"),以利于校准或检测结果的国际互认。

三、我国实验室和检查机构资质认定制度

为规范实验室和检查机构资质管理工作,提高实验室和检查机构资质认定活动的科学性和有效性,根据我国《计量法》《标准化法》《产品质量法》《认证认可条例》等有关法律、行政法规的规定,2006年国家质量监督检验检疫总局公布施行《实验室和检查机构资质认定管理办法》(以下简称《办法》)。以上规定对我国实验室资质认定的适用范围、管理体制、实施主体、方式程序等作了以下明确规定。

1. 按照《办法》规定,在我国,从事向社会出具具有证明作用的数据和结果的实验室和检查机构以及对其实施的资质认定活动应当遵守本办法。从事下列活动的机构应当通过资质认定:为行政机关作出的行政决定提供具有证明作用的数据和结果的;为司法机关作出的裁决提供具有证明作用的数据和结果的;为仲裁机构作出的仲裁决定提供具有证明作用的数据和结果的;为社会公益活动提供具有证明作用的数据和结果的;为经济或者贸易关系人提供具有证明作用的数据和结果的;其他法定需要通过资质认定的。

2. 我国实验室和检查机构的资质认定工作,由国家认证认可监督管理委员会(以下简称国家认监委)统一管理、监督和综合协调实验室,各省、自治区、直辖市人民政府质量技术监督部门和各直属出入境检验检疫机构(以下统称地方质检部门)按照各自职责负责所辖区域内的实验室和检查机构的资质认定和监督检查工作。国家认监委负责实施国家级实验室和检查机构的资质认定并制定实施计量认证和审查认可基本规范、评审准则、证书和标志；地方质检部门负责实施地方级实验室和检查机构的资质认定。

3. 我国实验室和检查机构资质认定的形式包括计量认证和审查认可。计量认证是指国家认监委和地方质检部门依据有关法律、行政法规的规定，对为社会提供公证数据的产品质量检验机构的计量检定，测试设备的工作性能，工作环境和人员的操作技能和保证量值统一，准确的措施及检测数据公正可靠的质量体系能力进行的考核。审查认可是指国家认监委和地方质检部门依据有关法律、行政法规的规定，对承担产品是否符合标准的检验任务和承担其他标准实施监督检验任务的检验机构的检测能力以及质量体系进行的审查。同时，国家鼓励实验室、检查机构取得经国家认监委确定的认可机构的认可，以保证其检测、校准和检查能力符合相关国际基本准则和通用要求，促进检测、校准和检查结果的国际互认。有关法律、行政法规对实验室和检查机构的其他技术条件和能力有特殊要求的，可以在利用资质认定结果的基础上进行评审、评价或者考核。

四、司法鉴定机构认证认可制度

司法鉴定是综合运用自然科学和社会科学的科学实证活动。按照我国现行的认证认可制度框架，开展司法鉴定机构认证认可，由权威第三方对司法鉴定机构的管理能力和技术能力作出评价。可以说，认证认可既是司法鉴定机构加强自身建设的内在需要和保障鉴定质量的重要手段，同时也是推动司法鉴定行业实现可持续发展的重要保障。基于此，《决定》也对司法鉴定机构通过认证认可作出规定。[①]

根据《决定》的有关规定，司法部、国家认证认可监督管理委员会（以下简称"国家认监委"）于2008年7月联合印发了《关于开展司法鉴定机构认证认可试点工作的通知》（司发通[2008]116号）。2012年4月12日在全面总结试点工作的基础上，司法部、国家认监委联合印发通知统一部署，全面推进司法鉴定机构认证认可工作。[②]

1. 对司法鉴定机构通过认证认可的要求：（1）新设立从事法医、物证、声像资料类司法鉴定业务的司法鉴定机构应当建立并有效运行质量管理体系，在司法行政机关核准登记后2年内依法通过认证认可。（2）已经司法行政机关审核登记，从事法医、物证、声像资料类司法鉴定业务的司法鉴定机构应当按照所在

---

① 参见《决定》第5条。
② 参见司法部、国家认监委《关于全面推进司法鉴定机构认证认可工作的通知》（司发通[2012]114号）。

区域司法厅（局）规定的期限，依法通过认证认可，建立并有效运行质量管理体系。司法行政机关在开展延续登记工作时，应当根据司法鉴定机构通过认证认可的情况重新审核其业务范围和鉴定事项。(3)从事法医、物证、声像资料类之外其他司法鉴定业务的司法鉴定机构可参照本通知，依法通过认证认可。(4)各省、自治区、直辖市司法厅（局）重点扶持建设的高资质、高水平司法鉴定机构应当通过国家级资质认定或认可。

2. 司法鉴定机构申请认证认可的种类及条件：(1)司法鉴定机构的认证认可分为资质认定和认可。司法鉴定机构资质认定分为国家级资质认定和省级资质认定。(2)司法鉴定机构应当根据自身条件和发展需要，按照自主选择和司法行政机关推荐相结合的原则，确定申请资质认定或认可。符合条件的鉴定机构可同时申请国家级资质认定和认可。

申请国家级资质认定应当具备的条件：取得省级司法行政机关颁发的《司法鉴定许可证》；依托中央国家机关直属单位设立，或属于各省级司法鉴定管理机关"十二五"期间确定的重点扶持建设的高资质、高水平的法医、物证、声像资料类司法鉴定机构；经省级司法行政机关推荐并经司法部司法鉴定管理局确认；所申请的司法鉴定执业类别（业务领域）中，每个类别至少拥有5名以上鉴定人，其中至少拥有1名具有副高以上专业技术职称的鉴定人；所申请的全部司法鉴定业务领域两年内参加过能力验证并取得满意结果（适用时）。

申请认可应当具备的条件：取得省级司法行政机关颁发的《司法鉴定许可证》；经省级司法行政机关推荐；所申请的司法鉴定执业类别（业务领域）中，至少拥有1名具有副高以上专业技术职称的鉴定人；符合认可规范和要求。

申请省级资质认定应当具备的条件：取得省级司法行政机关颁发的《司法鉴定许可证》；所申请的司法鉴定执业类别（业务领域）中，至少拥有1名具有中级以上专业技术职称的鉴定人；经省级司法行政机关同意。

3. 评审要求。司法鉴定机构申请资质认定的，按照国家认证认可监督管理委员会、司法部联合印发的《司法鉴定机构资质认定评审准则》（国认实联［2012］68号）的要求建立管理体系，接受评审。

司法鉴定机构申请认可的，按照相关认可准则及其在相关领域的应用说明建立管理体系，接受中国合格评定国家认可中心的评审。

司法鉴定机构同时申请国家级资质认定和认可的，应按照上述资质认定和认可的要求建立管理体系，接受评审。国家认证认可监督管理委员会委托中国合格评定国家认可中心将资质认定评审与认可评审同时进行。

第三节 司法鉴定能力验证制度

一、能力验证概述

能力验证,也称水平测试,是指利用实验室/机构间结果的比对来判定实验室/机构在指定业务范围内的能力。按照 ISO/IEC 17025 等国际标准的相关规定,通常可采用两种方法评定各行业实验室/机构的技术能力:(1)国家实验室/检查机构认可的现场评审,由权威机构(中国实验室国家认可委)对该组织或个人是否有能力执行特定任务作出评价;(2)通过能力验证活动,持续监控实验室/机构的技术能力。这是两种互为补充的评定技术,实验室/机构获得国家认可后,认可机构主要是通过能力验证活动来确定实验室/机构的持续能力的。

中国合格评定国家认可委员会(CNAS)根据国际认可组织互认协议的要求,制定了实验室/机构参加能力验证活动的相关政策,主要有:(1)只要条件允许,申请认可的实验室/机构在获得认可前,应至少参加一次能力验证活动。(2)只要条件允许,已获得认可的实验室/机构,其每一获得认可的主要领域的主要子学科,每 4 年至少参加一次能力验证活动。同时也鼓励已认可实验室/机构积极参加 4 年之内已参加过项目的能力验证活动。(3)当实验室/机构的人员和认可范围发生重大变化时,CNAS 将根据具体情况缩短要求参加能力验证活动的时间间隔。(4)对参加能力验证活动获满意的实验室/机构,可以在 CNAS 的任何评审中免除相同项目的现场试验。(5)对认可和申请认可的实验室/机构,能力验证结果为不满意时,要求采取有效的纠正措施;对可疑结果也要求查找偏差较大的原因。(6)当认可实验室/机构的能力验证结果为不满意并超出认可项目的认可要求时,在其相关的证书和报告中停止使用 CNAS 认可标志。从以上规定可以看出,CNAS 正是利用能力验证结果来监控和确定实验室/机构的持续技术能力。

二、司法鉴定能力验证及意义

在司法鉴定行业管理中,虽然鉴定机构的资产、装备、人员条件和鉴定人的学历、职称、经历条件是行业准入的基本要求,但司法鉴定人的个体鉴定能力和司法鉴定机构的总体技术能力却是司法鉴定质量保证的决定性要素,因此监控并确保司法鉴定机构和司法鉴定人的持续鉴定能力是司法鉴定质量管理的核心。能力验证是我国司法鉴定质量管理的重要手段之一。

1. 能力验证是认可准则对申请认可或已认可机构的强制性要求。《决定》和司法部规章均要求司法鉴定机构必须通过国家认可,而参加能力验证活动是认可机构对要求认可或已认可机构的强制性要求。

2. 能力验证是行业主管部门评价司法鉴定机构能力和水平的有效手段。能力验证是对实验室/机构能力状况和管理状况进行客观考核的一种方法,因此,不仅仅用于认可组织对该机构的评价,同时也是行业主管部门评价和保障实验室/机构能力,实施行业管理的重要手段。司法鉴定意见的法庭证据性质以及司法鉴定对象(人和物)的复杂性、不确定性,使得评价、监控司法鉴定机构及其人员技术能力的能力验证活动尤显重要。通过持续地开展能力验证活动,可以有效提高司法鉴定机构的鉴定能力。

3. 参加能力验证是司法鉴定机构实施质量控制的有效措施。就司法鉴定而言,由于相当部分的专业具有检查活动的特点,即具有资格的鉴定人通过实验室检测、检验检查和专业判断等手段,对诉讼、仲裁等活动中所涉及的人和物的性质、状态及其符合性等专门性问题进行检验、鉴别和判定,通常包含根据专业知识作出的带有一定主观成分的判断。因此,通过能力验证这种外部措施,补充机构内部的质量控制,使不同司法鉴定机构的检验系统、鉴定过程及鉴定结论具有可比性,其不一致性(差异)控制在公认的允许误差范围内,对于司法鉴定机构乃至整个行业的鉴定质量控制,都是非常重要的和有效的。

三、司法鉴定能力验证的组织实施和结果运用

司法鉴定能力验证活动由国务院司法行政部门统一部署,由司法鉴定领域能力验证提供者司法部司法鉴定科学技术研究所具体实施。能力验证结果运用主要体现在以下几方面:(1)能力验证结果和分析报告指出每个鉴定机构鉴定报告存在的问题及原因分析,帮助鉴定机构及时发现和解决自身存在的技术问题,不断加强自身建设,有力提升了鉴定能力和水平。(2)辖区内所有参加机构的能力验证结果和分析报告提供给司法行政机关,切实提高管理的科学性和针对性,司法行政机关逐渐把能力验证结果运用到行政许可、名册编制和公告、质量评价和执业监管等工作中,与准入管理、执业管理和监督管理相结合,为司法鉴定科学管理提供了可靠依据。(3)针对各个鉴定事项能力验证结果的情况,采取专题培训等方式,完善技术规范和相关制度,提升行业整体水平。

第四节 司法鉴定标准化制度

一、标准的基本概念和分类

（一）标准的概念

1991年，ISO与IEC联合发布第2号指南《标准化与相关活动的基本术语及其定义（1991年第6版）》，该指南给"标准"定义："标准是由一个公认的机构制定和批准的文件，它对活动或活动的结果规定了规则，导则或特性值，供共同和反复使用，以实现在预定结果领域内最佳秩序和效益"。[1]

我国国家标准也对标准进行了定义：标准是对重复性事物和概念所作的统一规定，它以科学、技术和实践经验的综合为基础，经过有关方面协商一致，由主管机构批准，以特定的形式发布，作为共同遵守的准则和依据。[2] 具体来讲，(1)制定标准的对象是重复性事物或概念，但并不是所有事物或概念，而是比较稳定的重复性事物或概念；(2)标准产生的客观基础是"科学、技术和实践经验的综合成果"；(3)标准在产生过程中要"经有关方面协商一致"，不能凭少数人的主观意志；(4)标准的本质特征是统一。不同级别的标准是在不同适用范围内进行统一，不同类型的标准是从不同侧面进行统一，此外，标准的编写格式也应该是统一的，各种各类标准都有自己统一的"特定形式"，有统一的编写顺序和方法。

（二）标准的分类

按照标准化层级标准作用和有效的范围，可以将标准划分为：国际标准、区域标准、国家标准、行业标准[3]、地方标准[4]、企业标准、标准化指导性技术文件。[5] 按照标准的属性分类，可以把标准划分为：基础标准、管理标准、工作标准等。按照根据法律的约束性和标准实施的强制程度可以将标准分为：强制性标准[6]、推荐性标准、暂行标准。按照标准对象的名称归属分类，可以将标准划分为产品标准、工程建设标准、方法标准、工艺标准、环境保护标准、过程标准、数据标准等。

（三）标准文件和技术法规

1. 标准文件。标准文件是"为活动或其结果提供规则，导则或特性值的文

---

[1] 国际标准化组织（ISO）的标准化原理委员会（STACO）一直致力于标准化基本概念的研究，先后以"指南"的形式给"标准"的定义作出统一规定，1991年，ISO与IEC联合发布第2号指南《标准化与相关活动的基本术语及其定义（1991年第6版）》，该指南给"标准"定义。

[2] 参见国家标准GB/T 3951-83。

[3] 《标准化法》第7条。

[4] 同上。

[5] 《国家标准化指导性技术文件管理规定》第2条。

[6] 《标准化法》第7条。

件"(ISO/IEC 第 2 号指南)。标准文件是一个通用术语,它包括如标准、技术规范、操作规程和法规等文件。

2. 技术法规。《TBT 协定》附录 I 中将技术法规定义为:"规定强制执行的产品特性或其相关工艺和生产方法、包括适用的管理规定在内的文件。该文件还可包括或专门关于适用于产品、工艺或生产方法的专门术语、符号、包装、标志和标签要求。"在 WTO 的一些关于 TBT 的争端案例中,WTO 的法律专家进一步明确界定了技术法规的三条标准,即:(1)文件必须适用于某个可确认的产品或某类可确认的产品。(2)文件必须制定产品的一个或多个特性。(3)文件必须是强制性的。技术法规可以直接是一个标准、规范或规程,也可以引用或包含一项标准,规范是规程的内容(ISO/IEC 第 2 号指南)。

3. 技术法规和标准的区别。根据《TBT 协定》关于技术法规和标准的定义,技术法规和标准具有以下几点区别:(1)技术法规和标准的法律效力不同。技术法规是强制性的,从本质上说,技术法规是政府运用技术手段对市场进行干预和管理,是政府控制市场的一种严厉措施。而标准是自愿性的。(2)技术法规和标准的制定主体不同。技术法规是由国家立法机关或其授权的政府部门制定的文件,而标准则是由公认机构批准的文件。(3)技术法规和标准的制定目的不同。技术法规的制定主要是出于国家安全要求,防止欺诈行为、保护人类健康或安全、保护动植物健康或安全、保护环境等目的,体现为对公共利益的维护。而制定标准则偏重于指导生产,保证产品质量,提高产品的兼容性。(4)技术法规和标准的内容也不相同。技术法规作为强制性规定,为保持其内容的稳定性和连续性,一般侧重于规定产品的基本要求。而标准为规范生产,则多规定具体的技术细节。与标准相比,技术法规除了关于产品特性或其相关过程和生产方法的规定之外,还包括适用的管理规定。(5)标准具有相对统一的、固定的特性,在理论上是可协调的。而技术法规缺乏这种统一的、固定的特性,常常因国家之间文化特性的差异而不同。尽管技术法规和标准具有明显的不同,但实践中,技术法规往往以某种方式采纳标准作为其技术要素。

二、标准化的基本原理及管理机制

标准化是"在经济、技术、科学及管理等社会实践中,对重复性事物和概念,通过制定、发布和实施标准,达到统一,以获得最佳秩序和社会效益"(国家标准 GB/T 3951-83)。标准化的重要意义是在于改进产品、过程和服务的适用性,以便于技术协作,消除贸易壁垒。

1. 标准化的基本原理。标准化的基本原理通常是指统一原理、简化原理、协调原理和最优化原理。统一原理就是为了保证事物发展所必需的秩序和效率,对事物的形成、功能或其他特性,确定适合于一定时期和一定条件的一致规范,并使这种一致规范与被取代的对象在功能上达到等效。简化原理就是为了经济有效地满足需要,对标准化对象的结构、形式、规格或其他性能进行筛选提炼,剔除其中多余的、低效能的、可替换的环节,精炼并确定出满足全面需要所必要的高效能的环节,保持整体构成精简合理,使之功能效率最高。协调原理就是为了使标准的整体功能达到最佳,并产生实际效果,必须通过有效的方式协调好系统内外相关因素之间的关系,确定为建立和保持相互一致,适应或平衡关系所必须具备的条件。按照特定的目标,在一定的限制条件下,对标准系统的构成因素及其关系进行选择、设计或调整,使之达到最理想的效果,这样的标准化原理称为最优化原理。标准化活动过程一般包括标准的产生(调查、研究、形成草案、批准发布)、标准的实施(宣传、普及、监督、咨询)和标准的更新等阶段(子过程)。其中,每一个新标准的产生,都标志着某一领域或某项活动的经验被规范化。

2. 我国标准化工作管理体制。我国标准化工作实行统一管理与分工负责相结合的管理体制。国务院标准化行政主管部门统一管理全国标准化工作。

国务院有关行政主管部门分工管理本部门、本行业的标准化工作。

省、自治区、直辖市标准化行政主管部门统一管理本行政区域的标准化工作。

省、自治区、直辖市政府有关行政主管部门分工管理本行政区域内本部门、本行业的标准化工作。

市、县标准化行政主管部门和有关行政主管部门,按照省、自治区、直辖市政府规定的各自的职责,管理本行政区域内的标准化工作。

三、司法鉴定的标准化制度

统一的技术标准既是提高鉴定质量、减少重复鉴定、为司法活动提供高质量可靠技术支撑的需要,同时作为司法鉴定统一管理体制的重要内容,也是推进建立统一司法鉴定管理体制的重要步骤和措施。作为一种体系化、过程化的控制和规范方式,大力加强司法鉴定标准化工作是提高整个行业技术能力和可靠性的有效措施。

1. 司法行政部门的司法鉴定标准化职责:(1)按照《决定》的要求,鉴定机构从事司法鉴定业务要尊重科学,遵守技术操作规范并且有在业务范围内进行司法鉴定所必需的依法通过计量认证或者实验室认可的检测实验室。(2)经国务院审批颁发的《司法鉴定机构登记管理办法》规定司法部依法履行组织制定全国统一的司法鉴定实施程序、技术标准和技术操作规范等司法鉴定技术管理规范并指导实施的职责。(3)司法鉴定管理局负责研究拟定司法鉴定技术管理规范;组织实施司法鉴定的技术交流合作;指导司法鉴定技术研发工作等有关工作。(4)《标准化法》对以国家标准、行业标准、地方标准等形式制定、发布标准文件并组织实施的工作进行了规范。司法部作为全国司法鉴定登记管理的主管机关是法定的司法鉴定行业标准化工作的行政主管部门。

这些规定是司法行政机关开展司法鉴定标准化工作以及制定全国统一的司法鉴定标准文件的依据。

2. 司法鉴定标准文件的制定和实施。司法鉴定涉及技术领域的多样性和广泛性,以及司法活动对司法鉴定要求的多样性,决定了司法鉴定标准文件的多样性,只有结合司法鉴定实际,区别不同情况,通过不同渠道和形式才能逐步建立、完善司法鉴定技术标准体系:(1)制定实施技术法规。对于鉴定程序、文书规范、鉴定机构和鉴定人准入标准等行业管理成分较多、强制性要求较高、与《决定》和登记管理办法相配套的技术规范,可以规章、规范性文件等形式发布,以行政管理手段保证施行。根据《决定》的要求,司法部制定了《司法鉴定机构仪器设备配置标准》,这种标准属于直接规定技术要求的技术法规。(2)制定、实施标准。对于鉴定技术、鉴定方法、鉴定产品标准等技术成分为主的技术性规范,可在国家标准管理框架下,按照标准制定程序和权限,以国家标准、行业标准等形式颁布,其中对于有强制要求的推荐性标准,则可以采用在法规中引用的方式,赋予其强制力。这样既满足了强制性的要求,又能够避免技术法规难以跟随技术发展而改变的难题。将标准的灵活性和法规的强制力相结合,两者相辅相成。(3)对于行业内认可的,行政规章和国家标准、行业标准没有规范的,但尚不具备条件以行政规章和国家标准、行业标准的形式发布的技术规范,可以由行业协会作为推荐性文件,推荐行业适用。(4)司法鉴定机构自行制定内部技术规范。没有国家标准和行业标准的,也没有行业公认规范文件的,司法鉴定机构可制定内部技术规范(如企业标准),作为开展业务的依据。

为避免和包括侦查机关在内的其他行业主管部门制定的技术规范出现重复设置甚至冲突,司法行政机关在制定司法鉴定标准文件时,可按照不同情况分别处理。

3. 司法鉴定标准文件的适用。《司法鉴定程序通则》依据《决定》《标准化法》和《检测和校准实验室能力认可准则》等相关规定对司法鉴定人进行鉴定时选择和使用鉴定方法的等级和效力作出规定,即司法鉴定人进行鉴定,应当依下列顺序遵守和采用该专业领域的技术标准和技术规范:(1)国家标准和技术规范;(2)司法鉴定主管部门、司法鉴定行业组织或者相关行业主管部门制定的行业标准和技术规范;(3)该专业领域多数专家认可的技术标准和技术规范。

另外,"鉴定机构自行制定的技术规范"近似于企业标准,只能在本鉴定机构范围内使用。在使用时必须要有明确的条件限制:(1)"自制的技术规范"只能是《决定》规定的四类鉴定业务范围内没有国家标准、行业标准、专家认可的专业标准的个别特殊新兴专业或个别鉴定事项。(2)"自制的技术规范"必须要有充分的没有争议的科学依据和系统的实验与实用数据,从鉴定理论和实践证明它是正确无误的。(3)"自制的技术规范"的使用应当经过一定的审查论证程序。对于"自认为可以使用的技术规范"或者少数专业工作者在使用研究成果时并未遵守行业规则和学术要求,将自己的不为人知的阶段性研究成果或研究心得,不经审查、鉴定程序,不能用于鉴定的。根据这种"规范"作出的鉴定意见不是有效的法定证据。

本章述评

对司法鉴定质量进行有效的管理和控制是一个复杂而重要的问题,没有现成的模式和经验可以借鉴,尚处于探索完善阶段,不论是标准化、认证认可还是能力验证都还有很多问题有待研究。标准化作为一种是质量管理手段根本性的,但在实践中标准的管理权尚存争议,司法鉴定标准体系框架尚未建立,标准缺失和冲突并存的状况尚未彻底扭转,标准的工作体系和运行机制尚未完全建立。认证认可通过促使鉴定建立并有效运行质量控制体系来保障鉴定质量,是从"本"的角度强化鉴定质量的有效措施,但起源于工业生产领域的认证认可制度,还不完全适应司法鉴定行业的特点,认证认可的领域分类与司法鉴定的执业类别还不完全对接,以实验室为对象的认证认可还不完全适应司法鉴定人负责制的行业特点等等,甚至有的专家对一些类别的司法鉴定机构是否开展认证认可也提出质疑。能力验证则通过对最终结果的客观评价,验证鉴定机构的能力水平,是从"标"的方面,促进鉴定质量的有效手段,但以实验室的检测活动为主要评价对象的能力验证,如何对以鉴定人主观判断为主的鉴定活动作出评价还在摸索。此外,从目前实践情况来看,上述司法鉴定质量管理的各种手段尚未有机结合,还处于单打独斗的状态,建立完善工作机制,形成有机整合各种手段的系统的司法鉴定质量管理制度是当务之急,也迫切需要司法鉴定管理机关和司法鉴定行业积极探索。

思考题

1. 开展认证认可能否有效保障法医精神病等以主观经验为主的鉴定事项的质量?
2. 如何确定司法鉴定机构参加能力验证的频次?

3. 能力验证结果对司法鉴定机构执业资格有何影响？

4. 在同一个技术领域，存在多个技术标准，如何适用？标准之间发生冲突怎么解决？

5. 违反认证认可准则的相关要求对鉴定意见的采信有何影响？

第九章 司法鉴定实施制度

本章概要

本章主要包括司法鉴定实施制度的概念与具体内涵等内容。阐明了司法鉴定的申请、决定、委托、受理、实施、鉴定意见出具等各项工作制度以及补充鉴定和重新鉴定制度。掌握司法鉴定的启动程序、委托手续，熟悉司法鉴定实施的具体操作流程、技术方法及相关工作制度。明晰补充鉴定和重新鉴定两者之间的区别。

第一节 司法鉴定启动制度

司法鉴定实施制度主要包括鉴定的申请、决定、委托、受理、实施、鉴定的时限、鉴定人的回避、鉴定质量控制与保障等制度。司法鉴定的启动是司法鉴定实施制度的组成部分，它包括司法鉴定的申请、决定和委托三个环节。

一、司法鉴定的申请

司法鉴定的申请是指民事、行政案件的诉讼当事人，刑事案件的犯罪嫌疑人或者被告人、被害人、原告以及其他诉讼参与人，为了维护自身的合法权益向侦查机关、检察机关、审判机关提出对案件中涉及的某些专门性问题进行司法鉴定的口头或书面的请求。按照申请鉴定的时间和所在诉讼程序不同阶段，司法鉴定的申请可以分为初次鉴定申请、补充鉴定申请、重新鉴定申请。按照案件性质不同又可以分为刑事诉讼案件司法鉴定申请、民事诉讼案件司法鉴定申请、行政诉讼案件司法鉴定申请。

（一）申请司法鉴定的法律依据

在民事诉讼和行政诉讼中，当事人及其代理人有权申请司法鉴定或申请补充鉴定、重新鉴定。《民事诉讼法》第76条第1款规定："当事人可以就查明事实的专门性问题向人民法院申请鉴定。当事人申请鉴定的，由双方当事人协商确定具备资格的鉴定人；协商不成的，由人民法院指定。"当事人申请鉴定，应当在举证期限内提出。在行政诉讼中，原告或者第三人有证据或者有正当理由表明被告据以认定案件事实的鉴定结论可能有错误，在举证期限内书面申请重新鉴定的，人民法院应予准许。当事人对人民法院委托的鉴定部门作出的鉴定意见有异议并符合法定情形的,可申请重新鉴定。① 从上述规定中可以看出,在民事诉讼和行政诉讼中,申请司法鉴定是当事人的一项权利,又是当事人履行举证责任、证明自己诉讼主张的一项义务。

2012年修改的《刑事诉讼法》未规定犯罪嫌疑人、被害人或其法定代理人、近亲属、诉讼代理人提出初次鉴定的申请权,但在相关的解释中存在申请为犯罪嫌疑人进行精神疾病初次司法鉴定的规定。如《人民检察院刑事诉讼规则》第255条第2款规定:"犯罪嫌疑人的辩护人或者近亲属以犯罪嫌疑人有患精神病可能而申请对犯罪嫌疑人进行鉴定的,人民检察院也可以依照本规则的有关规定对犯罪嫌疑人进行鉴定,并由申请方承担鉴定费用。"对于补充鉴定和重新鉴定的申请,我国法律明确规定,侦查机关应当将用作证据的鉴定意见告知犯罪嫌疑人、被害人法定代理人。如果犯罪嫌疑人、被害人提出申请,可以补充鉴定或者重新鉴定。②

需要说明的是,这里所说的司法鉴定申请不包括司法机关内部办案人员根据其办案的经验和查明案情的实际需要向负责人提出委托鉴定的内部审批或申请程序。这属于司法机关的内部工作程序。

(二) 申请的条件

在司法实践中,如果犯罪嫌疑人、被告人、被害人和诉讼代理人等提出鉴定申请时,一般应具备以下条件:案件已经进入侦查或诉讼阶段;提出鉴定申请的理由合理;要求鉴定的项目有助于查明案件事实真相;申请人具有完全行为能力(如果申请人没有完全行为能力,可以通过法定代理人代为申请等方式办理);能如实提供鉴定用相关资料和检材、样本;在民事诉讼、行政诉讼中申请鉴定能够提供费用等;所提出的鉴定申请事项属于目前司法鉴定领域可以解决的问题,或者说涉及的相关技术已经相对比较成熟,并获得行业内的普遍公认。对于补充鉴定以及重新鉴定的申请条件,相关规定作出了限定。例如,《公安机关办理刑事案件程序规定》第245、246条。上述规定不仅明确了存在缺陷的鉴定意见解决途径,更对预防、控制不必要的重复鉴定有着较为积极的意义。

(三) 申请的主体

根据《刑事诉讼法》的规定,犯罪嫌疑人、被害人是补充鉴定或重新鉴定的申请主体;对于初次鉴定的申请主体目前法律没有明确规定。根据《民事诉讼法》及相关司法解释规定,当事人可以提出司法鉴定申请,包括初次鉴定申请、补充鉴定申请和重新鉴定申请。当事人申请鉴定,应当在举证期限内提出。对需要

---

① 参见最高人民法院《关于行政诉讼证据若干问题的规定》(法释[2002]21号)第29、30条。
② 参见《刑事诉讼法》第146条、《人民检察院刑事诉讼规则(试行)》第253条。

鉴定的事项负有举证责任的当事人,在人民法院指定的期限内无正当理由不提出鉴定申请或者不预交鉴定费用或者拒不提供相关材料,致使对案件争议的事实无法通过鉴定意见予以认定的,应当对该事实承担举证不能的法律后果。当事人在法庭上可以提出新的证据。当事人经法庭许可,可以向证人、鉴定人、勘验人发问。当事人要求重新进行调查、鉴定或者勘验的,是否准许,由人民法院决定。① 行政诉讼中的情况与民事诉讼中基本相同。实践中,越来越多的办案人员认可诉讼当事人的鉴定申请,并给予充分重视。如在伤害案件的办理过程中,因受害人伤势程度不明,导致案件性质也不能确定,办案人员经常会告知或要求被害人书写一份书面的伤势法医鉴定申请,由办案人员再对外委托司法鉴定机构对其伤势进行鉴定。

(四) 申请的程序

对于提出申请司法鉴定的程序,实践中申请人可以在案件整个诉讼阶段(包括二审、再审程序中)提出司法鉴定的申请。民事案件、刑事自诉案件在提出起诉前,当事人可以自行委托相关事项的鉴定。刑事诉讼、民事诉讼、行政诉讼中当事人及其代理人可向法院口头或书面提出司法鉴定申请。

(五) 申请的内容

在通常情况下,申请司法鉴定的主要内容包括:申请鉴定的事项、申请鉴定的理由,有些申请人还提出要求拟委托的鉴定机构名称。在刑事、民事、行政诉讼的各类案件中涉及的常见的鉴定项目有:(1)对案件涉及的人身状况进行鉴定(如损伤程度鉴定、死亡原因鉴定、亲权关系、个体识别鉴定、毒物鉴定等)。(2)对诉讼当事人或参与人的法律能力、法律关系鉴定。(3)对受理案件中涉及有关法律事实的文书资料的真实性进行鉴定。(4)对交通事故、工伤事故、医疗事故中涉及的伤残等级、因果关系、参与度等问题进行评定。(5)对案件中有关的痕迹、物品、毒物等进行检验。(6)案件中涉及的相关声像资料、计算机、知识产权、司法会计、物损、工程造价及质量等司法鉴定。

在实践中,申请人对鉴定机构和鉴定人的选择常常要求委托到本行政区域以外的高等院校、科研院所的司法鉴定机构进行鉴定。对申请人的这种选择权,司法机关应予以充分重视,并依法予以支持。

(六) 司法鉴定申请权的救济

我国现有法律法规中没有关于司法鉴定申请权救济的明确规定,因此诉讼当事人的司法鉴定申请权的实现还没有相应法律的保障。随着司法改革的不断深入,诉讼程序正义的理念逐步确立,当事人的鉴定申请权应得到法律保障,要在相关的法律中确立当事人申请司法鉴定权的救济制度。

---

① 参见《民事诉讼法》第139条。

二、司法鉴定的决定

(一) 决定的主体

司法鉴定的决定主体是指在诉讼中对提出的司法鉴定申请有权作出是否准予鉴定的司法机关。在实践中,刑事公诉案件是否进行鉴定在侦查阶段由公安机关或人民检察院决定;在起诉阶段由人民检察院决定;在审判阶段由人民法院决定。刑事自诉、民事、行政、经济等案件的鉴定由人民法院决定。抗诉案件的鉴定由人民检察院或人民法院决定。

对非诉案件或准备起诉的案件,当事人及其代理人为了解决举证问题可以自行决定进行鉴定。

(二) 决定的法律依据

我国诉讼法对司法鉴定的决定进行了相应的规定。《刑事诉讼法》第144条规定:"为了查明案情,需要解决案件中某些专门性问题的时候,应当指派、聘请有专门知识的人进行鉴定。"《民事诉讼法》第76条规定:"当事人可以就查明事实的专门性问题向人民法院申请鉴定。当事人申请鉴定的,由双方当事人协商确定具备资格的鉴定人;协商不成的,由人民法院指定。当事人未申请鉴定,人民法院对专门性问题认为需要鉴定的,应当委托具备资格的鉴定人进行鉴定。"

(三) 决定的程序

对于诉讼案件中司法鉴定的申请,有关机关根据法律规定,对鉴定的要求进行审核后,有权作出是否鉴定的决定。

公安机关在办案过程中对当事人提出申请鉴定请求后,可以根据案件办理的实际情况,并经一定程序,作出是否同意鉴定的决定,如需要委托本系统以外的鉴定机构进行鉴定的,应当经县级以上公安机关负责人批准,制作《鉴定聘请书》,并送达被聘请人。① 检察机关、审判机关在办理案件中也可以根据案情需要经过一定的程序,决定是否准予进行司法鉴定。

司法机关作出的司法鉴定的决定既可以是基于犯罪嫌疑人、被告人、被害人、诉讼当事人或代理人提出司法鉴定的申请而作出,也可以根据办案需要直接作出。司法鉴定的申请不是司法机关作出司法鉴定决定的必经程序。

(四) 决定的内容和形式

司法机关根据办案人员提出的鉴定要求或相关诉讼当事人提出的司法鉴定的申请经审查后作出是否进行司法鉴定的决定,如同意进行司法鉴定其决定的内容主要包括:决定进行司法鉴定的依据、鉴定对象、鉴定项目、鉴定要求(鉴定需要解决的问题)、鉴定适用的标准、拟委托的鉴定机构、鉴定人、鉴定时间、地

---

① 参见《公安机关办理伤害案件规定》(公通字[2005]98号)第20条。

点。即根据什么作出鉴定决定,决定由谁在什么时间、地点对什么对象作何种鉴定,通过鉴定需要解决诉讼中的什么问题。

司法机关依法作出司法鉴定决定的形式主要是以内部批文的形式反映并记录司法机关内部工作流程与审批的情况及鉴定决定的具体内容。记载司法鉴定决定过程和内容的公文应存放于案件的卷宗内,随案移送。

(五)对不服决定的复议

我国目前还没有关于不服司法鉴定决定的复议程序。在这方面可以制定司法鉴定申请的救济制度,如可以制定相关条文规定司法机关在作出不予司法鉴定的决定后,应向鉴定申请人出具附理由的书面裁定,申请人对裁定不服,可在一定期限内向原决定机关的上级机关提出复议。复议机关应在一定期限内作出附理由的维持或撤销原裁定的决定。建立司法鉴定申请救济制度,有利于切实保障诉讼当事人的诉讼权利,有利实现程序正义与公正。

三、司法鉴定的委托

(一)委托的法律依据

司法鉴定委托是指司法鉴定的委托主体向司法鉴定的受理主体提出进行某项司法鉴定活动的要求。对司法鉴定委托这一重要环节,其相关规定散见于不同的法律、法规、规章中。在诉讼中,对法医类、物证类、声像资料、环境损害四大类鉴定事项发生争议,需要鉴定的,应当委托列入鉴定人名册的鉴定人进行鉴定。鉴定人从事司法鉴定业务,由所在的鉴定机构统一接受委托。①

为了规范人民法院对外委托和组织司法鉴定工作,人民法院司法鉴定机构负责统一对外委托和组织司法鉴定。人民法院司法鉴定机构依据尊重当事人选择和人民法院指定相结合的原则,组织诉讼双方当事人进行司法鉴定的对外委托。诉讼双方当事人协商不一致的,由人民法院司法鉴定机构在列入名册的、符合鉴定要求的鉴定人中,选择受委托人鉴定。人民法院司法鉴定机构对外委托鉴定的,应当指派专人负责协调,主动了解鉴定的有关情况,及时处理可能影响鉴定的问题。②

检察机关的鉴定机构不得面向社会接受委托从事鉴定业务,鉴定人员不得参与面向社会服务的司法鉴定机构组织的司法鉴定活动。同时对检察机关鉴定机构可以受理的鉴定案件类型作出规定。包括检察机关业务工作所需的鉴定、

---

① 参见《决定》第7—9条。
② 参见2002年3月27日最高人民法院《人民法院对外委托司法鉴定管理规定》(法释[2002]8号)第1、2、10、13条。

有关部门交办的鉴定、其他司法机关委托的鉴定。① 但是,鉴定机构可以受理人民检察院、人民法院和公安机关以及其他侦查机关委托的鉴定。

司法鉴定机构应当统一受理办案机关的司法鉴定委托。委托人委托鉴定的,应当向司法鉴定机构提供真实、完整、充分的鉴定材料,并对鉴定材料的真实性、合法性负责。司法鉴定机构应当核对并记录鉴定材料的名称、种类、数量、性状、保存状况和收到时间等。委托人不得要求或者暗示司法鉴定机构、司法鉴定人按其意图或者特定目的提供鉴定意见。②

(二) 委托的条件

委托司法鉴定需要具备的基本条件为:(1) 诉讼当事人提出鉴定申请或者承办案件的司法机关根据办案实际需要;(2) 案件解决过程中涉及认定事实中存在专门性问题;(3) 有明确的鉴定事项;(4) 具备鉴定所需的检材和条件;(5) 进行该项鉴定的鉴定技术已经比较成熟,获得公认,鉴定意见能对诉讼涉及的专门性问题作出鉴别和判断。

办理司法鉴定委托手续需提供下列有关材料:(1) 鉴定委托书。(2) 检材及样本资料清单。在委托时,必须准备符合鉴定数量、质量要求的检材和样本,并列出清单,对检材、样本及附送资料逐一登记,注明其名称、数量、性状、来源、收取及保全方法以及应予鉴定的确切要求等。在送往鉴定部门的过程中,应根据检材与样本的条件、性状以及运送可能出现的破坏因素,采取科学的方法进行包装、保存,并选择和准备好运送方式。(3) 案情介绍资料。(4) 被鉴定人的基本情况。应注明被鉴定人的姓名、性别、年龄、职业等。(5) 供鉴定使用的补充文书资料,如现场勘查记录、物证检验记录、侦查实验记录等文书副本。有些鉴定还要求有其他类别的补充文书资料,如轻重伤鉴定所需的原始门诊或住院病历记录、检查所摄取的X光片、CT片、心脑电图等,精神疾病司法鉴定所需的被鉴定人及其家庭情况、工作单位和知情人提供的有关被鉴定人精神状态的证言材料、医疗记录和相关检查结果等。(6) 如果是重新鉴定,除送交上述资料外,还必须送交前一次或前几次的鉴定书及其附件。

(三) 委托的主体

一般来说,司法鉴定的决定主体大多数也承担了司法鉴定的委托职能,成为司法鉴定的委托主体。司法鉴定的委托主体与受理主体(司法鉴定机构)通过委托司法鉴定而建立法律关系。

一般情况下,司法鉴定机构依法接受司法机关、行政机关、企事业单位、社会

---

① 参见最高人民检察院《关于贯彻〈全国人民代表大会常务委员会关于司法鉴定管理问题的决定〉有关工作的通知》。

② 参见《司法鉴定程序通则》第11条、第12条、第18条第3款。

团体和个人的委托开展司法鉴定。但某些专业的部分鉴定项目（例如精神疾病的司法鉴定、法医病理学鉴定中的尸体解剖、医疗纠纷司法鉴定、毒品鉴定、枪弹痕迹鉴定等）司法鉴定机构暂时仅受理司法机关的委托。

（四）委托的程序与形式、范围

1. 司法鉴定的委托程序。司法鉴定委托的程序通常是司法鉴定的委托人应携带鉴定所需的材料（如果是法医类鉴定，通常还需要带着被鉴定人）以及委托机关出具的司法鉴定委托书到鉴定机构当面委托。在有些特定情况下，也可以通过函件方式进行委托。通过函件方式委托的，司法鉴定机构经过审查后认为具备鉴定条件的，可视情况再行现场检验或出诊检验。

2. 司法鉴定的委托形式。司法鉴定的委托形式一般都要求通过书面形式委托。具体可以通过委托书、委托合同、鉴定聘请书等方式进行委托。司法机关的委托鉴定书常有多种格式，但一般都应包括鉴定委托机关的名称、鉴定事由、提供参考的卷宗资料、送检文书资料和检材的名称和数量、具体委托承办人的联系方式、委托日期、鉴定委托机关公章、备注（注明抽血、检查等是否有公证人员、律师等陪同），并与鉴定受理机构签订司法鉴定委托书。如系个人委托的，当事人还应按鉴定机构的要求，填写委托鉴定登记表。该表除了上述一般内容以外，还要填写当事人的身份证号码，委托人还应亲笔签名等。实践中也有使用介绍信进行委托鉴定的做法。

3. 司法鉴定的委托范围。目前纳入法律调整，进行登记管理的鉴定类别主要是四大类鉴定。即法医类、物证类、声像资料以及环境损害司法鉴定。

除《决定》以及《关于将环境损害司法鉴定纳入统一登记管理范围的通知》和司法部的规章中的鉴定类别范围外，在司法实践中时常会发生一些案件涉及上述规定范围以外的专门性问题（属于事实方面的非以专门科学技术不能发现或查明的问题）。从审判工作看，只要现有技术可以解决的，仍然可以委托鉴定。所以司法鉴定的委托范围应该是只要诉讼涉及的专门性问题，且现有科技能解决的都可以考虑作为司法鉴定委托范围。

（五）委托的内容

委托的内容至少应当包括以下信息：委托人的基本信息（名称、住所、联系人、联系方式）、被鉴定人（或物品）的基本信息（姓名、名称、住所、联系方式、物品编号、外观描述、数量、清单）、委托鉴定的具体项目、案情基本信息（案件的性质、所处的诉讼阶段、案件发生时间、地点）、委托鉴定的用途、鉴定时间要求、以前有无经过鉴定及鉴定形成的意见（特别应告知诉讼当事人的争议焦点）。如果是精神疾病司法鉴定则需要提供其他更多的有关被鉴定人的个人成长史、家族史等生活背景资料和既往病史资料。

(六) 补充鉴定、重新鉴定的委托

补充鉴定是原鉴定的延续,是在原有鉴定的基础上,根据新补充的鉴定材料或变化了的伤情、病情等对原鉴定的事项进行修正,或因诉讼需要对原鉴定遗漏的事项进行补充。补充鉴定是原委托鉴定的组成部分,应当由原司法鉴定人进行。

重新鉴定的委托主体可以与原鉴定的委托主体不同。如原鉴定是在侦查阶段进行的,到了审查起诉阶段或者庭审阶段,可以由检察机关或人民法院委托重新鉴定。委托重新鉴定时,在选择鉴定机构时可以选择原鉴定机构,也可以选择原鉴定机构以外的其他鉴定机构。通常以选择原鉴定机构以外的其他鉴定机构更为妥当,更容易获得诉讼当事人的认可。特殊情况下可以选择委托原鉴定机构,同时要求受理重新鉴定的原鉴定机构指派除原鉴定人之外的其他符合条件的鉴定人完成重新鉴定。接受重新鉴定委托的司法鉴定机构的资质应当不低于原司法鉴定机构,进行重新鉴定的司法鉴定人中至少有一名具有相关专业高级专业技术职称。

(七) 鉴定委托的变更与撤销

司法鉴定决定主体(通常也是委托主体)根据案件的实际情况可变更与撤销鉴定的委托;无鉴定决定权的诉讼当事人可向鉴定决定主体提出申请,请求鉴定委托的变更与撤销,但无权自主变更、撤销鉴定的委托。司法鉴定机构和司法鉴定人也不可直接采纳诉讼当事人对于司法鉴定委托的任何变更要求和撤销的请求。鉴定实践中有时也会发生一些情况,鉴定机构或鉴定人认为原鉴定委托事项难以得出明确鉴定意见,或按原鉴定要求鉴定难以继续实施,但可以通过变更鉴定委托事项,继续进行鉴定解决案件中涉及的专门性问题。此时,司法鉴定机构、司法鉴定人在变更前必须先与原委托人进行沟通并征得其书面同意,在更改原司法鉴定委托书的相关事项后再行鉴定。

第二节 司法鉴定受理制度

司法鉴定受理是司法鉴定实施的前提,其是指司法鉴定机构或鉴定人对侦查机关、人民检察院、人民法院以及诉讼当事人的鉴定委托事项经审查,对符合鉴定条件的委托予以接受并由双方签订司法鉴定委托书的过程。

一、司法鉴定受理的范围

我国法律对于司法鉴定的受理范围作出了具体的规定,包括受理的依据、受理的主体和受理的形式。

(一)受理的依据

对于司法鉴定受理,《决定》和《司法鉴定程序通则》均作了规定。如《决定》第8条规定：鉴定机构接受委托从事司法鉴定业务,不受地域范围的限制。鉴定人与鉴定机构在进行司法鉴定提供鉴定意见时只服从科学,各鉴定人在科学面前是平等的,各鉴定机构之间也是平等的,而不能有任何隶属关系。

同时,鉴定机构接受委托从事司法鉴定业务不受地域范围的限制,任何司法机关或者诉讼当事人,在各类诉讼中遇到专门性问题需要进行鉴定的,可以依法委托在我国境内任何地方的鉴定机构进行鉴定并提供鉴定意见。同样,任何鉴定机构,在其业务范围内也可以依法接受位于我国境内的任何地方的司法机关或者诉讼当事人的委托从事司法鉴定业务。任何单位或者个人无权限制任何鉴定机构从事司法鉴定业务的地域范围。此外,《司法鉴定程序通则》第2章专门对司法鉴定受理进行了规定。具体内容包括司法鉴定受理的程序,司法鉴定受理委托的条件,受理司法鉴定委托的法律文件签署等内容。

(二)受理的主体

在我国司法鉴定的受理主体必须是按照《司法鉴定机构登记管理办法》的规定,依法取得司法鉴定许可证的司法鉴定机构。司法鉴定机构应当统一受理司法鉴定的委托。《决定》第9条规定：鉴定人从事司法鉴定业务,由所在的鉴定机构统一接受委托。鉴定人不得私下直接接受委托。司法机关或者诉讼当事人无论处于何种原因希望确定某个鉴定人提供鉴定意见的,也必须通过该鉴定人所在的鉴定机构办理委托手续。鉴定机构受理鉴定业务的范围应符合从业登记许可要求,在管理机关核定的业务范围内,且应公示许可证、鉴定项目和收费标准。

(三)受理的形式

司法鉴定机构决定受理鉴定委托的,应当与委托人在协商一致的基础上签订司法鉴定委托书。司法鉴定委托书应当载明下列事项：委托人名称、司法鉴定机构名称、委托鉴定事项、是否属于重新鉴定、鉴定用途、与鉴定有关的基本案件、鉴定材料的提供和退还、鉴定风险,以及双方商定的鉴定时限、鉴定费用及收取方式、双方权利义务等其他需要载明的事项。因鉴定需要耗尽或者可能损坏检材的,或者在鉴定完成后无法完整退还检材的,应当事先向委托人讲明,征得其同意或者认可,并在委托书中载明。在进行司法鉴定过程中需要变更委托书内容的,应当由签订双方协商确定。

二、司法鉴定受理的条件

司法鉴定机构收到鉴定委托后,应当对委托的鉴定事项、鉴定材料等进行审查,对属于本机构司法鉴定业务范围,鉴定用途合法,提供的鉴定材料能够满足鉴定需要的,应当受理。对委托方提供的鉴定材料不完整、不充分,不能满足鉴定需要的,司法鉴定机构可以要求委托人补充;经补充后能够满足鉴定需要的,应当受理。

对具有下列情形之一的鉴定委托,司法鉴定机构不得受理:(1)委托事项超出本机构司法鉴定业务范围的。(2)鉴定材料不真实、不完整、不充分或者取得方式不合法的。(3)鉴定用途不合法或者违背社会公德的。(4)鉴定要求不符合司法鉴定执业规则或者相关鉴定技术规范的。(5)鉴定要求超出本机构技术条件或鉴定能力的。(6)委托人就同一鉴定事项同时委托其他司法鉴定机构进行鉴定的。(7)其他不符合法律、法规、规章规定的情形。司法鉴定机构决定不予受理鉴定委托的,应当向委托人说明理由,退还鉴定材料。

三、司法鉴定受理的程序

司法鉴定机构在接受委托,受理鉴定过程中,必须履行一定的手续。主要有:查验鉴定委托书;收取委托机关制作的案情介绍和鉴定要求的书面材料;查验鉴定材料的名称、种类、数量、性状、保存状况等;经审查视情况可要求委托机关修改鉴定要求或者补充检材和样本等并办理收案手续。

司法鉴定机构在接受委托受理鉴定时应审查委托机关的鉴定委托资格,严格按照法律规定接受侦查机关、检察机关、审判机关和其他机关的鉴定委托,并且,同时要审核鉴定所解决的问题是否属于诉讼中的专门性问题。对属于本机构司法鉴定业务范围,鉴定用途合法,提供的鉴定材料能够满足鉴定需要的鉴定委托,应当受理。同时还应审核所提供的文书资料是否完整,查验鉴定材料的名称、种类、数量、性状、保存状况,确定有无鉴定条件,并根据本鉴定机构的技术力量最后决定受理与否。

司法鉴定机构应当自收到委托之日起7个工作日内作出是否受理的决定;对复杂、疑难或者特殊鉴定事项的委托,可以与委托人协商决定受理的时间。

按照质量管理体系的要求,在司法鉴定受理过程中应进行司法鉴定委托合同评审。主要要求是:(1)对委托方的鉴定要求及鉴定委托合同的有效性进行评审,确保鉴定机构能够完全理解并确认拥有满足委托方的期望和需求的能力和资源。(2)司法鉴定机构如需要利用委托方提供的外部信息资料时,应对其完整性和可采用性进行核查。适当时,应对有重要影响的外部信息资料进行复检、验证或在报告中注明。

第三节 司法鉴定实施制度

司法鉴定的实施,是指司法鉴定人具体进行司法鉴定的活动。司法鉴定的实施是司法鉴定程序的核心环节,是确保鉴定工作质量的关键。

一、司法鉴定实施的基本条件

（一）鉴定主体要求

我国的司法鉴定实施主体可以通过指定或选择这两种方式确定某个案件的鉴定人。司法鉴定机构统一受理委托人的委托后，在鉴定实施前，首先需要确定案件的鉴定人。"司法鉴定机构受理鉴定委托后，应当指定本机构中具有该鉴定事项执业资格的司法鉴定人进行鉴定。委托人有特殊要求的，经双方协商一致，也可以从本机构中选择符合条件的司法鉴定人进行鉴定。"[①]一般以鉴定机构指定为主。司法鉴定机构对同一鉴定事项，应当指定或者选择2名司法鉴定人共同进行鉴定；对复杂、疑难或者特殊鉴定事项，可以指定或者选择多名司法鉴定人进行鉴定。

司法鉴定实施过程中其主体应严格遵循回避制度。在执行回避制度时司法鉴定人自行提出回避的，由其所属的司法鉴定机构决定；如由委托人要求司法鉴定人回避的，委托人应当向该鉴定人所属的司法鉴定机构提出，由司法鉴定机构决定。委托人对司法鉴定机构是否实行回避的决定有异议的，可以撤销鉴定委托。

（二）鉴定对象要求

司法鉴定对象是司法鉴定检验、检测、分析等实施活动所指向的目标。司法鉴定对象在种类、质量、数量上需要满足鉴定实施的要求。在种类方面，送检的鉴定对象必须是经过法律确认的那些人体、物体、事件过程、功能状态等。如对象人的身体、人体组织、各种体液、分泌物、排泄物、各种合同、文件、磁带、磁盘、光盘等。但像气味等物到现在为止仍然还没有被法律确认作为司法鉴定的对象可以进行鉴定。司法实践中对气味的检测结果往往只能作为提供侦查方向的参考依据，不能作为法定证据使用。在鉴定对象的质量方面，对不同鉴定种类有不同要求。在鉴定质量与鉴定数量上其要求一般也存在相关性。鉴定对象的质量高的，其数量要求可以相对低些。随着鉴定科学技术进步，对鉴定对象的数量的要求也会相对有所下降。一般而言，在现有技术条件下，笔迹鉴定、印章印文鉴定等文书鉴定需要委托人提供鉴定检材原件和足够质量、数量的比对样本原件。法医类鉴定中涉及人体某些功能状态鉴定的，通常需要对被鉴定人进行直接检验。对鉴定对象是否能够达到鉴定所需要的审查、判断工作从鉴定受理时便已经开始。必要时需要先行接受部分或全部检材，做一些前期检测，以判断鉴定对象是否具备鉴定条件。所以对鉴定对象是否符合鉴定要求这一问题的判断是需要由具有专门知识和经验的鉴定人来掌握的，开始于审查受理程序，延续到实施

---

① 参见《司法鉴定程序通则》第18条。

环节。对鉴定对象鉴定条件的判断直接决定了案件能否受理,是否需要补充材料以及受理后能否进行鉴定,是否需要补充材料以及是否需要终止鉴定。这些工作都应由具备鉴定资格的鉴定人独立进行。

二、司法鉴定实施的基本程序

(一) 司法鉴定实施的步骤

司法鉴定实施步骤包含以下环节。

1. 指派鉴定人。这环节很多时候是在受理案件时已经确定,司法鉴定机构通常规定谁代表鉴定机构受理了案件,自然便担任了该案的鉴定人。但有些情况受理案件的鉴定人不一定就是实施该案鉴定的鉴定人。有些司法鉴定机构成立了专门的案件受理部门,如检案处、检案科、登记受理科等,在这种情况下鉴定案件受理人就不一定是案件的鉴定人。另外,还有一些疑难、复杂、重大案件需要多人参加鉴定的,也需要司法鉴定机构的业务负责人选派适当鉴定人担任鉴定工作。

2. 制订鉴定方案。鉴定方案是鉴定人实施鉴定的步骤和方法。鉴定人应在熟悉案情、鉴定资料条件,明确鉴定要求的情况下,根据每个案件的实际情况制定相应的鉴定步骤和方法。鉴定方案的技术路线一般要求采用经典的、成熟的方法。如果国家(或行业)有执行标准规定的,应按其规定操作。有时,为了解决某些特殊问题,如果需要引用国内外最新科技手段的,其资料来源必须要有出处,必要时应附有参考文献。制订鉴定方案应以有利于保全证据,充分利用检材,确保鉴定方法科学,保证鉴定意见客观、准确为出发点。司法鉴定对象如为案内物证或书证时,鉴定时则应尽可能首先采用无损鉴定方案,保持检材原状,鉴定完毕后交委托方。如确需破坏检材的,鉴定实施前须告知委托人并应获得其同意。

3. 提取、保存检材并对检材进行前期处理。司法鉴定机构和司法鉴定人应当妥善保管检验材料。司法鉴定的对象为物质性检材时,鉴定机构对检材的管理应实行统一收样、统一保存、统一处理的制度。

4. 准备合格的鉴定仪器、试剂、材料、用品等。这些工作可以由实验室专门人员完成。

5. 分别检验。分别检验的任务是发现和确定供鉴定客体各自的特征,为比较检验提供条件。未知客体称为检材,是唯一的,不可变的;已知客体称为样本,可能有一个或数个,可以变更或变换。分别检验是采用直接观察法、显微观察法、理化显现法、模拟实验法等的技术手段,分别对检材和样本进行检验、检测,从而发现、确定两客体特征的形状、数量、性质和客体有无变化及变化原因、程度等,正确认定两客体物的一般特征和细节特征及其特征间内在特定联系,从而认定两客体物本质属性的异同。

6. 比较检验。比较检验是在分别检验的基础上,对检材和样本的细节特征或物质结构特征进行相互比较对照,从而确定两者本质属性异同的检验方法。比较方法主要有目力观察比较法、数学分析比较法、物理学比较法、化学比较法、生物学比较法以及物理化学比较法等。比较程序通常从一般特征开始,逐渐发展到向客体细节特征及其间的联系的比较和对照,从而达到认识事物、掌握事物的发展规律。

7. 综合评断。综合评断是对比较检验发现的相同点和差异点及其在同一认定中的作用进行全面的、综合的分析、研究和判断。在标准执行方面司法鉴定应首先采用国家标准、行业标准和技术规范;无前述标准的,应采用该专业领域多数专家认可的技术方法。

8. 鉴定的记录与复核。鉴定方法、鉴定过程、鉴定结果均应用文字、照片、图谱、绘图、录像、计算机等方式客观、真实地记录与固定。具体要求为:(1)鉴定人应及时填写原始记录,不得事后补记。原始记录一律用钢笔逐项填写,要求字迹端正、数据真实、计算过程完整准确。记录完毕后鉴定人应签名。(2)原始记录不得涂改与擦改,需更改的应用双线划去,在上方填写正确数据,同时加盖鉴定人章。一页原始记录中不能多次更改。(3)因检测偶然失误或检测结果超差或更改多于三次而作废的原始记录页,应写明作废原因并加盖作废章。(4)复核人必须认真复核检测数据,复核完毕后应在原始记录上签名。

(二) 司法鉴定实施的原则与工作制度

《决定》第12条规定:"鉴定人和鉴定机构从事司法鉴定业务,应当遵守法律、法规,遵守职业道德和职业纪律,尊重科学,遵守技术操作规范。"根据我国有关司法鉴定的法律法规的规定,结合司法鉴定行业的内在特点,归纳形成了司法鉴定活动所要遵循的若干原则。关于司法鉴定实施原则的内容可参照本书第三章的论述。

为保证司法鉴定的质量,司法鉴定建立了以下基本工作制度。

1. 实行鉴定人、复核人/签发人二级审核制度。司法鉴定应由2名以上(含2名)鉴定人实施,复杂、疑难或者特殊鉴定事项,可以由多名鉴定人进行鉴定。司法鉴定实行第一鉴定人负责制,第一鉴定人对鉴定意见承担主要责任,其他鉴定人承担次要责任;司法鉴定意见通常应由具有本专业高级专业技术职务任职资格的鉴定人复核或签发,复核人或签发人对鉴定意见承担连带责任;司法鉴定文书由本机构内主管业务的负责人或其指定人员签发。已经建立并实施司法鉴定质量管理体系,获得认可的司法鉴定机构的授权签发人同时需要获得国家认可委的审核备案,才能行使签发权。

2. 实行疑难案例会鉴制度。鉴定中如遇复杂、疑难、特殊的技术问题或对鉴定意见有重大分歧意见时,应由司法鉴定机构主管业务的负责人主持会检,或在听取有关专家意见后再作出鉴定意见,不同意见应当记录在案。鉴定意见应由本机构的司法鉴定人出具。

3. 实行专家聘请制度。对于复杂的、涉及多学科知识和技术手段的专门性问题的检验、鉴定,如果受主观或客观条件限制不能单独作出检验、鉴定的,鉴定机构可以聘请外单位有关专家协助鉴定,外聘专家鉴定实行一案一聘制度。专家如与本案鉴定有利害关系的,应当回避。鉴定人应充分听取专家意见,对专家的意见鉴定人有最终采纳与否的决定权。专家意见应详细记录在案,有鉴定人资格的专家应当在司法鉴定文书上签名。

另外,在实施司法鉴定检查过程中针对特殊事项的检查需要遵循专门规定。如鉴定过程中,需要对无民事行为能力人或者限制民事行为能力人进行身体检查的,应当通知其监护人或者近亲属到场见证;必要时,可以通知委托人到场见证。被鉴定人进行法医精神病鉴定的,应当通知委托人或者被鉴定人的近亲属或者监护人到场见证。对需要进行尸体解剖的,应当通知委托人或者死者的近亲属或者监护人到场见证。到场见证人员应当在鉴定记录上签名。见证人员未到场的,司法鉴定人不得开展相关鉴定活动,延误时间不计入鉴定时限。鉴定过程中,需要对被鉴定人身体进行法医临床检查的,应当采取必要措施保护其隐私。

(三)司法鉴定实施的技术标准

我国现有与司法鉴定相关的技术标准,主要存在于归口为公共安全行业的刑事技术标准中。20世纪90年代初,公安部牵头组建了由公、检、法、司及部分高校专家参加的全国刑事技术标准化委员会。在此基础上,又陆续根据需要成立了各专业的分技术委员会。目前司法鉴定领域中,2002年颁布的《道路交通事故受伤人员伤残评定》(GB 18667-2002)属于国家强制性标准。而经批准实施的公共安全行业标准,大多数均为推荐性标准。此类与司法鉴定相关的技术标准主要有50余种,基本集中在法医病理、法医临床、法医物证、法医毒物以及部分物证类鉴定等专门领域。①

为了提高司法鉴定质量管理水平,保障不同地区、不同机构之间的鉴定意见具有可比性,可重复性,司法部大力推进了标准化体系建设工作。截至2015年底,司法部共颁布了四批共计74种司法鉴定技术规范,供全国司法鉴定机构参照执行。2010年4月7日,司法部颁布生效的第一批司法鉴定技术规范共计25

---

① 参见中国法医学会编:《人体伤亡伤残鉴定及赔偿标准选编》,中国标准出版社2007年版;公安部科技局编:《社会公共安全标准汇编(刑事技术类型毒物、毒品检验篇)》,中国标准出版社2002年版。

种,主要涉及文书司法鉴定、微量物证司法鉴定、声像资料司法鉴定、法医物证司法鉴定、法医临床司法鉴定以及道路交通事故鉴定等专门领域;2011年3月7日,司法部颁布生效的第二批司法鉴定技术规范共计8种,主要涉及法医临床司法鉴定、精神疾病司法鉴定以及法医毒物司法鉴定等鉴定类别;2014年3月17日,司法部颁布生效的第三批司法鉴定技术规范共计13种,主要涉及法医临床司法鉴定、道路交通事故鉴定、法医物理司法鉴定、法医毒物司法鉴定、文书司法鉴定、电子数据司法鉴定、建设工程司法鉴定、农业环境污染事故司法鉴定等鉴定类别;2015年11月20日,司法部颁布生效的第四批司法鉴定技术规范共计28种,主要涉及法医病理司法鉴定、法医物证司法鉴定、法医临床司法鉴定、法医毒物司法鉴定、微量物证司法鉴定、文书司法鉴定、痕迹司法鉴定、声像资料司法鉴定、电子数据司法鉴定等鉴定类别;2013年最高人民法院、最高人民检察院、公安部、国家安全部、司法部共同颁布了《人体损伤程度鉴定标准》(2014年1月1日起施行)。2016年最高人民法院、最高人民检察院、公安部、国家安全部、司法部联合发布了《人体损伤致残程度分级》(2017年1月1日起施行)。

以上这些鉴定技术标准和规范对相关类别的司法鉴定实践具有重要应用价值,对于在全国范围内保证司法鉴定质量和鉴定意见的可比性有不可替代的作用。但从法治建设角度看,司法鉴定工作目前标准化建设的水平、现状以及我国的司法鉴定标准体系仍存在不少问题,主要表现在:我国目前尚未建立完善的国家层面的司法鉴定标准体系;司法鉴定各专业在鉴定技术标准化方面发展也很不平衡,其中毒物分析分技术委员会的工作相对来说是做得比较好的,而有些专业的分技术委员会工作尚未起步;上述标准中方法标准与结论标准的发展也不平衡。

三、司法鉴定文书的制作

(一)司法鉴定文书的概念

司法鉴定文书是司法鉴定机构和司法鉴定人依照法定条件和程序,运用科学技术或者专门知识对诉讼中涉及的专门性问题进行分析、鉴别和判断后出具的记录和反映司法鉴定过程和司法鉴定意见的书面载体。

(二)司法鉴定文书的特征

按照诉讼法规定,鉴定人完成司法鉴定后,必须以书面形式出具鉴定结果。司法鉴定文书即是反映鉴定委托、鉴定过程、鉴定方法和鉴定结果的一种具有法律意义的文书,司法鉴定文书具有下列特征。

1. 制作主体的特定性。司法鉴定文书应当由进行鉴定的司法鉴定人按照法律法规的要求制作。制作人应当具有相应执业资格。

2. 制作程序的合法性。司法鉴定文书的产生过程必须符合法律和司法鉴定程序规范要求。

3. 文书内容的科学性。司法鉴定文书阐明的是自然科学现象,是对客观事实的真实记载。

4. 文书形式的规范性。司法鉴定文书必须按照统一规定的格式等规范制作。

(三) 司法鉴定文书的制作要求

1. 内容要求。司法鉴定文书一般由封面、正文和附件组成。这三部分的具体规范化要求在《司法鉴定文书规范》中都有明确的规定。如司法鉴定文书的封面应当写明司法鉴定机构的名称、司法鉴定文书的类别和司法鉴定许可证号;封二应当写明声明、司法鉴定机构的地址和联系电话。

司法鉴定文书正文应当符合下列规范和要求:(1)标题:写明司法鉴定机构的名称和委托鉴定事项。(2)编号:写明司法鉴定机构缩略名、年份、专业缩略语、文书性质缩略语及序号。(3)基本情况:写明委托人、委托鉴定事项、受理日期、鉴定材料、鉴定日期、鉴定地点、在场人员、被鉴定人等内容。鉴定材料应当客观写明委托人提供的与委托鉴定事项有关的检材和鉴定资料的简要情况,并注明鉴定材料的出处。(4)检案摘要:写明委托鉴定事项涉及案件的简要情况。(5)检验过程:写明鉴定的实施过程和科学依据,包括检材处理、鉴定程序、所用技术方法、技术标准和技术规范等内容。(6)检验结果:写明对委托人提供的鉴定材料进行检验后得出的客观结果。(7)分析说明:分析说明是司法鉴定文书的关键部分,也是检验司法鉴定文书质量好坏的标志之一。分析说明是根据上述资料摘要以及检查和检验结果,通过阐述因果关系,解答鉴定(检验、咨询、文证审查)事由中涉及的有关问题,必要时应指明被引用资料的出处。(8)鉴定意见:应当明确、具体、规范,具有针对性和可适用性。(9)落款:由司法鉴定人签名或者盖章,并写明司法鉴定人的执业证号,同时加盖司法鉴定机构的司法鉴定专用章,并注明文书制作日期等。(10)附注:对司法鉴定文书中需要解释的内容,可以在附注中作出说明。司法鉴定文书正文可以根据不同鉴定类别和专业特点作相应调整。

司法鉴定文书附件应当包括与鉴定意见、检验报告有关的关键图表、照片以及有关音像资料、参考文献等的目录。附件是司法鉴定文书的组成部分,应当附在司法鉴定文书的正文之后。

司法鉴定文书的内容要系统全面,实事求是,分析说明应逻辑性强,文体结构应层次分明,论据要可靠充分,鉴定意见应客观、科学,是分析论证的结果。

2. 格式、数量、签章要求。司法鉴定文书的制作应当符合下列格式要求:(1)使用A4规格纸张,打印制作。(2)在正文每页页眉的右上角注明正文共几页,同时注明本页是第几页。(3)落款应当与正文同页,不得使用"此页无正文"字样。(4)不得有涂改。

在司法鉴定文书的制作数量上也有统一要求,司法鉴定机构出具的司法鉴定文书应当一式四份,三份交委托人收执,一份由司法鉴定机构存档。在实践中,经常也会遇到委托人,特别是人民法院在审理过程中涉及的诉讼当事人、参与人比较多,可能会向司法鉴定机构提出需要增加司法鉴定文书的副本数。鉴定机构一般会应要求增加制作副本数量。但司法鉴定文书正本只能有一份。

对于司法鉴定文书的签章相关规章也有专门的规定。如《司法鉴定文书规范》规定"司法鉴定人应当在司法鉴定文书上签名或者盖章;多人参加司法鉴定,对鉴定意见有不同意见的,应当注明。司法鉴定文书经过复核的,复核人应当在司法鉴定机构内部复核单上签名"。司法鉴定文书应当同时加盖司法鉴定机构的司法鉴定专用章红印和钢印两种印模。

3. 文字要求。司法鉴定文书的语言表述应当符合下列规范和要求:(1)使用符合国家通用语言文字规范、通用专业术语规范和法律规范的用语。(2)使用国家标准计量单位和符号。(3)使用少数民族语言文字的,应当符合少数民族语言文字规范。(4)文字精练,用词准确,语句通顺,描述客观、清晰。

司法鉴定文书中应用的基本概念应当清楚,使用统一的专业术语。不允许使用有歧义的字、词、句。

4. 程序要求。司法鉴定文书的制作应实行鉴定人、复核人和/或签发人各司其职的内部审核制度。所有的鉴定文书(底稿及打印件)上均应有鉴定人签名,存档的鉴定文书稿上应有复核人或签发人签名。

四、司法鉴定文书的出具

在《司法鉴定程序通则》第 4 章和《司法鉴定文书规范》中专门规定了司法鉴定文书出具的有关内容。主要包括鉴定文书的种类、出具份数、签章要求、出具方式以及文书出具后的解释说明义务。相关的制度规定有:司法鉴定机构和鉴定人在完成鉴定工作后有义务向委托人出具司法鉴定文书。[①] 在《司法鉴定文书规范》第 3 条中则进一步规定了鉴定文书的种类、含义和使用情形。"司法鉴定意见书是司法鉴定机构和司法鉴定人对委托人提供的鉴定材料进行检验、鉴别后出具的记录司法鉴定人专业判断意见的文书,一般包括标题、编号、基本情况、检案摘要、检验过程、分析说明、鉴定意见、落款、附件及附注等内容。""司法鉴定检验报告书是司法鉴定机构和司法鉴定人对委托人提供的鉴定材料进行检验后出具的客观反映司法鉴定人的检验过程和检验结果的文书,一般包括标题、

---

① 参见《司法鉴定程序通则》第 36 条。

编号、基本情况、检案摘要、检验过程、检验结果、落款、附件及附注等内容。"

司法鉴定文书的发送方式可以按照约定或者规定的方式。实践中司法鉴定文书的发送方式主要有委托人或代理人领取或函件发送两种方式。但对于有重要的鉴定原件材料需要一并退还的案件,为防止重要唯一的鉴定材料遗失,鉴定机构一般要求委托人或其代理人亲自领取。如果委托人对司法鉴定机构的鉴定过程、鉴定意见提出询问的,司法鉴定机构和司法鉴定人应当给予解释或者说明。

司法鉴定机构完成委托的鉴定事项后,应当按照规定将司法鉴定文书以及在鉴定过程中形成的有关材料整理立卷,归档保管。另外,结合司法鉴定实践,非常有必要将司法鉴定过程中形成影像资料、电子数据等也应及时归档管理,长期保存,以备核查。

五、司法鉴定时限制度与终止鉴定

(一)司法鉴定时限制度

司法鉴定时限,是指从受理鉴定之日起,到实施、完成鉴定,出具司法鉴定意见所限定的时间范围。规定鉴定时限,是实现鉴定活动高效和确保诉讼时效的重要措施。

根据《司法鉴定程序通则》第 28 条规定,司法鉴定机构应当自司法鉴定委托书生效之日起 30 个工作日内完成鉴定。鉴定事项涉及复杂、疑难、特殊技术问题或者鉴定过程需要较长时间的,经本机构负责人批准,完成鉴定的时限可以延长,延长时限一般不得超过 30 个工作日。鉴定时限延长的,应当及时告知委托人。司法鉴定机构与委托人对鉴定时限另有约定的,从其约定。在鉴定过程中补充或者重新提取鉴定材料所需的时间,不计入鉴定时限。

如果鉴定案件本身比较复杂、疑难或需要使用特殊技术,或邀请专家会诊的,在办理委托受理合同手续时,司法鉴定机构的受理人员可以及时告知并与委托人协商约定鉴定时限。我国刑事诉讼法、公安机关办案规程等对公安机关、检察机关、审判机关的办案期限、对犯罪嫌疑人的羁押期限都有明确规定。除对犯罪嫌疑人、被告人的精神病鉴定期间不计入办案期限外,其他鉴定期间都应当计入办案期限。对于因鉴定时间较长,办案期限届满仍不能终结的案件,自期限届满之日起,应当对被羁押的犯罪嫌疑人、被告人变更强制措施,改为取保候审或者监视居住。

(二)终止司法鉴定

根据《司法鉴定程序通则》第 29 条规定,存在以下情形的,司法鉴定机构可以终止鉴定:(1)发现有本通则第 15 条第 2 项至第 7 项规定情形的;(2)鉴定材料发生耗损,委托人不能补充提供的;(3)委托人拒不履行司法鉴定委托书规定的义务、被鉴定人拒不配合或者鉴定活动受到严重干扰,致使鉴定无法继续进行的;(4) 委托人主动撤销鉴定委托,或者委托人、诉讼当事人拒绝支付鉴定费用的;(5) 因不可抗力致使鉴定无法继续进行的;(6) 其他需要终止鉴定的情形。《司法鉴定程序通则》第 15 条第 2 项至第 7 项的规定具体为:发现鉴定材料不真实、不完整、不充分或者取得方式不合法的;鉴定用途不合法或者违背社会公德的;鉴定要求不符合司法鉴定执业规则或者相关鉴定技术规范的;鉴定要求超出本机构技术条件或者鉴定能力的;委托人就同一鉴定事项同时委托其他司法鉴定机构进行鉴定的;其他不符合法律、法规、规章规定的情形。

对委托案件实行终止鉴定的,司法鉴定机构应当书面通知委托人,说明理由并退还鉴定材料。与此同时,司法鉴定机构应当根据终止的原因、责任以及鉴定的进程,酌情退还部分鉴定费用。

第四节 补充鉴定和重新鉴定制度

一、补充鉴定

补充鉴定是指在原鉴定的基础上对其中的个别问题进行复查、修正、补充或解释,以使原鉴定意见更加完备而进行的鉴定。根据《司法鉴定程序通则》第 30 条规定,出现有下列情形之一的,司法鉴定机构可以根据委托人的委托进行补充鉴定:(1) 原委托鉴定事项有遗漏的;(2) 委托人就原委托鉴定事项提供新的鉴定材料的;(3) 其他需要补充鉴定的情形。此外,《公安机关办理刑事案件程序规定》第 245 条亦明确了公安机关在侦查过程中应当进行补充鉴定的法定情形。经审查,发现有下列情形之一的,经县级以上公安机关负责人批准,应当补充鉴定:(1) 鉴定内容有明显遗漏的;(2) 发现新的有鉴定意义的证物的;(3) 对鉴定证物有新的鉴定要求的;(4) 鉴定意见不完整,委托事项无法确定的;(5) 其他需要补充鉴定的情形。经审查,不符合上述情形的,经县级以上公安机关负责人批准,作出不准予补充鉴定的决定,并在作出决定后 3 日以内书面通知申请人。我国法律规定诉讼当事人有提出补充鉴定申请的权利,司法机关可以根据申请人的补充鉴定申请决定进行补充鉴定。当然,补充鉴定申请本身不是补充鉴定决定和委托的必经程序。司法机关可以根据办理案件的实际需要直接启动补充鉴定。补充鉴定是原委托鉴定的组成部分,应当由原司法鉴定人进行。但是委托人可以不必是初次鉴定的委托人。如侦查阶段进行的损伤程度鉴定,到了法院审理阶段,诉讼当事人提出补充鉴定申请的,人民法院经审核同意后也可以委托原鉴定机构的原鉴定人对案件涉及的某些问题进行补充鉴定。补充鉴定是原委托鉴定的组成部分。所以在审查应用鉴定意见时应把原鉴定意见书和补充鉴定意见书结合使用。

二、重新鉴定

重新鉴定是指委托人对初次鉴定的鉴定意见经审查后认为鉴定意见不可靠而委托原鉴定机构或其他鉴定机构就同一鉴定事项再行的鉴定。根据《司法鉴定程序通则》第31条规定,需要重新鉴定的主要情形为:(1)原司法鉴定人不具有从事委托鉴定事项执业资格的;(2)原司法鉴定机构超出登记的业务范围组织鉴定的;(3)原司法鉴定人应当回避没有回避的;(4)办案机关认为需要重新鉴定的;(5)法律规定的其他情形。另外,《公安机关办理刑事案件程序规定》第246条也明确了公安机关在侦查过程中应当进行重新鉴定的法定情形。经审查,发现有下列情形之一的,经县级以上公安机关负责人批准,应当重新鉴定:(1)鉴定程序违法或者违反相关专业技术要求的;(2)鉴定机构、鉴定人不具备鉴定资质和条件的;(3)鉴定人故意作虚假鉴定或者违反回避规定的;(4)鉴定意见依据明显不足的;(5)检材虚假或者被损坏的;(6)其他应当重新鉴定的情形。重新鉴定,应当另行指派或者聘请鉴定人。经审查,不符合上述情形的,经县级以上公安机关负责人批准,作出不准予重新鉴定的决定,并在作出决定后3日以内书面通知申请人。

在对重新鉴定所委托的司法鉴定机构、司法鉴定人的选择上,需要注意以下几方面的情况:(1)接受重新鉴定委托的司法鉴定机构的资质条件应当不低于原司法鉴定机构,进行重新鉴定的司法鉴定人中至少有一名具有相关专业高级专业技术职称;(2)重新鉴定,应当委托原鉴定机构以外的其他司法鉴定机构进行;因特殊原因,委托人也可以委托原司法鉴定机构进行,但原司法鉴定机构应当指定原司法鉴定人以外的其他符合条件的司法鉴定人进行;(3)进行重新鉴定时同样需要适用鉴定人回避的原则。根据《司法鉴定程序通则》第20条规定,有下列情形之一的,司法鉴定人应当回避:(1)司法鉴定人本人或者其近亲属与诉讼当事人、鉴定事项涉及的案件有利害关系,可能影响其独立、客观、公正进行鉴定的;(2)曾经参加过同一鉴定事项鉴定的;(3)曾经作为专家提供过咨询意见的,或者曾被聘请为有专门知识的人参与过同一鉴定事项法庭质证的。

值得一提的是在比较和评价初次鉴定和重新鉴定意见的科学性、客观性、规范性、合法性等证明能力要素时,需要有一个基准点。这个基准点就是两次鉴定所依据的材料相同、鉴定项目相同。只有这样进行比较才有价值,如果鉴定意见所依据的材料已经发生变化,鉴定项目也有所不同,机械地去比较两次鉴定意见,说哪一个科学或不科学都显得不够严谨。因为那已经不属于真正意义上的重新鉴定了。

补充鉴定、重新鉴定的其他事项与初次鉴定相同。

三、补充鉴定与重新鉴定的联系与区别

补充鉴定与重新鉴定都是在进行了初次鉴定,原鉴定机构的司法鉴定人已出具了鉴定意见之后进行的鉴定。补充鉴定和重新鉴定本身都属于司法鉴定。只是两者在适用情形、委托对象选择、鉴定意见前后之间的关系等方面存在明显区别。我国相关法律规定,在经过初次鉴定后,如果有证据证明原鉴定意见有瑕疵或遗漏,但主要内容科学、客观,可以通过补充鉴定解决问题的,一般不批准当事人的重新鉴定申请。考虑原鉴定机构的原鉴定已经进行过初次鉴定,对案件本身情况比较熟悉,所以补充鉴定应当由原鉴定人进行。而重新鉴定的前提是诉讼当事人对原鉴定意见持根本否定的态度,向享有司法鉴定决定权的机关提出申请获得批准并由其委托而进行的鉴定。或者在诉讼程序中相关司法机关通过对初次鉴定的程序和实体进行审查发现原鉴定程序严重违法、鉴定方法存在严重错误、鉴定意见与案内其他证据明显不符等情形,也可以直接决定委托重新鉴定。

本章述评

司法鉴定实施制度中的启动权配置问题,一直是专家学者关注的热点问题之一。刑事诉讼中犯罪嫌疑人、被告人以及被害人在司法鉴定启动权方面的权利缺失,是当前诉讼实践中现实存在的一项重大争议问题。有学者提出,我国在司法鉴定制度改革过程中,应赋予犯罪嫌疑人、被告人以及被害人的初次鉴定申请权,而拥有司法鉴定启动决定权的公权力机关,须充分保障公民的该项权利。此外,亦有观点认为,我国在司法鉴定启动制度改革中,可借鉴当事人主义的相关规定,将司法鉴定启动权平等赋予控辩双方,以使辩方有权自主委托鉴定。然而,专家学者的研究成果以及有益建议,并未被吸收至2012年《刑事诉讼法》修改意见中,这不可不谓诉讼制度、司法鉴定制度改革过程中的一大遗憾。有基于此,司法鉴定实施制度在未来的改革与完善过程中,应立足于现实国情以及司法体制,着重在刑事诉讼法层面上明确辩方以及被害人应享有的初次鉴定申请权。切实保障犯罪嫌疑人、被告人在面对公权的行使中,其自身的合法权益应得到基本的保障。

思考题

1. 试述我国刑事诉讼中司法鉴定启动程序的现状与存在的问题?

2. 司法鉴定回避制度主要有哪些规定？
3. 司法鉴定文书制作有哪些要求？
4. 鉴定机构在哪些情况下可以终止鉴定？
5. 试述重新鉴定与补充鉴定的联系与区别？

第十章 司法鉴定意见审查判断制度

> **本章概要**

本章主要包括司法鉴定人出庭作证制度、司法鉴定意见的质证和审查判断制度等内容。鉴定人经人民法院通知出庭作证,应当出庭接受当事人或者专家辅助人的询问,并对涉及的鉴定事项作出解释、说明。鉴定意见只有经过法定程序审查判断,查证属实法庭认证后,才能被采信作为认定案件事实的根据。学习本章内容,应当理解鉴定人、有专门知识的人在法庭上不同的法律地位以及出庭的条件和程序,掌握鉴定意见审查判断的基本方法。

第一节 司法鉴定人出庭作证制度

鉴定人出庭作证是当事人(控辩)质证权的基本要求。鉴定人只有出庭作证,才能保障当事人的质证权利的实现,才能真正发挥证明案件事实的作用。鉴定意见是一种言词证据,依照审判程序的直接言词原则,鉴定人应当出庭作证,否则其鉴定意见属于传闻证据,适用排除法则,不能作为证据使用。如《法国刑事诉讼法典》第168条规定:"如有必要,鉴定人在法庭上先进行宣誓,本着自己的良心与名誉为司法提供协助后,介绍其进行的技术性鉴定活动的结果。"我国2012年修改的《刑事诉讼法》第187条第3款规定:"经人民法院通知,鉴定人拒不出庭作证的,鉴定意见不得作为定案的根据。"我国《民事诉讼法》第78条规定:当事人对鉴定意见有异议或者人民法院认为鉴定人有必要出庭的,鉴定人应当出庭作证。最高人民法院、最高人民检察院、公安部、国家安全部、司法部《关于推进以审判为中心的刑事诉讼制度改革的意见》第12条提出:"完善对证人、鉴定人的法庭质证规则。落实证人、鉴定人、侦查人员出庭作证制度,提高出庭作证率。"鉴定意见携带一定科技含量或者专门知识,也需要鉴定人出庭作证予以说明、解释。如果当事人对鉴定意见存在异议,其涉及专门性问题无法澄清,鉴定人不出庭作证,其异议就不能得到很好的解决,极易引发重新鉴定。这样既浪费鉴定资源,也会影响诉讼效率。因此,鉴定人出庭作证是鉴定意见审查判断的一项重要制度。

一、鉴定人出庭的法律要求

证据作为案件事实认定的根据应当经过法定程序查证属实,在法庭上接受当事人的质证,否则不得作为定案的根据。鉴定意见是一种涉及专门知识的科学证据,鉴定人出庭对涉及鉴定事项有关的问题接受质证并予以解答是必要的。因此,法律一般将出庭作证规定为鉴定人的法定义务。

(一) 鉴定人出庭的必要性

法官因自己缺乏专门知识难以对专门性问题作出判断,而聘请或者委托鉴定人进行鉴定,往往将鉴定人视为"科学的法官",并认为鉴定意见是专家依据专门知识对案件中的专门性问题作出的科学分析、鉴别和判断,其结论不可能有错误。即使存在错误,自己也难以发现,法院不愿意通知鉴定人出庭,致使法庭大量使用书面的鉴定意见,出现作为言词证据的鉴定意见"书证化"的现象。然而,鉴定意见不是科学的判决,其作为意见本身也存在错误的可能性,未经质证难以判断真伪,尤其是存在异议的鉴定意见,将其直接作为定案根据会给案件事实的准确认定带来风险。

由于我国诉讼法对鉴定人出庭与不出庭没有法定的标准,鉴定人可以出庭也可以不出庭,导致实践中鉴定人不出庭为常态。为此,《决定》和其他有关鉴定人的规章、规范性文件等均明确规定鉴定人出庭接受质证,并将其作为鉴定人的一项法定义务。《决定》第 11 条规定:在诉讼中,当事人对鉴定意见有异议的,经人民法院依法通知,鉴定人应当出庭作证。《刑事诉讼法》第 187 条第 1 款规定:"公诉人、当事人或者辩护人、诉讼代理人对证人证言有异议,且该证人证言对案件定罪量刑有重大影响,人民法院认为证人有必要出庭的,证人应当出庭作证。"《民事诉讼法》第 78 条规定:当事人对鉴定意见有异议或者人民法院认为鉴定人有必要出庭的,鉴定人应当出庭作证。有关司法鉴定管理性质的规范性文件对鉴定人无正当理由不出庭作证规定了责任。如《公安机关鉴定人登记管理办法》第 18 条规定:鉴定人有下列情形之一的,应当主动向登记管理部门申请注销资格,登记管理部门也可以直接注销其鉴定资格……(4) 经人民法院依法通知,无正当理由拒绝出庭作证的……。《人民检察院鉴定人登记管理办法》第 28 条规定:……鉴定人具有下列情形之一的,登记管理部门应当给予警告、通报批评。必要时,注销其鉴定资格;情节严重的,取消其鉴定资格……(6) 经人民法院依法通知,无正当理由拒绝出庭的……因此,鉴定人出庭作证应对存在争议的或者法官存在疑问的鉴定意见到庭予以解释、说明,并接受控辩双方质证,以此来消除当事人(控辩)双方或者法官的疑虑,使法官在公开的程序中审查判断鉴定意见,增强审判的公正性和权威性。

(二) 鉴定人出庭作证的条件

鉴定意见往往对案件事实起着关键性的作用,本身是否科学、可靠,普通人一般难以判断,这就需要鉴定人出庭予以说明,接受当事人(控辩)双方的质疑。鉴定人对鉴定的案件一律出庭虽然能够满足法庭审查证据的需要,却不经济,在实践中往往也没有必要。《刑事诉讼法》第187条第3款规定:公诉人、当事人或者辩护人、诉讼代理人对鉴定意见有异议,人民法院认为鉴定人有必要出庭的,鉴定人应当出庭作证。对此可作以下理解。

1. 当事人(控辩)双方或者当事人一方对作为证据的鉴定意见存在异议,认为鉴定意见存在错误、鉴定方法不科学、鉴定程序违规或者鉴定人需要回避等问题,鉴定人在此种情形下应当出庭作证,在法庭上对自己作出的鉴定意见从科学依据、鉴定步骤、鉴定方法、鉴定程序以及提供意见的可靠性等方面予以解释和说明,并在法庭上当面回答质询和提问。这样,可以使法官能够更好地审查鉴定意见的可信度,或者对几个不同鉴定意见进行比较分析,或者将鉴定意见与其他证据综合判断,从中采信合理的鉴定意见或者排除适用。需要重新鉴定的,进行重新鉴定;同时,也有利于控辩双方进一步了解鉴定意见,消除疑虑,排除错误的观念,服从裁判。

2. 当事人(控辩)申请或人民检察院提出要求鉴定人出庭的,即使当事人没有申请或人民检察院没有提出的,人民法院根据案件情况认为鉴定人有必要出庭的,特别是存在多个不同的鉴定意见时,法庭也有权通知鉴定人出庭,要求鉴定人对鉴定的科学依据、鉴定步骤、鉴定方法、鉴定程序等方面进行说明,以免法院采信鉴定意见存在暗箱操作的嫌疑,损害判决的公正性。人民法院对于必要性判断仅仅属于程序上判断,只要当事人对鉴定意见存在异议,其异议具有合理的理由,就应当认为有必要性,不应以其对鉴定意见的确存在错误作为提出合理异议的理由。

3. 鉴定人出庭作证属于一项法定义务,经人民法院通知出庭鉴定人的,应当出庭作证。《决定》将鉴定人出庭作证提升到一项诉讼程序制度的高度,这对于规范鉴定人出庭作证具有重要的意义。因为鉴定意见作为证据不仅涉及其本身的科学性,即使是DNA鉴定,其鉴定意见也不是完全客观的,它只是鉴定人对这些客观事实的认识,是从科学技术或者经验知识方面对客观事物的认识,带有一定的主观性,同时还牵扯当事人质证程序权利的实现。只有鉴定人依法出庭作证,才能保障鉴定意见的质量和当事人质证权。

我国诉讼法没有对鉴定人可以不出庭的情形作出明确的规定,是因为我国鉴定人不出庭还相当普遍,我国需要解决的主要问题是鉴定人出庭问题。相关解释仅作出原则性规定。如最高人民法院《关于适用〈刑事诉讼法〉的解释》第86条第2款规定:"鉴定人由于不能抗拒的原因或者有其他正当理由无法出庭的,人民法院可以根据情况决定延期审理或者重新鉴定。"

鉴定人经人民法院依法通知,应当按时出庭作证。鉴定人非因不能抗拒的原因或者无正当理由,未经人民法院许可,不得拒绝出庭作证。有下列情形之一的,鉴定人可以不出庭作证:(1)庭前当事人(控辩)双方对鉴定意见没有争议的。(2)鉴定意见对案件不起直接决定作用的。(3)有权机关已经决定补充鉴定或者重新鉴定的。

对于无正当理由拒绝出庭作证的鉴定人,法庭可以通过不采纳所提供的鉴定意见的方式处理,无需像对普通证人那样采用强制性措施强制鉴定人出庭。因为鉴定人作为特殊的证人不同于普通的证人,具有可替代性,不具有唯一性,可以多次取得。即使鉴定人不出庭作证,法庭可以另行进行鉴定,通过其他鉴定人实施鉴定并出庭提供鉴定意见来达到目的。

二、鉴定人出庭作证的程序

司法鉴定人出庭作证是鉴定工作的继续和延伸,是鉴定人以诉讼参与人的身份参加案件审理的活动的需要,也是法庭质证、认证以及当事人(控辩)双方行使质证权的必然要求。

《司法鉴定程序通则》第43条规定:"经人民法院依法通知,司法鉴定人应当出庭作证,回答与鉴定事项有关的问题。"鉴定人是否出庭应当以人民法院的出庭通知书为依据,人民法院的通知书是鉴定人出庭作证的法律凭证,也是衍生鉴定人出庭作证义务的法律文书。委托人或者当事人的要求不是鉴定人出庭的依据。人民法院根据案件情况的需要应当依法履行通知鉴定人出庭作证的职责。

(一)人民法院通知鉴定人出庭的程序

最高人民法院《关于适用〈刑事诉讼法〉的解释》第205条规定:对鉴定意见有异议,申请法庭通知证人、鉴定人出庭作证,人民法院认为有必要的,应当通知证人、鉴定人出庭作证;无法通知或者证人、鉴定人拒绝出庭的,应当及时告知当事人。当事人(控辩)双方对鉴定人出庭作证提出申请或者人民法院根据案件情况认为需要鉴定人出庭作证的,如法官在对鉴定意见进行审查时,发现了疑点或瑕疵;或者对某个专门性问题存在多份不同的鉴定意见;或者鉴定人的意见互相矛盾的,法官可以直接向司法辅助工作部门的司法技术人员提出咨询或者技术审核,并参考司法辅助工作部门的意见决定是否通知鉴定人出庭作证。

法院决定通知鉴定人出庭的,应当依法通知司法鉴定人。通知书至迟在开庭3日以前送达。人民法院按照普通程序审理的案件,如果鉴定人在外地的,应当考虑必要的在途时间。出庭通知应当采用书面形式,并注明开庭的时间、地点以及应注意的事项。

(二) 鉴定人接受人民法院出庭通知程序

鉴定人接到人民法院通知出庭的通知书时,应当在出庭通知书的送达回证上签字。对于逾期送达的,鉴定人可在送达回证上说明,也可以要求人民法院变更开庭日期。鉴定人签收送达回证后,应当积极准备出庭,按照人民法院通知要求的时间、地点等按时出庭作证,不得迟到或者拖延。

鉴定人认为符合不出庭作证情形的,应当写出书面申请,及时提交人民法院,由人民法院决定是否出庭;对人民法院准许不出庭的,鉴定人可以书面的形式答复当事人的质询。但是,鉴定人不得无故不出庭,否则应承担相应的法律责任。最高人民法院《关于适用〈刑事诉讼法〉的解释》第86条第3款规定:"对没有正当理由拒不出庭作证的鉴定人,人民法院应当通报司法行政机关或者有关部门。"对于鉴定人有正当理由无法出庭作证的,可以通过远程视频、声音传送等方式进行作证;人民法院也可以到鉴定人所在的场所进行询问,但是人民法院应当在合理的期间内通知人民检察院、当事人及其辩护人、诉讼代理人到场。

(三) 鉴定人出庭后的身份核实程序

最高人民法院《关于适用〈刑事诉讼法〉的解释》第211条规定:"证人、鉴定人到庭后,审判人员应当核实其身份、与当事人以及本案的关系,并告知其有关作证的权利义务和法律责任。"鉴定人到庭后,审判人员应当先核实鉴定人的身份、与当事人及本案的关系,告知鉴定人应当如实地提供鉴定意见和有意作虚假鉴定要负的法律责任。一般说来,核实出庭的鉴定人的身份包括以下几个方面的内容:(1)鉴定人的自然身份,包括姓名、民族、出生年月日、文化程度、职业、住址等;(2)出庭鉴定人是否是该鉴定意见的鉴定人;(3)鉴定人的资格,查明鉴定人是否具有该专业所涉及问题的鉴定能力,是否取得了该专业鉴定的执业证书以及是否在司法行政管理部门所核定的鉴定人名册中;(4)鉴定人与案件当事人之间是否具有亲属、朋友关系或者其他特殊关系;(5)鉴定人与案件是否有其他利害关系。

鉴定人出庭作证时,审判长首先核实其身份、鉴定资格、鉴定的业务范围、所在的鉴定机构以及与当事人、案件之间的关系后,告知其负有如实作证的义务。作证前,应当在如实作证的保证书上签名。最高人民法院《关于适用〈刑事诉讼法〉的解释》第211条第2款规定:"证人、鉴定人作证前,应当保证向法庭如实提供证言、说明鉴定意见,并在保证书上签名。"我国对于鉴定人不采取宣誓制度,鉴定人签订保证书作为不如实作证、虚假作证承担法律责任的依据。

核实鉴定人身份的程序具有以下作用:(1)核实鉴定人的身份,以确定鉴定人是否是法庭通知的应当出庭的鉴定人,以避免出庭作证的鉴定人名实不符;(2)核实鉴定人的身份对于确定鉴定意见的证据能力和证明力具有决定的意义;(3)核实鉴定人的身份是国际上通行的做法,也是程序公正的必然要求。

(四) 鉴定人出庭作证的保护程序

鉴定人出庭作证不仅是法律的要求,也是当事人理解鉴定意见和法官审查判断鉴定意见以及借助于鉴定人对鉴定意见的解释、说明认识其他证据的合理的期待。然而,鉴定人出庭作证的内容不可能对控辩双方或者当事人双方均有利,况且鉴定意见在事实认定中起到关键性作用甚至决定着被告人的生死,鉴定人出庭作证常常受到威胁、恐吓以及打击报复。为此,2012年修改的《刑事诉讼法》第62条规定:对于危害国家安全犯罪、恐怖活动犯罪、黑社会性质的组织犯罪、毒品犯罪等案件,证人、鉴定人、被害人因诉讼中作证,本人或者其近亲属的人身安全面临危险的,人民法院、人民检察院和公安机关应当采取以下一项或者多项保护措施……证人、鉴定人、被害人因在诉讼中作证,本人或者其近亲属的人身安全面临危险的,可以向人民法院、人民检察院、公安机关请求予以保护。

法律在将鉴定人出庭作证规定为鉴定人的职责或者义务的同时,也应对鉴定人因作证可能面临的危险予以消除,这样,不仅能够保证鉴定人在适宜的诉讼环境中如实、客观阐述意见,而且也符合权利义务相一致的法律要求。在危害国家安全犯罪、恐怖活动犯罪、黑社会性质的组织犯罪、毒品犯罪等案件中鉴定人特别需要保护。然而,在实践中鉴定人受到威胁以及打击的案件远远不止于此,在一些涉及伤害或者死亡、死因的鉴定问题上,鉴定人承担的风险以及遇到的问题比普通证人更大。尽管修改的《刑事诉讼法》存在对危害国家安全犯罪、恐怖活动犯罪、黑社会性质的组织犯罪、毒品犯罪"等案件"的规定,但是,这种"等"的案件在其性质上应当与危害国家安全犯罪、恐怖活动犯罪、黑社会性质的组织犯罪、毒品犯罪具有相同的危险性。[①] 基于鉴定人出庭作证需要的现实,当鉴定人因出庭作证,本身或者其近亲属的人身安全"面临现实危险"的,也应作为保护情形,"可以向人民法院、人民检察院和公安机关请求予以保护",如故意伤害案件等。对于鉴定人及其近亲属的保护程序主要包括以下内容。

1. 在侦查、起诉和审判期间鉴定人及其近亲属遇到法定情形,有权提出保护申请,侦查机关、公诉机关和审判机关有职责提供一项或者多项保护措施。如《公安机关办理刑事案件程序规定》第71条规定:证人、鉴定人、被害人认为因在侦查过程中作证,本人或者其近亲属的人身安全面临危险,向公安机关请求予以保护……

2. 侦查机关、公诉机关和审判机关对鉴定人及其近亲属提供的申请应当立即进行审查,认为符合法定条件的,确有保护必要或者有必要采取保护措施,应当及时决定采取以下一项或者多项保护措施:(1)不公开真实姓名、住址和工作单位等个人信息。(2)采取不暴露外貌、真实声音等出庭作证措施。(3)禁止

---

① 参见郭华:《刑事鉴定制度修改的背景、争议及解读》,载《证据科学》2012年第2期。

特定的人员接触证人、鉴定人、被害人及其近亲属。(4)对人身和住宅采取专门性保护措施。(5)其他必要的保护措施。

3.鉴定人及其近亲属对于侦查机关、公诉机关和审判机关没有及时决定采取相应保护措施或者决定采取保护措施而执行有迟延的,有权向其上级机关或者向同级人民检察院申诉,上级机关或者向同级人民检察院应当立即审查,决定是否采取保护措施,并及时通知有关机关执行。

一般来说,在侦查阶段由公安机关负责保护。在起诉阶段由检察机关负责保护。在审判阶段由法院负责保护。终审后,若需继续保护,由法院通知鉴定人所在的辖区的公安机关负责保护。侦查机关、检察机关、审判机关依法采取保护措施,可以要求有关单位和个人配合。

第二节 司法鉴定意见质证制度

质证是指在法庭审判中,当事人对其提供的证据以及法院调取的证据通过出示、辨认、询问和回答、说明、解释等方法查明证据效力的诉讼活动。鉴定意见的质证是指当事人(控辩)及其辩护人、诉讼代理人对鉴定意见向鉴定人询问、质疑以及专家辅助人(专门知识的人员或专业人员)对鉴定人的询问和鉴定人针对鉴定意见作出回答、说明等诉讼活动。质证包括"对质"和"诘问"两个方面的内容。"对质"是指两个人同时在场,面对面互为质问;"诘问"是指在主询问鉴定人以后,对方对其反询问,以求发现疑点或澄清真实的反询问。质证程序中"对质"和"诘问"的功能在于因当事人对案件事实认定的结果存在利害关系,由当事人自己来推敲证据、质问专家证人,则会尽其所能,尽力而为,对于发现事实真相起到重要的作用。

一、鉴定意见的质证程序

我国在质证程序上继承了大陆法系国家的立法传统。《刑事诉讼法》第189条规定,公诉人、当事人和辩护人、诉讼代理人经审判长许可,可以对证人、鉴定人发问,审判人员可以询问证人、鉴定人。《民事诉讼法》第139条第2款规定:当事人经法庭许可,可以向证人、鉴定人、勘验人发问。对未到庭的鉴定人的鉴定意见应当庭宣读,审判人员应当听取公诉人、当事人和辩护人、诉讼代理人的意见。向鉴定人发问,应当先由要求传唤的一方进行;发问完毕后,对方经审判长准许,也可以发问,不得以诱导方式提问。

询问的启动程序规则一般涉及三种情形:第一种是鉴定人是一方申请的;第二种是鉴定人是双方当事人协商申请的;第三种是鉴定人是法院指定的。对于第一种情形,根据主询问的一般规则,应当由提供鉴定意见证明自己有利事实的当事人询问其作出鉴定意见的鉴定人。第二种情形，鉴定人是双方当事人协商申请的，不存在谁先谁后的顺序问题，但也不能同时询问。对此种情形法官应征求双方当事人的意见，或由双方当事人协商何方先询问，协商一致的，按协议确定的询问次序进行；对于协商不成的，或达不成协议的，应当由审判长决定。审判长一般应当根据鉴定意见与当事人的利益关系，决定由对其有利的一方当事人先询问，保持主询问的本质。第三种情形，鉴定人是法院指定的，审判长对鉴定人应当证明的事项最清楚，应当先由审判长询问。审判人员询问后双方当事人的询问次序应当由审判长决定，不应由当事人协商。

多人参加的鉴定，鉴定人的鉴定意见不一致的，询问应当分别进行。必要时，可以由不同鉴定意见的鉴定人对不同的意见分别说明或者作出解释。

二、鉴定意见的质证内容

当事人及其辩护人、诉讼代理人和审判人员询问对鉴定人询问应主要围绕鉴定人的资格、鉴定意见的科学依据、鉴定意见的可信程度、鉴定方法的可靠性以及鉴定活动的程序性等方面进行。询问的具体内容包括：有关鉴定资料的内容，包括检材、鉴定文书资料来源的可靠性和真实性；提供鉴定资料的人（如医生、证人等）的情况；检材的数量、质量、保有时间、保存条件和方法以及提取和处理的方法；鉴定的方法、步骤和过程；对鉴定方法有国家或行业标准的，其鉴定的检验方法、实验程序、步骤是否符合国家标准或行业标准；对无国家标准也无行业标准的，应当分析鉴定方法、步骤的可靠程度。鉴定结论的数据、理由和根据。科学检验、实验过程中变化以及得出的数据，其提供的意见的理由和根据等。

对于一般案件的鉴定意见应当重点围绕以下内容进行询问：（1）鉴定材料和鉴定对象是否符合鉴定要求，是否具备鉴定条件。（2）鉴定手段、方法是否科学，鉴定过程是否符合规范，是否存在污染的可能。（3）鉴定意见及其分析所依据的事实是否客观全面，特征的解释是否合理，适用的标准是否准确，分析说明是否符合逻辑，鉴定结论的推论是否符合科学规范。（4）其他应当审核的内容。

反询问的内容可以采用反向思维。一般来说，符合重新鉴定情形的均是反询问的重点，因此反询问可以围绕重新鉴定的条件进行。《司法鉴定程序通则》第31条规定：有下列情形之一的，司法鉴定机构可以接受委托进行重新鉴定：（1）原司法鉴定人不具有从事委托鉴定事项执业资格的；（2）原司法鉴定机构超出登记的业务范围组织鉴定的；（3）原司法鉴定人应当回避没有回避的；（4）办案机关认为需要重新鉴定的；（5）法律规定的其他情形。《司法鉴定程序通则》第30条规定，有下列情形之一的，司法鉴定机构可以根据委托人的要求进行补充鉴定：（1）原委托鉴定事项有遗漏的；（2）委托人就原委托鉴定事项提供新的鉴定材料的；（3）其他需要补充鉴定的情形。补充鉴定是原委托鉴定的组成部分,应当由原司法鉴定人进行。《公安机关办理刑事案件程序规定》第245条、246条规定:经审查,发现有下列情形之一的,经县级以上公安机关负责人批准,应当补充鉴定:(1)鉴定内容有明显遗漏的;(2)发现新的有鉴定意义的证物的;(3)对鉴定证物有新的鉴定要求的;(4)鉴定意见不完整,委托事项无法确定的;(5)其他需要补充鉴定的情形。经审查,发现有下列情形之一的,经县级以上公安机关负责人批准,应当重新鉴定:(1)鉴定程序违法或者违反相关专业技术要求的;(2)鉴定机构、鉴定人不具备鉴定资质和条件的;(3)鉴定人故意作虚假鉴定或者违反回避规定的;(4)鉴定意见依据明显不足的;(5)检材虚假或者被损坏的;(6)其他应当重新鉴定的情形。质疑鉴定意见应当围绕以上内容进行,如若存在上述情形之一的,鉴定意见不能作为证据使用。

《司法鉴定人登记管理办法》第21条规定:司法鉴定人享有下列权利:……(5)拒绝解决、回答与鉴定无关的问题。从规章的规定来分析,鉴定人不予回答的问题对鉴定人的拒绝权。询问证人、鉴定人、勘验人不得使用威胁、侮辱及不适当引导证人的言语和方式。一般情况下,具有以下情形之一的,鉴定人有权拒绝回答:(1)发问与鉴定无关的;(2)发问内容重复的;(3)发问以诱导方式进行的;(4)发问威胁鉴定人的;(5)发问损害鉴定人人格尊严的;(6)发问有损鉴定人合法利益的其他情形。因此,凡是与鉴定无关的询问无需回答,鉴定人也有权拒绝回答,对于在询问程序中侵犯其人身权、人格权的行为,有权要求法官予以制止;对于不符合条件的询问,法官也应当及时制止,以保证鉴定人询问程序顺利进行。

三、鉴定意见的质证方式

鉴定意见的质证方式是指质证的形式或者方法。我国法律没有明确规定对鉴定意见的质证方式,根据司法解释的规定,我国鉴定意见的质证方式具有交叉询问的性质,这种方式已得到司法实践的普遍认同。《最高人民法院关于适用〈刑事诉讼法〉的解释》第212条规定:向……鉴定人发问,应当先由提请通知的一方进行;发问完毕后,经审判长准许,对方也可以发问。基于这一规定,当事人(控辩)双方对鉴定人进行质证时,应当按照以下方式进行:(1)请求传唤鉴定人的一方进行主询问;(2)对方对鉴定人进行反询问;(3)请求传唤的一方对鉴定人进行再主询问;(4)对方对鉴定人进行再反询问。向鉴定人发问应当分别进行。

在交叉询问中,如果一方当事人有不当询问,另一方当事人享有提出异议的权利。异议权的范围仅限于不当询问和不当回答。异议权人应当及时提出,并简单说明理由,由法院决定。在法院决定前,鉴定人应当停止陈述,等待决定。对于法院的决定,当事人和鉴定人不得申请复议或作为上诉的理由。同时,在询问过程中,法官应掌握询问内容与保密之间的界线,凡是询问涉及国家秘密、鉴定人或其他个人隐私、侦查秘密的,法官应当及时予以制止,鉴定人应当不予回答或拒绝回答。在询问过程中,当事人应尊重鉴定人的人格尊严,不得故意通过询问来刁难鉴定人或拖延诉讼,更不能侮辱、故意刁难鉴定人。

另外,在法庭质证程序中,审判长认为必要时,可以在当事人(控辩)双方询问后或者询问过程中对鉴定人进行询问。法官的这种询问仅仅具有补充性质,旨在弥补当事人发问以及质疑的不足。但是,审判人员这种询问不属于质证的范畴。

四、有专门知识的人出庭协助质证

法官因受专门知识的限制难以辨别鉴定意见的真伪,常常高度信任和依赖鉴定人,而当事人及其辩护人、诉讼代理人因缺乏专业知识难以对鉴定意见进行有效的质疑。在鉴定人接受质证程序中有必要引入具有专门知识的人利用其专门知识协助当事人对鉴定人进行询问。为了保障"公诉人、当事人和辩护人、诉讼代理人"在法庭上质疑鉴定意见的有效性,解决法官调查及评价鉴定证据面临的许多问题,2012 年修改的《刑事诉讼法》在借鉴《意大利刑事诉讼法典》中"公诉人和当事人有权任命自己的技术顾问"的基础上,在审判程序中增加了第 192 条的原则性规定,即"公诉人、当事人和辩护人、诉讼代理人可以申请法庭通知有专门知识的人出庭,就鉴定人作出的鉴定意见提出意见。法庭对于上述申请,应当作出是否同意的决定"。本条"第 2 款规定的有专门知识的人出庭,适用鉴定人的有关规定"。《民事诉讼法》第 79 条规定:"当事人可以申请人民法院通知有专门知识的人出庭,就鉴定人作出的鉴定意见或者专业问题提出意见。"这种新制度不仅有助于当事人诉讼权利的充分保障以及弥补质疑鉴定意见能力的不足,而且也有利于法官兼听则明并根据法庭质证的情况理性地选择作为定案根据的鉴定意见,从而减少重复鉴定现象。[①]

(一)专门知识的人出庭的启动条件

鉴定意见作为证据携带科学的因子,而对科学问题应当持有健康的怀疑态度,使其接受正当的审视和理性的批评。对待鉴定意见的质疑,作为鉴定人同行的有专门知识的人无疑是最为适当的,建立此项制度也符合保障当事人诉讼权利的国际公约以及正当法律程序理念的基本要求。

我国《刑事诉讼法》新增加的"专门知识的人"出庭带有强烈的职权主义成分,法庭在此方面具有决定权,公诉人、当事人和辩护人、诉讼代理人仅仅享有申请权。在这一制度中,公诉人、当事人和辩护人、诉讼代理人无权像英美法系国

---

① 郭华:《切实保障刑事诉讼法中司法鉴定条款的实施》,载《法学》2012 年第 6 期。

家那样可以直接委托有专门知识的人出庭提供专家意见,法庭也无权像对待鉴定人那样可以根据案件情况不经过公诉人、当事人和辩护人、诉讼代理人的申请直接决定有专门知识的人出庭,其制度设计体现了公诉人、当事人和辩护人、诉讼代理人与法庭之间权力制约与权利选择之间的合作关系。这一程序设计不仅不同于英美法系国家的专家证人,而且与 2012 年修改的《民事诉讼法》第 79 条规定的当事人申请出庭的"专门知识的人"在适用范围上也存在差别,也不同于司法实践对涉及的专门性问题"法庭也可以通知专业人员出庭说明"的规定。刑事诉讼中专门知识的人出庭仅限于"就鉴定人作出的鉴定意见提出意见",而不是宽泛的"就案件的专门性问题进行说明",或者"对案件中的某些专业问题发表意见"的地步。其适用范围、条件与程序相对严格。同时,这一制度还不同于《俄罗斯联邦刑事诉讼法典》中的"专家",法庭对专门知识的人不存在其专家"应进行具结保证"的制度约束。《刑事诉讼法》设置的"有专门知识的人"出庭的基本功能是协助控辩双方对鉴定意见进行质疑,解决公诉人、当事人和辩护人、诉讼代理人对鉴定意见异议的能力不足问题,侧重于从证伪的方面对鉴定意见提出意见,具有破坏作为证据的鉴定意见证明力的功能,而非是为法庭解决专门性问题或者弥补法官在专业上的不足而设置,否则会因专门知识的人出庭过于宽泛冲击我国正在完善的鉴定制度。不可否认,这种制度在客观上会给法庭审判带来一些积极的效果,不仅给法庭全面理解有异议鉴定意见提供环境,而且还能保证采纳的鉴定意见更具有可靠性、可信性并获得可接受性,甚至存在消除职权主义鉴定制度下带来的不利影响以及加强鉴定人的责任意识从而对其鉴定意见产生正面的促进作用,增强鉴定意见的科学性等功能。这种功能有些是新制度本身蕴含的,有些是其制度运行过程衍生的。

1. 存在有异议的鉴定意见。也就是说,无论是公诉人还是当事人及其辩护人、诉讼代理人只有对鉴定意见提出异议,申请有专门知识的人出庭才具有意义。这既是有专门知识的人出庭启动的条件,也是鉴定人出庭作证的条件,两者存在共同的基础。因为鉴定人出庭是以公诉人、当事人和辩护人、诉讼代理人对鉴定意见有异议作为启动条件的,而有专门知识的人协助当事人质疑鉴定意见以及对鉴定意见提出意见,也应当是建立在对鉴定意见存在异议基础上。如果他们对于鉴定意见没有异议,其申请有专门知识的人出庭也就没有意义。从"公诉人、当事人和辩护人、诉讼代理人可以申请法庭通知有专门知识的人出庭,就鉴定人作出的鉴定意见提出意见"的逻辑来看,有专门知识的人出庭应当以存在鉴定意见为条件。如果没有鉴定意见存在,有专门知识的人出庭就无法履行"就鉴定人作出的鉴定意见提出意见"的职责,其出庭也就失去了目标。

2. 公诉人、当事人和辩护人、诉讼代理人提出申请。这是有专门知识的人出庭启动的程序性条件。"公诉人、当事人和辩护人、诉讼代理人"之所以申请有专门知识的人出庭,可以说源于其对鉴定意见有异议,是基于自己的利益而为之,否则,申请有专门知识的人出庭就失去动机。公诉人、当事人和辩护人、诉讼代理人提出申请时应当附有理由或者说明。

3. 公诉人、当事人和辩护人、诉讼代理人申请有专门知识的人出庭,不得超过二人。有多种类鉴定意见的,可以相应增加人数。

4. 公诉人、当事人和辩护人、诉讼代理人申请有专门知识的人出庭应当在开庭前进行。最高人民法院《关于适用〈刑事诉讼法〉的解释》第180条规定,对提起公诉的案件,人民法院应当在收到起诉书和案卷、证据后,指定审判人员审查以下内容:是否申请法庭通知证人、鉴定人、有专门知识的人出庭。该《解释》第184条规定,召开庭前会议,审判人员可以就下列问题向控辩双方了解情况,听取意见:(5)是否对出庭证人、鉴定人、有专门知识的人的名单有异议。

(二)有专门知识的人出庭的决定程序

"公诉人、当事人和辩护人、诉讼代理人"仅享有申请法庭通知有专门知识的人出庭的权利,有专门知识的人究竟能否出庭取决于法庭是否同意。那么,法庭对"公诉人、当事人和辩护人、诉讼代理人"的申请如何判断也就成为实际启动这一程序的关键性环节。法庭对"公诉人、当事人和辩护人、诉讼代理人"的申请是否同意,不仅应以鉴定意见存在为基础,而且还应以"公诉人、当事人和辩护人、诉讼代理人"申请有专门知识的人出庭的理由作为条件。也就是说,法官在决定是否同意时,应当以申请人对鉴定意见存在异议及专门知识的人出庭理由的合理性作为有无必要性的判断标准,而不能以与查清案件事实没有关系以及案件不需要等实体性条件作为判断的依据。其必要性应当依据公诉人、当事人和辩护人、诉讼代理人对鉴定意见的异议这一程序问题来衡量,只要其异议存在理由或者鉴定意见存在疑问,就应当准许其申请的有专门知识的人出庭,不得以案件的实体要求来判断,更不应对申请出庭的有专门知识的人出庭能否提出正确的意见等问题作为判断标准。

最高人民法院《关于适用〈刑事诉讼法〉的解释》第217条第1款规定:"公诉人、当事人及其辩护人、诉讼代理人申请法庭通知有专门知识的人出庭,就鉴定意见提出意见的,应当说明理由。法庭认为有必要的,应当通知有专门知识的人出庭。"对专门知识的人出庭应当由合议庭作出决定。对于决定出庭的有专门知识的人应当在开庭前3日通知其出庭;对于不同意出庭的决定,应当开庭前3日内告知申请人,允许申请人复议。但一般不允许公诉人、当事人和辩护人、诉讼代理人当庭申请,以免其以此作为借口故意拖延诉讼。

法庭对"公诉人、当事人和辩护人、诉讼代理人"申请有专门知识的人出庭仅具有同意与否的决定权,而不具有自行选择专门知识的人的权力,更不能抛弃申请的有专门知识的人而另外指定其他有专门知识的人。否则,法庭难以保持必要的超然性,还会因介入鉴定意见的争议影响其中立性。

（三）专门知识的人的出庭程序

由于"就鉴定人作出的鉴定意见提出意见"或者"就专业问题提出的意见"不属于证据,更不是重新鉴定,仅是一种质疑或者解释意见,"作为法官甄别证据（鉴定意见）的参考"。① 因此,有专门知识的人不需要具有鉴定人的资格,只要对质疑的鉴定事项具有专业知识即可,没有必要在对其资格作出明确的规定或者要求。但并不妨碍法庭在庭审中对其是否具有专门知识进行审查,有无专业能力进行询问。一般来说,公诉人、当事人和辩护人、诉讼代理人聘请出庭的"有专门知识的人"在法律地位上不完全等同于中立性的鉴定人,其出庭也不应当完全适用鉴定人回避规定,提出的意见仅是质疑鉴定意见的依据或者理由。从形式上看,具有公诉人、当事人和辩护人、诉讼代理人申请由有专门知识的人出庭带有专家证人的意蕴,其出庭质疑鉴定意见提出意见虽然需要尊重科学,而出庭质疑鉴定意见不可能提出不利于申请人的意见,也不可能具有鉴定人的中立地位,不应适用回避制度。

（四）有专门知识的人提出意见的效力

有专门知识的人出庭对鉴定意见提出的意见不是证据,更不能作为定案的根据,但不能因此否定其意见对鉴定意见能否作为证据所发挥的作用。有专门知识的人提出的意见如被采纳,则可能带来相关的鉴定意见不能采信的后果。一旦鉴定人对有专门知识的人提出的意见不能给予合理解释,法庭结合其他证据又不能确定鉴定意见的证明力时,必然会否定鉴定意见的证明效力,根据案件情况决定是否进行重新鉴定。当无法进行重新鉴定或者重新鉴定仍存在一些不能合理解释的问题时,法庭应当按照"有利于被告原则"对存在异议的鉴定意见作出选择。但是,有专门知识的人提出的意见不足以否定鉴定意见,也并不代表鉴定意见一定能够作为定案根据,对鉴定意见能否作为定案根据还应结合全案的其他证据进行综合考虑,不能仅仅依靠有专门知识的人提出的意见作为判断的唯一依据。

（五）有专门知识的人出庭的救济程序

我国 2012 年修改的《刑事诉讼法》《民事诉讼法》没有完全移植《意大利刑事诉讼法典》的相关规定,仅赋予了公诉人、当事人和辩护人、诉讼代理人申请有专门知识的人出庭的权利,对法庭不同意的决定,没有规定相应的救济程序。没有公诉人、当事人和辩护人、诉讼代理人对法庭决定不通知有专门知识的人出庭的复议制度。法庭对复议申请应当作出决定,并说明理由。在二审中,上级法院对于法庭不通知的决定认为不合理而需要通知专门知识人出庭的,可以"限制当事

---

① 郭华:《鉴定制度与专家证人制度交叉共存之质疑》,载《法商研究》2012 年第 4 期。

人法定诉讼权利,可能影响公正审判"为由发回重审,以此来保障这一新增制度的有效实施。

如何解决法官与当事人对鉴定意见判断与质证产生的窘态,鉴定人在法庭上如何摆脱非专门性知识质疑所处的尴尬,专家协助人与鉴定人对专门性问题进行质疑引发屏蔽法官的困境,即避免"外行"对"内行"质疑使鉴定人作为专门知识的人的无奈或者"内行"对"内行"的争议使法官陷入困惑。法院在重大案件涉及疑难鉴定意见的采纳问题时,可以聘请具有中立地位的专家陪审员,通过专家陪审员、专家辅助人和鉴定人三维构造的庭审质证模式来提高或者保证司法鉴定意见的质量。专家陪审员、专家辅助人和鉴定人从专业方面相互沟通,通过法官在法律上指导,保障鉴定意见的客观性与科学性,共同协助法官认定涉及专门性问题的案件事实,达到发现事实真相的目的;鉴定人出庭提供自己的鉴定意见,并具有接受当事人询问的义务;专家辅助人协助当事人对鉴定人的询问,这样做,一方面有利于提高法庭询问鉴定人的质量;另一方面,也有利于提高法庭询问鉴定人的效率,促进鉴定质量的提升。

鉴定人、有专门知识的人经过控辩双方发问或者审判人员询问后,审判长应当告知其退庭。鉴定人、有专门知识的人不得旁听对出庭作证案件的审理。

另外,根据《民事诉讼法》第79条的规定,在某些案件中,当事人可以申请人民法院通知有专门知识的人出庭,就专业问题提出意见。根据最高人民法院《关于适用〈刑事诉讼法〉的解释》第87条的规定,人民法院可以指派、聘请有专门知识的人进行检验,提出检验报告。对于以上的专门知识的人出庭可按照鉴定人出庭作证程序进行,在法庭上,当事人申请的有专门知识的人可以对质。但有专门知识的人提出的检验报告不能作为定罪量刑的依据,可以作为定罪量刑的参考。

第三节 司法鉴定意见审查判断制度

鉴定意见作为专家的认识、分析与判断尽管具有较高的可靠性,但不能认为其是不可推翻的"科学判决"或者不经过查证属实直接作为证据。鉴定人可能因为种种原因不符合条件或者没有能力,鉴定过程也可能因种种因素参与而出现差错,以至于出现错误的鉴定意见。因此,在鉴定意见被质证后,仍应当对其进行审查判断。鉴定意见的审查判断既包括对鉴定意见本身的审查判断,也包括对鉴定意见与整个案件其他证据结合起来的审查判断。

一、鉴定意见重点审查判断的内容

审判人员应在认真全面地听取控辩双方或者当事人、辩护人、诉讼代理人以及有专门知识的人对鉴定意见不同意见的基础上,运用审查判断证据的基本原则、方法与重点,对鉴定意见作出正确的判断,以便正确选择鉴定意见作为定案根据。

司法解释对于鉴定意见审查判断的重点内容作出了规定。最高人民法院《关于适用〈刑事诉讼法〉的解释》第84条规定:对鉴定意见应当着重审查以下内容:(1)鉴定机构和鉴定人是否具有法定资质;(2)鉴定人是否存在应当回避的情形;(3)检材的来源、取得、保管、送检是否符合法律、有关规定,与相关提取笔录、扣押物品清单等记载的内容是否相符,检材是否充足、可靠;(4)鉴定意见的形式要件是否完备,是否注明提起鉴定的事由、鉴定委托人、鉴定机构、鉴定要求、鉴定过程、鉴定方法、鉴定日期等相关内容,是否由鉴定机构加盖司法鉴定专用章并由鉴定人签名、盖章;(5)鉴定程序是否符合法律、有关规定;(6)鉴定的过程和方法是否符合相关专业的规范要求;(7)鉴定意见是否明确;(8)鉴定意见与案件待证事实有无关联;(9)鉴定意见与勘验、检查笔录及相关照片等其他证据是否矛盾;(10)鉴定意见是否依法及时告知相关人员,当事人对鉴定意见有无异议。对于鉴定意见进行审查判断应当围绕以上内容进行,审查判断鉴定意见是否具有证据资格。审判人员在审查判断中仍存在疑问的,可以询问鉴定人、有专门知识的人,借助于他们的解释、说明和回答确定鉴定意见是否具有证据能力。

二、鉴定意见作为证据使用的审查判断

审判人员判断鉴定意见是否具有证据资格应当遵循一定的准则。鉴定意见证据能力的审查判断是对鉴定意见作为证据资格的认定,也是鉴定意见能否作为证据的准入条件,它涉及鉴定意见价值衡量与政策考虑等问题,具有排除性的功能。对于鉴定意见证据能力的审查判断规则主要是对鉴定意见的关联性规则和合法性的判断规则。

鉴定意见的关联性规则是指鉴定意见与待证案件事实之间的联系,这种联系既有直接联系,包括肯定和否定两种形式,如DNA鉴定对亲子关系确认或否认;也有间接联系,必须与其他证据一起来才能证明案件事实。对鉴定意见关联性的审查判断规则主要体现在鉴定意见与案件事实形式上的关联性。

鉴定意见的合法性包括鉴定机构和鉴定人具有合法的资格,鉴定程序启动与鉴定人选任程序符合法律的规定,鉴定实施的程序、采用技术标准等不违反法律的规定以及鉴定人不属于回避人员。鉴定机构应当具有法定的鉴定资格,其设置符合法律的规定或经过法定部门批准,鉴定人也应依法获得鉴定资格,并经过合法登记和公告。根据《决定》第2条的规定,鉴定机构和鉴定人的名单应当经省级人民政府司法行政部门登记、名册编制和公告。如果没有得到省级人民政府司法行政部门登记、纳入国家名册并公告的,鉴定机构和鉴定人则没有鉴定资格,其作出的"鉴定意见"没有证据能力。但法律另有规定的例外。

我国司法鉴定程序的启动权属于诉讼职能部门的职权,对鉴定机构和鉴定人的选任采用了法定主义,由法律统一规定。一般情况,鉴定程序启动不符法律要求的,提供的鉴定意见也不具有证据能力。对于当事人未申请法院而自行委托鉴定的,如果其鉴定意见经对方当事人认同或对方不提出异议的,具有证据能力。鉴定意见应当符合科学与法律的要求。如骨龄鉴定意见不能作为证据对待。审查被告人实施犯罪时是否已满18周岁,一般应当以户籍证明为依据;对户籍证明有异议,并有经查证属实的出生证明文件、无利害关系人的证言等证据证明被告人不满18周岁的,应认定被告人不满18周岁;没有户籍证明以及出生证明文件的,应当根据人口普查登记、无利害关系人的证言等证据综合进行判断,必要时,可以进行骨龄鉴定,并将结果作为判断被告人年龄的参考。

另外,鉴定意见的基础是建立在应当予以排除的非法证据的基础之上,应当作为"毒树之果"予以排除,不允许通过鉴定的方式来"漂白"非法证据。因为"法治国家对于犯罪事实的发生,国家须透过合法取证方式,就与犯罪有高度期待可能性证据收集后加以调查,以作出正确判决。鉴定须为合法取得之证据,认为与犯罪构成要件有关事实,由鉴定单位及人员以其专业加以鉴定,以说明犯罪事实。对于违法取得证据本不须送鉴定,因为违法取得证据本须加以排除,何来鉴定其证据能力"。[①]

2012年修改后的《刑事诉讼法》对采用刑讯逼供或者暴力、威胁等非法获取的言词证据已经明确规定予以排除,但对于以非法搜查、非法扣押或者其他非法方法获取的实物证据如物证、书证可能严重影响司法公正不能补正或者作出合理解释也予以排除,但对由非法证据所衍生的证据是否具有证据能力,法律没有明确的规定。司法实践倾向于对以非法方式获得的实物证据根据案件情况和利益的大小来考虑,决定证据能力的有无。非法证据排除规则是程序正义与保护人权的基本要求,毒树之果规则作为非法证据排除规则的必然要求,对于基于此形成的鉴定意见也应当通过对于基础材料的违法程度考虑排除与否,来决定鉴定意见的证据能力。对民事诉讼中当事人采用不正当方式取得的证据,需要鉴定的,其鉴定意见一般具有证据能力。

三、鉴定意见作为定案根据的审查判断

鉴定意见被法庭认定可以作为证据使用即有证据能力后,需要进一步确认其有无证明效力及其证明效力大小或强弱,即能否作为定案的根据。最高人民

[①] 方文宗:《论鉴定》,载《刑事法杂志》2004年第1期。

法院《关于适用〈刑事诉讼法〉的解释》第85条规定:鉴定意见具有下列情形之一的,不能作为定案的根据:(1)鉴定机构不具备法定的资质,或者鉴定事项超出该鉴定机构业务范围、技术条件的;(2)鉴定人不具备法定的资质、不具有相关专业技术或者职称,或者违反回避规定的;(3)送检材料、样本来源不明,或者因污染不具备鉴定条件的;(4)鉴定对象与送检材料、样本不一致的;(5)鉴定程序违反规定的;(6)鉴定过程和方法不符合相关专业的规范要求的;(7)鉴定文书缺少签名、盖章的;(8)鉴定意见与案件待证事实没有关联的;(9)违反有关规定的其他情形。对于鉴定意见本身存在以上情形的,不能作为定案的根据,即这种鉴定意见没有证明力。

对于不存在上述情形的鉴定意见还存在证明力强弱的问题。鉴定意见证明力的强弱是指鉴定意见之间以及与其他证据种类的比较而作出的证明效用或价值判断。鉴定意见证明力强弱的判断具有一定的相对性,既包括多种鉴定意见证明力比较的采信,也包括鉴定意见与其他种类证据证明力比较的采信。

对鉴定意见证明力强弱的比较,特别对于反复进行同种鉴定,形成一种定型性的结论可分为:(1)鉴定的手段已经确立,本身具有高度的客观性,如DNA鉴定等可以重复性检验的鉴定意见;(2)有可能掺杂主观因素,在这个意义上只能达到某种盖然性的程度,如笔迹、声纹等一些经验性较强的鉴定意见。在第一种的情况下,一般来说可信性较高,在第二种的情况下,存在盖然性的程度问题,法院必须确认可信性程度的强弱。鉴定意见与其他对于同一事项进行鉴定得出的鉴定意见之间的法律地位是相等的。在多个鉴定意见的情况下,即使重新鉴定的鉴定意见与初次鉴定的鉴定意见不同,只要每个鉴定意见都具有证据能力,各个鉴定意见的法律地位就是相同的,不存在预定的证明力等级,也不存在证明力高低的区分。

鉴定意见证明力与其他种类证据证明力比较确定证明力的大小。鉴定意见生成的基础性资料或客体,一般涉及实物证据以及言词证据(如测谎鉴定意见)的种类,在此基础上生成的鉴定意见揭示了这些证据与案件事实之间证明力的同向性,这些作为鉴定基础的证据就会与在此基础上生成的鉴定意见一起对案件事实发生证明效力,出现证明力的竞合问题,其证明力可优先选择鉴定结论,鉴定意见的证明力先于其依据客体证明力采信。当鉴定意见与其他种类证据证明力方向相反,在刑事诉讼中鉴定意见所达到的证明标准应高于民事诉讼,刑事诉讼涉及犯罪嫌疑人、被告人的生命、自由,因而孤立的鉴定意见后于其他证据的证明力,仅作为其他证据证明力的补充。如以DNA的鉴定意见为例,日本判例一直坚持要求有其他证据,并且只将 DNA 鉴定意见作为辅助证据。[①] 由于民事诉讼主要涉及诉讼当事人的财产利益和较轻微的人身利益,只要鉴定意见对待证事实的证明程度达到高度盖然性标准就可以优先予以考虑或采信。

本章述评

鉴定意见作为鉴定人的鉴别和判断意见,不仅受鉴定人科技水平、业务能力和实践经验高低的影响,也会受到其使用的仪器设备、鉴定方法以及所处的环境条件等实验室条件的制约,对于同一专门性问题出现不同的鉴定意见是必然的现象。这些针对同一专门性问题出现几个不同鉴定意见,常因提供给法庭的主体不同而出现鉴定意见的争议,甚至组织一些专家进行文证审查仍然存在分歧,致使曾作为"证据之王"的鉴定意见演变为"是非之王"。在侦查、检察、审判程序中,特别是审判的环节,通过何种机制来审查判断这些不同鉴定意见,从而解决鉴定意见的异议?

然而,我国的司法解释解决了鉴定意见着重审查判断的重点内容和不能作为定案根据的问题。但鉴定人出庭作证程序仍存在不完善的地方,尤其是对有专门知识的人出庭按照鉴定人出庭程序进行的不科学规定,致使学术界和实务界对有专门知识的人是否就是英美法系国家的专家证人,其性质如何及其诉讼地位如何确定,均存在不同的观点。有的学者认为,这种规定适应了证据制度科学化的发展方向,解决了司法实践中需要非鉴定专家证人,由此建立了专家证人制度。有学者认为,无论有专门知识的人出庭是就鉴定人的鉴定意见提出意见,还是对鉴定人进行询问,其诉讼地位、功能等不仅明显不同于英美法国家的专家证人和大陆法系国家的鉴定人,且与普通证人存在较大的不同。因此如何完善有专门知识的人出庭程序、提出意见的效力等问题需要理论进行探索。

思考题

1. 鉴定人出庭作证应当遵循哪些程序?
2. 鉴定人在接受质证时应当注意哪些问题?
3. 有专门知识的人出庭应当遵循何种程序?
4. 法官如何对鉴定意见进行审查判断?

---

① 〔日〕田口守一:《刑事诉讼法》,张凌等译,法律出版社 2000 版,第 241 页。

第十一章 司法鉴定职业伦理和执业法律责任

> **本章概要**

本章主要介绍了司法鉴定职业伦理和执业法律责任。司法鉴定职业伦理是指违反职业道德和执业纪律而产生的道德责任和纪律责任。司法鉴定执业法律责任是指违反法定或约定义务的情况下所应承担的法律上的后果。法律责任包括刑事责任、民事责任、行政责任、国家赔偿责任以及在诉讼过程中对司法机关承担的程序性责任。学习本章内容,应当了解司法鉴定职业伦理和执业法律责任的含义,掌握司法鉴定职业道德和执业纪律的意义、基本准则和内容体系以及司法鉴定机构和鉴定人执业责任的分类、不同责任的构成及内容。

第一节 司法鉴定职业伦理和执业法律责任概述

司法鉴定职业伦理和执业责任制度是现代司法鉴定制度的重要组成部分,它对于保障司法鉴定活动的规范、有序、公正进行,对于保障司法鉴定意见的客观性、准确性,对于维护鉴定人员和司法鉴定机构之间的公平竞争,提高司法鉴定质量,对于维护当事人的合法权益,以及对于推动司法鉴定技术水平的进步和持续发展等都具有重要的作用和意义。

一、司法鉴定职业伦理的概念

(一)职业道德和执业纪律的概念

伦理或道德[①]是在一定社会历史时期用以调整个人与个人之间、个人与集体之间,以及个人与社会之间关系的一种行为规范。"实际上,每一个阶级,甚至

---

① "伦理"与"道德"是伦理学或道德哲学中的两个核心概念,但二者长期处于概念模糊和逻辑混乱状态,学界也存在着争论,日常生活中更是没有严格区分使用。学者尧新瑜认为:当代"伦理"概念蕴含着西方文化的理性、科学、公共意志等属性,"道德"概念蕴含着更多的东方文化的性情、人文、个人修养等色彩。自"西学东渐"以来,中西"伦理"与"道德"概念经过碰撞、竞争和融合,目前二者划界与范畴日益清晰,即"伦理"是伦理学中的一级概念,而"道德"是"伦理"概念下的二级概念。参见尧新瑜:《"伦理"与"道德"概念的三重比较义》,载《伦理学研究》2006年第4期。

每一个行业,都各有各的道德。"①因而,职业道德是指与特定的职业活动紧密联系的符合职业特点所要求的道德观念和道德规范的总和,它是社会公共道德在特定职业活动中的具体化。

执业纪律是指从事某种职业的主体在具体的执业活动中应当遵循的执业规范。执业纪律是职业道德基本内容与要求的具体体现,是由行业协会等管理组织依据本行业的特点和特殊要求而制定的,具有一定的强制性,违反执业纪律要承担相应的纪律制裁,它是职业道德得以有效贯彻、落实的保障。

在行业发达,从业人员素质高,自律、自治程度高的行业中,职业道德和执业纪律通常是由行业协会自主制定和实施的,这是职业道德和执业纪律的理想形态。在行业发展不太发达,从业人员素质良莠不齐的行业中,则应当强调政府对行业的引导和管理,主要由政府制定职业道德和执业纪律,并监督职业道德和执业纪律的贯彻实施,进而推动行业内部职业道德的逐步形成和提高。我国现阶段的职业道德和执业纪律主要由政府主管部门制定并监督实施。

(二)司法鉴定职业伦理

司法鉴定职业伦理是指司法鉴定行业内部的职业道德和执业纪律,以及违反职业道德和执业纪律而产生的道德责任和纪律责任。它是一种行业内部进行自我约束的行为规范。

司法鉴定职业伦理是司法鉴定作为一种特殊的职业活动本身所要求和应当具备的道德规范。从适用对象来看,司法鉴定职业道德和执业纪律适用的对象既包括司法鉴定人也包括司法鉴定机构。

二、司法鉴定执业法律责任概述

(一)司法鉴定执业责任概念

在汉语中,"责任"一词有三方面基本含义:(1)分内应做的事情,指职责和义务。(2)特定的人对特定事项的发生、发展、变化及其效果负有积极义务。(3)因没有做好分内应做的事或没有履行好义务而承担的不利后果。法律责任的含义有广义和狭义之分,广义的法律责任包括了法律义务,狭义的法律责任仅仅指违反了法律义务的后果。司法鉴定执业责任,是指司法鉴定人和鉴定机构在执业活动中应当遵循的法定或约定义务,以及在违反法定或约定义务的情况下,所应承担的法律上的后果。

(二)司法鉴定执业责任的主要类型

依据不同的标准,司法鉴定活动中涉及的执业法律责任可以划分为以下几种。

---

① 《马克思恩格斯选集》第4卷,人民出版社1995年版,第236页。

1. 公法上的责任和私法上的责任。按照公法和私法的划分,司法鉴定执业责任可以划分公法上的责任和私法上的责任。前者包括行政责任、刑事责任、诉讼法上的责任(程序性责任)、国家赔偿责任等。后者主要是指司法鉴定人、司法鉴定机构与鉴定事项当事人之间的民事赔偿责任。

2. 司法鉴定机构的法律责任和司法鉴定人的法律责任。依据承担责任的主体不同,司法鉴定活动中的法律责任可以分为司法鉴定人的法律责任和司法鉴定机构的法律责任。

3. 依据所承担的法律责任的性质不同,司法鉴定执业责任可以分为刑事责任、民事责任、行政责任、国家赔偿责任以及在诉讼过程中办案机关承担的程序性责任。刑事责任是指司法鉴定机构和司法鉴定人依据刑法规定所承担的责任,如司法鉴定人伪证罪。民事责任是指司法鉴定机构和司法鉴定人在鉴定活动中或者鉴定结果给鉴定事项当事人造成损失而承担的赔偿责任。行政责任则是指司法鉴定活动的主管行政机关对违规的司法鉴定机构和司法鉴定人实施的行政处罚。国家赔偿责任则是指在诉讼活动中,因国家机关实施的司法鉴定活动或者采纳错误的司法鉴定意见致使当事人权益受损而导致的国家赔偿责任。程序性责任是指司法鉴定人在诉讼活动中应当履行的义务和职责以及不履行诉讼法所规定的义务和职责时受到的相应制裁,主要由诉讼法规定。

第二节 司法鉴定职业伦理

一、司法鉴定职业道德和执业纪律的特征和意义

(一) 司法鉴定职业道德和执业纪律的特征

作为一种职业道德和执业纪律,司法鉴定职业道德和执业纪律具有如下特征。

1. 在内容上看,司法鉴定职业道德和执业纪律鲜明地表达了司法鉴定的职业特征和执业行为上的道德准则。它不仅概括性地反映了社会公共道德的要求,而且反映了司法鉴定职业、司法鉴定行业以及司法鉴定这一产业的特殊性、它的基本特征和特定的利益需求。

2. 从发展历史来看,它是在特定的司法鉴定执业实践的基础上逐步形成的,体现了司法鉴定职业特有的道德传统和道德习惯,体现了从事司法鉴定职业的工作者所特有的道德心理和道德品质。这一特征要求必须从司法鉴定的基本属性,从保障司法公正,维护社会正义,从建设社会主义和谐社会的总体要求出发对司法鉴定行业进行准确定位,在政府的主导下逐步形成合理的职业道德和执业纪律体系。《决定》为司法鉴定体制改革和司法鉴定职业道德和执业纪律建

设提供了良好的契机。

3. 从调整范围来看,司法鉴定职业道德和执业纪律是对司法鉴定行业进行全方位的规范和引导。包括:司法鉴定从业人员与其服务对象之间的关系,司法鉴定从业人员内部关系,司法鉴定从业人员和社会整体的关系,司法鉴定从业人员与司法行政管理机关、行业主管部门、办案机关等国家机关的关系等。

4. 司法鉴定职业道德和执业纪律的具体表现形式灵活多样,它可以从本行业的实际需要出发,采用制度、守则、承诺、条例、标语或者口号等多种形式予以表现,在惩戒方式上,除了正式的惩戒之外,也可以是非正式口头批评、通报等。

(二)司法鉴定职业道德和执业纪律的意义

就司法鉴定行业而言,应当按照时代要求,在弘扬中华民族传统美德,吸收西方先进职业道德的基础上,建立起符合时代精神、符合社会主义市场经济要求、符合司法鉴定活动本质属性的司法鉴定职业道德和执业纪律规范。

1. 明确和制定司法鉴定职业道德和执业纪律有利于保障司法鉴定活动本身的客观性、科学性和准确性,增强司法鉴定意见的可靠性、可信度和社会公信力,保障、维护司法公正,进而实现社会正义。

2. 明确和制定司法鉴定职业道德和执业纪律能够通过政府管理和行业自律相结合的管理模式推动司法鉴定活动的规范化、有序化,维护司法鉴定行业内部的公平、公正竞争,遏制不正当竞争,促进行业内部的交流与互助,提高司法鉴定人员的业务素质和自身修养,促进司法鉴定行业的技术进步和持续发展。

3. 司法鉴定职业道德、执业纪律与从业人员的执业活动紧密结合,能够通过长期的执业实践逐步内化形成比较稳定的司法鉴定职业心理、职业意识和职业习惯,增强司法鉴定从业人员的职业认同感和荣誉感,自觉履行司法鉴定活动的各项要求,减少违规、违纪、违法现象的发生,从而推动司法鉴定行业的整体发展和进步。

4. 司法鉴定职业道德和执业纪律不仅是从业人员在执业活动中的行为准则和要求,而且体现了本行业对社会所承担的道德义务和责任。因而,通过制定和贯彻执行严格的执业纪律促使司法鉴定从业人员形成良好的职业道德修养,不仅能够提高司法鉴定行业的整体形象,更好地服务于社会,而且也有助于推动整个社会道德水平的提高。

二、司法鉴定职业道德的基本准则

2009 年 12 月 23 日,司法部发布的《司法鉴定职业道德基本规范》(司发

[2009]24号)①,全面归纳、概括了司法鉴定职业道德的基本准则,其具体内容包括以下六个方面。

1. 崇尚法治,尊重科学。这一准则的要求是:树立法律意识,培养法治精神,遵守诉讼程序和法律规定;遵循科学原理、科学方法和技术规范。

2. 服务大局,执业为民。这一准则的要求是:坚持以人为本,牢固树立社会主义法治理念;保障司法,服务诉讼,化解矛盾纠纷,维护公民合法权益。

3. 客观公正,探真求实。这一准则的要求是:尊重规律,实事求是,依法独立执业,促进司法公正,维护公平正义;对法律负责,对科学负责,对案件事实负责,对执业行为负责。

4. 严谨规范,讲求效率。这一准则的要求是:认真负责,严格细致,一丝不苟,正确适用技术标准;运行有序,保证质量,及时有效,严格遵守实施程序和执业行为规则。

5. 廉洁自律,诚信敬业。这一准则的要求是:品行良好,行为规范,举止文明,恪守司法鉴定职业伦理;遵守保密规定,注重职业修养,注重社会效益,维护职业声誉。

6. 相互尊重,持续发展。这一准则的要求是:尊重同行,交流合作,公平竞争,维护司法鉴定执业秩序;更新观念,提高能力,继续教育,促进司法鉴定行业持续发展。

三、司法鉴定职业伦理的内容体系

司法鉴定职业道德和执业纪律的内容体系包括以下几个方面的主要内容:

1. 制定依据。制定司法鉴定职业道德和执业纪律的依据主要是国家的相关法律、法规和部门规章,如《决定》《刑事诉讼法》《民事诉讼法》《行政诉讼法》《行政许可法》等法律的相关规定以及相关的部门规章②等。

2. 在司法鉴定业务活动方面:(1)司法鉴定人在司法鉴定业务活动中应当忠于事实、尊重科学,积极探求事实真相。(2)司法鉴定人应当依法独立开展鉴定活动,不受任何单位和个人的影响和干预。(3)司法鉴定人在执业活动中应当自觉回避。(4)司法鉴定人在鉴定活动中应当严格遵守司法鉴定程序和相关行业的技术标准和技术规范。(5)司法鉴定人不得同时在两个相同业务类型的司法鉴定机构从业。

---

① 2010年3月12日,司法部印发了《关于学习贯彻〈司法鉴定职业道德基本规范〉的通知》。
② 比如:《司法鉴定程序通则》《司法鉴定教育培训规定》《司法鉴定机构登记管理办法》《司法鉴定人登记管理办法》等。

3. 在与其他司法鉴定机构和鉴定人之间的关系方面。司法鉴定机构和鉴定人在执业活动中应当相互尊重,遵循公开、公平、公正竞争的原则,尊重同行,积极开展同业互助,共同提高执业水平。司法鉴定机构和鉴定人不得采取任何不正当竞争手段如损害其他司法鉴定机构和司法鉴定人的声誉、信誉或名誉等方式争揽业务。

4. 在与鉴定事项当事人之间的关系方面:(1)司法鉴定人在执业活动中应当诚实守信,勤勉尽责地为委托机关和当事人服务,按时、按质地完成委托鉴定业务。(2)严守执业过程中获知的国家秘密、商业秘密、个人隐私以及其他委托人不愿公开的事项。(3)不得与对方当事人或对方当事人委托的司法鉴定人合谋从事损害当事人权益的活动。

5. 与社会公众、社会公益的关系方面。(1)司法鉴定人应当珍惜职业荣誉和社会形象,不断提高自身业务素养和道德修养,自觉接受新闻媒体和社会公众的监督。(2)司法鉴定机构和鉴定人应当按照相关要求承担一定的司法鉴定援助业务和其他社会公益活动。

6. 与监督管理机构的关系方面。司法鉴定机构和鉴定人在执业活动中应当自觉接受和服从国家司法行政主管机关和司法鉴定人协会的监督、检查和管理。不得以隐瞒事实、弄虚作假、消极抵制等手段妨碍司法行政机关和司法鉴定人协会的执业监管活动。

7. 在司法鉴定人自身业务修养方面。司法鉴定人应当勤于学习,肯于钻研,自觉、积极参加司法鉴定业务岗前培训和继续教育学习,不断提高自身业务素质。

8. 在受理案件和业务收费方面。司法鉴定机构和鉴定人在业务活动中应当廉洁自律,严格遵守国家各项财务管理规定。司法鉴定机构应当按照规定统一接受委托和收取鉴定费用,安排相关鉴定业务人员进行鉴定,司法鉴定人不得私自接受当事人的委托,不得私自截留、挪用、私分和侵占鉴定费用,不得以任何理由和方式向鉴定当事人或其他利害关系人索取或者收受财物。

9. 在参与诉讼和仲裁活动方面。司法鉴定人应当遵守诉讼活动和诉仲裁活动中的相关规定,如按照要求出庭作证,言行举止文明,遵守审判庭和仲裁庭的纪律,不得损害司法机关和仲裁机关的名誉和威信。

10. 在纳税方面,司法鉴定机构和鉴定人在执业过程中应当依法履行纳税义务,按照税法和税务管理机关的要求申报和缴纳税款,接受税务机关的监督和检查。

11. 在惩戒机制方面。司法鉴定人违反职业道德和执业纪律的惩戒机制主要包括:惩戒机构、惩戒程序、惩戒种类、申诉程序等。

第三节　司法鉴定执业法律责任

一、行政法律责任

（一）行政法律责任的概念

司法鉴定活动中的行政法律责任,是指司法鉴定机构和鉴定人在执业活动中违反有关司法鉴定管理的行政法律、法规、部门规章,司法鉴定职业道德和执业纪律的规定,司法行政主管机关依法给予的行政处罚。按照行政法律责任承担的主体不同,可分为司法鉴定人的行政责任和司法鉴定机构的行政责任。

（二）行政法律责任的内容

对于司法鉴定机构和鉴定人可能承担的行政责任,《决定》和两个《办法》建立起了相对完整的行政法律责任体系。

《决定》第13条规定,鉴定人或者鉴定机构有违反本决定规定行为的,由省级人民政府司法行政部门予以警告,责令改正。鉴定人或者鉴定机构有下列情形之一的,由省级人民政府司法行政部门给予停止从事司法鉴定业务3个月以上一年以下的处罚;情节严重的,撤销登记:(1)因严重不负责任给当事人合法权益造成重大损失的。(2)提供虚假证明文件或者采取其他欺诈手段,骗取登记的。(3)经人民法院依法通知,拒绝出庭作证的。(4)法律、行政法规规定的其他情形。鉴定人故意作虚假鉴定,构成犯罪的,依法追究刑事责任;尚不构成犯罪的,依照前款规定处罚。两个《办法》进一步细化了司法鉴定机构和司法鉴定人的行政责任和具体的处罚规定。

1. 司法鉴定人的行政责任。司法鉴定人的行政法律责任主要包括:(1)未经登记的人员,从事已纳入本办法调整范围司法鉴定业务的,省级司法行政机关应当责令其停止司法鉴定活动,并处以违法所得1至3倍的罚款,罚款总额最高不得超过3万元。(2)司法鉴定人有下列情形之一的,由省级司法行政机关依法给予警告,并责令其改正:① 同时在两个以上司法鉴定机构执业的;② 超出登记的执业类别执业的;③ 私自接受司法鉴定委托的;④ 违反保密和回避规定的;⑤ 拒绝接受司法行政机关监督、检查或者向其提供虚假材料的;⑥ 法律、法规和规章规定的其他情形。(3)司法鉴定人有下列情形之一的,由省级司法行政机关给予停止执业3个月以上1年以下的处罚;情节严重的,撤销登记;构成犯罪的,依法追究刑事责任:因严重不负责任给当事人合法权益造成重大损失的;具有办法规定的情形之一并造成严重后果的;提供虚假证明文件或者采取其他欺诈手段,骗取登记的;经人民法院依法通知,非法定事由拒绝出庭作证的;故意做虚假鉴定的;法律、法规规定的其他情形。

2. 司法鉴定机构的行政责任。司法鉴定机构的行政法律责任主要包括：(1) 法人或者其他组织未经登记，从事已纳入本办法调整范围司法鉴定业务的，省级司法行政机关应当责令其停止司法鉴定活动，并处以违法所得1—3倍的罚款，罚款总额最高不得超过3万元。(2) 司法鉴定机构有下列情形之一的，由省级司法行政机关依法给予警告，并责令其改正：超出登记的司法鉴定业务范围开展司法鉴定活动的；未经依法登记擅自设立分支机构的；未依法办理变更登记的；出借《司法鉴定许可证》的；组织未取得《司法鉴定人执业证》的人员从事司法鉴定业务的；无正当理由拒绝接受司法鉴定委托的；违反司法鉴定收费管理办法的；支付回扣、介绍费，进行虚假宣传等不正当行为的；拒绝接受司法行政机关监督、检查或者向其提供虚假材料的；法律、法规和规章规定的其他情形。(3) 司法鉴定机构有下列情形之一的，由省级司法行政机关依法给予停止从事司法鉴定业务3个月以上1年以下的处分；情节严重的，撤销登记：因严重不负责任给当事人合法权益造成重大损失的；具有办法规定的情形之一，并造成严重后果的；提供虚假证明文件或采取其他欺诈手段，骗取登记的；法律、法规规定的其他情形。

3. 行政处罚的种类。《决定》和两个《办法》对于违规的司法鉴定机构和司法鉴定人规定的行政处罚种类包括：(1) 警告，责令改正。(2) 3个月以上1年以下的停止执业。(3) 撤销登记。(4) 责令停业。(5) 罚款。对于未经登记的法人、其他组织或者人员，从事已纳入司法部两个《办法》调整范围司法鉴定业务的，省级司法行政机关应当责令其停止司法鉴定活动，并处以违法所得1—3倍的罚款（罚款总额最高不得超过3万元）。

4. 行政处罚的救济程序。《司法鉴定人登记管理办法》第33条和《司法鉴定机构登记管理办法》第44条规定了行政复议程序，司法鉴定人和鉴定机构对司法行政机关的行政许可和行政处罚有异议的，可以依法申请行政复议。

二、诉讼法规定的程序性责任

诉讼法上的程序性责任，是指司法鉴定人在诉讼过程中向公安机关、检察机关和审判机关等承担的义务和责任。这种程序性责任主要由诉讼法规定，其目的是保障诉讼活动，尤其是审判活动的顺利进行，使法官、检察官、当事人及其律师能够对司法鉴定人的鉴定过程和鉴定意见进行询问、质证和核实。

（一）国外情况的考察

从法国、德国、日本和意大利等国家的规定来看，大陆法系国家司法鉴定人与司法机关之间的程序性法律责任主要有：(1) 接受委托或指定，按照法官或检察官的要求亲自完成鉴定工作。(2) 宣誓或具结保证。(3) 鉴定人进行鉴定时需接受法官或检察官的监督和指挥。(4) 回避。(5) 出庭作证，出庭宣读、说明鉴定意见和鉴定过程，接受法官、检察官、当事人及其律师的询问和质证。（6）保密义务。（7）对鉴定人的处罚措施包括赔偿费用、警告、秩序罚款和秩序羁押（拘留）。在英美法系国家，鉴定人作为专家证人，在诉讼法律地位上属于证人之一种，其产生主要是由当事人聘请，鉴定人和法庭之间纯粹是诉讼参与人和法庭之间的关系，鉴定人在诉讼中的法律责任适用证人的相关规定。鉴定人承担的义务和责任主要有：（1）按照法庭的要求出庭，如果专家证人应当出庭作证而拒绝的，法院可对其处以藐视法庭罪。（2）宣誓。（3）遵守法庭秩序。（4）按规定出庭接受当事人双方及其律师的交叉询问、回答法官的调查询问等。[①]（5）公开专家意见所依据的事实和依据。对于在少数情况下，鉴定人由法官指定参加诉讼的，被指定的（鉴定人）的义务除了前述内容之外还包括：被指定的专家证人，通过鉴定活动有所发现时应将其发现告知所有当事人。如《美国联邦证据规则》第706条规定，任何当事人均有权取得该专家证人的书面证词，法院或当事人均可传唤其出庭作证，专家证人出庭作证时应接受包括传唤其出庭作证的一方当事人在内的交叉询问。

相比较而言，在英美法系国家和大陆法系国家，鉴定人向司法机关承担的义务和责任在诸多方面是相同或类似的，如接受司法机关的指派或当事人聘请尽职尽责地完成鉴定工作；出庭作证，接受调查、询问和质证；遵守法庭秩序；司法机关有权对违反前述义务的鉴定人予以处罚，处罚种类包括警告、罚款、秩序羁押、藐视法庭罪等。

（二）我国司法鉴定人程序性法律责任

我国鉴定人的程序性法律责任主要是由诉讼法规定，鉴定人作为法定的诉讼参与人之一，参与刑事诉讼、民事诉讼和行政诉讼时应当遵守三大诉讼法的相关规定。此外，《司法鉴定人登记管理办法》《司法鉴定程序通则》也对鉴定人的程序性法律责任作了相应规定。[②] 总体而言，司法鉴定人承担的程序性法律义务和责任包括：（1）接受委托进行鉴定。（2）回避。（3）按照法庭的要求出庭作

[①] 在英美当事人主义诉讼模式之下，法庭一般不会主动传唤或询问证人，但立法上是允许的。如《美国联邦证据规则》第614条规定，法庭可以自己提议或者根据当事人的建议传唤证人，所有当事人均有权对传唤的证人进行交叉询问。法庭可以询问证人，不管该证人是法庭传唤的，还是当事人传唤的。但对于法庭传唤证人或询问证人，当事人可以在当时或者事后陪审团不在场的情况下提出异议。

[②] 2012年修改的《刑事诉讼法》第194条规定，在法庭审判过程中，如果诉讼参与人或者旁听人员违反法庭秩序，审判长应当警告制止。对不听制止的，可以强行带出法庭；情节严重的，处以1000元以下的罚款或者15日以下的拘留。罚款、拘留必须经院长批准。被处罚人对罚款、拘留的决定不服的，可以向上一级人民法院申请复议。复议期间不停止执行。对聚众哄闹、冲击法庭或者侮辱、诽谤、威胁、殴打司法工作人员或者诉讼参与人，严重扰乱法庭秩序，构成犯罪的，依法追究刑事责任。我国《民事诉讼法》第109条至第117条也有类似规定。《司法鉴定人登记管理办法》第22条第6项规定，鉴定人有义务"依法出庭作证，回答与鉴定有关的询问"。《司法鉴定程序通则》第7条规定，司法鉴定人经人民法院依法通知，应当出庭作证，回答与鉴定事项有关的问题。

证,接受法庭调查,回答与鉴定有关的询问、质证。(4)服从法庭指挥和遵守法庭秩序,违反者可被处以警告、训诫、责令具结悔过、责令退出或强行带出法庭、罚款、拘留。需要特别指出的是,2012年修改的《刑事诉讼法》和《民事诉讼法》强化了鉴定人出庭作证的义务和责任。《刑事诉讼法》第187条增加规定"公诉人、当事人或者辩护人、诉讼代理人对鉴定意见有异议,人民法院认为鉴定人有必要出庭的,鉴定人应当出庭作证。经人民法院通知,鉴定人拒不出庭作证的,鉴定意见不得作为定案的根据。"《民事诉讼法》第78条规定:"当事人对鉴定意见有异议或者人民法院认为鉴定人有必要出庭的,鉴定人应当出庭作证。经人民法院通知,鉴定人拒不出庭作证的,鉴定意见不得作为认定事实的根据;支付鉴定费用的当事人可以要求返还鉴定费用。"[①]

三、刑事法律责任

司法鉴定活动中的刑事法律责任是指司法鉴定机构和鉴定人在执业活动中触犯刑事法律所承担的刑罚责任。

从国外的情况来看,司法鉴定人应否承担刑事责任在历史上曾经有过争论。在专家证人制度的历史演进过程中,专家证人在很长时间内都享有免于伪证罪的权利。当前,对于专家证人在什么情况下可能被追究伪证罪责任这个问题,英美法系和大陆法系国家基本上达成了共识。在英美法系国家,司法鉴定人作为专家证人,如果故意地误导法庭时,会被追究伪证罪的刑事责任,即专家证人作伪证的,可处以伪证罪。[②] 在大陆法系国家,鉴定人作伪证时也可以处以伪证罪。[③] 但司法实践中基本上没有出现专家证人被追究伪证罪的情况。因为,鉴定是一种科学技术含量很高的活动,本身也存在一定的不确定性,完全按照刑事诉讼的有罪证明标准——排除合理怀疑(beyond reasonable doubt)或内心确信的要求去证明专家证人故意误导法庭是非常困难的。

在我国,由于司法鉴定活动涉及诸多方面,司法鉴定机构和鉴定人在执业活动中可能实施的犯罪行为也可能涉及多个罪名,如泄漏国家机密罪、泄漏商业秘密罪、商业贿赂方面的犯罪等,而且有些犯罪的主体不仅包括司法鉴定人而且也包括司法鉴定机构(作为单位犯罪的主体)。当然,这些犯罪的主体并不只是包括司法鉴定人和司法鉴定机构这一特殊主体,对于这些犯罪,应当按照相关法律规

[①] 《刑事诉讼法》和《民事诉讼法》对鉴定人出庭设置的条件不同,《刑事诉讼法》规定公诉人、当事人或者辩护人、诉讼代理人对鉴定意见有异议,并且人民法院认为鉴定人有必要出庭,二者需要同时满足;《民事诉讼法》的要求是当事人对鉴定意见有异议或者人民法院认为鉴定人有必要出庭,二者满足其中一个即可。

[②] 参见《美国模范刑法典》第241条。

[③] 参见《德国刑法典》第153条、第154条。

定予以处理。以司法鉴定人这一特殊主体身份构成的犯罪主要是伪证罪。

(一) 司法鉴定人伪证罪的构成要件

我国《刑法》第305条规定,在刑事诉讼中,证人、鉴定人、记录人、翻译人对与案件有重要关系的情节,故意作虚假证明、鉴定、记录、翻译,意图陷害他人或者隐匿罪证的,处3年以下有期徒刑或者拘役;情节严重的,处3年以上7年以下有期徒刑。《决定》第13条第3款也规定,鉴定人故意做虚假鉴定,构成犯罪的,依法追究刑事责任。[①]

司法鉴定人伪证罪的构成要件包括:(1) 主体要件。鉴定人伪证罪的主体是接受委托或聘请从事司法鉴定活动的自然人。(2) 主观方面。鉴定人伪证罪的主观方面只能是直接故意,具有陷害他人或者隐匿罪证的意图。即行为人明知自己的行为会发生妨害司法客观公正进而陷害他人或者为他人开脱罪责的结果,并且希望这种结果的发生。[②] (3) 客体要件。侵犯或妨害司法活动的正常进行。(4) 客观方面。本罪客观上表现为在刑事诉讼中,对与案件有重要关系的情节或事实作虚假鉴定。虚假一般包括两种情况,一是无中生有,捏造或者夸大事实以让人入罪,二是将有说无,掩盖或者缩小事实以开脱罪责。

(二) 司法鉴定人的伪证罪

我国的伪证罪的适用范围仅限于刑事诉讼领域,而不能适用于民事诉讼和行政诉讼,也不能适用到"非讼"活动以外的仲裁、调解等领域。我国《民事诉讼法》第102条规定,诉讼参与人或者其他人有伪造、毁灭重要证据,妨碍人民法院审理的,以暴力、威胁、贿买方法阻止证人作证或者指使、贿买、威胁他人作伪证的,构成犯罪的,依法追究刑事责任。《行政诉讼法》第49条规定,伪造、隐藏、毁灭证据的;指使、贿买、胁迫他人作伪证或者威胁、阻止证人作证,情节严重的,追究刑事责任。因此,为了保证司法活动的顺利进行,今后应当考虑将《刑法》第305条中的"刑事诉讼中"修改为"诉讼活动中",从而使刑事诉讼、民事诉讼和行政诉讼都可以适用伪证罪条款。

此外,由于《决定》保留了侦查机关设置的鉴定机构和鉴定人员,侦查机关的司法鉴定人属于国家工作人员,在鉴定活动中构成犯罪的,应当按照《刑法》第397条的规定处理。该条规定,国家机关工作人员滥用职权或者玩忽职守,致使公共财产、国家和人民利益遭受重大损失的,处3年以下有期徒刑或者拘役;情节特别严重的,处3年以上7年以下有期徒刑。本法另有规定的,依照规定。国家机关工作人员徇私舞弊,犯前款罪的,处5年以下有期徒刑或者拘役;情节特别严重的,处5年以上10年以下有期徒刑。

---

① 《刑事诉讼法》第145条第2款有同样的规定。
② 参见张明楷:《刑法学》(第2版),法律出版社2003年版,第825—826页。

四、民事法律责任

(一) 民事法律责任的概念及性质

司法鉴定机构和鉴定人在司法鉴定执业活动中的民事法律责任是指司法鉴定人在鉴定过程中侵害鉴定事项当事人合法权益的情况下所承担的赔偿责任。

从法国、德国、日本、美国等国家的情况来看,受制于诉讼模式,司法鉴定人在诉讼中的法律地位差异等因素的影响,司法鉴定人与鉴定事项当事人之间的民事责任,不同国家之间的做法差异比较大[①],较为一致的做法包括:(1)鉴定人在鉴定过程中因过错直接给当事人权益造成损害的,如人身伤害、损坏检材样本等,承担侵权性质的民事赔偿责任。(2)鉴定人不属于履行国家权力的公职人员,鉴定行为不属于国家公权力行为,因鉴定人的错误鉴定而致使当事人败诉或者受到其他损害的,国家不承担赔偿责任。(3)在大陆法系的法国、德国、日本等国家,因鉴定人本身的错误鉴定(存在故意或重大过失)而致使当事人败诉的,尽管国家不承担赔偿责任,但鉴定人本人或者鉴定机构承担一定的侵权责任,而且,对于鉴定人所承担的专家责任的限度,德国、日本学者主张为保持其中立性,应当减轻责任,只在故意或重大过失的情况下追究其责任,在轻过失的情况下免除其责任。

在我国,关于司法鉴定机构和鉴定人在执业活动中对当事人承担的赔偿责任的性质在学术界有不同的观点,存在违约责任说、侵权责任说、特殊责任说三种观点。在国外也存在契约责任说,侵权责任说,侵权与契约责任竞合说。还有观点将其界定为一种新的责任,即专家责任。依据当前的规定,当事人可以选择适用违约之诉或侵权之诉。《合同法》第122条规定:因当事人一方的违约行为,侵害对方人身、财产权益的,受损害方有权选择依照本法要求其承担违约责任或者依照其他法律要求其承担侵权责任。

(二) 司法鉴定人民事赔偿责任的构成

由于司法鉴定机构和鉴定人在司法鉴定活动中承担的赔偿责任在性质上是民事责任。因此,其构成也应当适用一般民事责任的构成要件,包括:违法或违约行为、损害事实、鉴定人存在主观过错、损害行为与结果之间具有因果关系几个方面:(1)鉴定人客观上实施了违法或违约行为。违法是指司法鉴定人在执业活动中违反了司法鉴定的相关规定,如司法鉴定程序通则、司法鉴定相关技术标准等;违约是指司法鉴定人在执业过程中没有完全适当地履行委托合同规定

---

① 参见〔日〕谷口安平:《诉讼观与鉴定人的责任》,载〔日〕谷口安平著:《程序正义与诉讼》,王亚新、刘荣军译,中国政法大学出版社1996年版,第253—271页。

的义务,没有尽职尽责地履行鉴定人职责。(2)有损害事实存在,而且损害事实与司法鉴定人违法执业和违反约定的行为之间存在着因果关系。有损害事实存在,是指司法鉴定人违法或违反行为给鉴定事项当事人造成了实际损失。损害事实与违法或违约行为之间存在因果关系,是指鉴定事项当事人所受到的人身损害或财产损失必须是因司法鉴定人执业中的违法或违约行为导致的。(3)主观要件是过错责任原则。过错责任原则是民法上确定责任分担的重要归责原则,是指如果一个人的行为造成了他人的损害,只有当他具有过错时才被课定责任,而没有过错就没有责任。这种将责任同过错相联系的做法,谓之过错责任。但关于过错究竟是主观问题还是客观问题,学理上存在争议。但一般认为,所谓过错就是指行为人所选择的行为具有违反社会普遍认同的行为标准的行为的特点,即以客观说为通说。[①] 对于司法鉴定人的主观过错,为保障鉴定人的中立性,应当是存在故意或者重大过失。对此,《司法鉴定人登记管理办法》第 31 条规定作出了明确规定。

依照一般的民法原理,免于承担民事责任的事由一般包括:(1)不符合一般民事责任构成要件,即没有同时满足主观过错、损害行为、损害后果、损害行为和损害后果之间的因果关系四个要件。(2)意外事件、不可抗力。如果发生了意外事件或者存在合理的不能预见、不能避免或不能克服的情况给鉴定事项当事人造成了损害,司法鉴定机构和司法鉴定人员不承担赔偿责任。(3)鉴定事项当事人自己的过错行为造成了损害等。

(三)先行赔付原则

《司法鉴定人登记管理办法》第 31 条规定:"司法鉴定人在执业活动中,因故意或者重大过失行为给当事人造成损失的,其所在的司法鉴定机构依法承担赔偿责任后,可以向有过错行为的司法鉴定人追偿。"这一规定表明,司法鉴定人的赔偿责任实行由司法鉴定机构先行赔付,事后追偿的赔偿原则,即司法鉴定人员因故意或者重大过失行为给当事人权益造成损失的,首先由其所在的司法鉴定机构依法承担赔偿责任,然后,其所在的司法鉴定机构可以向有过错的司法鉴定人追偿。这种先行赔付、事后追偿的机制一方面有利于保障权益受损人的合法权益得到及时弥补,另一方面也有利于惩戒具有过错的司法鉴定人,促进司法鉴定机构内部管理的改进。

(四)司法鉴定执业责任保险

司法鉴定是一个专业性强,同时存在一定执业风险的职业,司法鉴定人在执业过程中可能因不当执业而使鉴定事项当事人遭受各种损失,如证据灭失、不慎泄露当事人商业秘密或当事人隐私、未能按照委托合同的规定履行相关

[①] 〔德〕迪特尔·梅迪库斯:《德国债法总论》,杜景林等译,法律出版社 2004 年版,第 235 页。

义务、在鉴定过程中直接对鉴定事项当事人人身权益造成伤害等,由此产生相应的民事赔偿责任。因此,为了减轻或降低司法鉴定人的执业风险,更好地保障司法鉴定人和鉴定机构的民事赔偿责任能够真正得以落实,从而保障权利人的利益,同时也为提高整个司法鉴定行业的职业认同感,树立良好的行业信用和信誉。有必要借鉴律师等行业的做法,逐步建立起司法鉴定执业责任保险制度,即,司法鉴定机构和鉴定人按照一定标准交纳保险金,由某一保险公司对其执业活动中可能发生的赔偿责任承保,如果司法鉴定人和司法鉴定机构在开展司法鉴定业务活动过程中给鉴定事项当事人造成了经济损失或其他损害,依法应当承担赔偿责任,在司法鉴定执业责任保险合同规定的范围内,由保险人对鉴定人和鉴定机构应当承担的赔偿费用给予赔偿。

本章述评

司法鉴定活动中涉及国家赔偿,是指在刑事、民事、行政诉讼活动中,公安机关、人民检察院和人民法院因采信错误鉴定意见导致某一当事人利益受损,国家应否赔偿、归责原则以及在多大限度内予以赔偿等问题。从具有代表性的美国、法国、德国、日本这些国家的立法、判例和实践中的情况来看,普遍做法是不承认鉴定人是代表国家的公职人员,鉴定人的鉴定行为也不属于国家公权力的行使,由于鉴定人的错误鉴定致使犯罪嫌疑人、被告人、民事当事人利益受损的,国家不承担赔偿责任。[1] 在我国,这一问题相当复杂,尚未形成较为统一的意见,司法实践中的判例也存在较大的分歧。国家赔偿法目前的大致做法是,刑事赔偿采取无罪羁押归责原则[2],采信错误鉴定意见导致的错拘、错捕和错判要由国家进行赔偿。民事诉讼中采信错误鉴定意见导致的错判不予赔偿,在民事执行中采信错误鉴定意见错误执行,无法回转的国家要承担赔偿责任。

在理论上,对于采信错误鉴定意见导致错案国家应否承担赔偿责任这一问题存在两种对立观点。一种意见认为,国家不应当承担而应当由作出错误鉴定意见的鉴定人承担。原因在于:(1) 司法机关错拘、错捕、错判的根源在于鉴定人作出的错误鉴定意见。(2) 鉴定意见是就专门性问题所作出的判断性意见,

---

[1] 具体内容参见〔日〕谷口安平:《诉讼观与鉴定人的责任》,载〔日〕谷口安平:《程序正义与诉讼》,王亚新、刘荣军译,中国政法大学出版社 1996 年版,第 253—271 页。

[2] 《国家赔偿法》在总则中规定的是"违法归责原则",第 2 条第 1 款规定:"国家机关和国家机关工作人员行使职权,有本法规定的侵犯公民、法人和其他组织合法权益的情形,造成损害的,受害人有依照本法取得国家赔偿的权利。"在行政赔偿中体现了这一原则,但在刑事赔偿中实际上采取的是无罪羁押归责原则。

其作为待证事实的认知或知悉范围超过了一般常人包括法官的知晓经验或认知结构范围,因此,对于专家的鉴定意见,作为非专家的办案人员只能从程序上或形式上进行审查,而对于鉴定意见的实体内容,没有能力进行审查,更不能仅凭自己的直观感觉去否定专家的意见,所以此类错案的主要责任并不在于司法机关办案人员而在于鉴定人员,应由其承担因错拘、错捕、错判、错误执行引起的赔偿责任。另一种意见认为,国家应当承担赔偿责任,而不能转嫁到鉴定人身上,也就是说,在司法机关负有查明事实真相的责任的前提下,法官应当对作为证据之一的鉴定意见全面地、客观地审查,因采信错误鉴定意见而导致的错拘、错捕和错判应当承担国家赔偿责任,而不能转嫁到鉴定人身上。因为鉴定意见作为一种法定的证据类型,从本质上讲,它有可能反映了事物的本来面貌,但也不能排除出现错误的可能,经过司法机关查证属实是一个法定的运用证据的过程,如果让鉴定人员承担责任,实际上就是把审查证据不力的责任转嫁到提供证据的鉴定人身上,这显然是不合理的。① 对于公检法机关因采信错误鉴定意见错判而致使一方当事人利益受损国家应否赔偿这一问题,取决于国家赔偿法设置的国家赔偿归责原则,鉴定人实施鉴定的活动是否属于行使国家权力的职权行为,对涉案当事人权益的侵害是人身权益还是财产权益(一般认为,对人身权益侵害的严重性高于对财产权益的侵害)等基本理论问题的深入研究和明确界定,在当前这些基本理论问题尚未得到合理解决的情况下,无法确立起明确、统一的标准,只能根据个案的具体情形具体处理。

> **思考题**

1. 试述司法鉴定职业道德和执业纪律的意义。
2. 试述司法鉴定职业道德和执业纪律的内容体系。
3. 试述司法鉴定执业法律责任的种类、构成及其内容。
4. 司法鉴定执业责任保险制度应当包括哪些内容?

---

① 参见郭敬波:《采信错误鉴定导致刑事赔偿探析》,载《法学杂志》2001年第6期。

第三编 法医类司法鉴定

第十二章 法医病理司法鉴定

> **本章概要**

本章是有关法医病理司法鉴定实施过程中关键问题的论述。其内容主要包括法医病理司法鉴定的概念、任务、检验对象、实施程序、技术方法、主要内容、鉴定意见评断等。学习本章内容，了解法医病理司法鉴定工作程序和鉴定涉及的主要内容，掌握法医病理司法鉴定意见的评断。

第一节 法医病理司法鉴定概述

一、法医病理司法鉴定的概念

法医病理学是研究与人的尸体、器官和组织相关问题的学科。具体来讲，是指应用病理学及其他医学、自然科学等理论与技术，研究与法律有关的人身死亡原因、死亡方式、伤病与死亡之间的关系，包括致伤物的推断与确定，以及死后变化的发展规律及其检验鉴定的一门应用性科学。法医病理学工作者依据相关法律法规、按照法律程序，对上述专门性问题给出意见的活动被称为法医病理司法鉴定。法医病理司法鉴定为侦查、起诉、审判以及社会保险等相关法律的实施提供客观、科学、公正、准确的医学证据，并为医学卫生实践及立法提供医学资料。

二、法医病理司法鉴定的内容和任务

法医病理司法鉴定对象主要包括以下内容：(1) 死亡学说、死亡机制、尸体死后变化。(2) 暴力及非暴力因素致死尸体。(3) 各类中毒（农药、毒品等）致死尸体。(4) 危害公众的烈性传染病致死尸体。(5) 实施人工流产或非法堕胎致死尸体。(6) 涉及医疗纠纷死亡的尸体。(7) 在押人员死亡的尸体。(8) 其

他可能涉及法律问题的尸体等。简而言之，涉及法律问题的死亡事件和尸体，都是法医病理学鉴定的对象。目前涉及医疗损害，以及司法和执法过程的死亡事件是法医病理学鉴定的热点。

医疗损害的法医病理司法鉴定主要是确定死因、判断有无医疗过错、鉴定损伤程度、明确责任归责等。全面系统的尸体检验、组织病理学检查和相关辅助检验是判别涉及死亡的医疗纠纷中医疗过错的基础，没有进行尸检的医疗纠纷，在判别是否存在医疗过错时往往存在较多局限性。涉及医疗纠纷尸检前需详细了解临床经过及争执焦点，尽量获得全部（主客观的）病历资料，以确定尸检的重点。当怀疑死亡与药物有关时，就必须进行药品化验，尤其死亡发生在麻醉及药物治疗环节，应及时收集剩余药品及其容器、呕吐物、排泄物、血、尿和部分器官进行分析。鉴定意见需注意鉴别医疗意外及并发症、潜在性疾病偶合发作导致的猝死，以及刑事犯罪行为等。

刑事诉讼中常常因各种原因而发生死亡事件，通常出现在三个环节中，即拘捕、审讯、羁押过程。这些死亡案例必须经过严格的法医病理学检验，以明确死因，并在此基础上结合案情调查，确定死亡方式。拘捕过程中出现的死亡案例，可能因自身疾病引起，如在拒捕过程中，案犯情绪激动或有剧烈运动，可能导致原有自身疾病发作引起猝死，常见冠心病等心源性猝死。有时亦可见意外死亡，如拘捕过程中因跳车或高坠致死。审讯和羁押过程中的死亡案例的死因可以为自身疾病致死（生活条件差、精神压力大、审讯密集等作为诱因）、机械性损伤（滥用暴力刑讯逼供、牢头狱霸殴打）、机械性窒息（体位性窒息）。偶有服毒自杀案例，但需警惕抑制性死亡。

法医病理司法鉴定服务于诉讼活动，其任务主要是区别各种暴力及非暴力死亡，明确死亡原因、判断死亡方式，推断死亡时间；区分尸体破坏源于自然因素抑或人为因素；研究各类损伤的死后形态学改变及其特征；推测和认定致伤工具，推断损伤时间和形成方式，判明各类凶器的损伤形态和致伤程度；对无名尸体、碎尸或交通肇事、空难、海难、地震等意外事故或群体死亡的受害者尸体，或仅有的残缺组织器官进行个人识别；鉴别生前伤与死后伤、致命伤或非致命伤；区别损伤与疾病、损伤与中毒、疾病与中毒之间的关系；推断枪弹创的射入口、射出口、射击距离、射击方向和射击方式等；查明医疗纠纷患者死因及诊疗过程是否存在违反诊疗常规或差错，与死亡之间有无因果关系及参与度大小等。

三、法医病理司法鉴定的检验对象

法医病理司法鉴定的检验对象主要是尸体，有时须对离体器官组织进行检验，或审核审阅与尸体检验有关的鉴定书及声像资料等。

对尸体进行法医病理司法鉴定必须依据我国相关法律。《刑事诉讼法》第

126条规定:"侦查人员对于与犯罪有关的场所、物品、人身、尸体应当进行勘验或者检查。在必要的时候,可以指派或者聘请具有专门知识的人,在侦查人员的主持下进行勘验、检查。"第129条规定:"对于死因不明的尸体,公安机关有权决定解剖,并且通知死者家属到场。"第146条规定:"侦查机关应当将用作证据的鉴定意见告知犯罪嫌疑人、被害人。如果犯罪嫌疑人、被害人提出申请,可以补充鉴定或者重新鉴定。"解剖尸体应按《解剖尸体规则》实施。

四、法医病理司法鉴定的程序

法医病理司法鉴定程序主要包括:鉴定的提请、鉴定的决定与委托、鉴定的受理、鉴定材料的提供、收集和保全、鉴定的实施、补充鉴定、重新鉴定、共同鉴定、复核鉴定、鉴定人出庭作证等。

委托程序是法医病理鉴定的必经程序。需要遵守以下原则:依法、实事求是、科学、独立、及时、公平、公开及保守秘密原则。

不同案件类型、不同诉讼阶段决定委托鉴定的主体不同。根据诉讼的不同阶段(侦查、起诉、审判),法医病理鉴定分别接受公安机关、人民检察院、人民法院的委托。民事案件中需查明死因的,可由死者直系亲属或其诉讼代理人委托。

鉴定的实施是鉴定程序的核心环节,直接影响鉴定工作的整体水平。选择正确的鉴定方案是实施公正、科学鉴定的有效保证。鉴定方案的技术路线一般要求采用成熟的方法。如果国家(或行业)有技术标准规定的,应按其标准或规定操作;有时,为了解决某些特殊问题,如果需要引用国内最新科技手段,资料来源必须要有出处,附有参考文献。鉴定人在作各项检验、鉴定时,应全面、严格、细致地进行技术操作,对鉴定过程中的每一项检验结果均应认真做好记录(必要时拍照备案)。检查记录、实验记录等不能代替鉴定意见书。鉴定/检验过程的有关记录应随档案存档。

五、法医病理学档案及标本管理

法医病理学的档案包括委托书、协议书、案情记录、现场勘验记录、尸体检查记录、法医病理鉴定意见书、照片、声像资料等,必要时应附上预审笔录、病历资料及其他有关材料。随着计算机技术的普及,当前法医病理学档案管理多将案例资料建成电子数据库,同时利用各类电子扫描仪器将影像学片、照片、病理切片等全部转化为电子文档进行保存,以便于统计分析、科学研究和资料存档。

法医病理学的标本包括器官标本、组织蜡块、病理切片、血液、尿液、胃内容物等。尸体解剖后应保留必要的标本,以备有要求时出示实物证据或供重新鉴定。器官标本由于体积较大,除某些案件需留作证据或用于教学科研需要而保留部分组织块外,多在解剖后放回尸体体腔内,与尸体一起处理。组织蜡块和病理切片体积较小,可以长期保存。

第二节 法医病理司法鉴定的技术方法

法医病理学鉴定的主要检验对象是尸体,有时可以是离体器官、组织及有关检材、文书资料。

一、案情调查

法医病理学鉴定人应记录被鉴定人的姓名、年龄、职业、籍贯、文化程度、健康状况等一般资料;同时了解被鉴定人死亡时间及经过;询问并记录发现尸体的经过(发现人、时间、当时情况及尸体是否被移动过)。医疗纠纷死亡,需对死者生前的临床症状、体征、诊疗和用药过程、药物过敏史等进行了解,详细阅读相关病历资料,研究尸体检查方案,使鉴定过程有的放矢。

二、现场勘查

法医病理学鉴定人现场勘查的任务是观察命案现场情况,如观察尸体位置及其与周围环境的关系,有无移尸迹象;观察尸体体位、姿势和衣着;血迹的分布、性状、流注方向等。在不变动尸体状态的情况下收集血痕、呕吐物、服剩的药物或毒物。注意发现毛发、精斑、血迹、纤维、划痕等微量物证。特别要关注现场的隐蔽部位,如顶棚上、地板下、垃圾道等。进行初步的尸体体表检查和记录。

三、法医学尸体检查

法医病理学尸体检验一般包括尸体外表检验及尸体解剖检验,检验之前应仔细检查尸体的衣着及其附着物,标记可疑痕迹,提取备检。尸体检查要系统规范。尸体常温下保存一般不超过48小时,冷冻尸体一般不超过1周,尸检应尽早进行,避免组织自溶及腐败,尤其是医疗纠纷的尸检。然而,对于机械性损伤的发现,毒物检材的提取及有关疾病的检出等,冷藏条件下或出现腐败的尸体仍然存有较大的检验价值,因此鉴定人员不能单独地因为尸体保存时间超过规定而拒绝尸体检验。

尸体外表检查主要记录尸体的死后变化(即尸体现象),体表从头到足、由左至右、自前而后,各部位状态均要详细检查并记录、照相(重要部位的阴性结果也必须予以记录和照相),全面描述体表个人特征、附着物、病变及损伤情况,如有多个损伤时应逐个用文字说明其大小、方向、位置以及损伤种类和程度。尸体在死后不同时间进行检查,应分别记录和照相。肉眼检查要认真仔细。切勿遗漏隐蔽处的电流斑或注射针眼等不明显的暴力痕迹。

尸体解剖是法医病理学鉴定的基础,一般要求进行系统解剖及组织病理学检查,必要时,还需进行毒物分析、微生物学、尸体化学检验。系统解剖要求剖验颅腔、胸腔、腹腔、盆腔，必要时还需剖验脊髓腔及其他需要解剖的部位，如四肢。不能因找到一种可构成死因的病变或损伤，而不再做全面检查，以致可能遗漏真正的死因。

尸体检验记录是制作鉴定意见书的依据。解剖的现场情况及解剖步骤和所见均需逐项如实记录。解剖时不仅要描述和记录阳性发现，同时也要注明和记录必要的有意义的阴性情况。例如头皮无损伤、颅骨无骨折、脑内无出血等。尸体外表检查及尸体解剖均应拍照或录像（包括全身情况、各处损伤以及损伤的特写照片）。所有照片均应附说明。注意以下特殊类型的尸体检验要求、内容和方法不同于一般的尸体检验：无名尸体、碎尸、新生儿尸体、尸体发掘、传染病尸体、交通损伤尸体、医疗纠纷尸体。

四、法医病理学组织取材、固定、送检及证据保存

一个完整系统的尸体解剖除了肉眼检查外，法医病理学检查应是其中的一个重要的组成部分。原则上，每例尸检的各个器官和重要组织，无论大体检查有无病变，都应取材备查。

法医病理学检材是从整个器官上可疑病变或外伤处切下小的组织块，放入固定剂中固定。切取的组织块的大小一般为 2×2 cm，厚度以 $0.2-0.3$ cm 为宜。组织器官的切面方向需依据器官不同选择横切或纵切。法医工作中，提倡用10%甲醛作固定剂，固定剂的成分配比可根据实际情况调整。组织固定时应注意：固定剂足量，一般不少于器官组织总体积的10倍，次日应更换新鲜固定液继续固定数日，以得到较好的效果；脑的固定应注意避免压迫而致变形，可用细线穿过基底动脉，单独放入一带盖的容器内，用容器盖压住细线两端，使脑呈悬浮状固定；对有空气的组织如肺等，可用线缚住重物使其下沉，避免其上浮而影响固定效果，也可将浸有固定剂的毛巾或棉花覆盖在肺上面，以利固定；细薄的组织如胃肠、皮肤等，为防止其弯曲扭转，应先展平于稍厚的纸片上注意组织浆膜面贴于纸面上，粘着后，再放入固定液中；在固定前将实质器官（肝、脾、肾、胰等）以最大切面切开后再固定。

法医病理司法鉴定应注意保存的证据包括有关文证材料、尸体检验提取的器官和组织、组织病理学切片及蜡块、尸检照片、摄像文档及鉴定意见书等。

第三节 法医病理司法鉴定的基本内容

一、死因分析与死亡时间推断

死因分析是法医病理司法鉴定的核心。死因可分为根本死因、直接死因、辅助死因、诱因、联合死因等。根本死因是指引起死亡的原发性自然性疾病或暴力

性损伤。如恶性肿瘤、粥样硬化性心脏病、机械性损伤和机械性窒息引起的死亡等。在死亡案件中，最根本的死因往往是通过其所导致的致命性并发症和继发症引起死亡的发生，如刀刺伤引起失血性休克、溃疡病穿孔引起弥漫性腹膜炎、支气管肺炎引起感染性休克、冠状动脉粥样硬化引起大块心肌梗死等，而这些由根本死因所导致的致命性的并发症和继发症通常被称为直接死因。直接死因主要有感染、出血、栓塞、中毒、全身衰竭等。直接死因可以是一个或几个，应以具体案件具体分析辅助死因是根本死因之外的自然性疾病或损伤，其本身不会致命，但在死亡过程中起到辅助作用。如严重脂肪肝患者因酒精中毒死亡，其中的酒精中毒为根本死因，而脂肪肝为辅助死因。诱因即诱发身体原有潜在疾病恶化而引起死亡的因素，包括各种精神情绪因素、劳累过度、吸烟、外伤、大量饮酒、性交、过度饱食、饥饿、寒冷等。这些因素对健康人一般不会致命，但对某些重要器官有潜在性病变的人，却能诱发疾病恶化而引起死亡。联合死因，又称合并死因，是两种或两种以上的原因在同一案例中联合在一起共同引起死亡，包括病与病联合致死、病与暴力联合致死、暴力与暴力联合致死等。

死亡机制是指由损伤或疾病引起的、最终导致死亡的病理生理过程，是各种不同的死因通向死亡终点的几条共同通道。常见的死亡机制有心脏停搏、心室纤颤、反射性心脏抑制、严重代谢性酸中毒或碱中毒、呼吸抑制或麻痹、心肺功能衰竭、肝肾功能衰竭、延髓生命中枢麻痹、多器官功能衰竭。所有这些机制最后都会导致心、肺、脑活动停止而死亡。

死亡方式，俗称死亡性质，通常有以下几种：自杀死、他杀死、意外死、无法确定的死亡方式等。当前有少数国家将安乐死单独列为一种死亡方式，我国目前尚无此项立法。死亡方式的确定在不同国家或地区，对同一类型案件可能作出不同的判断。更重要的是，死亡方式的确定往往综合案情经过、现场勘察、尸检及相关化验结果才能确定，因此，不能苛求鉴定人员在未掌握所有信息、尤其不了解相关关键细节，条件不能满足的情况下，勉为其难地确定死亡方式。

死亡时间推断是法医病理司法鉴定实际工作中需要解决的重点及难点问题，对于划定侦查范围、确定凶犯、排除嫌疑人等具有重要作用。法医学实践主要依据死后尸体变化发生的规律推断死亡时间。根据尸体变化发生的先后顺序将死亡时间推断分为死后早期、死后晚期（腐败）及白骨化尸体死亡时间推断三个阶段。

二、机械性损伤

机械性损伤是指机体受到机械性暴力作用后，造成机体组织结构破坏或功能障碍。机械性损伤的致伤物种类繁多，加之机械运动形式不同，机械力的变化和人体组织结构生物力学的性质和反应性的差异，使得机械性损伤的鉴定成为法医病理司法鉴定中最基本、最困难、最复杂的问题。

机械性损伤的基本形态包括擦伤、挫伤、创伤、骨折、器官破裂、肢体断离等。

机械性损伤按致伤物的种类，可将其分为钝器伤、锐器伤、火器伤等。

钝器伤是由钝器作用于人体造成的机械性损伤。包括棍棒、斧锤、砖石打击伤，以及徒手伤、高坠伤和挤压伤等。钝器伤可以表现为擦伤、挫伤、挫裂创、骨折、内部器官破裂或肢体断离等形态，其中以擦伤、挫伤和挫裂创最多见。

锐器伤是指利用致伤物的锐利的刃缘或/和锋利尖端作用于人体上所形成的损伤。常见锐器有刀、斧、匕首、剪刀、玻璃片、金属片、磁片及木刺等。按作用方式不同，一般将锐器伤分为刺创、砍创、切创及剪创等几种基本类型。

火器伤，枪弹伤是由枪支发射的弹头或其他投射物所致的身体损伤，包括枪弹伤和爆炸伤。典型的枪弹伤由弹头射入人体形成的射入口、弹头在体内运行所形成的射创管（或称创道）以及弹头穿出人体皮肤组织所形成的射出口三部分构成。爆炸伤是指可爆物质爆炸时，释放能量所造成的人体损伤，主要由冲击波、高温及爆炸投射物所致，其中重要的是冲击波引起的损伤，高温类似于其他高温损伤（烧伤），爆炸投射物类似于枪弹损伤。

致伤物的推断是指根据损伤的形态特征，结合现场情况，对致伤物的类型、大小、质地、重量及作用面形状等特点进行分析推断的过程。损伤的形态特征是推断致伤物的重要根据。在各种条件相类似的情况下，用同一致伤物的某一部分打击所造成的多个损伤具有相类似的形态学特征，此即相同类型损伤的可重现性。由于解剖学和组织学结构的不同，打击面不同、打击的力量、速度、方向及方式等条件和情况的不同，同一致伤物可以形成不同形态的损伤，不同致伤物也可形成形态相似的损伤。

致伤物的认定是根据损伤的形态学特点与嫌疑致伤物进行比较，从而对嫌疑致伤物是否即为该损伤的致伤物进行分析推断和认定的过程。该过程需要损伤特征必须是具有个体显著性或唯一性，同时嫌疑致伤物上必须具有可与相应损伤特征进行比对的相应个体特征。此外，还需结合现场勘验，相关检查分析甚至模拟试验对比，作综合分析才能下结论，因此认定致伤物一般比较困难。

三、机械性窒息

机械性窒息是因机械性暴力作用引起的呼吸障碍所导致的窒息。根据暴力作用的方式和部位不同，可分为压迫颈部、压迫胸腹部、闭塞呼吸道口、异物阻塞呼吸道内部、液体吸入呼吸道等所致的窒息，主要类型有：缢死、勒死、扼死压迫胸腹部所致窒息、捂死和闷死、哽死、性窒息、体位性窒息、溺死等。

机械性窒息死亡者一般尸体体表征象包括：颜面部淤血发绀、肿胀；颜面部和眼睑结膜近穹隆部、球结膜的内外眦部瘀点性出血；尸斑出现较早、显著、分布较广泛；尸冷缓慢；牙齿出血（玫瑰齿）；大小便失禁等。尸体内部征象包括：内部器官淤血；器官被膜下、黏膜瘀点性出血；肺气肿、肺水肿等。

除上述共有的征象表现外，因形成窒息的类型不同可表现出各自的特殊改变，其改变程度可受个体差异、窒息方式、持续时间等因素的影响。如缢死的缢沟能反映出缢索的性质、缢索和缢套的形态、颈部受力的部位和缢型种类；扼死在扼压颈部时，凶手的手指、指甲、虎口、手掌、肘部以及前臂压迫被害人颈部形成的扼痕；常可在受压部位导致局部表皮剥脱、皮下出血，伴有指甲的抓痕或口鼻歪斜或压扁的迹象，口唇及口腔黏膜、牙龈处可有挫伤出血，严重者可伴有牙齿松动或脱落；体位性窒息，因身长时间被限制在某种异常体位，被捆绑者尸体上多留有相应的印痕或损伤；溺死者尸斑浅淡，口、鼻部蕈样泡沫，手中抓握泥草或其他异物，水性肺气肿，内部器官中有浮游生物（硅藻）等改变。

四、高温和低温损伤

高温和低温所致的损伤与死亡属于特殊的外因性损伤和死亡，常被怀疑可能与其他死因合并存在，因此鉴定时需要特别注意。一般高温损伤包括烧伤和烧死、烫伤和烫死、中暑和中暑死；低温损伤主要是冻伤和冻死。

烧伤、烧死都是指火焰与躯体直接接触后导致的损伤或死亡。因热液（沸水、沸汤、沸油）、蒸汽与躯体直接接触所引起的组织损伤，则称为烫伤。烧死尸体的病理学改变主要包括尸斑鲜红，皮肤红斑、水疱、焦痂或炭化改变，外眼角"鹅爪状"改变，睫毛仅尖端被烧焦，呼吸道黏膜表面可见烟灰、炭尘沉积，热作用呼吸道综合征等。在法医病理司法鉴定中，需注意鉴别生前烧死与死后焚尸。

中暑是指由高温（或伴有高湿）环境引起的，以体温调节中枢功能衰竭、汗腺功能衰竭和水、电解质丢失过多为特点的疾病。中暑死者，尸检多无特异性征象，鉴定时应详细调查现场的环境条件，结合过度高热、皮肤干热无汗和中枢神经系统症状等临床表现和尸体的病理形态学改变，同时进行毒物检测，排除其他死亡原因（机械性损伤、机械性窒息、中毒、猝死），综合分析判断死因。

人体长时间处于寒冷环境中，个体保暖不足，散热量远超过产热量，超过人体体温调节的生理限度，物质代谢和生理功能发生障碍所引起的死亡，称为冻死。冻死的病理变化主要包括反常的脱衣现象，苦笑面容，全身皮肤苍白或粉红，外露肢体部分由于立毛肌收缩呈鸡皮状，食管黏膜糜烂或坏死脱落。胃黏膜见维希涅夫斯基斑（Wischnevsky's gastric lesions），髂腰肌出血等。

五、电流损伤

电流通过人身体引起皮肤及其他组织器官的损伤及功能障碍称为电流损

伤。因电流作用导致人体死亡,称电击死。电流损伤和电击死者最典型的变化是皮肤电流斑的形成,但需要注意不是所有电击死亡的尸体都会出现电流斑。典型的电流斑一般呈圆形或椭圆形,直径 5—10 mm,色灰白或灰黄,质坚硬、干燥、中央凹陷,周围稍隆起、边缘钝圆,形似火山口,外周可有充血环,与周围组织分界清晰。光镜观察较具特征性的是表皮细胞发生极性化改变,以基底细胞层最明显。特别是损伤中心基底层细胞及细胞核纵向伸长或扭曲变形,排列紧密呈栅栏状、旋涡状、螺旋状或圆圈状,或伸长似钉样插入真皮中,被称为核流。法医鉴定时,需注意电流斑的肉眼和显微镜下改变既可见于生前电击,也可见于死后遭电击。

近年来有应用电警棍刑讯致死的案例。电警棍触及皮肤后的损伤形态与电警棍触头面积相对应,常成对出现,两点间距离与电警棍触头间距离一致。显微镜下表皮细胞各层见极性化现象,真皮血管内淤血或微血栓形成。

六、猝死

猝死是由于机体潜在的疾病或重要器官急性功能障碍导致的意外的突然死亡。猝死最根本的属性就是它的自然性(即非暴力性)。猝死具有急骤性、意外性、疾病潜在性的特征。判定猝死,必须排除暴力因素。猝死的常见诱因有精神、心理因素、冷热刺激、过度疲劳、过度饮酒、暴食等。

猝死的病因广泛,几乎所有系统的疾病均有导致猝死的可能性,有资料表明,在成人猝死的统计数据中,以心血管疾病居首位,如冠状动脉粥样硬化性心脏病、高血压性心脏病、心肌病、主动脉瘤破裂、病毒性心肌炎、冠状动脉肌桥、传导系统病变等;第二位是中枢神经系统疾病,如脑血管疾病、颅内肿瘤、癫痫、病毒性脑炎等;第三位是呼吸系统疾病,如急性喉阻塞、肺气肿和气胸、支气管哮喘、肺炎等;生殖系统疾病猝死中以羊水栓塞、产后出血最为常见。其他还有青壮年猝死综合征、婴幼儿猝死综合征。消化、泌尿系统和内分泌系统病较少见。

系统的尸体解剖是判定猝死、查明死因的关键。大部分猝死案例通过解剖和病理组织检查均可发现明显的病变作为鉴定依据;因此,必须全面、细致、系统地进行尸体解剖工作,并提取得器官进行组织学检查。还需提取胃肠道内容物、尿、血、脑脊液、玻璃体液等标本以及相关器官组织进行生物化学、药物或毒物检验,以排除中毒或其他暴力性死亡。

七、中毒

在法医学实践中,对死亡案例,尤其是疑似中毒或突然死亡、死因不明、案情不清的案例,均应进行全面系统的法医学尸体解剖及常规毒物筛选和检测,从而作出死因鉴定。

中毒的法医学鉴定主要任务是明确是否发生中毒；是何种毒物中毒；确定体内的毒物剂量是否足以引起中毒或死亡；推测毒物进入体内的时间、途径和形式；推断中毒或中毒死亡案件的性质是自杀、他杀或意外，最终为有关案件的侦查提供线索，为诉讼提供科学证据。

毒物种类繁多，在法医学中毒案件鉴定中，多将毒物按毒作用方式、来源和用途分为以下几类进行分析：腐蚀性毒物、金属毒物、脑脊髓功能障碍性毒物、呼吸功能障碍性毒物、农药、杀鼠剂、有毒动物、有毒植物、细菌和真菌毒素。我国以农药中毒最为多见（有机磷农药为主）；其次为一氧化碳，安眠镇静药、杀鼠剂、氰化物、有毒动植物、金属毒物等。近年来，与酒精中毒、药物滥用和吸毒相关的死亡逐年增多，已成为我国法医学研究和鉴定的新课题。

尸体系统剖验在中毒鉴定中具有重要作用，但多数中毒者器官和组织病变缺乏特异性；加之随着时代进步和经济发展，逐渐出现一些新的有毒物质，其毒性、中毒机制、中毒症状和病理变化、致死量及检验方法等尚未完全明确，这些均为中毒的法医学鉴定带来了诸多困难。

第四节　法医病理司法鉴定意见评断

一、法医病理学鉴定意见书的规范性

法医病理学鉴定意见书应该符合以下要求：(1) 针对委托人提出的问题，作出明确的结论。(2) 措辞简明易懂。(3) 分析说明内容应提出必要的理论和鉴定依据。(4) 分析说明问题必须实事求是，不做无充分根据的推测，也不能避重就轻作出鉴定结论。鉴定意见书内容包括：标题、文书性质缩略语及序号、委托基本情况（鉴定事项、受理日期、被鉴定人一般情况）、案情摘要、检验过程、法医病理学诊断、分析说明、鉴定意见、落款、附注。

二、对鉴定实施程序评价

法医病理司法鉴定程序的审查重点在于对鉴定资料（案情调查、现场勘查记录、病例资料等）的总结和应用；标准和方法的使用；检验记录的客观性、完整性，以及用词的规范性；病理标本的取材、固定、运送交接的规范化和制度化。

法医病理司法鉴定程序的质量控制体现在以下几方面：(1) 鉴定人、复核人、签发人三级审核责任制度。检验、鉴定一般至少有两名以上鉴定人参加，实行第一鉴定人责任制。(2) 专家聘请制度。对于复杂的、涉及多学科知识和技术手段的专门性问题的检验、鉴定，如果受主客观条件限制不能独立给出鉴定意见的，可以外聘专家协助鉴定。外聘专家鉴定实行一案一聘制度。专家意见应

详细记录在案,鉴定人对专家意见有采纳与否的决定权。(3)鉴定人年度考核制度,考核重点在于个案分析能力、尸体解剖操作能力、器官检查取材能力、组织切片阅片能力、出庭作证能力,其中需要着重强调出庭作证能力。

三、现有的鉴定技术标准

目前,法医病理司法鉴定技术方法的国家公共安全行业标准有:《GA/T147-1996 法医学尸体解剖》《GA/T148-1996 法医病理学检材的提取、固定、包装及送检方法》《GA/T149-1996 法医学尸表检验》《GA/T150-1996 机械性窒息尸体检验》《GA/T151-1996 新生儿尸体检验》《GA/T167-1997 中毒尸体检验规范》《GA/T168-1997 机械性损伤尸体检验》《GA/T170-1997 猝死尸体的检验》《GA/T194-1998 中毒案件检材包装、贮存、运送及送检规则》《GA/T223-1998 尸体辨认照相、录像方法规则》《GA268-2009 交通事故尸体检验》。鉴定活动应严格按照这些标准规定的方法和步骤执行,注意案件类型不同采用的方法步骤亦不相同。如怀疑溺死需进行硅藻检验,怀疑缢死或扼死需进行颈部逐层解剖等。通过上述鉴定技术标准来规范鉴定活动,鉴定机构方可进行质量控制或申请达到各类检查机构能力的通用要求。

四、对法医病理司法鉴定分析说明的评断

"分析说明"部分是根据鉴定材料和检验结果,阐明形成鉴定意见的分析、鉴别、判断的过程,能够反映鉴定人的思维逻辑。通常对以下委托要求进行分析:(1)死亡原因。分析根本死因、直接死因、辅助死因、死亡的诱因以及死亡的机制;阐明判定某种死因的依据以及排除其他死因的缘由;对可疑现象(死后人为现象,生物样本化验结果等)作出科学的评价,以免误诊影响鉴定意见的判定。(2)死亡方式。有条件时,法医应结合实际情况给出倾向性意见。(3)推断死亡时间。应提出计算的依据和可能的波动范围。由于不同检测方法可能得到不同结果,故在鉴定时应尽可能采用不同的检测手段,综合分析给出相对合理的结论。(4)致伤物推断。应着重说明致伤物与身体接触部分的可能形态及特性,同时尽可能说明致伤物的种类和质地。(5)损伤时间推断。主要区分生前伤与死后伤;推断由损伤至死亡所经过的时间。需要注意的是,对委托项目的分析说明需根据尸体、检材情况及鉴定实验室的条件与水平而定,在材料掌握不足的情形下,不宜下结论,另引用资料应注明出处。

五、对鉴定意见表述方式的规范性评断

鉴定意见应针对委托事由,根据检验结果和分析说明的理由,准确地作出有科学依据的结论。鉴定结论应简明扼要的按逻辑列出,作出确定性判断(肯定或

否定），而非模棱两可的结论。鉴定意见常用的表述方式及其含义如下。

1. 肯定性结论。例如，根据对被鉴定人的法医病理学检查结果，结合案情资料、现场情况、死亡经过、毒物检验（或相关检验）结果及被鉴定人情况等综合分析，认为被鉴定人系因重症冠状动脉硬化性心脏病急性发作致急性心功能不全而死亡。"系因……而死亡"是最高级别的肯定表述用语。

2. 较肯定结论。鉴定人在鉴定时，受主客观条件的限制（检验客体缺失、不具备检验条件、客观事实没有出现等），无法给出确切鉴定意见，但案情资料高度支持法医学检查结果。例如，根据对被鉴定人的法医病理学检查结果，结合案情资料、现场情况、死亡经过、结果及被鉴定人情况等综合分析，认为被鉴定人符合因重症冠状动脉硬化性心脏病急性发作致急性心功能不全而死亡。"符合因……而死亡"是较高级别的表述用语。

3. 条件性结论。鉴定人认为某些事实的发生需要具有特定的前提、条件；或者需要深入调查取证（针对案情不详、其他死因待排等）以明确支持已发生的事实。例如，根据对被鉴定人的法医病理学检查结果，结合现有案件材料综合分析，认为在排除中毒的基础上（前提下），可考虑被鉴定人系因重症冠状动脉硬化性心脏病急性发作致急性心功能不全而死亡。"在排除……基础上，考虑系因……而死亡"的意见表述往往具有不确定性或存在漏洞。

4. 可能性结论。鉴定材料不全，或信息来源不可靠时，鉴定人并不确信某种事件可能发生，只是没有掌握排除这种可能性的依据或材料。例如，根据对被鉴定人的法医病理学检查结果，结合现有案件材料综合分析，认为不排除被鉴定人系因……而死亡。"不排除被鉴定人系因……而死亡"的意见表述表明尚有其他因素亦可形成该死因，根据现有材料无法确定死因。例如，首次尸体解剖不规范，没有解剖头颅，其他死因被排除的情况下，结合案情及死亡经过，作出不排除死于颅脑的病变或损伤。

5. 未明确死因的鉴定结论。根据对被鉴定人的法医病理学检查结果，结合现有案件材料综合分析，认为可排除被鉴定人系因……而死亡。"可排除被鉴定人系因……而死亡"是一种没有确定真正死因的鉴定意见表述方式。

6. 某些情况下，由于条件不具备，鉴定人只能实事求是地作出概然性的鉴定意见，但至少可以根据检验结果排除被鉴定人因机械性损伤、机械性窒息或疾病而死亡。例如，"被鉴定人死于……的可能性大"。

需要强调的是，上述鉴定意见表述不同，并不意味着鉴定结论的错误，而是由于主客观条件（鉴定人资历深浅、检案材料是否齐全、尸检是否完善等）的限制，鉴定人对鉴定结论的把握度或肯定程度上存在差别。上述鉴定意见关键表述词的把握度的级别为：系因（是）＞符合＞较符合＞考虑＞不排除＞排除某种死因。

涉及鉴定意见的相关标本(病理切片、血尿化验等)分包给外单位的,务必查阅原单位的报告书或化验单,必要时就鉴定相关问题进行专家咨询,以免误解或扭曲外源信息,给出错误的鉴定意见。

本章述评

　　法医病理学是经典的、传统的法医学的代表和主干学科,它一直被认为是为司法实践服务的应用型学科,尽管其作用在于为诉讼活动尤其是司法审判提供客观证据,但受到主客观条件限制,有时鉴定结果难以避免存在局限性。以"阴性解剖"为例。法医病理司法鉴定中有极少数案件是法医鉴定人在进行尸检、组织病理学阅片、毒物分析等检验后,没有发现死亡原因的,这类案件被称为阴性解剖。出现阴性解剖的原因源于法医病理学的局限性,主要体现在以下几方面:(1)学科局限性。有些疾病或损伤没有明显的病理学改变,特别是法医学中的猝死案例,当前的科研水平无法检见引起死亡的形态学病变依据,如抑制死、青壮年猝死综合征、婴幼儿猝死综合征等功能性疾病致死或死因不明的案例。(2)鉴定人自身局限性。鉴定人的理论知识基础、检案经验、逻辑思维的主观性等都会影响鉴定意见。(3)客观条件的局限性。法医病理学检验设备、检测手段有限;腐败尸体或白骨化尸体等难以通过鉴定发现损伤与疾病。

　　法医病理鉴定意见在侦查实践工作中具有指导性作用,有些学者片面地认为检案经验在于积累与总结,因此没有必要对其开展学术科学研究。事实上,法医病理司法实践中也存在重点、难点、热点问题,有些鉴定内容目前并无法律规定、行业标准或国际公认条例,如死亡时间推断、损伤时间的判定等;同时,鉴定所采用的技术方法以及使用的仪器设备决定着鉴定意见的水平。这就需要在法医病理学领域开展有益的科学探索,坚持积累与创新齐头并进,以取得突破性的进展,从而保证鉴定结果客观公正。创新是学科发展的动力和源泉,但对于应用型学科而言,创新不能脱离实践。例如,可以考虑将鉴定系统中丰富的病理检案人体数据应用于科研,必将获取全面且具实用性的结果,使之既能对已有科研实验参数与技术方法的效用进行检测和修正,又能将学术成果运用于实际司法实践过程,形成实践与科研之间的良性循环,以逐步完善至最终满足司法实践应用要求。

思考题

　　某男,53岁,出租车司机。某日被人发现其出租车倒在路旁水沟中,汽车前挡风玻璃破损,车头显著变形损坏。该司机死在驾驶室内,衣裤整齐、钱财无丢失。尸检检见其左额骨线状骨折,骨折线自额叶向外下延伸至颅底,长 10 cm;左额部硬膜外血肿;左额叶脑挫裂伤,大小 3.0×3.5 cm。心脏重 380 克,冠状动脉粥样硬化,右主干病变Ⅲ级,左前降支病变Ⅳ级,左旋支病变Ⅱ级,灶性心肌纤维化。肝细胞灶性脂肪变性,脑、肺、脾、肾细小动脉硬化。胃内充满食物,呈未消化状态,可见进食的菜叶及饭粒等,有明显酒味。毒物分析检出乙醇含量 150 mg/dl。针对上述案例,回答以下问题:

1. 该案法医病理诊断是什么?
2. 损伤、疾病与中毒有何种关系?
3. 如何判断死因及死亡方式?

第十三章 法医临床司法鉴定

> **本章概要**
>
> 本章主要是法医临床司法鉴定的概论,其基本内容包括法医临床学的基本概念、司法鉴定程序方法和内容,以及法医临床鉴定意见在法律诉讼中的作用及其评价。通过本章的学习,了解和掌握法医临床鉴定的基本内容、常用的鉴定方法及鉴定原则;重点是法医临床鉴定方法,难点是法医临床司法鉴定意见评断。

第一节 法医临床司法鉴定概述

一、基本概念

法医临床学(forensic clinical medicine)是以活体为研究对象,运用临床医学的理论与技术和法医学知识,研究并解决法律上有关的人体伤害、伤残及其他生理、病理等医学问题的一门学科,是现代法医学发展和完善的重要组成部分,也是法医学一门重要的分支学科。

二、学科的特点

(一)与临床各学科及其他学科有着广泛的联系

临床法医学检验的对象是活体,故也被称为"法医活体损伤检验与鉴定"(examination and expertise of living body injury)。活体损伤检验的内容涉及机体的每一个部位,每一个器官,因此与临床各个学科都有广泛的联系。同时,每一个案件的委托要求不一样,还有涉及应用人类学的知识推断年龄、性别;应用心理学、社会学的知识辨别真伪等。所以,法医临床学鉴定工作也是多学科知识的综合体现。

1. 应用临床医学各学科的知识,帮助分析、判断各种类型损伤的表现特点、损伤与疾病的关系等。

2. 临床客观的检验方法和诊断技术,如 X 线、CT、MRI、B 超、肌电图、诱发电位等,已成为法医临床学鉴定、诊断依据不可缺少的技术手段。

3. 应用临床病理学知识,及病理临床联系的思维方法,分析各类损伤的发生机制、发生发展过程及其转归,使鉴定结论的依据更为充分、合理。

4. 法医临床鉴定案件还会涉及活体年龄的推断、性成熟度的判断、精神状态的评断等，因此鉴定人必须掌握或熟悉人体正常生理发育过程及不同年龄阶段组织及器官的发育特点，及其合理判断过程中应采用的科学检测方法的相关知识，来满足鉴定工作的需要。

5. 法医临床鉴定的对象是被鉴定人，鉴定时每一个被鉴定人的心理素质不一样，对伤情的表述，往往有夸大、伪造、不符合事实的情况，如轻微脑外伤后头痛头晕，肢体软组织损伤后关节活动障碍，眼外伤后视力下降等不良后果，如何正确地分析不良后果与损伤的关系，所以法医临床鉴定人还必须同时具备心理学、法学、社会学等知识，来提高自己辨别真伪的能力，以保证鉴定结论的客观、公正。

(二) 法医学特点

法医临床学是为了顺应社会和法律发展的需要而形成的一门新兴学科，虽然该学科与临床医学等其他学科关系紧密，但经过几十年的发展，逐渐形成了该学科自己的理论体系和研究领域。如法医临床重点关注的损伤形成时间的推断、致伤物的推断；损伤对机体功能和心理的影响程度；以及关节活动度、听力、视力、肌力的客观评价；损伤、伤残标准的制定与应用等问题，均不同于临床医学的重点研究方向。

在国外，虽然也有法医临床学的专业术语，美国还有法医放射学"forensic radiology"等专著，但鉴定工作主要由取得法医学鉴定资格的临床医生承担，多局限于虐待伤、酗酒、药物滥用、性问题、性犯罪的诊断和鉴定。而我国法医临床学已发展成为一门独立的学科，有专门的教学人员、科研工作者、有国家统编教材、研究生培养计划。该学科研究内容广泛（人体各个组织器官的损伤及其与诉讼有关问题的研究）、系统（统一的损伤、伤残标准的制定和应用），鉴定工作主要由职业鉴定人完成的特点，是我国所特有的。随着我国法制建设的不断完善和健全，目前活体损伤鉴定案件仍在逐年增加，预示着我国法医临床学将会进一步向新的学术高峰迈进。

第二节 法医临床司法鉴定的技术方法

一、基本程序和方法

(一) 案件受理

1. 根据法律规定，法医临床司法鉴定应由公安机关、检察院、法院等司法机关委托。目前道路交通事故案件可以接受受伤者单方委托。医疗过失鉴定原则上是接受司法机关的委托，但医患双方共同协商选择的鉴定机构也可以受理。

2. 要求委托单位或委托人在委托书上注明委托要求、委托项目，及送检材料目录，以便鉴定人接到委托后，根据委托书的委托项目和要求，审核送检材料是否齐全，是否符合鉴定要求，以及根据送检材料能否完成委托要求，从而作出受理或不能受理的决定。

通常的委托项目有：损伤程度、伤残程度、伤病关系、外伤参与度、"三期"评定、后期医疗费的评估、致伤物的推断、外伤形成机制等。

（二）案情了解

1. 鉴定人亲自听取当事人的自诉，对事件的发生原因、时间、地点、致伤物、就医诊治情况进行全面的了解。

2. 收集、审核委托单位送交的与案情有关书面资料、讯问笔录、证人证言、伤后的诊治病历、实验室检查结果、影像学资料等。如送检资料内容与自诉的伤情不相符，应注意是否存在夸大伤情或诈伤的情况，及时告知被鉴定人进行必要复查，同时向委托单位重新核实案情。

（三）活体检查

活体检查是法医临床鉴定的重要环节。

1. 一般检查。被鉴定人精神、营养、发育状况、体位、合作程度、语言表达等，反映被鉴定人的一般情况。

2. 特殊检查。体表损伤应用解剖学术语准确的描述损伤部位、形态、大小、数目、颜色等，并拍照；体内的损伤如骨折、内脏器官组织损伤或功能障碍则进行实验室辅助检查：CT扫描、MR检查、X光拍片、B超、视、听诱发电位、肌电图、激素水平、性功能检查等。其结果均是鉴定重要的、客观的科学依据。

（四）现场勘验

有些特殊案件，在活体检查和审核送检资料后，仍难以合理解释其损伤形成机制时，应进行现场勘验，结合现场分析，有助于提高鉴定结论的准确性。

（五）专家会诊

重大疑难案件，专业性很强的案件，在诊断和鉴别诊断，以及案件的定性问题上，请相关科室临床专家会诊或请多单位法医、鉴定人会诊，有助于鉴定水平的提高。

（六）书写鉴定书

1. 法医临床鉴定书的基本内容。其基本内容为：(1) 委托人姓名或名称、委托鉴定的内容。(2) 委托鉴定的材料。(3) 鉴定的依据及使用的技术手段。(4) 对鉴定过程的说明。(5) 明确的鉴定结论。(6) 对鉴定人鉴定资料的说明。(7) 鉴定人及鉴定机构签名盖章。

2. 其格式内容包括以下五个方面：

（1）基本情况。委托人或单位、委托鉴定项目、受理日期、送检材料、鉴定日期、鉴定地点、在场人员、被鉴定人姓名、性别、年龄、职业、住址。

（2）检验过程：① 案情摘要：简明扼要，主要表述受伤时间、地点、经过、主要受伤部位；如为重新鉴定或复核鉴定应附以说明；委托人或单位对引用鉴定标准有专门要求的应附以说明；如：人身伤害损伤，委托单位要求按工伤或道路交通事故伤残标准进行伤残鉴定等。② 病历摘要：事实上是病历的审核过程，结合委托要求，根据事件的发生顺序摘抄，摘抄时应摘录原文。一般受伤当日的病历、手术记录、术后病程记录、出院小结是病历审核及摘录的重点。摘录的病历应能完整的反映损伤或疾病的发生、发展、演变过程，能客观提供诊断和鉴别诊断的依据。③ 影像学资料审核：活体损伤案件中颅脑、四肢损伤较多，常常遇到颅脑 CT、MR 片或肢体损伤 X 光片的审阅。审阅时，除应注意损伤外，也不应忽视伤者姓名、性别、年龄、检查日期的核对，以免张冠李戴。如鉴定人审核影像学资料后，认为诊断不能明确者，一定要请放射科专家会诊或共同阅片。④ 证人证言摘要：当对被鉴定人的陈述有疑问，或被鉴定人对案情陈述不清时，应搜集、摘录该案件目击证人的证言，来帮助案情的分析。

（3）活体检验。主要记录鉴定人对被鉴定人实施活体检验的方法和结果。根据鉴定机构制定的人体损伤、伤残鉴定作业指导书，所明确规定的不同类型损伤，规范的检验方法和过程，来完成活体检验。如损伤的形态学特点、生命体征、肢体功能程度、精神状态的检查方法和判断标准，从而保证检验方法和检查结果的可靠性。

（4）分析说明。是鉴定人表达鉴定思想的论证过程，也能反映鉴定人临床医学与法医学知识的综合能力及水平。一般要求鉴定人根据委托要求，结合送检材料、活体检查结果、结合专家会诊意见对损伤的特点、形成原因、诊断依据、有无并发症、后遗症，标准的应用逐一进行表述。内容应逻辑性强，文字结构层次分明、通俗易懂，证据可靠充分，结论性意见准确规范，不使用有歧义的语言。

（5）鉴定意见。一般为分析说明内容的总结，应与委托要求相一致。根据不同的委托要求，鉴定意见的表达方式不一样，如伤残程度、损伤程度根据标准直接评定，而致伤物的推断或损伤时间的推断则多以倾向性意见的表达方式表述，如"符合钝器伤的特点"等。

二、鉴定方式

活体检验是法医临床鉴定的重要环节，其检验结果也是鉴定意见的重要依据。但部分案件因发生时间较长或损伤时的不良临床表现已经恢复，如呼吸困难、皮肤青紫、休克等，此时则不能依靠活体检验进行鉴定，故目前常采用的鉴定方式有两种:(1)活体检验+文证审核。(见基本程序和方法的内容)。(2)文证审核。仅对委托单位提供的文证资料(病历资料、影像学资料,以往的司法鉴定文书等)进行审核,经分析、判断后出具书面的鉴定意见。临床病历记载和辅助检查资料是鉴定的主要客观参考资料,送检资料受所在医院级别、整体执业水平、检验仪器性能的影响,故送检文证资料的内容直接影响鉴定意见的正确与否。所以根据送检材料是否完整、可靠,可以作出明确的鉴定意见,但该鉴定意见仅对送检文证资料负责。也可以出具仅供参考的意见,或无法得出鉴定结论的意见。

第三节 法医临床司法鉴定的基本内容

法医临床学承担民事、刑事等方面的活体损伤检验任务,包括因打斗、交通事故、工伤事故造成的各种伤害的法医学鉴定。涉及损伤类型、成伤机制、致伤物推断、损伤时间推断、损伤与疾病的关系、损伤程度;因案件的需要,对被鉴定人进行生理发育状况鉴定:如年龄、性别、精神状态、性成熟度等;某些疾病的鉴定:如生理发育障碍或异常、性功能障碍、性变态等;其他方面鉴定:如性犯罪、诈病(伤)、造作病(伤)、医疗过失、劳动能力及伤残程度,与损伤有关的赔偿等。

一、损伤程度鉴定

我国《刑法》第234条规定:故意伤害他人身体的,处3年以下徒刑、拘役或者管制。犯前款罪,致人重伤的,处3年以上10年以下有期徒刑,致人死亡或者以特别残忍手段致人重伤造成严重残疾的,处10年以上有期徒刑、无期徒刑或者死刑。为了法律审判工作的需要,要求对各种人身伤害形成的损伤的严重程度进行法医学鉴定。

(一)重伤

我国《刑法》第95条规定,重伤是指使人肢体残废,毁人容貌,丧失听觉,丧失视觉,丧失其他器官功能或其他对于人生健康有重大伤害的损伤。最高人民法院、最高人民检察院、公安部、国家安全部、司法部2013年8月30日颁布的《人体损伤程度鉴定标准》中提出,重伤是指使人肢体残废,毁人容貌、丧失听觉、丧失视觉、丧失其他器官功能或者其他对于人身健康有重大伤害的损伤,包括重伤一级和重伤二级。

达到重伤标准的损伤概括为:

(1)危及生命的损伤:如心、脑、肝、脾、肾重要脏器的破裂等。

(2)可直接引起危及生命的严重并发症的损伤:如严重的血气胸合并呼吸

困难,失血性休克失代偿,损伤后腹膜炎等。

(3) 可直接引起严重后遗症的损伤:如外伤性癫痫,外伤性脑积水,器质性精神病等。

(4) 可致重要器官功能障碍的损伤:如听觉、视觉功能丧失,性功能、生育能力丧失等。

(5) 可致残疾的损伤:如肢体残缺,大关节活动度丧失50%以上,骨折严重畸形愈合等。

(6) 可致毁容的损伤:如眼球缺失,耳廓缺失,面部明显瘢痕导致毁容等。

(二) 轻伤

《人体损伤程度鉴定标准》提出,轻伤是指使人肢体或者容貌损害,听觉、视觉或者其他器官功能部分障碍或者其他对于人身健康有中度伤害的损伤,包括轻伤一级和轻伤二级。

(三) 轻微伤

《人体损伤程度鉴定标准》提出,轻微伤是指各种致伤因素所致的原发性损伤,造成组织器官结构轻微损害或者轻微功能障碍。

二、损伤程度评定原则

1. 实事求是的原则

我国相关法律规定,致人重伤和轻伤者,按刑法处罚,属犯罪;轻微伤则按《治安管理处罚法》处罚,为非罪。在确定罪与非罪的原则问题上,鉴定人承担着向司法部门提供重要的、甚至是唯一的审判依据的责任,鉴定时应严格按照标准,本着对事件双方负责的态度,以事实为依据,实事求是的鉴定,以确保鉴定结论的法律性和严肃性。

2. 以损害后果为依据评定原则

危及生命的损伤,应根据损伤当时发生的原发性损害,与损伤有直接联系的并发症,以及损伤直接引起的后遗症进行评定,不可因临床抢救及时,治疗好转,预后良好而减轻原发性损伤的程度。如失血性休克,经抢救后机体恢复正常,但仍应以损伤当时严重并发症休克进行损伤程度评定。

3. 选择合理鉴定时机原则

任何损伤的发生发展及转归都有一个过程,同一损伤在不同的时间段作出的鉴定结论可以不一样。为了避免因鉴定时机不同而出现不同鉴定结论的现象,一般规定,凡是危及生命的损伤,肢体及器官缺失性损伤,应以受伤当时的原发损伤为鉴定依据,在明确诊断后即可作出法医学鉴定,称即时鉴定。对于毁容、肢体功能障碍(如面部疤痕、骨折、周围神经损伤、听力、视力障碍等),或疑难、复杂的损伤,应在临床治疗终结伤情稳定后,以治疗后的后果及结局为依据进行法医学鉴定,称观察后鉴定或延时鉴定。根据不同的损伤,要求伤后观察3—6个月,必要时甚至需观察更长时间再做鉴定。

4. 损伤程度标准从严掌握原则

根据不同的损伤程度,加害人必须承担相应的法律责任。损伤程度的认定依据必须十分充分,完全符合鉴定标准的要求。当鉴定人按照鉴定标准相关条款的规定,认为被鉴定人的损伤程度处于轻重伤之间,或轻重伤难以界定时,本着"疑罪从无"的法律原则,应评定为轻伤,即从轻评定。

三、伤残程度

伤残程度也指劳动能力丧失程度。

伤残程度评定是法医临床鉴定重要内容之一,因致伤的原因不同,援引的伤残标准也不同。目前法医临床鉴定工作中,可以援引的伤残鉴定标准有(1) GB 18667-2002《道路交通事故受伤人员伤残评定》标准(国标)(简称"道路标");(2) GB/T 16180-2006《劳动能力鉴定职工工伤与职业病致残等级分级》标准(国标)(简称"工伤标");(3)《革命伤残军人评定伤残等级的条件》(国标);(4)《人身保险残疾程度与保险金给付比例表》(行标);(5)《医疗事故处理条例》(部标);(6)其他。其中援引率最高的是"道路标"和"工伤标"。

(一)伤残程度分级依据

1."道路标"。以伤者日常生活自理能力、自我移动能力、社会交往能力及职业工作能力大小作为划分依据,将伤残等级从重至轻分为 I-X 级,每一级的劳动能力丧失程度相差 10%。主要适用于道路交通事故损伤人员伤残评定。

2."工伤标"。该标准依据器官损伤程度、功能障碍程度、是否存在医疗依赖、护理依赖及其程度,同时考虑特殊残情造成的心理障碍程度,将伤残等级从重至轻分为一至十级,每一级的劳动能力丧失程度相差 10%。本标准主要适用于工伤、职业病者伤残评定。

(二)伤残程度评定原则及注意事项

1. 以损伤治疗结果为评定依据原则。司法技术鉴定是为司法工作服务的,伤残程度评定意见是司法机关或其他处理部门据以赔偿的依据。构成伤残者,说明其身体存在永久性的功能障碍,因此伤残评定应在损伤经过抢救、治疗、康复后,伤情稳定、治疗终结后进行,根据治疗终结后的身体功能状况进行伤残程度评定。同时,"治疗终结"意味着要掌握好鉴定时机,不能过早也不能过晚,而且鉴定结论依据,是以治疗终结后复查的资料及鉴定时的活体检查表现为主。如事故双方共同要求提前伤残鉴定,则应以鉴定时的残情为准进行伤残评定。

2. 一处损伤一个伤残等级原则。根据损伤部位评定伤残程度,每一处损伤凡构成伤残者,均需评定相应的伤残等级;而同一部位因损伤造成多种后遗症,引起多种功能障碍均构成伤残者,最终仅以导致最高伤残等级处评定。例如道路交通事故致上肢骨折合并周围神经损伤后,遗留肩关节畸形可评为九级伤残;而臂丛神经损伤后上肢肌力下降可评为七级伤残;最终,仅以肌力下降评为七级伤残即可。

3. 伤残程度评定涉及伤病关系时,必须进行伤病的因果关系及参与度的分析,最终鉴定结论应排除自身疾病致残部分。

4. 引用"道路标"符合两处以上的伤残等级者,称多等级伤残。结论中应当分别写明各处的伤残等级,然后综合计算赔偿指数,其中附加赔偿指数,一般每级增加0.01。如一例道路交通事故伤残鉴定,上肢损伤评为八级残,下肢损伤评为九级残,该例最高的伤残赔偿指数为0.3(八级),附加赔偿指数为0.02(九级),伤残赔偿总数为0.32,即32%(附加指数不能超过0.1)。

5. 根据"工伤标"的规定,对于同一器官或系统多处损伤,或一个以上器官同时受伤损伤者,应先对单项伤残进行鉴定,如几项伤残等级不同,以重者定级,两项以上等级相同可晋升一级,最多只能晋升一级。

6. "道路标"和"工伤标"均为国标,均有至高的法律权威性,但因缺乏人身伤害损伤的伤残评定标准,鉴定中经常遇到人身伤害后伤残评定如何选择引用评残标准的问题,目前全国没有一个统一的规定;又由于"道路标"和"工伤标"针对的对象不同,要求不同,标准的基点也不一样,所以同一种损伤应用不同的标准,可出现差异很大的鉴定结果。如双下肢截瘫肌力四级,引用"道路标"可评为四级伤残,引用"工伤标"则评为七级伤残;一肢肘关节功能丧失75%,引用"道路标"不构成残,引用"工伤标"可评为七级伤残。遇到类似的情况,鉴定人应注意及时与委托单位沟通,选用符合当地司法规定的伤残标准进行评定。

(三)"三期"评定

最高人民法院《关于审理人身损害赔偿案件适用法律若干问题的解释》中规定"受害人因伤残的,其因增加生活上需要支出的必要费用以及因丧失劳动能力导致的收入损失……因康复护理、继续治疗实际发生的必要的康复费、护理费、后续治疗费,赔偿义务人也应当予以赔偿"。鉴于法律规定,"三期"评定已成为与法医临床损伤和伤残评定相配套的鉴定工作。"三期"指被鉴定人损伤后休息(误工)期限,护理期限,营养期限的法医学鉴定。三期评定的结果,直接与民事审判最终赔偿的数额相关。

休息(误工)期限。指损伤后因接受治疗和康复,而不能参加正常劳动和工作的时间,一般从损伤到康复终结。

护理期限。损伤后,在治疗和康复期间,伤者基本生活能力下降,需要他人护理的时间,即伤后生活不能完全自理期间。护理期限不同于护理依赖,前者是暂时性的,后者是永久性的。

营养期限。损伤较为严重时,治疗和康复期间,常规普通饮食不能满足机体康复的要求,需要增加营养物质来促进损伤修复,机体康复的时间,只是在损伤严重,机体康复需要时考虑。

目前法医临床鉴定中与"三期"有关的标准有我国公共安全行业标准《人身损害受伤人员误工损失日评定准则》GA/T521-2004。该标准仅仅为"误工期"的评定标准,而"营养期、护理期"尚缺乏国家标准。为了能更好地完成法律诉讼的需求,上海市司法鉴定工作委员会2008年1月7日颁发了《人身损害受伤人员休息期、营养期、护理期评定标准(试行)》;2011年3月1日北京市司法鉴定业协会颁发了《人身损害误工期、营养期、护理期评定准则(试行)》。

"三期"的评定应视损伤康复所需要的时间而定,影响康复的因素很多,有客观因素如外伤后感染、骨折延迟愈合、手术治疗多次不成功等;也有主观因素如后期消极治疗、有意隐瞒伤情恢复情况或夸大损害后果等。另外,伤者的年龄、身体素质、心理素质、医疗条件都可以影响损伤的康复过程。同样的损伤,不同的被鉴定人认为所需要的康复时间可以有很大的差别。鉴定人应结合损伤及治疗过程,以及复诊、复查的病历资料,鉴定时,在现有标准及地方规定的基础上,因人而异,具体情况具体分析。就损伤康复过程普遍规律而言,一般情况下,评定的休息(误工)期限较护理期限长;护理期限较营养期限长,三者之间的时限比例关系可以在1/2—1/3之间。

第四节 对法医临床司法鉴定意见评断

我国《刑事诉讼法》《民事诉讼法》及《行政诉讼法》规定,鉴定结论(意见)为法定证据种类之一。然而法医鉴定意见能否作为证据必须具备客观性、关联性及合法性三个特性。

一、鉴定意见客观性的评断

法医临床鉴定意见必须具有客观性,才能成为事实上的证据。客观性是指伤者诊断、治疗过程中所得到的医学影像学或检验学的检查结果、鉴定人在活体检验过程中对损伤的记录,作为证据时能说明案情,解释案情,甚至合理的推断案情。为了使鉴定意见与客观证据呈现高度一致性,要求鉴定人应用现代医学技术手段,客观、准确、及时地进行检查,应用科学的判断方法,分析损伤或伤残的原因、发生经过、形成机制、作出的鉴定结论,对诉讼的事实起到其他证据难以替代的确证作用。而简单将临床医生的诊断意见或检查报告,不加论证而作为鉴定依据应用,不符合鉴定意见客观性的要求,容易导致错误鉴定意见的产生。

二、对鉴定意见与案件有无关联性的评断

法医鉴定属于因果鉴定,其鉴定意见所反映的伤害与造成的损伤后果应具有关联性,即有"因果关系"。明确了因果关系后,还应根据损伤的原因与所发生的后果确定因果关系的大小。一般有直接因果关系、同等因果关系、间接因果关系。如不良后果的产生,损伤是唯一的原因,即一因一果,多为直接因果关系;如不良后果的产生是损伤和自身其他因素共同作用,即多因一果,且难分主次时,则为同等或"临界型"因果关系;当损伤仅仅是不良后果的诱发因素、加重因素或促进因素时,则为间接因果关系。

因果关系的大小与损伤应承担的法律责任大小有关。直接因果关系在法律上多为完全责任或主要责任;临界型因果关系为同等责任;间接因果关系为次要责任或轻微责任。

因果关系的大小与损伤参与度有关。参与度的评价目前全国没有统一的标准,常常因此而引起争议,所以也是当前鉴定工作中的难点之一。相关学术观点也不少,大多数学者认为:直接因果关系的外伤参与度为$\geq 75\%$;临界型因果关系损伤参与度50%;间接因果关系外伤参与度$<50\%$,或$20\%—30\%$。当外伤参与度$\geq 75\%$时,应按完全参与度评定损伤及伤残程度;$50\% \leq$外伤参与度$<75\%$时,损伤程度则应降级评定;外伤参与度$<50\%$时,一般不评损伤及伤残程度,仅注明损伤参与度。

三、对鉴定意见合法性的评断

鉴定意见形成过程中,鉴定程序合法,鉴定方法、技术、标准的应用合法是鉴定意见在诉讼活动中能作为合法的证据的保证。

(一) 鉴定程序的合法性

1. 鉴定人的合法性。法医临床学鉴定人是指取得法医临床学鉴定人职业资格和执业证书,在鉴定机构中执业,具备应用临床法医学和法医学知识和技能,解决诉讼活动中有关法医临床学专门问题能力的专业技术人员。

鉴定人从事鉴定工作是个人行为,要对鉴定意见负责,有出庭作证及对鉴定意见的质疑予以答复的义务。鉴定人必须与事件双方均无利害关系,从而保证鉴定意见的客观公正。

2. 鉴定步骤的合法性。鉴定作为法律性科学活动,必须在严格的法律程序下进行。其鉴定人数、鉴定时限,委托受理手续,鉴定材料的接收、审核、活体检验方法、技术规范、鉴定人的回避制度等,应依照《司法鉴定程序通则》的规定要求执行。

(二) 鉴定方法、鉴定技术、鉴定标准的适应性和可靠性

1. 适应性。不同类型的损伤,均要经过活体检验及送检资料审核的过程,根据不同的委托要求,应采取不同的检测方法来适应委托要求。如眼外伤后视力下降,此时不能仅依靠普通视力表检查的视力结果来作为伤后视力的评价依据,而应选择能客观评价视功能的检测方法(VEP)的检测结果,作为伤后视力的评定依据。

另外,针对不同的损伤原因,合理应用法医临床专用技术标准(伤残、损伤程度标准),在鉴定中遇到现行标准未作详尽规定的问题,尤其是涉及对损伤后果界定不确定的条款,使用标准时,应遵循既要符合法定标准的本意,又有合理性的原则,在法定的范围内,综合客观损伤事实及其他相关因素之后下结论。

2. 可靠性。鉴定意见的依据应来源于客观的检验方法,要求记录的损伤与伤害相符合;记录的数据与拍摄的照片相符合;损伤与临床治疗相符合,临床检查记录与法医活体检验记录相符合,最终得出的鉴定意见与客观证据相符合。

(三) 鉴定结果与鉴定事项符合度及规范性

鉴定事项是为了解决案件中的专门性问题而提出的要求,鉴定结果是对鉴定事项的具体解答,要求具体、明确和适用。

鉴定意见书的书写应使用符合国家标准或行业标准的通用专业术语,使用国际、国家标准计量单位和符号。

鉴定结果的表达方式:(1) 直接表述是与否。如构成轻伤,或不构成轻伤;构成十级伤残,或不构成伤残。(2) 推断的鉴定结果,则以倾向性意见来表达,如推断致伤物,推断受伤时间时多以"符合钝性暴力所致"、"与受伤时间基本相符"或"锐性损伤的可能性大"。

本章评述

法医临床学经过多年的发展,已经取得了一系列的成果。由于法医临床鉴定必须依据"标准"下结论,所以"标准"的科学性、合理性、实用性直接关系到鉴定结论作为证据使用时的效力。针对老的鉴定标准(1990年)存在使用期限过长、有的条款内容无法界定损伤程度、标准各部位的损伤评定尺度没有可比性等缺乏配套的司法解释等诸多问题,2014年1月1日新的人体损伤程度鉴定标准实施,该标准的内容、结构、分级特点、相应配套的司法解释等,在其科学性、实用性上都有了很大的提高,基本符合当前鉴定工作的需要。但随着社会发展和情况变化,一定又会有新标准没有包含的新问题出现,需要统一观点、统一认识、统

一解决。另外,鉴定标准除了能指导鉴定人的鉴定结论外,更重要的是对该学科的研究方向具有引导作用。只有不断地发现问题、研究问题、解决问题,才能促进法医临床学的学科发展,因此尽管新的鉴定标准已经出台,但是标准的修改和完善工作也很重要,标准的修改和完善工作需要形成制度化,使鉴定质量得到保证。

案例及思考题

刘某,男,45岁,自诉2010年5月22日被人殴打致伤头部等处。当日门诊病历载:患者于半小时前被人打伤致左面部肿痛,口唇出血,当时有短暂意识障碍,自行清醒后感头晕,无恶心呕吐。PE:神清,查体合作,头颅无畸形,双侧瞳孔正常,左眼眶周及左颧部青紫肿胀明显压痛,左眼球结膜充血,上下唇肿胀明显,上下唇内黏膜各见一长约2.0 cm及1.5 cm挫裂伤,出血,诊断:左面部钝挫伤,上下唇挫裂伤,脑震荡。

2010年5月23日MRI示:双侧额颞部硬膜下积液;2010年9月1日复查颅脑CT示左额顶硬膜下血肿。2010年10月18日CT示:左额颞部慢性硬膜下血肿。经钻孔引流出暗红色血液25 mL。

1. 结合外伤史被鉴定人主要损伤及损伤特点如何?
2. 试述左额颞部慢性硬膜下血肿的发生与外伤的关系?
3. 损伤程度如何评定?

第十四章 精神疾病司法鉴定

本章概要

本章主要包括精神疾病司法鉴定的业务范围、鉴定方法、鉴定内容及鉴定意见客观性评价等内容。学习本章内容,应当了解精神疾病司法鉴定的业务范围和鉴定内容;熟悉该领域的鉴定方法与其他法医学专业的主要不同;了解该领域鉴定意见书的客观性评价要领。

第一节 精神疾病司法鉴定概述

精神疾病司法鉴定是具有资质的司法精神病鉴定人应用精神医学知识、技术和经验依法对被鉴定人的精神状态、精神损伤性质与程度、承担某种法律责任或行使某种法律权利时的行为能力等法律问题作出专业判定的过程。

精神疾病司法鉴定可大致分为刑事领域、民事领域和其他精神医学评定三大类,无论是哪一种类型的司法精神疾病鉴定,都须在评定被鉴定人精神状态的基础上判断与精神医学有关的法律问题。

一、刑事领域的精神疾病司法鉴定

刑事领域的精神疾病司法鉴定的被鉴定人大多是刑事案件中的被告(嫌疑人),也有少数为该类案件中的被害人或者证人。该领域的鉴定事由(鉴定目的,符合本领域的执业范围)主要有以下几种。

1. 刑事责任能力鉴定。评定精神障碍与作案行为的关系、精神障碍对作案行为的影响及影响程度,或案发时的辨认和控制能力是否受损及其受损程度。

2. 受审能力鉴定。特指刑事案件中的诉讼能力(litigation capacity)评定,系评定被告对自身在刑事诉讼活动中的地位和权利的理解及维护自身权益的能力。

3. 服刑能力鉴定。评定服刑人员是否具有接受刑法处罚的能力。违反治安管理处罚法等法律法规的被羁押人员是否具有接受处罚的能力也属于这一类鉴定。评估结果是服刑或被羁押人员是否需要保外就医的重要依据。

4. 作证能力鉴定。评定某个体是否具有提供对案件有关的真实证言的能力。作证能力也可见于民事案件。

5. 性自卫能力鉴定。评定当事人对发生性行为的社会意义及其后果的认识,以及防范自身受到性侵害的能力。

二、民事领域的精神疾病司法鉴定

在民事活动中需要明确当事人的相关法律能力时,通常需要对当事人进行有关鉴定,有的在民事诉讼活动中实施,也有的在民事诉讼之前实施。

1. 民事行为能力鉴定。评定当事人能否独立进行民事活动、维护自身民事权利和承担民事义务的能力。

2. 精神疾病因果关系鉴定。评定当事人的精神障碍发生发展的原因及与某事件的关联关系、影响程度等,有时还需要提出后续处理的专业意见。在具体鉴定事项上,还可区分为以下几种类型:(1)精神损伤与伤残程度鉴定。在明确当事人的精神障碍性质及其与某事件有关联关系的基础上,根据相关法规评定当事人精神损伤的程度,其中包括永久性精神损伤,即精神损伤的残情,也就是精神伤残程度。这类鉴定可见于刑事附带民事案件,但更多见于各种侵权行为导致的民事赔偿案件或理赔案件。单纯精神伤残鉴定可以是医学鉴定,如工伤事故引发或者非因工受伤导致的精神伤残一般不需要通过法律途径解决,由市、省两级劳动能力鉴定委员会决定。(2)精神障碍医疗依赖与后续治疗评估。对于民事纠纷中被伤害者存在的精神障碍是否存在医疗依赖、依赖的程度、维持治疗的方案及其方案的合理性、需要维持治疗的时间、治疗的费用等进行鉴定。(3)精神障碍护理依赖评估。对于民事纠纷中被伤害者存在的精神障碍是否存在护理依赖及依赖的程度进行鉴定。

3. 精神障碍者的医疗纠纷鉴定。对精神障碍者及其家属对其医疗过程中发生的不良事件或不良后果引起纠纷,需要澄清是否有医疗责任或过错而进行的相关鉴定,其中部分诉讼涉及精神损伤的问题,也属于广义的因果关系鉴定范围。

4. 诈病诈伤鉴定。系对个体是否存在伪装或故意夸大精神疾病或精神损伤、以达到获得利益或逃避责任之目的情形进行司法鉴定。精神疾病司法鉴定中的诈病诈伤远比其他临床学科多,且民事领域居多。

三、其他精神疾病鉴定

(1)危险性评估。对严重精神障碍患者是否具有危害他人安全行为,尤其是暴力攻击行为的危险(风险)进行科学评估,为实施和解除强制入院治疗等非自愿医疗措施提供依据。2012年《刑事诉讼法》修正案及《精神卫生法》实施之后,这类鉴定逐渐增多。

(2) 对诊断和住院措施异议的医学鉴定。系对个体是否存在精神障碍及是否需要接受住院治疗所进行的医学评定。在这类医学鉴定中,包括对该个体精神障碍的严重性、伤害自身和他人的危险性和非自愿住院的必要性等进行评估。

(3) 精神残疾鉴定。对患有精神障碍的患者是否构成精神残疾及其残疾程度进行鉴定。这类鉴定一般仅需要医学鉴定即可,但当执法机关需要有法律效力鉴定意见书(如迁移户口等)时需要进行司法鉴定。

第二节 精神疾病司法鉴定的技术方法

精神疾病司法鉴定的方法与其他法医学领域相比并无本质区别,一般包括核查鉴定资料、调查取证、鉴定检查(包括临床检查、实验室检测及某些特殊检查)等方法。由于精神疾病的复杂性及对大脑精神功能研究方法的有限性,精神疾病司法鉴定中使用实验室检测及特殊检查的情况要比其他法医学领域少。然而,精神疾病是客观存在的,具有其自身的客观规律性,因此,专业人员可以通过以下方法和程序来判断被鉴定人的精神状态是否符合某种精神疾病的规律,并根据司法精神病学的相关知识进一步评定其相关法律问题。

一、阅卷与调查

阅卷与调查是精神疾病司法鉴定的第一个环节。几乎所有的案件都是在发生若干时间后才送司法鉴定,而鉴定检查时所见到情况已是鉴定当时的精神状态,虽与案件发生时的精神状况有一定联系,但不能完全代表当时的情况。因此,阅读案卷材料和鉴定调查是鉴定人利用专业知识还原和再现行为人案发当时精神状态的重要环节。精神疾病司法鉴定的阅卷与调查方法远比其他法医学鉴定更复杂,难度也更大。该方法运用的质量,在一定程度上反映了鉴定人专业技术水平的高低。

(一) 阅卷方法

阅卷是由鉴定人对委托方提供的所有鉴定材料进行详细阅读、思考、分析的过程,以便明确鉴定工作的方向,为制定合理的鉴定方案、明确鉴定调查、检验目的与重点奠定基础。

1. 基本原则。(1) 鉴定人应亲自阅卷,逐一阅读委托方提供的全部材料,以便在鉴定调查和检验时心中有数。(2) 阅卷时要把握案卷材料中的重点,寻找与鉴定委托事项有关的线索和疑点。(3) 注意收集和掌握与被鉴定人精神状况及其诊断有关的信息,并加以记录,以便在鉴定调查和检验过程中进一步核实和澄清。(4)阅卷时要善于发现问题,确定鉴定调查和检验过程中需要解决的问题及其方式,如:需要补充或完善的材料,鉴定调查的对象、内容和方法,检验的方法和重点等。(5)应注意审查、甄别委托方提供的送检材料的真实性、完整性、充分性及取得材料的方式、方法(合法性和可靠性)等。

2. 阅卷内容。(1)明确本案的一般要件,包括委托事项或要求、鉴定目的和用途、鉴定的原因等,进一步确定委托事项是否符合本专业的执业范畴。(2)根据委托方提供不同来源和不同类型的鉴定资料,阅卷的内容有所侧重。

阅读刑事案件的材料时,应重点阅读案件发生经过、讯问和审理记录、证人及证明材料、司法鉴定书,了解被鉴定人在案件中的角色、作用和精神行为特征;对其既往精神异常的病历资料,应重点了解其主要病症特点、病情发展过程、转归等。

阅读民事纠纷案件的材料,应重点了解纠纷过程、双方的利益关系;被鉴定人在案发前的日记、信件等文字材料,应注意了解被鉴定人案发前思维、情感等精神状态,是否有精神疾病的迹象;同时注意家属、单位、同事、邻居等书证材料中反映被鉴定人个人史、个性特征、精神疾病史及其家族史等信息。

阅读精神损伤或伤残案件的书证材料时,应重点了解当事人受伤的原因、受伤的部位及程度,伤后采取的治疗措施及效果、有无影响精神功能的并发症及局外人对纠纷事件的看法;道路交通事故受伤人员鉴定还应了解交警的记录和责任认定情况;工伤事故受伤人员鉴定案件应了解有无工伤保险及工伤认定等情况。

(二)调查方法

鉴定调查是鉴定人在精神疾病司法鉴定过程中,为了核实、澄清和补充与鉴定案件有关的各种客观事实,通过各种方式对被鉴定人以外的和/或与案情有关的相关人员进行调查的过程。鉴定调查是法医精神病鉴定的工作程序之一,对鉴定意见的客观性具有重要意义。

1. 基本原则。(1)由鉴定人亲自实施。尽量采用当面调查,但若条件限制,可以通过电话、信函等通讯方式。(2)调查前应对需要调查的对象、内容和主要问题做到心中有数,必要时形成完整的调查提纲。(3)调查时一般应说明调查的缘由,以解除被调查者的顾虑,并注意与案件有利益或利害关系的被调查者的片面性和主观性。(4)调查询问不应带有主观框架或先入为主,要客观、全面、具体,尽可能记录被调查者的原话,采用录音录像方式更有利于保证调查资料的真实性。

2. 调查内容。不同案情和不同调查对象的调查内容有所侧重:(1)调查被鉴定人的亲属、单位领导、同事、邻居时,重点了解其个人、家庭情况(包括精神病家族史)、既往病史、工作及社会经历等。(2)对违法犯罪的案件,重点调查案发时的目击者、办案人员、被害人、其他涉案人员,以了解被鉴定人在案发当时的精神、行为状态;同时还应调查被鉴定人在羁押期间的同监仓人员和管教人员,以了解其在案发后的精神状况,并与案发前及案发时的状态进行比较。(3)对于民事行为案件,应重点调查被鉴定人参与一般民事活动或特定民事活动时的精神状况及在处理个人事务、为自身取得合法权利和履行应尽义务中的行为表现。(4)精神损伤和伤残的案件,应重点调查受伤经过(如:何时、何地、如何发生的);受伤当时的意识状况,苏醒过程,伤后治疗情况及治疗效果;目前精神情况及对社会功能的影响。此外,还应了解被伤害方伤后与肇事方有无矛盾纠纷、发展过程及其对被鉴定人病症的影响。(5)劳动能力与精神残疾鉴定案件,应重点调查被鉴定人精神疾病发生的时间、原因、症状表现、发展过程、诊治经过及其对社会功能(个人生活料理、职业功能、社会交往)的影响程度。

二、检查方法

精神疾病司法鉴定的检查方法主要包括精神状态检查、体格(尤其是神经系统)检查、心理测验、实验室(如血液生化)检查及某些特殊(如影像学、神经电生理等)检查。

(一)精神状态检查

精神状态检查是精神疾病司法鉴定最重要的方法,是鉴定人通过晤谈、观察和评估等方式,系统了解和掌握被鉴定人的精神状态,以确定被鉴定人有无精神障碍症状,障碍的性质、特点、程度、持续时间等问题。

1. 基本原则。(1)鉴定人在阅读全部案卷材料、完善必要调查的基础上进行。(2)检查时应表明身份,但可根据具体情形决定表明身份的时间。(3)检查环境应当避免外界各种干扰因素,尽可能消除被鉴定人的顾虑,建立合作的晤谈沟通关系,以获得被鉴定人最真实的内心体验和外在行为表现。(4)采用灵活方式进行,避免刻板、公式化,并注意调控检查方式和晤谈方向。(5)以案卷材料和调查中发现的问题为线索,既要全面系统,又要有目的、有重点地检查和核实案卷材料和鉴定调查中需要澄清的一些问题;但又不应受这些材料的局限,要根据检查中发现的新情况进一步探索被鉴定人在案发当时及当前的精神状态。(6)检查发现的重要阳性与阴性结果应尽可能用标准化或量化的评定工具来佐证。同时也要注意核查心理测验等工具评估结果中的疑点问题,并评估精神检查所见与心理测验等工具评估是否一致及其原因。(7)应客观、真实和完整地做好精神检查记录,并尽可能采用录音录像,以备溯源和查证。(8)根据精神检查获得的信息,确定需要进一步补充、完善的材料,包括补充书证和调查材料、特殊的心理测验或实验室检查项目,以获得支持精神检查的客观依据。

2. 检查内容。以《司法鉴定技术规范》中《精神障碍者司法鉴定精神检查规范》为基本内容，对被鉴定人的精神状况进行全面、系统的精神检查：(1) 合作者的精神检查：对于能进行沟通交流的合作者尽可能实施全面系统的精神检查，内容应包括一般情况（意识状态、环境与自我定向、仪表仪容与个人卫生状况及合作程度），认知过程（感知觉、注意、思维、记忆、智能、自知力等），情感反应（表情、姿势、声调、内心体验及情感强度、稳定性，情感与其他精神活动是否协调，对周围事物是否有相应的情感反应等）及意志行为（意志有无减退或增强，有无冲动、伤人、毁物、自伤、自杀等行为等）。(2) 不合作者的精神检查：对于兴奋躁动、木僵、缄默、违拗及意识模糊等不能进行有效沟通者，主要通过观察其意识状态、言语、面部表情与情感反应、姿态、动作与行为变化及其规律，对检查的态度和对刺激有无反应及有人与无人在场时的变化情况。(3) 器质性损害者的精神检查：对疑似有器质性损害病史者（如颅脑损伤等），除了合作者或不合作者的常规检查内容外，还需深入检查被鉴定人的生活常识、记忆力（包括瞬时记忆、短时记忆、近记忆和远记忆，有无记忆错误等）、领悟判断能力、抽象概括能力、分析综合能力、计算力等智力因素。若发现被鉴定人有记忆或智力障碍的可能性，应使用标准化记忆、智力测量工具，对其相关领域的损害程度进一步量化评估。可以"简易智力状态筛查表"（MMSE）为线索，也可以根据被鉴定人的年龄、文化背景等具体情况选择与智力、记忆等认知功能有关的知识进行检查。

（二）体格检查

体格（尤其是神经系统）检查无论对功能性还是器质性精神障碍都是诊断的重要客观证据，应根据被鉴定人的临床表现和诊断需要，按照卫生部颁布的《临床诊疗指南》等规范的内容进行必要的体格和神经系统检查。

（三）心理测验

心理测验是通过标准化的心理检测工具量化评估个体智力、记忆、情绪、精神病症状、个性、社会能力等多种神经心理功能，这些检测结果通常被认为比单纯的晤谈检查更客观科学，但影响心理测验结果的因素诸多，鉴定人应具有分析影响因素及实际水平的能力。司法心理评估的主要项目有以下几类。

1. 伪装精神障碍评定。由于精神障碍表现形式的复杂性及客观检测工具的局限性，伪装或夸大精神障碍或精神损伤的情形要比其他学科多见。鉴定人虽然在精神检查中对被鉴定人是否伪装进行了经验性评估，但通过晤谈所获得的评估信息通常被认为主观性较强，且几乎所有智力、记忆等认知功能的测验都受主观合作程度的影响，因而常常需要使用客观评定伪装或夸大的工具对智力、记忆等测验结果真实性和有效性进行再评估，并佐证和支持鉴定人的评估意见。常用的有伪装认知功能损伤评估、伪装认知功能损伤评估、伪装精神症状评估，以及针对伪装的神经电生理检测等。

2. 认知功能测验。主要指综合反映多种智力和记忆因素的评定量表。常用的有伤病后的智力、记忆检测、伤病前智力推断等工具和方法。

3. 临床精神症状量表。用于评定智力、记忆以外的其他精神症状，主要包括人格障碍和人格改变测验、各种临床症状评定量表等。

4. 社会功能评定量表。社会功能的高低通常反映个体精神障碍的严重程度，而前述心理测验主要反映临床症状及症状类型，难以反映症状对个体的社会功能的影响及程度，因此，在评定个体临床症状类型的同时，还应评估其社会功能或社会适应水平。这类工具主要包括评估认知功能导致的社会功能受损、评估精神症状导致的社会功能受损等。

由于心理测验结果在一定程度上受测验自身因素（测验的抽样误差、测验情境与自然情境的差别、时代变迁、认知测验的学习效应、统计学误差等）及非测验因素（被试的主客观合作程度、躯体和精神功能的影响、主试测验技能、测验环境因素等）影响较其他实验室检查要大。因此，用科学的方法正确理解和分析心理测验结果尤为重要。

5. 与法律能力有关的评定工具。指专业人员应用精神医学知识、技术和经验依法对被鉴定人承担某种法律责任或行使某种法律权利时的行为能力量化评定工具，我国使用的主要有暴力犯罪行为人刑事责任能力评定量表、部分责任能力评定量表、辨认和控制能力的精神医学评定、服刑能力评定量表、受审能力评定量表等。

（四）实验室及特殊检查

该类检查方法对明确器质性障碍的性质、类型和程度具有重要作用。需根据具体情况有针对性地选择相关生化、脑影像学、脑电图、或其他特殊检查，以获得器质性病理、生理、生化等诊断依据。

三、精神障碍诊断方法

1. 诊断思维方式。司法精神疾病案件送鉴时往往时过境迁，且不仅涉及专业问题，还涉及法学和社会学问题，有其特殊性和复杂性。要重现被鉴定人在案发当时（几个月甚至几年前）的精神状态，需要比普通精神科临床更为严谨的诊断思维方法，如将阅卷、调查、各项检查所获得的大量信息进行横向和纵向分析、整合，对每个环节所反映出的信息或病症进行相互验证，并运用现代精神医学理论知识、技术方法和实践经验对被鉴定人某时段的精神状况进行逻辑分析，排除不可能的疾病状态，同时对可能存在的疾病状态也要深入分析正反两面（支持和不支持，有利和不利）的证据。以下框架图是精神疾病司法鉴定中建立医学专业诊断的基本思路：

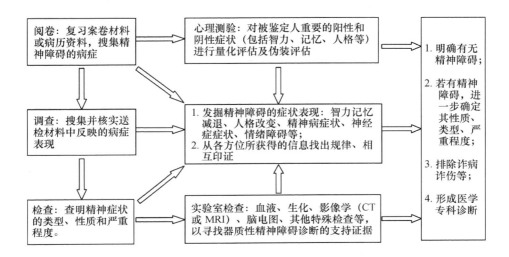

2. 诊断标准。一般用国际疾病分类标准（ICD现行版）中的《精神与行为障碍分类》对当前及案发时段的精神状态作出诊断，一般需要确定四个方面的问题：（1）定性。即澄清被鉴定人是真性精神障碍还是伪装精神障碍。这是精神疾病司法鉴定领域有别于普通精神科临床最关键的专业技术。有些被鉴定人既有主观夸大或伪装精神障碍的成分，又有真实精神障碍的表现，在精神损伤和伤残鉴定中尤为多见，须逐一分清哪些表现是夸大、伪装的，哪些表现是客观存在的。（2）定类。明确真性精神障碍之后，需进一步确定是哪一类的精神障碍。这一过程也相当于对精神障碍的大体病因进行分类，分清是器质性还是功能性精神障碍。前者通常具有明确的病因，后者的病因通常是不确定的。这两类精神障碍无论对法律能力的评定、还是对精神损伤或伤残评定都具有显著不同的意义。因此，鉴定人必须熟练掌握器质性与功能性精神障碍的临床特点、诊断、鉴别要点；并进一步明确是重性、还是轻性精神障碍。前者通常影响行为人的辨认和控制能力。（3）定种。在确定器质性或功能性精神障碍后，还需确定是哪一种精神障碍。如：器质性精神障碍，是源于大脑还是躯体疾病，抑或中毒性精神障碍。若为功能性精神障碍，需要明确是内源性还是外源性（或心理应激相关性），前者通常被认为是不可抗拒的力量所产生，而后者通常是可控性疾病，尤其是精神活性物质（如毒品）所致精神障碍，与内源性精神障碍有本质区别。（4）定型。进一步确定是哪一型的精神障碍。例如：诊断中毒性精神障碍时，需要明确是精神活性物质还是非成瘾物质所致；诊断重性功能性精神障碍时，需确定是精神分裂症还是偏执性精神障碍等；诊断轻性精神障碍也需要明确是应激相关障碍还是神经症等。不同类型的精神障碍通常有其自身的疾病规律性，即使案件已时过境迁，仍可根据鉴定检验过程搜集的各种信息还原案发当时的精

神状态,从而判断被鉴定人案发当时的辨认和控制能力或其他行为能力。精神损伤或伤残纠纷案件,即便是脑器质性精神障碍,与伤害事件也不一定构成因果关系,只有伤害事件导致脑外伤或躯体损伤影响到脑功能时,因果关系才可能成立。因此,只有确定了某一型精神障碍,才可能最终明确与法律有关的问题。

第三节 精神疾病司法鉴定的基本内容

无论是刑事领域、民事领域,或其他精神医学鉴定,都是在评定被鉴定人精神状态的基础上,进一步明确与精神医学有关的法学问题。本节仅就刑事领域和民事领域涉及的主要司法精神医学进行简要阐述。

一、刑事领域的精神疾病司法鉴定内容

刑事领域中最多见的是对被鉴定人案发时的辨认和控制能力(刑事责任能力)鉴定,也是我国精神疾病司法鉴定起步最早、鉴定历史最长的一种;其次是受审能力、性自卫能力及服刑能力的鉴定。

(一)刑事责任能力(辨认和控制能力)鉴定[①]

从立法上看,各国对精神疾病司法鉴定人的职权主要有三种不同的模式:(1)鉴定人只能就医学上的所见提出报告,例如奥地利、德国、日本等国以及美国联邦的法律规定。(2)鉴定人除提出医学意见外还应确认行为人刑事责任能力的有无,例如英国、法国、巴西、挪威等国的规定。(3)鉴定人除了要确认被鉴定人的责任能力外,还要对行为人的处置问题提出建议,如丹麦、瑞士、瑞典等国的规定。以上三种模式的差异,实质是鉴定人能否对责任能力中的辨认和控制能力进行判断,对此,理论界存在肯定、否定和折中等三种观点。

持肯定观点者认为,因为鉴定人可以根据经验对被鉴定人的精神状态进行解答,也可以解答精神状态与法律上的责任能力的关系,所以精神鉴定应该也能判断责任能力,医学要件与心理要件对于精神疾病作案人来说都应是鉴定人负责的范围,只是法官对于这种判断并不需要无条件地遵守,法官的任务在于确认责任能力。他们认为,产生鉴定人不能对行为人的辨认和控制能力进行判断这种误解的原因,在于认为责任能力的判断对象是行为人对意志自由的态度,即行

[①] 对"刑事责任能力"的鉴定事宜,司法实践中对此也形成历史传承,目前并无新的司法解释。而且(1)刑事责任能力实际是一种法律责任行为能力,其本身只是一种心理(法律行为)能力,对这类能力的评定意见,并没有代替法官作出有无或是否承担"刑事法律责任"的判断。这与后面对"民事行为能力"的理解是一样的;对"能力"的鉴定甚至二分、三分法意见,都不能代替法官对当事人是否"无民事行为能力人"的判断;(2)"辨认能力和控制能力"本身也基本上是"责任能力"的同义词,已经作出了辨认和控制能力的鉴定意见。

为人对个人能够不采取作案行为的态度。事实上,责任能力判断的目的是确认行为人实施作案行为时,是否和可能在什么范围内理解规范,即法律规范在行为人作案时发挥作用的可能性及其程度,因此鉴定人的任务在于判断行为人作案时的精神状况是否导致其不能理解和接受规范,而这基本上是一个经验问题,现代精神医学和心理学是能够判断的。此外,如果鉴定人不能就心理要件陈述意见,那么鉴定意见只是对行为人的病情轻重或疾病症状加以描述,而这种描述对法官判断行为人有无责任能力几乎没有任何帮助,因为在混合式责任能力判断体系中,心理要件才是重点。

持否定观点者认为,从社会责任论来看,罪责的本质在于意思的形成与意思活动的可责性与非难性。对行为人作案时责任能力的判断,并不是行为人知识上的认识问题,而是行为人在作案时应该依照一定规范而行动却没有这么做时,是否应该予以非难的问题。所以,责任能力不应该由鉴定人来判断,而应该由法官来判断。一些精神医学专家也提出,因为鉴定人在事后不可能明确解答行为人在实施危害行为当时是否有行为能力,所以精神鉴定只应该对被鉴定人的精神状态作出判断,而不能对行为人有无辨认和控制能力作出判断。鉴定人只能判断医学(生物学)要件,心理要件与责任能力的判断都由法官认定。采取折中立场的观点认为,由于医学要件比较注重经验的运用,故由鉴定人进行判断比较合适,但心理要件由于主要是确定事实关系并提出法律见解,因此由法官进行判断比较合适,但两者之间不应界限分明,心理要件主要由法官进行判断,但鉴定人应辅助法官进行判断,比如提出辨认和控制能力,以及责任能力的参考意见。

我国目前司法实践中,基本上采用的是折中观点,即认为精神鉴定的结论应对被鉴定人的责任能力从医学与心理学、法学的结合上提出评定意见:(1) 从立法来看,我国《精神疾病司法鉴定暂行规定》明文规定精神鉴定应为委托机关提供有关法定能力的科学证据,并将有关法定能力(如责任能力、行为能力)的评定明确列入鉴定内容。(2) 即便从意志自由论出发,辨认能力和控制能力也不是抽象和绝对的,而是具体的、相对于特定时间和特定行为而言的。这种状态下的责任能力是行为人认知、情感、意志等精神活动的统一,需要精神医学专家的经验和判断才能准确把握,而且现代司法精神医学也确实能够帮助解决此问题。(3) 我国的司法人员绝大多数缺乏司法精神医学相关知识培训,如果鉴定人只就行为人是否患有精神疾病作出鉴定而对其刑事责任能力状况不提出倾向性的意见,法官单凭自身的法学知识和生活经验不太可能对行为人的刑事责任能力作出正确判定。(4) 鉴定人和法官在责任能力问题上的判断标准事实上是一致的,都是行为人作案时是否适合于接受规范,是否具有正常人所具有的实施或不实施危害行为的能力。鉴定人在进行这种判断时,是以对精神症状各方面的分析,然后以正常人的他行为能力为标准进行判断的,是一种规范的经验判断。这种判断虽然带有主观性,无法达到自然科学的精确度,但是仍然比法官直接从法学角度进行的判断更具有科学性,因为它是建立在对被鉴定人材料的全面收集、分析以及各种临床检查的基础之上的,因此这种判断虽然对法官没有绝对的约束力,但是大有助益的。

1. 基本概念。刑事责任能力主要是指辨认能力和控制能力。其中,辨认能力指行为人能够正确认识和分辨自己行为在法律法规上的意义、性质和后果的能力。辨认能力主要受认知功能的影响。控制能力指行为人具备选择自己实施或不实施为法律所禁止、所制裁的行为能力。控制能力主要受意志和情感活动的影响。

2. 评定依据。我国《刑法》第18条第1款规定,精神病人在不能辨认或者不能控制自己行为的时候造成危害结果,经法定程序鉴定确认的,不负刑事责任。该规定明确指出了精神疾病司法鉴定机构应当"鉴定确认"的内容包括两个方面:(1)确认被告"是否为精神病人";(2)如果被告是精神病人,则需要进一步确认被告"是否在不能辨认或者不能控制自己行为的时候造成危害结果"。辨认和控制能力原本是法学概念,但因涉及心理学的认知、情感和行为问题,因此,专业人员可以从自身学科角度对辨认和控制能力作出精神医学分析,但不能取代执法人员从法学角度对辨认和控制能力的分析。

3. 分级。按照我国《刑法》第18条规定,将辨认和控制能力均分为"完全丧失""未完全丧失(部分丧失)""正常范围"三级,但一般来说,控制能力通常受辨认能力的制约,单纯控制能力受损的情况不多,且难以准确评估:(1)辨认能力的分级与评定原则。一是辨认能力"完全丧失"的评定条件:可建立明确的精神障碍诊断,且程度较重;被鉴定人的辨认能力受精神病症状的影响,并符合以下条款之一:① 作案行为的动机为病理性,系精神症状的直接后果;② 受精神病症状的影响,其作案行为的目的荒谬离奇;③ 完全不能预见或不理解其作案行为的后果;④ 病态的理解其作案行为在法律上的意义;⑤ 曲解其作案行为的违法性质。二是辨认能力"未完全丧失"的评定条件:可建立明确的精神障碍诊断;被鉴定人对自己行为的实质性辨认能力受到一定程度损害,但并未完全丧失,即精神症状对以下条款之一构成部分影响:① 作案行为的动机(如:既有一定现实性,又部分受精神病态的影响);② 对自身行为目的的理解;③ 对作案行为后果的预见;④ 对作案行为在法律意义上的理解;⑤ 对犯罪性质的理解。三是辨认能力在"正常范围"的评定条件:不能建立明确的精神障碍诊断,虽然能建立精神障碍的诊断,但程度不重,且被鉴定人对自身行为的实质性辨认能力未受损害,并满足以下各项条款:① 明确的现实动机;② 明知自身行为的目的;③ 能够预见作案行为的后果;④ 理解作案行为在法律上的意义;⑤ 理解自身行为的违法性质。(2)控制能力的分级与评定原则。一般也分为三级:一是控制能力

"完全丧失"的评定条件:可建立明确的精神障碍诊断,且程度较重;被鉴定人对自己行为的控制能力基本或完全丧失,并符合以下条件之一的:① 对作案对象、时间、地点及作案工具的无选择性;② 行为过程中无法依据周围环境变化采取相应的应对行为;③ 社会功能显著受损。二是控制能力"未完全丧失"的评定条件;可建立明确的精神障碍诊断;对自己行为的控制能力受到一定程度损害,但并未完全丧失,即精神症状对以下条目构成部分影响:① 对作案对象、时间、地点及作案工具的选择性;② 行为过程中依据周围环境变化采取相应的应对行为;③ 社会功能明显受损。三是"正常范围"的评定条件:不能建立明确的精神障碍诊断;虽然能建立明确的精神障碍诊断,但被鉴定人对自身行为的控制能力未受损害,即精神症状对以下各条目未构成影响:① 对作案对象、时间、地点及作案工具的选择性;② 行为过程中根据周围环境变化采取相应的应对行为;③ 社会功能正常或无明显受损。

此外,需要特别注意的是,毒品所致精神病性障碍的涉案行为,虽然系受精神病性症状的影响,但由于该类精神障碍不是不可抗拒的原因导致的精神障碍,而是属于法律上的"原因自由行为"(即行为人可以自由决定自己是否陷入丧失或尚未完全丧失辨认控制能力状态,其明知吸食毒品可以导致个体出现精神活动的变化,但仍放纵自己的吸毒行为),因此,不应与《刑法》第18条所指的"精神病人"等同对待。

(二)受审能力鉴定

1. 基本概念。受审能力是指被告人在侦查、起诉、审判等刑事诉讼活动中,能否理解自己在刑事诉讼活动中的地位、权利,能否理解诉讼过程的含义,能否行使自己的诉讼权利的能力。

2. 分级与评定原则。根据上述法律规定,受审能力一般分为"有受审能力""无受审能力"两级:(1)有受审能力。具有以下条件之一者:一是不能建立明确的精神障碍诊断;虽然能建立精神障碍诊断,但其精神症状对以下各项条款无实质性影响:① 理解对其起诉的目的和性质;② 理解自己在诉讼中的法律地位;③ 具有配合辩护人为其辩护的能力;④ 能清楚阐述自己实施危害行为的过程,并能对其他诉讼参与人的提问作出应有的回答;⑤ 理解可能的判决结果和惩罚的意义,并对此保持应有的态度。(2)无受审能力。可建立明确的精神障碍诊断,且被鉴定人受精神症状的影响,具有以下情形之一者:① 不能理解或曲解对其起诉的目的和性质;② 不能理解或曲解自己在诉讼中的法律地位与这场诉讼的关系;③ 不能认识自己在诉讼中的权利和义务,从而不能与其辩护人有效地配合完成辩护;④ 不能清楚阐述自己实施危害行为的过程,也不能理解诉讼参与人的提问,无法完成诉讼过程;⑤ 不能理解或曲解可能的判决结果和惩罚的意义。

(三) 服刑能力鉴定

1. 基本概念。服刑或服教能力又称受处罚能力,指服刑、服教人员承受处罚的生理和心理条件,心理条件即指能否理解受处罚的性质、目的和意义。

2. 分级与评定原则。一般分为"有"和"无"两级:(1) 有服刑(服教)能力,具有以下情形之一者:一是不能建立明确的精神障碍诊断;二是虽然能建立精神障碍诊断,但精神症状对以下条款未构成实质性影响:① 能正确认识自己所承受处罚的性质、意义和目的;② 对自己的身份和应接受的处罚有实质性辨认能力;③ 在遵守行为规范、服从处罚安排等方面具有相应的社会适应能力。(2) 无服刑(服教)能力:可建立明确的精神障碍诊断,且被鉴定人受精神症状的影响,具有以下情形之一者:① 丧失了对自己所承受处罚的性质、意义和目的的认识;② 不能合理地认识自己目前服刑(或服教)的身份和未来的出路;③ 在遵守行为规范、服从处罚安排等方面存在障碍,严重影响其社会功能。

(四) 性自卫能力鉴定

1. 基本概念。性自卫能力(性自我防卫能力)是指性侵犯受害人理解两性性行为的意义、辨认性侵害的性质和后果,并能控制其性行为的能力。

2. 分级与评定原则。分为"性自卫能力丧失""性自卫能力削弱""性自卫能力完全"三级:(1) "性自卫能力丧失"(或无性自卫能力)。可建立明确的精神障碍诊断,且被鉴定人受精神症状的影响,完全丧失了对性行为的辨认能力或控制能力,并符合以下任一条件:① 丧失了正确的辨识或完全曲解被告的性侵犯动机。② 丧失了对两性行为在法律或道德上意义的理解和判断。③ 不能认识遭受性侵犯行为的后果。④ 受精神症状的影响,丧失了性本能的控制能力。(2) "性自卫能力削弱"或"部分性自卫能力"。可建立明确的精神障碍诊断,且被鉴定人受精神症状的影响,对性行为的辨认能力或控制能力削弱,并符合以下任一条款:① 不能完整辨识或曲解被告的性侵犯动机。② 不能准确判断两性行为在法律或道德上的意义,即精神症状导致其性行为的理解能力部分削弱。③ 受精神症状的影响,理解遭受性侵犯行为的后果部分受损。④ 受精神症状的影响,对性本能的控制能力减弱。(3) "性自卫能力完全"或"具有性自卫能力"。具有以下情形之一者:一是不能建立明确的精神障碍诊断;二是虽能建立精神障碍诊断,但精神症状不影响对性行为的实质性辨认或控制能力,并满足以下各条款:① 能正确辨识性侵犯者的行为动机,即能认识到性侵犯者行为的是非、善恶;② 对两性行为具有良好的法律道德意识,能理解两性行为的正当与不正当、合法与违法,了解个体的人格与贞操具有高尚的不可侵犯性,在法律上受到保护;③ 对遭受性侵犯行为的后果有良好的意识,即能理解两性行为的后果将会对自己在生理、心理、人格、声誉等方面带来的影响;④ 对性行为的控制能力未受到实质性影响。

二、民事领域的司法精神鉴定内容

民事领域涉及司法精神鉴定最多类型是民事行为能力,其次是精神疾病因果关系及精神损伤与伤残鉴定。

(一)民事行为能力鉴定

1. 基本概念。民事行为能力是指行为人能够通过自己的行为,取得民事权利和承担民事义务,从而设立、变更或终止法律关系的资格,亦即一个人的行为能否发生民事法律效力的资格。

民事行为能力通常分为一般民事行为能力和特定民事行为能力,前者指当事人对自己参加的所有民事活动所实施的行为,具有辨认和意思表达的能力;后者指当事人在涉及某一项或某几项民事活动所实施的行为(如:立遗嘱、签订合同、提交辞职报告、离婚诉讼、赡养、抚养或收养、财产公证、财产处置、财产继承等),具有相应的辨认和意思表达能力。

2. 分级与评定原则。一般民事行为能力分为"完全""限制""无"三级。(1)完全民事行为能力。被鉴定人有能力以自己的行为取得和行使法律所允许的任何权利,并能承担和履行法律义务,并满足以下条件之一者。一是不能建立精神障碍诊断;二是虽能建立精神障碍诊断,但精神症状对其相应民事行为能力无影响,满足以下各条款。① 完全理解该民事行为代表的意义和性质,及对自己带来的后果和影响;② 理解相应民事行为的法律程序;③ 能够自主行使该民事行为的权利及承担相应的民事义务;④ 具有保护自己与个人利益的能力;⑤ 能够自主作出正确的、主客观相一致的意思表达。(2)无民事行为能力:被鉴定人不能以自己的行为取得民事权利和承担民事义务,满足以下条件者:一是能建立明确的精神障碍诊断;二是受精神症状的影响,完全丧失了相应民事行为能力,并符合以下任一条款。① 无法理解或完全曲解该民事行为代表的意义和性质及对自己带来的后果和影响;② 完全不能理解相应民事行为的法律程序;③ 无法自主行使该民事事务的权利及承担相应的民事义务;④ 完全丧失了保护自己与个人利益的能力;⑤ 完全不能自主作出正确的、主客观相一致的意思表达。(3)限制民事行为能力。被鉴定人的民事行为能力不完全,受到一定限制,满足以下条件之一者。一是能建立明确的精神障碍诊断;二是被鉴定人受精神症状的影响,部分丧失了相应民事行为能力,并符合以下任一条款。① 不能完整理解该民事行为的意义和性质及对自己带来的后果和影响;② 不能完整理解相应民事行为的法律程序;③ 不能自主行使该民事事务的权利及承担相应的民事义务;④ 部分丧失了保护自己与个人利益的能力;⑤ 不能独立作出正确的、主客观相一致的意思表达。(4)对于特定民事行为来说,民事行为能力只可能为"有"或者"无"的判断,一是能建立明确的精神障碍诊断;二是被鉴定人的精神症状对某特定民事行为能力有影响,不能完全辨认该特定民事行为中自己的权利和义务。

(二)精神疾病关联关系(因果关系)鉴定

1. 基本概念。指精神障碍与某因素(通常指伤害因素)之间的关联关系及其关联程度,有时需要明确伤害因素对当事人损伤结果的参与程度(参与度)。

2. 分级与评定原则。根据世界卫生组织《国际功能、残疾和健康分类》中有关因果关系分级原则,一般将精神疾病(或精神损伤)与伤害因素之间的关联关系分为"完全作用"(直接关联)、"主要作用"(大部分关联)、"同等作用"(部分关联)、"次要作用"(小部分关联)、"轻微作用"(轻微关联)、"没有作用"(无关联)六个等级。(1)完全作用(直接关联):指被鉴定人的精神障碍由伤害方影响因素直接造成,且没有证据表明其他影响因素在该精神障碍中产生作用。符合以下条件之一者评定为完全作用(直接关联)。一是伤害方影响因素在被鉴定人精神障碍的发生、发展和转归中起着决定性作用,精神障碍的症状是由伤害因素直接造成,且缺乏被鉴定人个体内在因素(躯体素质和心理素质)及患方影响因素参与的证据;二是目前还没有足够的医学证据表明其他影响因素在被鉴定人所患精神障碍中的作用,而伤害方影响因素在该精神障碍中的作用又是非常明确的。(2)主要作用(大部分关联):伤害方影响因素在被鉴定人的精神障碍发生发展中的作用比受害方影响因素大。(3)同等作用(部分关联):伤害方影响因素在被鉴定人的精神障碍发生发展中的作用与受害方影响因素相当或等同。(4)次要作用(小部分关联):伤害方影响因素在被鉴定人的精神障碍发生发展中的作用比受害方影响因素小,但比轻微作用大。(5)轻微作用(轻微关联):指伤害方影响因素在被鉴定人的精神障碍发生发展中的作用很轻微,但没有理由认定伤害方影响因素在该精神障碍的发生发展过程中完全无关。从主要作用到轻微作用,伤害方影响因素对被鉴定人的精神障碍都有一定影响,但并非直接作用,而是有其他因素的参与,共同导致精神障碍。以下情形属于该范畴的关联关系,但因果关系的具体等级则需要根据各自案情的各种影响因素来确定:(1)诱发关系。指被鉴定人本身具有一定的发病基础或曾经发生过类似的精神障碍,伤害方影响因素促使尚未发生的精神障碍显现出来,或使得已经缓解了的精神障碍再度发生,即诱发精神障碍的首次发作,或诱发原有精神障碍的复发,但后者的认定更应谨慎。(2)增荷关系。指被鉴定人本身存在未完全缓解的精神疾病,在伤害因素的作用下,使原有的精神疾病明显加重,即加重关系。(3)转因关系。原发(伤害)因素并非影响被鉴定人的精神障碍,而是由原发因素继发出另外一个伤害因素,进而导致或引发被鉴定人的精神障碍。(4)转嫁关系。伤害因素没有直接作用于被伤害的对象,而是伤害因素引起的精神应激因素影响与被伤害者有直接血缘关系或亲密关系的另一个个体(被鉴定人),致使其出现精神障碍。此时精神障碍的个体是伤害因素的间接对象。(5)辅因关系。指伤害因素在被鉴定人的精神障碍发生发展中的作用并不突出(如应激事件小、或损伤程度轻),但有一定的辅助作用,有理由认为个体的心理机能(如个体心理素质、或伤前精神状况)也存在一定缺陷,该关系有时与诱发关系难以区分。(6)没有作用(无关联):指伤害方影响因素与被鉴定人的精神障碍之间缺乏关联性依据。符合下列情形之一者评定为没有作用。(1)被鉴定人的精神障碍在伤害因素发生之前即已存在,被鉴定人及其家属明知在伤害因素出现前已存在精神障碍,而故意隐瞒病史;或精神障碍的早期症状,不易为人所知,在伤害因素发生后被误以为是伤害因素的结果。(2)被鉴定人的精神障碍与伤害因素在发生的时间上只是一种巧合,例如,与某人发生口角,或被他人打一巴掌后临床表现为肝豆状核变性或其他遗传性疾病,伴认知功能损伤或出现精神症状,被鉴定人临床症状完全不能用伤害因素来解释。(3)在一次伤害事件后出现的精神障碍已经缓解,在另一种因素的引导下又出现了与前次伤害因素无关的精神障碍。

(三)精神损伤与伤残程度鉴定

1. 基本概念。精神损伤是指个体遭受外来物理、化学、生物或心理等伤害因素作用后,大脑功能活动发生紊乱,出现认知、情感、意志和行为等方面的精神功能障碍或缺损,其中精神功能缺损(尤其是永久性缺损)即是精神伤残程度。这类鉴定一般在明确当事人的精神障碍性质及其与某事件有关联关系的基础上,根据相关法律法规评定当事人精神损伤或伤残的程度。

2. 分级与评定原则。精神损伤程度评定原则与分级:根据精神损伤是人体损伤的一部分,分为重伤、轻伤、轻微伤三级。

(1)重伤。"颅脑损伤导致严重器质性精神障碍"系精神损伤重伤程度的唯一条款,下列任一项精神损伤均应属于该条的范畴:① 器质性轻度至极重度智力损害(相当于智商在70以下);② 器质性谵妄,意识清晰度下降伴意识内容改变;③ 器质性精神病性障碍,社会功能明显受损;④ 器质性轻度至极重度记忆障碍(相当于记忆商数70以下);⑤ 器质性人格改变,社会功能明显受损;六是器质性情感综合症,社会功能明显受损等。

(2)轻伤。"头部损伤确证出现短暂的意识障碍和近事遗忘"系唯一与精神损伤有关的条款,但根据该标准对轻伤的定义:"指物理、化学及生物等各种因素作用于人体,造成组织、器官结构的一定程度的损伤或者部分功能障碍,尚未构成重伤又不属于轻微伤害的损伤",下列任一项精神损伤均应属于该定义的范畴:① 器质性边缘智力损害(相当于智商在70—85之间),或较伤前显著降低(一个标准差以上);② 器质性短暂意识障碍伴顺行性遗忘;③ 器质性精神病性障碍,症状出现的频率少或症状不突出,对社会功能影响不显著;④ 器质性边缘记忆损害(相当于记忆商70—85之间),或较伤前显著降低(一个标准差以上);

⑤ 器质性人格改变,社会功能受损程度较轻;⑥ 器质性情感综合症,社会功能受损程度较轻;⑦ 器质性癔症,对社会功能有一定影响;⑧ 器质性神经症样综合征(含器质性焦虑、器质性情绪不稳等),对社会功能有一定影响。

(3) 轻微伤。根据政法五部门2013年8月30日共同颁布的《人体损伤程度鉴定标准》的规定,轻微伤是指各种致伤因素所致的原发性损伤造成组织器官结构轻微损害或者轻微功能障碍。按照这一定义,功能性精神损伤大多符合"轻微功能障碍",只涉及器质性损伤,不涉及功能精神障碍。因此,以下功能性精神损伤一般不宜做损伤程度评定,可做关联关系评定:① 反应性精神病;② 创伤后应激障碍、心因性抑郁、心因性偏执;③ 精神创伤诱发的癔症分离性或转换性障碍;④ 精神创伤诱发精神分裂症、情感性精神障碍等重性精神障碍首次发作;⑤ 精神创伤诱发的其他精神障碍,包括心理生理障碍、各类神经症;⑥ 精神创伤后人格改变等。

(4) 分级与评定原则。目前我国的伤残评定标准都是十级(最高级为一级,最低级为十级)。《道路交通事故受伤人员伤残评定标准》使用最为广泛,因此,以此标准为例,涉及精神伤残等级的对应条款如下:

Ⅰ级伤残:颅脑损伤致极度智力缺损(智商20以下)或精神障碍,日常生活完全不能自理;

Ⅱ级伤残:颅脑损伤致重度智力缺损(智商34以下)或精神障碍,日常生活需随时有人帮助才能完成;

Ⅲ级伤残:颅脑损伤致重度智力缺损或精神障碍,不能完成独立生活,需经常有人监护;

Ⅳ级伤残:颅脑损伤致中度智力缺损(智商49以下)或精神障碍,日常生活能力严重受限,间或需要帮助;

Ⅴ级伤残:颅脑损伤致中度智力缺损或精神障碍,日常生活能力明显受限,需要指导;

Ⅵ级伤残:颅脑损伤致中度智力缺损或精神障碍,日常生活能力部分受限,但能部分代偿,部分日常生活需要帮助;

Ⅶ级伤残:颅脑损伤致轻度智力缺损(智商70以下)或精神障碍,日常生活有关的活动能力严重受限;

Ⅷ级伤残:颅脑损伤致轻度智力缺损或精神障碍,日常生活有关的活动能力部分受限;

Ⅸ级伤残:颅脑损伤致轻度智力缺损或精神障碍,日常活动能力部分受限;

Ⅹ级伤残:颅脑损伤致神经功能障碍,日常活动能力轻度受限。

该条款严格来说不是指精神功能,但由于大脑的症状通常被认为是神经症状,而精神症状都是大脑症状,因此有时也借用此条款评定轻微的精神伤残。

（5）精神障碍诊断与精神伤残程度的对应关系。《道标》一至十级中均有不同程度的"精神障碍"，而精神障碍的类型有多种，哪些属于重度、哪些是中度、或轻度以及具体等级，还需要根据具体情况来评定，以下评定原则可供参考：① 器质性智能损害。鉴定人只要准确评定出智能损害的程度就可以完全按照《道标》对应伤残等级评定其程度。② 器质性遗忘（记忆损害）。仅指单纯记忆损害，当智力、记忆同时并存时，按照智力损害条款评定。由于记忆与智力同属认知功能，往往参照智力损伤的条款进行评定，但单纯记忆损伤对社会功能影响的程度比同等智力损害要轻，因此，可以根据记忆损害对社会功能影响的程度（可用"成人智残评定量表"或"儿童适应行为评定量表"的评分）评定等级。③ 器质性精神障碍。这里指智力、记忆以外的其他精神障碍，主要有如下几类：一是器质性人格改变（或儿童器质性行为改变）：一般情况评定为轻度精神障碍，即评定为八级伤残，也可以根据人格（或行为）改变程度及其对社会功能的损害程度适当提高或降低伤残等级程度（如评定为七级或九级），对少数严重影响社会功能者，可评定为中度偏轻精神障碍，即六级伤残。二是器质性意识障碍：该综合症反映病情尚未稳定，需延长医疗终结时间，待病情稳定后再做精神伤残鉴定。三是器质性精神病性症状（包括幻觉、妄想、紧张症、思维形式障碍、行为紊乱等）：原则上应当给予专科治疗后再进行评定，尤其是症状较重者。根据被鉴定人精神病症状的频率、性质、对社会功能影响的程度、并结合智力、记忆损伤的程度进行评定。精神病症状突出，对社会功能有严重影响者，评定为重度精神障碍（四级或三级）；症状、程度不甚严重，对社会功能中度影响者，评定为中度精神障碍（六级至四级）；精神症状出现频率少、对社会功能影响轻者，也课评定为轻度精神障碍（九级至七级）。四是器质性情感障碍：包括躁狂综合征、抑郁综合征及双相障碍。根据被鉴定人情绪障碍对社会功能影响的程度进行评定。情感症状严重，对社会功能有一定影响者评定为中度精神障碍（六级至五级）；情感症状轻、对社会功能影响轻者评定为轻度精神障碍（九级至七级）。由于情感障碍一般系阶段性病程，非持续性，病情常有缓解期，因此，该病的伤残等级不宜过高，一般不宜超过五级。五是器质性癔症样综合征：根据被鉴定人的发作频率、对社会功能影响的程度进行评定。若不伴有智力、记忆损害，一般评定为轻度精神障碍，且由于癔症样表现为发作性病程，并有自身素质因素参与的可能性，一般评定为十级或九级，不宜超过八级；若伴有智力、记忆缺损则主要评定记忆、智力伤残程度，不再对该综合征单独进行评定。六是器质性神经症样综合征：包括器质性焦虑症、器质性情绪不稳及脑挫裂伤后综合征或脑震荡后综合征。一般评定为轻度精神障碍，且由于各类综合征常有自身素质因素参与的可能性，一般评定为十级，若伴有轻微认知功能损害（未达到记忆、智力缺损程度），对社会功能影响较突出者可评定九级；若伴有智力、记忆缺损则主要评定记忆、智力伤残程度，不再对该类综合征单独进行评定。

(四) 精神障碍医疗依赖与后续治疗评估

1. 基本概念。医疗依赖是指因病/伤致残者在评定残疾等级时仍不能脱离治疗者,因而需要对其治疗措施、方案方法、药物、治疗费用等相关问题进行评估。

2. 评定原则。一般对于具有可治性的精神障碍才进行医疗依赖和后续治疗的评定,如:精神病障碍、心境障碍、神经症性障碍等,有时需要维持治疗;认知功能(智力、记忆等)损害通常有赖于患者自身康复,但随着社会进步,也可以进行相应的康复训练等后续治疗评估;人格改变的可治性较差,一般不宜进行医疗依赖和后续治疗评定。医疗依赖和后续治疗的评定原则如下:(1) 根据被鉴定人所患精神疾病及其临床症状特点,明确其是否存在医疗依赖,如器质性精神障碍,应根据被鉴定人停药后是否需要症状再度出现来决定。(2) 按照精神医学基本理论及认识,确定该疾病及存在病症所需要的常规治疗手段,如药物治疗、心理治疗、物理治疗、康复治疗等,同时还应包括治疗期间需要定期进行复诊和有关医学检查的费用。(3) 对治疗手段进行选择时,对已经进行系统治疗者,原则上以已使用且有效的手段,在此基础上计算治疗费用;尚未经治疗者,在精神医学的首选治疗方案中,确定适合被鉴定人临床特点的治疗药物和其他治疗方法进行相应评估。(4) 计算方法:以月为一个单元计算治疗费用。(5) 治疗时限:应根据所患精神疾病的需要来确定(参照有关教科书)。

(五) 精神障碍护理依赖评估

1. 基本概念。护理依赖是指因病/伤致残者因生活不能自理,需依赖他人照料和护理的依赖和程度。

2. 分级与评定原则。根据《人身损害护理依赖程度评定》(GA/T800-2008)的规定,"精神障碍者护理依赖程度评定,应在其精神障碍至少经过1年以上治疗后进行"。精神障碍的护理依赖包括"进食""修饰""更衣""理发、洗澡、剪指甲""整理个人卫生""小便始末""大便始末""外出行走""睡眠""服药""使用日常生活用具""乘车"共12项日常生活项目,每项3级计分(0分、5分、10分),根据精神障碍者完成项目的情况计分,将各项分值相加得出总分:(1) 总分值在120分—81分,日常生活基本能够自理,为不需要护理依赖。(2) 总分值在80分—61分,为部分护理依赖。(3) 总分值在60分—41分,为大部分护理依赖。(4) 总分值在40分以下,为完全护理依赖。

(六) 精神障碍者的医疗纠纷鉴定

1. 基本概念。精神医学方面的医疗纠纷主要涉及患者在诊疗过程中发生的自杀、自伤、攻击他人所造成的伤害及不良并发症等而引起的纠纷,需要澄清是否有医疗责任或过错,其中部分医疗纠纷涉及精神损伤或伤残问题,另一部分涉及非自愿入院问题。

2. 评定原则。精神障碍者发生自杀、自伤行为，通常不是医护人员的治疗和护理错误所直接造成的，而是患者受精神疾病症状的影响而发生的突发行为，往往难以预测和防范，具有一定程度的不可抗拒性质。但是，若医护人员事前发现患者已经暴露了某些消极观念或自杀行为而未及时采取措施，或未尽到告知义务和知情同意等，或值班时不按时巡视，甚至擅离岗位，或危险性工具疏于保管、使得患者趁机利用而发生意外等，则有医疗过错的情形。

医疗纠纷中涉及损伤或伤残问题时，由相应专科进行评定，如躯体损伤和伤残由法医临床评定，精神损伤与伤残则根据委托方的要求，按照精神损伤或伤残的有关内容和原则进行评定。

非自愿入院问题，应按照《精神卫生法》的规定严格掌握入院指征，即严重精神障碍并伴有"已经发生伤害自身或危害他人安全的行为，或者有伤害自身或危害他人安全的危险的"患者，方可作为非自愿入院的对象，否则将可能引起医疗纠纷。

第四节 精神疾病司法鉴定意见评断

由于精神障碍的客观检查手段不多，通常建立在专业人员的经验性评估基础上，因而，精神疾病司法鉴定意见通常被认为是"主观"判断的结果。事实上，精神疾病有其自身客观规律，专业人员的精神检查和鉴定意见是根据疾病的客观规律性作出的判断，因此，具有一定的客观性和科学性。鉴定意见书是体现客观性和科学性的载体，只有做到了客观，才能体现其科学性。因此，本章从鉴定意见书的五个要素（一般资料、检案摘要、检验过程、分析说明、鉴定意见）来评价鉴定过程的客观性。

一、对"委托事项"的评断

委托事项是一般资料中能在一定程度上体现鉴定客观性的内容。委托事项是否符合本专业的执业范围和能力所及，是评价委托事项客观性的依据。例如：某精神伤残鉴定的委托事项为"伤残程度及劳动能力评定"，而"伤残"中包含了躯体伤残和精神伤残，对于一个独立的精神疾病司法鉴定机构来说，只有精神伤残执业范围，因此，该委托事项应为"精神伤残程度及其劳动能力评定"，否则会被人误解该鉴定意见是对被鉴定人总体伤残程度进行鉴定。

刑事责任能力涉及刑法学、社会学、伦理学等诸多学科，而精神医学鉴定人缺乏这些学科的知识，因而缺乏作出刑事责任能力鉴定的能力。因此，应当严格按照该类案件的委托事项（即是否有精神病及案发时的辨认和控制能力），且只能从精神医学的角度作出评价，不能代替执法人员对辨认和控制的认识，才能体现鉴定意见的客观性。

二、对"检案摘要"的评断

既要简明扼要，又要客观准确，不应带有任何主观或感情成分。例如，某鉴定意见书的"检案摘要"写道：

> 2005年10月17日，××中学英语教师陈×在给初二（2）班上下午第三节英语课，课堂上谭××又说又笑，陈老师对谭××用眼神暗示后，过了一会，便走到谭××的座位边，见谭××没有做课堂笔记，就用手中的书在谭××的肩膀上提示性地敲了一下，此后，谭××在校学习一个月，还参加期中考试，没有异常反应。2005年12月4日下午6点，谭××的母亲夏××找到当时的校长张××，反映陈老师打了她的女儿谭××，学校及时安排陈老师给谭××检查治疗。校方和陈老师认为谭××精神表现与往日一样，用书提示性地敲了一下，不可能造成谭××的精神病，××市精神卫生中心以谭××监护人不真实的陈述，诊断谭××为："创伤后应激障碍"不正确，并认为谭××有没有精神病与学校和老师无关。为此，公安派出所、司法所、综治办多次调处无效，因此，委托司法精神病鉴定。

该检案摘要除了冗长赘述（写入了整个案情）外，存在的主要问题是带有明显的主观和情感成分，如："课堂上谭××又说又笑……"，提示鉴定人明确指出谭某的不对；"用手中的书在谭××的肩膀上提示性地敲了一下"，提示为老师的行为辩解；"谭××在校学习一个月，还参加期中考试，没有异常反应"，提示鉴定人认为谭某在此事后一个月均表现正常，一个月后才出现精神问题，与老师的行为无关；"学校及时安排陈老师给谭××检查治疗"，提示鉴定人强调学校有积极的态度对待谭某等，均表明鉴定人的立场不中立、不客观；即便有时需要写出有关语句，也应以引号的形式表达，避免主观性。该委托事项可以修改为：

> 据委托机关呈送的鉴定材料反映，××中学初二学生谭××的家长认为其女儿"谭××患精神病与其班主任张××老师的体罚行为有关"，并向当地政府部门投诉，为此，公安派出所、司法所、综治办多次调处未果，故委托对谭××进行司法精神鉴定。

三、对"检验过程"的评断

精神疾病司法鉴定的检验过程包括"书证与调查材料"及"检查所见"，前者包括"书证材料"及"调查材料"；后者包括"精神检查"及"体格神经系统与实验室特殊检查"等。

(一) 书证与调查材料的客观性

1. 书证材料的客观性。摘录时既要全面客观,不能断章取义,但又要简明扼要,避免重复,尤其是要体现当事双方的材料,不能偏废一方;应依次呈现作案过程证词、第三方证词、双方及其家属证词等,不应落下鉴定人认为不真实或不好解释的材料,只能对有疑问的材料进行客观分析。

2. 调查材料的客观性。调查的目的是澄清事实,即查验案件材料中疑似精神障碍的有关问题;搜集、核查精神障碍的诊断依据,并寻找用"正常作案行为"来解释的证据。因此,调查时尽可能记录被调查者反映的客观事实,引用被调查者的原话,减少鉴定人主观评判的语言。

(二) 检查所见的客观性

1. 精神检查的客观性。精神检查是检验过程最重要的环节,但很容易被人们误认为是"主观"的,鉴定人应依据精神医学专业知识客观、系统、全面地描述被鉴定人的精神状态。通常可以从三个层面来展现:(1) 被鉴定人的一般情况与合作程度,反映整体精神面貌和对鉴定的态度;(2) 描述被鉴定人知、情、意等心理过程,澄清是否存在精神症状及哪些领域的精神症状;(3) 核查法律有关问题的行为能力及其影响因素。尽可能用被鉴定人的原话来体现客观性,但要避免单一刻板的对话式记录方式;既要有重点的描述,又要完整体现精神活动的各个领域。例如:某精神检查描述:"被鉴定人意识清楚,检查合作,注意力能集中,问答切题,能叙述清楚被体罚过程的心理体验,主要是头痛、睡眠较差、有一定程度的恐惧体验。目前仍然服用药物(启维)。检查中未查及典型精神病性症状,情感反应适中。"

上述精神检查的内容都只有鉴定人的主观判断内容,且过于简单,没有将被鉴定人言语、动作、情感体验形象地描述出来,且将被体罚过程的心理体验描述为躯体症状(头痛、睡眠);也未具体描述睡眠差是入睡困难、还是早醒,还是易醒?而不同的睡眠障碍对判断不同的精神状态有意义;"有一定程度的恐惧体验"也未描述恐惧什么、恐惧的程度等,因此,这样的描述不能很好地体现客观,也难以准确判断被鉴定人的精神状况。

2. 体格神经系统及实验室特殊检查的客观性。这部分内容易被接受是"客观"的,包括神经心理测验,虽比其他实验室检测的影响因素大,但其客观性也远比精神检查的认同要高。事实上,任何一项客观检查,其结果都需要结合个体的具体情况分析才有临床意义,如影像学发现大脑局部有某个高密度或低密度阴影,它不一定表明该病灶引起了精神障碍,应当客观分析该病灶与精神状态的关系。对精神检查发现的精神症状和严重程度,一方面,应尽可能用相应的心理测验或特殊检查结果来佐证;另一方面,应对支持和不支持鉴定意见的检测结果及其影响因素进行客观分析。虽然多数精神疾病缺乏体格和神经系统体征,但对于器质性精神障碍,体格和神经系统检查结果仍然是十分重要的客观依据。

四、对"分析说明"的评断

分析说明是运用专业知识综合分析各类材料的关键环节,也是体现鉴定人技术水平和逻辑思维严谨性的重要内容。分析说明一般通过两个部分来体现客观性,第一部分是"精神状态及其医学诊断分析";第二部分是"相关行为能力分析"或"精神损伤因果关系及其损伤或伤残程度分析"。

第一部分的客观性重点体现在通过书证、调查、检查等各种资料中总结归纳出符合或不符合某种精神障碍的各项诊断条件,紧扣诊断标准(症状标准、严重程度标准、病程标准及鉴别诊断),并运用精神医学理论知识进行分析,诊断名称和条件要有据可查,切忌想当然。

第二部分的客观性需要根据不同案情的不同分析要点来体现,如:刑事案件中的辨认和控制能力客观分析可以从三个方面来评价:(1)分析作案行为有无可以理解的现实原因或不可理解的病理因素。(2)通过案发时的行为特点,来分析对作案对象、时间、地点或场所的选择性和根据现实环境的变化来调整自身行为的调适性等。(3)精神障碍对作案时辨认和控制能力的影响及其程度。民事案件中的行为能力客观分析应从"精神障碍的严重程度""精神障碍对表达自己意愿及保护自身合法权益的影响"及"行为人对某特定民事行为的辨识能力"等方面来体现。精神疾病因果关系的客观分析重点体现在"伤害因素的性质(器质性抑或功能性)""事件前罹患精神疾病的个体素质及精神疾病史""临床症状特点及其与伤害事件发生的时间、内容、转归上的联系"等方面。精神损伤或伤残程度的客观性分析是在评定精神障碍的专业诊断及与伤害因素的关联关系基础上,重点分析"精神障碍的程度""与损伤或伤残标准的对应条款关系"及"相应的损伤或伤残等级及其评定依据"等客观方面。

五、对鉴定意见的评断

鉴定意见应与委托事项遥相呼应,不可画蛇添足,且应简明扼要、准确具体、通俗易懂,实事求是、客观地反映鉴定人的意见。材料充分时,尽可能下肯定的结论,但不宜下绝对性结论,因为太"绝对"往往不够"客观"。例如:

某女性,29岁,已婚,某镇村民。案卷材料反映该女性在××时段内,主动到许某、孙某和耿某家要求与对方发生性关系6—7次,被鉴定人陈述发生性关系的目的是"弄点钱花",事后也均获得了20元至100元不等的人民币。经调查,该女性在当地被称为"傻××"。鉴定诊断为:"轻度精神发育迟滞"。鉴定结论为:"轻度精神发育迟滞。2012年3月至今,被鉴定人××遭受性侵害时,性自我防卫能力削弱"。

上述鉴定结论存在的问题:该女性是否遭受性侵害不是鉴定人的职责范围,而从案卷材料中也难以认定"被性侵犯"的性质,因此,客观的结论应当是:

"被鉴定人××系轻度精神发育迟滞者,其在2012年3月至×年×月发生性行为时的性自卫能力部分削弱"。

如果执法机关已经用了"被性侵犯"这样的词,结论中可以用引号引用。又如,某鉴定结论写道:

"从案卷提供的材料结合鉴定时的有关检查,根据《中国精神障碍分类与诊断标准(第3版)》的标准,我们认为被鉴定人谭××患有创伤后应激障碍,2005年10月17日,老师陈×体罚事件与被鉴定人谭××所患创伤后应激障碍,应当具有比较密切的因果关系"。

该鉴定结论且不说诊断是否准确,尚存在以下问题:(1)前部分不是结论,而是精神医学诊断及依据。(2)"鉴定结论"肯定是依据案卷材料和鉴定检查结果,无需在结论中强调。(3)"结论"肯定是"鉴定人"的意见,也无需再表明"我们认为"。(4)因果关系分为"直接关联"(直接作用)、"大部分关联"(大部分作用)、"部分关联"(部分作用)、"小部分关联"(小部分作用)、"轻微关联"(轻微作用)、"无关联"(无作用)。该结论中的"密切关系"不规范,是直接关联还是大部分关联,没有交代清楚。因此,该案规范的鉴定结论应为:

"被鉴定人谭×的精神状态符合'创伤后应激障碍'的诊断,该病与2005年10月17日老师体罚事件存在部分关联关系(体罚事件对该病的发生发展有部分作用)。"

本章述评

司法精神病学一直将"精神障碍"等同于《刑法》第18条中的"精神病"。精神障碍是指涉及知、情、意三大心理过程任一领域发生障碍时的疾患,包括重性和轻性精神障碍,也包括毒品所致精神障碍。而"精神病"一般仅指精神障碍中最严重的一类,且通常是由于不可抗拒的力量所导致,而轻性的精神障碍尤其是毒品所致精神障碍并非不可抗拒的力量所致,应不属于《刑法》第18条所指的"精神病"人。因此,有学者认为,不能将刑法学中的"精神病"扩大至"精神障碍"的广泛程度。

我国大多数司法鉴定机构仍在实施责任能力的评定,而且,对于责任能力决定权的归属问题也存在争议。有人主张由精神病学鉴定人确定,因为他们具有精神病学专业知识。但有人主张归属于执法人员,尤其是法官,因为责任能力不是单纯的医学问题,更多的涉及法学、社会学、伦理学等诸多学科。实质性辨认能力是指行为人准确依据事物间的逻辑关系对其行为在刑法学上的意义、性质及后果的分辨认识能力,即行为人的作案动机受精神病理因素的影响。例如:劳务工曾某与黄某是同一宿舍的工友,平素二人关系一般,没有发生过矛盾或纠纷,但近年来曾某怀疑黄某总是干扰和破坏他找女友,认为他每找一个女友,黄某就要手段破坏他和女友的关系,以致其无法成功找到自己的婚姻对象。曾某在此想法的影响下提前一个月准备了伤害黄某的作案工具(砍刀)。等到一天下午,曾某发现工友们均已去车间上班,仅黄某因睡过头晚走一会,曾某便尾随跟踪黄某到厂区内一个没有监视镜头的角落,将黄某连刺数刀,随后将凶器扔进垃圾箱,未打卡窜进车间上班(法医鉴定黄某因失血性休克死亡)。当警察逐一询问可疑人员时,曾某断言否认自己作案,直至诸多工友揭露曾某一月前即在枕头下藏有凶器、并有作案嫌疑后,警方再次审讯曾某才承认自己的作案行为。经司法精神鉴定查证,黄某并无破坏其找对象之行为,甚至对其找对象的事情全然不知,而系曾某"被害妄想"的精神病态想法,该案被鉴定人虽知道自己行为的内容是伤害对方(其事先准备好作案工具)、社会意义(知道自己的行为具有违法性,因而选择没能被发现的时间和地点伺机作案,得逞后将凶器扔进垃圾箱且不打卡窜进车间上班)和后果(知道自己的行为会导致被伤害人的生命危险,需要承担法律责任)均具有良好的分辨认识能力,但他对事物间的逻辑关系存在精神病态,即受病理动机的影响而实施作案行为。长期以来,精神疾病司法鉴定一直将"实质性辨认能力"与刑法学中的"辨认能力"等同对待,即只要行为人完全丧失了"实质性辨认能力",即评定为"无责任能力"。实质性辨认能力在刑法学的归属、精神病理特点和行为的可预防性方面都与刑法学中的辨认能力有明显区别。实质性辨认能力的本质是"动机",而动机不属于犯罪构成的必要条件;其精神病理特点仅为精神活动中的某个或少数领域发生障碍,而其他精神活动领域尚保持正常;仅丧失实质性辨认能力的精神病患者通常具有接受教训的能力,其行为具有可预防性。因此,这些方面都是实质性辨认能力与刑法学中的辨认能力的不同之处。因此认为仅有"实质性辨认能力"丧失的人应为《刑法》第18条中的"尚未完全丧失辨认或者控制自己行为能力的精神病人"。

思考题

1. 精神疾病司法鉴定的业务范围和鉴定内容有哪些?

2. 精神疾病司法鉴定的主要鉴定方法有哪些?与其他法医学的鉴定方法有何不同?

3. 精神疾病司法鉴定意见书的客观性评价有哪些要领?

第十五章 法医物证司法鉴定

> **本章概要**
>
> 本章主要包括法医物证司法鉴定的发展概述、鉴定的基本理论和所涉及的鉴定方法、鉴定内容以及鉴定意见判断和典型案例评析等内容。学习本章内容，应当了解法医物证司法鉴定的专业特点和内涵，了解法医物证司法鉴定中目前通用的方法和技术手段以及如何对鉴定结果进行评估。

第一节 法医物证司法鉴定概述

一、法医物证司法鉴定的概念

法医物证司法鉴定是指应用生物学和遗传学等理论知识和技术，通过检测分析人类的遗传学标记，判断个体之间的亲缘关系和现场检材的种类、种属以及来源。近年来，人们越来越深入地认识到了法医物证司法鉴定在各类刑事案件侦破和民事案件解决中所发挥出来的重要作用。俄国末代沙皇遗骸的识别、萨达姆·侯赛因身份的证实、克林顿与莱温斯基的性丑闻案、美国"9·11"事件大量遗体身源的认定、蚊子血帮助芬兰警察确定盗车贼、曹操墓主人身份的DNA鉴定等，让人们对法医物证司法鉴定应用的巨大前景和威力充满了期待。

法医物证鉴定的理论支持是法医物证学。法医物证学的命名国内外尚未完全统一，在国外也称为法医血清学、法医血型血清学、法医血液遗传学及法医生物学。我国法医学专业目录定名为法医物证学。法医物证学是法医学的分支学科之一，其研究内容属法医学中的物证检验部分，是法医学研究的主要内容之一，其主要任务是解决司法实践中的个人识别及亲子鉴定问题。

二、法医物证司法鉴定的发展

法医物证鉴定同其他科学一样是在长期的社会实践中，特别是在司法鉴定实践中逐步形成并发展起来的。我国南宋淳祐七年（公元1247年）宋慈所著《洗冤集录》一书中就讲到"滴血之法，孙亦可验祖"。这种滴血认亲的方法，虽不甚完备，但是其中包含着法医物证学的萌芽，或者说是应用血型遗传原理鉴定亲子关系的早期的尝试。1866年孟德尔的研究揭开了遗传研究的序幕，创立了遗传学的基本规律，即分离规律和自由组合规律。1893年奥地利的汉斯·格劳斯所著《检验官手册》已将运用科学技术办案写入书中。1900年Landsteiner发现ABO血型以后，人类红细胞血型应用于检案，法医物证检验步入了科学时代。1910年法国刑事犯罪学家艾德蒙·洛卡德提出了接触与物质交换的原理，表述为"任何接触都可以留下痕迹"。这个观点奠定了现代法庭科学的基础。1926年摩尔根的基因学说的发表，为法医物证学的发展奠定了基础，成为了法医遗传学的基本理论。

20世纪50年代，遗传学研究的突飞猛进，尤其是遗传物质DNA双螺旋模型的发现，是生命科学研究历程中的一个具有划时代意义的里程碑。1985年，英国科学家Jeffreys研究人类肌红蛋白基因结构时，在第一内含子中发现一段由33 bp串联重复的小卫星序列。以33 bp为核心序列串联重复的单链DNA作为RFLP分析的探针，杂交结果表明可在4—23 kb范围内检出20—30条多态片段，多态性信息量极大，个体的条带模式独一无二，类似经典的指纹，故称DNA指纹。1993年，国际法医遗传学会推广了以STR为核心的第二代DNA指纹或DNA纹印技术。

法医物证学的发展迅速，miniSTR技术、X染色体遗传标志的研究以及表观遗传学在法医中的应用等，使得法医物证鉴定技术日臻完善，理论知识日趋丰富，解决检案问题的能力已经得到了极大的提高。

第二节 法医物证司法鉴定的主要技术方法

一、短串联重复序列(STR)

个体之间的人类基因组DNA约有99.7%的DNA序列是相同的，因此，在遗传水平上能够反映出个体之间差异的序列就需要在剩下的0.3%的基因组中去寻找。在人类基因组中分布着许多重复DNA序列，这些序列大多位于基因与基因之间，因此它们在不同个体间的序列长度虽然可以不同，但不会影响个体间遗传功能的改变。

真核细胞基因组中充满了重复DNA序列。这些高度重复的核苷酸序列DNA通常被称为卫星DNA，主要存在于染色体的着丝粒区域。卫星DNA按其重复结构的核苷酸的多少，可以分为两类。一类是小卫星DNA（minisatellite DNA），其重复结构的核苷酸对长度一般为8—100 bp。另一类是微卫星DNA（microsatellite DNA），也通常称为短串联重复序列（short tandem repeat，STR）。STR又分为二核苷酸重复、三核苷酸重复、四核苷酸重复、五核苷酸重复或六核苷酸重复。二核苷酸重复具有两个核苷酸，一个接一个地重复；三核苷酸重复的重复单位有三个核苷酸，以此类推。不同类型的 STR 中，二或三核苷酸重复的 STR 在分型时出现"影子带"的比例高达 30% 或更多，从而使混合样本的分型结果更加难于解释。此外，在分析杂合子样本时，他们的等位基因产物之间相差二或三个碱基，而四核苷酸重复的等位基因则相差四个碱基，对于以片段大小为分离基础的电泳技术而言，后者显然更有利于电泳分型。五核苷酸重复和六核苷酸重复在人类基因组中比较少见，因此，四核苷酸重复 STR 在法医物证鉴定中更常用。PCR 引物与重复序列两端的侧翼序列互补退火，因此，不同重复次数的等位基因，其对应的 PCR 产物长度不同，在毛细管电泳中均相差四个碱基的倍数。

总之，STR 已经成为目前应用最广泛的法医学遗传标记。STR 核心序列的重复单位一般为 2—7 bp，重复次数 10—60 多次，杂合子个体的两个等位基因在大小上相似，因而易于进行 PCR 扩增；STR 杂合子两个等位基因之间没有差异扩增的问题且 STR 基因座具有高度多态性且分布广泛，这些特点决定了 STR 在法医物证鉴定中具有良好的应用前景。

二、法医物证鉴定中的常用 STR 基因座

STR 标记遍布整个基因组中，平均每 10,000 个核苷酸中有一个 STR。但是，并非所有的 STR 在人群中都具有多态性。在过去的 20 年里，大量的四核苷酸重复 STR 基因座被用于人类的法医物证鉴定。已选用的 STR 遗传标记包括：用于分析降解检材的短的 STR；用于分析性侵害案件混合样本中男性特异的 Y-STR。用于人类法医物证鉴定的候选 STR 基因座的选择原则如下：（1）较高的个人识别能力，观察杂合度＞70%。（2）在染色体上的位置相距较远，确保无连锁。（3）与其他遗传标记复合检测时易于得到结果，且稳定性好。（4）低突变率。（5）预计的等位基因长度在 90—500 bp，片段越小越适合降解 DNA 检材的分析。为了保证法医 DNA 分型标记在各国司法体系中的有效性，应使用通用的标准遗传标记。无论是美国 AB 公司还是 Promega 公司，甚至是国内的一些公司都拥有了能够满足法医 DNA 分型需要的试剂盒，并且都包含了一套常用的 STR 基因座。其中最普遍的是包含了 CODIS 基因座。CODIS 基因座来源于 FBI 实验室发起的一项计划，该计划要求美国法庭科学协会成员共同努力，构建国家罪犯 DNA 数据库的核心 STR 基因座（Combined DNA Index System，CODIS）。

三、STR 自动分型

(一) STR 分型的要求

为达到可靠的 STR 分型结果,必须满足三个条件:(1) 空间分辨,即对于差异只有一个核苷酸的 STR 等位基因能够在分离空间能够分辨出来。(2) 光谱分辨,即能够在光谱上分辨出不同颜色的荧光染料,这样基因座上标记不同染料的 PCR 产物就能够被区分出来。(3) DNA 片段分析的精确度,即每次电泳之间的 DNA 片段测量准确性必须足够一致,这样才能够将样本与以校准为目的的等位基因 Ladder 相关联。

(二) 毛细管电泳的原理和组件

毛细管电泳技术的出现能够达到 STR 分型的要求,目前已经成为全球法医物证鉴定的主要技术平台。毛细管电泳设备的主要组成包括毛细管,缓冲液容器,连接了高压供电装置的电极。毛细管系统还包括激光激发光源,荧光检测器,装载样本管或托盘的自动上样器和控制样本进样和检测的计算机(图 14.2)。毛细管电泳设备的毛细管是由玻璃制成,通常内径只有 50 um(这与人类的头发粗细差不多)。通常 ABI 遗传分析仪所使用的是从上样到检测距离为 36 cm 或 50 cm 的毛细管。对于一些要求进行高分辨率的工作,例如 DNA 测序中的长距离读取,可以使用 80 cm 的毛细管。

不同的 DNA 样本与一套特定的已知大小的 DNA 片段混合并作为内部片段标准物,以便将不同电泳之间的结果联系起来。传统的平板凝胶电泳与毛细管电泳一个主要的不同之处在于其电场强度,毛细管电泳的电场强度会比传统平板凝胶电泳的场强大约 10—100 倍(比如,300 V/cm 而不是传统凝胶的 10 V/cm),这就使毛细管电泳具有非常快的电泳速度。

样本的检测是通过毛细管电泳设备自动进行的,是从样品进样到样品被毛细管末端的激光器检测到的时间跨度进行计算的。

第三节 法医物证司法鉴定的基本内容

法医物证鉴定是指应用生物学和遗传学等理论知识和技术,通过检测分析人类的遗传学标记,判断个体之间的亲缘关系和现场检材的种类、种属以及来源。在司法实践中,法医物证鉴定又主要分为个体识别和亲权鉴定两大类。法医物证鉴定还包括种属鉴定、血清学检验等,本节主要介绍依托法医 DNA 分型技术的个体识别和亲权鉴定。

一、个体识别鉴定

法医物证鉴定中用以揭示个体身份的任务称为个体识别。DNA 个体识别是以同一认定理论为指导原则,通过对物证检材的遗传标记作出科学鉴定,依据个体特征来判断前后两次或多次出现的物证检材是否同属一个个体的认识过程。

（一）遗传标记的特定性

对某个体进行个体识别,需要把他与人群中其他所有个体区分开来,理想的和理论上的考虑是所检测的多个遗传标记组合的概率极其低,以至该遗传标记组合在群体中只能出现一次。换言之,同一认定所依据的遗传标记组合必须具有个体特定性。遗传标记组合的特定性主要由以下因素决定:(1) 遗传标记的数量:分析的遗传标记数量越多,遗传标记组合的特定性就越强,该遗传标记组合在群体中出现重复的概率也越小。分析的遗传标记达到一定数量时,该遗传标记组合在群体中就不可能出现重复,理论上该遗传标记组合就具备了同一认定所要求的个体特定性。显然,遗传标记的数量与该遗传标记组合的特定性成正比,与该遗传标记组合出现重复的可能性成反比。(2) 群体中个体的数量:遗传标记组合在群体中出现重复的可能性与群体中个体的数量有关。因此,同一认定要求的特定性与群体中个体的数量有密切关系。群体中个体数量越多,同一认定对个体特定性的要求就越高,要求遗传标记的数量也就越多。

（二）遗传标记的稳定性

同一认定采用的遗传标记要求具有稳定性。所谓稳定性是指个体的遗传标记能够保持不变属性的时间长短,即遗传标记可检测时限的长短。从案件发生、检材提取到实验室检测的时间有长有短,其间伴随着遗传标记的变质过程。时间越长,检测的阳性率越低。例如,从罪犯在现场留下血痕到发现嫌疑人并提取其血样作为比对样本这一段时间内,现场血痕遗传标记特征保持了基本不变,它就具备了同一认定所要求的稳定性。鉴于遗传标记自身的大分子特征,这种可检测时限具有明显的差异。遗传标记的稳定性还包含另一层意思,即生物检材中遗传标记对外界各种物理、化学和生物性因素的抵抗或耐受的能力。紫外线、高温、潮湿、腐败以及环境中各类化学物质,都具有破坏遗传标记大分子的作用。如果检材中遗传标记的特征因自然原因或人为原因发生了质的变化,那它就不具备进行同一认定的条件了。由此可见,应尽量保存好法医物证检材,尽量缩短送检时间。

（三）遗传标记的反映性

遗传标记的特定性与稳定性是进行同一认定的基础,但遗传标记分析的前提是遗传标记的特性能够反映出来,并能被人们所认识。涉及人体的物证检材多种多样，各具特征，并非都是可以检验鉴定的。有些检材容易检验，如血痕；有些不容易检验，如毛发。这就涉及遗传标记的反映性问题，理想的案件调查，要求最大限度地从检材中获取同一认定的信息，能够足够地反映出个体的特征。

随着科学技术的发展，对遗传标记的认识能力不断提高，法医物证鉴定的遗传标记已从血型发展到 DNA 遗传标记。在这一发展过程中，个体遗传标记本身并没有发生什么变化。而是随着人类认识能力与科学技术水平的提高，原来无法识别的遗传标记转化成为可以识别的遗传标记。

二、亲权鉴定

(一) 亲子鉴定的原理

本节所指的亲权鉴定主要是指亲子鉴定。人类有 22 对常染色体和一对性染色体，遗传性状由染色体上的基因所控制，基因随染色体由亲代传给子代，子代的每对常染色体中，一条来自父亲，另一条一定来自母亲。孟德尔遗传定律表明，染色体上的等位基因在亲代与子代之间传递规律是孩子的一对等位基因中一个来自父亲，一个来自母亲；孩子不可能带有双亲均没有的等位基因。

应用医学和生物学的知识与技能判断不同个体之间是否有亲生学血缘关系称为亲缘关系鉴定，包括有争议父母与子女、隔代与隔数代个体间的血缘关系等。判断争议父母与子女间的血缘关系称为亲子鉴定。

亲子鉴定的类型主要分为二联体（如父子鉴定或母子鉴定）和三联体（如生母参与下的父亲鉴定）。

(二) 亲子鉴定对遗传标记的要求

与个体识别鉴定对遗传标记的要求一样，亲子鉴定中使用的遗传标记同样也需要强调遗传标记的特定性、稳定性和反映性。但是与个别识别鉴定不同的是，遗传标记的突变对个体识别鉴定的结果没有任何影响，现场检材的基因型与嫌疑人样本的基因型是一致的，结果的判断是依赖同一认定的理论。但是亲子鉴定涉及两代人的遗传标记比较，结果的判断是依靠孟德尔遗传定律。此时为了避免遗传标记突变导致错误结论，排除父权与认定父权均应考虑突变因素的影响。

第四节　法医物证司法鉴定意见评断

一、法医物证鉴定中的结果评估

(一) 个体识别鉴定中的系统效能评估

个体识别的依据是人类遗传标记，人类遗传标记众多。任何同一认定都不可能使用人体的全部遗传标记,只是一定数量遗传标记的组合。因此,在进行个体识别鉴定时,必须对系统效能进行评估。

个体识别鉴定的系统效能是用个体识别率(probability of discrimination power, DP)表示的。个体识别率表示检测某一多态性位点能将随机抽取的两个个体区别开来的概率,即两者的遗传标记表型不相同的概率。DP 值是评价某一遗传标记识别无关个体效能大小的指标。

(二)个体识别鉴定中具体个案的鉴定能力评估

遗传标记的个体识别率主要用于评估遗传标记。对于具体个案鉴定,法医学专家是通过使样本的一系列表型组成一个稀有现象的策略来提供证据的。

1. 匹配概率。对于具体个案鉴定,个体识别的实质是通过比较案发现场收集到的法医物证检材与嫌疑人的遗传标记,判断前后两次或多次出现的个体是否为同一个体。鉴定有两种结果:先后出现的个体可能是同一个体,也可能不是同一个体;若两份检材的遗传标记表型不同,可明确结论两份检材不是来自同一个体。若遗传标记表型相同,则称为两份检材的遗传标记表型匹配。两份检材遗传标记表型匹配有两种可能的原因:(1)两份检材来自同一个体;(2)两份检材不是来自同一个体。对于一份现场检材而言,另一份样本与该检材不是同一个体的。该样本来自群体中的一名随机个体,仅仅因为其表型碰巧与检材的遗传标记相同而出现了表型匹配。虽然现场检材既可能是嫌疑人留下的,也可能是其他人留下的。我们可以评估在其他人中发现这种表型的概率。如果以表型频率来估计概率,人群中发现这种表型的频率就称为随机匹配概率。确切地说,应当称为随机个体碰巧匹配概率。它的意义是当两份检材的遗传标记表型匹配时,如果现场检材不是嫌疑人留下的,而是一个从群体中随机抽出的个体留下的,遇到这种个体的可能性有多大。显然这个概率越小,遇到这种个体的可能性就越小,说明现场检材与嫌疑人样本的表型匹配非常不像是一个随机事件,支持这两个样本来自同一个人的假设,也就是支持现场检材是嫌疑人留下的假设。

个体识别通过比较两个样本的一系列表型,从而判断两个样本是否来自同一个体。检测的基因座数越多,并且每一个基因座的表型都匹配,证据的作用就越大。

2. 似然率。在同一性鉴定中,法医统计学更倾向用似然率(likelihood, LR)方法来评估遗传分析提供的证据强度。似然率基于两个假设。例如,现场血痕 DNA 和嫌疑人血液 DNA 表型组合均为 E,可以考虑两种假设:(1)现场血痕是嫌疑人所留(原告假设)。(2)现场血痕是一个与案件无关的随机个体所留(被告假设)。似然率是假设(1)条件下现场血痕与嫌疑人的表型组合都是 E 的概率与假设(2)条件下现场血痕与嫌疑人的表型组合都是 E 的概率之比。

用竖线分开条件与事件,竖线右边为条件,左边为事件。$\Pr(E|Hp)$ 为原告

假设 Hp 条件下获得证据 DNA 图谱的概率, $\Pr(E|\text{Hd})$ 为被告假设 Hd 条件下获得证据 DNA 图谱的概率。则似然率可写为：

$$\text{LR} = \frac{\Pr(E|\text{Hp})}{\Pr(E|\text{Hd})}$$

对于仅由一名个体留下的斑痕,在原告假设（Hp）条件下获得证据 DNA 图谱的概率为 $1\times1=1$；而在被告假设（Hd）条件下获得证据 DNA 图谱的概率即随机匹配概率 $1\times P(X)=P(X)$,以频率来估计概率,数值上为人群中这种 DNA 图谱的频率 $P(X)$。这种情况下 LR 是群体中这种 DNA 图谱表型频率的倒数, $\text{LR}=1/P(X)$。

似然率提供了一种基于术语"支持"的简单约定,以便根据一定数据来支持一种假设,排斥另一种假设。如果似然率在数值上超过 1,证据支持原告假设（Hp）。反之,如果小于 1,则支持被告假设（Hd）。实践中,LR 大于全球人口总数!从法医遗传学角度,可以认为遗传分析提供的证据是充分的。

需要注意的是,如果只简单地做少数几个 DNA 遗传标记,鉴定所提供的证据强度是有限的,而联合使用多个 DNA 遗传标记,可提高证据强度。可以为案件侦查提供线索、为审判提供确凿无误的科学证据。

(三) 亲子鉴定中的系统效能评估

亲子鉴定中的系统效能评估是用非父排除率来衡量的。简单地说,非父排除率就是指对于不是孩子生父的随机男子,遗传分析系统具有的排除能力。目前常用的 DNA 遗传标记,如 STR,一个基因座有多个等位基因,并且均为显性。设 p_i 代表群体中第 i 个等位基因频率, p_j 代表群体中第 j 个等位基因频率,并且等位基因 i 不等于等位基因 j,则排除概率为：

$$\text{PE} = \sum p_i(1-p_i)^2 - 1/2\left[\sum\sum p_i^2 p_j^2(4-3p_i-3p_j)\right]$$

上述公式是对于一个基因座而言的。亲子鉴定不止使用一个基因座,有必要知道使用的全部遗传标记对于不是孩子生父的男子,否定父权有多大的可能性,即累计排除概率（cumulative probability of exclusion, CPE）。

计算累计排除概率的前提条件是一个遗传标记系统独立于另一个系统。累计排除概率计算公式为：

$$\text{CPE} = 1-(1-\text{PE}_1)(1-\text{PE}_2)(1-\text{PE}_3)\cdots(1-\text{PE}_k) = 1-\prod(1-\text{PE}_k)$$

上式中, PE_k 为第 k 个遗传标记的 PE 值。求出各个遗传标记的 PE 值后,可按公式求出累计排除概率（CPE）。

(四) 亲子鉴定中具体个案的鉴定能力评估

在进行亲子鉴定时,当被控父具有生父必须具有的遗传标记的情况下被控父可能是生父,也可能是被错误指控的随机男子。因此,若被控父亲不能被否定为孩子的生父,则应计算被控父的亲子关系概率。具体步骤是根据母—子的遗传类型,比较被控父与随机男人成为孩子生父的概率,计算出亲权指数(Paternity Index,PI)。亲权指数是亲权关系鉴定中判断遗传证据强度的指标。它是两个条件概率的似然比率:

$$PI = \frac{概率\langle 检测到3人的遗传表型 | 假设被检测男子是孩子的生物学父亲\rangle}{概率\langle 检测到3人的遗传表型 | 假设一个随机男子是孩子的生物学父亲\rangle}$$

累积亲权指数(Cumulative Paternity Index,CPI)的计算公式为 $CPI = PI_1 \times PI_2 \times PI_3 \times \cdots \times PI_n$（1、2、3、$n$ 代表第1、2、3、n 个基因座的 PI 值)。

二、法医物证鉴定中的意见判断

(一) 个体识别鉴定意见判断

在个体识别鉴定中,若两份检材的 DNA 分型图谱不同,可排除两份检材来源于同一个体。若两份检材的 DNA 分型图谱完全一致,经计算似然率 $>10^9$,即 LR 大于全球人口总数。则支持两份检材来源于同一个体的假设。

(二) 亲子鉴定意见判断

实验使用的遗传标记累计排除概率应等于或大于 0.9999。为了避免潜在突变影响,任何情况下都不能仅根据一个遗传标记不符合遗传规律就排除父权。检测的遗传标记均需计算父权指数,包括符合和不符合遗传规律的遗传标记。任何情况下都不能为了获得较高的父权指数,将检测到的不符合遗传规律的遗传标记删除。获得所有单个遗传标记的父权指数后,计算累计父权指数。

被检测男子的累计父权指数小于 0.0001 时,支持被检测男子不是孩子生物学父亲的假设。鉴定意见可表述为:被检测男子不是孩子的生物学父亲,从遗传学角度已经得到科学合理的确信。

被检测男子的累计父权指数大于 10000 时,支持被检测男子是孩子生物学父亲的假设。鉴定意见可表述为:被检测男子是孩子的生物学父亲,从遗传学角度已经得到科学合理的确信。

累计父权指数大于 0.0001 而小于 10000 时,应当通过增加检测的遗传标记来达到要求。

三、法医物证鉴定文书的判断

鉴定文书的撰写要符合司法鉴定文书规范,并标明适用和行业标准。

目前为止,法医物证鉴定中的行业标准主要为以下几种:(1) 法庭科学 DNA 实验室规范(GA/T 382-2002)。(2) 法庭科学 DNA 实验室检验规范(GA/T 383-2002)。(3) 人血红蛋白检测金标试剂条法(GA/T 765-2008)。

(4) 人精液 PSA 检测金标试剂条法(GA/T 766-2008)。(5) 亲权鉴定技术规范(SF/Z JD0105001-2010)。(6) 检测和校准实验室能力认可准则在法医物证 DNA 检测领域的应用说明(CNAS-CL28-2010)。(7) 法庭科学 DNA 亲子鉴定规范(GA/T 965-2011)。

本章述评

法医物证司法鉴定同其他科学一样是在长期的社会实践中,特别是在司法鉴定实践中逐步形成并发展起来的。随着基因组时代的到来和成果的不断产出,随着新技术和新仪器不断地被开发,法医物证司法鉴定技术的发展也日新月异,并呈现出多学科的交叉化和综合化,鉴定的内容也发生了深刻变化,传统的 DNA 鉴定技术已经不能胜任这一快速变化。因此根本无法详尽预测未来法医物证鉴定领域的发展情况。

法医物证鉴定技术在过去的几十年里发展非常迅速,但是现在则稳定在通过毛细管电泳检测技术进行短串联重复序列(STR)的分型。然而与奥林匹克运动著名的格言"更快、更高、更强"一样,法医物证领域的工作者期待有更快的 DNA 分析方法,更高的检测灵敏度,以及更强的个体识别能力。综合近年来最新的文献报道,DNA 快速分析方法、新一代测序技术、表观遗传学在法医中的应用以及 RNA 用于体液斑的鉴定、自动化液体工作站、实验室信息管理系统、专家系统和质量控制将是法医物证司法鉴定领域中新的发展趋势和方向。

思考题

1. 简述法医物证司法鉴定的概念。
2. 简述个体识别和亲权鉴定的理论依据。
3. 简述法医物证司法鉴定意见评判的依据。

第十六章　法医毒物司法鉴定

> **本章概述**

本章主要包括法医毒物司法鉴定的任务和特点,常用的基本方法,鉴定的基本内容,鉴定意见的理解及正确评断等内容。学习本章内容,应当理解毒物及毒性、明确法医毒物司法鉴定的任务和特点,掌握常用的基本方法,熟悉鉴定的基本程序和内容,正确评价和使用鉴定意见。

第一节　法医毒物司法鉴定概述

一、毒物与中毒

（一）毒物

毒物是指所有能够对人体产生伤害的物质,或认为毒物是指小剂量的使用就能损害生命正常活动,引发功能性或器质性的病变乃至造成死亡的化学物质。这些物质有来自天然界的植物、动物和矿物,也有许多人工生产的产物、副产物和废弃物;毒物概念是相对的,能否被称为毒物除了与物质本身的成分、结构、性质等有关外,也与生物体摄入此物质的方式、剂量、甚至速度都有关系。食物、药物和毒物之间没有明确界限。因此毒物是在指特定条件下,以一定量和特定方式作用于特定个体而产生毒害作用的物质。

近年来,生命科学研究已进入分子水平的深度,毒物的概念有着更为广泛的涵义。一切可能损害人类健康生存以及有害于人类繁殖的物质都可被认为是有毒害的物质。毒物不只限于那些能引起明显急、慢性中毒的物质,还包含许多一时不易察觉的而有远期毒害作用的物质。这些物质包括一些能致癌、致突变、致畸变以及促进衰老等等作用的物质;也包括那些因经常接触入体而可能对健康有所损害的物质。这些物质往往以微小含量混存于药品、食物、日常用品、生活用水、空气以及尘土等等之中。为了区别于通常所说的毒物,这一类有害物质也被称为有害杂质。

由毒物引起的病变或死亡称为中毒,所引起的中毒作用亦叫毒害作用或毒性作用。能产生毒性作用的物质称为有毒物质。毒性作用的发生是有条件的,一种物质只有在一定条件下能产生毒性作用时才是毒物。

(二) 中毒发生的可能性及毒物的毒性大小

许多自杀、他杀或是意外伤害和死亡的事件由中毒引起。在许多发达国家里,投毒谋杀的事件已不多见,服毒自杀事件仍然很多;在发展中国家,投毒谋杀的情况和服毒自杀事件仍经常发生。

意外中毒事件可以是个案,比如孩子把药物当作糖果误食;也可以是大型的工业灾害造成的群体中毒事件,比如发生在意大利的有毒气体泄漏事件,西班牙的食用油污染事件;或是农业生产中的意外中毒事件,比如装满粮食的口袋放在已经被农药污染的拖拉机上,造成食用者中毒;也有因为关闭门窗烧炭取暖,由此产生的一氧化碳使全家人在睡梦中失去了生命的事件。当然,涉及毒物的事件和案件还远不止于此。

毒物产生毒性作用的条件主要有以下几项。

1. 受作用的生物体。不同物质对于不同种属的生物,所产生的毒害作用可有很大差异。比如有些物质对人畜是低毒,对鱼类就是高毒。法医学领域里所论及的毒物主要是指能使人中毒的物质;有时也指能毒害畜、兽、禽、鱼的物质,例如违法捕猎受保护的野生动物,或破坏渔、牧业生产等违法犯罪行为中使用的毒物。

2. 起作用的剂量。物质进入体内须达到一定的剂量才会产生毒害作用。许多物质在使用剂量恰当的情况下是用于治疗疾病的药物,超过治疗剂量或安全剂量就有可能引起中毒,超剂量使用量越大所产生的毒害作用越强。达到发生中毒症状的剂量称为中毒量,引起死亡的剂量称为致死量。物质的中毒量和致死量一般不同,中毒量或致死量越小的物质其毒性越强。毒害作用的强弱,从病情上看,可有轻度中毒、重度中毒和中毒死亡等区别;而从病程上说,分为急性中毒与亚急性中毒,亦有因多次重复使用较小剂量而造成的慢性中毒。

3. 作用途径与方式。毒物必须经一定途径进入人体才能引起毒害作用。毒物或药物可经由消化道、呼吸道、皮下、肌肉、血管、外表皮肤或黏膜等不同途径入体。由不同途径进入机体的毒物,被吸收的速度不同,所引发的毒害作用和中毒程度也会有差别。给药的浓度或速度等也是重要因素,例如需经大量液体稀释后进行静脉滴注的治疗药物,若不经稀释而以高浓度在短时间内注入血管则可引起严重中毒或死亡;又如一次顿饮大量烈酒和在较长时间内饮入同样量的烈酒,其后果是不一样的。

4. 个体状况。毒物作用于人体,可因接受者的身体状况不同而有不同的后果。身体状况包含年龄、性别、体重、健康状态、身体素质以及生活习性等等。儿童、老人、孕妇或体弱者一般对毒物的耐受能力比健壮的中青年差,中毒剂量和致死量相对要小一些。对某些药物过敏者可因小于治疗剂量就发生中毒甚至死亡。长期使用某种物质的人可能对所用物质的耐受性增强,当个体产生了耐受性,血液和组织内含有的毒物虽达到了致死量,但机体可能还不会出现本应出现的症状,如苯二氮䓬类、吗啡、海洛因及美沙酮等。由于个体差异,极小剂量的毒物也可能引起某些人很强的毒性反应,如可卡因和海洛因等。在评估毒物毒性大小时,应该考虑到这些因素。为了区别各种毒物的毒性强弱,常用动物小群体做实验。从中得出某一毒物能使某种动物的群体全部死亡的最小剂量,称为全数致死量;能使群体中的一半动物死亡所需的剂量,称为半数致死量(LD_{50})。LD_{50}是常用作表示毒性强弱的数据,虽然动物与人有很大差别,但因这些数据可用实验重复验证,并可得到公认,所以有重要的参考意义。但不能简单地用于判断或推算个体是否死于中毒。

由于药物与毒物之间的辩证关系,有时把一些药物和毒物统称为"药毒物"。随着天然资源的开发和人工合成有机化合物的巨大进展,用于医疗的药物和有毒性的物质愈来愈繁多;可成为毒物的物质已数不胜数。本章只能列举其中少数有一定代表性的药毒物。

(三) 毒物的分类

毒物可以被分为很多类别。例如根据结构和理化性质,毒物大致被分为挥发性毒物、气体毒物、水溶性毒物、非挥发性有机毒物等;按用途及应用范围有农药、杀鼠药、药用毒物、工业毒物、军事性毒物等;按照毒理作用有腐蚀性毒物、实质毒物、酶抑制毒、血液毒、神经毒等。

(四) 毒物的吸收、分布、代谢

毒物的吸收、分布、消除和排泄通常有其规律。进行法医毒物鉴定及处理中毒案件或事件,应正确理解中毒的发生、发展和结果。需要注意的是如果反复用药已成瘾,物质在体内的吸收、分布和消除便不再是一般情形。

毒物可经由消化道、呼吸道、血管、外表皮肤或黏膜等不同途径被吸收进入机体。毒物吸收快慢与吸收途径、毒物的pKa(pKb)、机体的状态(如胃肠道pH值、肺活量、皮肤黏膜完整性等)、是否佐以含酒精饮料、性别及个体体质等因素有关。

毒物在体内随血液循环很快分布到全身各处,其分布情况取决于毒物与脏器组织的亲和力大小。各种毒物的分布有其相应的规律。近年来不少研究发现毒物尚有死后再分布的现象。这些分布特征对于选择何种检验材料(简称检材)供毒物分析有指导意义,对评价鉴定结果也有所帮助。

毒物进入机体后,一般说来,会发生氧化、还原、水解或结合等生物转化过程。转化成的产物即通常所称的代谢物。大多数毒物经过生物转化后,毒性随之降低,也有的经过这个过程后,毒性反而增加。如果由于各种原因检测原药困难,也可鉴定代谢物。

(五) 中毒症状

毒物作用于机体,机体会表现出相应的中毒症状。症状通常会表现在全身各系统,如消化系统的恶心、呕吐、腹泻等;呼吸系统的呼吸困难、气急等;或神经系统的头晕、头痛、全身无力、运动失调、抽搐等。有些毒物中毒还会表现出特殊的症状,表16-1给出了一些例子。这些症状能为临床中毒诊断提供有用的信息,同时也能提供毒物检验范围,使检验工作有较强的目的性和针对性。

表 16-1　毒物及可能出现的中毒症状

	症状	毒物
消化泌尿系统	流涎、口鼻冒白沫	有机磷、有机氟、拟除虫菊酯、乌头、氨基甲酸酯
	剧烈腹痛	酚、砷、汞、强酸、强碱、钩吻、磷化锌、巴豆
	口渴	斑蝥、河豚
	剧烈呕吐与腹泻	磷化锌、砷
	血尿、尿闭	砷、汞、巴豆、桐油、蓖麻、汞、斑蝥、蓖麻、抗凝血杀鼠剂、百草枯
呼吸循环系统	血液正常,不凝固	抗凝血杀鼠剂
	血液鲜红,不凝固	氰化物、一氧化碳
	血呈酱色,不凝固	亚硝酸盐、苯胺、硝基苯
	呼吸浅慢	安眠镇静药、吗啡、阿片、一氧化碳
	肺水肿	有机磷、百草枯、刺激性气体
	心跳加剧、心跳紊乱	强心甙类、氨茶碱、蟾蜍、苯丙胺
神经系统	闪电样昏倒迅速死亡	氰化物、烟碱
	痉挛、强直性痉挛	氰化物、有机磷、氟乙酰胺、士的宁、毒鼠强
	幻觉	颠茄、曼陀罗、大麻、LSD、抗抑郁药
	口唇 四肢发麻	乌头、河豚、蟾蜍、大麻
	视觉障碍、复视、失明	甲醇、钩吻
	瞳孔改变	有机磷、吗啡、阿片、颠茄类、LSD、可卡因、大麻、奎宁
其他	大量出汗	有机磷、氨基甲酸酯
	体温升高	有机磷、阿托品、五氯酚钠
	皮肤发红、起疱	斑蝥、巴豆、强酸

需要注意的是,有些症状是少数毒物所特有,但有些症状多数情况下为多种毒物所共有,而且有些症状跟疾病发作所产生的症状相类似,因此只有少数情况下能够单凭中毒症状判断病人是否中毒以及何种毒物中毒,而大多数情况除了注意上述特征外,应进行毒物鉴定,结合各方面情况得出诊断结论。

二、法医毒物鉴定

（一）法医毒物鉴定的任务

法医毒物鉴定是指应用化学、医学、药学等学科的现代科学理论、技术和方法对中毒事件或案件中涉及和怀疑涉及的物质进行定性检识和定量检测的工作，判明有无毒物、何种毒物、毒物含量以及毒物与事件或案件的关系等。多数情况下，毒物鉴定要从大量被检验的材料中分析检验含量极少的毒物。

通常所说的法医毒物鉴定是针对那些因毒物而发生的或可能发生的中毒或死亡的事（案）件而言。这类涉及毒物的事（案）件包括死因不明但怀疑有中毒情节的；是否使用麻醉药物进行抢劫、强奸、拐骗、施暴的；吸毒、制毒、贩毒事件；酒驾、毒驾行为认定；生活上的疏漏意外（煤气中毒）；职业过失（错用或误用药物等）以及其他与毒物有关的事件或案件等。此类事件的受害者多为个体或较小的群体，间或也有为数众多的群体。涉及毒物的品种多种多样的，来源也各不相同。法医毒物鉴定主要是对与此类事件有关的毒物进行分析鉴定。

（二）法医毒物鉴定的特点

法医毒物鉴定往往具有如下特点。

1. 分析目的事先不确定。法医毒物鉴定工作有的是属于验证性质的，有的是属于探索性质的。验证是指案情清楚检验目的明确，只要求证明是不是或是否含有某一种指定的药毒物。例如，检验被怀疑吸毒者的尿以证实是否吸毒；饮食物中是否含有指定的药毒物，等等。而很大一部分鉴定工作是属于侦查性质的，即事实真相尚不明朗，疑点较多，分析目标还难确定而有待探索查明的事件。即便是验证性的检验有时也可能带有侦查的性质。

由毒物引起的中毒或死亡，虽然有时可见到一些中毒症状或尸体变化，可作为考虑分析目标的参考。但由于毒物的种类极其繁多，许许多多毒物没有特殊的症状与组织改变，还有一些中毒症状难以与疾病区分，所以也很难据此提出确切的分析目的。进行法医毒物鉴定时，还应该对具体事件了解全部情节，进行周密分析，摒除假象，发掘疑点，全面考虑对案件可能涉及的所有毒物进行检验，并根据需要和可能考虑是否必须进行含量测定，不致疏漏。因此，法医毒物鉴定具有探索性质和研究性质，其分析目的常不是事先能明确肯定的。

2. 检验材料特别。提供法医毒物鉴定的检验材料是多种多样的，有来自揭发者或在侦查中发现的各种可疑物；有现场收集到的各种可疑物品或呕吐物、排泄物、毒物等；有活体的体液、呕吐物、排泄物；有死后的尸体各脏器；有已埋葬的腐败尸体及尸周棺木与泥土等等。可见检材的种类繁多，性状各异。而且，所有检材都只能是一次性提供，不可复得的；即便是开棺再验再次采集的检材也是与原先的检材不相同的。同时，各种检材所能取得的数量又受具体情况的可能条件所限制,而无法多得。为了保证分析鉴定意见的可靠性和准确性,还须提留一部分足够的检验材料妥为保存,以供审查复核和验证。这些都是法医毒物鉴定的检材所独具的特点。

3. 分析方法多变。法医毒物鉴定中没有一种能普遍适用于各种不同场合的方法。法医毒物鉴定通常要求从大量检验材料中分离出微量乃至痕迹量的毒物并予以证实,必要时还须测定其含量。有时还须对毒物的代谢产物进行分析检验。毒物的种类很多,不可能对所有毒物都逐个地进行检验。常需根据事件发生的具体情况来周密地拟订分析方案。拟订检验方案时,不仅应尽可能兼顾案件可能涉及的各种毒物都能检验,还应考虑到在可能出现新情况时,也能适应或有变通的余地。在未有充分把握以前,不应采用只针对某一种毒物的检验方法,以避免检材的无谓消耗和分析工作的失误。

三、法医毒物鉴定的程序

法医毒物鉴定工作者在接受检验任务时,应该十分慎重,防止由于接受任务时的疏忽而妨碍工作;特别要防备可能妨碍工作公正性的一切因素。

(一)摸清实情

接受毒物鉴定任务时,应全面了解事件发生前后的全部情况。即使是正在侦查中有些情节必须暂时保密的,也应提供与要求鉴定毒物有关的情况和事实依据。了解情况时,一般应注意时间、地点、环境,事件发现或发生的始末,中毒症状,医生诊断意见,抢救及其他处理的经过,死后解剖或病理检验所见,中毒者与家属及有关人员的年龄、性别、民族、职业、健康、习性等方面的情况,当事人及干系人的情况和可能接触到的药毒物等。已经做过毒物鉴定的,应了解详细情况和结果。对所获得的情况应细致审核,使之尽可能翔实可靠。

摸清情况的目的是通过对情况的分析研究,从中发现问题,探寻解决问题的途径。当提交进行毒物鉴定时,应提供全部有关情况与毒物鉴定工作者共同分析有关问题,探讨是否与毒物有关、可能涉及哪些毒物、要求解决哪些问题、进行的可能性、估计能得到什么样的结果及其对法医学鉴定的意义等。

(二)检材采集

用作鉴定的检验材料通常被称作检材。检材采集通常不在法医毒物鉴定的程序范围内,但检材是至关重要的原始物证,其采集及相关的要求对于法医毒物鉴定工作非常重要。检验材料大致分为体外检材和体内检材。体外检材涉及的范围很宽,种类繁多,绝大多数是案件侦查中获得的或现场搜集到的各种可疑物,包括药片、药粉、中药残渣、毒品、食物、盛装容器、呕吐物、胃内残物等。体内检材主要指取自生物活体或尸体的材料,主要包括血、尿、内脏器官、毛发、各种体液、尸体腐泥等。

各种检材应尽可能全面地搜寻,并尽可能保持其原有的形态。要了解各种毒物在体内的分布及作用情况,综合各种因素,选择最具有代表性的检材进行检测。采集的检材要尽快进行密封,以保证其中的毒物不受损失,尤其是怀疑其中含有易挥发的物质时。采集的检材必须使用合适的容器放置,防止污染,并贴上明确的标识,冷藏保存。需要注意,用于毒物分析的检材不能在其中添加任何防腐剂,否则会妨碍很多毒物的检测,甚至导致无法检出。

（三）收受检验材料

检验材料是原始证据。严防混淆错乱,不容许受污染或发生变质,绝不容许更换替代。检材应有足够的数量。采取检验材料时,应逐件分别用洁净器皿或适用的包装物严密装盛,用标签分别写明名称、来源、数量、采取日期时间与地点、采取人等,并应有负责的封签。检验人员收受检材的时候必须明确有关的责任关系,完备委托书等送检手续,登记案件编号、送检日期、送检单位、送检人、简要案情、检材情况（种类、数量、包装、新鲜程度等）并对检材进行审核和签收。接受检验材料时应严密审查核对。确认所送检材是所发生事件中真实的原物,确认未曾遭受无意或有意的损坏或变换。确认检材与送验清单、标签及有关文件完全相符。检材经逐件审查认定后,应由负责接受检验者签收并妥善保存或作负责的处理。

（四）检材处置

处置检材必须认真负责。所接收的每一件检材必须称量并作记录或作详细描述。取用检材之前应按原状分取一部分加标签编号妥善封装冷藏保存,用作复验审核的物证材料。在条件不许可保留时,应事先声明并征得送检方的同意。鉴定过程中应依据鉴定要求、检材性状、可用的仪器设备和方法等有计划地合理取用检材,避免不恰当的消耗。

不同的检材不应混合。例如不同时间采取的尿液,因为其中所含的毒物量有差别,不应视为相同检材加以混合。一般在分析化学中为求代表性而采取的四分法混匀取样的方式不应随便照搬。

（五）鉴定活动

鉴定活动必须细致周密。所用方案必须切合解决问题的需要并符合科学原理,结果必须准确可靠。

根据了解到的案件情况、检材疑点（形状、色泽、气味、酸碱性等是否正常或有无可疑的夹杂物等等）,与送检者讨论鉴定方向。对于不合理或不可能实行的鉴定要求,应负责进行科学的解释,商议出合理的鉴定方向。若一时不能提出鉴定方向,可要求补充材料,或要求补充搜集可能被遗漏的检材后再议。对所有可能的毒物,应分别根据各种毒物的性状及其在活体与尸体中的分布与代谢情况考虑检测的可能性。

常用的方法有检材的前处理方法、化学法、免疫分析法和仪器分析法。仪器分析法又包括光谱分析法、色谱分析法、质谱分析法、色谱—质谱联用分析法等。

鉴定活动应该由表及里,先简后繁,仔细观察并认真辨别各种反应现象与结果,逐步缩小范围,以充分的事实为基础作出判断。鉴定过程中每一步都应考虑到防止有毒物被遗漏的可能性。若有出乎意料的现象发生时,应及时对所出现的新现象进行认真的科学验证,必要时应审查原订方案并作必要的修改。当出现的新现象往往是新线索的发现,切不可轻易放过。

鉴定结果只能根据事实作出可靠的科学判断,并应有充分的实验验证和科学辨析;不允许根据推理延伸或主观臆测作出判断。

(六) 记录与鉴定书

所有送请鉴定的事件都应该建立鉴定档案。拟定编号存档的规则,将每一起事件编号立案,将鉴定全过程的文字材料、图片及能保存的实验结果等一并归档保存备查。

1. 鉴定记录。记录是结论的依据。记录中应记录有关的责任关系,如送验单位、送验负责人、联系地点和电话号码、鉴定材料采取人与送检人、委托鉴定的文件和鉴定要求、接受鉴定的经手人、参加鉴定的工作人员和鉴定负责人、鉴定结束后收发鉴定报告或鉴定书的经手人和凭证等。

记录应详记与案件有关的全部情况。其中包括案件的发生和发展、侦查和现场勘验所得、疑点、抢救经过、尸体解剖和病理检验所得、当事人、关系人、旁证等有关情况。

记录应详尽地写明鉴定工作的全过程。记录分析方案的拟订和实行,所用鉴定方法、操作步骤、现象与结果等事实;说明改变方案的因由和实施情况等。记录中应保留鉴定过程中的原始数据,保存鉴定结果所得的图谱和实物,不能保存的图像和实物应尽可能拍摄照片或描图保存。记录中不能只记录与结论有关的部分,而应全部据实记录,包括有疑问的或有矛盾的现象和当时看来似乎是工作中偶然失误的现象。

随时据实笔录的是原始记录。原始记录不允许涂污、损毁、散失或篡改,应妥善归档保存。记录人应签署姓名日期,对全部记录内容负责。

2. 鉴定书。鉴定书是作为证据的正式法律文件。鉴定书由鉴定人署名签发。

鉴定人对鉴定书内容和结论的真实性承担全部法律责任,并有出庭作证的义务。

法医毒物鉴定书的内容应包含鉴定工作的责任关系人、基本案情、检验材料的品种数量及来源、鉴定目的、鉴定工作的基本方法与所查明的事实、鉴定结论及必须加以说明的事项。必须说明的事项包括:对鉴定书内容的必要注解;保留供复验用鉴定材料的种类数量及处理,或未能保留检材的原因及事先的承诺等。鉴定结论中必须写明从什么检材中检出什么,测定过含量的应写明测定结果。

第二节 法医毒物司法鉴定的技术方法

法医毒物司法鉴定所用的方法主要有检材处理方法和各种分析方法。检材处理，又称检材分离净化或检材提取分离，即是指对检材中的待测毒物进行分离、纯(净)化、浓缩(富集)、衍生化等，使检材中的毒物成为适合于各种分析方法所要求的形式。经过检材处理所得到的部分叫检材提取物或待测样品，得到待测样品后再进行各种分析检测。法医毒物司法鉴定工作中所用的主要分析方法，根据分类的目的不同，可归属于不同的类别。按分析任务(或目的)不同分为定性分析和定量分析；按分析方法的原理分为形态学分析、化学分析和仪器分析等，各类方法在分析中又有不同的效用。

一、检材处理的原理和方法

（一）检材处理的必要性

法医毒物鉴定中的检材具有种类繁多、组成复杂、待鉴定的物质多是痕量、物理形态范围广泛等特点。其中除了含有待鉴定毒物外，还含有其他成分。另一方面，尽管各种先进仪器方法及技术，但检材中待鉴定毒物含量低微，有可能达不到分析方法的灵敏要求。因此，在进行分析检验工作时，大多数时候都需要选择科学有效的方法和技术对检材进行适当的处理，通过分离、提取、纯化使待鉴定物与其他成分分开并富集浓缩，成为适合于分析的样品，满足检测方法和仪器的要求。

（二）检材处理的基本原理

检材处理的基本原理是利用检材中待鉴定毒物与其他共存物在性质上的差异而采取不同的方法来进行分离、纯化。

1. 根据形态不同挑选或筛分方式主要适合于一些外观形态有差别的检材的分离。例如在粉末中混存有类似药片光整外缘的颗粒，可借助放大镜等工具逐一挑选出来。

2. 根据理化性质差异进行检材处理：(1) 比重不同：利用离心机或分液漏斗等装置来进行分离。(2) 分子或颗粒大小不同：混悬液中的粗颗粒可用纱布、滤纸进行过滤或采用离心等办法分开；液体中极细小的微粒可用超滤膜过滤；均态液体中分子大小悬殊的物质可借助透析膜、分子筛、大孔树脂等的性能予以分离。(3) 挥发性能不同：有些毒物具有挥发性，可使之先挥成气态再设法收集而与不挥发物分离。(4) 溶解行为不同：水溶性的毒物可用水浸出的方法来与不溶于水的物质分开；脂溶性较强的毒物可用有机溶剂从检材中提取出来；利用不同物质在不同有机溶剂中的溶解度的差异性，可用不同的溶剂处理使之分离。

(5) 化学性质不同：加入某些试剂进行化学反应，使被分离的各种物质生成性质不同的产物从而达到分离的目的。例如，一是使被检测的毒物变为气态，或将不挥发的变成可挥发的；二是使毒物及其代谢物从体内形成的缀合物中解离出来；三是进行有机质破坏，保留要检测的有毒金属类；四是使被检测的毒物变成沉淀从溶液中析出，或用试剂使干扰检验的蛋白质类变成沉淀除去；五是使溶于有机溶剂中的碱性或酸性毒物成为溶于水的盐，或使其从溶于水的盐中游离出来而溶于有机溶剂。(6) 分子被吸附的性能不同：利用吸附剂对不同极性或亲和力的物质吸附力不同而将待鉴定物与杂质分开。

（三）检材处理的原则

检材处理的过程是一个可能会造成待鉴定毒物的损失的步骤，同时还会引入杂质，因此为了能尽量减少待鉴定毒物损失，主要应根据检材的类型、待鉴定毒物的性质、分析仪器对样品的要求等方面情况，选择合适的检材处理方法，以求得到可靠的分析结果。

1. 检材类型：(1) 体外检材。未经过体内吸收、分布、代谢等过程，其中毒物在形态、气味、酸碱性、溶解度和化合状态等方面尚全部或部分地保留其原有形状和性质。体外检材中毒物浓度往往较高，通常不需要对其进行太复杂的处理，用适合的溶剂提取或溶解后即可进样分析。(2) 体内检材。大多数体内检材都含有各种内源性杂质，包括大量蛋白质、脂肪等。检材处理的方法相对体外检材更为复杂，步骤也较多，包括沉淀蛋白、水解结合物等。

2. 待鉴定毒物的性质。合理进行检材处理应重视待鉴定物的性质，包括化学结构、理化性质、稳定性、存在形式、浓度范围等，根据不同的性质，选择适当的处理方法。一般情况下，各类毒物常用如下表 16-2 举例的分离方法。

表 16-2 各类毒物常用分离方法举例

待测毒物	分离方法
小分子挥发性毒物	蒸馏法、扩散法、顶空法
金属毒物	有机质破坏法
水溶性无机毒物	透析法、水浸法
合成药物、天然药物、农药、毒品	液—液萃取法、液—固萃取法、固相微萃取法等

毒物进入生物体后，经过体内过程有时不以原形药物的形式存在，因此检材处理时，也应考虑其代谢物的性质。

（四）检材处理方法

1. 预处理。检材处理的第一步，主要是对检材进行均匀化、调整酸碱性、去蛋白、水解结合物等处理，并非所有的检材都需要经过这些预处理，可根据不同的检材以及待鉴定物性质进行选择：(1) 检材均匀化。主要针对的是固体、半固体检材或黏稠检材,这类检材需要制成均匀分散状态以满足进一步的处理要求。(2)调整酸碱性。对于含有的具酸碱性药毒物的检材,在进行提取前,常常需要调整酸碱性,使待鉴定物呈游离或非游离状态,从而尽可能溶解于所选择的提取溶剂中。调整酸碱性时通常根据待鉴定毒物的 pKa(pKb)值来选择。(3)去蛋白。去蛋白处理是体内检材常采取的预处理方法,不仅可以将与蛋白质结合的毒物分离出来,还可预防测定过程中由于蛋白质存在出现的发泡、浑浊、沉淀现象,减少乳化形成,也起到了保护仪器的作用。去除蛋白质的常用方法:有机溶剂沉淀法;等电沉淀法;盐析法和酶解法等。(4)水解结合物。一些毒物进入生物体经过第二相代谢反应后,常与内源性物质葡萄糖醛酸或硫酸形成结合物,这些结合物不易提取分离。通常需要作水解处理,使结合物中的毒物或其代谢物游离出来,增加脂溶性,才能使用有机溶剂将其萃取分离出来。常用方法有:酸碱水解法,酶水解法。

2. 待鉴定物的萃取、分离与浓集。器官、组织等检材中的毒物必须经过萃取分离后才能测定,加上体内检材中的毒物浓度普遍偏低,使得某些本来可以直接进样分析的体液检材,也常采用提取分离、浓集后再测定的方法。因此待鉴定物的分离与浓集,是大多数体内检材检测前需要采取的重要步骤:(1)待鉴定物的萃取、分离。一是液—液萃取法。根据相似相溶原理,物质在不同极性溶剂中溶解度不同。即当两种互不相溶的溶剂混合时,由于物质在此两种溶剂中分配量不同,就能从一种溶剂转移至另一种溶剂中。常用的试剂为水和与水不混溶的有机溶剂,适用于血液、尿样等检材。当分析目标不明确,需要检测多种毒物时,可采用改良 Stas-Otto 法分离提取。应注意尽量使用毒性小的溶剂;可加入适量无机盐,或者加大萃取溶剂体积,以减少乳化;萃取后的有机提取液中多少仍含有水分,可以加入少量无水硫酸钠等干燥剂吸收;避免选择能与毒物发生反应的溶剂。二是液—固萃取法。又称固相萃取技术,基本原理是以固定材料为固定相,利用待检毒物与杂质在柱中固定相和洗脱液之间吸附或分配差异,或各种组分分子大小的不同进行分离。根据固定相填充种类的不同可分为正相、反相以及离子交换固相萃取等。正相固相萃取:采用极性固定相和中等至非极性的洗脱液,固相柱多为极性基团键合硅胶,适合极性毒物的分离。反相固相萃取:采用非极性固定相和中等至极性的洗脱液,固相柱多为非极性基团键合硅胶,适合非极性毒物的分离。离子交换固相萃取:根据填料及用途的不同,分为阳离子交换柱和阴离子交换柱。阳离子交换柱填料通常为脂肪族磺酸基键合硅胶,在一定 PH 条件下带负电荷,能够吸附样品中带正电荷的物质;阴离子交换柱填料通常是脂肪族季铵盐键合硅胶,所带电荷及作用与阳离子交换柱相反。离子交换固相萃取适用于带有电荷毒物的分离。要根据分离对象的特点筛选适合的固定相及洗脱条件;洗脱过程可通过减压抽吸或加压方式提高效率;为避免固相柱堵塞,样品溶液需要沉淀离心除去蛋白质后再上样。三是固相微萃取法。基本原理是利用特殊材料制成的萃取头进入检材或置于检材上部空间,对待鉴定物进行选择性吸附,然后将其插到气相或液相色谱接口,用热解吸附或流动相将待鉴定物洗脱下来进样分析。四是液相微萃取法。又称为溶剂微萃取法,是一种结合了液—液萃取法和固相微萃取法优点的新型水样处理技术。基本原理是将提取溶剂与进样系统相连,检材中待鉴定物经过样品转入提取溶剂再进入接收相进入色谱系统,实现了采集、萃取与浓缩等功能于一体,适用于痕量毒物检测。液相微萃取法需要的有机溶剂量少,一般仅为几到几十微升,污染少;与HPLC兼容性好,可以实现自动化;通过调节萃取用溶剂的极性或者酸碱性,可实现选择性萃取,可减少基质干扰。灵敏度高,操作简单,检测效率高,成本低。但缺点是有溶剂峰,有时可能掩盖被测物质的色谱峰。除了以上介绍的方法外,根据待鉴定物的性质,还可选择蒸馏法、有机破坏法、透析法等对检材进行处理。

(2) 待鉴定物的浓集。通常经过萃取的样品,虽然被测组分得到了纯化,但往往因为萃取溶剂体积较大,引入仪器的被测组分量达不到检测灵敏度要求,因此还需要对萃取液进行浓集。最简单的浓集方法是在末次萃取时加入尽量少的溶剂,但此法有一定的局限性,受被测组分溶解度限制。另外一种更广泛的方法是挥去萃取溶剂法,将萃取液置于尖底试管中,直接通入气流吹干,溶剂挥干后,待鉴定物留在试管中,用小体积适当的溶剂将其溶解后即可进样分析。

需要注意的是:一是挥去溶剂时应避免直接加热,否则可能引起被测组分的分解或挥发损失;二是对于易氧化的待鉴定物,可通入氮气流挥去溶剂;三是对于易挥发的待鉴定物,可降低水浴温度,或在通气前加入少量沸点较高的溶剂,使待鉴定物溶于其中,避免挥发损失;四是对于热不稳定的待鉴定物,可采取真空减压的方式挥去溶剂。

二、定性分析与定量分析

(一) 定性分析

定性分析的目的是确定检材是不是某种毒物,或检材中是不是含有某种或某几种毒物,通常称之为检出。检出的对象除毒物外还包括毒物在体内的代谢产物,有时还包括非毒物的化学物质。在进行毒物分析前,一般应先进行分离以除去干扰的杂质,并使被检物富集。

1. 定性分析方法及影响因素。毒物分析中用于定性的方法很多,有形态学分析、理化分析、毒理学实验、仪器分析等。毒物分析中为避免出现假阳性或假阴性的结果,在选用方法和实验操作过程中应考虑方法的灵敏度、干扰物质及实验操作的可靠性等因素的影响。由于选用的方法灵敏度较高,对于一些人体内的正常组分(如正常人体内含有的微量元素)或正常的医疗用药也可能会出现阳性结果,因此,在使用高灵敏度的检验方法时,应该考虑其是否属于中毒范围。

2. 方法的效用。实际工作中所用定性方法不同,产生的效果和作用也不同,按照分析目的的不同,定性分析方法有分类效用和确证效用两种。分类效用,指根据试验结果可判断被检测物是否属于或含有某一类毒物。具有确证效用的试验称为确证试验,是指根据检验结果可以确实无误地判断检材为某种物质或含有某种毒物的试验。

法医毒物分析多数情况下并不清楚检材中是否含有毒物,属于对未知物进行分析,但也并非盲目分析,可以根据案件的具体情况进行初步探索,例如可通过案情、现场情况、中毒症状、尸表检验、法医解剖所见等案件基本情况进行推测,根据推测结果选用相应的分析方法进行鉴别和确证。毒物分析中常选用几种不同的方法相互验证。

(二)定量分析

定量分析的目的是确定毒物在检材中的含量,通常称之为含量测定,简称测定。定量分析必须在明确被测定的是什么物质的基础上进行才有意义,所以要在定性分析的基础上进行。

在法医毒物分析中,对于某些毒物中毒剂量非常小且绝不可能为人体正常成分或正常饮食、服药会摄入的物质,一般不需要进行定量分析。但下列几种情况常需要进行定量分析:(1)为了区分待检物是毒物还是正常的饮食及人体的正常成分,例如治疗药物和金属毒物等。(2)需要以含量进行区分违法犯罪行为的性质、当事人的法律责任,例如毒品含量的测定。(3)多种因素综合导致的中毒和死亡,需要判断是否达到中毒量或致死量。

定量分析的测定结果一般应经过换算,以检材中的相对含量或相对浓度来表示。含量高的,可用百分含量表示;含量低的,常以每克检材中含待测物的含量表示,如纳克/克(ng/g),或微克/克($\mu g/g$)。随着不确定度在化学实验室引入,在特定的情况下,定量结果应给出不确定度。

定性分析和定量分析的目的是不相同,但它们并不是截然分开的,定性分析是定量分析的基础,定量分析是在定性分析的基础上进行的,多数情况下,毒物分析方法都同时具有定性和定量的功能,只是侧重不同。

三、常用的分析方法

毒物鉴定涉及的分析方法多种多样,目前实际中用的最多的方法为色谱法及其联用技术。总的来讲,毒物的分析方法是朝着灵敏、专一、准确、简便、快速、微量化方向发展。下面根据分析方法的原理,主要介绍几种常用的分析方法。

(一)形态学方法

形态学方法主要是通过对检材的外观形态或显微形态进行鉴别,毒物分析中主要是对体外检材的辨认。在侦查工作和现场勘查工作中可发现多种多样的可疑药毒物,大多在形状、大小、色泽、气味、包装等各方面具有一定的特征,可通过观察它们的外观形态,初步确定检验方向,另外形态学检验还包括利用显微镜观察毒物的组织结构、细胞以及内含物等,如粉末状物是结晶形还是无定形的辨认,中草药渣或植物、矿物等属于哪一类哪一种的组织形态辨认等,尤其是对中草药材、药物残渣、粗制毒品等未经加工的天然药毒物的辨认,形态学方法有其独特的优势,能在一定程度上起到初筛和鉴别作用。

（二）动物实验方法

动物实验方法是以动物为实验对象,利用药毒物的毒性作用进行的实验,又叫动物毒性实验。法医毒物分析中是将一些简单的体外检材经适当的制样后,作用于适当的动物,观察记录动物的中毒表现以及死亡状况,以此来筛选和判断毒物种类。毒物分析中最常用的是急性毒性试验和毒效试验。

1. 急性毒性试验。动物经喂饲或灌饲检材后,观察是否出现明显的中毒反应或于较短时间内死亡的现象,主要是判断检材中是否含有剧毒性物质,尤其是对于检验方向不明的案件。急性动物实验可对检材进行快速的排查,具有简便快速、无需仪器设备等优点,因此在基层广泛使用。

2. 毒效试验。毒效试验是利用某些药物具有的易于观察的特殊的毒性效应来判断毒物的方法。在毒物分析实践中遇到的毒物有些具有较强的生理效应,有些具有特殊的中毒表现,比如:氰化物、乌头碱、士的宁、毒鼠强、氟乙酸钠等。因此可进行动物实验,观察是否出现特有的症状,来判别是否含有某一类或某一种毒物。例如:判定检材中是否含有阿托品,可以将检材提出物滴入猫的两眼,若出现明显瞳孔扩大为阳性;判定是否为急性士的宁或马钱子碱中毒,可采用青蛙毒性试验,此为士的宁的专一识别反应。

动物毒性试验法虽然具有很多优点,但其结果易受动物种属、饲养条件、给药方式等多方面的影响。而且许多毒物常具有相似的生理作用,所引起的中毒症状大致相同,所以不能单纯依靠动物实验来判断毒物的种类,必须辅以其他化学或仪器检测法。

（三）免疫分析法

免疫分析法是利用抗体竞争性结合抗原(毒物)的原理来对毒物进行检测的方法,可用于某些毒药物的筛选实验。免疫分析法具有灵敏度高、选择性强、操作简便、检测省时及耗材少等优点,目前已广泛应用于毒物分析领域中。常用的有放射免疫分析法、酶免疫分析法、荧光免疫分析法及薄层免疫分析法。

免疫分析方法只是筛选方法,只能对药毒物的种属或大类进行初步分析,具体定性工作还需采用仪器分析方法进行确证。根据免疫分析方法的检测结果判断检材中是否存在某种毒物时,需考虑到交叉免疫反应对分析结果准确性的影响。

(四) 理化分析法

理化分析法是指利用物质的物理性质或化学性质来达到分析目的的方法。这类方法在毒物分析中应用较为普遍，尤其是在基层公安机关。毒物分析多是微量分析，下文列举两项能用微少试样进行的理化分析方法。

1. 物理常数的测定。物理常数是物质的属性如熔点、沸点、折光率等，具有专属性，是定性的依据之一。该方法只对纯物质检测有意义，而且不同的物质可以有相同的物理常数，不具有专一性，随着质谱定性技术的发展，该方法在毒物分析中已很少应用。

2. 微量化学方法。微量化学方法是利用毒物的结构和所含基团的性质，通过化学反应对毒物进行检测的方法。微量是指反应所用的检材量及试剂均比较少，一般在白瓷板、或载玻片上进行，所以又称为点滴反应。对毒物产生可观察现象的化学反应，例如能生成沉淀、结晶或改变颜色等现象的灵敏的化学反应，都能用于法医毒物分析中的检测。

微量化学方法有操作简单易于掌握、完成检验耗时短、无需特殊设备、便于实行、受时间地点的限制少等优点，是适用范围较广的检验方法。尤其是对现场搜得的少量药品药物、饮食物或呕吐物中的异物等各种可疑物，可及时地检验。但是其反应原理主要是利用毒物的结构或官能团的性质进行的实验，具有相似结构的化合物也能产生类似的反应，因此阳性结果并不能作为毒物存在的肯定依据，必须辅以其他的检验手段。

(五) 仪器分析法

利用能反映药毒物某些固有理化性质的仪器以达到分析目的的方法，由于这类方法均需要精密仪器，故总称为仪器分析法。包括以毒物光学性质为基础的光谱分析法(紫外—可见分光光度法、荧光分光光度法、原子分光光度法等)，以毒物色谱行为差异为基础的色谱分析法(薄层色谱法、气相色谱法、高效液相色谱法、毛细管电泳法等)，以及反映物质分子量、断裂碎片质量大小及结构特征信息的质谱分析法，包括有机质谱法以及多级色质联用技术。在法医毒物分析工作中常用的仪器有，紫外分光光度仪、气相色谱仪、液相色谱仪、气相色谱/质谱联用仪、液相色谱/质谱联用仪等。色谱仪已成为法医毒物分析的主要手段。近年来，使用仪器的方法发展很快，与经典分析方法相比，具有检测灵敏度高、选择性强、重现性佳以及检材用量少、可以一次同时测定多种成分等特点，加上在微量或痕量分析方面显示出的优越性，使其非常适用于分析对象复杂多样的毒物分析工作。但是同时需要注意避免仪器分析法使用方法不当以及仪器失准等原因得出错误结果。

第三节 法医毒物司法鉴定的基本内容

气体毒物和挥发性毒物鉴定

(一) 气体毒物鉴定

气体毒物在常温常压下呈气体状态,种类很多,如化学试剂中的芥子气、工业废气中的光气、氨气、氯气、氯化氢、二氧化氮等都是毒性或刺激性很强的气体。法医学实践中较多见的气体毒物是一氧化碳和硫化氢气体。

1. 一氧化碳。一氧化碳(Carbon monoxide, CO)是含碳燃料燃烧不完全时生成的一种中间产物。CO容易造成许多意外死亡或自杀事件。常见一氧化碳中毒情况有:矿井下爆破采掘、室内机动车发动时修车及尾气流入驾驶室、煤气管道泄漏、燃气热水器或暖炉燃烧不完全或泄漏、用火炉取暖、各种火灾现场等。利用煤气、汽车尾气进行谋杀的案例曾有报道,并且伴有酒精、安眠药等抑制剂的使用。还有利用煤气中毒伪造他杀现场的案例。

进入人体中的CO约有90%与血红蛋白结合,生成碳氧血红蛋白(HbCO),使血红蛋白失去携氧能力而产生中毒症状。HbCO饱和度是CO中毒的指标。

CO中毒者的血液呈樱红色,不易腐败,易流动。检验CO中毒通常取新鲜血液为检材,中毒死亡者可取心血。

检验血液中的CO可采取两种途径,即直接检测血中的HbCO或用化学试剂促使解离,释放出CO后再通过气相色谱法对CO进行检验。应注意的是在CO的他杀案件中,还时常伴有其他抑制剂(如酒精或安眠镇静药等)类药物共同存在。因此,CO中毒除分析血液中HbCO饱和度外,尚需排除其他药物的存在。

CO中毒死亡者血液中HbCO饱和度多为60%—80%,也有低于50%者,不同个体的敏感性存在差异。

2. 硫化氢。硫化氢(hydrogen sulfide)通常为无色、有臭鸡蛋味的剧毒易燃酸性气体。硫化氢气体很少用于工业生产中,一般作为某些化学反应和细菌分解有机物过程的产物及某些天然物的成分和杂质。由于硫化氢比空气密度大,多存留于低洼、较封闭的地方,常见硫化氢中毒情况有:过多接触天然气、原油、火山气体和温泉;从事采矿、煤的焦化、橡胶、制革、染料、制糖等工业生产过程;挖掘沼泽地、沟渠、下水道、隧道等工作,清除垃圾、粪便等作业;火灾现场及救援活动。其中毒多为意外事故。

硫化氢进入人体后,与机体氧化型细胞色素氧化酶的Fe^{3+}作用,使细胞色素氧化酶变为还原型,从而阻断细胞内呼吸导致全身缺氧。硫化氢还可与血红蛋白结合生成硫化血红蛋白引起窒息。

硫化氢鉴定必须采取新鲜检材,可取肺、心血及脑等其他组织器官。硫化氢的鉴定主要采用化学法、气相色谱法、离子色谱法等检验方法。

怀疑硫化氢中毒死亡者,应及时送检,防止因尸体腐败产生硫化氢,干扰检验结果。检验时应同时做阴性对照和阳性对照样品,排除其他成分干扰。

(二)挥发性毒物鉴定

挥发性毒物是指那些分子较小、化学结构简单、有较高蒸气压的毒物。较为常见的有氰化物、醇类等。

1. 氰化物。氰化物系指含氰基的化合物。常见剧毒或高毒的氰化物有氰化钠、氰化钾等无机氰化物和丙烯腈等有机氰化物。工业中使用氰化物很广泛,如从事电镀、洗注、油漆、染料、橡胶等行业人员接触机会较多。日常生活中,某些植物如杏、桃、枇杷、樱桃、苹果、亚麻等的果仁中的苦杏仁苷、木薯中的木薯毒苷等,都可在一定条件下被酸或共存的酶水解,释放出氢氰酸,引起中毒。在社会上也有用氰化物进行自杀或他杀的情况。

氰化物进入人体后析出氰离子,与细胞线粒体内氧化型细胞色素氧化酶的 Fe^{3+} 结合,阻止其还原,妨碍细胞正常呼吸,造成组织缺氧,导致机体陷入内窒息状态。急性中毒者很快发出尖叫,全身痉挛,呼吸立即停止,一般出现闪电式昏迷和死亡。虽然多数死亡在几秒内发生,但也有小剂量摄入者,持续数十分钟,最后丧失意识而死亡。

氰化物中毒者的尸斑、肌肉及血液呈鲜红色,需与 CO 中毒相区别。

氰化物不稳定,应及时进行检验。检验方法主要有普鲁士蓝反应法、顶空气相色谱法和气质联用法等。腐败检材中氰化物的检出时限,取决于氰化物的量和检材的腐败程度。

正常人血液中也含有微量的氰离子,吸烟者高于不吸烟者,死于火灾及空难者的尸体血液氰离子含量明显高于正常人,但一般不超过 6 μg/ml。

2. 醇类。醇类中毒最常见的甲醇和乙醇的中毒。

甲醇中毒多系饮用工业酒精造成。轻度甲醇中毒者出现头痛、腹痛、失眠、视物模糊等现象,严重者呕吐、腹痛、呼吸困难、视力障碍至失明,终因严重的酸中毒昏迷死亡或呼吸麻痹死亡。

乙醇俗称酒精,有特殊的芳香气味。使用极其普遍,不仅用于工业和医疗,还存在于多种饮料中。从医学角度看,酒精是全球使用最广泛的毒物。用酒精自杀者不多,但有用酒或医用酒精加服其他药物(如催眠药、乌头等)自杀者,也有将毒物加入酒精类饮料中进行谋杀的。

酒精吸收入血后,迅速分布于全身各组织和体液中,并透过血脑屏障进入大脑产生抑制作用。急性酒精中毒者面色大多发红,呼吸有酒味,多言,异于常态。有时举止粗野,易感情用事,有的还有夸大和盲目冒险的反常行为。严重者进入昏睡、昏迷状态,呼吸浅慢,10小时内可由于呼吸衰竭而死亡。

酒精能使饮酒者判断能力减退,动作不灵活,技术操作的精确度减退,驾驶机动车时容易引起交通事故。国家质量监督检验检疫局发布的《车辆驾驶人员血液、呼气酒精含量阈值与检验》中规定,车辆驾驶人员血液中的酒精含量大于或者等于 20 mg/100 ml,小于 80 mg/100 ml 的驾驶行为属于饮酒驾车;车辆驾驶人员血液中的酒精含量大于或者等于 80 mg/100 ml 的驾驶行为属于醉酒驾车。

酒精的鉴定主要采用化学法、顶空气相色谱法、固相微萃取气相色谱法等。

在测定血液或组织器官中的乙醇时,必须注意在正常血液中因体内糖代谢可检出 0.03 mg/100 ml 的乙醇。另外,对于取自尸体的检材,特别是血液检材,要考虑是否因微生物的污染而产生了乙醇。

(三) 医用合成药物鉴定

医用合成药物是指通过化学合成而得的临床药物,例如镇静催眠药、局部麻醉药等。若过量使用或使用不当会引起中毒甚至死亡。

1. 镇静催眠药。镇静催眠药通常可分为巴比妥类、苯二氮卓类和吩噻嗪类,主要作用是抑制中枢神经系统,中毒后一般出现不同程度的嗜睡、头昏、共济失调等症状,用量较大可至昏迷或呼吸循环抑制。苯二氮卓类不仅在临床上使用普遍,也常用于麻醉抢劫和麻醉强奸。

安眠镇静药中毒的鉴定以血液检材最为重要,通常采用气质联用法或液质联用法分析。怀疑安眠药中毒的鉴定必须进行定量分析,确定血中浓度是否达到治疗量、中毒量或致死量,以提供中毒程度的信息。

2. 局部麻醉药。局部麻醉药是一类能在用药局部可逆性的阻断感觉神经冲动发生与传递的药品。目前临床上应用的局麻药主要是以普鲁卡因为代表的酯类和以利多卡因为代表的酰胺类。

局部麻醉药引起中毒可能有几个原因:个别人由于特殊体质,常规剂量的皮下注射也可能造成休克死亡;皮下注射时误注入血管内;过量使用致使中毒以致死亡。如果急速静脉注射或者大量给予局部麻醉药,可导致昏睡、虚脱和痉挛等中毒症状,进而引起呼吸麻痹和心搏骤停而死亡。

对于以普鲁卡因为代表的酯类药物要注意水解产物的检验,可收集血液、脑脊髓液以及注射部位的肌肉等作为检材。

局麻药的鉴定主要有光谱法、气相色谱—质谱联用法等。

(四) 天然有毒植物和动物鉴定

一些动物或植物性食物中含有天然毒素,但由于很久以来人们对这些物质认识不够,直接采用植物或动物虫体或骨骼入药,剂量、炮制等掌握不好,常造成中毒。

1. 有毒植物。有毒植物中许多毒性剧烈,如乌头、马钱子等,而且名称、来源和成分也很复杂,加上民间的一些俗称及说法使得植物的称谓、成分及功效更加混淆。比如经查验比对,民间将大概十几种不同科属的植物都俗称为"断肠草"。有毒动植物的这些特点使有毒动植物的中毒诊断和鉴定比较困难。因此,有关事件的多方面情况调查便显得更为要紧。另外收受检案时,应尽可能采取中毒事件发生地相关的有毒动植物以供辨识比对。乌头的毒性成分主要是乌头碱、中乌头碱、次乌头碱等,其中毒机理主要为神经和心脏毒性,中毒发作时间短,死亡快,中毒者常口舌及四肢发麻。马钱子中含吲哚类生物碱,主要为士的宁和马钱子碱,士的宁是极强的中枢兴奋剂,尤其对脊髓有高度的兴奋作用,主要中毒症状有颈项僵直、全身强直性痉挛等。

2. 有毒动物。动物中也有不少是具有毒性的,如斑蝥、河豚、蟾蜍等。斑蝥的活性成分为斑蝥素,是很强的发泡剂,皮肤接触后可产生红斑、水疱,口服可使消化道、泌尿系统受损而产生剧烈疼痛。河豚的卵巢、肝脏等器官含有河豚毒素,是自然界中发现的毒性最强的神经毒素,普通中毒者血中浓度一般在 5 ng/ml 以下。

涉及有毒动植物中毒检材中,有许多未经加工或只经过简单加工,体外检材可通过观察外观形态、显微形态,理化方法在一定程度上进行筛选,体内检材可通过液液萃取或固相萃取活性成分后,通过 GC/MS、HPLC、LC/MS 进行检测。

(五) 毒品鉴定

毒品属于法学范畴的概念,是指鸦片、海洛因、甲基苯丙胺(冰毒)、吗啡、大麻、可卡因以及国家规定管制的其他能够使人形成瘾癖的麻醉药品和精神药品。主要包括阿片类、苯丙胺类、大麻类、可卡因、氯胺酮等。

1. 阿片类。阿片是一类天然或合成的,作用于吗啡受体的中枢神经抑制剂。阿片类包括 30 多种化合物,如吗啡、可待因、海洛因、哌替啶、美沙酮等。海洛因俗称白粉,由吗啡经醋酸酐乙酰化制成,其毒性作用和依赖性比吗啡更强。

阿片类毒品主要作用于中枢神经系统,其抑制作用主要包括镇痛、镇静和呼吸抑制;兴奋作用则有欣快、幻觉、惊厥、缩瞳和催吐。急性阿片类毒品中毒的症状主要为深度昏迷、血压下降、呼吸抑制、惊厥、瞳孔针尖样缩小,严重者呼吸停止而死亡。过量使用是滥用海洛因导致死亡的主要原因。

阿片类常用的生物检材包括血液、尿液、脏器组织和毛发等。尿样是海洛因、吗啡、可待因定性分析的最佳检材。头发分析可同时检测到单乙酰吗啡和吗啡,可为判明是否长期摄入海洛因提供更为确凿的证据。

2. 苯丙胺类。苯丙胺类是苯丙胺及其衍生物的统称,具有对中枢神经系统的兴奋作用。根据苯丙胺类兴奋剂的化学结构的不同和药理、毒理学特性,可分为:(1) 兴奋型苯丙胺类,如苯丙胺、甲基苯丙胺等。(2) 致幻型,如二甲氧基苯丙胺、麦司卡林等。(3) 抑制食欲型,如苯丁胺、氟苯丙胺等。(4) 混合型,兼具兴奋和致幻作用,如 MDMA、MDA 等。

苯丙胺类药物为拟交感类中枢兴奋剂,服后产生欣快、自信、有活力的感觉,血压升高、呼吸加快、心跳加快,还可抑制食欲,长期滥用可导致中毒性精神病。苯丙胺类滥用检验的首选检材为尿液,滥用或者慢性中毒时可选取毛发检材(头发、体毛)进行分析。

3. 大麻类。大麻属一年生草本植物,其成分多且复杂,主要活性成分为 9-四氢大麻酚、大麻二酚和大麻酚等,其中又以 9-四氢大麻酚的精神活性最强。

大麻具有独特的精神活性作用,低剂量时既有兴奋作用又有抑制作用,高剂量时以抑制作用为主。大麻入体后对中枢神经系统、免疫系统、心血管系统等均有影响。吸入大麻后会引起心理变化,包括感知、思维、情绪、记忆及精神运动性协调能力等。滥用严重者还会导致中毒性精神病。大麻很少致死,亦无明显的戒断症状。

一般情况下,尿和血是检验体内大麻酚类物质的常用检材。对已超过血、尿检测时限或需判断是偶尔吸食还是长期滥用的,可取毛发为检材。对涉及吸毒的案子,除了采取生物检材外,烟斗残渣以及手指、牙齿上的烟釉或口腔清洗液也可用于检测。

4. 可卡因。可卡因又名古柯碱,是从南美古柯植物叶中提取出来的。可卡因是强效的中枢神经兴奋剂和局部麻醉剂,在西方国家滥用比较严重。

可卡因最突出的作用是对中枢神经的刺激作用。大剂量滥用可卡因后常出现觉醒度过高和过度警觉,重者可出现类似精神分裂症的疑心和关系妄想,并出现瞳孔放大、流汗、高热、昏迷等中毒症状。

可卡因滥用者或急性中毒者多采用血、尿作为检材,如为可卡因中毒死亡者则可采取血、肝、脑、尿、胆汁等。毛发分析可提供毒品使用的长程信息,当鉴定需求超过体液样品检出时限或需要判断吸毒史时,可选取头发为检材。

5. 氯胺酮。氯胺酮又称为"K 粉",在临床上用作手术麻醉剂或者麻醉诱导剂,因其具有致幻性而被广泛滥用。2004 年 7 月,国家食品药品监管局将氯胺酮制剂列入第一类精神药品管理。

滥用者通常会产生虚幻的、漂浮的、知觉轮换和扩张的感觉。很多人认为使用氯胺酮不会成瘾,不会对人体造成损害。但国内外的研究均表明,少量多次给予氯胺酮会产生身体和精神依赖性。氯胺酮的毒副作用主要表现为出现梦幻、尖叫、过度兴奋、认知障碍、易激惹、呕吐、不能自控的肌肉收缩等症状,使用剂量愈大毒副作用愈显著,长期使用或过量使用会对脑部造成永久损害。若与海洛因、大麻、摇头丸等同用,则易因协同作用导致中毒甚至有生命危险。氯胺酮涉毒的体内检材主要包括尿液、血液和组织等。

毒品、合成时的中间产物可以通过色谱法进行定量。尿液、血液中毒品可以通过免疫法进行筛选,反应阳性的需色质联用法确证。色质联用法是最常用的毒品确证方法。涉及分析吗啡、甲基苯丙胺的样品前处理时需要进行衍生化。

（六）农药鉴定

农药包括杀虫剂、除草剂。农药的使用非常广泛而且容易获得,故引起中毒的事件很多。

1. 杀虫剂。杀虫剂是一类应用广、用量较大的农药。根据化学结构可将其分为有机磷类、氨基甲酸酯类、拟除虫菊酯类等。

有机磷类农药的毒性作用主要源于抑制体内的乙酰胆碱酯酶和神经电生理效应,轻度中毒时以毒蕈碱样症状为主,中度中毒时,既有毒蕈碱样症状又有烟碱样症状,严重者还会出现中枢神经系统障碍。氨基甲酸酯类农药中毒后发病快,临床症状与有机磷中毒相似。拟除虫菊酯类农药中毒者以神经系统症状为主。

分析方法可采用气相色谱法、高效液相色谱法及质谱联用技术等。在体内原药检测困难时,需对代谢物进行分析。

2. 除草剂。除草剂中常用的是百草枯,百草枯的毒性作用一是对皮肤黏膜的刺激和腐蚀性损害,二是吸收后对肺、肝、肾等多器官的损害,特别是肺泡细胞对百草枯具有主动摄取和蓄积作用,故在肺中浓度较高。

体外检材可通过碱性连二亚硫酸钠反应进行初筛,血、肺等生物检材经过提取后可通过高效液相色谱法进行检测,或者衍生化后通过气相色谱法及质谱联用技术等检测。

（七）杀鼠剂鉴定

近几年利用杀鼠剂投毒、自杀或误服的恶性中毒事件不断发生。杀鼠剂有香豆素类、茚满二酮类、有机氮化合物等。

1. 杀鼠剂有香豆素类、茚满二酮类。常见的香豆素类杀鼠剂主要包括华法林、杀鼠迷、溴敌隆等,常见的茚满二酮类杀鼠剂主要有茚满二鼠、氯敌鼠、杀鼠酮等。其毒理作用主要是通过拮抗体内维生素 K1 的作用,阻碍肝内凝血酶原和依赖维生素 K 的凝血因子的合成,使机体凝血功能发生障碍,导致中毒者内脏和皮下广泛出血。

香豆素类、茚满二酮类杀鼠剂分子量较大,极性强,难以气化,且热稳定性较差,不太适宜采用气相色谱法检测,一般多用紫外分光光度法、薄层色谱法或高效液相色谱法进行分析。

2. 有机氮化合物。有机氮化合物中毒以毒鼠强最为常见。中毒潜伏期短,中毒症状主要是阵发性、强直性抽搐。由于毒鼠强在人体内难以代谢和排泄,经治疗病情缓解者,相隔一段时间后会再次发生抽搐等症状。毒鼠强中毒鉴定可采用气质联用法或液质联用法。

（八）金属毒物鉴定

金属毒物是指能够引起急性中毒的金属单质及其化合物。砷、汞、钡、铬、铊等是毒性较大、中毒和死亡案例较多的金属毒物。

金属毒物鉴定的特点是：检材必须采用有机质破坏的方式处理，以除去有机质而留下要测的金属；检测的目标物为金属元素，不受检材保存时间和腐败的影响；检测金属毒物时须进行空白对照试验以排除基质的干扰；必须进行定量分析，以区别体内金属正常含量与中毒量。常用的金属分析方法有原子吸收分光光度法，发射光谱法，等离子质谱法等。

第四节 法医毒物司法鉴定意见评断

一、分析结果及其解释

（一）分析方法的可靠性论证及对结果的影响

法医毒物鉴定结果是判断是否中毒或中毒死亡的重要依据，在中毒的法医学鉴定中起着重要作用。毒物鉴定工作检材复杂，操作步骤多，容易使分析结果产生误差，因此承担检验工作的人员必须熟练掌握分析方法，对所用方法的适用场合、操作中的细节、正常与不正常现象的辨认和处理、结果正确性的辨析等，有充分把握。同时通过对鉴定工作的前处理和分析方法进行质量控制，就能有效地保证结果的准确性。

这些可靠性论证的实施方法如下：

1. 模拟试验。模拟试验分为动物模拟试验和检材模拟试验。动物模拟试验通常是选用一定数量适合于试验的某种动物，以适量毒物使之中毒成为中毒模型，而后进行实验研究予以验证。检材模拟试验是选用与实际检验材料或试样相同或尽可能相近的物料作为模拟材料，用所选检验方法进行验证的试验。模拟试验还须备有欲检测物的样品，可以是对照品或标准品，亦称作已知品。模拟试验可对整个检测方法的效能进行验证，亦可对其中各项操作步骤的效能进行验证。

2. 空白试验。空白试验是在实行一个检测方法时，除了不加入已知欲检测物以外，其他所用检验材料、溶剂、试剂、器皿、设备、操作步骤等等都完全与所用检验方法相同，也称为空白对照试验。其目的主要是验证所用物品和操作过程中是否可能引入有干扰的物质，或是否存在影响结果判断的物质。空白试验是保证检测方法可靠性的重要措施。无论是验证检测方法，或是在实际案件的检验工作中都应随时利用空白试验来实行验证。

3. 已知对照试验。已知对照试验是在上述空白试验中预先加入一定量欲检测物的已知品后再实行验证的试验。目的是验证所用方法的可行性和可靠性。

与上述空白试验有同样重要的意义,并常与之同时实行。对于毒物含量低的体内检材,不易达到很高的精密度和回收率。但应具有可以说明对测定结果有把握的精密度和回收率。一般地说,对体内检材中毒物的检测,从检材处理开始的整套方法,其回收率应不低于60%,相对标准差应不低于10%。此外,回收率一般不应该用作换算检材中实际含量的依据。

4. 随行标准参比法。随行标准参比试验也是验证方法可靠性的手段之一,应用随行标准参比法所选用的标准物必须首先进行试验验证,确实能起到随行跟踪或内标的作用才能应用于实际检验工作。

5. 不确定度的评定。不确定度是表征合理地赋予被测量之值的分散性、与测量结果相联系的参数。由于真值不可能通过测量得到,借助测量不确定度可以了解到被测量值在什么范围内;测量不确定度还可以定量说明一个实验室的水平程度,即工作水平有多高。检测实验室应有能力对每一项有数值要求的测量结果进行测量不确定度的评估。当不确定度与检测结果的有效性或应用有关、或在用户有要求时、或当不确定度影响到对规范限度的符合性时、当测试方法中有规定时和有要求时(如认可准则在特殊领域的应用说明中有规定),检测报告必须提供测量结果的不确定度。

(二)检材对结果的影响

采集和处置检材是否恰当对分析结果的影响很大,因此合理和妥善采集和处置检材是保证结果可靠的重要保证。主要的影响情况如下:(1)采集的部位不同,用作鉴定意见评断的意义就不同,比如有人认为涉或怀疑中毒死亡案件要进行法医毒理学解释须依据外周血的分析结果,因为外周血受降解、腐败和死后再分布等因素影响小,其定量分析结果可以较准确地反映死亡时的血液浓度。虽然心血检材易于采集且充足,但由于心脏距离胃部近,心血中血液浓度往往高于股静脉处的血液浓度。(2)检材保存不当,出现腐败或变质等,会影响分析结果。比如死后血液样品易溶血、腐败或结块,也会对检测结果造成影响;高度腐败尸体组织因毒物的分解作用及杂质干扰,可能会对分析结果造成影响。(3)若添加防腐剂等检材受到污染,也会影响甚至严重影响分析结果。

(三)检材中被鉴定目标物的稳定性对分析结果的影响

尽管使用经过可靠性论证的方法分析得到结果,只能表示检材在其分析时的浓度,结果解释还应考虑目标物在检材中的稳定性,否则也可能出现偏差而得出错误结论。稳定性主要从三个方面考察:(1)毒(药)物在生物材料中保存的稳定性,包括生物基质的种类、保存容器、温度、时间等因素。(2)生物样品反复冻融的稳定性。(3)样品前处理过程中的稳定性,如遇到防腐剂、强酸或强碱等、自动进样时放置过程、处理后的样品在冰箱中的保存条件和过程等。

（四）死后再分布和死后扩散对检测结果的影响

死后再分布和死后扩散都是指死后毒物在尸体内沿着浓度梯度的运动。死后再分布，是指毒物从浓度高的组织器官中释放，然后扩散至其他组织器官；而死后扩散是指毒物沿着浓度梯度从高浓度的区域扩散至低浓度的区域。最典型的是胃内容物中毒物浓度高时可使附近组织中毒物浓度升高。死后再分布和死后扩散的情况非常复杂，影响因素很多，比如与死亡发生后什么时间采集检材有关，与毒物极性、脂溶性有关，与采集何部位有关等等。因此进行结果解释时必须考虑到死后再分布和死后扩散的影响。

（五）分析结果的解释

检材经过分离提取、分析得到毒物检验结果，如果得到的结果是阳性，并且保证试剂、操作无误，检验过程也无干扰的条件下，说明检材含有被检测的毒物，且其含量高于方法检测限。依据阳性结果要作出中毒的法医学鉴定结论时应考虑到下列可能的情况：受检者是否在治疗用药期间，其工作或生活环境是否可能接触到毒物，或者有些物质是否会因腐败产生，或者由于检材处置不当，被污染产生的假阳性。

对于毒性大且非人体所含成分，体内检材的阳性结果，可结合案情和解剖病理所见等情况作为中毒鉴定的依据，无需再进行含量检测。而对于可能系正常药用或属于自然界普遍存在的毒物，往往就需要根据检材中的含量来判断是否中毒。当需要进行含量检测时，选用适当的方法测得单位检材中所含毒物的量即为含量结果，对定量结果的应用应结合案（事）件的调查结果等各方面的情况综合分析，作出判断。

如果结果是阴性，说明检材中不含被测毒物或其中毒物浓度低于所用方法的检测限。运用阴性结果进行解释和判断时应注意到下列可能性：因检材保存或处置不当，毒物已经分解变化；毒物的中毒剂量小、性质又不稳定或者代谢排泄很快，无法跟踪检测。

充分考虑这些因素并依据毒物检验阳性结果以及毒（药）物浓度可以解释和在一定条件下推断毒（药）物对死亡或行为能力的作用程度。阴性结果的解释则在明确所用方法的检测能力下，排除相关的毒（药）物中毒。中毒的法医鉴定不能单纯依靠毒物检验结果，必须根据案情调查、现场勘察、尸体解剖及病理切片检查所见，再结合毒物检验结果，进行综合评定。

二、毒物鉴定意见评价

（一）合理使用文献资料

按照毒物对机体的作用程度，可将血液或组织中毒物浓度分为：正常值或治疗量、中毒量和致死量。正常值，是指存在但对机体无毒性作用的浓度，如高毒的氰化物,某些食物含有少量但机体无明显毒性反应,属于正常值范围;某些重金属如砷、汞等,由于环境和食品污染也存在于正常人群中;亚硝酸盐、一氧化碳等也都存在正常值,应注意与中毒的情况区分。

文献报道的中毒量和致死量大多为中毒、死亡案例的实际数据或其统计数据,有一定的参考价值,在结果解释时不能简单地依据已有的文献资料,还应考虑个体的年龄、性别、身体状况、是否患有疾病、用药途径等因素;同时结合是单次大量使用或少量反复接触、药物相互作用、敏感程度及耐受能力等因素综合分析。

(二) 推算毒物用量

某些时候可根据所测得毒物浓度、血液的体积、器官的质量、分布容积等来推测死者所用的毒物总量。但一般说来,简单地根据血液、尿液和组织等的毒物浓度数据来估计或推算个体摄入毒(药)物的量及摄入的时刻是比较困难的,因为毒物复杂的体内过程和个体的代谢参数(如吸收速率、生物利用度、分布容积、半衰期、代谢速率和消除速率)等也存在较大个体差异等,使这种推测的结果只能作为参考。尽管有些情况下必须推测出一个结果来判断案件的性质,推测的答案也常常用于协助法官判定案(事)件中药物的用量是一种治疗用量还是蓄意给予大剂量。例如,在调查一起死亡事件中判断死者生前是否过量服用药物时,欲根据送检血样中药物 A 的浓度(X mg/l)推测服用总量,就会有如下疑问:(1) 从服用药物到死亡经过了多少时间?(2) 这种药物可以被完全吸收吗?(3) 吸收率如何?(4) 消除率如何?(5) 对药物的消除率在浓度降低时还能保持吗?(6) 这种药物在体液、组织中分布情况如何?(7) 个体是否对该药物存在个体差异……

(三) 药物相互作用

如果检出多种药物时需要考虑是否存在药物相互作用,特别是协同作用。如乙醇、安眠镇静类药物或阿片类药物等都有抑制呼吸的作用,联合使用时即使单个药物浓度低于中毒浓度,但因协同作用可能出现严重中毒或死亡。

(四) 药物耐受性

滥用物质反复连续使用后可能产生耐受性,血液和组织虽然达到了一定的量,但机体可能还不会出现本应出现的症状,必须增大剂量才能达到相同的药效。酒精也是如此,如乙醇急性中毒案例中,致死浓度可相差数倍。此外,还要关注交叉耐受性,即机体对某药产生耐受性后对另一药的敏感性也降低。如酒精成瘾者会对乙醚的麻醉作用、对苯巴比妥的镇静催眠作用反应性降低,使后者的用量远高于正常群体的用量。

(五) 药物超敏性

一些个体是过敏体质,当使用极小剂量的物质却发生很强的反应。即使使用或接触到正常治疗量的药物也可造成死亡。这时的药物就具有极强的毒性作用。

另外,遗传因素、体内已有蓄积或者其他原因也会影响毒性作用的大小。运用鉴定结果和鉴定意见与毒物的中毒量和致死量比较来作为判断依据时，必须考虑到这些问题。

本章述评

　　随着工农业生产的发展，药物、农药、滥用物质等的不断涌现，使涉及中毒案件的毒物种类不断增加，同时，由于法治建设的需要，对法医毒物鉴定的要求也越来越高，各从事法医毒物鉴定的机构和人员逐步从定性检识为主转入应用现代技术进行痕量未知毒物的鉴别和含量测定，研究和采用净化效率高、回收率显著的分离提取技术，开展对代谢物的研究。我国的毒物鉴定在检材用量、检验手段、检出限和提取净化方法等方面均已达到国际水平。相当多的实验室使用了高效液相色谱法、气相色谱衍生化分析技术、色谱—质谱联用仪、毛细管电泳等现代化的分析技术。少数实验室还配备了液质联用仪、傅立叶变换红外光谱仪、全自动药物分析仪等。对毒物代谢物鉴定研究也取得了飞速发展，如安眠镇静药物、农药和毒品在体内代谢产物及其检测。同时我国毒物鉴定采用内标质量控制技术，建立了毒物分析标准化方法，对几大类几十种药物的分离提取、净化和分析全过程实施了内标质量控制，并制定了众多的毒物分析标准化方法。目前，色谱学、光谱学、质谱学，免疫学、酶化学、分子药理学、毒物代谢动力学、毒物基因组学、毒物蛋白组学、毒物代谢组学正不断促进学科发展，许多新理论、新技术、新思路不断与该学科交叉融合。同时对有关毒物鉴定的标准、实验室规范管理建设、认证认可的规范及应用说明等进行了大量研究工作。

　　中毒事件经常发生，要正确处理疑为中毒引起的自杀、谋杀或意外事（案）件，法医师和警察应该全面、细致地了解事件发生的前后经过、中毒表现、尸体解剖所见等有关情况，提出鉴定方向或目的。送检的材料必须按照一定的要求采集、储存和处理。毒物鉴定专家在接受任务后，审查并收受检验材料，然后根据鉴定目的、检材性状、待检测物含量高低、适用方法等制定鉴定方案。检验方案包括取用哪些检材、取多少、如何处置、如何预试、怎样筛选、用何种方法定性和定量等等。方案制订后，对检验材料中的毒物进行分离提取，用化学法、仪器分析等方法进行检测，得出结果。中毒鉴定需对鉴定结果和鉴定意见进行评价，并综合各方面材料得出结论。法医毒物鉴定常用的方法有很多，都是依据物质具有不同特性的原理而进行检测。根据所用方法的分析目的不同，大致可以分为定性分析和定量分析。按其原理、技术和方法的不同，可分为形态学方法、动物试验方法、免疫分析法、理化分析法、仪器分析法。各种分析方法由于所依据的原理不同，能解决的问题不同，实行的操作方法不同，以及应用的场合不同，在实际检验工作中可以产生不同的效用。主要有分类和确证两类效用。保证鉴定结果的准确可靠是选用方法应遵循的基本原则。

在中毒事件中,涉及的物质成千上万。有普遍使用的酒精;能形成瘾癖及产生严重依赖性的毒品和滥用物质;来源和成分都极其复杂的天然有毒动植物;广泛使用的农药和杀鼠药;临床治疗用的药物;等等。各类毒物的来源、性状、中毒机理、中毒症状、机体代谢途径、有关检材处理及分析检测特点的有关知识对于正确地理解中毒和进行法医毒物鉴定具有重要意义。

思考题

1. 如何理解毒物的概念是相对的?
2. 了解事(案)件发生前后的情况对诊断及判定中毒的意义何在?
3. 如何理解毒物分析结果的意义?如何根据法医毒物分析结果判断是否中毒?
4. 常用的毒物分析方法有哪些?各自有什么特点及适用范围?
5. 在确证试剂、条件和操作无误的情况下,分类试验的结果能说明什么问题?确证试验的结果又能说明什么问题?
6. 分析方法的认证包括哪些方面?分别如何实施?
7. 有人认为法医毒药分析工作,完全是依赖于分析仪器的先进性。对于这种说法你是如何看待的?
8. 与法医毒物分析关系密切的常见医用药毒物分为几类?各有哪些理化特点?

第十七章　医疗损害司法鉴定

> **本章概述**

本章主要讲授医疗损害司法鉴定的基本概念、基本原则、鉴定的基本内容以及鉴定意见的评断。在医疗损害纠纷案件中医疗损害司法鉴定是诉争中的核心证据,医疗损害司法鉴定意见便成为认定医疗侵权事实的关键依据。学习本章内容,应当了解医疗损害司法鉴定的同行评议、医法结合等特有原则,掌握医疗损害司法鉴定的内容、鉴定方法和鉴定意见的评断运用。

第一节　医疗损害司法鉴定概述

我国医疗纠纷大幅增加已成为社会公众和政府部门关注的焦点问题之一,并严重影响社会的和谐与稳定;同时因其专业性较强也是诉讼的重点案件;对此类案件的处理原则及其导向作用,也已经成为我国医疗卫生事业发展的"晴雨表"。

一、基本概念

医疗纠纷,是指患者或其代理人与医疗机构或医务人员在已形成法律关系的基础上,就医疗行为的需求、采取的手段、期望的结果及双方权利义务的认识产生分歧,并以损害赔偿为主要请求的民事纠纷。医患之间其他民事纠纷,亦称非医疗纠纷,是指医患双方对诊疗护理服务活动即医疗行为本身没有争议,但发生与之相关的其他民事纠纷,主要有医疗欠费纠纷、医方侵犯名誉权、肖像权的医患纠纷等,它们的案由分别属于债务纠纷、名誉权纠纷和肖像权纠纷,适用不同的法律规定。即便是"具有执业资格的医务人员"在其"执业地点"发生的纠纷,但并不是"诊疗护理服务活动"的行为,如医生晚上下班在医院内不慎撞到患者,导致该患者骨折,也不属于医疗纠纷,而是一般的民事纠纷。

医疗过失是指医疗机构在医疗活动中,医务人员未能按照当时的医疗水平通常应当提供的医疗服务,或者未能按照医疗良知、医疗伦理应当给予的诚信、合理的医疗服务,没有尽到必要的注意义务。通常采用违反医疗卫生管理法律、行政法规、部门规章、医疗规范或常规,或者未尽法定告知、保密义务等的医疗失职行为作为标准进行判断的主观心理状态,以及医疗机构存在的对医务人员疏于选任、管理、教育的主观心理状态。简言之,医疗过失就是医疗机构及医务人员未尽必要注意义务的疏忽和懈怠。① 关于我国司法实践中分析认定医疗过失,应依据《侵权责任法》第7章的相关规定。

美国法对医疗过错使用"medical malpractice"定义为:专业人员失职行为,通常指医生、律师、会计师等专业人员的失职或不端行为。专业人员未能按该行业一般人员在当时情况下通常应提供的技能、知识或应给予的诚信、合理的服务,致使接受服务者或有理由依赖其服务的人遭受伤害、损失的,均属失职行为。包括各种职业上的违法、不道德、不端行为,和对受托事项不合理地缺乏技能或诚信服务。② 在日本,医疗过错也叫做诊疗过误,是指医生在对患者实施诊疗行为时违反业务上必要的注意义务,从而引起对患者的生命、身体的侵害,导致人身伤亡后果的情形。③ 在我国,有的认为,医疗过错是指医务人员应当预见到自己的行为可能发生严重不良后果,因为疏忽大意而没有预见或者已经预见而轻信能够避免的心理态度。④ 或者认为是指医护人员在医疗过程中违反业务上的必要注意义务,从而引起对患者生命、身体伤害的情形。⑤ 或者认为医疗过错是指医务人员主观上缺乏职业所必要的理智、谦和、谨慎。⑥

我们将医疗纠纷行政处理与司法处理有机地统一起来,并科学划分医疗纠纷的分类和范围(见图17-1)。

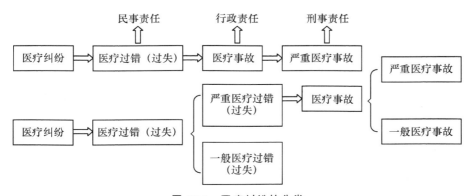

图17-1 医疗纠纷的分类

---

① 杨立新:《论医疗过失的证明及举证责任》,载《法学杂志》2009年第6期。
② 薛波主编:《元照英美法词典》,法律出版社2003年版,第888页。
③ 乔世明:《医疗过错认定与处理》,清华大学出版社2003年版,第1页。
④ 梁华仁:《医疗事故的认定与法律处理》,法律出版社1998年版,第64—65页。
⑤ 王敬义:《医疗过错责任研究》,载梁慧星主编:《民商法论丛》第9卷,法律出版社1998年版,第673页。
⑥ 宋晓婷:《医疗过错行为论》,载《法律与医学杂志》2001年第4期。

二、医疗损害案件的特点

医疗损害赔偿案件涉及众多的专门性问题，当事人双方之间的认识和分歧都比较大，因此，很多问题都需要司法鉴定。在司法实践中存在医疗纠纷司法鉴定与医疗事故技术鉴定的两元化模式，两者的区别是显而易见的，概括起来有以下几点。

1. 鉴定性质。医疗纠纷司法鉴定通常的启动主体为人民法院，其受理和鉴定程序规范，以及鉴定文书的格式等，受我国诉讼法、司法鉴定规范等法律法规的调整；鉴定意见具备证据规定的形式要件。因此可以说医疗纠纷司法鉴定是一项诉讼活动。医疗事故技术鉴定依据《医疗事故处理条例》产生和运行；鉴定程序和鉴定结果的形式具有行政法律技术处理的权力特征，特别是医疗纠纷行政处理，有关复议程序以及执行强制力的设定，行政色彩非常突出。因此，形式上，医疗事故技术鉴定不具有证据的基本属性。

2. 鉴定主体。医疗纠纷司法鉴定的主体是依法取得国家司法鉴定人资格的法医，其执业机构是经司法行政部门批准设立的司法鉴定机构。而医疗事故技术鉴定只能由医学会组织医疗事故技术鉴定专家组进行，从业专家的主体人员是临床医生(也有法医参加)。两者的本质区别是，一是法医通常具有司法鉴定教育背景和从业经验，了解和掌握相关法律法规，遵循司法鉴定客观规律，有良好的鉴定人职业素养。临床医生缺乏此专业训练。二是法医鉴定人的选任公开，当事人在鉴定前了解具体鉴定人的基本情况，履行回避原则。而医生鉴定人通常是编号随机抽取，当事人不知鉴定人姓甚名谁。

3. 鉴定目的。医疗纠纷司法鉴定终极目的是为人民法院审理案件提供科学证据，是解决医疗纠纷诉讼中的专门性问题，其鉴定的目的完全依据委托方要求，即人民法院的审理案件的需要。医疗事故技术鉴定架构的设立，其首要任务是为医疗卫生行政部门处理医疗纠纷与医疗事故提供技术判定，是准行政处理结果；鉴定目的由行政规范先行确定，格式模板化。

4. 鉴定内容。虽然医疗纠纷司法鉴定的目的由委托方决定，但其鉴定内容通常与民事侵权诉讼有关，医疗过失——损害后果——因果关系；而医疗事故技术鉴定确认是否构成医疗事故，医疗过失——医疗事故——因果关系。另外，司法鉴定实行鉴定人负责制度，鉴定人应当独立进行鉴定，对鉴定意见负责并在鉴定书上签名或者盖章。多人参加的鉴定，对鉴定意见有不同意见的，应当注明；医疗事故技术鉴定由医学会出具鉴定书，专家组成员无须在鉴定书上签名盖章。

5. 鉴定效力。医疗纠纷司法鉴定意见作为证据，不具有当然的法律效力，必须经法庭审查判断才能作为证据采信，因质证的需要，鉴定人须出庭作证；司法鉴定机构和鉴定人之间，地位平等；法院遴选鉴定机构或鉴定人无地域、行政级别之分。在医疗卫生行政部门处理医疗纠纷时,医疗事故技术鉴定受地域管辖,且从法律规范上确立两级终鉴制;上级的鉴定意见优先采用,对争议鉴定的救济途径完全行政化。

为解决审判实务中的实际问题,对于医疗损害赔偿纠纷案件,在保留原有的司法鉴定机构所作的医疗损害责任过错鉴定的基础上,法院可以委托医学会组织进行医疗损害责任技术鉴定。

第二节 医疗损害司法鉴定的技术方法

一、医疗损害司法鉴定的原则

(一) 同行评议原则

对医疗损害进行司法鉴定的活动,其本质是依法对一个已经发生的医疗行为(事实)作出专业的分析、评价和判断。其鉴定的对象是"行为",而非特定的"物(物证)"或者人体(尸体),类似于司法精神病学鉴定。一个常规的医疗活动具有三方面特点:(1) 技术性强。临床医学分类越来越细,临床医生分工越来越多,其专业领域科学精细、经验独到,非业内资深人士难以熟知。(2) 程序性专。医院的专业化管理和医疗活动的规范化运作,既有规律性又有约定俗成的经验性。医学诊疗常规规范是临床医学长期经验的积累和总结,该常规规范随着医学科学以及科学技术的发展在不断变化和更新。基于病人之间病情的差异,非"文本"所能穷尽,也不可机械照搬照套。(3) 进展性快。临床医学虽为应用学科,因其关乎人类生命健康,医学技术进展和变化在现代科学中当属首位,外行不可能持续关注和掌握。因此,法医鉴定人没有亲力亲为的医疗经验,就是相对的"外行",如何能够独立驾驭复杂、精细和专业的评价活动值得深思。对"已经发生的医疗行为"作出"对与错、好与坏"的评价应当遵循同行评议原则。

同行评议要求评议的主体应该与被评议方是同一专业,满足专业对口和资历相当的条件。也可以说,同行评议原则是医疗损害司法鉴定的主体原则,明确了承担医疗损害司法鉴定的鉴定人资格,或者是参与医疗损害司法鉴定的专家资格。当然,此原则并非剥夺法医学鉴定人参与鉴定的权利,只是要求医疗损害司法鉴定的鉴定人或者专家必须有同行参与。

(二) 专门性问题原则

对医疗损害违法性判断和确认,本质上是一个法律问题。因为医疗活动专业性较强,通常人们将技术分析评价等同于法律判断和确认。根据《侵权责任法》相关条款的规定,涉及专门性问题需要鉴定的大类见表17-1。

表 17-1 《侵权责任法》专门性问题划分

分类	司法鉴定范围
伦理责任	部分需要鉴定
技术责任	需要鉴定
产品责任	非司法鉴定
管理责任	极少需要鉴定

专门问题原则就是要明确司法鉴定的范围和内容,法律问题归法官,技术问题归鉴定人,也是医疗损害司法鉴定的目的原则。专门问题原则要研究和处理好与法律问题的关系及其界分,一般要明确三类问题,即纯技术问题、纯法律问题和技术与法律交叉或界限模糊问题。两者交叉的医疗损害鉴定与其他法医学鉴定无殊。例如,法官判断医院存在过错或者违法,仅需要法医进行残疾评定。两者界限模糊问题原则上不纳入医疗损害鉴定范围。

(三) 医法结合原则

医疗损害技术鉴定是对已经发生的医疗行为依法作出技术评价和判断的活动,本质上是医学和法律结合的产物。这里所说的法律有三方面的含义:(1)国家的相关法律规制了确认医疗损害的原则、内容和范围,明示如何认定医疗过失,何为医疗过失,哪些行为是医疗过失的问题,是医疗损害技术鉴定的法律标准。比如,确定医疗过失的法律依据;免责条款;产品责任的认定方式等等。(2)卫生行政相关法规、技术规章和行业操作规范通常是比照评价医疗行为的技术标准,广义的还包括教科书和约定俗成的惯例。(3)诉讼法、证据法和有关技术鉴定的行政法规是医疗损害司法鉴定活动必须遵循的程序标准,诸如专家的遴选和回避、鉴定过程公开公正的要件,以及鉴定意见基本要素和鉴定人出庭作证等。

任何一个医疗活动都比较复杂,医疗技术、医院管理和医务人员服务等诸多环节均可引起医疗纠纷,事后对已经发生的医疗行为进行分析评价,可以发现若干问题,因此,应当遵循医法结合原则,一是要明确划分医疗过失评价与医疗质量评价的界线[①],切忌将国外处理医疗纠纷的规范和方法借鉴引入实际医疗损害技术鉴定中,误导司法审判,超越我国现行法律规定。二是从事医疗损害鉴定的鉴定人和专家要有基本的法律素养,特别是对医生鉴定专家提出了更高的要求。

(四) 证据属性原则

医疗损害司法鉴定最终成果为鉴定意见,鉴定意见是处理医疗纠纷的重要证据。这就要求该鉴定意见必须具备证据属性。证据属性有以下要点:(1)鉴

---

① 刘鑫:《医疗过错鉴定规则体系研究》,载《证据科学》2012 年第 3 期。

定意见不同于一般的技术类文件,其文本所含基本要素由相关法律规范确认。(2) 鉴定意见形成的本质是鉴定人和专家的意见,是公开的特定的自然人产生的意见,鉴定人和专家对自己的意见负责。(3) 鉴定意见作为证据必须查证属实,鉴定人和专家参与质证,说明和解释鉴定意见并接受质询是其法定义务。

二、医疗损害司法鉴定程序性方法

(一) 受理评审

在医疗损害司法鉴定中,案件受理的评审工作非常重要。因为医疗纠纷诉讼涉及的专门性问题非常复杂,难以形成约定俗成的法医学常规鉴定项目。受理评审由资深法医鉴定人担任,首先应详细阅读起诉书、答辩状和其他卷宗材料,简要阅读病历资料;尽快把握争议焦点和问题,患者诉求和目前医疗后果。

评审结果分为四类:(1) 属于常规鉴定项目,决定受理。(2) 属于技术问题但超出了司法鉴定范围,可以制作评审说明,建议选择其他法定部门进行技术鉴定。(3) 主要问题是法律问题,法官可以根据相关证据或者依据法律规定,认定案件事实并判断有无过失。可以制作评审说明,按退案处理。(4) 患者对医学常识不解或者对医学科学误解引起的诉讼一般不予受理,可以制作评审说明。第一类与后三类同时存在时,应将此情况书面或口头与法官沟通,征得对方理解和同意。

(二) 听证制度

实践证明,医疗损害司法鉴定进行听证能够取得良好的社会效果。听证的主要目的是在鉴定人的主持下,双方当事人公开表明自己的观点,以便鉴定人厘清争议的问题,确认和固定司法鉴定使用的证据材料。辅助功能有:告知鉴定人身份、有无回避的请求;认为必要的可以对被鉴定人进行临床检查;利用听证会的场合释明司法鉴定的风险和患者认识的误区;也有机会当面接触当事人,特别是了解患者的情况,增加鉴定人与被鉴定人之间的沟通和互动;有条件的司法鉴定机构,可以由双方当事人现场在专家名册中选任临床医学专家。①

听证会后一般作如下处理:(1) 无影响鉴定的情况,直接进入鉴定实质程序。(2) 当事人一方对病理报告、尸检报告有争议的,函告法官补充委托项目或建议选择其他鉴定机构,同时调取原始材料进行重新复查。该案中(终)止鉴定。(3) 患方当事人对病历资料提出质疑的,函告法官进一步确认,视情况中止鉴定。(4) 主要争议点超出司法鉴定范围或者司法鉴定机构能力的,按退案处理。(5) 当事人提出鉴定人回避的,应中止鉴定活动及时与法官沟通,按相关程序处理。

---

① 医疗损害司法鉴定根据案件情况一般选择三名专家,专家参加听证会的,事前由鉴定人指定专家;专家不参加听证会的,在听证会上由双方当事人各挑选一名,鉴定人随机挑选一名。

(三) 专家评议

根据同行评议原则,我们认为,应聘请临床医学专家参与医疗损害司法鉴定的评议过程。主要思路有:(1)承担医疗损害司法鉴定的机构应当建立临床医学专家名册,选任专家要保障数量和质量,还要兼顾学科的覆盖面。(2)每案所聘请专家不得少于三名。(3)专家可以参加听证会。(4)专家可以参加集中评议,也可以分别评议。(5)专家应分别提供书面意见,或在意见记录上签名。专家意见存档备查。(6)鉴于被鉴定方医院的特点,选任参与鉴定的专家应遵循回避原则。

关于临床医学专家意见的使用问题。首先,应贯彻法医鉴定人负责制,临床医学专家的观点是帮助法医鉴定人理解问题、把握思路的参考性意见。其次,三名专家之间的意见冲突时,法医鉴定人根据情况选择使用,或者另行聘请其他临床医学专家。再次,法医鉴定人与三名专家意见相左时,应当另行聘请至少两名其他临床医学专家。

第三节 医疗损害司法鉴定的基本内容

一、医疗损害司法鉴定常规内容

医疗损害司法鉴定,是依据《侵权责任法》的规定,司法鉴定人通过审查病历资料,检查被鉴定人或复阅病理及其他辅助检查资料,对医疗行为是否存在过失、患者的损害后果,以及医疗过失与后果之间的因果关系进行分析判断的过程。

1. 分析确认医疗机构及其医务人员在诊疗活动中是否存在医疗过失,这里最重要的问题就是医疗过失行为的判断标准。通常以医疗技术损害责任类多见,即《侵权责任法》第57条和第58条第1款,还少量涉及第55条医疗伦理损害责任。

2. 确定医疗损害的后果。患者的人身损害首先表现为患者的身体、健康损害和生命的丧失,对人身损害后果(特别是残疾和死亡)的研究和鉴定是司法鉴定的优势。

3. 推断医疗过失与损害后果之间是否存在因果关系。我们知道,医疗过失损害案件的因果关系问题,是法医学鉴定中最复杂的鉴定内容。主要是它总是多因的情况,患者疾病对自身健康的损害;正常医疗行为的损害;医疗过失行为的损害,三者经常同时存在。相对于一个完整的机体,而其后果相互作用,从临床表现方面很难一一区分,个个对应。

二、医疗损害司法鉴定辅助内容

医疗损害司法鉴定还涉及鉴定活动中其他法庭科学问题。例如,法院委托一医疗纠纷鉴定。患者曾在某医院被诊断左侧卵巢恶性肿瘤,行根治术切除双侧附件。经两年抗肿瘤药物治疗后,患者根据自身情况对原医院诊断产生怀疑,遂通过关系借出病理切片找其他医院专家会诊,被告知原恶性肿瘤诊断错误(属卵巢囊肿)。患者起诉医院要求赔偿损失。该案争议的焦点为是否为恶性肿瘤问题,第一次鉴定根据医院提供的病理组织蜡块和切片,作出了有利于医院的鉴定意见。第二次鉴定,经法官同意患者提出三项要求:(1)对病理组织切片进行同一认定。(2)判断医疗过失。(3)确认损害后果。对组织切片的同一认定,是通过DNA技术检验组织切片是否为患者本人的。评价医院是否存在医疗过失及损害后果涉及临床医学和法医临床学鉴定。

从上述案例可以看出,医疗损害司法鉴定涉及法庭科学若干学科,与医疗事故技术鉴定比较,这是司法鉴定的优势,充分体现了司法鉴定的综合性作用:(1)涉及病历资料涂改、添加等,需要文件检验的技术支持。(2)死亡的病例,或涉及病理学诊断的案件,可以借助法医病理学进行鉴定。(3)有关离体组织器官的个人识别,法医物证学可以解决问题。(4)怀疑药物、毒物的案例,也可以送到有条件鉴定的法医毒物分析实验室。(5)有时,患者可能有精神心理障碍问题,司法精神病学家可以提供帮助。总之,医疗损害司法鉴定辅助内容较为宽泛,医疗损害司法鉴定的综合性就要求鉴定机构对鉴定工作的管理具有较强的协调能力,要制定规范化的鉴定程序。

三、医疗损害司法鉴定争议内容

1. 错误出生。错误出生是指希望产下健康婴儿的父母,由于医院孕前体检失误(如不能怀孕而被建议怀孕)或医院引产失败,而使残障婴儿诞生;或由于医院过错,未检查出胎儿患有疾病或天生缺陷,而如果检查出来胎儿患有疾病或缺陷的话,父母将决定堕胎;或由于医院或药商的过错,如错误输血或错误用药导致胎儿患上严重疾病而出生后为残障婴儿的情况。

法律并没有明确错误出生为医疗损害的后果,但在司法实践中,人民法院委托进行医疗损害司法鉴定的情况非常多;即使可以认定属于医疗损害赔偿的范围,其实有时也无需启动司法鉴定。例如,孕期未检查出胎儿患有疾病或天生缺陷,法官完全可以依据产前检查法律规范作出判断。

2. 不必要的检查。《侵权责任法》第63条规定了不得实施不必要检查原则,也即通常所说的过度医疗(未明确过度治疗)问题,其造成的是患者的财产损害事实。医疗机构及其医务人员恶意进行不必要检查或者过度医疗,造成患者支出了不必要的费用,侵害的就是患者的财产所有权,使其现有的财产利益减少。对检查项目必要性以及不同检查设备选择进行评价专业性较强,将其纳入司法鉴定范畴,聘请临床医学专家出具意见。

3. 对病历的真实性、完整性和逻辑性进行评估。应法官的需求,新开设的鉴定项目。患者一方动辄对病历的真实性、完整性提出质疑,致使司法鉴定程序终止,其主观上希望院方依此承担完全责任。法官对处理病历引发的矛盾束手无策,求助司法鉴定解决。病历资料是已经发生的医疗行为的证据,其真实性无法通过鉴定的方式予以确认。解决病历问题的主要途径应该是庭审确认,主张病历缺陷的一方负有举证的义务,提供相关证据供法庭审查判断。

四、医疗损害司法鉴定不宜鉴定的内容

1. 患者的精神损害事实确认。违法诊疗行为侵害物质型人格权造成受害患者的精神痛苦,也属于精神损害事实。患者的精神利益损害表现为三种形态:(1)财产利益的损失,包括人格权本身包含的财产利益的损失和为恢复受到侵害的人格而支出的必要费用;(2)人格的精神利益遭受的损失,即隐私被泄露、自由被限制等;(3)受害人的精神创伤和精神痛苦。此问题属于非司法鉴定项目。

2. 医疗管理损害责任。医疗管理损害责任是指医疗机构和医务人员违背医政管理规范和医政管理职责的要求,具有医疗管理过错,造成患者人身损害、财产损害的医疗损害责任。医疗管理也叫作医政管理,医疗管理损害责任的构成,即医疗机构及医务人员在医政管理中,由于疏忽或者懈怠甚至是故意,不能履行管理规范或者管理职责,造成患者损害应当承担的医疗损害责任。例如,救护车急救不及时的损害责任;违反管理职责致使产妇抱错孩子的致害责任;医务人员擅离职守的致害责任等。此问题通常属于法官判断的问题。

3. 医疗产品损害责任。对于医疗产品损害赔偿纠纷案件,患者一方同时起诉缺陷产品的生产者、销售者和医疗机构时,如果患者一方的赔偿请求得到支持,人民法院可以判决缺陷产品的生产者、销售者和医疗机构对患者一方承担连带赔偿责任。因输入的血液是否合格引发的损害赔偿纠纷案件,患者一方同时起诉血液提供机构和医疗机构时,如果患者一方的赔偿请求得到支持,人民法院可以判决血液提供机构和医疗机构对患者一方承担连带赔偿责任。上述问题超出司法鉴定范畴,应由专门机构鉴定。

第四节 医疗损害司法鉴定意见评断

对医疗损害司法鉴定意见进行评价、判断,在司法鉴定领域诸多鉴定项目中是最困难、最复杂的活动。据统计,因医疗纠纷案件司法鉴定引发的投诉量居于首位,且其所占全部投诉案件的比例接近50%。研究和解决此类鉴定意见审查评价方法具有积极的意义。

一、对鉴定人资格与鉴定事项的审查

医疗损害司法鉴定不仅临床医学专业性较强,而且对法医学鉴定人驾驭案件的能力要求较高。因此,承担医疗损害司法鉴定的首席法医学鉴定人必须具有副主任法医师以上的职称。法医学鉴定人出庭作证时,可以就以下两个问题进行审查:(1)首席法医学鉴定人从事医疗纠纷司法鉴定的经历和科研成果,以及累计承担完成的医疗损害司法鉴定案件数量。(2)本案聘请临床医学专家的数量、专业特长和职称与职务,为避免影响专家的正常工作,原则上可以不通报姓名及其他个人信息。

对医疗损害司法鉴定事项的审查,重点判断是否为常规项目。对于非常规项目,需要审查(1)该鉴定事项是否超出了司法鉴定的范围,或者不属于法医学鉴定的范畴。(2)该鉴定事项的本质涉及的是法律问题,而非技术可以解决。

二、对最终结果与鉴定要求的符合度审查

司法鉴定最终结果与鉴定要求(事项)通常具有符合性。(1)鉴定人初期委托评审(合同评审)对鉴定要求已经进行了修订,并及时与委托方沟通。(2)在司法鉴定活动中,如果鉴定人认为某一具体的鉴定要求无法解决时,也可通过与委托方沟通协商的方式再次修订委托合同。结果与要求的符合性也是书面鉴定意见完整性的必然要求,即使是阴性结果或者结果不能确认,也要与鉴定要求一一回应。审查医疗损害司法鉴定时,需要注意医疗过失是确认损害后果的前提条件,正常的医疗行为均可致医疗损害,关键是医院是否存在医疗过失。例如,如果认定医院不存在医疗过失的,不能对患者进行残疾评定。

三、对鉴定实施合法性和科学性的评断

对医疗损害司法鉴定程序合法性审查评价主要侧重以下几点:(1)法医学鉴定人和临床医学专家的回避问题。法医学母体为医学,法医学鉴定人与被鉴定医院以及涉案医生之间,可能存在同学、师生关系。因此,医疗损害司法鉴定的回避制度相对其他司法鉴定复杂一些,需要专门规制。(2)基于司法鉴定成本和当事人病情状况,听证会虽然不是医疗损害司法鉴定的前置条件,但是需要明确听证会不能如期举行的原因,临床医学专家遴选的方式等问题。

对医疗损害司法鉴定科学性的审查评价比较专业,非临床医学行业专家难以驾驭:(1)鉴定方法的适应性。医疗损害司法鉴定的方法是回顾性比照,即依据已经发生的医疗过程,设身处地依序分析,根据相同医疗环境、医生资质,以及相关技术标准进行比照。也可以说科学条件的适应性,而非科学研究的理想化。(2)技术标准的有效性和可靠性。判断医疗行为是否存在过失的技术标准和临

床规范,必须是现行有效的;理论观点必须成熟可靠,这也是对聘请的临床医学专家的资质和能力要求。(3)法医学鉴定技术的规范性。我国司法鉴定领域未能形成系统的医疗损害司法鉴定规范体系,在司法鉴定实际工作中,经常出现相同或类似的医疗行为,司法鉴定意见作出的评价存在较大差异的问题。

四、对鉴定意见表述与逻辑推理规范性评断

医疗损害司法鉴定意见内容丰富,与其他司法鉴定意见比较,对医疗损害鉴定意见要素有特别要求:(1)病历整理能够基本反映医院的诊疗活动,依序展示医疗行为发生的过程,属于证据证明的案件事实。(2)鉴定过程和双方当事人的争议要点摘录。说明听证会、法医学活体检查和专家论证情况的鉴定过程,整理双方当事人的争议要点,明示此次鉴定的针对性。(3)尸检报告或其他临床辅助检查的结果摘录。上述材料基本上均为鉴定用证据,原则上鉴定意见分析讨论中涉及的问题,均应在上述材料中找到依据或者证据性支持,起到前后呼应的作用。

分析说明是整个鉴定意见的精华和灵魂。审查医疗损害司法鉴定意见中的"分析说明"应关注的问题有:(1)论点论证全面。对每一个环节或问题进行讨论,应当有明确的观点,论点明确论据翔实。特别是医院没有过失的情况,也须明确论证。(2)因果关系明确。当认定医院在某一环节或措施存在过失时,应当分析是否产生相应的不良后果或者损害。(3)正反分析到位。鉴定人对医疗过失的讨论,以及对医疗环境的客观因素、患者自身主客观因素和法定免责事由的分析应该正反两个方面均进行论述。例如,对医疗损害参与度和损害后果的确定,应考虑多因素参与的问题。

本章述评

我国《侵权责任法》的实施,使得涉及医疗损害纠纷的鉴定统称为"医疗损害鉴定",在名称上统一了医疗鉴定中的医疗事故技术鉴定和医疗过错司法鉴定两种鉴定,有利于实现从形式上消除医疗损害鉴定的双轨制。不可否认的是,医学会凭借其无可替代的专业性,确实仍然应该成为医疗损害鉴定的一支重要力量,不能因为医学会的行业属性而一概否定其存在价值。鉴定人负责制能否推行至医学会,是医学会能否继续组织进行医疗损害鉴定的关键。由于最高人民法院及部分地方高级人民法院已经直接或间接规定医学会仍然可以实施医疗损害鉴定,同时未对医学会的医疗损害鉴定在诸多相关问题上进行科学、有效的调整处理,所以仍然还会存在上述各方面的问题。我国医疗损害技术鉴定制度并没有完全建立,医疗损害技术鉴定理论与技术体系尚未系统形成。这样医疗损害司法鉴定的理论和技术,以及鉴定程序和方法处于动态变化之中,有些问题尚需要继续探索与研究。

> **思考题**

田某,男,46岁,分别于2006年至2008年间在被告医院进行过三次单位组织的体检,X线胸透均未见异常。2010年3月5日其因持续咳嗽伴痰中带血1月余自行到被告医院进行体检,胸透提示"间位结肠?",3月10日入住被告医院,诊断为肺癌,手术切除了右下肺叶10×10 cm大小的肿瘤,术后病理诊断为右肺鳞状细胞癌。田某认为,被告医院疏忽大意,未能在既往的多次体检中发现其肺部肿瘤,使其失去了尽早救治的机会,缩短了寿命,故起诉医院要求赔偿。为审理此案,法院委托本鉴定机构,对被告医院在田某进行体检的活动中是否存在过失,与田某肺癌的延误诊治有无因果关系进行鉴定。针对上述案例,回答以下问题:

1. 此类因体检引发医疗损害赔偿案件的司法鉴定原则是什么?
2. 医疗损害赔偿案件的司法鉴定如何进行?
3. 医疗损害司法鉴定需要何种专门知识?

第四编　物证类司法鉴定

第十八章　文书物证司法鉴定

> **本章概要**
>
> 本章主要包括文书物证司法鉴定的基本原理,文书手写字迹书写人的鉴定,文书制作方式、制作工具和制作时间鉴定,文书内容原始性认定和伪造、变造的识别,文书物质材料的分析。学习本章内容,应当懂得文书物证司法鉴定基本原理,知晓文书鉴定基本内容,了解不同种类文书鉴定的基本方法。

第一节　文书物证司法鉴定概述

一、文书物证司法鉴定的概念

文书是指记载、传递和表达人类意思的一类信息载体。文书作为物证之一,它通常由两部分构成:(1)用来承载信息的物质载体,从古代的龟甲、兽皮,到作为主流载体的纸张;(2)用来表达某种意思的文字、图案和符号。

文书物证司法鉴定是指对诉讼中存在争议的文书物证综合运用多种学科理论和方法进行识别判断的活动。文书证据是物证的一种,但与普通物证有明显不同的特点,它主要不是依靠自身的物质属性来证明案件情况,而是依赖物质载体上记载的表明某种意思的信息符号来证明。正因为此,在鉴定方法上也与物质物证鉴定存在差异,从而形成独立的文书物证司法鉴定业务类别。

文书物证司法鉴定的内容一直处于扩展之中,随着文书载体及文书制作工具的丰富,文书的构成在不断变化,从最早期的文字笔画形态识别,到后来对纸张、笔墨、印刷机具等载体及制造体的识别。同时随着科学技术水平的发展和诉讼对科学证据的需求,新的鉴定要求不断增多,使得鉴定内容日趋细化。特别是电子设备载体的出现,部分文书脱离传统纸张载体以电子数据的形式呈现,如电子签名、电子签章等,这些变化使文书物证鉴定在一定程度上与微量物证鉴定、声像资料鉴定、电子数据鉴定内容存在交织,两者边界存在争议,有些鉴定甚至需要两种鉴定范围的鉴定人共同合作才能完成。

二、文书物证司法鉴定的对象

诉讼程序中涉及与案件事实有关的文书中的任何组成部分都可能成为文书物证司法鉴定的对象。根据文书的形成方式和表现形态将鉴定对象分成四类。

1. 书写文书。书写人持书写工具将文字符号书写到载体上制成的文书。书写工具通常是指书写笔,同时也包含其他肢体方式写成的字迹。文字符号、书写工具、书写内容、书写时间以及文字的载体都是具体的鉴定对象。

2. 印刷文书。用印刷工具将文字符号承印到载体上制成的文书。印刷字迹、印刷工具、印刷材料、文字内容、制成时间以及文书符号载体都是鉴定对象。

3. 电子文书。用电子数据方式保存的文书。如采用扫描、拍照等方式形成的文书,其记载的内容、文字或印文的真实性也是文书物证的鉴定对象。

4. 异常文书。是指由于人为故意或意外因素造成部分或全部内容改变或丧失的文书,通常称损毁文书。文书原始残片、缺损字迹、污迹种类、破损痕迹等均为鉴定对象。

三、文书物证司法鉴定的功能

文书物证司法鉴定主要是为诉讼服务。在刑事诉讼中,确定文书的真伪为立案侦查提供依据,分析书写人条件或书写印刷工具特点为侦查提供线索,对书写人和文书制作工具的确认鉴定为审判提供证据。在民事诉讼和行政诉讼中,认定书写人可以确认责任的承担方,识别印文真伪为识别法律关系真假提供依据,文书形成时间的鉴定为通过识别文书真实性来还原事实。总之是查明案情事实分清是非责任的重要科学手段。

文书物证司法鉴定也可为社会事务中有些无法判断或可能产生争议的事实提供参考依据。例如对历史票证真伪辨识确认文书价值,对自然消退文字的再现证明文书的真实性,对被毁损文书的修复辨认等,用文书鉴定技术满足社会对历史文化研究和发展的需要。

此外,文书物证司法鉴定通过总结伪造变造文书的规律特点,为社会制定防范措施提供建议。

第二节 文书物证司法鉴定的技术方法

一、文书物证司法鉴定的基本程序

文书的种类非常多,不同的鉴定内容依据的原理和采用的方法差异很大,在鉴定程序上也不尽相同,通行的鉴定程序主要把握以下关键步骤。

1. 受理委托。主要审查确认委托的事项是否属于文书物证司法鉴定范围;委托要求在本机构技术能力范围能否实现;开展此项鉴定必须了解的案件信息,如要求告知书写人年龄、身体状态等,并履行必要的告知程序。

2. 审核检材、样本。检材样本原则上必须是原件,如果只能提供复制件,要根据委托目的审查是否达到鉴定条件,检材的数量是否满足鉴定所需,如字迹的数量是否反映出书写人书写习惯。对样本进行审查,要确保其来源真实可靠,数个样本之间没有矛盾,数量上有足够的特征可以识别,达到鉴定所需的基本要求。

3. 选择恰当的检验方法和设备。根据委托要求,在追求准确的目标下,本着经济与效率兼顾的原则,首选成熟可靠的检验方法和检验设备,对于准确率相对较低的检验方法,应当采用多次检验来验证其准确率,或者增加其他方法配合印证检验结果的准确性。如果该检验方法有专业规范,必须严格按照规范进行。

4. 分析检验结果。要审查检验结果之间是否存在矛盾冲突,再将各种方法观察到的现象和检验的结果进行综合分析。确认鉴定意见时必须将各种可能影响准确性的因素全部加以排除。

5. 出具鉴定意见。严格按照鉴定依据的充分程度和对鉴定事实的认识程度准确表述鉴定人的判断。按照对事实认定程度划分为:肯定性意见、否定性意见和倾向性意见。根据检测分析的结果划为:同一认定、种属(类)认定。对于恢复性检验,以恢复的程度或恢复的内容来表达。

二、文书物证司法鉴定常用的方法

(一)观察法

鉴定人采用肉眼或借助放大镜、显微镜等观察仪器,对文书检材形貌和细部特征进行察看、识别的活动。对于书写字迹,观察法可以发现仿写或摹写特征,从而确认笔迹的书写者;对于变造文书,观察法可以通过发现消退、擦刮和添加痕迹来确认;对于印刷票证,通过观察票证上独有图案和防伪标记,分辨真伪。观察法也是所有鉴定使用的初检步骤。

（二）比较检验法

比较检验是文书检验中最具代表性的检验方法，以确认的样本为参照物，将检材与样本从外在形貌到内在物质结构的全面比较，尤其是独有的个性特征的比较，根据对比较结果的综合分析，从而得出肯定或否定的意见。最为典型的是笔迹、印文等的同一认定型鉴定。

（三）模拟实验法

模拟实验法，也称为模拟验证法。从理论上讲，世界上没有任何两个事物完全相同，即使成熟的技术也不能完全穷尽所有的可能，对于一些包含有特殊条件的检材，可以通过模拟发生时的条件，通过实际验证的方式，确认某种现象或结果出现的可能性。模拟实验必须要最大限度地接近检材发生时的条件，才能保证验证结果的准确，为此，对案情相关细节的了解就很重要。例如特殊状态下书写的字迹就不能简单套用正常书写判断方式。

（四）物理、化学检验法

物理检验主要是采用光学观察检验的方法，利用紫外光、红外光、激光等光源对物体透射、吸收、激发等特性，显示文书中可见光下常规观察方法不易辨认或无法观察到的信息。也可以直接测定检材的物质属性及特定物质成分的含量。例如对自然消退字迹的检验。

化学检验可以采用化学试剂直接与文书上的物质发生化合反应，从而显现出文书上被隐形或消退的内容。也可以通过分析设备直接测定检材中的物质成分及其含量。

（五）计算机检测法

通过设计计算机对文书特征的识别、比对程序，将样本票证、印文等文书的识别依据输入到计算机，利用计算机运算速度和识别精度，实行快速自动比对。形态特征比较固定的文书检材，如印文、票证等已经可以实现计算机自动化比对，准确率较为理想，动态的笔迹由于特征难以确认，动态变化曲线不易掌控，检测还有待于进一步研讨。

（六）综合评判法

文书检验中有的问题比较疑难，可能限于检材或样本自身条件不足，也可能需要证明的精确度高，单一的检验方法难以解决，需要用两种以上的方法，从不同的角度进行检验和验证，根据检验的结果综合分析，从而得出结果。例如印文形成时间的鉴定，可以利用印文因印章磨损老化带来的形态特征变化，印文形成后印油物质发生挥发、渗透与纸张成分聚合反应产生物质成分的变化，印文与文字形成的先后顺序等依据综合得出该印文形成时间的鉴定意见。

第三节　文书物证司法鉴定的基本内容

一、笔迹鉴定

(一) 笔迹鉴定的概述

笔迹是书写人为表达一定的意思,按照特定的文字符号的书写规范,运用书写工具在物质载体上形成有规律的书写活动痕迹。

笔迹也有狭义和广义之分,狭义的笔迹仅限书写动作痕迹,通过对字符痕迹形态分析可以直接判断出书写人的动作习惯。广义的笔迹除了书写痕迹外,文字符号之间排列组合反映出的个体书写布局习惯,文字符号反映出的书面语言特征,以及笔迹反映出的书写工具种类及其变化均为笔迹研究范围。

笔迹有多种划分模式,从鉴定的视角来看,主要有以下几种划分:根据书写工具的不同,有软笔笔迹和硬笔笔迹;根据文字符号表达的意思不同,分为文字笔迹、符号笔迹、绘画笔迹等;依据笔迹对书写习惯反映的真实程度,有正常笔迹、伪装笔迹、伪造笔迹、变化笔迹等;依照笔迹的形成方式,有直接书写笔迹、复制笔迹、拼接笔迹。

(二) 笔迹鉴定的原理

笔迹是人的书写动作形成的痕迹,书写动作是由书写意识、书写技能和书写习惯来支配,所以笔迹这种特殊的动作痕迹能全面反映出书写人的书写技能和书写习惯,同一人的书写习惯总体具有特定性和稳定性,不同的人书写技能和书写习惯总体存在个性化差异,对笔迹个性化特征的识别是笔迹鉴定的基本原理。

人的各种技能都是在后天中习得,书写动作技能是人在学习书写过程中,通过不断地重复训练,使得接受刺激的大脑皮层与书写人的书写运动器官逐渐建立了一种巩固的神经联系,将书写动作逐步固化为呈现自动化形式的连锁动作系统,并最终在大脑皮层建立了稳固的动力定型系统。动力定型越稳固,书写动作技能的自动化程度越高,对意识的依赖越低。

书写习惯是书写技能自动化连锁动作系统中稳固的特点。书写人是按照一系列动作学习书写,实现书写动作自动化获得书写技能,书写动作的惯性也就成为书写习惯。书写技能是书写习惯的基础,掌握了书写技能必然逐步呈现出一定的书写习惯,相同书写习惯支配下形成的笔迹存在相应的特定性和稳定性,这是检验的基础。

书写习惯具有特定性,尽管每个人学习书写技能的规范相似,由于个体生理、心理上的差异,以及长期学习的环境和练习方式的不同,书写动作自动化连锁系统融入了很多个人特质,表现出来的书写动作痕迹具有个性化特点,即是笔迹特征。书写一定文字符号所反映出的笔迹总体，人各有异。

书写习惯的动力定型属性，在一定程度已经摆脱了意识的控制，所以具有相对稳定性。虽然任何动作技能熟练掌握程度都是相对的，受个体因素和后天使用的影响，书写技能在不同时期会呈现一定程度的上升或下降，书写习惯也会发生相对改变，但这种变化受制于原有的基础条件，依然有规律可循。

书写习惯支配书写动作虽然无需意识掌控，但书写意识依旧参与在书写习惯当中，当书写条件发生变化时，如书写工具不是笔而是树枝，书写意识会调控书写动作以适应变化的条件，也会通过控制书写动作改变部分书写习惯，这种临时建立的意识与行为之间的联系，虽然是以已有的书写技能为基础，但不属于书写习惯的内容，所以，笔迹并非一定是全面、真实、客观反映书写人的书写习惯，鉴定时必须综合考量主客观因素引起部分特征变化的范围和程度。

（三）笔迹鉴定的主要内容

1．检材笔迹是否为直接书写形成；

2．检材字迹形成的方式；

3．检材笔迹是否为某个人书写；

4．检材笔迹是否由某一类或某一支笔书写；

5．检材笔迹的书写方式；

6．分析检材笔迹是否伪装或模仿书写；

7．分析检材书写人的特点。

（四）几种常见的笔迹鉴定

1．判定检验笔迹是否书写形成。社会交往中认同的是直接书写笔迹，检材笔迹如果是通过机制的方式形成，不能证明是当事人的意志表示。笔迹在书写过程中，笔尖对纸张施压形成划痕，墨迹渗透纸面形成的结合形态，书写提顿转折过程墨迹浓淡变化等特征共同构成识别笔迹形成方式的依据。采用显微镜观察和压痕仪显现可以准确识别笔迹是否直接书写而成。

2．认定检材笔迹的书写人。笔迹的书写水平、抑压力、字体字形、字的倾斜方向等构成笔迹的一般特征，笔迹的运笔特征、笔顺、搭配比例、连笔方式等构成笔迹的细节特征。每个人笔迹特征总体具有稳定性和独特性，根据对笔迹一般特征与细节特征比较结果认定检材与样本笔迹是否为同一人书写。

二、印章印文鉴定

（一）印章印文概述

印章是在固体材质上按照一定规范制作的带有特定文字、图案等字符的模板。对于印章所属的特定的社会主体或个人而言，文书上加盖印章等同于签字认可。

印文是通过使用印油类色料将印章模版印压到文书载体上形成的图案。印章印文鉴定通常是对印文图案鉴定。

印文的种类很多，以鉴定的视角分类，根据印章材质的不同分石料章、橡胶章、木质章、金属章等；根据印章制作方法可分成手工刻制章和机器刻制章；根据印油使用方法的不同分为不带印油和自带印油的印章。

印文是以印章为造型体，在人力的作用下形成的静态印压痕迹。从痕迹角度分析，造型体相同，反映出来的造型痕迹（印文）就应当相同，虽然盖印作用力和承载体差异可能会使印文发生一定程度变化，但这种变化幅度有限，而且有规律可循，鉴定中对其作出判断并不困难。

（二）印章印文鉴定的内容

1. 印文是否盖印形成；
2. 可疑印文形成的方式；
3. 印文是否某个印章盖印形成；
4. 印文是否其他印章变造形成；
5. 印文与文书上交叉部位字迹的先后时序；
6. 印文的盖印时间。

（三）几种常见的印文鉴定

1. 确定印文的形成方式。正常情况下只有通过真实印章盖印形成的印文才是有效印文。印刷、打印、手绘等方式形成的印文皆属于非正常印文（特殊公务文书除外）。通过显微镜观察检验形成印文的材质的形态，检测印油的成分，检验盖印形成的痕迹特点，就能有效分辨出印文的形成方式。

2. 确认印文的同一。将可疑印文与真实印章盖印的样本印文进行比较，首先比较印文的形状、大小、文字图案内容、字体字形以及各方面比例关系和间距等一般特征，再比较印文文字笔画长短粗细、缺损、裂纹、暗记等细节特征，根据一般特征和细节特征比较结果，排除盖印方式、印油种类和垫衬物等因素的影响，就可以认定检材印文与样本印文是否出自同一印章所盖。

3. 认定印文与文书交叉部位文字的形成顺序。印文与文字形成的先后顺序古代称为朱墨时序。加盖印章印文是对文书内容的确认，所以正常的文书制作程序应当是先文字后印文，如果是先印文后文字就存在利用已有印文进行变造的可能。印文通常盖印在印文所属主体的称谓上或文书中的关键词上，印油与文字墨迹之间存在交叉，通过立体显微镜、文件检验仪观察，扫描电镜分层扫描等方式，观察到红色油墨与异色墨迹因形成先后顺序不同而产生的形态变化，由此确认朱墨时序。近年来由于红色印油和黑色油墨材料性能的改进，渗透力、附着力和快速固化能力都有明显的提高，黑、红色油墨相互交融，辨别先后顺序的难度加大，单一方法观察到的结果往往不足以得到准确结论，采用多种检验方法综合判断更为可靠。

三、印刷文书物证司法鉴定

(一) 印刷文书概述

印刷文书主要是指采用模版印制的方式形成的文书材料。广义的印刷文书是指被印刷上文字、图案或符号的物品。狭义上的印刷文书是指用纸为载体印刷制成的文书。印刷文书物证司法鉴定是指狭义上的印刷文书。

印刷文书在社会生活中发挥重要功能，证明身份的证件、流通的有价票证、传递信息的报刊书籍、社会往来的合同文本以及宣传说明的产品包装等。随着印刷技术的进步，从影响世界文明进程的四大发明之一活字印刷到目前的电子制版，印刷文书表现形式上也一直在发生改变，尤其是办公自动化系统的发展，打印和复印文书成为印刷文书的主流形式，也使得伪造和变造印刷文书变得极其容易，这些改变促使鉴定技术要不断迎接新的挑战。

印刷文书从形态上分析也是一种静态印压痕迹，依据的是痕迹鉴定原理。由于作用力的主体通常是机械，比人力更具稳定性，在主体相同、作用力相同前提下产生的印压痕迹，特征稳定性强，因而一般具备较好的比对检验条件。

(二) 印刷文书物证司法鉴定内容

1. 确定印刷文书形成方式；
2. 分析确定文书印刷机具的种类、型号和特点；
3. 认定可疑文书与真实印刷文书是否同版印刷；
4. 认定可疑印刷文书与真实样本印刷文书是否同机印刷；
5. 认定印刷文书中内容是否存在添加更改；
6. 认定印刷文书与手书字迹、印文形成的先后时序。

(三) 几种常见印刷文书物证司法鉴定

1. 货币票证鉴定。货币和票证是社会经济生活中极为重要的利益交换工具，因其本身代表着一定的权益，是仿制的主要对象。根据其流通量和经济价值不同在制作精密度上存在差异，通常货币制作最为精良。鉴定一般采用比较检验的方法，在票面的大小、图案、色彩等一般特征相同情况下，进一步比较纸张上添加物、水印、防伪标记等，还可检验货币、票证物质构造等进行综合确认。

2. 印刷文书是否存在添加事实。打印和复印文书由于制作便利已成为最常见的印刷文书。正常的文书制作程序应当是一次性印刷，如果中途添加则违背文书的真实性。添加印刷文书物证司法鉴定采用与原有文书比较的方法，通过比较字号字形异同、文字内容和排版位置关系、字迹的油墨印刷特征和油墨成分等内容综合确认是否为添加印制。

四、污损文书物证司法鉴定

(一) 污损文书概述

污损文书是指被涂污和毁损两大类。涂污文书是指由于人为或自然因素导致文书内容被污迹遮盖、销蚀。毁损文书是指文书载体或文书内容局部或全部被损坏的文书。

污损文书存在多种情况,根据污损的对象分为文书内容污损和文书载体污损;根据污损方法性质分为物理污损和化学污损;根据污损的范围分为局部和全部污损。

(二) 污损文书物证司法鉴定的内容

污损文书的鉴定要求可能存在两个层面,一是恢复或再现文书内容;二是对恢复的文书内容进行真伪、属性或制作时间鉴定。

1. 文书是否存在人为消除痕迹以及消除的方法、范围;
2. 文书是否存在添加涂改事实;
3. 文书是否存在拼接、挖补行为;
4. 识别被消退、覆盖、涂污的文字内容;
5. 提取、修复被损坏的文书载体及内容;
6. 再现、识别自然消退文书内容;
7. 被拼接的文书是否原始碎片形成。

(三) 几种常见的污损文书物证司法鉴定

1. 认定文书字迹是否被消退后添加。行为人通过对原有文字进行物理性擦刮或化学性消退,再添加上需要的字迹对文书进行变造。物理性擦刮会对纸张表面形成破坏,使用显微镜对可疑部位纸张进行观察,通过与周边纸面的光泽、厚薄、平整度、透光度、纤维结构等方面比较,确认擦刮部位和范围。化学试剂消退同样对纸张产生影响,显微镜观察可以发现可疑部位纸张颜色、平整度、厚薄、韧度都发生改变,有时还能发现残存的墨迹。在该部位的字迹也与周边正常字迹存在墨迹洇散明显、笔画不流畅等差异。

2. 消退文字的显现。消退文字存在自然消退和人为消退两种情况。自然消退文字显现要比人为消退容易,消退主要是有色物质的挥发,其余物质仍然存在成为潜影文字,在红外、紫外光或蓝光激发下这些物质会发出荧光,从而成为可识别的荧光文字。这种方法也适合部分被污迹覆盖的文字显现。用化学试剂显现消退文字要根据原始笔墨成分以及消退的原因有选择性的采用。现在社会上有使用会自动消失或加热消失专用笔书写字迹的,这些字消退的只是颜色。书写痕迹以及书写墨迹的其他成分依旧残留在纸上,使用加热消失原理的,通常是有一层膜遇热将字迹覆盖住,形成消失的假象,原始字迹均可以再现。

五、文书形成时间检验

(一)文书形成时间概述

文书形成时间也称文书制作时间。主要是指文书内容各个方面形成的时间范围。一份完整的文书可能包含笔迹、印文、印刷文字等不同形式内容,这就形成了书写时间、印刷时间、盖印时间,可能还有添加修改时间。

文书形成时间的判断有多种,只要能找到反映时间节点的特征均可成为依据,笔迹的阶段性变化特征和书写水平特征可以判断形成时间;印章的磨损老化等形态变化反映印章的时间特点;墨迹和印油成分的变化及纸张成分的差异都可以成为形成时间的鉴定依据,印刷字迹油墨变化以及印刷工具的老化磨损可以成为印刷文书形成时间的判断依据。不同的鉴定方法依据的原理各不相同,相比较而言,通过物理或化学方法检测墨迹或印油成分变化确定形成时间的方法适用范围更广泛。

文书形成时间鉴定目前已有的鉴定方法常常受到比对样本、保管条件、纸张成分差异或者文书真假形成时间过于接近等因素影响,能够鉴定的内容有限,能够确定的时间精度也很有限,总体而言属于有待于深入探索的范畴。

(二)文书形成时间鉴定内容

文书形成时间鉴定通常解决三个方面的问题:文书形成的绝对时间;文书形成的相对时间,文书内容形成的先后时序。

1. 书写字迹形成的时间;
2. 印文盖印时间;
3. 印刷文字印刷的时间;
4. 添加涂改文书内容形成的时间;
5. 文书纸张是否为同一批次生产;
6. 笔迹、印文、印刷字迹等内容形成的先后顺序。

(三)几种常见的文书形成时间鉴定

1. 字迹的书写时间。书写笔的墨水书写到纸张上,物质成分会随着时间发生改变,部分挥发性物质随着时间推移在油墨中的含量逐渐降低,部分稳定性物质渗透进纸的深部,在油墨中的比重逐渐加大,通过物理或化学检测方法,检测挥发性物质或稳定性物质的比重,根据这类物质的变化的时间规律判断字迹的书写时间。也有根据墨迹在纸张上扩散渗透的属性,时间越长笔画墨迹与纸张的黏附度越强,可采用化学试剂溶解法进行检测。由于鉴定中不能将影响形成时间判断的全部因素都考虑到,目前采用的物理或化学检测方法,都有一定的局限性,暂时无法将形成时间精确到很小的时间幅度。

2. 印文的形成时间。印章在使用过程中会出现磨损、老化、残缺等迹象，还有人为增添的标记，这些特点会在印章所盖的印文中表现出来，形成时间节点性特征，通过将可疑印文与反映时间节点的印文样本比较，就可以确认印文的盖印时间段。形成印文的印油也同墨迹一样，有着挥发、渗透的属性，盖印在纸张上的印文的某些物质含量比值会随着时间的变化发生改变，可以通过对这些物质含量的检测来确认盖印时间。

第四节　文书物证司法鉴定意见评断

一、鉴定委托材料的评断

文书物证司法鉴定提交的委托材料是鉴定意见产生的依据，从受理委托到具体鉴定都需要对材料进行初审，主要审查检材是否达到鉴定的基本要求，例如是否是书写原件，能够辨识的特征是否具有稳定性，样本的数量和质量是否能实现委托方提出的鉴定要求，只有在检材和样本符合条件的基础上才有可能产生正确的鉴定意见。

二、鉴定主体的评断

鉴定机构和鉴定人应当在司法鉴定管理部门依法登记的鉴定业务范围内开展鉴定业务，对鉴定机构和鉴定人要审查是否具备文书物证司法鉴定的鉴定资格与资质，如果该项鉴定所使用的方法比较尖端，还要审查鉴定人对该项鉴定技术研究掌握的程度。简单地说，前者资格审查是判断鉴定意见的证据力，后者能力审查是判断鉴定意见的证明力。此外，鉴定机构和鉴定人与案件及案件当事人之间的关系应当符合法律关于回避的规定。

三、鉴定原理、方法和标准的评断

鉴定原理是鉴定意见产生的基础，鉴定意见书通常在分析说明中对所适用的原理要做简单的阐述。对鉴定原理的审查主要审查原理的可靠性和适格性，审查鉴定意见在适用原理上是否恰当，这个原理是否存在争议或者已经被证明不可靠。

鉴定方法是鉴定意见科学性和可靠性的保证。一项鉴定可能有多种方法可以选择，方法的准确性、稳定性和精密度都是要考虑的评价标准。鉴定方法包含该方法应当遵循的程序规范，满足鉴定所需标准的仪器、耗材等，任何一项不达标都会对鉴定意见准确性产生影响。对于某些疑难鉴定，单一方法难以得出准确结论，还应当采用多种方法进行复核验证，达到结果始终相同才可以出具最终意见。

文书物证司法鉴定目前多数还没有统一、可量化的鉴定意见判断标准,但近年来司法部推行鉴定机构的认证认可,实行鉴定流程规范化管理,也制定了一系列文书物证司法鉴定规范,这些均为标准的组成部分,因此,在检材可鉴定标准、样本可参照标准以及鉴定流程上还是存在相对统一的审查标准,凡是已经有标准都应当参照。

四、鉴定意见的评断

鉴定意见是鉴定人依据前期观察和检测的结果,在客观分析检验结果基础上得到的主观与客观相统一的认识,所以鉴定意见的表达要准确反映鉴定人对鉴定事实的认定程度,不能简单化。鉴定意见的得出是建立在鉴定依据充分的基础上,如果达不到充分程度,判断的认定程度也应随之降低。文书物证司法鉴定以观察比较检验为主,可以量化的客观检测数据较少,对鉴定人鉴定经验依赖程度较高,特别是笔迹同一性鉴定,依靠鉴定人发现具有稳定性、独特性书写特征,并凭着书写习惯原理和经验判断这些特征的价值,最终依据特征的价值和数量得出同一性结论。如果检材和样本条件都很好,发现独特、稳定特征数量和质量达到足以认定条件就可以下明确的肯定或否定结论,如果样本的数量或质量不理想,发现的特征价值不高或数量有限,就应当明确表达现有条件能达到的判断程度,如倾向性同或否,对于只有故意改变书写习惯的字迹样本,或许仅能发现少量无法掩饰且价值不高的特征,鉴定人以此为依据得出检材不排除某人书写的可能,是一种准确的鉴定表达,如果以此出具肯定性或否定性结论,则是违背客观充分的原则。同样对于是否同支笔书写或同机打印鉴定也是如此,依据与鉴定意见要对等,如果鉴定依据只达到种类认定标准就不能夸大出具同一认定意见。

五、鉴定意见书规范性的评断

鉴定文书形式的规范性是鉴定意见效力的组成部分,在《刑事诉讼法》《民事诉讼法》和《司法鉴定程序通则》中对鉴定文书关键形式都有相应规定,例如文书应当加盖鉴定机构专用章,必须有鉴定人签字或盖章等。如果规定的内容存在缺漏,或者发生效力的印章签名缺失,都应视为无效文书。鉴定文书的完整性也是鉴定意见的规范性表达,鉴定意见书除正文外,附图也是必要的组成部分,包括检材和样本的复制图、特征比对表、特征显微图、检测数值图等,使用附图可以直观地展示鉴定意见内容,减少理解上的分歧,对鉴定意见书的审查要将正文与附图对照查看,如果正文与附图不能相互对应,甚至存在明显错位,该鉴定意见书不能作为合格证据正常发挥证据效力。

本章述评

文书物证司法鉴定包括文书书写笔迹鉴定，文书印章印文鉴定，印刷文书物证司法鉴定，可疑货币、票证鉴定，可疑证件证书鉴定，被涂污与毁损文书物证司法鉴定，文书物质材料与文书制作时间鉴定，文书字迹制作工具鉴定等多项内容。不能将文书物证司法鉴定简单地等同为笔迹鉴定。

文书物证司法鉴定是集笔迹学、痕迹学、心理学、物理化学等多种学科技术和方法于一体的综合性鉴定，尤其是书写笔迹鉴定。汉字笔迹鉴定运用于侦查和判案在我国已有两千多年的历史。由于汉字单字和字体繁多，结构复杂，笔画形态多而变化无穷，难认难写，书写者形成书写习惯经历的时间长，其特定性和稳定性明显强于拼音文字，为汉字笔迹鉴定提供得天独厚的鉴定条件。我国的笔迹研究是建立在书写动作习惯性理论上。把人的动作习惯作为分析认定人身同一的原理其科学性早已被认可。问题在于以书写习惯为原理的笔迹鉴定，由于鉴定方法和标准并不成熟，在实际运用中对经验有着很高的依赖性，现代诉讼要求技术鉴定必须建于客观检验的基础上，减少主观经验成分，否则其科学性、可靠性都要遭到质疑。笔迹是一种动态痕迹，是物证痕迹鉴定中最难鉴定的一类，书写动作习惯作为动力定型系统，虽然摆脱了对意识的依赖，但人的主观意识随时可以参与其中并作用于它，伪装笔迹、模仿笔迹就是说明，这与指纹、DNA这类客观特征不受主观意念控制的鉴定是完全不可比拟的。现实中影响笔迹鉴定准确率的还有着多种客观因素，例如样本的比对条件，比对样本的质量与鉴定意见的准确率成正比，但诉讼中由于多方面原因很难获得完全合格的样本，不少鉴定属于勉强开工的结果。所以，虽然理论上笔迹鉴定科学性毋庸置疑，科学到鉴定意见的准确，笔迹鉴定还有很多有待探索的内容，例如鉴定意见应当如何表达，书写习惯特征的标准，非常态书写字迹的研究等。

思考题

江苏常州某法院受理一起借贷纠纷，原告肖×要求被告刘×归还12万元借款，有借条为证，刘×辩解说自己没借过款也没有写过借条，原告要求鉴定笔迹，刘在法院当场将借条抄写十遍作为比对样本。鉴定机构受理后发现刘书写的样本为故意慢写字迹，反映书写习惯有限，要求补充自然样本，后法院调取刘的工作笔记作为样本，经比较检验，认定借条与笔记本字迹为同一人书写，法院遂判刘败诉。判决下达后，刘一直没有认真还款，原告只得向法院申请执行，就在法院通知刘×要强制执行的时候，刘突然向法院提交一份收条，说自己已经还款完毕。只见收条上面打印着"今收到刘某归还的借款壹万元整。至此所有借款归还完毕。"落款是"肖×"的签名。肖承认是自己收到1万元时的签名,但认为后一句话是刘某添加上的,要求鉴定该两句话文字是否为一次性打印。经鉴定机构对前后两句话打印字迹形态和排版特征进行观察比较,发现字迹符合同类打印机打印,但排版存在异常,符合二次打印特征。根据鉴定意见和当事人自认,法院认可1万元还款事实,执行余款。针对以上案例,回答以下问题:

1. 人真的可以完全改变自己的书写习惯吗?
2. 什么是自然样本,与当场书写的样本又有什么样的差距?
3. 如果该案找不到自然样本是否就无法鉴定?
4. 笔迹鉴定是比较检验,对参照对象自然有很高要求,正常书写的字迹只适合与自然状态下书写的样本比较,其他只能作参考,没有最佳样本也就不能得出最佳结论,如果本案没有自然样本,是否只能给出参考性意见?

第十九章 痕迹物证司法鉴定

> **本章概要**

本章内容主要包括痕迹物证司法鉴定概述、鉴定技术方法、鉴定基本内容及痕迹物证司法鉴定意见的评断等。学习本章内容,应当掌握痕迹物证司法鉴定的技术方法和主要内容以及痕迹物证司法鉴定意见的评断与运用。

第一节 痕迹物证司法鉴定概述

一、物证

物证在诉讼中是使用频率和证明价值很高的证据,它是指能证明案件真实情况的一切客观存在的实物,属于相对言词证据而言的实物证据。由于物证中储存着各种各样与案件事实有关的信息,并具有较强的客观性和稳定性,可以为查明和证明案件事实提供重要的依据,因此物证往往比其他证据更为可靠,具有较高的证明价值。美国著名物证鉴定专家赫伯特·麦克汤奈曾经形象地指出:"物证不怕恫吓,物证不会遗忘,物证不会像人那样受外界影响而情绪激动……在审判过程中,被告人会说谎,证人会说谎,辩护律师和检察官会说谎,甚至法官也会说谎,唯有物证不会说谎"。由此可见,物证在诉讼活动中的重要地位,而对物证的鉴定当然更不能被忽视。

二、痕迹

从哲学的角度讲,痕迹是指由于事物运动和发展留下的能为人们所认识的种种物质形态。事物的这种运动和发展每时每刻都在发生着,因此,我们认识事物的这种运动和发展,离开了痕迹是不行的。在案件的诉讼过程中,为了认识案件的各种情况,同样离不开对各种与案件相关的、包含有各种信息的痕迹的研究。任何犯罪行为都会导致犯罪现场的某些物质发生变化,侦技人员通过对这些现场变化现象的分析和判断,就可以认识案件的基本情况或证明犯罪事实,或证实犯罪嫌疑人,这种现场的物质变化我们谓之痕迹。当然,由于案件现场的多样性和现场物质变化的复杂性,导致我们认识的对象——痕迹具有广泛性和纷繁性。具体地讲,由于这些案件现场的痕迹所反映的对象不同以及所能解决的问题不同,形成了不同的研究领域。在长期的研究过程中,我们根据案件现场痕迹的不同种类、所能解决的问题以及所反映的对象,将痕迹分为广义痕迹和狭义痕迹。

(一) 广义痕迹

所谓广义痕迹,是指案件相关行为人的行为所引起的一切物质变化,如案件中涉及的手印、脚印、工具痕迹、枪弹痕迹、文书字迹、血迹、人体分泌物、分离物、脱离物、斑渍;现场物体的变动、翻动、增加或减少等等。对这些痕迹的研究可以分析行为人在现场的行为过程;分析案件的相关情况;具备条件的还可据以进行司法鉴定,如指纹鉴定、痕迹学鉴定、笔迹鉴定、法医学鉴定、司法弹道学鉴定、司法理化鉴定等。广义痕迹种类的多样性决定了痕迹证明价值的多样性,亦必然导致其所属司法鉴定领域的不同。这些不同领域、不同种类的司法鉴定各自有其特定的研究对象。

(二) 狭义痕迹

痕迹物证鉴定所研究的特定的痕迹即狭义痕迹,是指据其结构特征可进行同一认定的物质反映形式,如手印、脚印、工具痕迹、枪弹痕迹、牙齿痕迹、轮胎痕迹、整体分离痕迹等等。据此可区别于研究其他痕迹的学科,如文书物证鉴定、法医物证鉴定等。

三、痕迹物证

物证的种类很多,根据诉讼的需要可从不同角度对其进行科学分类。分类的标准不同,分类的状况也各异。通常情况,依据物证的客观存在形式和特性的不同,物证可分为:物体和物品物证、痕迹物证、文书物证、化学物证、生物物证和音像物证等。由此可见,痕迹物证是物证的一种。由于物证是指能够证明案件真实情况的一切客观存在的实物,痕迹是指与案件有关的一切物质变化形态。因此不难看出,痕迹本身就是物证,痕迹物证是物证的一种重要类型,痕迹物证的鉴定也就是痕迹的鉴定。在司法机关为认定被检痕迹可作为物证之前,被鉴定的痕迹只能称为"痕迹"。案件中任何痕迹都成为"痕迹物证"是不符合法律要求的。

四、痕迹物证鉴定

痕迹物证鉴定,即痕迹鉴定,是指根据司法机关的委托,鉴定机构指派具有痕迹学鉴定专门知识和具备法定资格的鉴定人,对案件中涉及的痕迹,依据同一认定的原理和方法进行科学判断的过程。痕迹鉴定的主要目的,在于确定痕迹形成的原因、痕迹间的相互关系、痕迹是否为一定的人或受审查的物所形成。其中"痕迹是否为一定的人或受审查的物所形成",即痕迹的同一认定,是痕迹鉴定的主要任务。痕迹鉴定中的同一认定分为对人的同一认定和对物的同一认定，前者主要对手印、牙齿印、赤脚印等的鉴定而言；后者主要对工具痕迹、枪弹痕迹、鞋印、轮胎痕迹等的鉴定而言。

第二节　痕迹物证司法鉴定的技术方法

一、痕迹物证司法鉴定技术

痕迹物证司法鉴定同其他司法鉴定一样，鉴定时除了运用常规的检验技术外，由于痕迹物证鉴定对象的特殊性，因此通常还需要综合运用理化检验技术、仪器分析技术和图像比对技术等。

（一）理化检验技术

理化检验技术包括物理检验技术和化学检验技术两种。物理检验技术，通常是指在不改变痕迹性质的前提下，对痕迹的物理属性、形态特征等进行全面检验的一项技术。利用物理检验技术对痕迹进行检验时，主要是利用不可见光、力学、电磁学、声学等原理及其检验设备，对被检痕迹物证进行观察、测量和比较，这项检验技术多数情况下对检材破坏性小，因此通常是痕迹物证司法鉴定首选的检验技术。化学检验技术，通常是指利用被检痕迹的化学属性与某些化学试剂发生反应，得到反应结果，再根据结果推断被检痕迹的化学成分、化学结构、化学性质等的一项检验技术。此项检验技术一般对被检痕迹有一定程度的损坏，使用时应慎重考虑和分析。

（二）仪器分析技术

仪器分析技术是当前较为先进的一项检验技术，主要是指利用现代分析仪器对痕迹的组成成分、结构及表面结构性质等进行全面测定分析的一项检验技术。在对痕迹进行检验中，经常会碰到许多痕迹用常规的分析手段进行检验，往往得不到准确、及时的分析结果，特别是对一些细微物质痕迹更是如此。这项检验技术与常规的化学检验技术相比较，具有灵敏度高、速度快、分析结果准确、重现性好、检材用量少及不损坏检材等特点。由于仪器和计算机技术的结合使用，使得仪器检验数据的分析处理更加快捷，实用性更强，因此，仪器检验技术在痕迹司法鉴定领域的作用越来越明显。

（三）图像比较技术

多数痕迹物证提取固定的方法均采用照相提取法，痕迹在送交鉴定人进行检验鉴定时，往往会以图像、照片的形式展现在鉴定人面前，因此，图像比较技术便会发挥其应有的作用。所谓图像比较技术，通常是指鉴定人在全面观察分析痕迹物证的基础上，通过相关图像间的对比，以进一步发现痕迹间特征的符合与异同的一项检验技术。该项检验技术是痕迹司法鉴定的一项重要技术手段,比对时可视具体对象的不同,分别采用并列比对、拼接比对、构图比对、重叠比对和综合比对等方式进行。比对的具体方法可采取简单的手工方法,也可借助有投影装置的仪器进行比对,如投影比对仪比对、比较显微镜比对等。

二、痕迹司法鉴定的一般步骤和方法

痕迹司法鉴定主要以同一认定为目的,因此其鉴定的一般步骤和方法主要包括痕迹司法鉴定前的准备、分别检验、比较检验、综合评断以及制作痕迹司法鉴定意见书等。

(一)痕迹司法鉴定前的准备

痕迹司法鉴定前的准备工作包括痕迹司法鉴定的委托和痕迹司法鉴定的受理以及为痕迹司法鉴定的具体实施所做的其他准备工作。

1. 痕迹司法鉴定的委托在诉讼过程中,对于涉案的痕迹应委托法定鉴定机构和具有专门知识和法定资格的鉴定人进行鉴定。对于涉案的痕迹,办案人员必须主动及时地根据条件决定痕迹鉴定的委托,选择和指聘用适格的鉴定机构和鉴定人,准备好鉴定手续和相关资料。

2. 痕迹司法鉴定的受理。司法鉴定机构根据诉讼法律及相关鉴定规则的规定,在受理痕迹物证司法鉴定的委托时,应做好以下受理的具体工作:(1)查验痕迹鉴定委托书是否按规定的要求书写,案由和鉴定要求是否清楚、明确。(2)听取委托人的案情介绍和鉴定要求陈述,并作详细的记录。(3)核对和查验检材、样本是否具备鉴定条件,了解被鉴定的人或物与鉴定有关的情况,确定是否受理该鉴定。(4)办理鉴定受理手续并立卷建档。

3. 痕迹司法鉴定前的准备工作:(1)熟悉案件情况。鉴定人应主要熟悉案情、检材及样本的特点,为鉴定打下基础。(2)根据鉴定要求和检材、样本的特点,从鉴定方法的体系出发,拟定痕迹鉴定方案,确定鉴定的顺序和方法。(3)准备痕迹鉴定所需的器材,如准备照相、摄录、仪器、工具、试剂等。(4)根据鉴定需要,利用照相、制模、复印、制作实验样本等方法复制检材和样本。

(二)分别检验

分别检验的目的是发现和确定检材痕迹和样本痕迹各自的特征,检验的顺序是先发现和确定检材的特征,然后发现和确定样本的特征。

发现和确定特征应以客体特征分类标准为依据,先从一般特征(种类特征)开始,然后涉及细节特征(特殊特征),本着先易后难、先中心后外围、以明显特征为起点逐步向外围扩展、由局部到整体的顺序和方法,直至发现和确定出全部特征及其特征间的相互关系,并根据特征的可靠程度,确定各个特征的质量。

对在分别检验过程中发现和确定的特征,应采用相应的方法将其记录下来,如描绘特征示意图、标示特征、制作特征记录表以及对检验方法和过程的文字记录。

(三) 比较检验

比较检验是分别检验的深入发展阶段，是痕迹司法鉴定的重要环节，主要任务是对痕迹检材和样本的特征进行对照比较，确定两者的相同特征和不同特征，进而确认其特征体系是否一致。比较检验具体包括以下内容。

1. 比较检验的对象。具体包括现场痕迹与可疑客体(样本痕迹原物)、现场痕迹模型与可疑客体、现场痕迹模型与可疑客体样本、现场痕迹与可疑客体样本、现场痕迹照片与可疑客体样本照片。

2. 比较检验的顺序。先比较种类特征(一般特征)，然后比较细节特征(特殊特征)。经过特征的比较，对于有种属划分的客体，如果检材痕迹与样本痕迹的种属特征根本不同，则可出具否定意见，无需进一步比较其细节特征；如果检材痕迹与样本痕迹的种属特征一致，则必须进一步比较其细节特征。

3. 比较的内容。主要比较两者间各个特征的形态、大小、位置、相互关系等。

4. 比较的方法。主要借助比较显微镜、照片、指纹比对仪、计算机等手段，通常采用特征对照法、特征结合比对法、特征重叠比对法、特征连线构图法、特征测量法等方法进行。

通过对特征的全面比较，进一步明确相同特征与不同特征的数量和质量，为特征异同的综合评断打下基础。

(四) 综合评断

综合评断是痕迹司法鉴定最后的一个关键阶段，其任务是对检材和样本痕迹已经发现的特征符合点和特征差异点进行综合判断，确定两者之间特征符合点和特征差异点总和的性质、原因，在此基础上作出样本痕迹(受审查客体)与检材痕迹(被寻找客体)是否出自同一人或同一物的鉴定意见。所谓特征差异点是指检材和样本痕迹特征不同的方面，特征符合点是指检材和样本痕迹特征相同的方面。

综合评断的方法是分别对两者之间特征符合点和特征差异点进行分析。

1. 评断特征差异点的方法。特征差异点的性质一般有两类：一类是本质的差异，即检材和样本痕迹两者不同特征在数量和质量上都占有较大的比重，如检材和样本痕迹是两个不同的客体所形成的痕迹，属鉴定过程中必然出现的差异；另一类是非本质性差异，即检材和样本两者不同特征在数量和质量上占的比例都较小，检材和样本是同一个客体所形成的痕迹，仅因形成痕迹时各自出现条件上的差异，而使特征出现量的差别。这种特征差异点形成的原因，主要是由于检材和样本形成的条件和机理不同，或者是客体形成痕迹后继续使用、擦拭、修理、损坏的变化,或者是痕迹形成后受外部的偶然性因素形成的附加特征。

2. 评断特征符合点的方法。对特征符合点的评断,主要是分析相同特征的价值,评断相同特征对构成客体特性的意义,审查其特征总和是否特定化,确定特征符合点是特定性符合还是相似性符合。特定性符合是检材和样本痕迹为同一客体的必然反映;相似性符合,表明检材和样本痕迹出自两个客体,是两个客体种类特征和部分特殊特征的相似,这种符合在其他客体上会重复出现。

评断特征符合点,要从特征的数量、质量、可靠程度及形成的规律性等方面进行分析:(1)对特征符合点的质的考察内容主要包括符合特征的种类、性质、出现率,特征表现的稳定程度,特征是否清晰、完整,特征有无变形、伪装。(2)对特征数量上的评断主要为符合点的数量越多,表明特征的特定化程度越高,得出同一认定意见的可靠性越大。通过对特征符合点数量与质量的评断,如果两者相同特征总和已特定化,证明特征符合点属于本质的符合。(3)如果特征总和非特定化,仅为一般的相似,则属非本质的符合。

在综合评断阶段,必须既评断两者间特征的符合点又同时重视评断两者特征的差异点,切不可偏废,以确保鉴定意见的科学可靠性。

3. 鉴定意见构成一般标准。经过对特征差异点和特征符合点的综合评断即可出具鉴定意见。痕迹司法鉴定的同一认定意见一般有三种:(1)肯定同一意见。肯定同一意见是指痕迹的检材和样本痕迹为同一个客体(人或物)所形成或同一客体的组成部分,即受审查的客体就是被寻找的客体(样本与检材痕迹出自同一客体)。只有当受审查的客体与被寻找的客体的相同特征总和构成本质的符合,两者的差异点属于非本质的差异,才可得出肯定同一的意见。(2)否定同一意见。否定同一意见是指检材痕迹和样本痕迹不是同一个客体所形成或同一客体的组成部分,即受审查的客体不是被寻找的客体。只有当受审查的客体与被寻找客体的特征符合点仅是相似性的非本质的符合,而特征差异点又是本质的差异时,才可以得出否定同一的意见。(3)推断性意见。由于检材痕迹的条件较差,其客体的特征反映不充分,但又有一定的相似特征可供鉴定,通过痕迹鉴定得出"可能同一"或"可能不同一"的不确定性意见。当两者种属特征相同,特殊特征有大部分相同,但有重大差异时,可得出"可能同一"的意见;当两者种属特征相同,特殊特征多数不相同,但有少数重要特征相同时,可得出"可能不同一"的意见。有时,前者称为倾向肯定同一意见,后者称为倾向否定意见。

(五)制作痕迹司法鉴定意见书

鉴定意见书是鉴定人对痕迹进行鉴定以后,将鉴定所依据的资料、鉴定的步骤和方法、鉴定原理、鉴定依据与标准,鉴定意见等,用文字和图片反映于纸质载体上的一种法律文书。鉴定意见书所反映的鉴定意见,是诉讼法所规定的证据之一。鉴定书的内容分为文字、叙述和图片说明两大部分。其中,图片说明部分是鉴定意见书的辅助部分,以直观形象的方式记录、固定痕迹的形貌,展示痕迹检材和样本的特征及异同。鉴定意见书的图片一般要求有检材和样本的全貌图片、检材和样本的特征比对照片,并附上必要的文字说明。特征比对图片的放大倍率应一致,一式多份,排列时检材照片在左、样本图片在右。鉴定意见书制作完毕后,由鉴定人签字,鉴定单位加盖鉴定专用章。

第三节　痕迹物证司法鉴定的基本内容

一、痕迹的种类

痕迹作为物证的一种,其种类多种多样,依据不同的标准可以将痕迹划分成不同的类型。比如:依据形成痕迹造型主体的不同,可将痕迹分为手印、足迹、工具痕迹、枪弹痕迹、牙齿痕迹和轮胎痕迹等;依据形成痕迹承载体表面所起变化的不同,可将痕迹分为平面痕迹和立体痕迹;依据形成痕迹作用力方向的不同,可将痕迹分为静态痕迹和动态痕迹;等等。但是,在诉讼活动中,最为常见的主要有手印、足迹、工具痕迹和枪弹痕迹四大类。

二、手印鉴定

(一) 手印的概念和特点

手印是指人手指掌面在接触有形客体时所形成的印压痕迹的总称。它不仅能够反映手指掌面皮肤乳突花纹的形态特征,而且也能够反映出手在劳动、生活中形成的伤疤、老茧和脱皮等特征。手印包括指印、指节印和掌印。由于手印这种形象痕迹能够客观地反映手指掌面皮肤乳突纹线的结构形态和特征及手指掌面由于生理、病理所引起的各种斑纹、疤痕等,因而可以利用其对手掌的皮肤乳突纹线进行同一认定,进而认定遗留手印的人。

由于手印是人手指掌面皮肤花纹(即手纹)的反映形象,因此手印的特点即反映了手纹的特性。通常情况下,一个人的手纹总体特征具有人各不同、终身不变的特点,此种特点亦即手印的特点。所谓人各不同,是指世界上找不到手纹完全相同的两个人,甚至同一个人的不同手指或手掌花纹亦不可能完全相同。英国的手纹学家高尔顿在其《指纹》一书中指出:"在世界60亿人中不会找到特征完全相同的指纹"。到目前为止,在全世界应用手纹进行个人鉴别的百余年实践中,尚未发现一个两人或两指花纹完全相同的实例。无论任何国家、任何民族的男女老少、兄弟姐妹,甚至是相貌极度相似的双胞胎的手纹,都有本质的差异。这是不可动摇的客观事实,遗传学、统计学上已给出了充分的证明。所谓特定性终身不变,是指反映手纹特定性的特征终身不变。即终身不变针对的是手纹特征的总体而言，不变具有相对性。众所周知手纹是有变化的（运动着的事物的本质），包括生理变化、病理变化、伤情变化。生理变化是必然的，人体由出生至衰亡，手纹粗细、纹路间距、细节大小从逐渐长大到连续萎缩；病理变化，如皮肤溃疡、组织坏死等；伤情变化也是不能完全避免的，如因烫伤、火烧、电击、化学物质腐蚀等伤及真皮层时造成手纹特征局部或全部的破坏。但是，对这些变化不妨可做如下分析：生理变化是无法避免的，但这种变化好似照片放大，变化的特征具有图形的一一对应性和图形的不变性，换言之，生理变化并不能带来手纹的本质性变化，没有改变手纹的特殊性。病理变化和伤情变化的发生，具有或然性而不是必然性。且只有在病变、外伤这些病理性、机械性原因伤及到真皮层以下肌体组织时，手纹的特殊性才会发生改变。可见，病理变化和伤情变化的发生有一定的或然性，即使发生了导致手纹的特殊性发生改变，仍然有很大的或然性，何况损伤部位一旦结愈合，其产生的疤痕将以其位置、形态、大小等特征补充到原有的特征关系中去，形成永久性特征，并且也服从终身不变的规律，对识别个人更为有利。总之，手纹终身不变的特性，为利用手纹进行个人鉴别提供了时间上延续的有利条件。

（二）手印的特征

1. 手印是手纹的反映形象。手印的特征反映手纹的特征。手印的特征也是手印鉴定的主要依据。通常情况下，手印的特征表现在两个方面：一是种类特征，二是细节特征。

2. 手印的种类特征，是指手印反映手纹种属特性方面的特点，包括指纹的种类特点、指节纹和掌纹的花纹类型等，如指纹中弓形纹、箕型纹和斗型纹等纹型种类，指节纹中平弧形、倾斜形和混合形等花纹类型，掌纹中指根区、尺侧区和桡侧区等各个区域的纹线流向形态等。这些体现在痕迹中，即手印的种类特征。手印的种类特征是手印同一认定的前提，是手印鉴定的重要依据。

手印的细节特征，是指手印反映手纹局部形态结构特殊性方面的细微特点，主要是指手纹中皮肤乳突线细节所表现出的特征。所谓皮肤乳突线的细节，即皮肤乳突线的局部形态结构。指纹皮肤乳突线的细节有常见和不常见之区分，常见细节主要有：纹线起点、纹线终点、分歧点、纹线结合点，不常见细节主要有：小点、小眼、短棒、小桥和小钩等，纹线的细节反映在痕迹中，即为细节特征。手印的细节特征是进行手印鉴定认定人身同一的主要依据。

（三）手印的鉴定

手印鉴定是解决人的同一认定的一个方面。

手印鉴定的步骤方法如下。

1. 鉴定前的准备。手印鉴定前的准备工作主要包括：了解案情和检材、样本的有关情况，明确鉴定的目的和要求，清点送检的资料并进行登记，以及做好实验器材和设备的准备,如放大镜、显微镜、灯光和比对投影仪等。

2. 分别检验。分别检验是手印鉴定第一个实质性的阶段,它的任务是对检材手印和样本手印分别确定特征。分别检验的一般顺序是:先检验检材手印,然后再检验样本手印;先检验各自手印的形成情况,再检验各自手印纹线的一般特征,然后深入检验各自手印纹线的细节特征。

3. 比较检验。比较检验是在分别检验的基础上进行的,重点是对检材与样本手印的相同与不同特征进行全面比较。在比较特征范围上,应选择那些比较清晰、可靠的特征,如靠近中心或三角的,彼此靠近的,或伤痕附近的特征,那些模糊、不确定的特征只供参考。在比较的顺序上,应从种类特征的比对发展到细节特征的比对检验,既要比对单个特征,更要比对特征之间的相互关系。在比对的方法上,可以使用特征对照法、连线比对法和特征重叠法等。特征对照法,即在检材手印和样本手印的相同部位选出一、二个明显可靠的符合特征作起点,逐渐向四周扩展,对特征一一观察比较,并将符合点和差异点分别标记(常用红色标记符合点,蓝色标记差异点),并按顺时针方向编号,进行比较。连线比对法,多用于纹线特征少而清晰的手印,是将检材手印和样本手印拍成同倍放大的照片,标出其特征,然后用直线把相邻的特征点连接起来,构成一定图形,进行比较。特征重叠法,是将检材手印和样本手印按其相同部位进行机械重合或电脑视频重合比较特征异同的方法,又称特征总体比对。

4. 综合评断。手印鉴定的综合评断,就是对比较检验所发现的检材手印与样本手印二者存在的符合点和差异点进行综合分析研究,以确定符合点和差异点的性质和原因,据此得出肯定或否定的意见。对符合点的综合评断,就是要确定已发现的符合点是特定的符合还是偶然的相似,该符合点作为一个总体是否可能在另一个手纹上重复出现;对差异点的综合评断,就是要确定差异点是本质差异还是非本质差异,本质差异是两个本来不是同一手纹留下的印痕而存在的差异,非本质差异是两个本来是同一手纹留下的印痕,只是由于形成手印时因客观原因引起变化而出现的差异。经过综合分析,如有充分的科学根据来确定符合点和差异点的性质和原因,即可得出鉴定意见。

5. 手印鉴定意见的形成。通过对手印的分别检验、比较检验及综合判断后,根据不同的结果,就可以得出不同的结果,由于手印鉴定通常是解决同一认定问题,因此其意见一般有两种:肯定同一意见和否定同一意见。手印鉴定肯定同一意见的条件是:两者乳突线花纹类型相同;细节特征相同;少数差异点的出现,要有充分的科学依据确定为非本质的,是由其他因素影响而形成的。手印鉴定否定同一意见的三种情况是:两者乳突线花纹类型不同;或者两者花纹类型相同,但细节特征总体不同;或两者少数特征相同,但有充分的科学依据确定并证明为偶合。以上三条,只要具备一条,即可出具否定同一意见。

三、足迹鉴定

（一）足迹的概念和分类

传统意义上，足迹的概念通常是指人的赤足或足穿鞋、袜所留痕迹的总称。但随着足迹科学研究的不断深入和发展，此概念的内涵显得狭窄，因为其只说明了足迹所反映的形象痕迹和附属痕迹，并未揭示足迹特殊方面的内容。关于足迹最新的概念应理解为：在人体结构形态固有特性制约下的赤足或足着物与承痕体接触所留的痕迹，它储存着形象痕迹特征、习惯痕迹特征、附属痕迹特征的信息。该概念不是仅仅将足或足着物作为足迹的造痕体，而是依据客观实际，连同整个人体认作足迹的造痕体。足着物，仅是人体间接接触承痕体的媒介物，足或足着物除了能留下自身外表的形象痕迹外，同时还能留下其受制物——人体固有特性的信息痕迹，即人行走动力定型的自律性作用力在足底支撑重力部位重复作用，从而习惯性地产生特定的重力感应痕迹特征。这样，运用足迹习惯痕迹特征检验同一个人的不同穿鞋足迹的检验技术及鉴定结论，就有了根本的依据。有了新的足迹概念，就能系统地、全面地拓展足迹科学研究的范畴，建立和完善足迹科学的理论体系，形成一门完善的应用学科。

现场足迹的反映是千变万化的，造痕体的种类、承痕体的结构、性质及形成足迹时作用力的特点等都能引起足迹的变化。因此，现场足迹的种类繁多，形式各异。但是，依据不同的标准，足迹可以进行规范分类。依据造痕体种类的不同，足迹可分成赤脚印、鞋印和袜印；依据承痕体的结构是否发生明显凹凸变化，足迹可分成平面足迹和立体足迹；依据形成足迹作用力方向特点的不同，足迹可分成动态足迹和静态足迹；依据足迹所反映的本质特点的不同，足迹可分成动作习惯痕迹、形象痕迹和附属痕迹等。动作习惯痕迹即步法痕迹，形象痕迹即通常所讲的脚印，附属痕迹即通常所研究的附着物、龟裂老化痕迹等。足迹的种类不同，鉴定的方式方法也会各异。

（二）足迹特征

足迹是犯罪现场遗留率最高的痕迹物证之一，其在现场的表现形式多种多样。无论是动态足迹或静态足迹，平面足迹或立体足迹，都是通过人的脚或脚穿鞋、袜与接触面相互作用而反映出来的，所以，现场足迹可反映出以下几个方面的特征。

1. 赤脚印或鞋、袜的结构形态特征，即形象特征。包括：赤脚的长宽、形态特征，赤脚脚底皮肤乳突线的细节特征，鞋、袜的尺寸规格特征，鞋或袜的原材料、制作工艺等特征，鞋(袜)的磨损程度、龟裂老化、修补等特征等。

2. 身体的解剖结构及生理机能所形成的运动习惯特征，即步法特征。步法特征包括步幅特征和步态特征两个方面，步幅特征是指反映人行走时左右脚印相互关系的痕迹特征,包括步幅的长度、步幅的宽度和步幅的角度。步态特征是指人行走时由于作用力方式、大小不同,所反映的步行姿势和各种习惯动作特点,包括起脚特征、落脚特征和支撑特征等,如起脚时的蹬痕、抬痕,落脚时的踏痕、磕痕,支撑时的压痕、拧痕等。这类特征多用于案情分析,鉴定中运用的可能性较少。

3. 气味特征、鞋袜穿用形成造痕体与承痕体所附着的微量物质特征等。这方面的特征往往被多数人所忽视,因此是足迹鉴定应予高度重视的特征类型。

认真分析研究足迹的特征,是足迹检验工作的需求。脚印检验(包括足迹分析和足迹鉴定)正是根据足迹反映出的客观实在(脚印反映出的特征)来分析形成足迹的过程,并由此来推断形成足迹人的特征(这也就是通常所说的根据足迹来寻找嫌疑人的过程),最后确定是谁人之足形成现场足迹。根据足迹有时可以直接找到遗留足迹的人,有时则可能是间接的。

(三) 足迹鉴定

足迹鉴定的基本程序包括鉴定准备、分别检验、比较检验、综合评断和作出鉴定意见。

1. 鉴定准备工作。全面了解案情和送检材料(包括检材足迹和样本足迹),并对送检资料进行登记审核,明确鉴定目的,做好所需仪器设备的全面准备。

2. 分别检验。分别检验的主要任务是分别寻找和确定检材与样本足迹的特征。在具体实践中,应首先检验检材足迹,然后检验样本足迹。足迹在犯罪现场的出现率尽管比较高,但由于受形成条件等诸多因素的影响,往往很难提取到比较完整、清晰的检材足迹,因此给检验带来很大困难,分别检验应在全面掌握检材足迹特征的前提下进行,并且应坚持先检材后样本、从一般到个别的检验原则。

3. 比较检验。比较检验是经过分别检验后,在发现了特征总体布局的基础上,进一步对检材足迹和样本足迹所反映出的特征,进行比对研究,从中发现二者的符合点和差异点。比较的方法有:特征对照法、特征测量法、画线构图法、特征重叠法等。

4. 综合评断。通过对足迹的比较检验,一般会发现检材足迹与样本足迹在特征方面存在着符合点和差异点,为了正确地作出鉴定结论,必须反复地审核特征的质量和数量,以作出科学的解释。不论是研究差异点,还是研究符合点,都必须注意地面条件、气候环境、鞋的大小、鞋底软硬、负重方式、行走速度、心理状态等因素的影响。这些因素皆可能促使特征发生变化,所以不仅要研究其变化的原因,还必须掌握其变化的规律,以便全面综合、正确分析评断,进而得出科学的结果。

5. 形成鉴定意见。通过对足迹的分别检验、比较检验及综合评断后,根据不同的结果,可以得出各自的意见。足迹鉴定意见一般有以下几种:(1)肯定意见:符合点是本质的,少数差异点经过评断或与实验有充分理由说明是受客观因素影响而形成的。(2)否定意见:差异点是本质的,少数符合点有充分理由证明属种类性质或偶合形成的。(3)不能出具鉴定意见:在检材足迹鉴定条件很差,或该鉴定没有足够依据做出判断意见时,可以根据委托鉴定单位的要求,仅说明比对发现的相同或不同特征,供其参考。

足迹鉴定的肯定或否定意见都有认定"人的同一"和"物的同一"两种。

四、工具痕迹鉴定

(一)工具痕迹的概念和分类

工具痕迹是指工具持有人使用工具破坏障碍物或目的物时形成的立体形变。在刑事诉讼活动中,通过对工具痕迹的鉴定分析,不仅可以判断实施犯罪的方法、手段,还可以确定工具的种类,乃至进行工具的同一认定,进而为揭露和证实犯罪提供有力的证据。

工具痕迹的分类:(1)依据工具痕迹形成机制的不同,可将工具痕迹分为动态工具痕迹和静态工具痕迹,常见的动态工具痕迹有钳、剪、锯、锉、钻、擦划等痕迹,常见的静态工具痕迹有打击痕迹、撬压痕迹等。(2)依据工具痕迹形态的不同,可将工具痕迹分为凹陷状面型痕迹、凹陷状线型痕迹、孔洞痕迹和断裂痕迹,常见的凹陷状面型痕迹有打击痕迹、撬压痕迹等,凹陷状线型痕迹有擦划痕迹、剪切痕迹等,孔洞痕迹有钻痕等,断裂痕迹有锯痕等。

(二)工具痕迹特征

工具痕迹特征是工具痕迹鉴定的主要依据,由于工具痕迹具有多发性、易变性和立体性等特点,因此工具的种类不同,工具痕迹的特征表现也不同;工具痕迹形成的方式不同,工具痕迹的特征表现也会各异。但是,从特征类型来看,由于工具痕迹是典型的形象痕迹,因此不管何种类型的工具痕迹,痕迹特征均由一般特征和细节特征两个方面组成。一般特征主要是反映工具种类属性方面的特征,细节特征则是反映工具特定性方面的特征。工具痕迹一般特征主要包括:工具尺寸规格特征、工具型号特征、工具大致轮廓特征等;工具痕迹细节特征主要包括:工具加工制作时形成的反映工具特定性方面的特征、使用过程中形成相关细微特点等。另外,由于工具痕迹有动态和静态两种形成方式,因此对其特征的研究必须考虑线形和面状、凸相和凹相的分析。例如:工具在形成痕迹时,如果工具和承痕体接触面发生滑动,则工具接触面上的小凸点会形成一条凹线,凹点会形成凸线,凸线在垂直滑动时会形成凹面,平行滑动时依然表现为凹线。这就是工具痕迹典型的点线结合、线面结合、凸凹相相反的特征表现。

（三）工具痕迹鉴定

工具痕迹鉴定的主要任务是对检材工具痕迹与嫌疑工具进行检验，确定检材工具痕迹是否为嫌疑工具所形成。鉴定的基本步骤是鉴定准备、分别检验、比较检验和综合评断等。

1. 鉴定准备。鉴定准备工作主要包括对案情的了解、查验送检材料、准备检验器材和实验材料等。工具痕迹鉴定常用的仪器设备有放大镜、比较显微镜、对接重影仪及直尺、圆规等，有时为了提供比对照片，或记录检验结果，还必须准备摄影摄像器材。另外，由于工具痕迹鉴定往往要制作实验样本，还需准备与现场条件相同或接近的各种材料，使模拟实验更加真实，以尽可能避免由于实验条件不同而出现差异。

2. 分别检验。分别检验的任务是对检材工具痕迹和可疑工具相应部位分别进行观察分析，发现和确定特征。由于嫌疑工具是客体物，检材工具痕迹是客体物的反映形象，对可疑工具特征的检验往往是通过制作痕迹实验样本来进行。实验样本的制作，是在对检材工具痕迹及可疑工具相应部位进行分别检验的基础上，用可疑工具可能接触的部位，在物理属性接近或相同的承受客体上，依照检材痕迹形成时的作用力的大小、方向、速度、角度、距离等条件而制成的实验痕迹。实验痕迹的形态、大小应与检材痕迹相似或接近，才可为比较检验提供依据。

3. 比较检验。比较检验的任务是在分别检验的基础上，全面地对检材工具痕迹与样本工具痕迹的一般特征和细节特征逐个地进行比较鉴别，从中确定相同和不同特征，为综合评断奠定基础。比较检验的方法有特征对照法、线痕接合法、线痕识别法等。

4. 综合评断。综合评断是在比较检验的基础上，对检材工具痕迹和样本工具痕迹的特征符合点和差异点进行综合判断。综合评断一般从差异点开始，主要分析差异点形成的原因。由于使用工具的不同出现的差异是本质的差异；由于工具相同，而痕迹部位不同，应认真分析检材痕迹是何部位所留，然后重新制作相应的实验样本，重新进行比较检验；其他原因形成的差异，均是非本质差异，能否得出同一认定意见，还需对符合点进行分析。分析特征符合点需从质量和数量两个方面进行分析。从数量上应分析其是否占有一定数量，是否足以证明符合的性质。从质量应上分析符合点是否清晰、出现率的高低、特异性是否强。在分析数量与质量的基础上评断符合点是由于不同工具同一部位痕迹的偶然巧合，还是相同工具同一部位痕迹的必然相符。若特征符合点是同一工具痕迹的必然相符，特征差异点形成的原因有合理依据解释，即可得出同一认定意见；若特征符合点是不同工具痕迹的偶然巧合，特征差异点是不同工具相应部位痕迹引起的本质差异,则可得出否定意见。

五、枪弹痕迹鉴定

(一)枪弹痕迹的概念和种类

枪弹痕迹是指枪支在射击过程中,遗留在弹头、弹壳、枪支机械上的痕迹以及击中被射物体而留下的痕迹的总称。枪弹痕迹包括三个方面:(1)在射击弹壳和弹头上形成的反映有关枪械机件外表结构的形象痕迹;(2)在发射机件上遗留的黏附物痕迹;(3)在射击目标、障碍物或弹着点上遗留的射击弹孔和射击附带痕迹。

子弹在发射时和发射前后,在不同阶段会在弹头、弹壳上形成不同痕迹。射击弹头上的痕迹主要有:磕碰痕迹、弹头与弹壳的整体分离痕迹、坡膛痕迹和膛线痕迹等。弹壳上的痕迹基本上可分为三类:子弹上膛时形成的痕迹、射击过程中形成的痕迹、退壳时形成的痕迹。(1)子弹上膛时在壳体上形成的痕迹,包括弹匣口痕迹、枪机下表面痕迹、推弹突榫痕迹、弹膛后切口痕迹。装弹过程中,大部分痕迹属机械性擦划痕迹,特征不明显、不稳定。(2)射击过程中形成的痕迹特征极其稳定,鉴定价值高,是进行枪弹鉴定最主要的依据,主要有:击针头痕迹、弹底窝痕迹、弹膛内壁痕迹、弹膛指示杆痕迹和烟垢痕迹等。(3)退壳时在弹壳上形成的痕迹,包括弹壳底座边棱上的拉壳钩痕迹、弹底边缘上的抛壳挺痕迹、弹匣口刮擦痕迹及抛壳口痕迹。拉壳钩痕迹和抛壳挺痕迹是在射击排壳时,在高温高压条件下所形成的痕迹,其特征明显稳定,是鉴定枪种和枪支的重要依据,抛壳口痕迹是一种撞击痕迹,具有一定的稳定性,是鉴定枪种的依据。

(二)枪弹痕迹的特征

枪弹痕迹特征是鉴定枪种和枪支以及对枪弹现场进行分析的重要依据,因枪弹痕迹种类的不同,枪弹痕迹特征表现也各异。

1. 弹头、弹壳上的枪弹痕迹特征主要包括:弹头、弹壳的尺寸规格特征,商标符号特征,加工制作特征,与枪械机件作用形成的反映造痕体表面结构特点等特征,如击针头表面结构特征、弹底窝表面结构特征、枪机下表面结构特征、拉壳钩特征、抛壳挺特征等。

2. 弹着点和发射枪支机件上的痕迹特征主要包括:弹着点或弹孔的大小特征、形态特征、数量特征、位置特征和相互之间的关系特征等;弹着点和发射枪支机件上的附着物,既是物质痕迹也属于痕迹特征范畴,因为此类痕迹重在分析其物质成分结构,属于微量物证鉴定研究领域,是对枪弹现场进行分析、对枪支种类进行认定的主要依据。

(三) 枪弹痕迹鉴定

枪弹痕迹鉴定主要任务是通过对射击弹头、弹壳上痕迹及弹着痕迹的检验，区分发射枪种和认定射击枪支。此外，也可对枪械是否完好，在某种条件下发射枪支是否会"走火"，恢复被锉掉的枪号以及射击残留物等枪弹的其他问题作出判断。认定射击枪支种类和射击枪支同一的鉴定步骤和方法如下。

1. 鉴定准备。全面了解案情，熟悉送检材料，并做好相关资料的登记与审核，准备检验所需的器材和设备等。

2. 分别检验。先对现场射击弹头、弹壳进行检验，然后对可疑枪支进行检验，并依据可疑枪支制作射击样本弹头和弹壳。检验现场射击弹头、弹壳时，首先应提取枪支、子弹上的指纹等附着痕迹和毛发血迹等附着碎屑，进行人身认定或供理化检验；其次应查明现场弹头、弹壳的种类，确定现场提取的弹头、弹壳是否为同发子弹的组成部分等；然后确定现场射击弹头、弹壳上的枪种特征；最后检验确定现场射击弹头、弹壳上的细微痕迹特征。可疑枪支的检验，重在制作射击实验样本。制作实验样本要选择与现场子弹种类、规格、生产年限等相同或相近的实验子弹，模拟现场条件（温度、湿度）进行实验射击，保证样本不受损坏。每支枪应收集射击实验弹头、弹壳三枚以上，确保稳定可靠、检验价值大的痕迹特征在弹头、弹壳上反映出来。

3. 比较检验。比较检验是在分别检验的基础上，将现场射击弹头、弹壳上的痕迹特征与射击样本痕迹进行比对分析，发现二者之间存在的符合点和差异点，以确定射击枪支的同一性。比较检验是枪弹痕迹鉴定的中心环节，常用的检验方法有：特征对照法、线痕接合法、重叠比对法和综合比对法等。

4. 综合评断。综合评断就是对比较检验过程中发现的特征差异点和符合点进行综合判断，以确定特征差异点与符合点的性质。特征差异点的评断，实质上就是分析差异点产生的原因。特征符合点的评断，是评断符合点是本质符合，还是非本质相符。同一支枪支，射击所形成的痕迹是必然相符的；非本质相符是不同枪支射击所形成的某些痕迹的偶然巧合与相似。

经过综合评断，如果现场射击弹头、弹壳上的痕迹与射击样本痕迹在形状、大小、位置、数量等方面特征一致，而差异点是非本质性的，即可作出肯定同一认定意见；如果现场射击弹头、弹壳上的痕迹特征与射击样本痕迹虽然在某些方面有相似点，但又存在明显的差异点，而且这种差异点不能确定是同一支枪所产生的，便可作出否定意见。如果现场射击弹头严重变形或者残缺不全，射击弹头膛线痕迹特征反映不明显，无条件作出肯定意见时，可作出推断性意见。如"现场提取的射击弹头，不排除是用送检枪支发射"等。

第四节 痕迹物证司法鉴定意见评断

痕迹物证司法鉴定意见是法定证据之一,必须经过查证属实,才能作为定案的依据。因此在运用痕迹司法鉴定意见之前,办案人员应认真审查鉴定意见的科学可靠性,评断鉴定意见的证据意义,以利于有效地利用鉴定意见和提高鉴定水平。

一、痕迹司法鉴定意见科学可靠性的评断

对痕迹司法鉴定意见的审查主要是审查其科学可靠性,审查其本身是否正确、真实,这也是法律的要求。审查时,应重点包括以下方面。

(一)审查鉴定资料

审查鉴定资料,即审查痕迹检材和样本是否具备鉴定条件,其特征的数量和质量是否符合鉴定规定的技术标准。具体审查检材的发现、提取、处理、固定方法、提取部位是否准确,有无遭到破坏、变形、伪装,检材的性状、数量、质量是否符合要求,是否反映了客体的特性;审查样本应根据收取样本的要求进行。力求避免检材和样本来源不真实、数量不足、可比条件不好以及检材和样本相互混淆的弊端。

(二)审查鉴定方法

鉴定方法主要是审查鉴定方法是否科学,具体应审查鉴定人运用仪器设备和技术检验手段是否完善,鉴定的步骤、方法是否正确先进,鉴定结果的稳定和准确程度,鉴定过程中是否坚持运用唯物辩证法和同一认定理论。避免因鉴定步骤、方法的不当而导致鉴定意见不正确。

(三)审查鉴定意见的科学依据

审查鉴定意见的科学依据,即审查意见的依据是否科学、鉴定对象是否得到法律的承认,审查鉴定意见是否把握了以客体的特性为依据,审查对特征符合点和差异点的应用和解释是否全面和符合科学原理,审查鉴定文书的论述是否清楚、逻辑是否严密。

(四)审查鉴定主体

审查鉴定主体就是审查鉴定机构和鉴定人,主要审查鉴定人是否具备专门知识、鉴定资格,其学术影响、职业道德如何,是否属于应依法回避的人,在鉴定过程中有无作虚假鉴定的行为等。

(五)审查痕迹司法鉴定的客体

痕迹司法鉴定的客体主要包括外表结构痕迹(形象痕迹)、动作习惯痕迹、整体分离痕迹等三类,且已得到相应司法部门的认可,得到国家法律、行政法规、部门规章的确认。审查痕迹鉴定的客体,就是审查鉴定的客体是否属于国家法律、行政法规、规章确认的范围,超出范围的鉴定客体,不能作为定案的证据。当然,随着科学技术的发展和诉讼实践的需要,痕迹司法鉴定的客体的范围依法逐步扩大。

二、痕迹司法鉴定意见的评断

评断痕迹司法鉴定意见的证据意义,就是确认鉴定意见与案件的联系,评价和判断鉴定意见在案件中证明力的大小。通过审查鉴定意见的科学可靠性,仅仅解决了鉴定所确定事实的客观真实性问题,但鉴定所确定事实的客观真实性与案件的联系问题却没有解决。因此,评断痕迹司法鉴定意见的证据意义较为重要。

(一) 同一认定鉴定意见的评断

痕迹鉴定中的同一认定鉴定意见有认定"人的同一"和认定"物的同一"两种。认定"人的同一"鉴定意见是指通过鉴定肯定了侦查、审判所要证实的具体的人,这种鉴定意见有时可以直接肯定犯罪嫌疑人、被告人、当事人的某种行为,如指印鉴定、牙齿痕迹鉴定意见,但是,多数情况下仅能证明被认定"同一的人"与案件或特定事件一定的时空关系,或与案件、事件中特定物的关系。要证明犯罪嫌疑人、被告人与犯罪行为的关系,证明当事人与民事法律行为的关系,还需要通过多方面的证据和依据加以证实。认定物的同一鉴定意见是指通过鉴定确定了案件中所需要寻找的具体的物体(客体),如证明该物为犯罪工具、证明在案件现场或事件发生地使用过、证明该物是在实施某种行为时所留。这种痕迹鉴定意见一般只能证明物与案件或事件的关系,要进一步证明"物"与"人"的联系和人与案件、事件的关系,还需要进行多方面的证据收集和证据核查工作,才能达到目的。

(二) 种类(种属)认定鉴定意见的评断

种属认定鉴定意见能确定被认定客体的种属范围,证明检材与样本的种类属性相同。种属认定鉴定意见涉及的范围一般包括人的种属范围、物体的种属范围、动植物的种属范围。种属认定鉴定的否定意见,可以直接否定某种事实或某人,而种属认定鉴定的肯定意见只能证明某种事实可能存在。因此,种属认定鉴定的否定意见的证明力大于其肯定意见;种属认定鉴定的肯定意见所确定的种属范围越小,其证明力越大,反之则证明力越小。

本章述评

随着司法制度的改革与完善,公民法律意识的不断增强,涉案痕迹鉴定的应用已从刑事诉讼领域迅速拓展到民事诉讼、行政诉讼活动之中,如各类事故案件的处理、保险理赔纠纷的解决等;因此理论界应重视拓展痕迹物证应用方面的研究,实务部门更应破除痕迹鉴定仅应用于刑事诉讼领域的传统思维。另外,随着科学技术的迅猛发展,痕迹鉴定的范围与方法也要向多层面扩展才能满足客观公正鉴定的需要。如指印鉴定、赤足迹鉴定要与人体物质鉴定(汗液的DNA)结合;工具痕迹鉴定、枪弹痕迹、鞋印等鉴定要与微量物质鉴定、气味鉴定结合等等。但是,在扩展痕迹鉴定应用范围和方法的同时,不应忽视对由此产生的新的法律问题的研究,如指纹技术在人身识别方面如何防止滥用和伪造等。"痕迹物证"是一个外延极其宽泛的概念,甚至有时会与法医类司法鉴定中的"法医物证"、文书司法鉴定中的"笔迹鉴定"和其他文书物证(如损毁文书、印刷文书等)出现交叉。任何超出此范畴的"痕迹"都不可能成为"痕迹物证",自然不属于本章所研究的范畴。

思考题

20世纪90年代初,某市郊区发生一起抢劫杀人案。经现场勘查,发现在罪犯逃离现场的墙脚下遗留有跳跃落地后形成的足迹,顺着足迹向前追踪,在500米以外的一个院子里发现了杀人凶器。技术人员对现场足迹进行检验,分析认为犯罪嫌疑人的身高大致1.80米左右,这和院子的主人身高极为相似,但院子主人否认犯罪事实。技术人员请来足迹鉴定专家进行会检,鉴定专家们一致认为:事先分析结果可能有误。理由是雨后现场痕迹的形成,其特征反映往往会出现不同程度的误差,再加上罪犯从高处向下跳跃时会有一个向下、向前的冲力,因此脚印会变长,进而导致身高分析数据增高。最终专家意见:该案犯罪嫌疑人身高可能为1.70米左右,年龄在20岁至30岁之间,且脚印重压面脚掌外侧较重,内侧较轻,这是两腿不直的表现,是脚掌受力不均形成的,犯罪嫌疑人可能是罗圈腿。依据专家分析意见排查犯罪嫌疑人,后来很快确定嫌疑对象,并最终破案。针对上述案例,回答以下问题:

1. 痕迹对象有哪些?
2. 怎样判断与运用足迹与枪弹痕迹鉴定意见?
3. 该案例中的专家分析意见可否作为证据?

第二十章 微量物证司法鉴定

> **本章概要**

本章主要介绍微量物证司法鉴定的内容,主要包括微量物证司法鉴定基本理论以及微量物证鉴定意见的审查与判断方法。学习本章内容,应当了解微量物证司法鉴定的基本理论,明确仪器分析方法在微量物证司法鉴定中的重要作用,熟悉微量物证发现、提取、包装、检验等的基本要求与方法,掌握微量物证鉴定意见的审查和评断要点。

第一节 微量物证司法鉴定概述

一、微量物证的概念

微量物证属于证据范畴,是物证的一种,是指以其存在状况、外部特征以及其品质、性能来证明案件客观情况的量少体微的物质证据。这种可疑的物质证据通常称为"微量物质"。

微量物证司法鉴定是根据有关法律规定、基本原理、专业知识、技术方法和执业经验对涉及诉讼的可疑微量物证,按照鉴定程序和技术规范,经预处理后,对其进行检验、检测、分析,并最终得出鉴定意见的科学实证活动。

微量物证司法鉴定是随着现代物理学、化学、生物学、电子学及计算机科学等科学技术的发展而兴起的多学科交叉的一门新兴鉴定类别。同一认定和种属认定理论是物证鉴定中的最重要和最基本的理论。微量物证司法鉴定是运用物理学、化学和仪器分析方法对微量检材或检材中微量成分的特异性和种属性质进行定性、定量的分析,以其物理属性和化学属性来证明其与案件事实的联系。

(一)微量物证的量

我国对微量物证的定性描述是比较统一的,把"量小体微"的物证定性描述为微量物证。目前,虽然微量物证的定量描述尚未取得完全一致的意见,但学术和实务界普遍认可微量物证中"微量"的概念是在分析化学中微量分析概念的基础上演变而来的。

分析化学中根据试样用量将分析方法分为常量分析、半微量分析、微量分析和超微量分析,其中固体试样的量在 0.1—10 mg 或液体试样的量在 0.01—1 ml

的分析检验称为微量分析。分析化学中还根据分析成分的含量高低,将分析方法分为主成分分析、微量成分分析和痕量成分分析,被测成分含量在0.01%—1%的称为微量成分分析。

微量物证的量可以分为两类:(1)是指物证的绝对量少,通常指固体0.1—10 mg、液体0.01—1 mL,如单根纤维、单根毛发、金属屑、涂料膜残渣、射击残留物、孢粉等。(2)是指物证中某一特定成分的量少,其成分含量在0.01%—1%,如油漆、金属、火药、炸药中的微量元素或成分等。

(二)微量物证的检材和样本

物证鉴定中,通常需要通过检验来判断其来源、属性的被检材料称为检材,而将已知来源的供检材料称为样本。而微量物证,通常是从案件或事故、事件现场提取的材料,这些材料通常是两个或多个物体之间交换或转移的物质,且这些物质量小体微,在现场难以直接提取,只能将可能带有微量物质的物体整体或部分送检,这些物质即为检材。

(三)微量物证的属性

微量物证是物证的一种,微量物证和一般物证的关系是部分和整体的关系,具有以下属性。

1. 微量物证的证据属性。微量物证属于证据范畴,具有客观性、特定性和间接性的物证基本特征,它能证明案件真实情况的核心或一个部分或一个环节。

2. 微量物证具有相对属性。微量是相对常量而言,量小体微是其定性的相对描述,没有严格意义上的定量概念,它是泛指具有体小质微、不易毁灭、易被忽略、出现几率高、较为隐蔽、易被污染和散失、具有分离性和不完整性等特点的物质证据。

3. 微量物证具有科技属性。微量物证的发现、提取需专门的工具,而其检验过程依赖于现代的仪器分析方法,主要检验手段包括色谱分析技术、光谱分析技术、质谱分析技术、电子光学技术等。

(四)微量物证的特点

微量物证属于实物证据,其特殊性源于其量小体微,与常规物证相比,它具有如下特征。

1. 隐蔽性。微量物证量小体微,具有很强的隐蔽性,常混杂于其他物体之中或依附于其他物体之上,不易引起注意,不易被发现和提取,须采用放大镜、显微镜、特种光源等去发现,用专门的工具去采取。例如犯罪嫌疑人或被害人身体上、衣服上、使用的工具上黏附的油脂、泥土、孢粉、木屑、纤维等。

2. 易被污染、散失。很多微量物证本身就是附着物,其体积小,很容易被周围环境或其他物质污染,很容易散失。同时,在提取、保存和送检过程中稍有不慎亦会造成污染或丢失。如衣服和作案工具上的泥土、孢粉、油脂、金属屑就很容易被二次污染、脱落和丢失。

3. 具有分离和不完整性。很多微量物证是从整体分离剥落下来而形成的，是以分离和破碎的形式存在的，例如撬压工具上黏附的涂料或油漆、汽车保险杠上的单根纤维，不能反映完整物体的形态，亦不能反映完整物体的组成信息。因此，在比对样本的选择及检验过程中，要与现场勘查、案情及其他证据材料相结合，进行综合分析，发现其特异性和种属性质，得出鉴定意见。

4. 具有多样性和广泛性。微量物证种类繁多，来源广泛，形态各异，且理化性质迥异，蕴含着丰富的信息。因此，发现、提取和正确的分析微量物证，具有重要的意义。

5. 检验过程具有科技属性。微量物证的检材量少，常规的物证检验方法已不能满足需要，必须采用现代仪器分析方法，运用灵敏度、精确度和可靠性高的现代分析测试仪器，通过物理参量及微量或微量成分分析，才能提供全面、准确的鉴定依据。

6. 检验要求规范化属性。微量物证在提取、保存、送检和检验过程的各个环节，对人员、设备、设施及环境、检验和检测方法、检测样品等均有严格的程序和技术规范要求。

二、微量物证的形成

微量物证形成的理论基础是洛卡德物质交换原理，其形成方式通常有两种：一是物质的重复再现；二是物质转移。

物质的重复再现是指物质在与其他物质接触时相互作用并再现自身特征于其他物体。如印刷品、印章印文等的形成是其特征在印刷或盖印过程中在承受客体上的重复再现。

物质转移是指微量物质在形成的过程中，物质的一部分向其他物体转移的现象，通常这种物质的转移存在着物理转移和化学转移两种方式。

物理转移是指微量物质在形成过程中仅做机械运动，未发生化学变化。具体表现出分离和扩散两种形式，分离通常是指物质的整体分离形成的转移，如撬压使被撬物表面油漆分离而转移、纤维从衣物上分离而转移等，分离是物质转移而形成微量物质最常见的形式；扩散是指物质微粒（分子、原子或离子）的热运动所产生的物质迁移现象，是物质转移而形成物质的另一种重要形式，如爆炸现场的烟雾向四周的扩散、字迹的墨水在纸张中的扩散等。

化学转移是指微量物质在形成的过程中存在化学反应，即形成时物质的化学组分、性质和特征发生了改变。如爆炸形成的气体和气体产物、燃烧使物质变成的灰烬等。

微量物证的形成是一个相当复杂的过程，在此过程中它可能同时以两种或两种以上的方式形成。例如,爆炸的过程中既有物理变化又有化学变化;印章印文既有色料成分在纸张中的扩散又有其成分与空气接触的老化。因此,在研究微量物证的形成时应综合考虑各种相关因素。

三、微量物证的分类

微量物证具有多样性和广泛性,通常根据其来源、检验对象和案件种类进行分类,这种分类通常是指学术分类,而非证据分类。

(一) 根据来源分类

1. 工业制品。包括炸药、矿物油、涂料、水泥、玻璃、金属、纸张、色料、黏合剂、化妆品、塑料、橡胶、纺织纤维及纺织品等。

2. 农产品及其制品。包括粮食、蔬菜、水果、奶制品、动植物油和食品等。

3. 自然物质。包括泥土、粉尘、岩石、木屑、杂草、树叶、花粉、种子、鳞片、羽毛、微生物等。

(二) 根据检验对象分类

1. 射击及爆炸残留物。包括射击残留物和炸药、雷管、各种爆炸装置等。

2. 油脂。包括动植物油脂、矿物油脂和香精油等。

3. 高分子化合物。包括橡胶、塑料、涂料及纺织纤维等。

4. 文化用品。包括纸张、文字色料、黏合剂等。

5. 日化用品。包括皮肤、毛发、指甲和唇等不同部位的清洁、保护和美容用的各种化妆品、香精香料、合成洗涤剂等。

6. 无机化工品。包括玻璃、建筑材料、陶瓷制品和无机化学品等。

7. 土壤矿物。包括泥土、煤炭、沥青、矿物、金属合金等。

8. 动植物。包括动物毛、植物种子等。

四、微量物证司法鉴定的意义

随着科学技术的进步,特别是互联网的高速发展,犯罪活动日趋智能化,传统的宏观物证在现场遗留越来越少。微量物证在侦破案件、证实犯罪过程中的作用日益显著。总的来说,微量物证在侦查、诉讼中的意义主要表现在以下几个方面。

1. 微量物证的鉴定意见是法定证据之一,为证明案件事实提供证据支持。

2. 以科学的检验和分析手段审查与证实其他证据的真伪。

3. 为侦查破案提供线索和指出侦查方向、为认定案件事实提供依据:(1) 为判断原始现场提供依据。(2) 为认定作案工具提供依据。(3) 为推断犯罪人的职业或生活环境提供依据。(4) 为判断作案时间提供依据。(5) 为分析作案手段提供依据。(6) 为分析死亡原因提供依据。(7) 为串并案提供依据。

第二节 微量物证司法鉴定的技术方法

一、微量物证司法鉴定方法分类

微量物证鉴定就是检验物证的各种性质。其中如大小、形状、颜色、比重、熔点、沸点、溶解性等物理性质,可通过一般性物理检验来确定;而化学性质需要化学反应来表现,如通过某些有特殊现象的化学反应来实现;通过一般物理检验和化学检验不能反映的性质,需要借助现代仪器分析方法。微量物证司法鉴定通常根据检验技术和检验对象进行分类,按检验技术不同,通常将其分为一般物理属性检验、化学分析检验、仪器分析检验三大类;按检验对象进行分类纷繁复杂,包括毒物、毒品、橡胶、塑料、纤维、染料、有机化工品、无机化工品、土壤、矿物等数十种等。本节主要介绍依据检验技术不同进行的分类。

二、微量物证司法鉴定的主要方法

(一) 一般物理属性检验

一般物理属性检验是指借助放大镜、显微镜、多波段光源、紫外光、天平、色度计、比重计等对检材进行形态、表面结构、厚度、重量、大小、色泽、光学性质、比重等特征的观察和比对检验。一般物理检验是微量物证检验的基础,可以初步确定检材的种属,明确进一步检验的项目、方法。

一般物理检验的主要特点如下。

1. 多为无损检验,适用于量小体微的微量物质,且操作简单。

2. 检验的否定意见有价值,具有排除、筛选和指向作用,可以缩小检验的范围。种属性质是一类物质共有的属性,是该类物质区别于其他物质的特殊规定性,当检材和比对样本的种属特性不同时,可以实现种属否定。同时,随着测定的种属性质数量的增加,物证种属范围减少,可大大缩小检验的范围。

3. 一般物理检验通常不适合于同一认定。同类物质,其物理属性必然相同,不同种属的物质,其部分物理性质可能相同。由于一般物理检验仅能对部分物理属性进行检验,因此,尚不能充分反映检材和比对样本所有种属性质,不适合于同一认定。

(二) 化学检验

按物质的性质分离、提取、净化以后,用特殊的化学反应,如酸碱滴定、络合反应、沉淀反应和氧化还原反应为基础的分析方法称为化学分析方法。在微量物证检验中,也可以通过观察、比较化学反应发生颜色变化、产生气体、析出晶体或沉淀的特征反应来判断某种物质是否存在,进行定性分析;通过重量分析、容量分析、仪器分析进行定量分析。

化学检验的主要特点如下。

1. 能反映物质组成的内在特征、元素、原子团。有些具特征性、专一性的化学检验方法,可以简单、方便的用于如炸药、射击残留物等检验,实用性强。

2. 化学检验可以确定物质的分子及分子组成,具有"否定"或"肯定"的作用。

3. 化学检验属有损检验,一经消耗不可重复。必须建立严格的检验程序。

4. 化学检验可与仪器分析相配合,相互补充、印证。

(三) 仪器分析

在微量物证检验中,一般物理检验和化学检验均有局限性,不能满足现代鉴定的需要。因此,微量物证鉴定需要灵敏度、准确度、分辨率、可靠性更高的仪器分析方法,这些仪器和分析方法本身就是科学技术的最新成果,扩展了人类认识事物的能力,提高了利用微量物证的可行性。从某种意义上讲,微量物证鉴定具有典型的现代科学技术色彩,是现代仪器分析方法在物证鉴定中的具体表现。

仪器分析是微量物证分析的重要手段,根据检测原理和使用仪器的不同,通常可分为如下几大类。

1. 显微镜法。显微镜被人们广泛应用于各学科的研究领域中,对微观世界的探索及理论上的研究起着极其重要的作用,它是用来观察、记录和研究被检物体的细微结构的最主要的精密仪器。微量物证鉴定使用的显微镜,几乎涵盖了现代显微镜中的各大类。

显微镜一般分为光学显微镜和非光学显微镜两大类。光学显微镜是微量物证鉴定的必不可少的工具,微量物证司法鉴定中广泛使用有具偏光、荧光、体视、倒置、比较、金相、相衬、暗视野、红外、紫外等功能的光学显微镜等。而以带有微区分析功能的电子显微镜为代表的非光学显微镜,在微量物证鉴定中也起到越来越重要的作用。显微镜从形态、材料、痕迹、微区分析等角度,应用于包括一般性物理检验、化学检验所有的微量物证检验领域。

2. 色谱法。色谱法是一种分离分析技术。它的原理是使混合物中各组分在两相间不断进行着分配,其中的一相固定不动,称为固定相;另一相是携带试样混合物流过此固定相的流体(气体或液体),称为流动相。当流动相中携带的混合物流经固定相时,其与固定相发生相互作用。由于混合物中各组分在性质和结构上的差异,与固定相之间产生的作用力的大小、强弱不同,随着流动相的移动,混合物在两相间经过反复多次的分配平衡,使得各组分被固定相保留的时间不同,从而按一定次序由固定相中流出。与适当的柱后检测方法结合,实现混合物中各组分的分离与检测。两相及两相的相对运动构成了色谱法的基础。

色谱分析的方法很多,主要包括薄层色谱、气相色谱、高效液相色谱液等分析技术，广泛应用于毒品、毒物、橡胶、树脂、油脂、纤维、塑料、染料、颜料、黏合剂、油漆、文化用品、有机化工、生化物质等微量物证检验领域。

3. 光谱法。现代物理学发现，光是具有波动性和微粒性的电磁波，具有自发辐射、受激吸收和受激辐射的性质，物质的分子、原子产生跃迁与其结构有密切的关系。上述理论构成了光谱分析法的基础。光谱分析法是一类重要的仪器分析方法，它主要根据物质发射、吸收电磁辐射以及物质与电磁辐射的相互作用来进行分析。

光谱分析的方法很多，主要包括红外光谱、紫外光谱、可见光谱、X射线光谱、原子光谱和分子光谱等光谱分析技术，广泛应用于毒品、毒物、颜料、纤维、塑料、黏合剂、油漆、爆炸物、火药、文化用品、无机化工、土壤、矿物、金属材料等微量物证检验领域。

4. 质谱法。质谱法是用电场和磁场将运动的离子（带电荷的原子、分子或分子碎片）按它们的质荷比分离后进行检测的方法，它通过测出离子的准确质量以确定离子的化合物组成。质谱法是定性鉴定与研究分子结构的有效方法，这是由于绝不会有两个核素的质量是一样的，而且绝对不会有一种核素的质量恰好是另一核素质量的整数倍。待测化合物分子吸收能量（在离子源的电离室中）后产生电离，生成分子离子，分子离子由于具有较高的能量，会进一步按化合物自身特有的碎裂规律分裂，生成一系列确定组成的碎片离子，将所有不同质量的离子和各离子的多少按质荷比记录下来，就得到一张质谱图。由于在相同实验条件下每种化合物都有其确定的质谱图，因此将所得谱图与已知谱图对照，就可确定待测化合物。

质谱分析的方法很多，主要包括无机质谱仪和有机质谱仪。质谱法多与色谱法（气相色谱法和高效液相色谱法）联用构成色谱—质谱联用技术。色谱仪是质谱法的理想进样器，试样经色谱分离后以纯物质形式进入质谱仪，可以充分发挥质谱法灵敏度高、定性能力强的特点；质谱仪是色谱法理想的检测器，质谱仪能检出几乎全部化合物。二者联用，既发挥了色谱法的高分离能力，又发挥了质谱法的高鉴别能力。

质谱法广泛应用于毒品、毒物、染料、纤维、油脂、油漆、爆炸物、火药、文化用品、日化用品、有机化工、土壤、生化物质等微量物证检验领域。

5. 活化分析。活化分析是通过鉴别和测量试样受中子、光子和其他带电粒子辐照感生的放射性同位素的特征辐射来进行元素和核素分析的核分析方法，又称放射分析。活化分析的基础是核反应，用中子、光子或其他带电粒子（如质子等）照射试样，使被测元素转变为放射性同位素。根据所生成同位素的半衰期以及发出的射线的性质、能量等，以确定该元素是否存在。同时，测量所生成的放射性同位素的放射性强度或在生成放射性同位素反应过程中发出的射线，可以计算试样中该元素的含量。

活化分析按照辐照粒子不同,主要分为中子活化分析、带电粒子活化分析、光子活化分析3类。其中以中子活化分析应用最广。活化分析广泛应用于毛发、爆炸物、火药、纤维、玻璃、毒品、毒物、文化用品、土壤、矿物、生化物质、考古、文物等微量物证检验领域。

6. 热分析法。热分析法是指在程序控制温度下测量物质的物理性质与温度关系的一类分析技术。在加热或冷却的过程中,随着物质的相态、结构和化学性质的变化都会伴随着相应的物理性质的变化。热分析法中主要和常用的是热重法、差热分析法、差示扫描量热法。广泛应用于爆炸物、火药、纤维、橡胶、塑料、金属材料、文化用品、土壤、矿物等微量物证检验领域。

第三节 微量物证司法鉴定的基本内容

鉴定步骤包括发现、提取、包装、检验等环节。只有准确、全面地搜寻和发现微量物证,规范、合理地提取和保存,按程序和技术规范进行处理并进行检验,才能全面、准确收集物证材料,获得可靠的鉴定意见。

一、可疑微量物证的发现

物证的发现,是物证检验的前提和基础,能否全面、充分地发现和提取这些可疑物证,是关系到能否辩明案件真实情况的关键。微量物证具有范围广、种类多的特点,依据洛卡德物质交换原理,它可能出现在涉及物质接触和交换的各个场所。

发现微量物证的主要方法有两个:搜查和现场勘查。要成功地发现可疑微量物证,一定要对微量物证通常存在的载体、微量物证的重要遗留部位进行认真地寻找,一旦发现要认真地标记、提取和记录,然后送实验室进行分析。

(一)可疑微量物证通常存在的载体

1. 被害人身上。在杀人、抢劫、强奸等暴力性犯罪过程中,由于犯罪行为人与被害人的接触,常在被害人身体上遗留其微量毛发、血液和精斑等;被害人的指甲缝内可能有他们衣服的微量纤维等。

2. 现场周边及相关区域。如交通肇事车辆留下的微量油漆碎片;盗窃案中的微量玻璃碎片。

3. 现场周围的物体。如犯罪行为人在拿取被盗财物的过程中,可能留下其从现场外带进去的微量泥土、孢粉等。

4. 犯罪嫌疑人身上。犯罪嫌疑人的衣服上可能沾有被害人的血液,鞋底常附着现场的微量泥土或其他特殊物质,如微量石灰、水泥等;在野外实施强奸等犯罪行为时,罪犯的衣服上可能附着现场的微量花粉、泥土等。

5. 作案工具。如犯罪行为人作案时戴的手套纤维内可能有微量玻璃碎片、涂料等。

6. 涉案物品。在有些案件中犯罪嫌疑人处搜到的被盗物品或被抢物品上,常附有足以证明其与犯罪有关的微量物质。如失主为防盗而撒在钞票上的微量荧光粉等;一些铁厂和水泥厂钞票上常附有微细的铁质颗粒和微量水泥粉尘;屠夫和油条小贩被抢的现钞上常附有微量油脂等。

7. 其他与案件有关联的场所、物品。

(二) 遗留可疑微量物证的重点部位

遗留可疑微量物证的重点部位主要集中在案发现场及相关区域,以及犯罪行为人身上及周围。

(三) 勘查可疑微量物证的重点部位

勘查现场的重点部位主要有:出入现场的路径和出入口;作案目的物及周围;作案工具和有关遗留物;现场物品变动处;嫌疑人藏身或隐藏的地点。

(四) 搜寻和勘查可疑微量物证的注意事项

1. 对人身、住所等进行搜寻和勘查,必须依法定程序和技术规范运行。

2. 搜寻和勘查要全面和细致,既要重点勘查又要兼顾其他,还要准确识别可疑物证与非物证。

3. 搜寻和勘查人员着装要标准,防止二次污染。

4. 借助现代化的仪器和技术进行搜寻和勘查。

二、可疑微量物证的提取

微量物证的提取,是指可疑微量物证发现后,将其转移到包装物中的过程。由于微量物证量少体微,对其进行提取,必须严格按照相关技术规范进行操作,稍有不慎就可能造成污染、损失。

(一) 可疑微量物证提取的原则

1. 提取的可疑物证必须具有合法性、确定性、充分性。

2. 提取可疑物证要采取空白样、收集比对样品和标准样本。

3. 提取可疑物证前必须对全貌和取样部位进行拍照或录像,并作详细的记录。

4. 不得在提取可疑微量物证的客体上涂画和标记。

5. 火药、炸药、汽油、稀料等危险可疑物证的保存和处置方法应符合国家对该类危险品管理的相关规定。

(二) 可疑微量物证提取的方法

微量物证种类繁多,形态各异,所处的环境也不相同,应根据实际情况,灵活运用科学的方法进行提取。常用的提取方法有以下几种。

1. 镊子、取样针、刀片等提取。对于不需要检测金属元素的固体,如纤维、纸屑、塑料、种子等,可用金属镊子夹取,装入有塞子的玻璃瓶或塑料袋中。对于可能需要检测金属元素的固体物质,如金属颗粒、漆片及碎玻璃等,可用非金属镊子夹取。炸药爆炸现场中炸点处烟痕、墙壁或木制品表面嵌入物、附着在载体上的油漆/黏合剂/油脂的可采取针挑或刀片拨、刮的方式提取。

2. 用胶纸、AC 纸、火棉胶等粘取。客体表面细小的或不易夹取的微小固体颗粒可用胶纸粘取;垂直方向客体凹凸不平的表面内微量物证可用 AC 纸粘取,又可复印痕迹形貌;水平方向客体上凹凸不平的表面内微量物证可用火棉胶采取。

3. 用软毛刷收取。对于分散的、面积大的粉尘,可用软毛刷收取。例如,炸药爆炸现场上的尘土;现场上犯罪嫌疑人足迹及附近的泥土;木屑、煤渣及各种粉尘等。在收取时,注意防止软毛刷的毛纤维脱落,以免将其误以为物证。

4. 用磁铁吸取。对于含有铁元素的金属屑与木粉、灰尘、沙土等混存的,可用磁铁吸取。

5. 用抖动或拍打法采取。对于附着在织物上的碎屑、粉尘等微量物质,可在大块玻璃板或大块白纸上面进行抖动或拍打,使附着物脱落,收集后再包装。

6. 用脱脂棉球擦取。对于附着在表面光滑固体(如金属、玻璃、塑料等)上的油痕可用脱脂棉球直接擦取;对于射击者手上、嫌疑的枪支上的射击残留物可用去离子水、1%盐酸液等浸泡的脱脂棉球进行擦取。

7. 连同载体一起采取。对带有字迹等色痕的检材或附着在织物上的油痕,应尽量同所承受的客体一起采取。

8. 用探矿钻、探土钻提取。对于粮仓、麻袋或货车中物证等用探矿钻提取,对于深层土质用探土钻提取。

9. 用注射器、吸管、移液管等对液体检材进行提取。

10. 用吸附—解吸法和气体取样器对气体检材进行提取。

三、可疑微量物证的包装和保存

(一)微量物证包装和保存的原则

1. 分别包装,防止污染。
2. 注明并贴牢标签。标签上的信息要充分并进行唯一性标识。
3. 尽可能保留检材的原始形貌。

(二)包装和保存的方法

1. 对于干燥的固体物证的包装和保存,如各种金属碎屑、残渣、干燥土壤、涂膜、纤维、羽毛、黏合物、形状较小的工具等等,均可用清洁的白纸包好,用干净的聚乙烯塑料样品袋包装,纸张类的物品可直接放入样品袋内。但对于潮湿物品要晾干后再装入塑料袋。对于具有尖、刃口类物体（如刀、玻璃片等）可用薄膜法保护好，用棉花包裹好尖、刃部位后，装入塑料袋封口即可。

2. 有挥发性的物质和液体、流体物质（如油类物质）以及用棉球、滤纸等擦拭的物证，宜用棕色磨口玻璃瓶包装。现场收集的气体样品，须密封包装。容易挥发的物证，应低温保存。容易氧化或容易受空气影响而变性的物证应隔绝空气包装并尽快送检。

3. 生物物质用有内塞的无毒新广口塑料瓶包装，并在－10℃——20℃环境下冷冻保存。

4. 提取的可疑微量物证必须建立专门的物证保管室，并配备必需的物证保管设备。提取的物证由专人统一保管，并建立完善的进、出保管室登记制度。

5. 提取的可疑微量物证在登记造册后，应立即送检。

四、微量物证司法鉴定的送检和受理

（一）可疑微量物证的送检

1. 送检人应熟悉案情，了解现场勘查、物证获取和比对样品的收集情况，并向鉴定单位主动介绍。

2. 检验要求应具体、明确。

3. 要求复核的检材，应写明要求复核的原因和目的，同时附送原鉴定单位对该物证的鉴定文书。

4. 妥善保存并及时送检。

（二）微量物证司法鉴定的受理

1. 鉴定机构须查验委托公函及能证明送检人身份的有效证件。

2. 听取送检人介绍案情和检验要求。

3. 查验检材是否具备检验条件，核对其名称、数量，查看封口和包装是否完整，检材有无变形、变质、失散和损坏等情况。

4. 查验比对样品的来源和收集方法，是否具备比对条件。

5. 明确检材是否可以损坏以及可损部位，是否可以全部用完以及剩余检材如何处理。

6. 根据查验所送检材的情况、实验室仪器设备情况以及鉴定人员的技术水平，综合考虑能否解决送检单位提出的检验要求，确定是否接受委托，或修改鉴定要求，或补送材料。

7. 确定受理后，由送检人填写相关登记表，受理单位要给委托单位开具受理回执。

五、可疑微量物证的预处理

案件中的微量物质,具有种类多、待测物少、杂质与待测物混存且组成复杂等特点。可疑物证的预处理是指鉴定人对委托鉴定单位送检检材中的拟使用部分,在定性分析和定量分析之前所进行的提取、分离和净化的操作过程,也是可疑微量物证检验技术规范的基本环节。通常,微量物证的预处理分为非生物检材的处理和生物检材的处理两类。

1. 非生物检材的预处理。非生物检材大多来源于现场,污染严重,且很多是以附着物形式存在于载体之上或与杂质混存在一起。要检验其中所含的与案件有关的某些成分,通常需要进行提取、净化,以便将它们从检材中分离出来。提取、净化的方法很多,主要有筛选法、溶解法、蒸馏法、柱层析法和薄层层析法等。

2. 生物检材的预处理。血液、组织、呕吐物、胃内容物、尿、组织匀浆、毛发等生物检材中,待测物以原形物、代谢物、蛋白质或葡萄糖醛酸结合物等形式,与食物或脂肪、蛋白质、色素等内源物共存,成分复杂。必须选用适合的方法进行预处理后再进行提取。预处理方法包括调 pH 值、除去蛋白质检材中的蛋白质干扰、酸或酶水解等,提取的方法除溶解法、蒸馏法、柱层析法等方法外,包括萃取、有机质破坏、透析等分离、提纯方法。还可以通过衍生化的方法来提高待测物的色谱性能、改善分离度、提高检测灵敏度。

六、可疑微量物证的检验程序

(一)微量物证的同一认定检验程序

微量物证的同一认定是指微量检材或检材中微量成分与样本来源或来源的个体同一。同一认定的检验程序是指在检验过程中所实施检验步骤的先后顺序,每个步骤都有其特定的任务又相互关联,共同构成一个有机、完整、合理的检验程序。

1. 同一认定检验步骤。微量物证的同一认定,主要为以下两个步骤:(1)个体特征的分别检验。个体特征的分别检验包括对检材和样本个体的组成、结构、含量及外部各种特征的检验,为下一步的比较检验奠定基础。一般应先检验检材,后检验样本。需要注意的是,微量检材量少体微,当样本的量较大时,也可以先检验样本。(2)比较检验。比较检验是在分别检验的基础上进行的,是对检材和样本的性质进行对照比较,以确定两者的符合点和差异点,为综合评断打下基础。比较检验的顺序是先比较种属性质,后比较其特异性。若发现检材与样本的种属性质不同,便可排除相同种属。若种属相同,就应进一步比较重复出现几率相对较低的各项特殊性质。对于特征比较过程中检材和样本间出现的某些差异点,在条件允许的情况下应采用模拟实验方法查明其形成的原因。

2. 同一认定检验结果的技术评断。同一认定的检验结果,必须进行科学的综合评断,对特征符合情况和特征差异情况进行总的分析和判断,以确定已被发现的特征符合点或差异点的总体能否作为肯定或否定同一的依据:(1) 对特征符合点的评断。这一评断的目的是要确定已检测出的特征符合点作为一个整体能否在其他客体上重复出现,即能否作为同一认定的依据。为此,必须研究已检验出的特征符合点的质量和数量。检材和样本特征符合点的质量取决于特征的类型和出现的几率。一般特征和特殊特征是任何物证都具有的两类特征,如果检材和样本只有共同的一般特征,而没有共同的特殊特征,就不能肯定它们的来源同一。但是,如果检材和样本在一般特征上有确定的本质差异,则可以否定同一。由于微量物证自身的特点,因为其量少体微,可能无法进行多种方法的检验,也可能无法对其多种性质进行检验。因此,要特别注意组成符合点整体的特征的质量,否则可能导致检验出的特征的质量一般,不能构成认定同一的依据。(2) 对特征差异点的评断。特征差异点可分为两类,一类是本质差异点,另一类是非本质差异点。本质差异点来源于两个不同的客体,它们是否定同一的依据。非本质差异点则是同一客体分离后,因受外界因素的影响而反映出的不同特征。通常,如果检材和比对样本之间特征差异点总体量多质高,就属于本质差异,可以否定同一。如果两者的特征差异点总体数量少、差别不明显,又能得到合理的解释,则属于非本质差异,表明检材和比对样本有可能来自同一个体。

(二) 微量物证种属认定的检验程序

种属认定是根据检材的种类属性特征,来确定其种类或种类异同的鉴定。种属特性是由物质的本质属性、物质产生和形成的条件以及物质所处的环境等复杂因素决定的,这些因素或条件对该种属的每一客体应是共同的,而对其他种属客体则并不具备。每一种属的客体至少有一个稳定的特征与其他种属的客体相区别。通过检验确定了这些种属特征,也就认定了它所属的客体种类,即作出了该物质种属特征的判断。

微量检材种属认定检验过程与同一认定检验有很大的区别,在程序上只有直接检验和评断检验结果两个步骤。少数检验也有比较过程,但这一比较仅作为查明检材性质、出处、种类的一种对照方式,而不是比较检材和样本是否来源于同一客体。种属认定鉴定的对象一般仅为检材,有时也取标准样品作为对照和参考,但它与同一认定中样本的检验有着本质的区别。

第四节 微量物证司法鉴定意见评断

鉴定人依据自己的知识、经验以及仪器设备检验结果作出微量物证司法鉴定意见,应对整个检验过程及其结果进行科学、全面、细致的审查和客观、准确的评断。形成的鉴定意见最终还要经审查评断。

一、微量物证司法鉴定意见的评断

1. 审查鉴定主体。审查司法鉴定机构、鉴定人是否具有鉴定微量物证的能力和资格,是否属于该案应当回避的对象等。

2. 审查鉴定客体。审查被检验的检材和比对样本的来源是否可靠,发现、提取、包装、保存方法和条件是否符合要求,是否具备检验的条件。

3. 审查检验过程。审查所采用的检验方法是否现行有效的标准化方法,非标方法是否经过确认;有哪些物质干扰,这些干扰因素是否已经考虑或已排除;是否采用多种检验方法,其相关结果是否一致;全部操作过程和条件是否正确;仪器设备是否完好,数据是否准确、可靠。

当检验结果为阴性时,应审查检材的用量相对于检验方法是否不够,检验方法是否不当,是否在提取、净化过程中已将检材损失掉,净化是否不彻底;检材是否被污染,等等。

4. 审查鉴定意见其他证据的关系。鉴定意见与案件中其他证据材料所证实的事实是否衔接一致,对于出现相关矛盾的检验意见,要分析其原因、找出矛盾焦点,必要时可进行重新鉴定。

二、鉴定意见证明作用的评断

微量物证的鉴定意见有同一认定意见、种属认定意见和推断性意见三类,它们的作用各不相同。由于微量物证具有分离和不完整性的特点,一般来讲,微量物证的鉴定意见属于间接或关联证据的较多。

1. 同一认定鉴定意见。由于微量物证自身的特点,很难通过微量物证认识物质的全部性质,因此,利用物证的特异性质进行鉴定是最理想、最有效率的。特异性质是微量物证同一认定的依据。

微量物证司法鉴定的同一认定应建立在对物质特异性的检验基础上,并根据个体一定数量的性质的组合来进行评断,最终作出同一或不同一的鉴定意见。微量物证鉴定中,同一认定意见的证据作用与认定同一客体的对象有关。如果被鉴定客体是人,鉴定意见有可能构成同一认定的评断依据,但许多情况下人身同一认定,只表明被认定同一的人与现场的某个物或时间、空间上有某种联系。

如果被鉴定客体是物质,鉴定意见通常只能起间接和关联证据的作用。

当拥有该类物证的详细、全面的背景资料或相关数据库及统计分析结果时,微量物证司法鉴定可以作出肯定检材和样本来源和来源个体同一的肯定意见,或否定检材与样本来源和来源个体不同的否定意见。

2. 种属认定鉴定意见。种属性质是一类物质共同具有的性质,是该类物质区别于其他物质的规定性。种属性质多为结构成分信息。一个物质种属可能由几个种属性质规定,同一物质依据不同的种属性质可分别属于不同种属。

种属性质一般用于确定物证的种类,实现种属认定。种属认定的否定意见可以直接否定某种事实,但肯定意见并不能证明案件中某种事实一定存在,只能证明其存在的可能性,一般只对检材或检材与已知样品的比对结果进行客观报告。检验结果确定的种属范围越小,其证明作用越大。

利用种属性质能否进行同一认定,法庭科学上有争议,一般持审慎的态度。主要是微量物证的分离性、不完整性、容易被污染等因素,且微量物证大多数无形态特异性质,难以进行同一认定。现代仪器分析对微量物证中的结构成分测定是完全可行的。微量物证的种属性质对于缩小侦查范围、为证明案件真实情况可以发挥重要作用。在某些条件下,微量物证的种属认定,可以测定多个种属性质,具有统计学意义上的同一认定价值。

3. 推断性鉴定意见。在物证鉴定中,当受到主客观因素的制约而无法作出明确肯定或否定的意见时,为表明一种倾向或指出某种可能性,在特定情况下,只能依据客体的特征出具推断性意见。这种推断性意见,因其不确定性而不能单独作为证据作用,但其仍有一定的参考价值,可与其他证据彼此印证。

本章述评

微量物证不但种类繁杂,现场发现和提取的难度大,而且检验技术复杂,对实验室、仪器设备和检验人员的要求高。尽管微量物证鉴定在我国已发挥了一定的作用,但微量物证检验技术和微量物证的运用还很不平衡,大部分地区受资金、人才、意识等因素的制约,微量物证检验技术水平较低,实验室、仪器设备条件简陋,人员素质参差不齐。随着我国法制建设的不断完善和公民法律意识的不断增强,特别是诉讼法修改和司法鉴定机构实验室标准化建设全面开展以来,要求对微量物证进行科学鉴定的案件也因此增多,对微量物证的提取、保存、检验的要求也越来越高,微量物证鉴定正面临着新的发展机遇和挑战。

为了充分发挥微量物证鉴定的作用:(1)应当树立微量物证意识,充分认识微量物证在证明案件事实中的作用,提高现场微量物证的发现率和提取率,这是微量物证鉴定的前提条件。(2)要强化实验室的建设和管理。现阶段,司法鉴定机构资质认定已成为准入条件,从事微量物证鉴定的实验室须加强质量建设和管理,通过认证认可和自身建设来确保检验结果的公正性、科学性和准确性。(3)要完善微量物证分析仪器配备,由于现代大中型仪器设备价格昂贵,仪器设备的资源共享可在资金受限的条件下实现资源的优化。(4)要加强对微量物证的数据库和样品库的建设和共享,微量物证样品库和数据库的建立是一项基础性工作,由于实务部门工作压力大,高校和研究院所在这一方面应充分发挥其作用。(5)还要实现微量物证检验方法的标准化,微量物证的检验方法多为规范性、步骤性和人机要求很高的方法,须全国性地纳入标准化建设,才能保证和提高检验结果的准确性和采信度。

思考题

案例1:拿破仑一世殁于圣赫勒拿岛,其死因众说纷纭。在拿破仑死去150年后,科学家通过一名忠诚的侍卫出于虔诚之心珍藏的一绺拿破仑头发,以现代仪器分析技术发现其头发中砷含量高。这一发现为解释拿破仑的死因之谜提供了新的证据。毛发是人体微量元素排泄的主要途径,根据现代化的仪器分析检验技术,可以精确地测定一根头发的每一个微小区段中各种微量元素的含量。

案例2:2011年,美国和加拿大的中文媒体曾广泛报道和关注了一桩扑朔迷离的"铊谋杀案"。一位王姓华裔电脑工程师,因疑似流感症状自行前往普林斯顿大学医疗中心就诊,最终却抢救无效去世。通过检验,发现王某死于铊在体内积累的中毒。依据检验报告,联邦调查局及警方介入调查,发现其妻李某涉嫌在食物中加入放射性金属铊,以毒死正办理离婚手续的丈夫并拟造成疾病假象。神秘的放射性金属"铊"因该案成为网上热点话题。

案例3:2008年,江苏苏州市发生一起碎尸案,在案件的侦查过程中,死者头上和身上的黑色物质成为专案组关注的焦点。通过检验,确定该黑色物质为油漆类涂料,虽然只确定了该黑色物质的种类属性,但通过该物证为判断原始现场提供了依据,发现了第一现场,并成功侦破该案。

针对以上案例,回答以下问题:

1. 微量物证有何特点?
2. 通过案例1、2解释微量物证鉴定的科技属性?
3. 通过案例2、3概述微量物证鉴定的作用?
4. 通过案例3了解微量物证鉴定中种属认定的基本内容?
5. 案例1为解释拿破仑的死因之谜提供了新的证据,但并未形成定论。通过该案例认识对微量物证鉴定意见的审查评断。

第二十一章 声像资料司法鉴定

> **本章概要**

本章主要包括声像资料的概念及其分类和特点,声像资料司法鉴定的概念、技术方法、基本内容及鉴定事项,声像资料司法鉴定意见评断等内容。学习本章内容,应当了解声像资料的分类和特点,掌握声像资料司法鉴定的概念、方法及其运用,理解声像资料司法鉴定的基本内容和鉴定意见评断,熟悉声像资料司法鉴定所涉及的相关鉴定事项。

第一节 声像资料司法鉴定概述

一、声像资料的概念

声像资料,一般情况下,也称为视听资料,是指以声音和图像形式证明案件事实情况的证据材料,包括录音、录像、照片、胶片、光盘、手机、MP3、计算机及其他通信工具等高科技设备存储的材料等。

声像信息在现代社会应用日益普及,声像资料除了个人娱乐外,已广泛运用于商业、企业、执法、司法等专业领域。比如银行、高速公路、居民社区、超市等商业、民用、公安系统广泛安装了现代监控设备,通过采集大量的视(音)频资料进行实时安全监控,防止可能发生的违法犯罪活动,保证正常工作秩序和安全管理。这些监控资料以其记录和存储的声音、照片和视频等形式准确生动地记录了案件的发生情况,还原案件发生的过程,将与案件有关的场景、音像、过程等情况真实、生动地呈现在人们面前,为还原案件事实提供了依据。

二、声像资料的分类

声像资料按照其制作主体、制作方式、制作时间以及取得方式等的不同可以进行不同的分类。

(一)按照其制作主体分类

1. 司法人员制作的声像资料。司法人员和执法人员在执法或调查中,为获取证据而依法制作的声像资料,比如制作口供录音、录像、现场勘查照片和录像等。

2. 单位或个人制作的声像资料。单位或个人为了证明某事件事实而制作的声像资料,比如签订合同、协议时制作的录音或录像,这类资料可由当事人自己制作,也可由当事人委托他人制作。通常情况下,以这种方式制作声像资料的手段和设备受到一定程度的限制,比如公民不得窃听他人的电话、不得使用窃听器材等进行声像资料的获取等。

(二) 按照其制作方式分类

1. 公开方式制作的声像资料。录音或录像是在当事人知情的情况下进行的,其对象是所有过往人员或特定人员,比如银行、交通等部门的监控系统所摄录的声像资料。这种以公开方式形成的视听资料经查证属实后,一般都可作为证据使用。

2. 秘密方式制作的声像资料。录音或录像是在当事人不知情的情况下进行的,对于这种证明材料能否作为证据使用,目前争议颇多。一般来说,由司法人员制作的声像资料比个人制作的声像资料具有更高的法律效力。

(三) 按照其制作时间分类

1. 直接声像资料。声像资料的制作与案件发生的时间同步,这类资料能直接还原案件的真实情况,具有最高可信度,比如监控设备将偷窃者的盗窃过程完整地摄录下来则属于直接声像资料。

2. 间接声像资料。声像资料的制作不是与案件的发生同时进行的,而是在案件发生后根据其他证据制作的。比如交通肇事逃逸案发后,对目击者进行的采访、录像等形成的资料则属于间接声像资料。间接声像资料的可信度低于直接声像资料,不能作为定案的证据,只能为司法断案提供线索帮助,或经查证属实后与其他证据相结合作为认定案件事实的证据。

(四) 按照其取得方式分类

1. 原始声像资料。由当事人亲自制作的声像资料,是对相关客体的声音和图像所进行的直接记录或存储的证据材料。

2. 复制声像资料。凡不是当事人亲自制作的声像资料都属于复制声像资料。包括将原始声像资料作为载体进行复制,或者是借助某些专用软件或设备剪接复制原始声像资料,这类资料可靠性低,必须经过审查核实才能作为司法证据。

三、声像资料的特点

声像资料与书证、物证等其他证据相比,具有自身的很多特点,比如物质依赖性、可储存性、准确性、直观性、易于被篡改和伪造等。

目前,以合成(拼接)为手段的伪造声像资料的现象趋于增多,且伪造工具大多为公众容易得到并掌握的音(视)频编辑软件。比如 Cool Edit、Photoshop、会声会影等应用软件,几乎可以制造出以假乱真的声像资料。由于我国关于声像方面的科学检验鉴定技术发展相对滞后,目前还缺乏系统的检验技术方法,致使司法实践中对声像资料较为难以把握和准确使用。这些伪造的声像资料若被大量地用于媒体、保险和法庭证物上,可能会直接影响司法判决的公正性,甚至严重影响到个人隐私或公众的个人意识,最终让人们失去对声像资料作为证据材料使用的信任,从而使得法律威严受到挑战,并对社会的稳定性带来负面影响。同样,在军事、政治和外交中,经过篡改的声像资料一旦被别有用心的人利用,则易引发军事冲突和外交失和;司法实践中伪造声像资料的存在及错误司法采信会让无辜者蒙冤,有罪者逍遥法外;换头照的出现更是会对个人名誉和隐私权造成巨大的损失;等等。

四、声像资料司法鉴定的概念

声像资料司法鉴定,是指具备声像资料司法鉴定资质的鉴定机构或鉴定人,依法接受委托,并运用物理学、计算机科学和数学等自然科学的原理、技术和方法及其他相关的专门知识对与待证事实相关的声像有关事项,比如录音带、录像带、磁盘、光盘、图片、手机、MP3、录音笔、计算机等载体上记录和存储的声音、图像信息的真实性、完整性及其所反映的情况过程进行专业检验、分析和判断;对记录和存储的声音、图像中的语言、人体、物体作出种类属性或同一认定并出具鉴定意见或司法鉴定文书的活动。

声像资料的鉴定主要是鉴定声像资料的真实(完整)性、客观性及其所反映的情况和过程,以及对声像中的语言、人体、物体等作出种类属性和同一的认定。认定种类属性的鉴定,其鉴定只表明检材与样本种类属性相同,或单独确定被认定客体的种属范围,不能肯定认定客体与被认定客体的同一关系。认定同一的鉴定,是运用物理学、计算机科学和数学等自然科学的原理、技术和方法,确定与案件有关的具体人或物的同一。比如,在利用录音资料作为证据材料时,可能需要证明录音资料中的声音是否为某一特定的人所发出的问题。由于每个人说话时都有自己独特的语音习惯特征,并可通过录音资料反映出来,通过鉴定可以认定录音资料中的具体语音内容是否为某一特定的人所说,从而为案件的调查和审理提供依据。声像资料中记录和存储的信息主要是以电磁方式或通过电磁方式转化为其他方式存在的,具体的记录和存储方式有很多种,鉴定时需要根据具体记录和存储信息的方法和规律进行分析,找到有证据价值的信息。这种分析通常需要借助于一定的仪器设备。比如要分辨模糊录音资料中的语音信号或模糊录像资料中的图像信号就需要一定的语音或图像处理软硬件系统去除背景噪声等。

声像资料证据是否被复制、修改,对其证明力有重要影响,也是审查声像资料证据可靠性的重要方面。实际中使用的声像资料经常是经过复制的,利用一定的软硬件工具可以在复制的过程中对复制的信息进行删除、修改和剪接等编辑处理。以录音资料为例,除了由于技术条件所限未记录下有意义的信息或无法分辨记录内容的情况外,原始的录音一般能够真实地反映实际中有关声音的情况。未经编辑而复制的录音资料,根据复制方式的不同,可能会产生不同程度的失真。失真程度严重时,会影响到对其内容的分辨,甚至失去证据价值。但在一般情况下,复制的录音资料能够真实地反映实际情况,采用数字信号记录并复制的录音资料,可以多次复制而不损失任何有用的信息。如果是经过编辑后复制的录音资料,虽然其中包含具有价值的信息,但录制的内容可能被人为改变而不能反映事件发生时的真实情况,其证明力将会大大降低。当然,对于录音资料是否曾经过编辑修改等,可以通过鉴定解决。

由于声像资料的可编辑性,其可信度经常受到质疑,经过后期修改的声像资料没有法律上的证据效力,应当经过相关部门的鉴定,才能确定其内容是否被伪造或处理过。为此,本书主要从技术角度阐述声像资料司法鉴定的方法。

声像资料司法鉴定的技术方法涉及的内容十分广泛,根据声像资料存储形式的不同,可分为模拟信息资料司法鉴定(简称模拟信息鉴定)和数字信息资料司法鉴定(简称数字信息鉴定);根据鉴定对象的不同,可分为语音资料司法鉴定(简称语音鉴定)和图像资料司法鉴定(简称图像鉴定)。

声像资料的真实性鉴定是目前我国司法鉴定领域的技术难题,特别是经过数字技术编辑处理过的声像信息精度高,采用常规声像鉴定技术方法难以发现其编辑改动点。

第二节 声像资料司法鉴定的技术方法

根据现代科技发展和当前司法实际工作中的应用情况,以下按照鉴定对象的不同对声像资料司法鉴定的方法加以阐述。

一、语音资料司法鉴定的方法

声纹(voiceprint)是指通过声谱仪(语音学将其称为语图仪)显示的、并携带有言语信息的语音声波图谱的通称,语音学中将其称为语图,法庭科学中通常称之为声纹。声纹鉴定(voice identification)是指通过声谱仪对未知人语音材料(检材)与已知人语音材料(样本)的语音学特征进行检测比对和综合分析,以作出是否同一的判断的过程。

语音鉴定主要采用声纹鉴定法。声纹的鉴定对象是所有的可以证明案件真实情况的语音材料。其基本方法可以概括为"听、看、测"三个字,即采用听觉评价、视谱比较、定量比较的方法进行鉴定。声纹鉴定的具体方法综合为以下主要方面。

(一) 语音剪辑的检验和鉴定

语音剪辑的检验和鉴定可以从语音内容的连贯性和声纹形态分析两方面进行。

1. 语音内容的连贯性。正常的语音内容所记载的说话或对话所表达的意义具有连贯性或有呼应关系。而删除、添加和编辑等剪辑部位前后话语所表达的意义会发生突然变化，逻辑不连贯，出现"前言不搭后语"现象。

2. 声纹形态分析。声纹形态分析，是指同时利用听辨、视谱进行声纹分析。早期实践中使用的是通过各种录音机、录音电话及摄像机录制的盒式、微型录音带和录像带。当使用一般录音机进行剪辑时，要使用录音键(record)或暂停键(pause)才能添加或删除录音内容。声像资料在改编中如进行暂停、录音的一瞬间，通、断电过程均会造成电声学突然变化，波形图、振幅曲线、声调曲线都会出现能量突变现象，而这种突变在连续摄录的资料中是不会产生的。目前最可靠的方法是采用磁光法拉第效应显现这种突变。通过观察仪显现录音带的磁记录信息，并对按键形成的机械痕迹作实验分析，既可以确定录音带断点的形成，录音机按键暂停、停止的形成，也可以鉴定出录音录像是否经过剪辑、复制或其他更改以及对录制设备进行同一鉴定。

通过语音软件进行语图分析，并结合磁记录检测技术，可鉴定受检的磁带信息是否存在复制，有无编辑断点。因为在编辑录音材料时机械运动的突变，比如录音机的抹音头、录音头与磁带接触、脱离位置的突然变化和磁带运转的起动、停动变化，会产生短促的"咔嚓声"，在声纹形态上表现为短促的噪音现象；此外，若剪辑过程是在不同环境、场合下进行，或利用另外的录音机、录音带，则还会产生相应的环境噪音、磁带噪音、录音机噪音等，通常会在语音分析软件的语图中显现背景噪声不一致，并在修改剪辑处出现能量突变断点。

对语音资料的原始性进行鉴定，还可配合数据恢复技术和还原档案文件资料来发现原始文件及修改情况。比如用录音笔记录的语音文件，大多有专门的记录格式或排列序号，修改后的格式或序号排列同原始文档难以吻合，利用原记录设备进行试验可发现修改痕迹，即便没有专门排列，在文件属性中也有文件的创建、修改和访问记录。另外通过计算机或录音存储设备的数据恢复也可显现原始文件，检验有无修改痕迹。

(二) 话语者同一性检验和鉴定

话语者同一性检验和鉴定，又称话者识别或语音同一性鉴定。是指通过电声学仪器对未知语音材料与已知语音材料进行听音、视谱和语音声学特征的检测、比对，经综合分析作出说话人是否同一人的判断过程。未知语音材料通常指案件中或纠纷时形成的言语录音资料文件,常称为检材。已知语音材料通常指嫌疑人、当事人说话的录音资料文件,常称为样本。检材中可能有多个说话人,司法实践中,通常需要鉴定样本中的某说话人和检材中的某待检说话人是否为同一人。

1. 听觉鉴别。通过仔细听辨全部语音检材和样本,包括音高、气噪音轻重、鼻音轻重、喉化音轻重、变音、变调、言语中的有关方音方言、口头语、赘语、虚词、言语速成率、节奏、清晰度、流畅度、响亮度以及言语缺陷(口吃、哑嘴、大舌头等)的异同,是否伪装等进行同一性检验和鉴定。在听觉鉴别时还要注意听辨语义、词汇、语法及其表达方式的异同,最后作出相似或差异程度的评价。

2. 视觉鉴别。通过声谱仪进行频谱波形检验,仔细观察、分析语音检材和样本中相同或相近的音素、音节、语词、短语谱图的语音声学特征和声学模式,包括辅音 VOT、过零率曲线和辅音浊化现象、音渡特征(升降、斜率、趋向)、共振峰特性(共振峰阶数、频率、强度、趋向)、协同发音现象、音强曲线、基频曲线(调型、调值、调域)音节间过渡特征等,作出相似或差异程度的评价。

视谱比较往往与听辨结合进行,同时还要对听辨得到的信息进行验证、确认或否决。视谱比较时,力图选取相同的语音要素:音素、音节(字)、语词、语句及相同的上下文。

3. 定量比对。在听辨、视谱的基础上,定量检测语音检材和样本中相同或相近的音素、音节、词语、短语声学特征参量的数值,包括共振峰参量、振幅曲线参量、基频曲线参量、音节时长、长时平均功率谱参量、长时平均声调参量,进行多参量的统计比对,得出是否同一(或同一的概率)的定量评价。

通过综合分析上述话者同一性的检验情况,最终可以作出下列意见之一:认定同一;否定同一;倾向认定同一;倾向否定同一;无结论性意见。

需要指出的是,作出肯定意见的要有充分的根据,对存在的差异要给予客观、合理的解释。无结论性意见的必须是检材或样本畸变、噪音过大,或检材内容过少。如果样本存在上述问题,可重新录制或要求送检单位重新提供样本再作鉴定。作出倾向鉴定意见是由于检材、样本具备一定条件,但尚不足以作出肯定意见且又无法重新录制样本的,有条件的宜提供概率估计。

(三)语音内容辨识

检材中的语音模糊不清时,需要对检材中的说话对象进行识别,并将其说话内容翻译成书面文字,这一鉴定活动称为语音内容辨识或识别。引起语音模糊不清无法识别的主要原因包括两个方面:一是语音信号质量差,二是言语方面问题。针对语音信号质量差的情况,通常通过增强语音信号、降噪、将模糊语音段反复放音等途径进行识别;针对言语方面问题,从语音学或者聘请理解方言的辅助专家辨识等角度进行识别。

实践中，要求将模糊不清的说话录音内容，具体地辨识出来。录音的内容是语音证据的重要方面，可起到书证的作用，它关系到证据的价值。

通常语音内容辨识可以采用下列几种方法进行：(1)可利用声谱仪的重放音功能，将模糊语音段反复放音，仔细辨识。(2)根据原来所使用录音机的性能，采用更高性能的录音机或功放机放音，可改善语音的听觉效果。(3)可利用降噪器材或降噪软件改善听觉效果。听辨的同时，从声谱形态上应用语音学的语音识别方法，分辨具体的语音。

一般来说，对于声音信息大于噪音的录音，这些方法都会有一定的效果。而对于噪音大于语音的录音则显得较为困难。

在声像资料司法鉴定实务中，对于语音资料真实性（完整性）鉴定、语音同一性鉴定、语音内容辨识、语音人身分析、语音清晰化（降噪）处理、背景音分析、语音器材检验等鉴定事项可利用以上介绍的方法进行相关的检验和鉴定。

二、图像资料司法鉴定的方法

(一)图像真伪检验和鉴定

1. 传统方法。图像鉴定最原始的方法有：(1)观察分析法。检验技术人员通过对照片的观察，根据其经验分析确定其内容是否存在删改与添加。该方法简单快捷，一般是检验的第一个步骤。比如手工制作的伪造图像是利用各种暗房技术，通过局部改变曝光量、改变显影时间或温度，用工具对底片或照片进行修整、滤光、拼接、叠加等，直接对原始图像进行后期加工制作而成。这种篡改、伪造图像常常留下信息不连续与图像质量差、转换不协调等痕迹。如华南虎照片事件。这类手工制作的伪造图像由于需要进行局部曝光、多次反转等操作，因而画面中会出现颗粒较粗、反差较大、色调变化不均匀等现象。同时，由于采用局部遮挡、图像拼接等方法，在局部图像之间也会出现边缘轮廓不清晰或轮廓分界线清晰等特征。因此，通过仔细观察比对，综合分析照片画面质量、画面连续性、背景与主体信息一致性以及光照方向等因素，可检验发现篡改痕迹。(2)了解照片来源信息。对于数码相片形式的图像资料，首先需要了解照片来源信息。司法人员可以要求个人提供相应数码照片的原始存储介质，比如数码相机及其配套的可移动存储卡。这是因为存储卡上的数据绝大多数是在数码相机拍照时写入的。原始照片上隐含的照相机储存的档案资料，可通过专门软件进行发现提取，若照片经过伪造修改，隐含信息资料会显示修改状况或无拍摄状况的信息，扫入电脑的照片也没有档案信息。由此可见，原始存储介质的提供对鉴定人员作出科学准确的鉴定意见来说是非常必要的。

2. 数字图像取证方法。当篡改和伪造的蛛丝马迹很难从照片画面上直接看出时，就需要进一步采用数字图像取证技术进行鉴别。数字图像取证技术是通过对图像统计特性的分析来判断数字图像内容的真实性、完整性和原始性,也就是判断数字图像从数码相机拍摄以后有否经过篡改的技术。它是计算机取证的一个分支,是对源于数字图像资源的数字证据进行确定、收集、识别、分析以供法庭采信的过程。

从现有的数字图像取证类型来看,数字图像取证技术包括主动取证和被动取证两种,它们都可以对图像是否经过了篡改进行认证,但是各自有着不同的应用领域:(1)主动取证技术。数字图像主动取证即采用数字水印技术,数字水印是一种利用数字作品中普遍存在的冗余数据和随机性把版权信息嵌入在数字作品本身中,从而起到保护数字产品版权或完整性的技术。其应用领域包括版权保护、图像完整性认证和图像所有者认证等方面。理想的水印方案应该是只有版权所有者才可以加载水印,其他任何人都可以对其进行验证的水印方案。用于图像认证方面的数字水印主要是脆弱性水印,它是事先在图像的空域或者频域中嵌入易碎水印信息,图像经过传输后再提取水印信息,通过判断水印信息是否完整来判断图像在传输过程中是否受到了篡改。因此,数字水印应用在图像取证方面需要有两个前提条件:一是要求拍摄照片的数码相机带有自动嵌入水印的功能;二是必须要求和假设嵌入的水印不能被轻易去除或重新嵌入。然而,主动取证技术由于受到应用条件的限制,已经无法从根本上遏制图像篡改的情况。为了克服这种局限性,需要寻求一种在没有嵌入水印信息的前提下,也可检测图像是否存在篡改现象,即被动取证技术。(2)被动取证技术。数字图像被动盲取证技术是指在不预先向取证资料中嵌入水印等标识的情况下对图像资料的真实性、完整性和原始性进行认证的技术。尽管伪造技术较高的图像在视觉上不会引起人们的怀疑,但是篡改过程不可避免地会引起图像统计特性上的变化,盲取证技术主要依靠被篡改图像自身的特性进行检测,提取区别正常图像和篡改伪造图像的特征向量,来判断图像的原始性,真实性和完整性。该技术对资料拍摄前端无特别要求,实用性强,具有广泛的应用领域,可以针对几种常用的图像伪造手段进行检测,比如同一幅图像复制粘贴检测、图像双重JPEG压缩检测、图像几何形变的重采样检测和数字图像伪造边缘模糊处理等。

(二)图像画质处理

图像画质处理主要采取图像增强技术。在不考虑图像质量下降的情况下,只将图像中感兴趣的特征有选择地突出,或衰减某些不需要的特征,使图像与视觉响应特性相匹配。图像增强技术根据增强处理所在的空间不同,可分为空域法和频域法。前者把图像看成一种二维信号,主要是对图像中的各个像素点进行操作;而频域法是一种间接增强技术,是在图像的某个变换域内对图像的变换系数值(如傅里叶变换、DCT变换等的系数)进行某种修正,再进行反变换,从而得到处理后的图像。

(三) 人身特征检测

人身特征检测需要用到图像分割、模式识别技术。在图像鉴定中，由于单幅图像上可用信息有限，图像信息鉴定的效果也将受到极大的限制并具有局限性。特别对于分辨率较低的图像来说，要准确分析图像人物身份、提取人物面部特征等信息，则难度更大。

静态图像和动态图像（视频）作为图像资料的两种形式，两者特点具有显著区别：一是视频能够以动态图像的形式客观地反映一段时间内事物运动变化的全过程；静态图像只能反映出某一时刻客观事物的状态。二是视频在记录存储和再动影像时，能够客观地同时记录、存储和再现同期录音，一次形成音像合一的记录；静态图像则只能记录和再现影像，不能同时记录和再现同期声音。三是视频经过编辑加工不仅能够改变影像的相互空间位置和内容，而且能够在形式上改变事物运动变化的先后顺序和相互时间关系；静态图像的后期处理只能改变影像的相互空间位置和内容，不能改变事物运动变化的先后顺序和相互时间关系。

动态图像区别于静态图像的这些特点，在图像检验、鉴定中具有特别重要的意义。视频序列每秒 25 帧，这些序列图像可能是多个传感器对一个场景的不同成像，也可能是一个传感器在一段时间内对同一场景的多个成像。序列图像中含有大量相似而又不完全相同的信息，若能有效提取其中附加的空域、时域信息，进行人物对象建模，在有效消除背景干扰噪声的同时，还可以获得优于单幅图像处理的人物面相特征的识别效果。

在声像资料司法鉴定实务中，对于图像真实（完整）性鉴定、图像客观性鉴定、人像鉴定、监控录像鉴定等鉴定事项可利用以上介绍的方法进行相关的检验和鉴定。

第三节　声像资料司法鉴定的基本内容

声像资料司法鉴定的基本内容主要包括以下几个方面：声像资料客观性审查、声像资料关联性审查、声像资料真实性审查、声像资料分析鉴定和声像资料采集设备的审查。其中真实性审查主要针对原始性和同一性进行，而分析鉴定的内容主要包括语音增强、语音人身分析、图像增强、图像人身分析、噪声分析、内容辨识等。这也是声像资料司法鉴定的鉴定事项应涉及的相关内容。

一、声像资料真实性审查

真实性审查是指声像资料司法鉴定中主要针对声像资料内容的真伪进行的鉴定。该方面的审查主要从技术层面上对资料进行分析，由具有资质的鉴定机构或鉴定人按照委托机构或委托人的鉴定要求(或通过司法机关指派或者聘请相关领域专家),对所提供的声像资料进行检验,包括数据是否有被修改、添加、拼接等伪造的痕迹。

当前记录和存储声像资料的载体形式呈现多样化的发展趋势,与以往以磁带为主的传统记录和存储方式不同,目前更多的声像信息是以数字文件形式记录并储存于各种现代化的电子设备和计算机中。声像资料载体形式的日益智能化和操作简便化,丰富了其鉴定的范围和对象,同时也加大了司法鉴定的难度和复杂度。在进行声像资料司法鉴定时需要遵守相关的技术规范和有关规定,针对模拟信息和数字信息不同的特点,提取有证据价值的信息。

声像资料真实性审查的具体鉴定内容包括以下几个方面:

(一)原始性鉴定

声像资料原始性鉴定主要指资料的原始性和完整性检验,即确认声像资料是否存在删除、添加、复制、编辑等篡改情况,以确定该声像资料是否具有司法诉讼证据的应用价值。

实际中使用的声像资料经常是经过复制的,利用一定的设备可以在复制的过程中对复制的信息进行删除和修改处理,特别是数字声像资料,经过一些音视频编辑软件的处理,几乎可以达到以假乱真的程度。对于声像资料是否曾经过编辑修改,必须通过司法鉴定从技术上予以辨别。

(二)同一性鉴定

同一性鉴定是指运用物理学、计算机科学和数学等自然科学的原理、技术和方法,对声像资料中所涉及的人或物的身份进行的分析、比对和判断,确认资料内容与案件事实相关物体、人物的同一性。主要包括语音识别和图像识别两方面。

1. 语音识别。对录音资料的语音(通常为检材)与已知人物的语音(通常为样本)进行比对鉴定,以确认录音资料中某语音与已知人物的语音是否同一。由于每个人说话时都有自己独特的语音习惯特征,并可通过录音资料反映出来,通过鉴定可以认定录音资料的具体内容是否为某一特定的人所说,从而为案件的调查和审理提供依据。

2. 图像识别。对录像带、光盘等载体所记录的人物图像特征进行分析、比较和判断,以确认人物身份等。例如,根据视频监控资料寻找犯罪嫌疑人,或确定某已知人物的身高、体态、面容是否与某人及其图像相同。

二、声像资料分析鉴定

声像资料凭借动态记载信息的特点起到案情证明的作用,在很多情况下,司法人员需要通过对保存的信息进行分析,揭示声像资料记载的信息与案件事实相联系的特征,才能发挥证明作用。如电话勒索录音不仅可以作为嫌疑人实施犯罪行为的证明,其背景音的存在,还可能为公安人员缩小营救人质范围提供帮助。这种对于声像资料的分析经常要借助于一定的仪器设备。特别是针对模糊的语音材料和录像资料,必须进行专门的处理来增强语音或画面清晰度,以分辨并提取其中包含的有用信息。分析鉴定的内容主要包括语音增强、语音人身分析、图像增强、图像人身分析、噪声分析、内容辨识等。

（一）语音增强

语音增强就是对受噪声污染的语音信号、较弱的语音信号、言语内容听辨不清的声像资料,采用一定的技术手段对录音进行处理,提高语音的信噪比,从而达到能够听辨清楚言语内容的目的。语音信号是人类传播信息和感情交流的重要媒体,人们在语音通信过程中,不可避免地会受到来自周围环境和传输媒介引入的噪声,也会遇到通信设备内部电噪声,甚至其他讲话者的干扰,严重的情况下会完全掩盖关键及感兴趣语音。因此,对收听者而言,语音增强的目标主要是提高系统的识别率和抗干扰能力,改善语音质量,增强语音可懂度。

（二）语音人身分析

语音人身分析就是根据录音中的谈话内容对未知说话人的性别、年龄、方言、文化水平、职业,甚至身高、体态等特点的分析推断,从而为侦查破案提供范围和方向等线索。

（三）图像增强

图像空间分辨率是图像质量评价关键性的一项指标,也是图像应用中举足轻重的一个参数。要对声像资料的信息进行科学分析,揭示其记载的信息与案件事实相联系的特征,就会对录像资料的分辨率、画质清晰等有一定的要求。然而目前许多成像系统,如红外成像仪和CCD照相机等,在采集图像过程中,受其固有传感器阵列排列密度的限制,图像的分辨率不可能很高。此外光学系统的像差、大气扰动及系统噪声等因素也会造成图像的模糊和变形。轻者表现为图像不干净,难于看清细节,重者表现为图像模糊不清,甚至连概貌都看不出。因此,需要对图像进行增强处理,改善图像的视觉效果,将原来不清晰的图像变得清晰,或针对给定图像的应用场合,有目的地强调图像的整体或局部特性,扩大图像中不同物体特征之间的差别,以满足某些特殊分析的需要。

（四）图像人身分析

图像人身分析重点在于从图像或视频画面中提取嫌疑人的外貌静态特征,包括身材形态特征、面部特征、脸型特征、五官特征以及其他如胡须形态、伤痕特征等。比如在银行监控系统中,通过监控画面锁定目标,确定人物的身高、体态、发型、面部正面或侧面轮廓等信息,进而产生嫌疑人近似照片,为侦查工作提供方向,提高侦查效率,或为相关案件的司法鉴定提供较为符合要求的检材图像,以便与样本图像进行比对和分析。

（五）噪声分析

对录音和录像中的噪声源的类型，比如录音中的各种环境噪音（门声、桌椅移声、电扇声、打字机声、风雨声、鸟鸣声、汽笛声等）进行分析，以确定案发现场的地点、环境特征等。

（六）内容辨识

听辨录音资料中谈话者语音文字内容，整理相关人士在事件中用语言表达的思想内容，以及从录像资料或背景图像中提取有关案件的线索信息。

三、声像资料采集设备的鉴定

声像资料采集设备的同一种类认定，也是鉴定的一项内容。其认定内容有两种情况：(1) 对声像资料载体进行种类属性、范围等的认定，比如通过检验录音带或录像带的制作材料，确定其属于哪一种录音带或录像带，或者确定其是否与案件中涉及的录音带或录像带属于同一种类，为查明案件事实提供依据，或者为判定假冒伪劣音像制品提供依据；(2) 对声像采集设备进行种类属性认定，比如通过对录音带或录像带的检验，确定制作其的硬件设备种类、牌号、厂家、产地等，为查明有关案件事实提供依据。

第四节 声像资料司法鉴定意见评断

一、声像资料司法鉴定意见评断的意义

声像资料司法鉴定意见的评断主要是在声像资料司法鉴定实施过程中，各相关环节和因素对形成鉴定意见所具有证明案件事实价值的影响的评价。比如声像资料司法鉴定意见的规范表述和文书格式，对鉴定人资格与鉴定事项适应性评断，最终结果与鉴定要求符合度的评断，对鉴定实施程序科学性、规范性的评断，对鉴定方法、技术和标准的适应性、可靠性评断，对鉴定结论的逻辑性、规范性评断等。这些在鉴定实施过程中，与案件受理范围、鉴定的具体依据、鉴定的具体执业分类、鉴定的程序、鉴定的方法以及鉴定文书的规范等紧密相关。

声像资料司法鉴定不仅包括传统的模拟式声像资料鉴定，还包括以数字式存储的声像资料鉴定。对声像资料司法鉴定意见进行评断具有下列意义：(1) 保障声像资料司法鉴定工作符合国家相关法律法规，实现司法诉讼活动有效运行。(2) 控制声像资料司法鉴定过程和结果达到一定质量水平，提高鉴定意见对案件事实的证明价值。(3) 实时发现声像资料司法鉴定过程中存在的问题，便于鉴定人或鉴定机构及时改进工作中存在的问题，防止鉴定意见与事实存

在偏差,提高鉴定的实体公正和程序公正,达到鉴定公正,从而确保司法公正。

因此,对声像资料司法鉴定意见的审查判断是整个声像鉴定活动中不可缺少的环节。评断机制是否正常发挥作用,这在一定程度上直接影响整个国家声像资料司法鉴定的质量和效率。

二、声像资料司法鉴定意见评断

(一)声像资料司法鉴定意见的规范表述和文书格式评断

声像资料司法鉴定文书是指司法鉴定机构和鉴定人依照法律规定的条件和程序,运用专门的知识和技能,对诉讼活动中所涉及的声像资料相关专业问题进行检验分析和判断后出具的记录和反映司法鉴定过程并形成鉴定意见的文书。其分为两类:(1)声像资料司法鉴定意见书;(2)声像资料司法鉴定检验报告书。声像资料司法鉴定意见书是司法鉴定机构和鉴定人对委托人提供的声像资料相关材料进行检验、鉴别后出具的记录司法鉴定人专业判断意见的文书。声像资料司法鉴定检验报告书是司法鉴定机构和鉴定人对委托人提供的声像资料相关材料进行检验、鉴别后出具的能够反映检验过程和检验结果的文书。

声像资料司法鉴定意见应通过司法鉴定文书所反映的主要内容以及格式规范形式,按照语言通顺、结构清新、逻辑性强、依据科学的要求,系统、完整、准确地表达出来,以提高鉴定意见的可信度和对案件事实的证明价值。

(二)鉴定人资格与鉴定事项的适应性评断

声像资料司法鉴定要求鉴定人应具有声音和图像处理等多方面的相关专业素养和背景知识。声像资料司法鉴定质量的高低,对鉴定人素质提出了较高的要求。因此,对鉴定人资格与鉴定事项适应性进行评断,有利于提高鉴定意见的证明价值。例如,对声音的识别,要求鉴定人员掌握或了解被鉴定对象的语言。比如东北方言、江浙方言、南方方言不相同,在鉴定时,需要鉴定人掌握相应的方言,必要时还要聘请相关领域的专家。所以鉴定质量的高低,鉴定人素质高低是一个根本的因素。

在对鉴定人员评价时,应重点考虑三个方面:(1)鉴定主体的资格和工作问题。声像资料司法鉴定的主体应该是经省级以上司法行政机构授予的具有鉴定资质的人员。(2)参加人员的技术水平和司法素养问题。参与声像资料司法鉴定人应当具备该项目必需的专业知识和技能,参与鉴定人数应当两人以上。从社会聘请的专业人员应该确保有相应的鉴定素质。(3)鉴定人及相关人员回避问题。对于与鉴定人有利害关系的案件,而依据鉴定意见所提出合理怀疑的人员应该回避。

(三)最终结果与鉴定要求的符合度评断

在声像资料司法鉴定中,对最终结果与鉴定要求的符合度进行评断,主要体现在鉴定意见中的内容表述必须与基本情况中的委托鉴定事项的要求相呼应，即最终结果只能回答基本情况中鉴定事项要求鉴定的问题，切忌答非所问。否则，便降低了鉴定意见的证明价值。

在实际鉴定中，鉴定人可能会发现或确认一些与委托鉴定事项要求无关的声像资料问题。如果这类问题与案件实质有关，鉴定人可以通过与送检机构协商，增加相关鉴定事项，同时，增加结论的内容，以有利于诉讼；如果与案件实质无关，或送检机构不同意增加鉴定事项，则只能通过其他途径进行表达，不得写在结论中；如果仅是发现了一些问题而不能确认（即未作出结论的问题），则更不得在鉴定意见中进行表述。总之，鉴定人不能随意增加鉴定事项或鉴定意见的内容。鉴定意见的最终结果应具有对委托鉴定事项要求的针对性和可适用性。

（四）鉴定实施程序的科学性与规范性评断

由于声像资料本身的特点，使得声像资料司法鉴定的实施程序相对也较为复杂，因而对鉴定实施程序的评断也比较繁杂。鉴定实施程序要做到科学性与规范性的统一，其中对鉴定实施程序可以从以下几个方面评价。

1. 取样程序的评价。在语音同一性鉴定和人像同一性鉴定中，都需要有鉴定样本。很多情况下，样本是在鉴定过程中由鉴定人员对鉴定对象进行取样获得的。同一性鉴定中，样本的好坏，直接影响鉴定的质量。取样缺乏科学性，有可能导致鉴定结论出现错误。所以必须对取样是否达到鉴定要求作出评价。例如，取样的条件是否与检材中的相关条件保持一致或相似。如果出现偏差，该偏差是否在误差许可的范围内，是否影响鉴定结论等。

2. 鉴定过程的评价。对鉴定过程的评价主要考查鉴定过程中采用的实验设备是否经校准、鉴定人员进行实验的时间、实验过程中具体检验了哪些内容或因素等。

3. 复核过程的评价。必须保障复核人员具备足够的时间且亲自参与了相应的鉴定。

（五）鉴定的方法和技术以及标准的适用性与可靠性评断

声像资料司法鉴定中，对鉴定的方法、技术和标准的适用性与可靠性进行评价是判断声像资料司法鉴定意见是否准确的主要依据之一。因此，对鉴定的方法、技术和标准的适用性与可靠性进行评价十分重要。在对鉴定的方法、技术和标准进行评价时，不仅要考虑这些方法、技术和标准是否是行业认可的或权威部门发布的，还需要考虑依据该方法、技术和标准作出的声像资料司法鉴定意见或结果从理论上是否存在瑕疵。不是行业认可以及非权威部门发布的，或在理论上存在瑕疵或具有不确定性的方法、技术和标准，以此为基础形成的鉴定结论其评价和证明价值应比较低。

(六) 鉴定意见的逻辑性与规范性评断

对于鉴定意见的逻辑性与规范性评断,主要表现在对声像资料司法鉴定文书的评价方面。对鉴定文书的评价主要是通过检查鉴定文书和鉴定意见中的语言错误、文字错误以及语义错误,从而对鉴定质量作出相应的评价和判断。具体还需要注意以下问题:(1) 鉴定意见必须以检验和分析说明部分所列的事实为依据,鉴定中通过非技术检验途径所获取的信息,不能作为形成鉴定意见的依据。(2) 附加中的图片、图谱以及复印件等必须清晰、完整并配以文字说明。特征标划要准确,标线不能交叉。比对照片必须做到一式两份,一份标明特征,一份不标明特征;检材照片置于左侧,样本照片置于右侧。(3) 鉴定意见的描述和用语必须准确,文字简练通畅,思路清晰。

本章评述

随着社会的发展以及科学技术的不断进步,特别是信息技术及其各类电子产品在经济社会各领域的广泛应用和普及,使得声像资料的获取、存储、传输、编辑、转移和利用更加便利。随着数字化技术的不断发展和应用,以及监控设备在社会各领域的广泛运用,数字音(视)频以及数字化图像的篡改和伪造变得容易,方法和手段不断更新。同时受制于光线条件等因素影响,使得监控摄录的影像模糊不清也时有发生。因此,不断思考和寻求数字音(视)频真实性、图像真实性和模糊图像还原认证的新检测技术、方法和工具,设计开发自动化、智能化的音(视)频检测鉴定系统,对于声像资料司法鉴定业务的开展、提高鉴定效率和质量具有重要的现实意义。

思考题

1. 声像资料司法鉴定的含义?
2. 语音资料和图像资料司法鉴定的方法?
3. 语音资料和图像资料司法鉴定的鉴定事项?
4. 声像资料司法鉴定的基本内容?
5. 声像资料司法鉴定意见评断的意义?
6. 声像资料司法鉴定意见评断包含的内容?

第二十二章 电子数据司法鉴定

> **本章概述**

本章主要包括电子数据司法鉴定概述、电子数据司法鉴定的技术方法、电子数据司法鉴定的基本内容及电子数据司法鉴定意见评断等。学习本章内容,应当认识电子数据的概念与特点,理解电子数据司法鉴定的任务及重要原则,了解电子数据司法鉴定的方法与基本内容,掌握电子数据司法鉴定意见的评断。

第一节 电子数据司法鉴定概述

一、电子数据

(一)电子数据的概念

电子数据是指借助现代信息技术或电子设备而形成的一切证据,或者以电子形式表现出来的能够证明案件事实的一切证据。

在当今的司法实践中,电子数据通常是由五种现代信息技术带来的,可划分为如下五种类型。

表 22-1 电子数据的主要类型

1	电话证据、电报证据、传真证据等等	现代通信技术	
2	电子文档、程序文件、系统文件以及电子痕迹(临时文件、休眠文件、系统日志、代码片段等)	计算机技术	
3	电子邮件、电子数据交换、电子聊天记录、电子公告牌记录、博客记录、微博记录、电子报关单、电子签名、域名、网页以及上网痕迹(IP地址、缓存文件、上网日志等)	互联网技术	网络技术
4	手机录音、手机录像、手机短消息、手机通话记录、信令数据、通讯痕迹	手机技术	
5	雷达记录证据、录音证据、录像证据、摄像证据、GPS痕迹	其他信息技术	

除此之外,电子数据还可以根据所蕴含的内容和所起的作用不同,划分为数据电文证据、附属信息证据和关联痕迹证据。所谓数据电文证据,是指数据电文之正文本身,即记载法律关系发生、变更与灭失的数据,如 E-mail、EDI(电子数据交换)、网络聊天记录的正文。所谓附属信息证据,是指附属于电子文件的管

理性信息（计算机系统为了管理该电子文件而自动记录的元信息），如文件创建时间、文件修改时间、文件大小、文件存储位置、邮件头信息、摘要信息等。所谓关联痕迹证据，是指用户在操作电子文件的过程中计算机系统自动产生的痕迹，如临时文件、快捷方式、日志及各种代码片段。这些痕迹对于查明电子文件的形成过程具有重要的作用。

（二）电子数据的特点

1. 虚拟空间性。电子数据离不开由电子设备和信息技术营造的特殊环境，该环境的特殊性决定了它同传统人证、物证相比具有明显的不同。不同之处首先表现为电子数据的虚拟空间性，即它通常不是实实在在的物，而是由某种信号量（包括模拟信号量和数字信号量）的方式存储着的信息。这些信息是无法用肉眼进行识别的，即使是技术专家也必须借助特定的设备或软件才能显现其内容；这些信息有着不同的解读方法，如果不按其本来的技术规则进行解读就不能得到正确的结果；这些信息通常是可以同载体相分离的，而且反复多次的精确复制不会影响其内容的准确性。总而言之，电子数据往往处在看不见摸不着的无形空间，这一环境的虚拟性决定了电子数据的一大特色。

一般而言，电子数据的载体纷繁芜杂，常见的有固定硬盘、移动硬盘、光盘、优盘、内存条、DVD、闪存、CF卡、SD卡、MMC卡、SM卡、记忆棒（Memory Stick）、XD卡等。无论是上述哪一种载体，都是人所不能直接进去的空间。假如要在这样的空间生成任何电子数据，或者提取相关的电子数据，人们必须借助高科技的电子设备（包括硬件和软件）。在这个过程中，电子设备即机器实际上就起到了一个代理的作用，当然是技术代理。对于这样一种必须借助虚拟的"机器"代理才能生成和认识的证据，人们称之为"虚拟证据"并无不妥。

诚然，电子数据的虚拟空间性绝不是说它是一种虚无缥缈的证据。它寓存于虚拟空间。单就其功效而言，电子数据则是实实在在的。

2. 系统性。系统论是20世纪30年代美籍奥地利生物学家贝塔朗菲提出的研究共同规律的理论。后来，该理论引入证据法学领域。

在当今计算机和相关电子设备中，系统是一个很重要的概念。例如，人们常说 Windows、Linux 等操作系统、Office、WPS 应用软件系统、网络系统、文件存储系统等。这些表明，在虚拟空间，任何电子数据的产生或其他行为均不是孤立的、无联系的，而是由一系列命令或程序遵循一定技术规则的综合产物。相应地，电子数据的载体不仅会记录涉案的数据电文证据，还会记录有关附属信息证据和关联痕迹证据。

3. 稳定性。国内外的大量案例表明，极少数电子数据容易被篡改或删除，更多的电子数据则难以被篡改或删除（或者对其的任何篡改、删除痕迹都能够被轻松地通过技术手段捕捉到）。如果某些电子数据（主要是冲洗出来的数码照片、打印出来的文本文档)是孤立存在的,那么存在着对其删改的较大可能性;但是绝大多数电子数据(如计算机系统、网络系统中的电子邮件、文本文件、图片文件等)都是以系统数据的形式存在着,对它们的造假几乎是不可能的,或者即使造假也是很容易被发现的。司法实践中,造假者可能会删除或变造那些简单、看得见的电子数据或痕迹,但不可能完全删除或变造那些看不见的电子数据或痕迹;他可能会删除或变造个别电子数据或痕迹,但不可能完全删除或变造案件中大量的,乃至全部的电子数据及其痕迹。

4. 多元性。我国确立了电子数据的独立法律地位,并将其作为一种单独的证据使用。而随着对这种证据使用经验的积累,人们发现这种证据往往不是单一的,而是通常与其存储载体在一起的,即数据电文证据、附属信息证据与关联痕迹证据是共同寓存于同一载体的。这样一来,人们在获取到某一电子数据如 Email、Word 文档、QQ 聊天记录等以后,还往往需要分析和提取与它们相关的形成痕迹和关联证据,如日志文件、缓存文件、临时文件、文件碎片等。这种分析和提取相当于对一个虚拟空间的现场进行勘验,以重建虚拟空间的案件事实。

有一种观点认为,应当将电子数据的载体看作一个"(现)场",通过对"(现)场"的全面勘查以发挥其最大的证明价值。"(现)场"的观念源于司法实践,并且已经被司法实践证明了具有良好的作用。司法实践中,司法人员经常通过计算机现场勘查、计算机搜查等措施对电子数据所在的"(现)场"进行调查。实际上是将电子数据的载体视为一种"证据集中"的场所进行勘验、搜索和检查,体现其多元性。

二、电子数据司法鉴定

(一) 电子数据司法鉴定的任务

电子数据司法鉴定是一种新型的鉴定。它既属于法科学鉴定的一种,也需要借助信息科学的知识,同时它还是司法证明的重要手段。因此,电子数据司法鉴定是基于证据学、法科学鉴定学、信息科学的交叉性知识,是依法对涉案存储介质及其中数据作出专业性判断所提供鉴定意见的活动。

从本质上讲,电子数据司法鉴定是由鉴定人对有关电子数据的专门性问题作出的检验和判断。

从这个意义上说,电子数据司法鉴定的法定任务大体上包括两种:(1) 帮助司法人员查明案件中存在着什么样的电子数据;(2) 帮助司法人员判断这些电子数据是否是真实的,或者反映了什么样的案件事实。其中,后一任务当属电子数据司法鉴定的关键。

（二）电子数据司法鉴定的原则

1. 不污染检材的原则。防止检材在鉴定过程中受到污染不仅仅是科学活动的基本要求，也是法律追求真实性的体现。这一原则已然成为国际普遍认可的要求。例如，计算机证据国际组织（IOCE）提出的检验工作指南中就明确要求在检验实施前要充分考虑反污染的预防措施，使用的所有设备、取样材料、存储和运输容器都应该是新的，最好是一次性的，或者使用前后经过彻底清洁[1]等要求。

2. 特别保密的原则。司法鉴定机构和司法鉴定人应当保守在执业活动中知悉的国家秘密、商业秘密，不得泄露个人隐私。未经委托人的同意，不得向其他人或者组织提供与鉴定事项有关的信息，但法律、法规另有规定的除外。电子数据司法鉴定更应坚持此原则。由于存储介质中数据的信息量往往十分巨大，它们既可能是涉案的数据信息，也可能是与案无关的数据信息；既可能是涉案人本人的数据信息，也可能是案外人的数据信息。因此，不仅要对涉案的数据信息、本人的数据信息进行保密，还要对非涉案的数据信息、案外人的数据信息进行保密。

第二节 电子数据司法鉴定的技术方法

一、镜像复制方法

镜像复制是一种精确复制，它是指在只读条件下使用专用设备或软件，利用位对位单向复制的原理，对原盘中的数据进行全面、无损的复制。

镜像复制时，一般还要同时计算原盘和复制件的哈希值。[2] 通过比对原盘和复制件的哈希值，可以确保其中数据的一致性。可见，带哈希值校验的镜像复制具有两个功能：（1）唯一性地固定原盘中的全部数据。（2）制作一份与原盘数据完全相同的复制件。

二、条件搜索方法

条件搜索是指通过设定文件类型、时间范围、关键字词等条件，搜索并定位符合条件的数据。为了从硬盘中找到涉案数据，我们往往可以采取各种搜索方

---

[1] IOCE：Guidelines for Best Practice in the Forensic Examination of Digital Technology，原文参见IOCE 官方网站 http://www.ioce.org/fileadmin/user_upload/2002/ioce_bp_exam_digit_tech.html，访问日期：2013 年 10 月 20 日。

[2] 哈希值是一段数据唯一且极其紧凑的数值表示形式。通过哈希算法（如 MD5、SHA）可以将任意长度的二进制值映射为固定长度的较小二进制值，这个小的二进制值称为哈希值，俗称"数字指纹"。由于任一比特位的数据变化都会引起哈希值的极大变化，因此哈希值能够反映任意一段数据的完整性和唯一性。

法,如直接浏览、Windows 搜索、条件搜索、专门性工具搜索。在鉴定实践中,条件搜索的方法尤为常用。

数据搜索是数据分析的基础,也是整个鉴定得以顺利开展的基础。数据搜索为数据分析提供素材,数据分析为进一步数据搜索提供导向。通过交互地进行数据搜索与数据分析,可以全面挖掘与案件相关的各种数据。

三、数据恢复方法

数据恢复工作是一项系统性很强的工作,应当从整体上进行把握。根据数据恢复对象所处层面不同,可以将数据恢复分为索引层面的数据恢复、文件层面的数据恢复、碎片层面的数据恢复。

1. 索引层面的数据恢复。如果因硬盘主引导记录(MBR)、分区引导记录(DBR)、文件目录表(FDT、MFT)等索引信息遭到部分破坏而导致文件丢失,我们可以通过修复索引信息来恢复文件。我们将这类恢复称为索引层面的数据恢复。

在这类恢复中,电子文件本身的数据内容并没有遭到破坏,而仅仅是电子文件的索引信息遭到破坏。索引信息是查找、定位、管理电子文件的重要信息,索引信息破坏会引起电子文件读取出错。

2. 文件层面的数据恢复。如果因索引信息无法修复或完全丢失(如分区格式化)而导致文件丢失,我们可以通过查找文件签名等方法来恢复文件。我们将这类恢复称为文件层面的数据恢复(鉴定实践中,有人形象地称之为"文件挖掘")。

在这类恢复中,电子文件能否成功恢复既取决于能否用文件签名等方法找到文件数据,也取决于找到的文件数据是否连续存储、是否完整等。

3. 碎片层面的数据恢复。如果文件索引信息无法修复或完全丢失,而找到的文件数据又是不连续存储或不完整的,这样的文件数据我们称为文件的"碎片"(或者说代码片段)。将文件的"碎片"还原成文件的原貌或原有内容,我们称之为碎片层面的数据恢复。

根据碎片情况的不同,我们会采取不同的恢复方法。将若干段碎片重新拼凑回原来的文件,我们称之为"碎片重组"。将不完整的文件(其实是一块"大"碎片)修复成能够打开的文件,我们称为"文件雕刻"。不管如何,碎片层面的数据恢复是十分考验鉴定人员技术水平的工作。

四、密码破解方法

密码破解是指通过破解或移除加密文件的口令或密钥,以获得加密文件的密码或内容的过程。

司法实践中,较为常见的加密文件有:Word、Excel、PowerPoint 文档文件、WinRAR、WinZIP 压缩文件、PDF 文件,等。此外,还有 Windows 操作系统密码。

常用的密码破解软件有:"美亚网警"文档解密系统软件、彩虹表(Rainbow tables)、PRTK(Password Recovery Toolkit)、PARABEN Decryption Collection、ELCOMSOFT 密码破解工具集、DNA(Distributed Network Attack)分布式密码破解软件,等等。

五、系统仿真方法

系统仿真是指利用虚拟机原理,在不需要原计算机硬件设备的情况下完全仿真运行涉案硬盘中的操作系统。系统仿真的核心价值在于提供了一个与目标计算机系统完全相同的虚拟系统环境。有了仿真的"数据现场",电子数据的实验分析、动态数据调查及案件事实重演等才能得以顺利开展。

第三节 电子数据司法鉴定的基本内容

一、计算机鉴定、手机鉴定和其他电子设备鉴定

根据电子数据的检材类型不同,可以将电子数据鉴定内容分为以下三类。

1. 计算机鉴定,包括对台式机硬盘、笔记本硬盘、移动硬盘、服务器硬盘及其相关设备进行鉴定。虽然这些介质的型号、容量可能不尽相同,但是它们的存储原理是基本相同的。目前大多数硬盘都采用 FAT、NTFS 文件系统,有些服务器可能采用 EXT2、EXT3 等其他文件系统。

2. 手机鉴定,包括对手机机身、SIM 卡及存储卡进行鉴定。手机鉴定一般是利用专业设备对手机机身、SIM 卡及存储器中的数据信息进行提取与恢复,以获得手机、SIM 卡的基本信息以及用户的通话记录、短信记录、上网记录、通讯录、照片、音视频文件等资料。随着无线通信及智能终端技术的不断发展,手机终端与计算机终端在功能上不断趋同,手机正在"微型计算机化"。

3. 其他电子设备鉴定,包括对 U 盘、MP3、软盘、光盘、打印机、扫描仪、数码相机、摄像机等在内的其他各种电子设备的鉴定。

二、注册表鉴定、软件功能鉴定、数据库鉴定、电子文档鉴定、电子邮件鉴定、聊天记录鉴定、操作痕迹鉴定及代码片段鉴定等

根据电子数据的数据类型不同,可以将电子数据鉴定内容分为注册表鉴定、软件功能鉴定、数据库鉴定、电子文档鉴定、电子邮件鉴定、聊天记录鉴定、操作痕迹鉴定及代码片段鉴定等。

注册表是 Windows 系统中用于存储操作系统和应用程序的各种设置信息的系统数据库。通过检验注册表的信息可以发现计算机配置信息及曾经发生的计算机行为。应用软件是能够实现各种特别功能的程序集合。应用软件虽不是数据的实体信息,但能够实现特定的软件功能。数据库是根据某种数据结构组织起来用于集中存储数据的集合。数据库一般记录了与案件直接相关的实体信息。电子文档是记录文字、图片等信息的电子文件。常见的电子文档如 Office 文档、WPS 文档、PDF 文档、JPG 图片等。电子邮件是通过网络实现发送和接收文字、图像、声音等信息的电子信件。电子文档和电子邮件记录了大量的实体信息,它直接体现了使用者的意思表示,具有十分重要的证据价值。聊天记录是即时通讯软件(如 MSN、QQ、Skype)所记录的双方或多方通信的具体内容。这些通信内容往往直接或间接反映了通信双方的主观意思和客观行为。操作痕迹是计算机用户在操作文件过程中所遗留的各种记录,如操作系统的日志信息、安全审计信息;网页的缓存文件、Office 文档的临时文件;虚拟内存和休眠文件中的数据记录。这些痕迹记录对于判断文件的形成过程往往具有重要作用。代码片段是各种电子文件在被删除、破坏后遗留的残余数据。通过分析代码片段可以一定程度上还原原有文件或计算机行为。

三、情况型鉴定、同一型鉴定和溯源型鉴定

根据电子数据的鉴定原理不同,可以将电子数据鉴定内容分为情况型鉴定、同一型鉴定和溯源型鉴定。

(一)情况型鉴定

情况型鉴定是指对计算机系统的情况进行检验分析,判断其中是否存在与案件相关的信息。它既包括对计算机系统的整体状况进行鉴定,也包括对计算机系统中的数据情况进行鉴定。

1. 系统状况鉴定。系统状况鉴定,包括硬件系统鉴定和软件系统鉴定两个部分。硬件系统鉴定,即对计算机系统的组成硬件设备的运行情况及性能进行检测。软件系统鉴定,即对计算机系统中安装的操作系统、应用软件的运行情况及安全性、可靠性进行评测。如,软件系统是否存在缺陷以及其是否影响涉案数据的正常形成。另外,某些纯正计算机犯罪[1]中,需要对计算机系统本身的受破坏程度进行鉴定。

---

[1] 在纯正计算机犯罪中,既以计算机或计算机网络为工具,又以计算机或计算机网络为破坏对象。如,黑客攻击等。非纯正计算机犯罪中,一般仅以计算机或计算机网络为工具,不以破坏计算机或计算机网络为目的,而以实施其他犯罪为目的。如,网络诈骗。

2. 数据情况鉴定。在案情不明的情况下,委托人通常需要鉴定机构帮助判断存储介质中是否存在涉案数据。在该类案件中,鉴定人员实际上是帮助委托人在硬盘等存储介质(数据现场)中调查是否存在涉案证据,鉴定人员兼具了"调查人员"的角色。因此,我们往往把这类案件称为"调查型"案件。

当然,在涉案数据较为明确时,委托人也可能仅需密码破解、文件恢复等专门的技术服务。

(二) 同一型鉴定

同一型鉴定是指对电子数据或其反映的内容、功能等是否相同(或相似)进行鉴定。目前鉴定实践中较多的同一型鉴定有数据一致性认定、内容一致性认定和软件一致性认定。

1. 数据一致性认定。数据一致性认定是指通过计算、比对检材和样本的哈希值[①],从而得出检材与样本在数据上是否一致的结论。数据一致性认定的对象既可以是整个硬盘数据,也可以是某个文件数据,甚至是某个片段数据。它们的共同特征是:检材与样本的数据长度必须完全相同,否则不具有比较意义。注意,这里的数据并不是指人眼所识别的数据内容,而是指存储形态下的二进制数据。

2. 内容一致性认定。内容一致性认定是指通过解析、比对检材和样本其数据所反映的内容,从而得出检材与样本其所反映的内容是否相同或相似的结论。比如,在知识产权领域侵权人在对网络作品进行转载时可能会通过转换编码,甚至改变文件形态(如将文本形式改为图片形式)。这时,要比对的是数据所反映的内容,而不能是数据本身。

3. 软件一致性认定。软件一致性认定大多出现在软件盗版侵权案件中。根据盗版方式的不同,具体的鉴定方法也是有所不同的。

如果是"破解"方式的盗版,即在不改变或基本不改变正版软件的情况下进行正版破解,我们往往需要比对相同文件的数量及其总数占比。如果是"抄袭"方式的盗版,即抄袭源代码并进行部分修改或设置,我们往往需要对源代码的内容进行比对并判断其相似度。当然,如果必要还应比对软件的运行界面、运行功能等各方面。

(三) 溯源型鉴定

溯源型鉴定,即电子文件的形成过程鉴定,是指通过分析涉案文件及其关联痕迹,重组并再现涉案文件的形成过程。通过鉴定电子文件的形成过程来判断电子文件是否经过伪造、篡改,这是电子数据真实性鉴定的重要方法。

---

① 通过哈希算法(目前常用的哈希算法有 MD5、SHA 等)可以将任意长度的二进制值映射为固定长度的较小二进制值,这个小的二进制值称为哈希值。

存储介质中的涉案文件及其关联痕迹、系统环境,是开展溯源型鉴定的素材。计算机是一个具有很强规律性的系统,任何一个计算机操作行为都会在系统中留下相关的痕迹记录。反言之,通过分析痕迹记录完全有可能查明文件的形成过程。

计算机系统的运行规则,是开展溯源型鉴定的根据。计算机系统的运行规则主要体现在计算机各层次内部具有严格的运行规则,各层次之间具有极高的协同性。

计算机系统大体上可以分为六个层次,即网络层、应用层、操作系统层、文件系统层、磁盘编码层、磁信息层。

从理论上讲,任何网络传来的电子数据在上述六层之中均有分布,本机上产生的电子数据则至少在应用层、操作系统层、文件系统层、磁盘编码层、磁信息层均有分布。但是,从人们可认识的角度来看,鉴定人所能了解的主要是网络层、应用层、操作系统层、文件系统层。

上述各个层次内部都要遵循特定的规则。如,网络传输要符合网络传输协议及进程协调机制;应用程序具有特定的数据处理流程及文件数据结构;操作系统具有特定的事件处理机制和数据运算规则;文件系统具有特定的空间分配规则和文件管理规则。此外,各种操作行为本身还应符合应用功能上的可操作性及用户操作习惯。

除了各个层次内部具有严格的规则约束之外,各个层次之间还必须保持协同运作。上一层的正常运行倚赖于下一层的正常运行,下一层出错会导致上一层运行失败。总的来说,各个层次之间具有一定的关联性。这些关联性,有的体现在时间顺序上,有的体现在具体内容上,有的体现在存储位置上。

第四节 电子数据司法鉴定意见评断

对电子数据司法鉴定意见的审查判断既要遵守评断鉴定意见的一般方法,也有一些特殊要求。

1. 要从形式上审查电子数据司法鉴定意见是否符合法律要求。例如,电子数据鉴定意见的鉴定机构、鉴定人是否具有法定资质;鉴定人是否存在应当回避的情形;检材的来源、取得、保管、送检是否符合法律规定;鉴定意见是否符合形式要件;鉴定程序是否符合法律规定,等等。

2. 要从实质上审查电子数据司法鉴定意见是否具有关联性、合法性、真实性及其证明力如何。就关联性而言,主要是判断电子数据鉴定意见是否有用于待证事实的证明。就合法性而言,主要是判断电子数据鉴定意见是否违反法律的强制性规定。就真实性而言,主要是判断电子数据鉴定意见是否真实可靠。

其中,电子数据鉴定意见是否真实可靠是审查的难点,这往往需要考察以下因素:(1)检材的来源是否可靠。是否有相应的取证记录、封存记录、保管记录等。电子数据获取时是否改变了原始数据,电子数据固定时是否同时固定了数据及其介质;电子数据保管时是否产生了数据的变化,等等。(2)鉴定所使用的技术方法是否系国家标准、行业标准,能否达到技术规范的要求或者得到行业的普遍认可。采用不同的技术方法,所得出的鉴定意见其可靠性是有所不同的。(3)鉴定所使用的设备和软件是否可靠。鉴定应当选择性能稳定、安全有效及能够经受检验、得到行业普遍认同的专业设备与正版软件。(4)鉴定过程中检材是否受到污染、毁损。鉴定应当优先采用无损检验,无损检验有利于重复检验。(5)分析论证的原理、依据是否充分、可靠,分析论证的过程是否符合逻辑。(6)鉴定意见的描述是否明确、准确。

至于电子数据鉴定意见的证明力如何,需要结合鉴定意见本身的可靠性、鉴定意见与其他证据之间有无矛盾及能否互相印证、鉴定意见在全案证据体系中的地位等问题进行全面的衡量,并作出合理的判断。

本章评述

任何一个电子文件的操作行为都会在其所在的计算机系统中留下相关的痕迹记录。电子数据的司法鉴定往往要基于对涉案文件及其原始载体中相关痕迹,甚至系统环境的全面分析。由于具体案情不同,电子数据司法鉴定的任务和内容往往不尽相同,因此所采用的方法也会因案而异。结合司法实践,目前电子数据的司法鉴定主要解决两方面问题:(1)如何使用技术手段找出涉案数据;(2)判断存在的涉案数据是如何形成及是否真实。随着电子数据运用的普及,后者将成为电子数据司法鉴定的主要任务。电子数据司法鉴定意见的评判,包括形式审查和实质审查。前者重点是考察这种鉴定意见是否符合法律规定的形式要求,后者重点是考查这种鉴定意见的关联性、合法性、真实性及证明力。

思考题

在一起民事诉讼中,原告提交了一封电子邮件作为证据,被告声称该证据不存在,它是原告伪造、篡改而形成。法院将原告提交的电子邮件及其原始载体移送鉴定机构,请求鉴定涉案电子邮件是否经过伪造、篡改。针对以上案例,回答以下问题:

1. 本案电子邮件鉴定属于何种鉴定?是情况型鉴定、同一型鉴定还是溯源型鉴定?

2. 假设你是鉴定人,请问可能通过哪些具体方法开展鉴定?

第五编 其他类司法鉴定

第二十三章 会计司法鉴定

> **本章概要**
>
> 本章主要包括会计司法鉴定的概念、特点、对象、作用、任务及技术方法、基本内容、鉴定意见评断等内容。学习本章内容,应当理解会计司法鉴定的概念、特点,认识会计司法鉴定对象与检验对象,掌握并能运用会计司法鉴定的基本方法和鉴定技巧,熟悉会计司法鉴定的分类、主要内容与鉴定意见评断。

第一节 会计司法鉴定概述

一、会计司法鉴定的概念与特点

会计司法鉴定与经济活动[①]、会计活动密切相关。经济活动、会计活动涉案是产生会计司法鉴定活动的前提,只有揭示出经济活动、会计活动的本质有助于发现经济活动、会计活动涉案的机理及活动规律和形成机制,认识会计司法鉴定活动及特点,确定会计司法鉴定的对象,进而有利于促进对会计司法鉴定基本方法的科学运用和对会计司法鉴定意见进行正确的评断。

(一)经济活动、原始凭证及经济事实

1. 经济活动。经济活动引起单位之间、单位内部各部门之间、单位与个人之间资金的运动和财产物资的流转以及信息的产生,形成资金流、物资流与信息流,三者各自循环又相互映照,构成交织的动态体系。在此,资金是财产物资的货币表现形式,财产物资是资金的物质承担者,信息是资金运动、财产物资流转的记录或反映形式。

经济活动中,财产/资金由起始单位(部门或个人)流转/划拨至需求单位(部

[①] 会计司法鉴定活动中,经济活动主要是指能够用货币计量的经济活动,如筹资、投资、经营和分配引起的财务活动等,所以也被称为财务活动。

门或个人),一般要经过申请→批准→执行→审核→保管→记录等环节,涉及业务关联单位及其申请人、审批人、执行人、记录人(单位)等经济活动主体及其相关单位和个人。其中,记录环节即记录经济业务的发生或完成,通过会计的原始凭证来表示。

经济活动的结果是形成经济事实,形成或取得原始凭证。

2. 原始凭证。原始凭证是在经济业务发生时取得或填制的,用于记录和证明经济业务的发生或完成情况的原始证据。理论上讲,任何单位在办理一切经济业务时,都必须由执行或完成该项经济业务的有关人员,取得或填制能够证明经济业务发生或完成的书面证明,即原始凭证,以确保单位发生的所有财务活动(经济活动)能全面、系统、连续地得以记录和反映。原始凭证中,要记录说明经济业务发生的时间、内容、数量、金额并有经手人签字或盖章,以示对该项经济业务的真实性、合法性负责。

原始凭证种类繁多、格式各异、表现多种多样,如材料入库单,工资单、购物发票、银行结算单等。理论讲,无论哪一种原始凭证,均反映着经济活动发生时的相关单位和人员、记录着经济活动发生时间、经济活动的发生过程、经济活动的内容和结果等经济事实的诸要素信息,沉淀着财产资金流转、审批、执行的轨迹。

3. 经济事实。经济活动的结果是形成经济事实。会计司法鉴定中,经济事实也称财务事实(下同)。它由起因、主体、过程、结果等要素构成。其中:(1)起因是指经济活动由谁申请、何人批准、发生的目的等;(2)主体是指即经济事实发生的当事人,如经济活动的申请人、批准人、执行者、验收人等;(3)过程和行为是指具体的经济业务执行过程,如经济活动发生的时间、地点、业务内容、发生方式等;(4)结果是指经济活动引起的资金运动、财产物资转移和债权债务发生等。

经济事实诸要素信息一般沉淀于记录经济活动发生的原始凭证中。即经济事实的信息载体是形成或取得的原始凭证。

可见,经济活动产生经济事实,经济事实诸要素信息反映于原始凭证之中。原始凭证是会计人员进行会计核算的原始资料和主要依据。

(二) 会计活动、财务会计资料及会计事实

国家机关、企事业单位,发生或完成的任何经济业务,都要通过会计凭证来表示,通过会计活动来记录和反映。会计是"共同的商业语言"。

1. 会计活动。会计活动的本质是会计人员根据原始凭证上反映的经济业务(活动)内容,用会计的语言进行记录,反映单位的财务状况、核算单位的经营成果,提供会计信息,并监督单位的经济活动合规合法性:(1)会计活动的对象。是用货币计量的经济活动,即凡是能用货币计量的经济活动都在会计核算和监督的范围内。(2)会计活动的职能。会计具有核算和监督的职能。(3)会计活

动的过程。经济活动的终点就是会计活动的始点。为确保会计核算资料的真实正确,会计活动由审核原始凭证开始(会计凭证包括原始凭证和记账凭证)。会计活动一般经过(编制)审核原始凭证→填制和审核记账凭证→登记账簿→成本计算→财产清查→编制会计报表等核算方法和步骤,记录经济业务、计算经营成果、进行日常监督和提供会计信息。会计活动由会计人员执行完成,由会计主管、单位领导进行审核和监督。(4)会计活动的结果:一是将经济活动产生的经济事实转化为财务会计事实。二是产生会计信息。如单位财务状况信息、经营活动成果(收入、成本费用、利润)信息、现金流量信息、所有者权益变得信息等。三是形成一系列财务会计资料。如原始凭证、记账凭证、明细账、会计账簿、会计报表等。原始凭证以附件的形式附于会计记账凭证之后,作为事实转化的证据。(5)会计活动的特点:① 以凭证为依据。即处理任何一项经济业务,都必须有凭证。没有会计凭证作依据的会计核算是无效的。② 完整性、系统性和连续性。完整性是指会计核算时要按照经济业务发生的时间顺序,不间断地进行记录;系统性是指核算中,从取得或编制原始凭证开始到编制会计报表完成,要逐步把会计资料系统化,最终取得综合性指标;完整性是指核算中,凡是能用货币计量的经济业务,会计都要客观真实地记录和计算,既不能遗漏,也不能任意取舍。只有这样,才能真实反映经济活动的全过程。③ 业务规范性。会计法、会计准则、会计制度、单位财务规章制度共同构成会计核算法律法规体系,不仅对会计活动对象、业务处理程序和会计核算方法有明确规定,而且规范会计确认、计量、记录和报告整个会计活动,会计人员从事会计工作必须遵守。④ 会计专业性。如会计活动主体是会计专业人员,会计核算过程要使用会计专业语言和专门的会计核算方法,遵循会计活动程序规则,最终以会计报表等方式提供会计信息。

2. 财务会计资料。财务会计资料,由经济活动、会计活动产生,是经济活动、会计活动的载体,是记录和反映经济业务、会计业务的重要证据。主要包括原始凭证、记账凭证、明细账、总账、会计账簿、会计报表等。

财务会计资料的特点:(1)综合性。财务会计资料沉淀着经济活动、会计活动的轨迹,记载着经济事实、会计事实的诸要素信息。原始凭证记载着经济活动发生时的相关单位和人员,记录着经济活动发生时间、发生过程、活动内容和结果等经济事实的诸要素信息,沉淀着财产资金流转、审批、执行等经济活动的轨迹;记账凭证、明细账、总账、会计账簿、会计报表等记载着会计活动的相关人、会计活动的时间、会计活动的内容(方式、方法)、会计活动的结果等财务会计事实信息,沉淀着会计活动的轨迹。[①] (2)固定性。财务会计资料在一定时间内保持

[①] 单一经济活动的直接结果在原始凭证中反映。经济活动的会计结果(如对单位造成的利润减少、税额的变动等)在会计信息中反映。

其内容和形式固定不变,因为它一旦形成,就具有相对的稳定性。(3)专业技术性。财务会计资料的形成具有很强的专业性和技术性。揭示经济活动与会计活动形成的财务会计事实,需要懂得财务会计专门知识的人员,按照一定的程序、用专门的方法才能解析出来,具有很强的专业性。(4)勾稽平衡性。财务会计资料相互平衡、存在着勾稽关系,能相互印证。因为,经济活动的资金运动是有规律的,遵循资金来源=资金运用的规律,同时会计遵照"有借必有贷,借贷必相等"规则编制记账凭证,按照"同时、同方向、同金额"登记账簿等,并且会计账务处理具有很强的程序性。因此,会计凭证、账簿、报表之间存在着严谨的勾稽平衡关系。财务会计资料数据牵一发而动全身,稍一改变,将失去原有的平衡。(5)差异性。不同类别的财务会计资料记录和反映的信息不同。

3. 会计事实。会计活动的结果是将经济活动产生的经济事实转化为会计事实。即会计核算活动产生会计核算事实,简称会计事实。

会计事实由会计活动的起因、主体、过程、结果等要素构成。理论上来讲,(1)会计事实的起因是发生了以货币计量的经济业务(也称财务活动),并取得了相应的原始凭证;(2)会计活动的主体是出纳、会计主管、会计、财产物资保管人员等;(3)会计活动过程应遵从会计活动的机制、遵守会计活动规范,即根据原始凭证,分类记录经济业务(包括资金的流转和财产物资的实物流转)并进行会计核算。会计核算过程中,按照内部控制制度的原理和不相容职务的分工原则,不同的会计核算程序和财产物资实物流转环节,责任人不同,遵循的工作制度和规则不同。(4)会计活动结果是形成会计事实,并以一系列相互关联,具有勾稽关系的会计资料(凭证、账簿、报表等)反映。

会计事实的实施主体、产生过程及结果信息一般沉淀于具有勾稽关系的会计核算资料中,如记账凭证、会计账簿、会计报表等。

4. 财务会计事实。财务会计事实的形成主要经由两个活动阶段:第一阶段,经济活动,该活动发生经济业务产生客观经济事实;第二阶段,会计活动,会计活动记录经济活动产生财务会计事实。可见,财务会计事实是经济事实和会计事实的叠加,是经济活动和会计活动共同作用的结果。

5. 经济活动、会计活动、经济事实、会计事实、财务会计事实、会计信息、财务会计资料之间相互关系。上述分析可知,经济活动产生经济事实,是会计活动的前因;会计活动是对经济活动信息的记录、加工和监督;会计活动产生会计事实;财务会计事实是经济事实和会计活动的叠加,是经济活动和会计活动共同作用的结果。会计信息是会计活动的结果,是经济活动、会计活动的综合反映;财务会计资料是经济活动、会计活动的载体,沉淀着经济活动、会计活动的轨迹,经济事实、会计事实、财务会计事实、会计信息反映于财务会计资料之中。它们的相互关系如图23-1所示。图中 ▨ 代表财务会计资料。

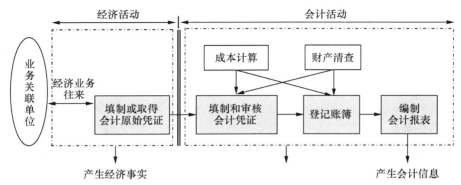

图 23-1　经济活动、会计活动、经济事实、会计事实、会计信息、财务会计资料之间相互关系

可见,解读财务会计资料信息,还原经济活动、会计活动原貌,鉴别和判断经济活动、会计活动形成的经济事实、会计事实及其二者共同形成的。财务会计事实时,既离不开其载体——财务会计资料,又需要懂得财务会计专门知识的人员、按照一定的程序、用专门的方法并综合运用相关知识才能解决,是一项专业性、技术性、综合性很强的工作。

(三)会计司法鉴定①的概念及特点

随着社会经济的高速发展,经济案件发案率呈几何式增长趋势,如贪污受贿、挪用公款、偷逃税款、证券欺诈、反倾销、洗钱案等。该类案件的共同特点是:(1)涉财。多涉及资金的流动和财产物资的转移。(2)与财务会计活动有关联。(3)作案痕迹多隐匿于财务会计资料中。因此,解读财务会计资料,查清涉案财务会计事实,不仅需要坚实的法律知识,更需要会计、审计等专业知识,具有很强的专业性。实践中,急需会计司法鉴定为该类案件提供的证据支持。

1. 会计司法鉴定的概念。它是指在办理涉及财务会计业务案件的诉讼过程中,会计司法鉴定人,运用会计、审计②专门方法对案件中涉及的财务会计事实的专门性问题进行鉴别和判断并提供鉴定意见的科学活动。

在司法实践中,会计司法鉴定意见是许多经济犯罪、纠纷案件定性的基本依据,在案件的侦查、审查起诉与司法审判过程中具有重要意义。

---

① 会计司法鉴定又称为司法会计鉴定、法务会计司法鉴定等,由于其多学科交叉的属性,研究者来源广泛,目前多为法学界、会计(审计)学界等,分别进行着理论、实务研究(高校科研部门多理论研究、实务部门多实务研究),而法律实务研究者分布在公安、检察、起诉等不同部门,进行着不同诉讼环节的该项研究,本书使用会计司法鉴定的概念。

② 审计是由国家授权或接受委托的专职机构和人员,依照国家法规、审计准则和会计理论,运用专门的方法,对被审计单位的财政、财务收支、经营管理活动及相关资料的真实性、正确性、合规性、效益性进行审查和监督,评价经济责任,鉴证经济业务,用以维护财经法纪、改善经营管理、提高经济效益的一项独立性的经济监督活动。

2. 会计司法鉴定的特点:(1) 会计司法鉴定是以财务会计痕迹为技术检验对象的一种司法鉴定。财务会计痕迹即指在财务会计活动时遗留下的各种印迹,它客观地记录和反映着财务会计活动的轨迹。而财务会计痕迹是以财务会计资料(即会计司法鉴定资料)及其他证据资料为载体的。(2) 它是以机制分析作为鉴定原理的一种司法鉴定。会计司法鉴定就是以案件中的财务会计痕迹的形成机制作为整体分析内容,通过分析有关会计要素及财务会计资料所体现的各种财务会计活动的表象指征,据以与同类财务会计的方法原理、活动规律进行比较,从而作出鉴定结论的。(3) 会计司法鉴定原理。经济运行和会计活动规律是会计司法鉴定的科学依据。

二、会计司法鉴定的对象

(一) 会计司法鉴定的对象

1. 会计司法鉴定对象

会计司法鉴定对象是指有待证需求且可鉴定的涉案财务会计事实(也称案件所涉财务会计事实)。其中,涉案财务会计事实包括涉案财务事实和涉案会计核算事实,涉案财务事实指经济活动涉案形成的事实,涉案会计核算事实是指会计活动涉案形成的事实。有待证需求是指案件中涉案财务会计事实有待证需求;可鉴定是指存在涉案财务会计资料(因为缺乏该鉴定材料,鉴定无法进行)。

会计活动形成会计核算事实;经济事实与会计核算事实叠加形成。经济事实进入财务会计过程,通常称为财务事实;财务会计事实等。实际上,经济事实是一种客观事实,并非财务会计资料所反映的事实(此事实可能真,亦可能假)。此外,在会计核算过程中有一些"资金是否入账""采取何种会计方法或程序"等纯会计核算事实,亦可能成为司法鉴定的对象。就实质来看,可能进入会计司法鉴定过程的就是这种经济事实和纯会计核算事实。

案件待证财务会计事实成为会计司法鉴定对象应当具备三个必要条件:(1) 存在财务会计事实载体——财务会计资料,即可鉴定。缺乏必要鉴定材料,会计司法鉴定人无法鉴定。(2) 财务会计事实涉案。会计司法鉴定活动起因于财务会计事实涉案。根据财务会计事实形成机理可知,涉案财务会计事实的产生有三种情况:一是经济活动阶段涉案引致;二是会计活动阶段涉案引致;三是经济活动、会计活动两阶段均涉案共同引致。(3) 有诉讼上的待证需要。司法鉴定是指诉讼中的鉴定,只有诉讼或准诉讼有待证需求才能引发会计司法鉴定。

财务会计事实、涉案财务会计事实和司法会计鉴定对象的关系见图23-2。

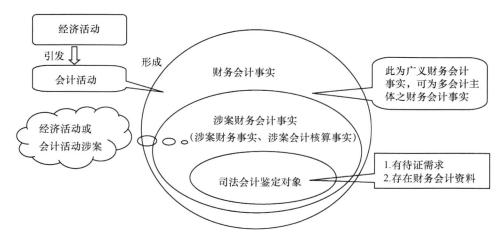

图 23-2　财务会计事实、涉案财务会计事实和司法会计鉴定对象的关系

2．司法会计鉴定对象的特点

与会计对象不同,司法会计鉴定对象具有以下特点:(1)与案件相关联,对应特定的案件,是案件事实的组成部分。(2)随案件产生,伴财务会计事实形成而生成,沉淀于财务会计资料之中。(3)可涉及多个会计主体,也可涉及单会计主体,具体数量随待证案件事实所涉会计主体数量而定。(4)是一种待证客观事实,而非财务会计资料所反映的事实(此事实可能真,亦可能假)。它或已知或未知,或待证或需确定,需通过检验、鉴别和判断(即鉴定)相关财务会计资料去揭示。

(二)会计司法鉴定的检材

1．会计司法鉴定检材。鉴定检材是鉴定对象的物质载体。财务会计资料是可鉴定的财务会计事实的主要物质基础,可鉴定的涉案财务会计事实痕迹是以财务会计资料为主要载体而存在的。因此,会计司法鉴定检材是记录着案件轨迹的涉案财务会计资料、相关资料及相关实物。其中,主要是指涉案财务会计资料。

2．会计司法鉴定检材的特点。与其他专业司法鉴定相比,除客观性之外,作为司法会计检材的财务会计资料还具有以下特点:(1)固定性。财务会计资料在一定时间内保持其内容和形式固定不变,因为它一旦形成,具有相对的稳定性。(2)专业技术性。由于财务会计资料的形成具有很强的专业性和技术性,所以解读财务会计资料更需要财务会计专门知识。(3)勾稽平衡性。财务会计资料相互平衡、存在着勾稽关系,能相互印证(详见财务会计资料的特性)。(4)差异性。不同类别的财务会计资料记录和反映的信息不同。

(三)会计司法鉴定过程的本质

会计司法鉴定的过程是以涉案财务会计资料为检验对象,以涉案财务会计事实构成要素为鉴定对象,运用财务会计等专业技术,通过对会计要素及具体内容等的审核、分析,鉴定会计司法鉴定要素及其具体内容,形成会计司法鉴定意见,为诉讼或准诉讼提供证据支持。

三、会计司法鉴定的作用与任务

(一)会计司法鉴定的作用

1. 会计司法鉴定可以为司法机关查实、审核犯罪线索和举报材料,查明事实真相,确定事件性质,为确定立案侦查或撤销案件提供科学依据。

2. 会计司法鉴定可以为办理经济案件提供线索和方向,指导办案活动。

3. 会计司法鉴定可以为办案机关和有关案件的当事人查明和证实案件中的财务会计事实问题提供科学依据。

4. 会计司法鉴定可以为办案机关和有关案件的当事人在审查和运用证据过程中提供技术帮助。

(二)会计司法鉴定的任务

会计司法鉴定的基本任务是,运用会计司法鉴定的专门知识与方法,检验、分析、鉴别和判断案件所涉及的财务会计资料及相关的证据资料,研究并解决送检部门和有关案件当事人提请鉴定的财务会计事实问题,为诉讼及准诉讼案件的处理提供科学可靠、客观真实的鉴定意见。

1. 检查、验证送检的财务会计资料及相关证据,对其反映的财务会计活动的内容进行量化分析,鉴别确认与案件有关的财务会计资料是否齐全,对经济活动过程的反映是否正确、真实和客观,并对案件所涉及的财务会计事实进行鉴别和评断。

2. 检查验证财务会计资料和相关的证据资料,发现其反映的对经济业务和会计处理方法的财务会计错误,并对财务会计错误的形态表现与结果进行具体的鉴别、分析,揭示这种错误形态与错误结果之间的关系、案件中问题账项的形成,以查明其与案件事实的关系,从而揭露舞弊行为的内容与后果。

3. 在进行检验、鉴别、分析的基础上,依据充分的鉴定资料,通过严谨的逻辑论证,对送检部门和有关案件当事人提交鉴定的财务会计专门性问题提出结论性意见,并根据检验鉴定情况及鉴定结论,制作书面文件,作为办理案件的诉讼证据。

第二节 会计司法鉴定的技术方法

会计司法鉴定方法是会计司法鉴定人在分析、鉴别涉案财务会计事实问题过程中所采用的鉴别判定方法。它包括基本方法和鉴定技巧。

一、会计司法鉴定的基本方法

会计司法鉴定的基本方法是指在会计司法鉴定中普遍适用的鉴别判定方法。主要有比对鉴别法和平衡分析法。

(一)比对鉴别法

比对鉴别法是指以正确的财务会计处理方法及处理结果作为参照客体,将其与需要检验的鉴定资料中所反映的财务会计处理方法及处理结果进行比较、对照,鉴别判定鉴定资料中的财务会计处理方法及处理结果是否正确和真实的一种会计司法鉴定方法。

鉴定原理。比对鉴别法的鉴定原理是财务会计处理方法的特定性和同一性,即财务会计的处理方法与其适用对象之间具有特定的同一对应关系。按照会计制度规定,对持续经营的同一会计主体,同一时期,发生的同一经济业务,会计处理方法必须符合会计制度规定,采用同一会计处理方法时,其会计处理结果具有唯一性。

鉴定方法及步骤。鉴定时,鉴定人可以根据鉴定资料中有关财务会计业务的内容,依照有关财务会计处理的技术标准和会计操作规范制成参照客体,同时,将需要检验的鉴定资料中所体现的财务会计处理方法及处理结果设定为比对客体,将二者进行比较,二者如果一致,则可判定鉴定资料中所体现的财务会计处理方法及处理结果是正确的或真实的;二者如果不一致,则可判定鉴定资料中所体现的财务会计处理方法及处理结果是错误的或虚假的。采用比对鉴别法进行鉴定时,大致分三步骤进行:(1)根据所需比对的内容,确定制作参照客体所适用的引用技术标准。(2)根据案件中所涉及的具体的经济业务或所需处理的会计事项及引用技术标准,设计、制作参照客体。鉴定实际中,一般将参照客体按照比对的内容制作成书面文件。(3)将参照客体按照比对的内容与鉴定资料中的比对客体逐一进行比较、对照,从而确认鉴定资料中所需检验的内容是否正确或真实。

适用范围。在会计司法鉴定实践中,比对鉴别法主要适用于涉案财务会计核算事实鉴定,如鉴别会计的确认与计量,鉴别会计分录、账户余额、会计报表项目数字和各种财务会计计算结果的正确性等。

(二) 平衡分析法

平衡分析法,是指根据资金或数据的量的平衡关系,通过验证平衡,推导并确认某项资金或数据客观情况的一种会计司法鉴定方法。

鉴定原理。平衡分析法的鉴定原理是资金运动的规律以及资金运动存在量的平衡关系。如常用静态平衡关系主要有:"资金来源总额=资金占用总额""资产=负债+所有者权益"等等;常用动态平衡关系主要有:"有借必有贷,借贷必相等""存货期初余额+本期增加额—本期减少额=存货期末余额"等等。

鉴定方法及步骤。基于资金之间及相关数据之间具有客观的平衡关系,鉴定时,鉴定人可以将需要推导和确认的某项资金量或某一数据确定为分析量,同时,将与分析量有关的资金量或数据设定为参照量,根据量的平衡关系即可以运用参照量的量值推导出分析量的量值,并据以分析和证明有关财务会计业务的真实性。依据鉴定所运用的平衡关系不同,平衡分析法又可分为静态平衡分析法和动态平衡分析法两种。采用平衡分析法进行鉴定时,可按以下步骤进行:(1)根据相应的平衡分析机制,确定需要采用的参照量的范围。(2)对财务会计资料进行检验,并根据检验结果及相关证据,确定参照量的实际量值。(3)根据相应的平衡原理,计算或确认分析量的实际量值。(4)根据求得的分析量的量值,对鉴定要求提出的问题进行分析判断,作出相应的意见。

适用范围。平衡分析法主要适用于涉案财务会计经济事实鉴定和涉案财务会计核算事实鉴定。如鉴别和判定财务会计资料所反映的业务关联单位间经济事实发生的真实性,有无虚构或漏记,鉴别和判定财务会计资料所反映的同一单位财务会计业务处理的正确性及有关财务数据的真实性等。

(三) 证据链接法

适用范围。证据链接法适用于案件事实基本查清,涉案财务会计资料已经基本收集齐全的情形。

鉴定技巧。(1)将收集到的财务会计资料,按照诉讼法、鉴定原理等予以固定,形成财务会计资料证据。(2)按照财务会计原理,将证据予以综合,并使其相互印证,形成证据链,发挥综合效力。

二、会计司法鉴定技巧

会计司法鉴定技巧主要是指在运用会计司法鉴定基本方法解决鉴定问题时,所需运用的一些技术巧门。主要有因素递减法、范围限定法、因素排除法、事实还原法等。这些技术巧门是对基本鉴定方法的必要补充。

(一) 因素递增法

因素递增法是指在鉴定过程中逐步增加分析鉴别因素的一种鉴定技巧。

鉴定技巧。采用因素递增法进行检验鉴定时，先将需要进行分析鉴别的各种因素，按鉴别分析的难易程度进行划分排列，然后按照由易到难的顺序，逐步将各个因素纳入分析鉴别的范围，如遇无法进行分析鉴别的因素，可将其在鉴定意见中进行说明。

适用范围。因素递增法适用于会计司法鉴定中遇有鉴定材料不全，或对鉴定材料的真实性、可靠性有异议等情形。

（二）范围限定法

范围限定法是指通过限制鉴定所依据的检材范围，将本应通过对较大范围的检材进行检验解决的鉴定问题，限定在较小范围的检材内来解决的一种鉴定技巧。

鉴定技巧。采用范围限定法进行鉴定时，主要是通过有选择地缩小检材的使用范围，从而有限度地解决案件所涉及的财会事实问题。检材范围的限制办法有两种：一是限制检材的种类范围。如只对直接证据进行检验，再如只对与鉴定结论相关的记账凭证和账簿进行检验，或只对记载案件事实的财会资料进行检验等。二是限制检材的时间范围。如只对鉴定事项所涉及的部分会计期间的财会资料进行检验，或只检验案发年度的财会资料等。

适用范围。范围限定法通常适用于因受鉴定时间或检材质量的限制，无法通过对较大范围的检材实施检验或无法利用对较大范围检材的检验结果作出鉴定意见等情形。

注意事项。采用范围限定法进行鉴定，所出具的鉴定意见实际上是在增加了一些假定前提下得出的，因而在鉴定意见书中必须具体说明所依据的检材范围。

（三）因素排除法

因素排除法是指在多因一果或多因多果的鉴定中，通过检验、分析和鉴别，逐步排除与鉴定意见无关的原因或结果等因素，从而确认其中一种原因或结果形成鉴定意见的鉴定技巧。

鉴定技巧。采用因素排除法进行鉴定时，首先应将能够导致某一财会后果的所有原因或某一财会现象能够导致的所有后果全部列示出来，然后通过检验、分析和鉴别财会资料及相关证据，全力排除其他原因的作用或导致其他后果的可能，最终确认导致某一后果的真正原因或某一财会现象实际产生的真正后果。

适用范围。因素排除法主要适用于对涉及财务会计事实因果关系问题进行的司法鉴定。

注意事项。采用该法进行鉴定时，必须做好两点：一是要将所有的可能性全部客观地列示出来，既不能遗漏，也不能凭主观想象随意添加。二是要将所列示的全部可能性逐一进行科学的分析，分别予以肯定或否定。如出现不能肯定其一或不能否定其他的情形时,不得作出确定性结论。

(四)事实还原法

1. 事实还原法。事实还原法是指以原始凭证记载的经济业务的发生时间为准,对会计核算资料进行调整并重新计算各期的核算结果,以还原原始凭证所反映的经济事实(注意:不是客观经济事实)和各期财务状况或经营成果真实情况(注意:不是财务会计核算事实)的一种鉴定方法。

鉴定方法及步骤。主要有两种具体方法:(1)手工还原法。采用该法计算正确的账户余额时,可分为如下几步:第一步,检验原始凭证,将不属于本期发生的经济业务的原始凭证挑出,并按实际业务的发生时间的先后顺序分别登记调入、调出账项登记汇总表,并分别计算出合计额。第二步,根据各期调入、调出账项的合计额,编制账项还原计算表。第三步,计算还原后的账户余额。第四步,验证还原结果。调整后的最后余额应当与原账户同期余额相同。(2)Excel还原法。采用该法时,可以将会计账户记录的业务(可省略摘要栏)制成Excel电子表格,同时输入每笔业务的"实际发生时间",然后按"实际发生时间"进行排序,即可得到还原后的各月账户余额。

2. 适用范围。事实还原法适用于某时期连续各月期末财务状况、经营成果的确认。

3. 作用:(1)能够还原原始凭证所反映的经济事实,发现是否按照会计制度规定序时记账,有无提前或延后记账,虚计或隐匿收入,挪用或借用资金等情况。(2)能发现经济业务的发生规律,发现有无虚计(如成本、费用)、漏记(如收入)的可能性。(3)还原各期财务状况或经营成果真实情况,可发现财务会计核算事实正确性。(4)可用于某时期连续各月账户余额正确性鉴定中的参照物的制作。

(五)顺序验证法与逆序验证法

按照验证财务会计资料的顺序的不同,可分为顺序验证法与逆序验证法。

1. 顺序验证法。是指会计司法鉴定人对所掌握的鉴定材料按照会计账务处理程序的顺序,依次对原始凭证、记账凭证、账簿和会计报表相关内容进行检查、验证的方法。

鉴定内容及技巧。第一步检查验证原始凭证,分析记载的经济业务是否真实、正确、合规、合法;第二步检查验证记账凭证,检查其会计科目处理、验证数额计算是否正确、合规,并核对原始凭证和记账凭证是否相符;第三步检查会计账簿,验证记账、过账是否正确,并核对账证、账账是否相符;第四步检查、分析、验证会计报表。报表各项目是否正确完整,并核对账表、表表是否相符。

2. 逆序验证法。是指会计司法鉴定人对所掌握的鉴定材料按照会计账务处理程序的相反顺序,依次对会计报表、账簿、记账凭证、原始凭证的相关内容进行检查、验证的方法。

鉴定内容及技巧。第一步,检查验证会计报表中涉案相关项目;第二步,根据涉案相关项目,追索检查验证相关会计账簿,并进行账表、账账核对验证;第三步,进一步验证记账凭证和原始凭证,进行账证、证证核对,鉴定财务会计事实主要问题的真相、原因及结果。

顺序、逆序验证法以会计账务处理原理为依据,环环相扣,循序追踪,多层验证,能较为准确地认定相应的财会事实,是实务中十分常用的方法。该两种方法通常结合使用,但在鉴定实践中以逆序验证法为主,这是由财会资料的特殊结构形式决定的。

第三节 会计司法鉴定的基本内容

会计司法鉴定的对象是指可鉴定的涉案财务会计事实。会计司法鉴定的基本内容就是会计司法鉴定对象的具体内容,由会计司法鉴定要素构成。会计司法鉴定要素就是对会计司法鉴定对象所做的基本分类,它由可鉴定涉案财务会计事实发生的真实性、涉案域、主体、原因、过程和结果、因果关系等要素构成。

根据涉案财务会计事实的性质不同,可区分为涉案经济事实与涉案会计核算事实。因此,会计司法鉴定可区分为涉案经济事实鉴定和涉案会计核算事实鉴定两种类型。鉴定类型不同,其鉴定要素的内涵和鉴定方法亦有差异。

一、涉案经济(财务)事实的会计司法鉴定

即对涉案经济活动(即涉案财务活动)产生的涉案经济事实(即涉案财务事实)进行的会计司法鉴定。其鉴定的基本内容有:

(一) 鉴定涉案财务活动的存在性与真实性

即鉴定财务活动事项是否客观存在,是否真实发生,或鉴定财务会计资料记录与客观财务活动内容是否相符,是否漏记或虚构,有无差异及差异额(数额性会计信息鉴定)。

鉴定方法。鉴定财务活动是否发生?是否漏记或虚构?可采用平衡分析法、因素递增法等鉴定。因为经济业务关联单位间的交易、物资的转移和资金的流动数额是平衡的,此单位增加额等于关联单位减少额。

(二) 鉴定涉案财务活动的起因及活动主体

1. 鉴定财务活动起因即鉴定财务活动的发生由谁申请、何人批准、目的等。

2. 鉴定涉案财务活动的主体。即鉴定财务活动发生的当事人,相关环节的执行人。如财务活动申请人、批准人、执行者(材料物资的采购者、产品销售部门及销售者、收付款的经手人等)、验收人(财产物资的管库员)等。

实践中,起因、当事人一般不列入会计司法鉴定的范围。

(三) 鉴定涉案财务活动的过程

即鉴定涉案财务活动发生的时间、地点、业务内容、业务发生方式及资金流动方式等。

1. 鉴定涉案财务活动的涉案域及涉案财务环节。主要包括鉴定涉案财务事实所涉及的会计主体、主体数量及其分布域;鉴定涉案财务事实发生在哪个的财务管理环节,如是筹资活动、投资活动、经营活动还是利润分配活动;鉴定涉案财务事实发生的财务管理阶段,如是采购阶段、生产阶段还是销售阶段等。

2. 鉴定涉案资金的流动轨迹。包括涉案资金流动的始点、终点和流动路径。始点指涉案资金流动始端会计主体及其经济环节;终点指涉案资金流动的终端会计主体或其财务管理环节;流动路径指涉案资金经过同一会计主体内部不同部门或不同会计主体间的流动路径。

3. 鉴定涉案资金流动方式。即鉴定资金结算方式是现金结算还是银行间结转,银行间结转是通过银行支票、银行汇票还是银行本票等。

4. 鉴定涉案资金流动的符合性。即鉴定涉案资金的流动是否符合单位管理内部控制制度,是否与财务活动的内容相符,是否与会计记录相符等。

5. 鉴定涉案资金流动与涉案实物财产流转是否相符。涉案财务活动引致利益相关者(或会计主体)间资金流动、财产物资的流转,信息产生。鉴定涉案资金流动与涉案财产物资流转是否相符即鉴定二者流转金额(账实)是否相符、流转路径是否相符及差异产生的原因等。

鉴定方法。可采用事实还原法进行鉴定。

(四) 鉴定涉案财务活动的后果

指鉴定涉案财务活动引致涉案资金发生额、相关利益者资金的增减变动。它是对涉案财务活动或涉案法律主体行为的经济后果实施的鉴定,如对相关会计主体之会计要素的影响金额的鉴定;财产物资的转移状态或结果的鉴定;对国家、相关会计主体、业务关联单位之税额变动的鉴定;股东之股权影响额度鉴定;关联业务(或利益)单位之债权、债务的变动鉴定;单位职工工资等影响变动额的鉴定。

鉴定方法。通常采用比对鉴别法、平衡分析法、证据链接法等。

(五) 鉴定涉案主体的财务活动与经济后果之间的因果关系

鉴定涉案主体的财务活动与经济后果之间的因果关系多采用证据链接法鉴定。

涉案经济事实的检验对象有原始凭证、会计凭证、会计账簿以及计划、预算、决策方案、合同等相关资料。

二、涉案会计事实的会计司法鉴定

即对会计核算活动产生的涉案会计事实进行的会计司法鉴定。其鉴定的基本内容如下。

（一）鉴定会计行为的相关人员

会计行为的相关人员包括单位会计人员、会计主管、单位主管领导等。一般情况下，会计活动由会计人员执行完成，由会计主管、单位领导进行审核和监督。单位规模较大时，会计部门由多名会计人员组成，如工资会计、成本会计、销售会计等，他们分工明确，其岗位职责、工作流程由单位单位内部控制制度规定。鉴定会计行为的相关人员就是根据会计法、会计制度、单位内部控制制度等专业知识，鉴定会计行为的相关责任人、会计行为主体是否合规合法等。

（二）鉴定会计行为过程

会计行为必须以凭证为依据，真实、完整、系统和连续地进行核算；会计行为具有科学性，必须遵循会计核算原则、记账规则、登帐规则、会计平衡等会计基本原理；会计行为要合规，即必须符合会计法、会计准则、会计制度、单位财务规章制度等行为准则及规范。只有如此才能确保其真实、全面、系统、连续地记录核算经济活动。会计核算行为包括会计确认[①]和会计计量[②]，鉴定会计行为过程包括鉴定会计确认和鉴定会计计量，其主要鉴定内容包括：

1. 鉴定会计行为的真实性。指鉴定会计核算是否有原始凭证为依据，所依原始凭证是否有真实的财务活动发生；是否虚拟、少计、转移或不作为等；会计记录与财务业务内容是否相符。

2. 鉴定会计行为的科学性、合规性、合法性。（1）鉴定会计行为的科学性。鉴定会计核算行为是否遵循会计核算原则、记账规则、登帐规则、会计平衡等会计基本原理；如鉴定会计行为是否全面、系统、连续地反映了经济业务等；（2）鉴定会计行为的合法性、合规性。鉴定是否符合会计法、会计准则、会计制度、会计行为规范及会计主体的财务会计制度等。如鉴定会计要素的确认是否全面（有无多计、少计或漏记）？会计要素的确认方法是否正确？（收入、费用、成本等）有无提前确认（入账）、延后确认（入账）情况？（3）鉴定会计核算程序。鉴定会计核算程序、财务会计资料的形成、会计信息的产生是否符合会计原理、活动规律和相关规定等。

---

① 会计确认是指会计数据进入会计系统时确定如何进行记录的过程，即会计将经济业务中的某一事项作为会计要素正式加以记录的过程。会计确认主要解决三个问题：（1）确定某一经济业务是否需要会计确认。（2）确定该业务应在哪个会计期间进行确认。（3）确定该业务应确认为哪个会计要素。

② 会计计量是为了将符合确认条件的会计要素登记入账并列报于财务报表而确定其金额的过程。

3. 鉴定会计行为的涉案域。会计核算行为的涉案域是指会计行为的涉案点、涉案核算程序环节及涉案轨迹。其中鉴定会计核算行为的涉案点指鉴定会计核算行为的涉案会计位置,如涉案会计要素、涉案会计凭证、涉案会计账户、涉案会计报表等;鉴定涉案程序环节指鉴定涉案账务处理环节,如原始凭证审核环节、会计确认计量环节、成本计算环节、登记账簿环节、制作会计报表环节等;鉴定涉案轨迹是指鉴定涉案关联账户、账务处理程序之轨迹等。

4. 鉴定会计行为的涉案手段、方法及其性质。如涉案会计行为是改变折旧计算方法、存货发出计价方法、成本核算方法,还是提前或延后确认收入、费用等。

5. 鉴定方法。综合运用比对鉴别法、平衡分析法、证据链接法、事实还原法、顺序验证法等多种鉴定方法和鉴定技巧。

(三) 鉴定会计行为的结果

会计活动人员的不作为、不合法规的会计确认计量行为、会计记账程序等可能使案件法律主体或相关权益者的利益产生影响或发生变化。鉴定涉案会计行为结果的主要内容:

1. 鉴定涉案会计行为核算结果是否正确。如会计要素、会计科目确认和计量的结果是否正确,银行存款账面结存余额的核算结果是否正确。鉴定方法:比对鉴定法、平衡分析法等。

2. 鉴定涉案会计行为结果的数额。如鉴定涉案会计行为转移资金数额,多计、少计或漏计收入数额;提前或延后确认收入、费用、成本的数额等会计要素(或某账户、某项目)变动金额等,以及鉴定涉案会计行为最终引致涉案法律主体或关联主体(一般为业务关联单位及个人)的利益变动额,如法律主体之税收变动额,股东之股权变动额,关联业务(或利益)单位间资金流动额、债权债务变动额等。

鉴定时多采用比对鉴定法、顺序验证法等方法进行鉴定。

涉案财务会计核算事实的鉴定检验对象有:会计凭证、会计账簿、会计报表等相关资料。

此外,涉案会计事实之司法会计鉴定要素还包括会计行为与后果之间的因果关系鉴定和评价使用会计政策合理性等。

当经济活动、会计活动均涉案时,既需要对涉案经济事实进行会计司法鉴定,也要对涉案会计核算事实的会计司法鉴定,还需要对那些在会计资料中以比较复杂、间接、乃至隐蔽的方式反映出来的经济活动进行鉴定。在"解读"会计资料内容时,往往要较多地运用分析、综合、判断来鉴定相应经济活动、会计活动的实质内容、涉案经济活动、涉案会计活动的共同结果及其二者的因果关系。

值得注意的是,会计司法鉴定基本内容与鉴定要求是两个不同的概念。会计司法鉴定基本内容是会计司法鉴定可以鉴定的内容,理论上可鉴定的内容不一定成为实践中要求鉴定的内容。鉴定要求是委托人根据查明案件财务会计事实的需要所提出的具体鉴定事项,它随案件的不同而有所变化。

实践中,应根据鉴定需求,首先划分其所属会计司法鉴定的类型,确定鉴定要素具体内容,并据此锁定具体的检验对象——涉案财务会计资料范围,运用司法会计学、会计学、审计等的原理和技术方法,对会计司法鉴定要素及具体内容进行鉴定,出具会计司法鉴定意见,为诉讼、准诉讼活动提供证据。

第四节 会计司法鉴定意见评断

一、会计司法鉴定意见概述

(一)会计司法鉴定意见概念和特点

会计司法鉴定意见,是指会计司法鉴定人针对送检单位或部门和送检人提请鉴定的财务会计专门性问题,根据对财务会计资料及相关证据的检验结果,进行科学的鉴别、分析和论证后所作出的结论性意见。

由于会计司法鉴定意见是通过会计司法鉴定技术这一特殊的鉴定活动所取得的一种诉讼证据,因此它具有科学性、局限性的特点。

科学性是指会计司法鉴定意见以其科学活动的结果来反映案件事实;局限性指会计司法鉴定意见只能反映和证明特定方面的案件事实,不能反映和证明全部案件事实。

(二)会计司法鉴定意见的种类

会计司法鉴定意见按鉴定意见的证明方向,可划分为肯定性鉴定意见和否定性鉴定意见。

1. 肯定性鉴定意见。是指确认某一财务会计事实的发生和存在状况的会计司法鉴定意见。如"确认某单位××年×月×日收到的现金已入账",该鉴定意见属于肯定性的鉴定意见。

2. 否定性鉴定意见。是指确认某一财务会计事实的未发生或不存在的会计司法鉴定意见。如"确认某单位××年×月×日收到的现金未入账",该鉴定意见属于否定性的鉴定意见。

二、会计司法鉴定意见的评断

(一)会计司法鉴定意见的评断概述

对会计司法鉴定意见进行评断,就是查证会计司法鉴定意见是否属实的方法之一。

会计司法鉴定意见的评断,是指对会计司法鉴定意见的关联性、合法性、科学性、可靠性所进行的审查判断。

评断会计司法鉴定意见的目的。(1)判明会计司法鉴定意见是否具备司法鉴定意见的属性,以确定能否作为证据使用;(2)判明会计司法鉴定意见的证明力,以确定如何使用该鉴定意见来证明案件事实。

评断会计司法鉴定意见的方式。会计司法鉴定意见的评断,是通过审查会计司法鉴定书进行的。

评断会计司法鉴定意见的主体。(1)承办本案的侦查、起诉或审判人员;(2)由司法机关指派鉴定意见制作人以外的司法会计技术人员协助进行评断。此外,出于法庭质证的需要,案件当事人、辩护人、代理人等也需对会计司法鉴定意见进行评断。

(二)会计司法鉴定意见的评断内容

对会计司法鉴定意见,主要从程序性和实体性两方面进行评断。

1. 程序性评断。对作为诉讼证据材料的会计司法鉴定意见,首先应当根据有关诉讼法律的规定,进行程序性的审查判断。评断的主要内容包括:(1)鉴定人资质的评断。主要评断鉴定人是否具备进行会计司法鉴定的技术资格和条件。(2)委托受理程序的评断。主要评断会计司法鉴定的委托受理程序是否合法,如指派或聘请鉴定人的手续是否完备、合法;鉴定人是否存在应当回避的情形等。(3)鉴定过程的评断。主要评断会计司法鉴定的过程是否合法,如鉴定人的诉讼权利的使用情况和诉讼义务的履行情况等。(4)鉴定结论的评断。主要评断会计司法鉴定结论的内容有无超出会计司法鉴定的范围,如会计司法鉴定意见是否仅就涉案的财务会计事实作出鉴定,是否涉及了不应解决的法律问题或其他专门性问题等。(5)鉴定意见运用的评断。主要评断会计司法鉴定结论的使用是否合法和恰当。如刑事案件中的会计司法鉴定意见是否告知了被告人,以及是否存在需要补充鉴定或重新鉴定的情形等。

2. 实体性评断。实体性评断即对会计司法鉴定意见的形成过程进行的评断。评断的主要内容包括:(1)检材和相关证据材料来源合法性评断。检材和相关证据材料来源合法是保证鉴定意见合法的前提和基础。检材和相关证据材料来源合法性评断就是评断鉴定结论所依据的检材和相关证据材料来源是否合法,是否是依照法定程序收集的。对较为关键的证据材料,应当逐一通过查阅案卷进行对照审查。(2)鉴定方法的恰当性和论证过程的科学性评断。会计司法鉴定意见的科学性与选定的鉴定方法是否正确、论证过程是否科学密切相关。鉴定方法的恰当性评断就是评断会计司法鉴定所采用的分析论证方法是否恰当,有无采用非会计司法鉴定技术方法进行鉴别判定的情形;论证过程的科学性评断即以判断鉴定结论的推导过程是否科学、鉴定书的论证过程是否符合逻辑、有无违反逻辑规律或推理不当等错误。(3) 会计司法鉴定技术标准的评断。会计司法鉴定意见是会计司法鉴定人员根据一定的技术标准，对检验结果进行分析鉴别后得出的专业意见。可见，技术标准就是用于度量检验结果的专业尺度，对鉴定意见的形成至关重要。会计司法鉴定技术标准的评断就是审查鉴定结论所依据的会计司法鉴定技术标准的具体出处和适用范围，判明鉴定技术标准是否存在以及运用得是否恰当。特别应注意排除鉴定人以自己的认识或习惯代替实际标准，或以现行标准取代历史标准（或反之）的情形。(4) 会计司法鉴定意见的可靠性与相关性评断。主要包括：① 评断鉴定书论证部分每一具体的鉴别分析意见是否都有充足的论据作为鉴别分析的依据。这些论据包括检验部分的事实依据和论证部分的标准依据。② 评断会计司法鉴定意见的内容是否符合诉讼要求。如鉴定结论肯定或否定的某一财务会计事实的表述是否清晰明确；会计司法鉴定结论是否回答了提请鉴定的财务会计问题；在多项鉴定要求的情形中，有无遗漏应当结论的事项内容等。③ 评判鉴定意见的证明力。如会计司法鉴定结论与其他证据之间有无矛盾等。

（三）会计司法鉴定意见评断结果的处理

对会计司法鉴定意见进行审查评断后，应当根据评断的结果分别作出处理。

1. 对论据真实充分、论证严谨，结论明确，并能够解决案件中财务会计专门性问题的会计司法鉴定意见，应当作为定案的根据。

2. 对论据不足，或论证有疏漏或不全面的会计司法鉴定意见，应当进行补充鉴定。补充鉴定后，进一步进行评断以确定是否将原鉴定意见与补充鉴定意见一并作为定案的依据。

3. 对论据不真实、论证谬误较多或鉴定意见不明确而会计司法鉴定人拒绝进行补充鉴定的，或者不具备鉴定资格的鉴定人所制作的会计司法鉴定意见，不得作为定案的根据，可以组织重新鉴定。

4. 对会计司法鉴定意见与本案的其他证据之间有矛盾，或对同一鉴定事项已形成不同结论意见的情形，可以组织鉴定复核。复核后，可将复核意见与复核认同的原会计司法鉴定意见一并作为定案的根据。复核结论中提出否定原鉴定意见的，可以向法庭申请重新鉴定。

本章述评

对会计司法鉴定对象认识不统一，一直是理论界争论的焦点。对会计司法鉴定对象及分类的认识不统一，不仅导致理论界对会计司法鉴定对象分类方法出现多样化，而且直接导致会计司法鉴定实践中鉴定内容的不规范，使鉴定结论的正确性难以保障。当前理论界会计司法鉴定对象有以下几种观点：(1)"案件资金"说。将会计司法鉴定的客体定为"案件资金"。(2)"涉案会计问题"说。认为"会计司法鉴定对象是案件中的会计专门性问题"。(3)"涉案财务会计问题"说。认为"司法会计活动的类型不同,其活动的对象也不同。其中,……会计司法鉴定的对象是案件涉及的财务会计问题……"。(4)"涉案财会事实"之"六要素说"。认为会计司法鉴定的对象是"涉案财会事实","会计司法鉴定的内容是其鉴定对象(涉案财会事实)的各个组成部分,包括资产、负债、所有者权益、收入、成本费用与损失、利润,可称为会计司法鉴定的内容要素"。(5)"可鉴定的涉案财务会计事实"之"法律事实构成"说。即本书观点。认为会计司法鉴定的对象是"可鉴定的涉案财务会计事实"。同时将会计司法鉴定对象按法律事实构成的方法具体化,提出"可鉴定的涉案财务会计事实"由时间、地点、原因、过程和结果等要素构成。该学说将涉案财务会计事实根据其性质不同,区分为涉案财务会计经济事实与涉案财务会计核算事实,并随之将会计司法鉴定区分为涉案财务会计经济事实鉴定和涉案财务会计核算事实鉴定两种类型。会计司法鉴定的类型不同,其会计司法鉴定要素的内涵和鉴定方法有差异。分类方法应当服务于分类的目的。会计司法鉴定是为诉讼活动服务的,最终目的是为司法活动提供证据。法律证据的作用在于证明事实,事实的构成要素是由时间、地点、原因、过程和结果等要素构成,法律证据或证明事实的全部要素,或证明其中一个或几个事实构成要素,要素清则事实清。案件中的财务会计事实是按照案件发生轨迹沉淀,需要用法律的视野来揭示,从法律的角度对会计司法鉴定对象进行的具体分类,提出"可鉴定的涉案财务会计事实"由时间、地点、原因、过程和结果等要素构成,并据此对鉴定对象进行了分类。因此,该对象分类方法产生的鉴定意见对涉案财务会计事实的证明力最直接,最能发挥会计司法鉴定证据的作用。

  会计司法鉴定工作标准对加强司法会计鉴定工作秩序、保证工作质量、改善协作关系、提高工作效率都有重要的作用。会计司法鉴定是我国司法鉴定工作的重要组成部分,应该拥有自己的专业鉴定标准。当前,我国尚未建立系统的专用会计司法鉴定标准,已严重影响会计司法鉴定的质量,会计司法鉴定活动亟待规范。会计司法鉴定对象的争议及分类方法的不统一,一直是制约会计司法鉴定学发展的瓶颈。对象分类是一个重要问题,它直接涉及会计司法鉴定规则制定的分类体系和制定思路。因此,研究制定会计司法鉴定对象及分类标准既是会计司法鉴定标准的重点,更是难点。

思考题

1. 何为会计司法鉴定?会计司法鉴定的特点有哪些?

2. 会计司法鉴定的对象是什么？会计司法鉴定的对象的特点有哪些？鉴定的主要内容有哪些？

3. 会计司法鉴定的主要方法有哪些？其各自适用范围？

4. 会计司法鉴定的主要鉴定技巧有哪些？其各自优点和适用情况是什么？

5. 会计司法鉴定评断内容有哪些？如何进行评断？评断结果如何运用？

第二十四章　知识产权司法鉴定

> **本章概述**

本章是有关知识产权司法鉴定的内容，主要包括知识产权司法鉴定的概念和特点、技术方法、基本内容和知识产权司法鉴定意见的评断等内容。学习本章内容，应当了解和掌握知识产权司法鉴定的主要内容，了解知识产权司法鉴定领域的重点和难点。

第一节　知识产权司法鉴定概述

一、知识产权司法鉴定的概念和特点

知识产权司法鉴定，是指运用相关学科专业的基本原理、专门知识、技术方法和执业经验对诉讼及相关纠纷中涉及的有关知识产权争议的事实问题进行鉴别和判断并提供鉴定意见的活动。

知识产权司法鉴定具有以下几个特点。

1. 法律性与技术性的高度统一。知识产权司法鉴定不同于对成果的新颖性、创造性、实用性的确认，而是对两个鉴定对象的技术特征差异性的评价和判断，是否相同和等同，是否相同或相似，而不论其水平高低。实质上是解决特殊技术领域中特定的法律问题。因此，实践中从事知识产权鉴定事务必须吸收法律专家参加，以保证鉴定符合法律要求，适应诉讼需要。

2. 专业性强，涉及面宽。与知识产权所涉及的专利权、商标权、著作权、商业秘密权等相对应，鉴定事项涵盖了知识产权保护的各个领域，涉及制药、化工、电信、计算机、数码产品、汽车制造等相关专业，尤其是高新技术专业，需要各方面的技术专家参与鉴定，专业细化和分工程度较高。

3. 对鉴定人的执业能力有特定要求。在大量的知识产权司法鉴定中，要求鉴定人站在技术人员的一般角度来判断是否为非公知技术，而不需要从高级专家的知识层面来作出鉴别。鉴定人的能力要求类似或略高于专利、商标审查员的要求，其特殊之处主要体现在对法律和技术的理解和把握程度上，往往不需要某一领域的技术专家参与作出判断。

4. 仪器设备的要求必须适配。知识产权司法鉴定尤其是专利鉴定往往需要运用必要的检测、化验手段来鉴别,但由于涉及的专业门类过多、过细,不可能要求鉴定机构配备涵盖各专业的检测设备,而需要更多地采用社会共享机制,依托国有科研机构和检测检查机构获取必要的技术结果,通过分析判断完成鉴定要求。[①]

二、知识产权司法鉴定的意义

2008年6月,国务院发布的《国家知识产权战略纲要》(国发〔2008〕18号文)第46条指出:加强知识产权司法解释工作。针对知识产权案件专业性强等特点,建立和完善司法鉴定、专家证人、技术调查等诉讼制度,完善知识产权诉前临时措施制度。

由于知识产权案件专业性强,技术含量高,多涉及尖端的现代科技知识,鉴定难度大,因此依靠技术鉴定解决的问题是知识产权案审判中相当关键的事实认定问题。可以说,知识产权案件的鉴定结论较其他鉴定结论,其证明事实的范围要宽泛,其对案件审判的影响也更大。据资料显示,国际上大量的知识产权纠纷是通过诉前调解结案的。知识产权鉴定在诉前调解、和解等ADR程序中往往发挥着极其重要的作用。争议知识产权是否成立、是否稳定、侵权行为是否存在及其程度等专门性问题是纠纷解决的关键问题。通过及时启动知识产权司法鉴定程序,借助其鉴定意见可帮助有关权利人作出合理的决策,也有助于及时化解知识产权纠纷,促进社会和谐发展。

三、知识产权司法鉴定的特定原则

知识产权司法鉴定作为一种专业性强的司法鉴定活动,在司法鉴定过程中除遵循司法鉴定一般原则外,还应当遵循一些特定原则:

1. 吸收有关领域技术专家意见的原则。由于知识产权司法鉴定涉及软件、化学、机械、医药、农业、生物、冶金、材料、电子、电力、通讯、环境工程、建筑等多个技术和学科领域,司法鉴定人不可能对这些学科和技术领域的知识都面面俱到,在很多时候要聘请有关技术领域的专家进行鉴定辅助工作如提供技术咨询等。为此,鉴定人应当及时吸收各有关领域技术专家的意见,以突破自己学科知识面有限的障碍。

2. 关注权利边界原则。知识产权中的专利权、商标权、著作权等均在法律上有着明确的权利边界,如发明或者实用新型专利权的保护范围以其权利要求的内容为准。我们实践中遇到的知识产权侵权案件,绝大部分就是因权利人行

---

① 霍宪丹:《加强司法鉴定管理,完善知识产权鉴定制度》,载《科技与法律》2008年第3期。

使权利超过权利边界引起的。但在实际生活中，人们往往对知识产权权利边界认识不清晰，对权利边界的界定模糊，从而产生了很多知识产权相关的争议。为此，在进行知识产权司法鉴定时一定要关注权利边界，对权利边界进行清晰的界定。

3. 具体化原则。知识产权司法鉴定所针对的对象，往往具有个性化特征，即使是针对同一类型的知识产权鉴定，比如对不同类型的专利技术方案以及不同领域的专利技术方案等进行鉴定时，由于其司法鉴定方法、手段及其鉴定规律等方面具有很大不同，为了实现鉴定方法的科学性、鉴定意见的客观性，应当针对不同技术方案的个别性特征具体分析，确定合适的鉴定路径。

第二节 知识产权司法鉴定的技术方法

知识产权司法鉴定的方法主要分为客观性鉴定方法和主观性鉴定方法两大类。客观性鉴定方法主要包括物理及化学分析法、检索分析法和统计分析法等，依照这类方法得出的鉴定结论往往是确定和唯一的，一般不具有争议性。主观性鉴定方法主要包括理论分析法、对比分析法和因果分析法等，依照这类方法得出的鉴定意见具有一定的主观性，因此在适用此类鉴定方法时一定要慎重，以避免对鉴定意见产生的各种争议。

一、物理及化学分析法

知识产权司法鉴定如同其他类型司法鉴定活动一样，常常需要借助自然科学的分析方法，其中以物理分析及化学分析是常用的基本方法之一。物理分析与化学分析分别基于被测物质的物理性质及化学性质进行测定。可应用于测定产品的成分、组分及其含量及比例。分析材料的物理化学性质，并测定产品的性能指标等。

物理分析方法是指运用物理检验手段分析检材的物理特性。通常采用光学技术、显微技术、核物理技术等对少量物质进行定性定量分析。化学分析方法是指运用化学手段来分析检材的种类、成分及含量，常用的方法有显色反映法、显微结晶法、沉淀法、层析法等。必要时尚需要采取物理和化学分析方法进行综合鉴定。

二、检索分析法

检索是指将信息以一定的方式组织起来，并根据信息用户的需要找出有关的信息的过程和技术。信息检索一般可以分为手工检索和机械检索，而机械检索又可以分为光盘检索、计算机检索和网络检索。检索分析法在知识产权司法鉴定中主要运用于专利侵权诉讼中"公知技术"的判断和商业秘密的秘密性要件的判断等。例如,最高人民法院《关于审理不正当竞争民事案件应用法律若干问题的解释》第9条规定:有关信息不为其所属领域的相关人员普遍知悉和容易获得,应当认定为《反不正当竞争法》第10条第3款规定的"不为公众所知悉"。具有下列情形之一的,可以认定有关信息不构成不为公众所知悉:(1)该信息为其所属技术或者经济领域的人的一般常识或者行业惯例。(2)该信息仅涉及产品的尺寸、结构、材料、部件的简单组合等内容,进入市场后相关公众通过观察产品即可直接获得。(3)该信息已经在公开出版物或者其他媒体上公开披露。(4)该信息已通过公开的报告会、展览等方式公开。(5)该信息从其他公开渠道可以获得。(6)该信息无需付出一定的代价而容易获得。鉴定人员在对此事项进行鉴定时,就必须按照该解释的要求运用各种检索方法对各渠道的信息进行全面检索。

三、统计分析方法

统计分析法就是运用数学方式,建立数学模型,对通过调查获取的有关各种数据及资料进行数理统计和分析,形成定量的结论。统计分析方法是目前广泛使用的现代科学方法,是一种比较科学、精确和客观的测评方法。统计分析方法主要适用于对知识产权侵权赔偿数额的鉴定方面。鉴定人利用统计分析方法对侵权人侵权的时间和范围、侵权产品的数量、权利人的专利产品市场销售状况等因素进行综合描述、说明和调查分析,并根据调查分析的结果提供专家性意见。

四、理论分析法

在知识产权司法鉴定过程中许多问题的解决必须依赖于对知识产权理论问题的分析和解答。例如专利权鉴定中的"全面覆盖原则、等同原则、禁止反悔原则",著作权鉴定中的"思想与表达二分法原则"等都是该分析方法在实践中的具体运用。

五、对比分析法

对比分析法也称比较分析法,是把客观事物加以比较,以达到认识事物的本质和规律并作出正确的评价。对比分析法是知识产权司法鉴定中最常用的方法。各类侵犯知识产权的行为一般都需要通过对比分析的方法来加以确定。例如在判断是否侵犯专利权时就需要对涉案技术的要点进行对比分析,在判断是否侵犯他人商标权时也需要比较涉案的商标是否相同或相似,在判断某一作品是否对他人享有著作权的作品构成抄袭剽窃时也需要将涉案作品进行对比。通过对知识产权的权利本身与被控侵权物的对比而得到的相同或相似的判断将有助于法官在审理案件过程中对侵权行为进行认定。

六、因果分析法

因果分析法在知识产权鉴定中主要应用于对知识产权损害赔偿数额的鉴定方面。鉴定中应当牢牢把握"侵权行为"与"权利人的损失"之间的因果关系,剔除非因侵权行为产生的损失。

因果分析法的具体步骤如下:(1)找出构成因果关系的事物。无论是一因多果、一果多因还是多果多因的关系,凡是因果关系都必须具备两个或两个以上的事物,作为因果关系的承担物。(2)确定因果关系的性质。确定因果关系的性质须解决两个问题:一是判断是否真的存在因果关系,如果是,指出哪个为因,哪个为果。二是考察因果关系的类型:是一因多果、一果多因还是多果多因。(3)对因果关系的程度作出解释。因果关系的程度是统计分析给定的,通常用回归系数表示。

第三节 知识产权司法鉴定的基本内容

由于知识产权司法鉴定主要发生在知识产权诉讼过程中,所以知识产权司法鉴定的范围与知识产权诉讼的范围有着密切的联系。一般认为,狭义的知识产权包括著作权、专利权、商标权三个主要组成部分,而广义的知识产权则包括著作权、专利权、商标权、商业秘密权、植物新品种权、地理标志权、集成电路布图设计权、商号权等。并且随着时代的发展和科技的进步,知识产权的范围还在不断地扩张之中。

知识产权司法鉴定的范围包括以下几项:(1)根据技术专家对本领域公知技术及相关专业技术的了解,并运用必要的检测、化验、分析手段,对被侵权的技术和相关技术的特征是否相同或者等同进行认定。(2)对技术转让合同标的是否成熟、实用,是否符合合同约定标准进行认定。(3)对技术开发合同履行失败是否属于风险责任进行认定。(4)对技术咨询、技术服务以及其他各种技术合同履行结果是否符合合同约定,或者有关法定标准进行认定。(5)对技术秘密是否构成法定技术条件进行认定。(6)对其他知识产权诉讼中的技术争议进行鉴定。该规定突出了知识产权司法鉴定的关键点即技术鉴定,这里的技术既包括专利技术,又包括非专利技术(技术秘密),体现出司法机关和公众普遍关注的知识产权技术内涵这一焦点。

但是,技术仅是知识产权保护范围中的一个方面,而知识产权诉讼中也不仅是技术争议,还包括商标权、著作权、地理标志权、植物新品种权等方面的争议。最高人民法院《民事案件案由规定》中关于知识产权案件的案由包括知识产权合同纠纷、知识产权权属纠纷、不正当竞争垄断纠纷等三大类,涵盖了著作权、专利权、商标权、商业秘密权、植物新品种权、地理标志、集成电路布图设计权、商号权等各个领域。而司法鉴定执业分类未能全面界定知识产权司法鉴定的范围,需要根据法律和实际情况进行进一步的延伸解释。而在司法鉴定的实际工作中,该规定所限定的知识产权鉴定范围也早已经被突破,扩展到著作权、专利权、商标权、商业秘密权、植物新品种权、地理标志权、集成电路布图设计权、商号权等各个领域。

具体而言,知识产权司法鉴定的主要内容包括。

1. 专利权类司法鉴定。专利权是指专利权人将发明创造向国务院专利行政部门申请,经严格审核通过获得专利权。专利权人分为单位专利权人和个人专利权人。单位专利权人是指执行单位的任务或者主要是利用本单位的物质技术条件所完成的发明创造,也称为职务发明创造。个人专利权人是指发明人或设计人,非职务发明创造。专利权类司法鉴定主要涉及对被诉侵权产品或方法的技术特征与专利的必要技术特征进行对比分析,看两者是否相同或等同。

2. 商标权类司法鉴定。在《商标法》中,商标的权利范围用专用权及禁止权进行了界定。注册商标的专用权以核准注册的商标和核定使用的商品为限。在现实生活中,"在同一种商品上使用相同商标"的侵权方式并不常见。利用商标或商品近似造成消费者混淆误认而误购,是一种较为惯用的侵权手段。为了体现《商标法》防止混淆侵害的宗旨,《商标法》规定了禁止权,商标权人对于未经许可在同一种商品或者类似商品上使用与其注册商标相同或者近似的商标的,均有权禁止。可见,禁止权的效力范围及于"类似商品"和"近似的商标",因此宽于专用权的范围。商标权类司法鉴定主要涉及对被诉侵权商标与注册商标进行对比分析,看两者是否相同或者近似,足以让消费者产生混淆误认。

3. 著作权类司法鉴定。著作权法保护思想和情感的表达形式,而不保护思想和情感本身,这是各国普遍接受的基本理论。我国著作权法规定了著作权人享有发表、署名、修改、复制、发行、出租、展览、表演、放映、广播、信息网络传播、摄制、改编、翻译、汇编等方式使用自己作品的权利。著作权类司法鉴定主要涉及对被诉侵权作品与已取得著作权的作品进行对比分析,看两者是否相同或者实质相同。

4. 商业秘密类司法鉴定。《反不正当竞争法》第10条第3款规定:"本条所称的商业秘密,是指不为公众所知悉、能为权利人带来经济利益,具有实用性并经权利人采取保密措施的技术信息和经营信息。"根据国家工商总局《关于禁止侵犯商业秘密行为的若干规定》,技术信息和经营信息,包括设计、程序、产品配方、制作工艺、制作方法、管理诀窍、客户名单、货源情报、产销策略、招投标中的标底及标书内容等信息。为此,商业秘密类司法鉴定主要涉及判断相关技术信息和经营信息是否构成法定的商业秘密条件即未公知性、经济性和实用性、保密性。

5. 其他类知识产权司法鉴定。知识产权的范围除上述专利权、商标权、著作权和商业秘密权外,还包括地理标志、动植物新品种、集成电路布图设计、商号权和域名权等。当这些权利类型发生争议时,也可以就相关事项进行司法鉴定。

6. 技术合同类司法鉴定。我国《合同法》第 2 条规定:本法所称合同是平等主体的自然人、法人、其他组织之间设立、变更、终止民事权利义务关系的协议。《合同法》第 322 条对技术合同作了明确规定:"技术合同是当事人就技术开发、转让、咨询或者服务订立的确立相互之间权利和义务的合同。"由此说明,我国目前的技术合同主要分为技术开发、技术转让、技术咨询和技术服务合同。技术合同类司法鉴定主要涉及以下几个方面:(1) 对技术转让合同标的是否成熟、实用,是否符合合同约定标准进行认定。(2) 对技术开发合同履行失败是否属于风险责任进行认定。(3) 对技术咨询、技术服务以及其他各种技术合同履行结果是否符合合同约定或者有关法定标准进行认定。

7. 知识产权侵权赔偿数额鉴定。我国《专利法》《商标法》和《著作权法》等法律均对侵犯相关知识产权的赔偿数额及其计算方法进行了规定。知识产权侵害赔偿数额鉴定属于司法会计和知识产权鉴定相结合的过程。通常应经过知识产权鉴定,形成明确的知识产权鉴定意见后,再经由司法会计人员利用司法会计的方法、原理对赔偿数额进行鉴定。前者是后者鉴定意见形成的重要基础和依据。会计凭证、侵权人公开资料上宣称的利润和产量、纳税登记、从具有统计职能的部门或行业协会提取的相关资料等都可以作为证据确定赔偿数额。以上证据经过当事人质证后,利用审核法、核对法、查询法等司法会计鉴定的基本方法,鉴定人应当严格按照相关法律的规定来确定知识产权损害赔偿数额。

第四节 知识产权司法鉴定意见评断

一、对鉴定人资格与鉴定事项的适用性评断

知识产权司法鉴定业务带有强烈的主观性,对这些鉴定的鉴定结论客观真实性的判断,基本上要依赖鉴定人的专业技能和相关经验,从我国近年来知识产权司法鉴定的实践看,在按照鉴定问题所涉及的法律背景和技术领域上,既有熟悉专利、商标等知识产权法律知识的专家参加,又有专业技术专家参加。所以,正是由于在知识产权司法鉴定的法律和技术两个方面中有法律专家和技术专家的参与,才能确保司法鉴定工作的全面、公正和客观。

在我国的知识产权司法鉴定中,把技术专家均作为司法鉴定人,是不可行的。知识产权司法鉴定人必须具备职业资格和执业资格,并采用鉴定人名册管

理制度。鉴定人由司法行政部门编制名册,供当事人及司法机关选聘。由于法律专家本身不懂知识产权鉴定的专业技术,必须聘请技术专家予以辅助,两者结合的工作方可保证鉴定意见的公正性、准确性和权威性。从法律上应当确立知识产权的司法鉴定以鉴定人(法律专家)为司法鉴定的组织者、以技术专家为知识产权司法鉴定辅助人的制度。[①]

委托鉴定的事项只能是专业技术问题,而不能是法律问题,否则就会造成法院审判权的"旁落"。有的案件在委托鉴定时,委托人没有很好地区分鉴定对象是专业技术问题还是法律问题,轻率地把当事人有争议的问题都列入鉴定事项,把应由法官来判断的问题交给鉴定机构,造成了诉讼程序的混乱。

二、对鉴定实施程序科学性的评断

司法鉴定意见的确定性和权威性,来自并取决于两个方面,即正当法律程序的保障和鉴定结论的客观性。其中,程序是司法鉴定制度的核心,正当程序所确立的程序保障是保证司法鉴定的合法性和公信力最重要的环节,它已成为衡量实体权利是否得以实现的一种基准。从这一论点出发,只有在知识产权司法鉴定实施程序科学性的基础之上才能够保证鉴定意见的合法性和公信力。

知识产权司法鉴定的启动(包括对鉴定主题的选任)是实现程序正义的关键。知识产权司法鉴定作为为诉讼服务的证据收集活动,一般应依当事人启动,只有在当事人不当行使鉴定权时,法院才能谨慎行使鉴定委托权。确定知识产权司法鉴定机构,首先由当事人协商,在知识产权司法鉴定机构名册中选择司法鉴定机构。当事人选择一致的,委托该机构进行司法鉴定。当事人一方放弃选择,或经传票传唤不到,或在人民法院指定期限内无正当理由未予答复的,由另一方当事人单方选择后由相关法院确定。双方当事人均表示放弃选择的,可由相关法院提出建议,经双方当事人同意后确定。在当事人选择不一致时,由当事人在名册内各选择二至三家机构,选择中如有一家机构重合,委托该机构进行司法鉴定。如有多家机构重合,由相关法院在重合的机构中确定。如没有机构重合,由法院确定。

司法鉴定的实施是司法鉴定程序的核心环节,其实施状况如何,直接影响着司法鉴定工作的整体水平。因此,应对鉴定采用的方法、鉴定专业技术设备、专业技术程序规范、检测对比的标准体系等鉴定的具体操作程序和方法进行审查。

三、对鉴定方法、技术标准适应性、可靠性的评断

知识产权司法鉴定具有浓厚的主观性,因此规范鉴定的具体操作方法、统一

---

① 刘永强、陈洪明:《我国知识产权司法鉴定制度的建构》,载《新疆社科论坛》2006年第5期。

鉴定技术和标准是防止鉴定人武断鉴定的重要途径,也是提高鉴定质量,保证鉴定意见客观真实的必要措施。我国目前尚未确立对知识产权司法鉴定方法、技术和标准的评价体系。事实上,由于知识产权司法鉴定涉及的技术领域极为广泛,对于某些鉴定方法(如物理和化学分析方法),建立一套专门针对知识产权司法鉴定的标准并不现实,借鉴和采用现有的技术鉴定标准更加符合实际,但应当统一规范,即明确:"何种鉴定应当采用何种国家或行业标准"。对于非技术领域的鉴定方法,如检索分析方法或理论分析方法,则应当尽快建立统一的知识产权司法鉴定标准,尽量减少因为主观因素而影响鉴定结果的可靠性。[①]

四、对鉴定意见表述与逻辑推理规范性的评断

司法鉴定文书在语言表述上应符合以下基本要求:(1)基本概念清楚,使用本行业通用的规范专业术语。鉴定意见还应符合法律用语的规范要求,便于非专业人员正确理解鉴定意见。(2)文字简练,用词准确,语句通顺,描述确切无误,鉴定意见清晰明确,不使用有歧义的字、词、句和模糊的语言。

司法鉴定的过程需要进行鉴别,并在鉴别的基础上进行判断,要判断就需要进行逻辑推理,司法鉴定离不开逻辑推理,没有逻辑推理,我们只能得到在检验过程中看到的现象,永远无法得到一个明确的鉴定意见,逻辑推理在司法鉴定中的存在是合理并且是必需的。但与此同时,逻辑推理不能离开对鉴定对象的检验,脱离了对鉴定对象的检验而进行的逻辑推理,违背了司法鉴定的性质,司法鉴定的特性要求鉴定人必须运用科学技术手段或者专门知识,因此,逻辑推理在司法鉴定中既是必需的,也是受限制的。

本章评述

当前对于知识产权司法鉴定的事项还存在争议,有人主张只能对知识产权诉讼中的事实问题进行鉴定,还有人主张可以对知识产权诉讼中的法律问题进行鉴定。认定事实和适用法律是知识产权案件审判中的两个基本问题,解决法律适用问题是法官的职责,不能把法律适用问题交给法官以外的任何人去判断。为此法官首先应当尽可能自行对事实问题作出判断,只有采取其他方式难以作出认定的专业技术事实问题,才可以委托鉴定。众所周知,司法鉴定是专家以专门知识为基础,依法发表对事实的看法。这里的专门知识主要是指科学技术知识,而非法律知识。法律知识的问题由司法工作人员来解决,专门性问题由鉴定人员来解决。鉴定人只能依据提供的材料,运用专门知识进行分析、研究,就接

---

① 霍宪丹主编:《司法鉴定通论》,法律出版社2009年版,第337页。

受委托的专门性问题作出鉴定结论,而不能超出专门性问题的范围作出法律方面的评价。

然而,对于知识产权案件中究竟哪些属于"事实问题",实践中则存在不同的认识。究其原因,在明确"司法鉴定应仅限于鉴定事实问题"这一命题的同时,未对"事实问题"与"法律问题"加以清晰界定,导致实践中有的法院甚至将"权利是否存在""是否侵权"等法律问题也作为鉴定事项加以委托。对于实践中存在的委托鉴定事项"事实问题"与"法律问题"混淆的现实,各地法院也采取了相应的措施。例如江苏省高级人民法院2001年10月出台的《知识产权诉讼案件技术鉴定规则》规定,人民法院在下列专门性技术范围内委托鉴定:(1)权利人的技术与公知技术对比是否实质上相同。(2)被诉侵权的技术与权利人的技术是否实质上相同。(3)技术开发失败或部分失败,是否因为无法克服的技术困难。(4)专利侵权案件中,被诉侵权的产品或方法的技术特征是否与专利必要技术特征相同或等同。(5)技术转让合同标的是否完整、无误、有效。(6)其他需要鉴定的事项。上海市高级人民法院《关于知识产权民事诉讼中涉及司法鉴定若干问题的解答》中指出,"在专利侵权诉讼中,法院委托技术鉴定的,应该在鉴定委托书中提出具体、明确的鉴定事项,如被诉侵权的产品或者方法的技术特征是否与专利的必要技术特征相同或者其对应的不同技术特征是否等同,不得将是否构成侵权等法律判断纳入鉴定范围"。

思考题

A公司向H市中级人民法院起诉B公司生产的"超亮"陶瓷产品侵犯了其"无机板材表面修复方法及其修复剂"专利。B公司委托甲知识产权鉴定所对B公司的超亮陶瓷产品及其生产工艺与A公司"无机板材表面修复方法及其修复剂"专利不相同进行鉴定。

甲知识产权鉴定所的鉴定人员在对材料进行对比分析后,认为:(1)原告方A公司所发明的表面修复剂即无机镀液,可以来自有机金属醇盐水解、有机硅酯水解以及无机硅酸盐调配而成,此无机镀液在本质上应当属于硅溶胶类,可视为无定形二氧化硅溶液;该镀液在无机板材表面涂覆后须经"物理抛磨"方式,"将镀液顺利带到孔径内或填补孔径",在这一处理过程中,"得到均匀覆膜";其所应用的无机板材主要为:玻璃、瓷砖、抛光石英砖、大理石、花岗岩及人造石材等。(2)被告方B公司所提供的表面抗污涂层是通过两种纳米镀液配合完成。一是含纳米二氧化硅的浆液,此浆液中的二氧化硅当为晶态结构,不同于非晶态或无定形二氧化硅;二是氟硅有机化合物浸液。但其涂覆后亦需要抛磨处理,在此处理过程中,纳米二氧化硅经水解、胶化、脱水等化学作用,得到"基于二氧化硅的抗污涂层";其所应用的基材主要为：水泥基材、水磨石、陶质砖、瓷质砖等。由此可以从技术上得出以下结论：被告B公司超亮产品在总体工艺流程上与原告A公司专利所述的工艺流程基本一致，但原告专利中没有给出其具体的工艺参数保护范围，如镀液中二氧化硅最佳浓度、温度、压力大小等，而这些参数对最终得到合格的工业化产品具有至关重要的意义。

最高人民法院在《对"处理专利侵权纠纷可否认定部分侵权"问题的答复》中指出，判断专利侵权通常适用"全面覆盖"原则，即被控侵权产品要具有专利独立权利要求记载的全部必要技术特征，方能认定侵权成立，不存在部分侵权的问题。而根据最高人民法院对"全面覆盖"原则的规定可以认为，虽然被告B公司超亮产品及其生产工艺在技术上与原告A公司专利的某些技术特征有相似之处，但并未对原告A公司专利的所有技术特征形成"全面覆盖"，尤其是原告方A公司专利中的表面修复剂是一种无定形二氧化硅溶液，而被告方B公司专利中纳米镀液中的二氧化硅当为晶态结构，不同于非晶态或无定形二氧化硅。因此B公司的超洁亮产品及其生产工艺与A公司"无机板材表面修复方法及其修复剂"专利不相同。

针对上述案例，回答以下问题：

1. 知识产权司法鉴定有哪些特点？
2. 知识产权司法鉴定的事项是什么？
3. 知识产权司法鉴定会运用到哪些技术方法？
4. 知识产权司法鉴定意见的法律效力如何？
5. 知识产权司法鉴定应当遵循什么样的程序？

第二十五章 建设工程司法鉴定

> **本章概要**

本章主要包括建设工程质量类鉴定和建设工程造价类鉴定,涉及建设工程司法鉴定的理论和实践发展的前沿问题及不同的学术观点等内容。学习本章内容,应当了解建设工程质量和造价司法鉴定的内容、程序和方法,了解建设工程司法鉴定领域理论研究的最新成果。

第一节 建设工程司法鉴定概述

一、建设工程的定义

建设工程,是指土木工程、建筑工程、线路管道和设备安装工程及装修工程。土木工程包括矿山、铁路、隧道、桥梁、堤坝、电站、码头、飞机场、运动场、营造杯、海洋平台等工程;建筑工程是指房屋建筑工程,即有顶盖、梁柱、墙壁、基础,以及能够形成内部空间,满足人们生产、生活、公共活动的工程实体,包括厂房、剧院、旅馆、商店、学校、医院和住宅等工程;线路、管道和设备安装工程,包括电力、通信、石油、燃气、给水、排水、供热等管道系统和各类机械设备、装置的安装活动;装修工程包括对建筑物内、外进行以美化、舒适化、增加使用功能为目的的工程建设活动。

二、建设工程司法鉴定的概念

建设工程司法鉴定可分为建设工程质量鉴定和建设工程造价鉴定。

(一)建设工程质量司法鉴定

建设工程质量司法鉴定是指依法设立的具有相应鉴定资格的机构接受司法机关的委托,运用建设工程相关理论和技术标准对有质量争议的工程进行调查、勘验、检测、分析、复核、验算、判断,并出具鉴定意见的活动。

(二)建设工程造价司法鉴定

建设工程造价司法鉴定是指依法设立的具有相应鉴定资格的机构接受司法机关的委托,根据国家法律、法规的规定,以当事人双方约定的工程计价方式、工程量、价格等数据,或者在无约定时,参照工程所在地政府部门公布的工程造价计价方式,结合合同文件以及司法机关确定的工程资料、数据,来计算和确定当事人双方有争议部分的工程价值,并出具鉴定意见的活动。

第二节 建设工程司法鉴定的技术方法

一、建设工程质量鉴定方法

1. 初步调查

(1) 图纸资料:地质勘查资料,施工图纸(竣工图)及说明,工程规划文件,施工许可文件,建设、设计(包括设计变更记录)、施工(包括隐蔽工程验收记录、竣工质检及验收文件)、监理文件,测量测绘报告、事故处理报告等。

(2) 建筑物历史:原始施工、历次修缮、改造或用途变更、使用条件改变以及受灾等情况。

(3) 考察现场:按资料核对实物,调查建筑物实际使用条件和内外环境,查看已发现的问题,听取有关人员的意见。

(4) 填写初步调查表。

2. 详细调查

(1) 结构基本情况勘验。

(2) 结构使用条件调查核实。

(3) 地基基础(包括桩基础)检查。

(4) 材料性能检测分析。

(5) 承重结构分析。

3. 对结构进行复核验算、分析,查明质量问题的原因

4. 针对查明的质量问题的原因,根据现行相关标准、规范、规程,提出处理方案

5. 出具鉴定意见

6. 土木工程、线路管道和设备安装工程进行质量鉴定时,根据其工程特点,可参照上述 1—4 项进行初步调查和详细调查

二、建设工程造价鉴定的方法

(一) 熟悉案情及有关资料

在认真研究鉴定资料熟悉案情的基础上,根据受鉴项目招投标文件、施工图、施工合同及其补充协议等相关资料,提出鉴定方案,并进行必要的案情调查。

(二) 分析研究

认真分析当事人在施工合同中对工程造价方面的约定,按照施工合同以及

经双方确认的工程量、人材机价格等资料,对有争议的工程造价进行鉴定。

(三)工程造价鉴定

可采用工料单价法和综合单价法两种计价方法:工料单价法是传统的定额计价模式下的施工图预算编制方法,而综合单价法是适应市场经济条件下的工程量清单计价模式下的施工图预算编制方法。

1. 工料单价法。工料单价法是指采用当地建设行政主管部门发布的工程定额标准中的各分项工程工料单价(基价),乘以相应的各分项工程的工程量,求和后得到包括人工费、材料费和施工机械使用费在内的单位工程直接工程费,措施费、间接费、利润和税金可根据统一规定的费率乘以相应的计费基数得到,将上述费用汇总后得到单位工程的造价。

2. 综合单价法。综合单价法是指分项工程单价综合了直接工程费及以外的多项费用的计价方法,按照单价综合的内容不同,综合单价法可分为全费用综合单价和清单综合单价:(1)全费用综合单价,即单价中综合了分项工程人工费、材料费、机械费、管理费、利润、规费以及有关文件规定的调价、税金以及一定范围的风险等全部费用。以各分项工程量乘以全费用单价的合价汇总后,再加上措施项目的完全价格,就生成了单位工程造价。(2)清单综合单价。分部分项工程清单综合单价中综合了人工费、材料费、机械使用费、企业管理费、利润,并考虑了一定范围的风险费用,但并未包括措施费、规费和税金,因此它是一种不完全单价。以各分部分项工程量乘以该综合单价的合价汇总后,再加上措施项目费、规费和税金后,就是单位工程的造价。

(四)校核

校核是指工程造价鉴定意见初稿编制出来后,由鉴定小组其他鉴定人对编制的造价鉴定各项内容进行检查核对,以及时发现差错,提高工程造价鉴定的准确性。在核对中,应对施工合同约定的所列项目、工程量计算公式、数字结果,套用的工程定额以及定额消耗量等进行全面核对。

(五)出具鉴定意见

鉴定意见按照鉴定文书要求制作并出具。

第三节　建设工程司法鉴定的基本内容

一、建设工程质量司法鉴定的内容

(一)建设工程施工阶段质量鉴定

对建设工程施工阶段出现的质量问题,不能仅从施工的角度去分析和查找原因,直接或间接影响施工质量的因素是多方面的,可能存在于工程实施全过程

（勘察、设计、施工）及整个寿命周期；可能源于我们对建筑科学知识本身认识的不足；可能源于人的"质量行为的过失"；可能源于各级管理者对质量监管不合理的"规划"等。

建设工程施工阶段出现质量问题，引起当事人产生纠纷，进而启动司法鉴定程序，其原因是多方面的：(1)结构的先天缺陷。(2)结构的后天损害。意外灾害也是结构后天损伤的一个重要原因。意外灾害包括自然灾害和人为灾害，它们使工程结构受到严重损害，甚至完全丧失其结构功能。

使用不当也会造成对工程结构的损害。对有些建筑结构而言，使用不当造成损伤的原因是多方面的。如随意改变使用功能，增大使用荷载；为了达到某种装潢效果，随意改变甚至拆除承重结构；为了增大建筑面积，未经设计单位验算设计，对原有设计建筑进行扩建甚至加层改造等。

（二）既有建设工程质量鉴定

建筑物在使用过程中，不仅需要经常性的管理与维护，而且还要及时修缮，才能全面完成设计所赋予的功能。与此同时，还有为数不少的建筑物，或因设计、施工、使用不当而需要加固，或因用途变更而需改造，或因使用环境变化而需要处理，或因达到设计使用年限而需继续使用等等。要做好这些工作，首先必须对建筑物在安全性、适用性和耐久性方面存在的问题有全面的了解，才能作出安全、合理、经济、可行的方案，而既有建设工程质量鉴定所提供的就是对这些问题的正确评价。

（三）建设工程灾损鉴定

自然灾害、人为破坏、事故破坏引起建设工程的不利后果，一般有：超过规范允许范围的沉降、移位、倾斜、裂缝、火灾、雪灾、爆破振动损害，机械震动损害，机动车辆碰撞，相邻建筑物施工影响，化学侵蚀等。从进行司法鉴定程序角度考虑，建设工程各种灾损的鉴定程序应该是相同的。鉴定时应按相关现行标准、规范、规程进行勘验、检测、复核验算和技术分析，出具鉴定意见。

（四）建设工程其他鉴定事项

建设工程其他鉴定事项包括：建（构）筑物渗漏鉴定，建筑日照间距鉴定，建筑节能施工质量鉴定，新型建筑材料鉴定，工程设计工作量和质量鉴定，周边环境对建设工程的损伤或影响鉴定，装修工程质量鉴定，绿化工程质量鉴定，市政工程质量鉴定、工业设备安装工程质量鉴定、水利工程质量鉴定、交通工程质量鉴定、铁路工程质量鉴定、信息产业工程质量鉴定、民航工程质量鉴定等。这些鉴定事项的鉴定的程序应该是相同的。同样强调的是不同行业不同专业鉴定时，应按相关现行标准、规范、规程进行复核验算和技术分析，出具鉴定意见。

二、建设工程造价司法鉴定的内容

（一）建设工程造价鉴定

1. 司法鉴定人应按受鉴项目施工合同的约定，计算工程量，确定工程造价。发包人与承包人如果在施工合同中约定了工程的计价标准或计价方法，则应首先从其约定，充分尊重当事人的意愿。在建设工程合同纠纷中，经常遇到当事人在合同中特别约定，有的约定是明显高于或低于定额计价标准或市场价格的。因为建设工程定额标准是各地建设主管部门根据本地建设市场建设成本的平均值确定的，可以理解为完成单位工程量所消耗的人工、材料，以及机械台班等的标准额度，属于政府指导价范畴，应允许合同当事人随行就市订立与定额标准不一致的工程结算价格。

2. 施工合同对受鉴项目计价方法或者计价标准约定不明或没有约定的，司法鉴定人可参照受鉴项目施工合同履行期间当地建设行政主管部门发布的工程计价依据确定受鉴项目工程造价。

3. 发包人和承包人对受鉴项目的工程量产生争议的，按照施工过程中形成的签证等书面文件确认有争议的工程量。承包人能够证明有争议的工程量是发包人同意施工的，但未能提供有效签证文件证明其工程量发生的，可以按照承包人提供的其他证据确认实际发生的工程量。

4. 因发包人或者承包人提出受鉴项目变更，导致受鉴项目的工程量或者质量标准发生变化，当事人对该部分工程价款不能协商一致的，可参照受鉴项目施工合同履行期间当地建设行政主管部门发布的工程定额标准确定该部分工程价款。

5. 法律、行政法规规定必须招标投标的建设工程，发包人和承包人就同一受鉴项目另行订立的工程施工合同与中标合同实质性内容不一致的，不论该中标合同是否经过备案登记，司法鉴定人应以中标合同作为工程造价鉴定的依据。

6. 当事人违法进行招投标，发包人和承包人就同一受鉴项目又另行订立工程施工合同，不论中标合同是否经过备案登记，两份施工合同均为无效合同；施工合同无效，但如果已完工程的质量合格，司法鉴定人应以符合双方当事人的真实意思、并在施工中具体履行的施工合同作为工程造价鉴定的依据。

7. 法律、行政法规没有规定必须进行招标投标的建设工程，应当以发包人和承包人实际履行的施工合同作为工程造价鉴定的依据；经过招标投标的，当事人实际履行的施工合同与中标合同实质性内容不一致的，司法鉴定人应以中标的施工合同作为工程造价鉴定的依据。

8. 受鉴项目施工合同无效，但受鉴项目经竣工验收质量合格，司法鉴定人应参照受鉴项目施工合同对计价方法和计价标准的约定确定受鉴项目造价。

工程经竣工验收质量合格，已经达到《建筑法》保护的目的。为平衡双方当事人之间利益关系，便捷、合理解决纠纷，确定建设工程施工合同无效，建设工程经竣工验收合格的，参照合同约定支付承包人工程价款。

9. 建设工程施工合同约定工程价款实行固定价格结算，承包人未完成工程施工，要求发包人支付工程款，经审查承包人已施工的工程质量合格的，可以采用"按比例折算"的方式。即由司法鉴定人在相应同一取费标准下分别计算出已完工程部分的价款和整个合同约定工程的总价款，两者对比计算出相应系数，再用合同约定的固定价乘以该系数，确定发包人应付的工程款。

（二）建设工程工期鉴定

1. 受鉴项目应按施工合同约定的时间开工。施工合同中未约定受鉴项目开工时间，应以发包人或监理人批准的开工时间为准。

发包人或监理人发出开工通知后施工条件尚不具备的，以施工条件具备时的时间为开工日期。

发包人与承包人在施工合同内规定了开工日期，因承包人原因不能按时开工，发包人或监理人接到承包人延期开工申请，同意承包人要求的，工期相应顺延；发包人或监理人不同意延期要求或承包人未在规定时间内提出延期开工要求的，工期不予顺延。

因发包人原因不能按照《建设工程施工合同》约定的开工日期开工，发包人或监理人应以书面形式通知承包人，推迟开工日期。由发包人承担因延期开工给承包人造成的损失，并相应顺延工期。

如因不可抗力原因不能按时开工的，工期相应顺延。

委托人提交的送鉴资料中，均无发包人或承包人的原因需推迟开工日期的证据，应以施工合同约定的时间确定开工日期或以实际开工时间确定。

2. 受鉴项目施工合同对工期约定不明或没有约定的，司法鉴定人应按《全国统一建筑安装工程工期定额》和各省《全国统一建筑安装工程工期定额实施说明》，确定受鉴项目工期。

3. 发包人未取得施工许可证而被主管部门责令停止施工的，按发包人或监理人同意顺延的工期竣工；如果发包人未取得施工许可证并未被主管部门责令停止施工的，受鉴项目工期应从实际开工日期起按合同约定工期计算。

因发包人原因而被主管部门责令停止施工的，按发包人或监理人同意顺延的工期计算。

因承包人原因而被主管部门责令停止施工的，按合同约定计算工期。

因其他原因被主管部门责令停止施工的，按发包人或监理人同意顺延的工期计算。

4. 各方当事人对建设工程实际竣工日期有争议的,按照以下情形分别确定竣工日期:(1) 受鉴项目经竣工验收合格的,以竣工验收合格之日为竣工日期。(2) 承包人已经提交竣工验收报告,发包人拖延验收的,以承包人提交验收报告之日为竣工日期。(3) 受鉴项目未经竣工验收,发包人擅自使用的,以转移占有受鉴项目之日为竣工日期。

5. 受鉴项目竣工前,发包人和承包人对工程质量发生争议,工程质量经鉴定合格的,鉴定期间为工期顺延期间。建设工程施工阶段对工程质量发生争议,对工程质量的鉴定可否作为顺延工期的理由,主要以工程质量是否合格作为判断标准。如果工程质量合格的,对于承包人来说,把工程质量的鉴定期间作为顺延工期期间是比较合理和公平的。反之,如果工程质量经鉴定为不合格的,工期不应顺延,承包人应承担逾期交工的违约责任。

6. 委托人提交的送鉴资料中,有经发包人或监理人关于工期顺延的工程签证单的,以工程签证单确定工期顺延的时间。

7. 因设计变更和工程量增减引起的工期争议,应当查明变更或工程量增加是否对工期产生影响及其影响程度,并应查明是否增加了关键线路[①]和关键工作[②]上的工程量。关键工作增加了工程量,工期得以顺延;关键工作未增加工程量,工期不予顺延。

设计变更导致工程量的增加,并不必然导致工期的增加,如果增加的工程量并非是关键工作,可以组织平行施工和交叉施工,还可以增加作业工人和施工机械等组织措施,承包人可以要求增加工程造价而不影响总工期。

(三) 建设工程暂停施工、合同的终止、不可抗力相关费用鉴定

1. 发包人(监理人)指示暂停施工的相关费用鉴定:(1) 发包人(监理人)认为有必要时,可向承包人发出暂停施工的指示,承包人应按发包人(监理人)指示暂停施工。不论由于何种原因引起的暂停施工,暂停施工期间承包人应负责妥善保护工程并提供安全保障。司法鉴定人需确定以下发生的费用,并由责任方承担:① 保护、保管暂停施工部分的工程或全部工程的费用;② 由于暂停施工而引起的、必需的安全费用;③ 项目经理部人员的工资及进入施工现场生产工人的工资;④ 由于暂停施工而引起的需延期租赁的施工机械和施工机具租赁费用;⑤ 暂停施工达28天以上,承包人为受鉴项目已采购的生产设备和(或)材料的款项;⑥ 为暂停施工部分的工程复工而引起的、必需的准备费用。(2) 承包人原因引起的暂停施工,由承包人承担发生的费用,并按合同的约定承担违约

[①] 关键线路指在工期网络计划中从起点节点开始,沿箭线方向通过一系列箭线与节点,最后到达终点节点为止所形成的通路上所有工作持续时间总和最大的线路。

[②] 关键工作指关键线路上的工作,关键工作上各项工作持续时间总和即为网络计划的工期。关键工作的进度将直接影响到网络计划的工期。

责任。

2. 建设工程合同的终止相关费用鉴定：(1) 发包人原因导致的合同终止相关费用鉴定：因发包人原因导致合同终止的，司法鉴定人需确定承包人的下列费用：① 合同解除日以前承包人所完成的永久工程的价款。② 承包人为受鉴项目施工订购并已付款的材料、工程设备和其他物品的金额。发包人付款后，该材料、工程设备和其他物品归发包人所有。③ 承包人为完成受鉴项目所发生的，而发包人未支付的费用。④ 承包人撤离施工场地以及遣散承包人人员的费用。⑤ 承包人为完成受鉴项目所建造的临时设施的摊销费用。⑥ 承包人由于合同解除而遭受的损失。⑦ 按合同约定在合同解除日前应支付给承包人的其他费用。(2) 承包人原因导致的合同终止相关费用鉴定：因承包人原因导致合同终止的，司法鉴定人需确定承包人的下列费用：① 合同终止日以前承包人所完成的永久工程的价款。② 承包人为受鉴项目施工订购并已付款的材料、工程设备和其他物品的金额。发包人付款后，该材料、工程设备和其他物品归发包人所有。③ 承包人为完成受鉴项目所发生的，而发包人未支付的费用。④ 承包人为完成受鉴项目所建造的临时设施的摊销费用。⑤ 发包人由于解除合同而遭受的损失。(3) 不可抗力导致的合同终止相关费用鉴定：不可抗力是指发包人和承包人在订立合同前不可预见，在合同履行过程中不可避免发生并不能克服的自然灾害和社会性突发事件。因不可抗力导致合同无法履行，发包人和承包人都有权通知对方终止合同。在这种情况下，合同将在对方收到通知后终止。发出通知方可以就受到不可抗力影响而未能履约申请免除责任或者部分免除责任。一旦发生此类终止，司法鉴定人需确定发包人应向承包人支付的下列费用：① 合同终止日以前承包人所完成的永久工程的价款。② 承包人为受鉴项目施工订购并已付款的材料、工程设备和其他物品的金额。发包人付款后，该材料、工程设备和其他物品归发包人所有。③ 承包人为完成受鉴项目所发生的，而发包人未支付的金额。④ 承包人为完成受鉴项目所建造的临时设施的摊销费用。⑤ 承包人撤离施工场地以及遣散承包人人员的费用。⑥ 按合同约定在合同终止日前应支付给承包人的其他费用。

3. 不可抗力相关费用的分担原则。不可抗力导致的人员伤亡、财产损失、费用增加和（或）工期延误等后果，按以下原则确定：① 永久工程，包括已运至施工场地的材料和工程设备的损害，以及因工程损害造成的第三方人员伤亡和财产损失由发包人承担；② 承包人设备的损坏由承包人承担；③ 发包人和承包人各自承担其人员伤亡和其他财产损失及其相关费用；④ 承包人的停工损失由承包人承担，但停工期间应发包人（监理人）要求照管工程和清理、修复工程的费用由发包人承担；⑤ 不能按期竣工的，应合理延长工期，承包人不需支付逾期竣工违约金。发包人要求赶工的，承包人应采取赶工措施，赶工费用由发包人承担；

⑥ 一方违约后发生不可抗力的,违约方仍应当对不可抗力发生之前的违约行为承担责任。

第四节 建设工程司法鉴定意见评断

一、建设工程施工质量司法鉴定结论的评断

在建设工程质量纠纷的诉讼案件中,庭审法官一般希望司法鉴定人对建设工程质量纠纷的鉴定明确作出合格或不合格的鉴定意见。但按现行法规,对建设工程施工质量进行司法鉴定,不应作出合格或不合格的鉴定意见,而应作出工程质量是否符合施工图设计文件、相关标准、规范、规程要求的鉴定意见。

《建设工程质量管理条例》(国务院令第279号)规定:建设单位、勘察单位、设计单位、施工单位、工程监理单位依法对建设工程质量负责,都是建设工程质量主体。因此,《建筑工程施工质量验收统一标准》(GB50300)规定,建设工程质量合格与否的结论,只能由建设单位组织建设工程各质量责任主体,通过规定的程序进行竣工验收后才能得出。

对建设工程质量进行司法鉴定,主要是通过司法鉴定人的专业知识和技术经验,根据工程标准规范,采用必要的检测和验算手段,对质量进行鉴定。根据委托的鉴定要求,有时仅对某分部分项工程质量进行鉴定。因此,对建设工程质量进行司法鉴定,但不得作出合格或不合格的鉴定结论:一是鉴定机构和司法鉴定人独立地进行鉴定,不具备施工质量竣工验收规定的主体和程序;二是法律规定不合格的工程不得交付使用,一旦对已投入使用的工程作出不合格的鉴定结论,将在法律和规章上引起混乱,影响正常的工作生产、生活秩序。因此,鉴定机构和鉴定人对建设工程质量进行鉴定,应作出工程质量是否符合施工图设计文件、工程建设规范标准的鉴定意见。对可以继续承载的工程出现的质量缺陷,经过验算和技术分析,找出质量问题的原因,分清质量责任,提出加固修复方案;对不能继续正常承载的工程结构,应根据工程建设规范标准,及时出具鉴定意见,要求建设单位立即采取措施。

特别提出的是:由于建设工程质量本身的特点,对建设工程施工质量进行的事后检测和鉴定,作出的鉴定意见,不能免除建设单位、勘察单位、设计单位、监理单位、施工单位各自应依法承担的质量责任和义务。

二、建设工程造价鉴定的从约原则

受合同法律关系的制约,工程造价争议首先是一个合同问题。一项具体的建设工程项目的合同造价,是当事人经过利害权衡、竞价磋商等博弈方式所达成

的特定的交易价格,而不是某一合同交易客体的市场平均价格或公允价格。这是现代经济学理论的基本观点,也是市场经济制度下维护公正与效率所应遵循的司法原则。在工程合同造价纠纷案件中,经常会遇到当事人在合同签订中的特别约定,有的约定是明显高于或低于定额计价标准或市场价格的。根据《合同法》的自愿和诚实信用原则,只要当事人的约定不违反国家法律和行政法规的强制性规定,也即只要与法无悖,不管双方签订的合同或具体条款是否合理,鉴定人均无权自行选择鉴定依据或否定当事人之间有效的合同或补充协议的约定内容。这就是工程造价鉴定必须遵循的从约原则。

三、建设工程造价鉴定的取舍原则

在鉴定过程中由于当事人提供的证据不够完善,或者因案情的复杂性和特殊性,或者遇到需要定性方可判定,或者现有证据有矛盾难以作出确定判断,致使工程司法鉴定难以得出确定的意见时,司法鉴定人应结合案情按不同的标准和计算方法,根据证据成立与否出具不同的鉴定意见,供司法机关根据开庭和评议对鉴定意见进行取舍。有的司法鉴定人根据自己的意愿,径自认定一种证据材料,甚至认定合同无效,然后据此作出鉴定意见,这实质上是代行了审判权。比如有的合同对价款结算让利作了明显过高的约定,能否按约计算,其决定权应由司法机关裁判,司法鉴定人对鉴定资料的真实性和有效性无认定权,鉴定资料的真实性和有效性只能由审判人员认定。司法鉴定人应提供是否按约定计价的两个鉴定意见供法庭审查判断决定是否采信。这就是工程造价鉴定必须遵循的取舍原则。

本章述评

关于既有建设工程质量鉴定的依据,一直存在着两种不同的观点:一种认为,鉴定应以原设计、施工规范为依据;另一种则认为,鉴定应以现行设计、施工规范为依据。由于已有建(构)筑物绝大多数在鉴定并采取措施后继续使用,因而不论从保证其下一目标使用期所必需的可靠度或是从标准规范的适用性和合法性来说,均不宜直接采用已被废止的原规范作为鉴定的依据。这一观点在国际上也是一致的。如国际标准《结构可靠性原则》(ISO/DIS 2394-1996)中便明确规定:对已有建筑物的鉴定,原设计规范只能作为参考性的指导文件使用。以现行设计、施工标准规范作为已有建筑物鉴定的依据之一,是无可非议的,但若认为它们是唯一依据则欠妥。因为现行设计、施工规范毕竟是以拟建工程为对象制定的,不可能系统地考虑已有建(构)筑物所能遇到的各种问题。采用以《民用建筑可靠性鉴定标准》(GB 50292)和《工业建筑可靠性鉴定标准》(GB 50144)

为依据的提法,则较为全面,因为其内涵已全面概括了以下各方面的内容和要求:(1) 现行设计、施工规范中的有关规定。(2) 原设计、施工规范中尚行之有效,但由于某种原因已被现行规范删去的有关规定。(3) 根据已有建(构)筑物特点和工作条件,必须由《民用建筑可靠性鉴定标准》(GB 50292)和《工业建筑可靠性鉴定标准》(GB 50144)作出的规定。

思考题

1. 建设工程的定义是什么?
2. 建设工程质量鉴定有哪些内容?
3. 对建设工程施工质量进行司法鉴定,为什么不应作出合格或不合格的鉴定意见?
4. 建设工程造价鉴定的原则是什么?
5. 什么是司法鉴定人的释明?

第二十六章　道路交通事故司法鉴定

> **本章概要**

本章主要包括道路交通事故司法鉴定的基本概念、鉴定程序、方法和内容，以及道路交通事故司法鉴定意见在道路交通事故执法处理和司法诉讼中的程序、作用。学习本章内容，应当了解和掌握道路交通事故司法鉴定的基本内容、常用的鉴定方法及鉴定原则，其重点是道路交通事故鉴定中与车辆有关的技术鉴定程序和方法，难点是道路交通事故司法鉴定中车辆技术鉴定意见的规范性和科学性的评断。

第一节　道路交通事故司法鉴定概述

交通是指借助某种运载工具，实现人或物的空间位置移动的社会活动过程，即各种运输活动的总称。交通方式主要有铁路、道路、水运、航空等基本方式。其中，道路交通方式是载客运输量最大、参与人员最多的运输方式。

近年来，我国道路交通事业高速发展，机动车的保有量飞速增长，导致因交通事故引发的案件数量也大幅增加，位居增幅最快的民生类案件的前列。此类案件涉及人民群众的基本人身财产权益，如何利用司法鉴定的作用，协助法院迅速妥当审理此类案件、及时化解矛盾、保护道路交通事故的各方参与人尤其是受害人的合法权益，是司法鉴定活动应当发挥的重要作用。

一、道路交通事故的定义

根据《道路交通安全法》的规定，交通事故是指车辆在道路上因过错或者意外造成的人身伤亡或者财产损失的事件。交通事故不仅是由特定的人员违反交通管理法规造成的，也可以是由于意外造成的，如地震、台风、山洪、雷击等不可抗拒的自然灾害造成的。一般情况下构成交通事故需要具备以下六个要素，缺一不可。

（一）车辆

车辆是道路交通事故的主体要素。无车辆参与的事故，不是上述定义中的道路交通事故。如，造成损害的各当事人中任何一方都未驾驶车辆，行人与行人相撞就不是道路交通事故。在《道路交通安全法》中，车辆包括机动车和非机动车。

（二）道路

道路是构成道路交通事故的要件，没有在道路上发生的事故，就不属于公安机关交通管理部门依法管辖处理的道路交通事故。《道路交通安全法》第119条规定："'道路'，是指公路、城市道路和虽在单位管辖范围但允许社会机动车通行的地方，包括广场、公共停车场等用于公众通行的场所"。这里确指的是公用的道路，不包括厂区、校园、矿区、庭院的道路。人员和车辆在公路通行，必须受到《道路交通安全法》的约束，接受公安机关交通管理部门的管理。

（三）在运行中

根据交通事故的定义，必须是在运行过程中车辆之间发生碰撞或车辆与行人、固定物等发生碰撞，才能称为交通事故。如，行人碰撞、跌落在处于停止状态的车辆上、乘车人从静止的车上跳下造成伤害就不能称之为交通事故。

（四）发生状态

即发生有碰撞、碾压、翻车、坠车、爆炸、失火等其中一种现象。如果未发生上述事态，在车上的旅客由于其他原因（如心脏病发作）而造成的死亡，则不属于交通事故。

（五）造成事态的原因是人为或自然灾害引发的

指发生事态是由于事故当事者（肇事者）的违章或过错行为或自然灾害（与该起事故有必然因果关系的违章与过错或意外）所致。

（六）有损害后果

即要有人、畜伤亡或车、物损坏的后果，没有损害后果不能称之为交通事故，但又不是所有的有损害结果的事件是交通事故。故意用车撞人制造车祸的就不能作为交通事故处理，而属于故意犯罪行为。

以上六个要素和违法行为可作为判断和鉴定是否属于交通事故的依据。

二、道路交通事故的处理与鉴定

根据《道路交通事故处理程序规定》，当车辆在道路上发生交通事故，公安机关交通管理部门接到道路交通事故报警或者出警指令后，应当按规定立即派交通警察赶赴现场。此时，表明该道路交通事故进入公安机关交通管理部门的交通事故处理程序。

交通警察到达现场，根据需要进行组织抢救受伤人员，并采取其他必要措施后，交通警察应当对交通事故现场进行勘验、检查，收集证据。

根据交通事故现场涉事车辆、人员、财产损失的具体情况，道路交通事故可分为按简易程序或按调查程序两大类分别按程序处理。

对于适宜于简易程序处理的案件,交通警察在固定现场证据、安排撤离现场后,交通警察根据现场固定的证据和当事人、证人叙述等,认定并记录道路交通事故发生的时间、地点、天气、当事人姓名、机动车驾驶证号、联系方式、机动车种类和号牌、保险凭证号、交通事故形态、碰撞部位等,并根据当事人的行为对发生道路交通事故所起的作用以及过错的严重程度,确定当事人的责任,制作道路交通事故认定书,当事人共同请求调解的,交通警察应当当场进行调解,并在道路交通事故认定书上记录调解结果,由当事人签名,交付当事人,结束该起道路交通事故的处理程序。

对不适宜按简易程序处理的道路交通事故,按规定进入调查程序。

进入调查程序的案件,因收集证据的需要,可以扣留事故车辆。对于专业性较强的检验、鉴定,公安机关交通管理部门应当自事故现场调查结束之日起3日内委托具备资格的鉴定机构进行检验、鉴定。

鉴定机构收到公安机关交通管理部门的检验聘任书或鉴定委托协议书后,表明该起道路交通事故进入了委托专业机构的道路交通事故检验、鉴定阶段。由于这时委托鉴定目的是为协助公安机关交通管理部门调查交通事故基本事实、事故成因,其形成的鉴定意见主要供公安机关交通管理部门制作交通事故认定书时作为调查证据采信使用,所以,狭义上讲,这类道路交通事故鉴定属于为行政执法服务的鉴定活动。

三、道路交通事故的诉讼与司法鉴定

根据《道路交通事故处理程序规定》的内容,当事人对公安机关交通管理部门制作交通事故认定书或交通事故损害赔偿调解协议有争议时,当事人可以直接向人民法院提起民事诉讼,请求法院进行裁决。同时,依据《道路交通安全法》,对违反道路交通安全管理法规,发生重大道路交通事故的交通参与人员,在分清事故责任的基础上,对于构成犯罪的,将依照《刑法》第133条的规定进行定罪处罚。此时,该类道路交通事故的处理就由公安机关交通管理部门的行政执法方式转为由检察机关提起刑事诉讼,法院进行诉讼审判处理方式。这两种情况下,由法院启动的委托具有专门知识人员,或具有专业资质的鉴定机构和鉴定人,对交通事故基本事实、事故成因进行鉴定的活动,就是狭义上的道路交通事故司法鉴定。

在实际办案实践中,为节约当事人诉讼成本,公安机关交通管理部门近年来,对根据事故现场勘验情况,对可能进入诉讼程序的交通事故,已逐步不再直接聘用专门知识人员承担交通事故鉴定,而是委托具有司法鉴定许可资质的司法鉴定机构安排专业司法鉴定人,按照《司法鉴定程序通则》规定的程序和司法鉴定意见书格式,进行道路交通事故鉴定活动,出具鉴定意见书。这样在进入诉

讼程序后,在当事人对鉴定意见无争议条件下,法院审理诉讼时,一般就可以直接采信公安机关交通管理部门委托司法鉴定机构出具的鉴定意见。因此,从广义上讲,公安机关交通管理部门在交通事故调查阶段,按司法鉴定程序启动的,为行政执法服务的道路交通事故鉴定,也可以归为道路交通事故司法鉴定。

第二节 道路交通事故司法鉴定的基本内容

一、道路交通事故司法鉴定的适用范围

从道路交通事故的定义,可知道路交通系统是由人—车—路—环境四要素构成的动态系统,交通事故是系统内四要素相互作用的运行结果的一种外在表现,如图26-1所示。道路交通系统本身的特点决定了交通事故鉴定的复杂性、多样性,涉及多学科的知识。针对交通事故的这一特点,2012年最高人民法院《关于审理道路交通事故损害赔偿案件适用法律若干问题的解释》开宗明义在第一节关于责任主体的认定条目中就列出了在确认责任主体对造成交通事故损害的发生有过错,并适用《侵权责任法》第49条的规定确定其相应的赔偿责任时,需要专门知识进行技术鉴定的多个条目,这些条目归纳起来,可以对应归为对人—车—路—环境四类对象的鉴定。

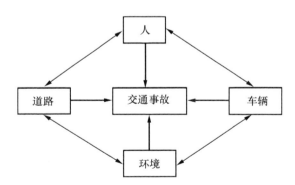

图 26-1 道路交通事故与影响因素的关系

（一）交通事故当事人

当事人依照《侵权责任法》第49条的规定请求由机动车所有人或者管理人承当赔偿责任的,需要确认驾驶人是否属于因饮酒、服用国家管制的精神药品或者麻醉药品,或者患有妨碍安全驾驶机动车的疾病等依法不能驾驶机动车。

（二）车辆

当事人依照《侵权责任法》请求由机动车所有人或者生产者承当赔偿责任的,需要确认事故车在发生交通事故前是否存在导致交通事故的安全技术缺陷

和产品缺陷,是否属于被多次转让的拼装车或已达到报废年限的机动车。

(三) 道路

当事人请求道路管理者承担相应赔偿责任的,需要确认在发生交通事故的路段,是否存在导致机动车发生交通事故的维护缺陷,是否存在不符合国家标准、行业标准、地方标准等强制性规定的道路设计、施工缺陷。

(四) 环境

当事人请求因在道路上堆放、倾倒、遗撒物品等改变通行环境,导致交通事故造成损害的行为人和道路管理者承担赔偿责任时,需要就因在道路上堆放、倾倒、遗撒物品等改变的通行环境与导致交通事故的关联性进行鉴定。

二、道路交通事故司法鉴定的主要内容

传统的司法鉴定分为法医类、痕迹类、声像电子数据类、司法会计类等。其分类基本原则是按鉴定对象同类,鉴定人员需要掌握的学科基础相近,检测设备的检测技术原理相近,进行的分类。

道路交通事故发生是与人—车—路—环境四要素综合作用造成的,道路交通事故鉴定工作亦需要多学科的背景知识和检测技术。确认特定的赔偿责任主体,则需要对特定的造成交通事故对应的要素对象,聘请具有特定的专门知识的鉴定人进行技术鉴定。因此,道路交通事故司法鉴定可以进一步分解为对道路交通事故参与人的法医学鉴定、车辆安全技术状况鉴定、交通事故痕迹物证鉴定、事故道路—环境缺陷鉴定和交通事故成因鉴定等小类别。

三、交通事故参与人的法医学鉴定

交通事故中人员伤亡,必须由法医对死者或伤者进行检验、鉴定,为事故性质的认定、现场再现、民事赔偿、肇事者量刑提供客观和科学的证明。

(一) 主要内容

根据事故处理工作的需要和司法诉讼的要求,交通事故的法医学检验和鉴定主要包括以下内容。

1. 法医病理鉴定。鉴定项目主要包括:体表检验、尸体解剖检验、组织学检验、致伤方式(撞击、碾压、摔跌、拖擦)及死因鉴定。

2. 法医临床鉴定。鉴定项目主要包括:轻重伤鉴定、伤残等级评定、三期鉴定。

3. 法医物证检验。鉴定项目主要解决个体识别,如确定交通肇事逃逸车辆以及事故时乘员位置。

4. 法医毒化检验。鉴定项目主要是血液中酒精含量检测,及对涉案人员是否服用国家管制的精神类药品或麻醉药品进行鉴定。

(二) 主要作用

目前,针对交通事故的法医类鉴定主要解决以下问题。

1. 为确定案件性质提供依据。发生在道路上的事件大多是属于交通事故,但也有可能是刑事案件、意外事件。这就需要根据现场勘查、车辆检验、人体损伤检验、当事人生理、精神状态鉴定,结合死亡原因及致伤方式,确定案件性质。

2. 通过对交通事故现场发现的机体组织、毛发、血液、血迹等生物性检材进行检验和鉴定,对被鉴定的客体作出同一性认定。认定交通事故肇事车辆,并可以结合车辆在碰撞过程中的运动过程,判断有关痕迹、物证、人体损伤等形成的过程和原因,及事故发生前当事人所处的位置、交通参与方式。

3. 确定交通事故损伤与疾病的关系,死亡与疾病的关系,损伤、疾病与伤残的关系,死亡方式和直接死亡原因。为公正、合理地划分交通事故伤亡的民事赔偿提供依据。

4. 对因交通事故而引起的当事人损伤情况进行伤残评定,为交通事故损伤案件的民事赔偿提供客观依据。

5. 对交通事故当事人,因交通事故而引起的休息(误工)时限、护理时限、营养时限进行法医学鉴定,为交通事故损伤案件的民事赔偿提供客观依据。

四、交通事故车辆的安全技术缺陷司法鉴定

(一) 基本概念

交通事故各方当事人中,至少有一方使用车辆,包括机动车和非机动车。车辆是构成交通事故的前提条件,无车辆参与的事故则不能认为是交通事故。车辆作为交通事故的构成要素,其安全技术状况与事故之间存在着一定的因果关系。事故发生后,事故车辆往往会因碰撞中产生的巨大冲击力而发生车体变形和功能损坏;也存在着事故车辆在事故发生前就已经达不到正常安全运行技术要求,或存在安全隐患而导致事故发生的可能性;同时,也存在车辆安全系统及部件因突发性机械故障而引发交通事故的可能性。因此,在进行事故调查工作中有必要对肇事车辆安全技术状况及与事故发生之间的关联性进行鉴定,作出公正、科学的判断。为道路交通事故诉讼中的侵权责任主体认定和损害赔偿审理提供证据,对车辆损毁情况的核实也为民事赔偿提供依据。

(二) 鉴定内容

根据公安交管部门的道路事故处理和法院交通事故案件审理工作的需要,目前开展的交通事故车辆检验及鉴定事项主要有以下几项。

1. 车辆属性鉴定。根据发动机工作容积、动力装置功率及车辆相关特征对机动车的车辆属性(轻便摩托车、摩托车或非机动车)进行认定,根据机动车的定义,对车辆的机动车、非机动车的属性进行认定,为交通事故当事人准驾车型的确定及事故责任认定提供依据。

2. 车辆安全技术状况检验。根据车辆及部件相关技术标准,对事故车辆的安全设施、安全性能进行检验。目前检验的内容包括:安全气囊、安全带、车辆制动性能、车辆转向功能、后视镜、照明、信号、轮胎等安全装置。

3. 车辆安全技术状况与事故关系的鉴定。根据事故车辆安全技术状况的检验结果,结合事故现场、碰撞部位、车辆运动过程、碰撞速度综合分析事故车辆安全技术状况与事故发生的因果关系。确定事故车辆安全系统及部件的缺陷或失效是在事故前还是在事故后形成。对于在事故前已经存在的缺陷应判断其是较长期存在,还是突发产生,明确事故性质(是过错还是意外),为事故成因分析及责任认定提供依据。

4. 车辆起火原因鉴定。找出起火源位置、起火原因,为车损理赔和事故原因分析提供依据。

五、交通事故的痕迹物证鉴定

(一)基本概念

交通事故痕迹是指由于当事方的行为活动所引起的交通事故现场一切物质形态的变化。在交通事故中,发生过接触的车与车之间、车与道路设施之间或车与人体之间都存在着相互作用,并会在接触面上形成某些表现形式的痕迹。具体表现为结构变形(凹陷、弯折、扭曲、断裂)、刮擦、整体分离和表面物质交换。

交通事故物证,是指交通事故调查人员、鉴定人员依法收集、获取的能够证明交通事故真实情况的物质、物品和痕迹。交通事故痕迹物证鉴定技术是物证鉴定技术学的一个分支。传统的物证技术主要是针对刑事物证检验的内容,其中包括手印、足迹、工具和枪弹痕迹,很少涉及交通事故的车辆轮胎痕迹、车体、人体和路面痕迹,另外车辆在碰撞运动中形成动态痕迹特征,在一般物证检验中也是一个空白,而这些事故痕迹往往能够说明车辆的运动速度、方向、接触点等,从而起到描述事故形态的证据作用。因此,交通事故物证鉴定技术不同于一般的物证技术,有其自己的研究内容和研究对象。同时它又是物证技术学的一个组成部分,可以利用物证技术学的基本理论和方法指导交通事故物证鉴定技术的整体研究。

(二)主要作用

交通事故痕迹物证同其他物证一样,来源广泛、种类繁多。按照痕迹的存在的载体不同,交通事故痕迹可分为人体体表痕迹、衣着痕迹、车体痕迹、路面痕迹、整体分离痕迹、附着物、散落物等。通过交通事故痕迹检验与鉴定可以解决以下问题:

1. 通过痕迹检验,确认肇事车辆之间、车辆与人体、车辆与路侧设施的接触部位,为碰撞形态鉴定提供依据。

2. 通过对事故涉嫌车辆、人员及指认现场的痕迹进行勘验,确定是否构成车辆、人体、道路设施间的接触和是否存在另外的肇事车辆。

3. 路权是目前交警部门进行责任判定的一个重要标准,通过对事故现场的地面痕迹和散落物等痕迹物证可以推断或计算出碰撞的空间位置,为事故处理的责任认定提供依据。

4. 针对交通逃逸案件,可通过事故现场勘察和涉嫌肇事车辆痕迹检验,现场散落物与嫌疑车上残余件的整体分离痕迹比对,为侦破逃逸事故和鉴别肇事车辆提供依据。

5. 针对涉嫌利用伪造交通事故现场,骗取保险的案件,通过事故现场勘察和肇事车辆痕迹检验,可以对事故的真实性进行鉴定。

六、交通事故路段的道路和环境缺陷鉴定

(一)基本概念

交通事故路段的道路缺陷鉴定,主要是指由于分析事故成因需要,或当事人请求道路管理者承担交通事故损害后果的相应赔偿责任时,需要鉴定确认在发生交通事故的路段,是否存在导致机动车发生交通事故的维护缺陷,是否存在不符合国家法规、国家标准、行业标准、地方标准等强制性规定的道路设计、施工缺陷,以及是否存在因在道路上堆放、倾倒、遗撒物品、道路挖开坑孔、隧道照明突变等导致的通行环境改变与导致交通事故发生的关联性进行鉴定。

(二)主要内容

事故道路缺陷鉴定主要包括:道路几何线形鉴定,路面状态鉴定和交通安全设施鉴定等事项。

1. 通过道路几何线形鉴定,确认道路平曲线半径和纵坡坡度、视觉障碍物与道路允许的最高限行速度之间是否匹配,是否符合道路设计强制性法规要求。

2. 通过路面状态鉴定,确认事故路段的路面摩擦系数、路面平整程度、路面横向力系数等与交通事故的发生是否存在关联可能性。

3. 通过隧道照明鉴定,确认隧道照明状况是否符合相关设计要求,与交通事故发生是否存在因果关联性。

4. 通过交通安全设施鉴定,确认高速公路路侧波形梁钢护栏、高速公路避险车道等安全设施是否符合相关设计要求,与交通事故发生、损害程度大小是否存在因果关联性。为法院审理当事人请求道路管理者承担交通事故损害后果的相应赔偿责任时,提供裁决依据。

七、道路交通事故的成因鉴定

(一) 基本概念

为适应《道路交通安全法》对事故认定书应当载明事故成因的要求，公安机关在委托书中对鉴定机构的鉴定意见书中也提出了对道路交通事故的成因鉴定。事故成因分析有助于分析交通系统各要素与事故之间的因果关系，以及各要素在造成交通事故中的作用大小。其结果可以为确定事故性质、事故认定、责任划分、安全教育、安全改善提供依据。道路交通事故的成因鉴定主要包括：交通事故车行驶速度鉴定、交通事故车起火原因鉴定、道路交通事故过程再现分析鉴定等。

(二) 主要内容

事故再现的目的是对事故发生时的碰撞形态、交通参与者的交通行为方式及碰撞过程中各参与要素的运动过程进行描述。事故再现的结果可以辅助完成事故成因、致死(伤)方式分析，也可以为事故认定、责任划分提供技术依据。目前主要鉴定内容有：道路交通事故涉案者交通行为方式鉴定、碰撞位置鉴定、碰撞速度鉴定、当事人致死(伤)方式鉴定、事故车辆运动过程分析等。

第三节 道路交通事故司法鉴定的技术方法

道路交通事故司法鉴定对象归纳起来，就是对道路交通事故涉及的人—车—路—环境四类对象分类进行鉴定，以及对在事故发生过程中，人—车—路—环境相互作用的事故成因分析鉴定。

由于对交通事故当事人的法医学鉴定技术和方法，在本书法医学鉴定的相关章节中已有相应介绍，本节不再赘述。同样，对交通事故司法鉴定中涉及确认对人/车碰撞、车/车碰撞事实的微量痕迹鉴定技术和方法，在本书痕迹物证鉴定和微量痕迹物证鉴定章节中已有相应介绍，本节也不再赘述。

道路交通事故车辆是交通事故最重要的重要物证之一，对事故车辆事故前的安全技术状况鉴定结果，是事故责任认定或诉讼时的重要证据。本节着重介绍在道路交通事故诉讼案件中需求最多的针对车辆物证进行鉴定的方法和程序。

一、交通事故物证的种类

道路交通事故物证是指交通事故处理人员依法收集、获取的能够证明交通事故真实情况的车辆、散落物、附着物和散落物痕迹。

交通事故物证的种类主要有以下几种。

(一) 肇事车辆

交通事故肇事车辆包括机动车和非机动车。

(二) 事故造成的各种痕迹

痕迹是事故物证的重要组成部分,痕迹包括:地面轮胎痕迹、路面损伤痕迹、路面污染和附着痕迹、车体痕迹、人体痕迹、整体痕迹、分离痕迹,以及其他被撞物体痕迹等。

(三) 事故中的各种附着物

在交通事故中形成的,黏附在车辆、人体、路面及其他路面能证明交通事故真实情况的物质。如油漆、油脂、塑料、橡胶、毛发、纤维、血痕、人体组织、木屑、植物枝叶及尘土等微量附着物质。

(四) 交通事故现场散落物

遗留在交通事故现场,能够证明交通事故真实情况的物品或附着物质,如车辆零部件、玻璃碎片、油漆碎片及车辆装载物等。

道路交通事故车辆是交通事故中最重要的物证之一。

二、交通事故车辆物证鉴定一般实施程序

按照《交通事故处理程序规定》,需要进行检验、鉴定的,公安机关交通管理部门应当自事故现场调查结束之日起 3 日内委托具备资格的鉴定机构进行检验、鉴定。并约定检验、鉴定完成的期限,约定的期限一般不得超过 20 个工作日。

事故车辆安全技术检验鉴定一般实施程序。

(一) 确定鉴定方案

鉴定机构接受委托人的委托,鉴定人在鉴定前首先要了解事故的基本情况,包括研究事故现场勘验图、发生交通事故时的运行条件(道路、天气状况及周边障碍状况等)、事故现场照片(含录像)、车辆行驶证、当事人驾驶证及当事人的询问笔录等案卷资料,确认事故形态。根据事故形态对事故过程和事故成因作出初步分析。根据事故过程的初步推论,分析与事故关联的系统原因,确定事故车辆检测、检验的重点项目或部位。根据事故车辆的损坏状况和有无行驶能力,确定鉴定方案。

(二) 事故车辆的动态检验鉴定流程

1. 对具有行驶能力的事故车辆以动态检验鉴定为主,有条件的,首选安全检测线检测,安全检测线检测速度快,效率高。如果没有安全检测线或安全检测线不能检测的项目,可以采用路试检测的方法,路试检验的结果能够较准确地反映整车的技术状况,但必须严格按照相关标准规定的试验条件和试验方法进行试验。如果事故车不能满足或不需要满足相关标准规定的试验条件,为了检测

事故车事故前的技术状况,可以采用现场模拟试验的方法进行检验,用于再现事故前的工作状态,如有现场满载情况下最高车速及烟度模拟等,这种方法的试验结果能够准确地反映整车事故前在特定环境下的技术状况,但试验工作程序、现场交通状况复杂,危险性大。

2. 如果在动态检验鉴定过程中发现与交通事故有关的零部件损坏,视情况进行必要的零部件失效成因检验鉴定。

3. 整理检验鉴定结果、编制鉴定意见书。对动态检验鉴定结果进行整理、分析,如果得到的鉴定意见十分明确,事故成因清楚的,就可以编制鉴定意见书。编制完成后,送审、修改、鉴定人签名、授权人签发、机构签章,建档、向委托方提交鉴定意见书。

4. 如果事故成因分析不明、还有诸多疑点,不能形成明确的鉴定意见,就必须进行必要的静态检验,或直接对对关键的零部件进行检验。

(三) 事故车辆的静态检验鉴定流程

需要进行事故车辆的静态检验鉴定主要包括两类:一类是具有行驶能力的事故车在动态检验中发现问题,但不能确定具体原因的,动态鉴定意见不确切的,根据实际情况分析,判断需要进行静态鉴定的;另一类是丧失行驶能力的事故车辆的静态检验鉴定。

1. 交通事故车辆的静态检验一般可以分为两部分:(1) 整车(受损轻微的状况)、系统或总成的相关工作参数及工作状况的检验(不解体)。(2) 关键总成、零部件的解体,零部件的性能检测、分析。

2. 如果在静态检验鉴定过程中发现与交通事故有关的零部件损坏,视情况进行必要的零部件失效检验鉴定。

3. 在静态检验鉴定过程中无论是否发现与交通事故有关的零部件损坏,都应对检验鉴定结果进行整理,作为鉴定工作底稿归档。

4. 对静态检验鉴定结果进行分析,如果得到的鉴定意见明确,事故成因清楚的,就可以编制鉴定意见书。编制完成后,送审、修改、鉴定人签名,授权人签发、机构签章,建档、向委托方提交鉴定意见书。

(四) 零部件失效检验鉴定流程

1. 确定需要进行失效鉴定的零部件。需要进行事故车辆零部件失效原因鉴定主要包括两类:一类是在动态或静态检验中发现失效的零部件,根据损坏情况判断需要进行零部件失效成因鉴定的;另一类是在常规检视过程中发现事故前或事故中损坏的、可能与事故有关的零部件。

2. 零部件失效成因鉴定。零部件失效鉴定是针对具体零件的失效现象鉴定鉴定,例如轮胎破损、转向系统构件断裂、制动系统构件损坏等。零部件失效原因鉴定是通过专用仪器和技术原理,如,裂纹断口分析、金相分析、材质成分能谱分析等技术来判定零件是否存在材质缺陷和制造工艺缺陷。经过对检验、检测结果进行整理、判别，并结合构件在车辆运行和事故过程中的受力状况等其他相关因素进行综合分析，形成鉴定意见。

3. 如果对零部件失效成因鉴定得到的鉴定意见明确，与交通事故的关联性清楚，综合其他检验结果，就可以编制鉴定意见书。编制完成后，送审、修改、鉴定人签名，授权人签发、机构签章、建档、向委托方提交鉴定意见书。

三、道路交通事故物证鉴定主要技术方法

（一）交通事故车辆鉴定基本检验方法

1. 涉案交通事故车辆唯一认定和标识。交通事故车辆鉴定的执业特点是，由于鉴定车辆体积庞大，不能自行移动，一般只能鉴定人到事故车停车场进行。事故车停车场一般停放报废事故车众多，因此，确认委托鉴定车辆与停车场事故车的对应性和唯一性是首要鉴定。首先要收集事故现场勘验图、事故现场照片（含录像）、车辆行驶证、牌照号等，核对事故车号牌号码、车辆类型、品牌/型号、车辆识别代号（或整车出厂编号），是否与该车行驶证或车辆信息表或登记证书记录相符，确认涉案事故车并做标识。其次收集当事人驾驶证、当事人的询问笔录等案卷资料，对送检车辆发生交通事故时的运行条件（道路、天气状况及周边障碍状况等）予以充分了解、记录，了解委托鉴定事故的发生形态。

2. 交通事故痕迹物证的固定。对事故车辆的外观、外部及可见部位的损坏（伤）状况予以记录；对事故车辆与其他车辆、行人及固定物等碰撞、摩擦、擦划等痕迹、痕迹位置及形状应予以记录和测量，并通过拍照、摄像，将交通事故痕迹物证固定。检查、记录交通事故残留物的类别、性质、数量等内容，并用照相的方法将其固定。

3. 确定交通事故车辆检验方案。通过对交通事故案情资料和事故车辆常规目击检验结果的分析，鉴定人员对交通事故的过程形成初步推断，确定需要检验的与事故关联的车辆系统和总成，根据委托鉴定要求，进而确定事故车辆检测的重点项目（或部位）以及检验方法，从与事故存在直接因果关系的车辆转向系、制动系、行驶系、照明及信号装置、传动系、安全防护等部件着手检验。例如，追尾事故主要鉴定制动系、转向系、行驶系等相关部件的技术状况；夜间事故则主要鉴定照明及信号装置、制动系等相关部件的技术状况。

（二）交通事故车辆碰撞车速鉴定方法

为适应《道路交通安全法》对事故认定书应当载明事故成因的要求，在发生严重碰撞的交通事故进行鉴定时，鉴定委托书一般都提出了对车辆碰撞车速进行鉴定的要求。目前，比较认可的事故车辆碰撞车速鉴定方法主要有三种：简化理论公式车速鉴定法、利用视频监控录像的车速鉴定法、计算机仿真交通事故过

程的车速鉴定法。

1. 简化理论公式车速鉴定方法。简化理论公式计算方法就是将道路车辆碰撞事故简化分为若干典型碰撞形态，根据动量守恒定理和能量守恒定律等基本物理学原理，引入相关的经典力学公式，在采集到事故车碰撞后的停车距离、事故车碰撞塑性变形量、事故车质量等勘验参数的条件下，分别应用推荐公式和方法计算出交通事故车辆的事故前瞬间车速。有关的典型交通事故形态的分类和计算公式见 GA/T 643《典型交通事故形态车辆行驶速度技术鉴定》。

2. 利用视频监控录像的车速鉴定方法。近年来，城市道路的监控设备越来越完善，在主要街道、主要路口都安装有视频监控录像设备，许多交通事故的录像都可以从监控设备中获取。在监控视频录像中，有许多与车速计算相关的重要信息，如，时间信息、位置信息、道路环境信息、车辆轮廓信息等。利用视频播放软件，采用逐帧播放模式，就能读出录像中车辆进入监控区的时间点、运动过程、越过两个环境标志物的时间段、车辆发生碰撞的时间点、车辆驶离监控区的时间点等参数，再利用实测的两个环境标志物之间的间距、监控录像的帧速率，以及车辆参数信息，就可以利用速度等于距离除以时间的基本公式，计算出车辆碰撞前的平均车速。如果事故车在碰撞前，进入监控录像的时间足够长，还可以判定事故车在碰撞前是否有加/减速运动。

3. 计算机仿真交通事故过程的车速鉴定方法。车辆碰撞事故的计算机仿真再现就是将一定初始条件下根据车辆动力学模型计算得到的一系列事故车辆瞬间运动状态适时地在计算机屏幕形象展示出来。这样根据事故过程仿真再现的运动轨迹结果与对应现场勘验结果的吻合程度来检验仿真再现的准确性，从而对作为仿真再现初值的前期事故分析计算结果（如，碰撞车速、碰撞方位、碰撞运动形态）的正确性进行了可视化检验。因此，国内外已有多种这样的事故再现商品软件，如长安大学的道路交通事故分析与再现系统（Crashview TACAR）和奥地利的车辆事故再现系统（PC-Crash）被逐渐用于交通事故车速鉴定工作。采用先进的计算机仿真来推算交通事故车辆速度，具有准确、方便、可视化等特点，并能综合各种计算方法，通过比较分析和优化，辅以专家经验，给出与真实情况更为接近的分析结果。但是，计算机仿真方法对使用者的理论水平和软件应用能力要求高，其包含的通用化模型通常不能满足事故分析人员结合研究经验对具体事故特点进行分析的需要，所以主要还是用于对交通事故场景进行重构和演示。

4. 利用车载设备记录信息的车速鉴定方法。通过提取车载设备的记录信息查明车速，主要是提取 GPS 系统、行车记录仪等设备的存储信息。这些设备可以记录事故发生前瞬间的车辆行驶速度，GPS 系统还有车速实时数据传输功能。这种方法是查明行车速度最直接的方法，但受行车记录仪安装普及率的限制,以及数据容易被人为修改的影响,在实际鉴定中直接使用不多,一般可以作为其他鉴定方法的车速计算结果的验证。

四、道路交通事故涉案者交通行为方式的鉴定方法

根据《道路交通事故涉案者交通行为方式鉴定规范》,交通行为方式鉴定是对与事故相关的现场、车辆、伤亡人员进行勘验后,依据勘查结果对交通事故涉案者在事故发生时的状态,进行综合分析判断的鉴定活动,包括对涉案者:是汽车驾车人或乘员的判断;是自行车(摩托车)骑车人或乘坐人的判断;是非机动车持有人骑行或推行的判断,是行走、蹲踞或躺卧状态的判断等。下面简要介绍前三种交通行为方式判断方法。

(一)驾车人/乘坐人的判断方法

通过勘验,首先采集固定车内驾驶座周边部件(如方向盘等)和非驾驶座周边部件所存在的异常损坏和碰撞痕迹、各座位安全气囊和安全带使用痕迹、车辆风窗玻璃及车门玻璃的损坏痕迹、各座位周边附着的血迹、毛发和人体组织物等物证,然后分析这些痕迹是与硬物碰撞形成还是与软性物体(如人体)碰撞形成,最后结合车内人员不同部位的体表痕迹及损伤形态特征进行比对,必要时,可利用DNA检验比对,对当事人是驾车人还是乘坐人作出判断。

(二)摩托车驾车人/乘坐人的判断方法

对摩托车驾车人/乘坐人的判断,需要区分是正面碰撞事故,还是侧面被碰撞事故,碰撞的车型大小,依据被碰撞车、物上的痕迹和附着物,以及各人不同的着地位置,结合人体表痕迹及损伤形态特征判断当事人事发时在摩托车上所处的位置。对正面碰撞事故,前座人员除头面部(或头盔)直接在碰撞中形成损伤外,其胸腹部和顶枕部、腰背部往往又会与所驾车辆的驾驶操纵部件以及和后座人员身体碰撞形成特征性损伤。对于摩托车侧面被其他车辆碰撞的事故,在确认两车具体碰撞部位的基础上,区分摩托车车上人员是否应受到直接碰撞和可能形成的不同受伤情况。对于摩托车前后座踏脚高度不同的情况,可根据受伤人员下肢损伤位置距地高来辅助判断。

(三)自行车驾驶/乘坐人员的判定方法

对自行车驾驶/乘坐人的判断,同样需要区分是正面碰撞事故,还是侧面被碰撞事故,碰撞的车型大小。判断的方法与摩托车的类似,但自行车由于缺乏动力,所发生的交通事故现象与摩托车亦有所区别,进行分析时应充分考虑到车速、动力、自身重量等因素。

五、交通事故车辆司法鉴定文书制作

交通事故司法鉴定文书也包括司法鉴定意见书和司法鉴定检验报告书两种

格式。但在目前的交通事故车辆司法鉴定实践中，由于交通事故成因的复杂性，具体车辆结构和技术参数的多样性，交通事故车辆鉴定活动不是一种只需要给出仪器设备检测数据的技术检测检验行为，而是一种需要对检验检测结果给予事故关联性的分析说明的技术检查行为。

第四节　道路交通事故司法鉴定意见评断

结合道路交通事故司法鉴定活动的特点，介绍道路交通事故司法鉴定意见书的审查要点和注意事项。

一、鉴定程序合法性的评断

由于道路交通事故司法鉴定的大多数首先是由公安机关交通管理大队，根据事故责任认定处理需要启动的鉴定活动，规定的委托时限很紧迫，在电话联系后，鉴定人就赶赴事故发生地，现场接受书面委托，填写规范格式的委托受理合同后，就开始进入现场技术勘验、检验流程。因此，程序合法性审查主要针对鉴定委托合同进行，主要的评审项目有：有无鉴定委托受理合同？合同有无委托方签章和签订合同的经办人签字？委托书或合同中是否填写检案摘要？检案摘要中有无对案发时间、地点和被鉴定对象（或检材）描述错误？合同中载明的附件是否齐全或有错误？完成鉴定是否超过委托时限的约定？派出的鉴定人是否具有该案委托鉴定范围的资质，符合回避要求？为本案鉴定提供外部信息的机构是否具备相关资质？

二、鉴定工作底稿和鉴定文书规范性的评断

因为道路交通事故鉴定一般必须到现场取证，所以现场勘验的工作底稿十分重要，有时完成现场取证后，检材（特别是营运事故车辆）就会停止扣留，车辆修复后，就不能再次勘验取证了。规范性评审主要针对鉴定人收集的鉴定资料、完成的鉴定工作底稿和鉴定文书进行，主要的评审项目有：现场检验记录表有无委托人或见证人签名。检验项目是否按规定填制齐全，没有明显的漏项情况。检验鉴定的有关数据有无明显不合理的错误。检验鉴定的有关记录有无鉴定人员签名。文书格式是否符合司法部门发布的示范文本的要求或本机构质量手册规定的格式要求。鉴定文书中被鉴定对象（或检材）或检案摘要有无明显描述错误。是否存在文书中数据与检验鉴定记录底稿不一致的错误。文书是否存在有明显的应当表述的内容疏漏。文书编号、签章是否符合规范要求。

三、鉴定依据标准和方法科学性的评断

道路交通事故鉴定涉及的鉴定对象多,同一类鉴定对象在具体委托鉴定项目时可能也各不相同,科学性进行评审主要针对具体案件鉴定所依据的标准和方法进行评审,主要的评审项目有:依据的检验方法是否遵循优先采用公开发布的技术标准,仅在没有对应技术标准时,才考虑采用经省级以上司法行政机关指定的组织确认的方法?对同一检验项目,选择检验标准时,是否遵循了国家标准、行业标准、地方标准或者司法部批准使用的技术规范的优先顺序,选择使用了其中效能(等级)最高的标准?鉴定文书中的使用的术语是否符合相关专业技术标准的定义?鉴定文书中的数据是否按规范要求进行了科学修约?在鉴定书证材料与现场勘验材料不一致时,是否遵循了现场证据优先的原则?对影响交通安全,但又没有检验的项目是否给出了为什么没有检验的说明?通过分析得出的结论性鉴定意见是否有分析过程的说明?检验分析过程是否紧扣鉴定委托要求?多种方法检验获得的物证痕迹、检验数据是否相互相吻合,形成了证据链?鉴定意见是否依据引用的技术标准的具体条文作出了无歧义的表述?

本章述评

道路交通事故司法鉴定是根据社会经济发展,道路、车辆增多,引发的道路交通事故诉讼案件急剧增长,以及司法鉴定管理体制改革的社会需求,近年才发展起来的新的司法鉴定类别。道路交通事故司法鉴定涉及对人—车—路—环境四类对象的鉴定,怎样科学地细化道路交通事故司法鉴定下一层级的鉴定分类,有利于规范道路交通事故司法鉴定管理和促进道路交通事故司法鉴定技术研究,还有许多研讨工作要做。本章中,笔者只是根据近几年道路交通事故司法鉴定的实践,将达成较多共识的鉴定内容,比较成熟的鉴定方法编入本章,为法学学科的学生,或道路交通事故诉讼司法活动参与者,提供审阅道路交通事故司法鉴定文书时,必要掌握的相关法规和与之联系的基础专业知识。

思考题

1. 交通事故的定义以及构成交通事故的要素?
2. 道路交通事故鉴定的主要内容和方法?
3. 交通事故车辆检验鉴定方案的程序?
4. 交通事故车辆检验鉴定的流程?
5. 交通事故车辆鉴定文书审查的特点?

附录　建立走向世界的证据科学技术体系

一、无处不在的证据

发现和认定事实真相,是人类社会最基本、最广泛的需求。古往今来,人类所追求的愿景之一,是实现一个真、善、美高度和谐的文明形态。一般而言,"真"是"善"和"美"的基础。无论是诚信社会还是和谐社会,首先应当是一个实事求是的社会,是使人类活动充分基于事实真相和客观规律,并使各种作为利益相关方(stakeholders)的社会主体(包括个人、组织)责任分明的社会。这便需要有效的事实认定系统[包括证据系统(含司法鉴定系统)],证据体系是人类文明的"基础设施"。世界各地的大量轰动性公共事件早已表明:证据问题往往是最基本的甚至首要的关注点;许多社会主体在重大事件中之所以丧失公信力,往往在于缺乏有力的证据支撑。

在真、善、美和谐统一的人类文明中,证据活动是实现"真"并进而实现"善"中公正性要求的基础。虽然许多专门化的证据活动出现在法律领域,却远不局限于此(图附-1)。

从"目的与手段"(End and Means, E&M)框架来看,通过收集与运用证据进行事实认定的科学技术手段,在本质上均可称作"证据科学技术"(Evidential-Science and Technology, or Forensic Science and Technology, EST or FST),无论是否由司法(诉讼)活动的参与方运用于司法(诉讼)目的。作为证据科学技术重要组成部分的司法鉴定,是综合集成地运用各种科学技术手段(包自然科学、人文社会科学、工程技术等),为司法(诉讼)目的提供证据支持的科学技术活动。

证据活动指向的主体,既可是具体的、特定的利益相关方,也可是广泛的、不特定的利益相关方;其目的,既可是在认识和解决某个具有时效性的特定问题时提供特定的事实依据(如为案件、特定历史事件、特定主体的诚信提供证据支持),也可是在长期认识和解决某方面的广泛问题时提供普遍的事实依据(如以观测或实验证据来支撑科学原理)。在一般定义中:(1)"证据"(evidence, proof),指"能够证明某事物的真实性的有关事实或材料"[①];或"能够清

---

① 参见《现代汉语词典》(2002年增补本),商务印书馆2002年版,第1608页。

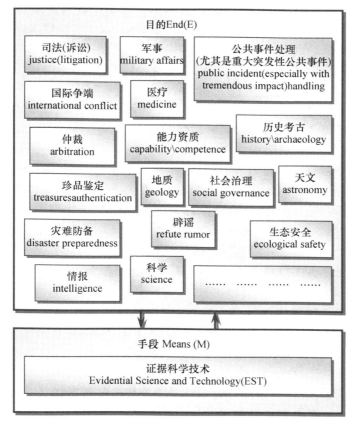

图附-1 目的与手段(E&M):服务于各种目的的证据科学技术手段
End and Means(E&M): The Means of Evidential
Science and Technology to Various Ends

楚地表明某事物存在或属真实的事实或迹象"①;简言之,指"用以证明的凭据"②。(2)"证明"(prove),指"用可靠的材料来表明或断定人或事物的真实性"③,"据实以明真伪"④;或指"论证",即"根据已知真实的判断来确定某一判断的真实性的思维过程。只有进行证明,才能使一个真判断的真实性得到确定。由论题、论据、论证方式组成。有直接证明和间接证明、演绎证明和归纳

---

① "Facts or signs that show clearly that something exist or is true",引自 Pearson Education Asia Limited(英国培生教育出版亚洲有限公司)编:《朗文当代高级英语词典》(LONGMAN *Dictionary of Contemporary English*,英英·英汉双解)(第 4 版),外语教学与研究出版社 2009 年版,第 746 页。
② 《辞海》,上海辞书出版社 2002 年版,第 2176 页。
③ 《现代汉语词典》(2002 年增补本),商务印书馆 2002 年版,第 1608 页。
④ 《辞海》,上海辞书出版社 2002 年版,第 2176 页。

证明等"①；或指"通过提供事实、信息等来表明某事物是真实的"②。这是指过程、活动或行为。(3)"证明"(proof)，也可指能够"表明或断定人或事物的真实性"的"可靠的"、"真实的"事物本身，或"能够证明某事物真实性的事实、信息、文件等"③，如证明书(如资质证明、学位证书等)、证明信等。显然，其含义等同于"证据"。

  证据的应用领域十分广泛。ISO 9000 国际标准将"客观证据"(objective evidence)列为其专门术语；美国马尔科姆·鲍德里奇国家质量奖计划《卓越绩效准则》的核心价值观和概念之一，便是"依靠事实的管理"(management by fact)，诸如"概述贵组织在治理、高层领导和社会责任方面的关键结果，包括在伦理行为、财务责任归属、守法经营及履行公民义务方面的证据"，"说明学习的证据"等内容均涉证据问题；《欧洲卓越模型》也强调"依靠事实的管理"(Management by Processes & Facts)，并在其"雷达"评分矩阵(RADAR Scoring Matrix)中对"促进因素"(Enablers)的各项要素依证据情况来评分；美国国防部资助的"能力成熟度模型集成"(CMMI)亦将"证据"(evidence)、"客观证据"(objective evidence)列为其专门术语。

  证据活动的根本目的，是为人类社会系统的正常运行与可持续的"安全与发展"(Safety and Development, S&D)④奠定真实性基石，是"人类文明的基础设施"。这主要体现在(但不限于)以下诸多方面：(1) 为自然或人为原因导致的灾难预案与防备(disaster planning and preparedness)⑤、公共事件(尤其是严重影响社会稳定的重大突发公共事件和重大突发群体性敏感案件)处理(public incident handling)、应急管理机制(mechanism of emergency management)的建立及捍卫公共利益，及时提供客观而有效的证据保障，奠定其真实性基础(如地震、海啸预报证据的认定，火山爆发证据的认定⑥，对人为制造的大规模传播病毒的责任主体的认定等)。此类证据业务，往往具有紧急性。(2) 为解决国际争端、

---

  ① 《辞海》(1999 年版缩印本〈音序〉)，上海辞书出版社 2002 年版，第 2176 页。
  ② Pearson Education Asia Limited(英国培生教育出版亚洲有限公司)编：《朗文当代高级英语词典》(*LONGMAN Dictionary of Contemporary English*，英英·英汉双解)(第 4 版)，外语教学与研究出版社 2009 年版，第 1835 页。
  ③ 同上书，第 1827 页。
  ④ 参见霍宪丹、常远、杨建广：《世界化时代之安全问题与安全系统工程——兼论科学的安全与发展观(上、下)》，载《中国监狱学刊》2005 年第 4 期、第 6 期。
  ⑤ 参见 Committee on Identifying the Needs of the Forensic Sciences Community, National Research Council of the National Academies, *Strengthening Forensic Science in the United States: A Path Forward*, The National Academies Press, 2009, p. xix, Harry T. Edwards and Constantine Gatsonis, *Preface*。
  ⑥ 参见 Willy Aspinall(Aspinall & Associates—University of Bristol), *Evidence Science and Risk Management in Volcanic Eruptions*, Evidence, Inference & Enquiry Programme/LJDM Seminar, University College, London, May 23, 2007。

维护国家安全(包括主权安全,如用于确认国界的历史证据等)[①]等,提供客观而有效的证据保障,奠定其真实性基础。(3)为大量"以事实为依据,以法律为准绳"的诉讼活动(包括刑事诉讼、民事诉讼、行政诉讼等)中法律裁决的公正性乃至代表公共利益的司法系统的公正性,及时提供客观而有效的证据保障,奠定其真实性基础。[②](4)为大量社会治理(governance)行为(如行政行为、社会管理行为)的合法性及公正性,以及社会系统中大量非诉讼的矛盾纠纷解决活动,及时提供客观而有效的证据保障,奠定其真实性基础。(5)为人类(包括组织、非组织群体、个体等各类社会主体)的正常生活秩序、工作秩序(如各类证件、公证、征信、预防纠纷,保险索赔,澄清组织及个人历史问题,促进科技进步、文化进步、经济发展等)乃至建立诚信社会(sincere society),提供客观而有效的证据保障,奠定其真实性基础。

严重偏离事实真相的证据活动,往往会严重损害人类社会系统正常运行的真实性基础,甚至带来不可估量的恶果。错误的证据活动,有时还会被作为强大的国内外政治斗争(包括军事斗争、选举竞争、政治迫害等)工具,给社会秩序带来严重的破坏、给无辜者带来极大的灾难。随着科技进步、社会发展以及社会系统开放性、复杂性的增强,各种专门性问题大量出现,需要进行事实认定的事项越来越多,各种公共事件(尤其是严重影响社会稳定的重大突发公共事件和重大突发群体性敏感案件)、诉讼案件、行政执法案件、社会纠纷、社会矛盾、社会问题乃至国际争端,在整体上呈现日益增多趋势,所涉范围越来越广,难度越来越大。各类社会主体对证据活动的科学性、客观性、公正性,要求日益强烈。

在充满复杂性并面对空前挑战和空前机遇的世界化时代,人类证据活动及证据管理活动是否有效,对能否实现一个奠基于事实真相之上的、诚信而公正的、真善美和谐统一的世界,具有举足轻重的影响。

二、世界证据科学技术领域的整合化需求

世界证据科学技术体系正处于重大的、跨越性的整合进化的过程。

在美国,其国家科学院根据美国国会指示所组织的"证据科学共同体需求识别委员会"(Committee on Identifying the Needs of the Forensic Science Community),对改进美国证据科学所作的研究报告《加强美国证据科学——前进之

[①] "证据科学学科的任何改进,无疑都将提升国家应对国土安全需要的能力。"参见 Committee on Identifying the Needs of the Forensic Sciences Community, National Research Council of the National Academies, *Strengthening Forensic Science in the United States: A Path Forward*, The National Academies Press, 2009, p. 5。

[②] 从法律实施活动"以事实为依据,以法律为准绳"的要求来讲,基于证据(尤其是作为诉讼证据的司法鉴定意见)的事实认定活动,至少占据着法律实施活动的"半壁江山"。所以,法律领域的证据,具有"铸法治基石"的重要性。没有对事实认定的真实性,法律裁决的公正性根本无从谈起。

路》中,已开始认识到本国证据科学事业的现状是"支离破碎的系统"(The Fragmented System),其发展"因其极端的分崩离析(extreme disaggregation)而受到阻碍","在服务于证据科学事业的许多职业协会方面,没有一个是主导性的,并且显然没有一个阐明了进行变革的需要,或为实现这种变革描绘愿景。""证据科学事业需要强有力的治理,以便采用一种有魄力的、长期的日程安排,来加强证据科学学科。这种治理必须足够强大、足够独立自主,以便识别证据科学方法论体系的局限性;还必须有效地联络全国的科学研究基地,以使证据科学实践活动取得富有意义的进步。"①

在英国,A.菲利普·大卫(A. Philip Dawid)教授在伦敦学院大学发起并领导了一个跨学科的证据研究项目——"证据、推论和探究:迈向整合的证据科学"(Evidence, Inference and Inquiry: Towards an Integrated Science of Evidence),得到了包括概率和统计学、法学、医学、地理学、教育学、哲学、古代史学、经济学、心理学和计算机科学在内的伦敦学院大学的多个学科人员的积极参与。②

2004年底,我国采纳了"建立统一的司法鉴定管理体制"的改革目标和要求;全国人民代表大会常务委员会通过《关于司法鉴定管理问题的决定》,确定了司法鉴定统一管理的制度框架和基本内容,进一步规范了司法鉴定的管理主体、管理客体和管理范围,确立了侦查、公诉、审判职能与司法鉴定管理职能相分离的原则以及司法行政机关的司法鉴定行业管理职能,维护了司法公正的底线,使作为当前证据科学技术活动中心领域的司法鉴定管理体制初步实现由各自为政向规范统一的空前整合。③ 这是中国法治系统工程的重大进展。英美证据学界从"新证据学术研究"(New Evidence Scholarship)到"证据科学"(Science of Evidence)的演化历程,实际上经历了从狭义新证据学至广义新证据学最后迈向具有综合集成性质的大证据科学(Grand Science of Evidence)的过程。④

世界范围内"证据科学共同体"所出现的上述现象,都在相当程度上表明了人类证据科学技术在理论与实践两大领域,对具有强大整合能力的系统化架构

---

① Committee on Identifying the Needs of the Forensic Sciences Community, National Research Council of the National Academies, *Strengthening Forensic Science in the United States: A Path Forward*, The National Academies Press, 2009, pp. 14—16.

② 见 David A. Schum(美国乔治·梅森大学信息科技与工程学院和法学院教授,英国伦敦学院大学证据科学名誉教授), *Thoughts about a Science of Evidence*, December 29, 2005, Studies of Evidence Science, University College London, http://128.40.111.250/evidence/pubs/pubs_detail.asppubID=70,王进喜译,载《证据科学》2009年第1期。

③ 霍宪丹、郭华:《中国司法鉴定制度改革与发展范式研究》,法律出版社2011年版,第3页。

④ Nanning ZHANG(张南宁): Toward a Grand Science of Evidence from the New Evidence Scholarship(《从新证据学到证据科学》),载王进喜、常林主编:《证据理论与科学——首届国际研讨会论文集》,中国政法大学出版社2009年版,第292—308页。

的迫切需求和呼唤。从"目的与手段"(End and Means，E&M)框架来看,证据科学技术领域整合趋势日益明显的深层原因,体现在:(1)根本目的(E)上的一致性——认定各领域的事实、揭示真相,这也是人类社会普遍存在的基本需求。(2)实现手段(M)上的一致性——证据活动的共同规律。

截至目前,"forensic science"及"forensics"在汉语中一般被译为法庭科学、司法科学、法科学、鉴识科学、鉴识学、鉴定科学、鉴定学、辨真科学等;即便被汉译为"证据科学"及"证据学"时,仍常被作为与法律相关的学科范畴。在已有的"forensic science"汉译中,鉴识科学、鉴定科学、辨真科学最接近该词本义。因为,构成"Forensic Science"及"Forensics"的词根,源自拉丁文"forum"(广场、市场)及"*forensis*"(其原始含义是"论坛的、在论坛之前的"),原指两方或两方以上社会成员发生利益冲突或观点冲突时,需要寻找冲突各方以外的、共同认可的、超越冲突各方本位立场的、能够主持公道的另一方(如中立方或公共权力机关)或公众,在特定场所(一般是公共场所)公断是非,以解决彼此冲突。从世界化眼光(尤其是证据科学技术发达地区眼光)来看,无论在研究领域还是应用领域,"forensic science"或"forensics"的内涵与外延早已不限法律领域,正在日益与广义的"Evidential Science"(证据科学)和"Evidential Science & Technology，EST"(证据科学技术)相重合。

在世界范围内,系统方法以其本征性优势,正在为人类证据科学技术的理论与实践提供"水到渠成"的强大整合框架,并责无旁贷地承担着承前启后地完成前述"证据领域最前沿、同时也是最为棘手"的"证据科学系统化"的历史使命。

三、证据系统观

在系统工程方法中,有一个"I(输入)→P(处理)→O(输出)过程模型"["I(*Input*)→P(*Process*)→O(*Output*)"Process Model],可用来描述各种各样的"广义生产"现象:(1)广义生产过程的输入端是广义资源(Generalized Resource),包括物质、能量、信息及其复合形式。(2)广义生产过程的输出端是广义产品(Generalized Product),包括物质、能量、信息及其复合形式。

"资源"与"产品"概念是相对而言的——同一事物,当它是A过程输出物时,它就是A过程的"产品";当它同时也是B过程的输入物时,它就成了B过程的"资源"。

证据活动可被抽象地视为一个通过搜集和加工证据信息来形成事实真相("广义产品")的"广义生产"过程。如历史和考古工作,就可被视为一个基于"I→P→O过程模型"的"采"→["存"+"研"]→"用"过程(参见图附-2):

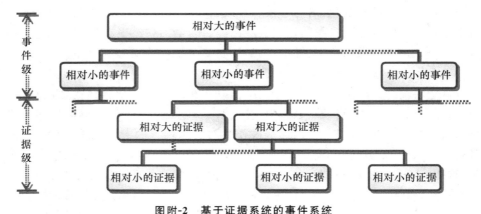

图附-2　基于证据系统的事件系统
Event System Based on Evidential System

［霍宪丹、常远，2003］

"采"（历史证据采集）→［"存"（历史证据保全）＋"研"（运用历史证据构建作为"系统"的历史事件模型）］→"用"（运用历史研究成果）。

从发现并运用可能带来证据的线索，到形成或未形成证据的过程，同样是一个"I→P→O 过程"，人们有时会将线索过程与证据过程混为一谈。需要说明的是，从信息系统角度来看，由于证据过程是一个充满复杂性的事实信息（fact information）传递过程，所以，在将"I→P→O 过程模型"运用于证据过程时，其中的"处理"（Process，P）既可用来描述人为的作用（如事实信息传递过程中的人为干扰），也可用来描述非人为的作用（如事实信息传递过程中的自然的干扰因素）。

对东西方的"证据"（evidence）一词，可以做个顾名思义的语言系统分析。

（1）在典型的当代东方语言汉语中，词汇"证据"＝"证"＋"据"＝用来证明事实的依据。（2）在典型的当代西方语言英语中，词汇"evidence"（证据）源自拉丁语"evidens"（清晰可见的）一词，"evidens"＝"e-"（从……中，英语前缀 ex-的变体）＋"videns"（见到、看出，videre 的现在分词），即从中可以看出某项事实的东西。

所以，东西方"证据"（evidence）一词的构成，有着异曲同工之妙——从中可以看出某项事实的东西，实际上就是用于证明某项事实的依据。东西方的这两种认识，都涉及了证明活动中的一种基本的二元关系（图附-3）：(1) 从 B 事物中看出 A 事实，或者将 B 事物作为证明 A 事实的依据。(2) A（事实）是证明的目的，B（证据）是证明的手段（依据）。(3) 任何证明活动的本质，就是通过某个或某些事物（B 元素或 B 集合）来确认另外某个或某些事物（A 元素或 A 集合）的真实性，或者说通过证据来确认或否定某项事实（to establish or deny a fact by evidence）。

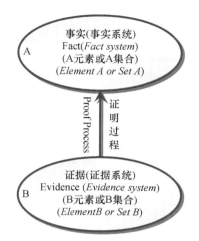

图附-3 证明过程中的二元关系
The Binary Relation in Proof Process

"证明过程"与"证据过程"基本相同——通过对证据的获取、处理与运用，来认定事实真相的过程。简言之，可将证据（evidence）定义为：（1）特定主体根据特定准则（法定准则或非法定准则）①证明或确认特定事实的依据；或（2）特定主体根据特定准则（法定准则或非法定准则）所证明或确认的蕴含特定事实信息的载体。

上述定义是一个可用于所有证据的"四要素系统"说：（1）须证明或确认的事实本身或事实信息。（2）证明或确认事实的依据，或蕴含事实信息的载体。（3）对事实进行证明或确认的准则。（4）对事实进行证明或确认的主体[相对于主体要素而言，要素（1）和要素（2）皆属客体]。

"四要素系统"说，也可简化为"三要素系统"说[(事实＋依据)＋准则]，或"二要素系统"说[事实＋依据，即图附-3中的二元关系]。

证据（或证据系统）具有以下基本属性（参见图附-4）：（1）系统性（systematization）——一是任何证据都是由若干局部（或组分）构成的有机整体，即证据系统。i2公司运用可视化建模技术实现的世界领先的高效证据分析系统，便充分展现了证据是如何被作为系统来对待的。二是任何通过证据所证明的事实，也都是由若干局部（或组分）构成的有机整体，即系统。不同层次的证据系统（模型系统），对应着不同层次的事实系统（原型系统）。三是与同一待证事实有关的若干证据共同构成了一个系统。（2）客观性（objectivity）——证据系统（模型系

---

① 由某个主体依据某种事实认定准则所认定的证据，可能不被其他主体或其他事实认定准则所接受。

统)应当客观地反映事实系统(原型系统)。(3)相关性(relevance)——证据系统(模型系统)与事实系统(原型系统)之间应当具有紧密的相关性。这种相关性,是基于模拟关系的相关性。(4)可采性(admissibility)——证据系统(模型系统)只有符合特定的准则、标准、规定或要求,才能接受为证明事实系统(原型系统)的依据。可采性亦是符合特定的准则、标准、规定或要求的可信性(credibility believability)。证据的合法性(legality),也属可采性(基于法定准则)。

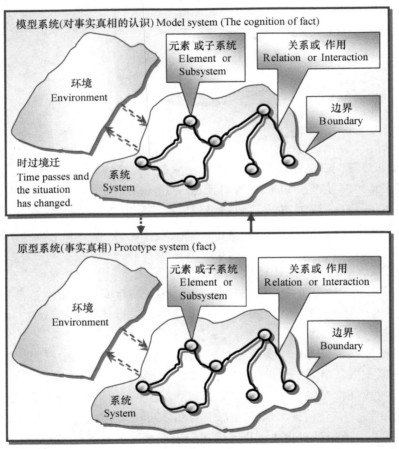

图附-4　原型系统(事实真相)与模型系统(对事实真相的认识)
Prototype (*fact*) and Model (*The cognition of fact*)

在系统科学/系统工程框架中,证据过程涉及模型(model)与原型(prototype,指已发生的事实本身)的关系,可被描述为通过获取和加工来自原型系统的信息,对原型系统中需要认定的内容建立正确模型系统的过程。该过程可被描述为一个由以下环节构成的"I→P→O过程模型":(1)输入(input,I)——证据的搜集过程。如现场采集当事人的血液、毛发,提取枪弹痕迹等等。(2)处理(process,P)——证据的分析过程。如对现场物证进行检验,并根据专门知识和经验对检验结果进行分析及审查,从而得出对事实真相的认识结论。

稍细一些,可将证据信息的处理过程(P)分为两大阶段(图附-5):

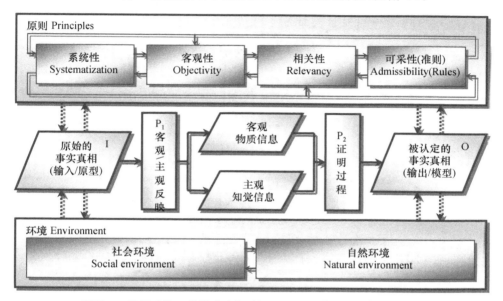

图附-5 证据系统工程的广义"I(输入)→P(处理)→O(输出)"框架
The Generalized "I(Input)→P(Process)→O(Output)" Framework for Evidential System Engineering

简言之,证据活动的结论通常有3种:一是真(证实);二是假(证伪);三是无法确定真假(这是相对而言的,原先无法确定真伪的事项,有时可能在更高科技条件下得以确认)。此外,技术层面的证据过程(evidential process / forensic process)可大致分为4个首尾衔接的"I(输入)→P(处理)→O(输出)"子过程[①]:(1) 搜集过程(collection process)。(2) 检验过程(examination process)。(3) 分析过程(analysis process)。(4) 报告过程(reporting process)。

包括证据的输入(采集、调查)、保存、处理(分析、证明)、认定、输出(使用)等一系列环节在内的完整的证据过程(evidential process, EP),以及直接、间接地支持该过程得以有效实现的所有因素,在整体上构成了一项系统工程,即证据系

---

① 参见 Karen Kent, Suzanne Chevalier, Tim Grance, Hung Dang, *Guide to Integrating Forensic Techniques into Incident Response*, *Recommendations of the National Institute of Standards and Technology*, National Institute of Standards and Technology Special Publication 800-86, August 2006, pp. 2-2 and pp. 3-1—3-8 (3. Performing the Forensic Process)。

统工程(evidential system engineering, or forensic system engineering, ESE or FSE)①。在复杂的证据系统工程中,有时追求整体最优的事实认定效果时,不一定要求构成整体的所有局部都最优,有时甚至要求局部对整体要求的指标最劣。②

四、证据系统工程之基本架构

证据系统工程体系,是一个理论与实践完全融为一体的证据科学技术体系。(参见图附-6)

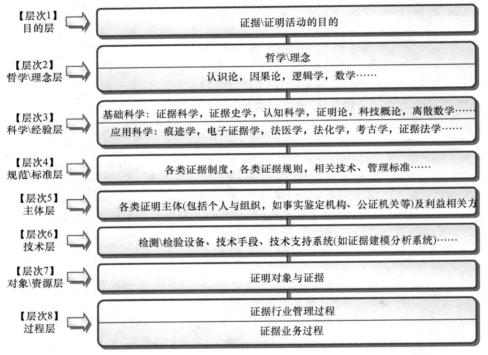

图附-6 证据系统工程的多层次结构
A Multi-level Structure of Evidential System Engineering

(一)证据系统工程的基本概念

证据系统工程可有广义、狭义之分,均可用于司法目的(即司法鉴定)及非司法目的:(1)狭义的证据系统工程(specialized evidential system engineering,

---

① 由于证据过程也是通过证据进行证明的过程,因此,亦可将之称为证明系统工程(Proof System Engineering, PSE)。
② 如中国古代齐国将军田忌与国王赛马的事例,即田忌将军一方通过自己在局部上最大失败(田忌将军的下等马 vs.齐王的上等马)来换取自己唯一能够在整体上成功的机会。

SESE),是通过直接获取和运用证据,对作为原型系统的事实真相,建立有效的模型系统,从而实现事实证明/事实认定的综合集成的实践体系。(2) 广义的证据系统工程(generalized evidential system engineering,GESE),除包括直接的事实证明/事实认定活动外,还包括为整个社会系统(如地区、国家乃至整个人类社会)建立可持续进化的证据管理体系(如司法鉴定管理活动)而进行的综合集成的实践活动。[①]

在运用系统工程框架对整个证据科学技术所进行的一系列探索基础上,一个综合集成的证据系统工程架构正在逐渐形成。

综合集成的证据系统工程架构设计(包括对统一司法鉴定体制的论证)和前沿探索的基本宗旨,就是运用先进的科学方法和技术,使内容广泛的社会实践(包括涉及公共权力行使过程的社会治理活动),成为充分基于证据的实践(evidence-based practice)。这是一项充满挑战而又十分艰巨的系统工程,其探索反映了人类证据活动及证据管理活动(包括司法鉴定管理活动)的进化方向,其成功对人类追求卓越治理(excellent governance,包括多元主体的社会管理的活动)从而建设诚信社会、和谐社会的进程,都会带来巨大影响。

由于各种科学技术手段的强大支撑作用,在证据活动领域,形成了一系列交叉性的科学技术领域,这包括但不限于:贝叶斯规则(Bayes' Rule)、贝叶斯网络(Bayesian network)、D-S理论(Dempster-Shafer Theory,DST)、证据推理算法(evidential reasoning approach,ER)、医学证据学(medical forensics)、生物证据学(biological forensics)、毒物证据学(toxicological forensics)、牙科证据学(odontological forensics)、人类(学)证据学(anthropological forensics)、昆虫证据学(entomological forensics)、面部重现证据学(facial reconstruction forensics)、识别证据学(identification forensics)、化学证据学(chemical forensics)、数字证据学(digital forensics)、计算机证据学(computer forensics)、移动设备证据学(mobile device forensics)、小型数字设备证据学(the small scale digital device forensics,SSDDF)、经济证据学(economical forensics)、会计证据学(accounting forensics)、视频分析证据学(video analysis forensics)、动画证据学(animated forensics)、工程证据学(engineering forensics)、材料工程证据学(materials engineering forensics)、语言证据学(linguistic forensics)、摄影证据学(photographic forensics)、聚合体工程证据学(polymer engineering forensics)、压型证据学(profile forensics)、心理证据学(psychological forensics)、精神病证据学(psychiatric forensics)、地震证据学(seismological forensics)、地质证据学(geo-

---

① 参见霍宪丹:《以科学发展观为指导推动司法鉴定管理系统工程的基本制度建设》,载《中国司法》2006年第8期。

logical forensics),考古证据学(archaeological forensics)等等。随着美国苹果公司 iPhone 手机的世界化普及,甚至出现了 iPhone 手机证据学(iPhone Forensics)[甚至细化到了 iPhone 3GS 手机证据学、iPhone 4GS 手机证据学、iPhone 5GS 手机证据学等]。

数学、数理逻辑以及迅猛发展的人工智能技术(artificial intelligence,AI),则为将各种证据理论、算法高效地整合为一个集大成的"超级证据机器人",提供了强有力的自动化工具,如 Jeffrey A. Barnett 对证据数学理论的电脑化方法所进行的探索。[①] 同时,各种形象建模[亦称可视化建模(visual modeling)]技术(如 i2 等)亦为高效而人性化的证据分析,提供了强有力的手段。

在对上述无比庞杂的证据科学技术领域进行整合的历史进程中,证据系统工程框架均可提供可持续的强大支持。

(二)基于"安全与发展"(S&D)双层目标架构的证据活动目标

证据系统工程探索基于系统方法的普适性、整合性等一系列优点,可以帮助我们更好地认识和厘清证据科学技术领域的大量问题。通用的"安全与发展"(safety and development,S&D)双层目标架构[②],从得失视角(gains and losses,G&L)将任何主体的目标,在理论上粗分为上下两层:(1)下层目标为"安全"(safety,S)——可简单地理解为不损失已有利益。[③](2)上层目标为"发展"(development,D)——可简单地理解为在安全的基础上获取新的、更多的利益。

据此,可将证据科学技术及证据系统工程的目标,在理论上也分为两层:

1. 下层目标是针对已有证据的,可称作"证据安全"(evidence safety,ES),细分为:(1)证据保护(evidence protection,EP)——采取有效的保护措施,避免事实发生后已经被发现的证据及证据中的事实信息,因种种人为或自然原因而遭受破坏或灭失。(2)证据恢复(evidence restoration,ER)——采取有效的措施,将事实发生后已经被发现、但因种种人为或自然原因而遭受破坏的证据或证据中的事实信息,予以恢复。

2. 上层目标是针对尚未获得的证据的,可称作"证据发展"(evidence development,ED)——指在事实发生前或事实发生后,运用当前科学技术手段或发展更先进的科学技术手段,获取新的证据(包括传统证据以及新型证据)及证据

---

① 如 Jeffrey A. Barnett: Computational Methods for a Mathematical Theory of Evidence,该研究受美国国防部国防高级研究项目局(Defense Advanced Research Projects Agency)资助(合同号:DAHC15 72 C 0308), Proceedings of 7th International Joint Conference on Artificial Intelligence (IJCAI-81), Vancouver, B. C., Canada, Vol. II, 1981: 868—875。

② 参见霍宪丹、常远、杨建广:《世界化时代之安全问题与安全系统工程——兼论科学的安全与发展观(上、下)》,载《中国监狱学刊》2005 年第 4 期、第 6 期。

③ 安全目标,还可进一步细分为两层:(1)系统的存在安全(生存利益);(2)系统的其他安全(不失去奠基在生存利益之上的其他已有利益)。

中的事实信息。如:运用新的脑科学技术手段[如利用脑机接口(brain-machine interface,BMI)技术获取大脑信息①],可使以往高度主观化精神证据(spiritual evidence)在一定程度上实现客观化。"证据发展"目标不仅要求我们获取更多数量的新证据,更要求我们获取更高质量的新证据。

(三)证据系统工程涉及的时空域及卓越治理的积极推动作用

证据科学技术活动及证据系统工程的实施,既涉及事实发生后,也涉及事实发生中、事实发生前:(1)在事实发生后(即新的证据可能形成后),采取种种措施,避免已有证据遭受人为或自然原因而破坏或灭失,并从已有证据中最大限度地提取事实信息。提取现场指纹、从数字设备中提取信息等,即属此类。(2)在事实发生的同时,在现场采取种种措施(包括公开取证措施与隐蔽取证措施),及时获取证据。取证的实时性、实地性,带来了取证的巨大能动性和较大的可控性。(3)在事实发生前(即新的证据可能形成前),采取种种预备措施,最大限度地获取更多的证据(包括公开取证与隐蔽取证)。安装录像监控设备、对虚拟空间中的活动进行监控记录等,即属此类。

证据系统工程中基于"安全与发展"(S&D)双层目标架构的"证据发展"(evidence development,ED)观点,对政治文明(如对滥用公共权力的防控)的积极推动作用,还表现在:在公共权力运行的事中控制方面,可通过建立"公共权力行使过程存证制度"和基于先进技术的"公共权力行使过程存证系统",对各类社会管理主体行使公共权力的行为(过程)进行实时(real time)的全程记录,以彻底提高滥用公共权力的违法行为的暴露率和查处率。

(四)证据系统工程的公众基础

正在迅速到来并不可逆转的"全民证据时代",给世界各国及国际社会的治理正在带来空前挑战,也给世界各国及国际社会的社会管理创新及实现卓越治理带来了空前机遇。证据系统工程的公众性(或大众性、人民性、群众性,既包括普通公民,也包括专职或业余从事证据科学技术工作的人员),将对社会系统的管理创新乃至卓越治理,带来积极的影响。证据系统工程的公众性,主要表现在两个方面:(1)证据系统工程的重要目的之一,是为维护全体社会成员(包括公民、法人组织、非法人组织)的合法权益提供有效的证据保障。(2)证据系统工程的重要手段之一,就是通过证据基础设施"硬件"与"软件"的建设和普及,在依法保障隐私权的前提下,推动"全民证据素质"(尤其是全民证据意识及全民取证手段)的成熟以及有效的全民证据行动[如具有高清影音采集功能的便携移动装

---

① 参见 Bin HE et al.: *eConnectome Manual* (Brain Functional Connectivity Imaging), Version 2.0 - May 20, 2012, *Biomedical Functional Imaging and Neuroengineering Laboratory*, University of Minnesota.

置(如手机)的普及将出现证据倍增的大趋势;网络的普及将出现全民分析证据、全民质证的大趋势],从而通过广泛、实地、实时地获取大量线索和证据而有效地突破"取证瓶颈"并实现全民分析证据及全民质证,以大规模的个体正义力量,汇聚为全社会的整体正义力量,走向为诚信社会、和谐社会及人类文明"奠定真实之基"的理想愿景;同时,还会推动证据科学技术领域中证据科学技术爱好者个人兴趣与社会证据需求高效结合的"双着迷"愿景逐渐得到实现,这就如同通过"群众性体育运动"源源不断地选拔出一代代体育精英那样。

(五)基于"综合集成研讨厅"架构的专家会鉴系统工程——重大疑难特殊复杂案件的先进会鉴模式

从系统科学或系统工程观点来看,重大、疑难、特殊、复杂案件或事物,构成了一个复杂的系统。"真实世界(原型系统)的复杂性总会令人们发现:自己仍很幼稚,把人和事想得太简单了……"正如重大、疑难、特殊、复杂病例需要通过专家群体(包括世界级/世界化专家群体)进行会诊一样,在重大、疑难、特殊、复杂案件或事件所进行的事实认定以及事实认定中的争议,也同样需要通过专家群体(包括世界化乃至世界级专家群体)的强大认知力量超越个体的局限性,作出"集中会诊"式的、具有"大成智慧"的、权威的事实认定(即"会鉴")。这是一项复杂的证据系统工程——会鉴系统工程(evidential consultation system engineering, ECSE)。会鉴系统工程模式对有效克服人们在事实认定中的片面性及鉴定行为的不正当性,具有重要作用。

20世纪80年代末,中国的科学思想家、战略科学家钱学森等从当今世界社会形态、科技发展的现实、以往的工程实践和社会改革的经验教训中提炼出旨在对开放的复杂巨系统进行充分观控模拟和处理的有效方法——"从定性到定量的综合集成法"(meta-synthesis)[①],后又进一步提炼出"从定性到定量综合集成研讨厅体系"(hall for workshop of metasynthetic engineering)或"大成智慧工程"(metasynthetic engineering, MsE),在面对复杂难题时,以科学的认识论为指导,充分利用电脑、信息网络等现代信息技术,构成以人为主、人—机结合、人—网结合结合的智能系统,高效调用古今中外的有关信息、数据、知识、经验,以启迪专家的心智;并通过民主讨论,让专家各抒己见,互相补充、互相激发、互相制约,在"相生相克"中充分发挥基于复杂系统涌现(emergence)机制的创造性;然后将各方面有关专家的理论、知识、经验、判断、建议等,与有关信息、数据综合集成起来,用类似建立"作战模拟"的方法,将解决方案模拟试行,反复修正,

---

① 参见钱学森、于景元、戴汝为:《一个科学新领域——开放的复杂巨系统及其方法论》,载《自然杂志》1990年第13卷第1期,第3—10页;上海交通大学编:《智慧的钥匙——钱学森论系统科学》,上海交通大学出版社2005年版,第146—160页。

以便能对复杂性的事物(开放的复杂巨系统)发展变化的各子系统、各层次、各因素及其相互关系等,从定性到定量都能把握清楚,逐步"集大成,得智慧",找到认识、解决问题的最佳方案。重大、疑难、特殊、复杂鉴案或事实认定活动,有着对"大成智慧"的迫切需求。基于"综合集成研讨厅"架构的专家会鉴系统工程集成支持系统(integrative support system for evidential consultation system engineering,ISS-ECSE),作为会鉴系统工程的技术平台。该技术平台亦可安排在车辆上,实现证据业务的移动化,以满足重大突发事件、案件的鉴定需求。旨在综合调用证据科学技术体系中相关的主客体资源[包括对世界化、世界级的大型专家群体鉴定提供强大的信息技术支持],有助于激发各方观点的充分竞争机制(sufficient competitive mechanism)或"PK"机制,在整体上最大限度地涌现出基于"综合集成研讨厅"架构的、具有当前最高认知水平的"1+1>2"的"大成智慧",并形成事实认定活动(尤其是重大、疑难、特殊、复杂案件或事件的事实认定活动)中的最具权威性的强大认知力量,从而为重大、复杂、特殊、疑难鉴案以及事实认定争议(包括重复鉴定、多头鉴定等现实问题)的解决,提供强有力的技术支持。

会鉴系统工程是对各种证据科学技术要素的综合集成运用,其本质是将一切相关的证据材料、国内外证据理论、专家经验/智慧(包括以种种"非传统"的特殊/特异的直觉信息作为获取证据的线索)以及其他各种相关资料、数据、信息综合集成起来,人—机结合、人—网结合,从定性到定性定量相结合,经过充分质证,发挥当前人类可能实现的整体优势和综合优势,对事实构建尽可能完备的认知模型,在此基础上形成最为可靠的结论。

全国人大常委会《关于司法鉴定管理问题的决定》第8条规定:"各鉴定机构之间没有隶属关系;鉴定机构接受委托从事司法鉴定业务,不受地域范围的限制"。所以,解决当前司法实践中存在的多头重复、久鉴不决、鉴定意见打架等突出问题,只能通过鉴定过程及鉴定结果的极大的、甚至是终极性的权威性(而非鉴定机构的行政等级高低、行政权力大小或鉴定人的行政身份)来解决。会鉴系统工程为从根本上解决这个难题,提供了重要的途径。专家会鉴系统工程集成支持系统对重大疑难特殊复杂案件鉴定过程的记录功能,还可为追究责任以及日后生动地观摩学习顶级专家群体的司法鉴定经验及教训(尤其是世界顶级专家通过网络参与会鉴时),提供便利条件。

对任何执政主体来说,基于世界的复杂性、取证手段(包括公开取证手段与隐蔽取证手段)的日益进步以及掩盖真相的困难性和身败名裂的巨大风险,坚定、果断、尽早地站在真相一边,应当是最可靠、最安全、最明智的抉择。由于科学技术在人类社会中的普遍公信力,在公共事件(尤其是可能引发"蝴蝶效应"从而导致严重影响社会稳定的重大突发公共事件和重大突发群体性敏感案件)应对体制中,世界各国的各级政府机关应将实施会鉴系统工程作为首要的基础工作之一,最大限度地为决策提供可靠的依据。这也是社会治理在世界化时代充满复杂性的空前挑战和空前机遇中,对证据科学技术的研发与运用所提出的极其紧迫的需求。

（六）证据管理系统工程

证据系统工程既包括证据业务活动（如司法鉴定执业活动）,也包括证据管理活动（如司法鉴定管理活动）。

在参考国家哲学社会科学"7·5"规划重点项目"中国社会治安综合治理的理论与实践"提出的治安系统工程目标管理架构的基础上,所形成的司法鉴定管理系统工程的质量控制目标管理流程（图附-7）[①],就是运用证据领域管理活动的动态架构之一,这既是法治系统工程（legal system engineering, LSE）和证据系统工程（evidential system engineering, ESE）的应用成果,也是帮助司法鉴定管理系统工程实现可操作化的基本架构。

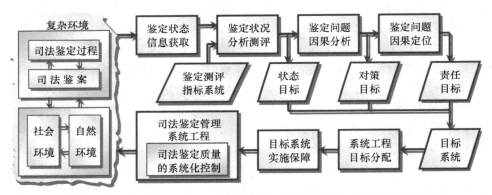

图附-7　司法鉴定管理系统工程中目标管理的基本流程：目标制定与实施

司法鉴定管理系统工程涉及司法鉴定行业的准入、实施、适用、监督（收费行为、采标行为、鉴定质量等）、退出、处罚等一系列环节。其中,司法鉴定管理系统工程的质量控制目标管理流程主要由司法鉴定质量状态的信息获取、质量管理目标的制订和详尽分配,以及质量管理目标系统的实施三大部分组成,更详细的步骤包括：（1）从复杂社会系统中获取有关司法鉴定质量的"状态信息"。（2）对司法鉴定状况进行分析测评,提出以消除当前不良状态为目标的"状态目标"。（3）对司法鉴定中存在的问题进行因果分析,基于因果关系提出详细的"对策目标"。（4）对司法鉴定中存在的问题及相应对策进行因果定位分析和对

---

① 王仲方主编：《中国社会治安综合治理的理论与实践》,群众出版社1989年版,第22—36页（此部分为姜文赞、常远撰写的第2章"社会治安综合治理的目标与指标体系"）；霍宪丹：《以科学发展观为指导推动司法鉴定管理系统工程的基本制度建设》,载《中国司法》2006年第8期。

策定位设计,基于因果定位提出详细的"责任目标"。(5)将上述"状态目标""对策目标""责任目标"整合起来,构成司法鉴定管理系统工程中司法鉴定质量控制的目标系统。(6)对司法鉴定质量控制目标系统进行系统化分配。(7)确保司法鉴定质量控制目标系统的有效实施。

唯有目标的有效实施,才能保证司法鉴定管理系统工程中司法鉴定质量控制的有效实现。

五、走向新天地——推动证据科学技术之持续进化

(一)面对世界化时代空前挑战和空前机遇的"1211→1"系统工程理念

证据科学技术的先进水平是任何社会或国家治理水平的重要标志之一。通过证据科学技术体系的建设,实现证据行业执业领域及证据行业管理领域持续进化的基本思路,可以简述为"1211→1"系统工程理念("1个环境"+"2个机制"+"1个框架"+"1个平台"→"1个境界")[①]:(1)"1个环境"——指在充满复杂性的世界化时代,面对证据活动领域所出现的空前挑战和空前机遇,积极、主动、充分、持续地化解挑战、抓住机遇。(2)"2个机制"——指"持续集成机制"(包括继承、扬弃)和"持续创新机制"(包括原创型创新、改进型创新、集成型创新)。(3)"1个框架"——指能够科学而高效地整合证据活动及证据活动管理领域的一切相关资源、统筹工作全局的先进的系统工程框架——证据系统工程框架。(4)"1个平台"——指为整合了证据活动及证据活动管理领域一切要素的证据系统工程,提供先进、适用、高效的技术支持系统或技术支持平台(包括信息技术和非信息技术)。(5)"1个境界"——使证据活动及证据活动管理领域,在世界化时代的空前挑战和空前机遇中,不断"走向新天地"[②],达到跨越发展、持续发展、持续领先(包括从局部到整体不断积累经验,从"点"到"线",从"线"到"面",从"面"到"体"实现领先)的持续进化境界。

(二)证据系统工程及证据科学技术在世界化时代的跨越发展前景

在充满复杂性并面对空前挑战和空前机遇的世界化时代,证据系统工程全面得以实现的愿景是:顺应世界化的"全民证据时代"(全民参与的线索提供、证据分析与质证),基于持续集成(sustaining integration)和持续创新(sustaining

---

[①] 此模式系社会系统工程专家组(Expert Group on Social System Engineering, EGSSE)与中共陕西省榆林市委在2002—2008年合作从事榆林市跨越发展社会系统工程战略研究项目期间,与基层档案工作者共同提炼而成。"1211→1"有纪念世界著名航空、火箭、导弹、航天专家,中国导弹、航天、系统工程主要奠基人钱学森先生(1911.12.11—2009.10.31)之意。

[②] 此处借用了《走向新天地——美国陆军航空兵科学顾问团致H. H. 阿诺德将军的报告》(*Toward New Horizons: A Report to General of the Army H. H. Arnold by the ARMY AIR FORCES Scientific Advisory Group*)的名称。该报告为指导美国在"第二次世界大战"后实现航空与航天等领域的跨越发展并成为世界第一军事强国,奠定了理论基础。钱学森给该报告主体内容第3、4、6、7、8卷独立撰写了7篇重要文献。

innovation)的复杂系统架构（complex systems architecture），有效形成"最大限度求同、必要差异保留"的、知行合一的"大成力量"（思想力+行动力），逐步建成开放而高度整合的、持续进化（sustaining evolution）的事实认定系统（或证据系统、证明系统）以及证据活动管理系统，大幅度提高事实认定系统中客观化的"硬证据"（E_h）比例，从而努力实现一个奠基于事实真相之上的诚信而公正的和谐世界。

世界证据科学技术体系正在从"松散大拼盘"式的相对落后状况，逐渐走向重大的、跨越性的系统化整合进化的前夜。当今世界科学技术强国美国，因国会的重视，其证据科学事业"支离破碎的系统"（the fragmented system）及严重阻碍发展的"极端的分崩离析状态"（extreme disaggregation）可能得到重大改进——基于美国科学院组织的"证据科学共同体需求识别委员会"所召集的权威专家的调查、研究及建议，一个"主导性的"、能够"阐明进行变革的需要，或为实现这种变革描绘愿景"并"采用一种有魄力的、长期的日程安排"的"强有力的""足够独立自主"的新型治理体系[1]可能逐渐形成。

证据系统工程的目标是基于全人类对真相和真理的共同追求，突破国界、突破意识形态藩篱，逐渐建成全人类共同的、世界级的权威证据体系及事实认定体系，包括证据活动全过程的世界标准及程序。新的影响人类安全（尤其是人类生存安全）的重大公共事件（如突发性的大规模恶性传染病、世界化恐怖活动等）的出现，客观上将推动世界各国的空前合作以及世界化/世界级证据系统工程体系的实现进程。

在充满复杂性的世界化时代，能否成功应对空前挑战并抓住历史显露的空前机遇，是对每一个国家、民族乃至人类社会所具有的智慧和勇气的考验。

---

[1] Committee on Identifying the Needs of the Forensic Sciences Community, National Research Council of the National Academies, *Strengthening Forensic Science in the United States: A Path Forward*, The National Academies Press, 2009, pp. 14—16.